民法分论

MIN FA FEN LUN

主　编◎张　翔

撰稿人◎张　翔　赵俊劳　程淑娟　韩　松
　　　　冯乐坤　付颖哲　李康宁　陈凌云
　　　　谢　晓　车　辉　孙政伟

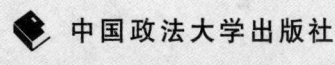
中国政法大学出版社

2021·北京

图书在版编目（ＣＩＰ）数据

民法分论/张翔主编.—北京：中国政法大学出版社,2021.8
ISBN 978-7-5764-0075-5

Ⅰ.①民…　Ⅱ.①张…　Ⅲ.①民法－中国　Ⅳ.①D923

中国版本图书馆CIP数据核字(2021)第178506号

出 版 者	中国政法大学出版社
地　　址	北京市海淀区西土城路 25 号
邮　　箱	fadapress@163.com
网　　址	http://www.cuplpress.com (网络实名：中国政法大学出版社)
电　　话	010-58908435(第一编辑部) 58908334(邮购部)
承　　印	固安华明印业有限公司
开　　本	787mm×1092mm　1/16
印　　张	31.25
字　　数	718 千字
版　　次	2021 年 8 月第 1 版
印　　次	2021 年 8 月第 1 次印刷
印　　数	1~5000 册
定　　价	89.00 元

前 言

《民法典》颁布后，至2020年底，最高人民法院颁布、修订了一系列司法解释。这些法律、司法解释的变动，使得"民法学"教材之修订、更新成为当务之急。本书即是应这一要求的结果。在本书中，不仅包括了《民法典》的规定，而且也融入了最高院《全国法院民商事审判工作会议纪要》（九民纪要）、《关于适用〈民法典〉有关担保制度的解释》等一系列《民法典》颁布前后司法解释的最新规定。

本书适用于大学法学专业本科学生的"民法学"课程的学习。根据大学法学专业本科学生的学习特点，以及民法学科自身的特点，本书力求使学生的知识学习与知识运用的训练相同步，因此在讲述中穿插了大量的问题训练，读者可以通过对问题的思考和回答，掌握、理解所学知识，并深化之。

本书在编排体例上，基本上遵循了《民法典》的立法体例，但是保留了传统的"债法总论"的体例安排。目的在于使学生形成"物债两分"的民法分论逻辑结构的法律思维方式，以获得更为系统的专业知识。

本书由西北政法大学民商法学院部分教师编写。编写人员的分工是（按照章节顺序）：

张翔：第一、六、七、九章；

赵俊劳：第二、五章；

程淑娟：第三章第一、二节、第六～九节、第十章；

韩松：第三章第三～五节；

冯乐坤：第四、十四章；

付颖哲：第八章；

李康宁：第十一章；

陈凌云：第十二、十三章；

谢晓：第十四章；

车辉：第十五章；

孙政伟：第十六章。

本书的不足之处，敬请读者批评指正。

编 者

2021年2月

| 目 录 |

第一编 物 权

第二编　债　权

第三编　人格权

第四编　婚姻家庭

第五编　继　承

第六编 侵权责任

第一编 物 权 <<<

第一章
物权总论

第一节 物权概述

一、物权的概念和特征

（一）物权的概念

物权，是指权利人直接支配于物，并排除他人非法干预的权利。《中华人民共和国民法典》（以下简称《民法典》）第 114 条第 2 款规定："物权是权利人依法对特定的物享有直接支配和排他的权利，包括所有权、用益物权和担保物权。"

（二）物权的特征

物权作为一种民事财产权利，具有如下特征：

1. 物权是支配权。作为一项支配权，物权的法律效力直接及于物权的客体之上，物权人基于其物权即可直接实现客体的使用价值和交换价值，而无需义务人的积极协助。需要指出的是，物权的支配权特征，意味着物权人对其客体支配的"正当性"，而并非意味着支配的"现实性"。换言之，物权人有权支配物权的客体，至于物权的客体是否为物权人所现实支配，则与物权的支配权特征无关。

【训练】"我正在开此车"与"我有权开此车"，何者是物权的概念？

回答：后者。物权的支配权特征，是指支配的正当性，而非现实性。

2. 物权是具有排他性的权利。物权是一种支配物权客体的权利，而一个客体之上若存在他人的支配，必然会损害物权人的支配。此时，为了维护物权支配的正当性，法律允许物权人对其客体上的他人支配予以排斥。需要注意的是，物权的排他效力，系以物权本身为基础，而非以占有物的事实为基础。

【训练】"我的，你还我！"与"你从我手里抢的，你还我！"，何者是物权排他性的表现？

回答：前者。物权的排他性，系以物权作为依据，而非以占有作为依据。

3. 物权的义务人不特定。由物权的支配权特征所决定，物权的义务人为物权人之外的其他不特定的人。物权人可以对任何人主张自己的物权，不特定的物权义务人均承担不侵害他人物权的义务。

4. 物权的客体，原则上是特定物。由物权的排他性特征所决定，物权人要主张自己对某物的物权，需能明确指出该物是"哪一个"。反之，如果物权人不能指出自己享有物权的物究竟是哪一个，原则上，其物权不能成立。

【训练】 甲指着两台一模一样的电脑对乙说："其中一台是我的！"甲的主张能否成立？

回答：不能。原则上，物权的客体需为特定物，种类物上不能成立物权。

需要指出的是，物权的客体为特定物，在民法上存在例外：

（1）有些物权的客体并不具有特定性。例如，浮动抵押权的客体是抵押人正在经营活动中的现有及将有的生产设备、原材料、产品、半成品，其并不具有特定性。

（2）有些物权的客体并不是物，而是权利。例如，权利质权的客体是无形的财产权利，包括有价证券债权、股权、知识产权和应收账款债权；建设用地使用权上的抵押权客体是建设用地使用权，而非土地本身。

二、物权的种类

（一）物权法定主义

物权法定主义是指物权的种类、内容由法律规定。其中，物权的种类法定是指哪种民事权利才可具有物权的性质，系由法律规定的；物权内容法定是指法律所规定的各种类型的物权，其取得方式、内容及效力，也需由法律作出规定。需要注意的是，物权法定主义并不意味着法律禁止当事人通过约定的方式创设物权，而仅仅是禁止当事人通过约定的方式创设法律规定范围之外的物权。

民法上确立物权法定主义的原因在于，由于物权人可以对除自己之外的任何人主张其物权，故在交易的过程中，一项物权的设立，其影响会溢出交易双方的范围，而影响到所有的人，因此需要对物权的类型及内容加以法定化，从而避免其漫无边际，冲击社会财产秩序。

（二）物权的种类

在物权法定主义之下，我国《民法典》上物权的体系如下图所示：

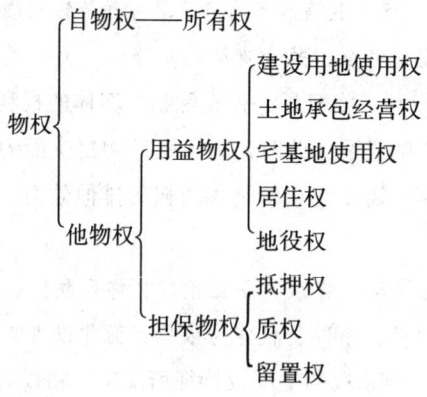

图1-1　《民法典》上的物权体系

1. 自物权与他物权。

（1）自物权是指在自己所有之物上的物权，即所有权。因自物权所支配的客体是物权人自己之物，故自物权的支配范围是完整、全面的，覆盖了客体使用价值和交换价值的全部。因此，自物权又称完全物权。

（2）他物权是在他人所有之物上的物权。因他物权所支配的客体是他人之物，故他物权的支配范围是有限制的，或者仅及于他人之物的使用价值，或者仅及于他人之物的交换价值。因此，他物权又称为定限物权。进而，他物权包括用益物权和担保物权两种类型：①用益物权是指对他人所有之物占有、使用、收益的物权。②担保物权是指以他人所有之物的交换价值担保自己债权实现的物权。

此外，在民法原理上，物权还可做其他的分类。

2. 意定物权与法定物权。意定物权是指以当事人的约定为基础而创设的物权。如抵押权、质权，需要以当事人的抵押合同、质权合同为基础，需要经得当事人双方的同意方可设立。法定物权是指无需当事人的约定，只要符合法律所规定的要件即可成立的物权。如留置权，符合法定的留置权要件即可成立，无需当事人双方的同意。

【训练】 甲要将自己的房屋抵押给乙银行。

1. 甲抵押房屋给乙银行，是否需要甲、乙的同意？

回答：是。抵押人同意抵押，抵押权人同意接受抵押，方有抵押合同之成立，进而才会有抵押权产生的前提。

2. 抵押权是意定物权，还是法定物权？

回答：由上可知，抵押权的设立，需当事人的同意，故抵押权为意定物权。

【训练】 甲将自己的电脑交给乙维修。乙修好电脑后，甲不交付维修费。此时，根据法律规定，乙享有留置权。

1. 乙享有留置权，是否需要甲、乙的同意？

回答：否。留置权的成立，以符合法定要件为前提，不考虑当事人的意愿。

2. 乙将电脑向甲返还，性质是留置权不成立，还是放弃留置权？

回答：放弃留置权，留置权的成立，不问当事人的意愿。

3. 留置权是意定物权，还是法定物权？

回答：因留置权的成立，不问当事人的意愿，依法定条件即可成立，故留置权属于法定物权。

3. 有期限物权与无期限物权。有期限物权是指存在存续期间，并可因期限届满而归于消灭的物权，如建设用地使用权期限届满，未经续期，建设用地使用权消灭。无期限物权是指不存在存续期间，故不可能因时间的经过而归于消灭的物权，如所有权。

4. 主物权和从物权。两个物权之间存在依附和被依附的关系时，存在主物权和从物权的分类。主物权是指无需依附于另一民事权利而可独立存在的物权；从物权则是指需要依附于另一民事权利而不可独立存在的物权，如地役权、担保物权。主物权和从物权是属于同一权利人的、具有目的和手段关联的两项物权。

【训练】甲拥有 A 地的建设用地使用权。甲与乙订立书面合同约定，甲有权在乙拥有建设用地使用权的 B 地上驱车通行、进出 A 地。

1. 甲有几项物权？

回答：两项。A 地上的建设用地使用权和 B 地上的地役权（在 B 地上驱车通行、进出 A 地的权利）。

2. 甲的两项物权之间目的和手段的关系是什么？

回答：甲 A 地上的建设用地使用权是目的，甲 B 地上的地役权是实现目的的手段，即为了使甲更有效地支配 A 地（进出 A 地更为便利）。

3. 甲的两项物权之间的依附与被依附的关系是什么？

回答：无论甲是否享有 B 地的地役权，甲在 A 地上的建设用地使用权都可以存在。故甲在 A 地上的建设用地使用权为主权利。反之，如果甲不享有 A 地上的建设用地使用权，则享有 B 地的地役权便没有意义。故甲在 B 地上的地役权为从权利。

第二节　物权的效力

物权的效力，是指物权所具有的、能够对物权人以外的他人产生的法律上的作用力。物权的效力包括：

一、排他效力

物权的排他效力，是指物权所具有的、排斥他人支配物权客体的效力。物权的排他效力源自于物权的支配权特征。在客观上，若物权的客体上存在他人的支配，将会给物权人对其客体的支配产生影响。由于物权人对其客体的支配具有法律上的正当性，故民法必须赋予物权以排他效力，使物权人免受他人支配物权客体所产生的消极影响。

物权的排他效力可以分为两种类型：

（一）对世性排他效力

物权的对世性排他效力，是指物权可以对他人实施的侵害物权客体的行为予以排斥的效力。物权的对世性排他效力，是物权对不法侵害的排他效力。如前所述，作为一种对世权，物权的义务人是除物权人以外所有的人，即不特定的义务人均承担不侵害他人物权的消极义务。相应的，倘若有人违反自己不侵害他人的义务，对物权造成侵害，物权人自然有权对该侵害加以排斥。在民法上，物权对世性排他效力的实现手段，叫作物权请求权。

【训练】甲享有电脑 A 的所有权。乙擅自给电脑 A 设置开机密码，导致甲无法使用。

1. 乙是不是甲电脑 A 所有权的义务人？

回答：是。所有权作为一种物权，包括乙在内的甲之外的任何人，均为甲的所有权的义务人，承担着不侵害、妨碍甲的所有权的消极义务。

2. 乙擅自给电脑 A 设置开机密码，是否违反自己的义务？

回答：是。乙妨害甲的所有权，违反了自己的消极义务。

3. 甲能否基于所有权，对乙的不法侵害行为加以排斥？

回答：可以。所有权作为一种物权，具有排他性。

4. 甲排斥乙不法侵害行为的手段是什么？

回答：请求乙消除密码，即排除妨害。

5. 甲请求乙排除妨害的权利，叫作什么请求权？

回答：甲请求乙排除妨害，系以所有权为基础，故为物权请求权。

（二）对抗性排他效力

物权的对抗性排他效力，是指物权对并存于同一客体之上的其他人所享有的物权予以排斥的效力。物权的对抗性排他效力，并非物权对不法侵害的排他效力，而是物权彼此之间的排他效力。不同人的物权并存于同一客体的情况下，尽管每个物权均属合法，但各个物权共同支配同一客体，相互影响在所难免。此时，哪一个物权具有更为优越的地位，从而可以免受其他物权影响的问题，就是物权的对抗性排他效力的问题。由此可见，物权对抗性排他效力的本质，就是并存于同一客体的若干物权的优劣之分。

需要指出的是，物权对抗性排他效力的适用，以并存于同一客体上的若干物权的权利人之间不存在合同关系为前提，即后一项物权的成立并未经前一项物权的权利人同意。反之，物权人之间的关系为合同关系，而非对抗性排他关系。

【训练】甲将自己享有所有权的房屋抵押给乙银行后，又将该房屋抵押给丙银行。

1. 该房屋上并存几项物权？

回答：三项。甲的所有权、乙银行的抵押权、丙银行的抵押权。

2. 甲的所有权与乙银行的抵押权之间，是否为对抗性排他关系？

回答：否。甲与乙银行之间存在抵押合同。

3. 甲的所有权与丙银行的抵押权之间，是否为对抗性排他关系？

回答：否。甲与丙银行之间存在抵押合同。

4. 乙银行的抵押权与丙银行的抵押权之间，是否为对抗性排他关系？

回答：是。乙、丙银行之间，不存在合同关系。丙银行的抵押权并未经乙银行的同意。

1. 对抗性排他的规则。

（1）法定物权可以对抗意定物权，意定物权不能对抗法定物权。因法定物权基于法定条件直接成立，故具有较意定物权更为优越的地位。

【训练】甲将汽车A抵押给乙后，因汽车发生故障，甲将汽车交给丙维修。丙修好汽车后，甲不交付修车费，汽车被丙留置。乙的抵押权与丙的留置权之间的对抗性排他效力关系如何？

回答：丙的留置权是法定物权，可以对抗乙的抵押权。乙的抵押权是意定物权，不得对抗丙的留置权。

（2）先公示的物权可以对抗后公示的物权，后公示的物权不得对抗先公示的物权。物权的公示，是指物权可以使他人知晓的外观，即对物的占有、登记。在一物之上并存若干均公示的物权情况下，因后公示的物权应当知道先公示的物权的存在，故不能对抗先公示的物权。反之，先公示的物权不应知道后公示的物权的存在，故可以对抗后公示的物权。

【训练】甲将汽车 A 出质给乙，向乙交付汽车 A 后，甲将汽车 A 抵押给丙，为丙办理了抵押登记手续。

1. 乙的质权与丙的抵押权，谁先公示？谁后公示？

回答：乙的质权先公示，丙的抵押权后公示。

2. 乙与丙之间，谁该知道对方物权的存在？

回答：丙该知道乙质权的存在，乙不该知道丙抵押权的存在。

3. 乙的质权与丙的抵押权之间的对抗性排他关系如何？

回答：乙的质权可以对抗丙的抵押权，丙的抵押权不能对抗乙的质权。

（3）善意且公示的物权人可以对抗未公示的物权人，未公示的物权人不得对抗善意且公示的物权人。在先成立的物权未经公示的情况下，因该物权并无使他人知晓的外观，后成立的物权人，在其物权成立之时，有可能并不知道该物权的存在，即善意。此时，若后成立的物权具有公示外观，则可以对抗先成立但无公示的物权。

【训练】甲将汽车 A 抵押给乙，但未办理抵押登记手续。甲又将汽车 A 出质给丙，向丙交付汽车 A。

1. 经查，没有证据显示丙接受甲的出质时，知道乙抵押权的存在。乙的抵押权与丙的质权之间的对抗性排他关系如何？

回答：丙为善意且公示的物权人。故丙的质权可以对抗乙的抵押权，乙的抵押权不能对抗丙的质权。

2. 经查，丙接受甲的出质时，知道甲已经将汽车 A 已经抵押给乙。乙的抵押权与丙的质权之间的对抗性排他关系如何？

回答：丙为恶意的物权人。故尽管乙的抵押权未经登记，依然可对抗丙的质权。尽管丙的质权存在占有，依然不得对抗乙的抵押权。

2. 对抗性排他的后果。在上述规则之下，并存于同一客体的若干物权，因"可以对抗"或"不能对抗"而呈现出优劣之分。处于优势的物权（可以对抗的物权）对于客体的支配，可以不受处于劣势的物权（不能对抗的物权）的影响。相应的，劣势物权对于客体的支配，则必须被限制在不得对优势物权产生影响的范围之内。具体来讲：

（1）劣势物权不可能不对优势物权产生影响时，优势物权存续，劣势物权则归于消灭。

第一，优势物权为所有权时，并存于同一客体上的所有劣势物权，归于消灭。由于所有权是完全物权，其对客体的支配是全面的，故只要所有物上有他人物权的存在，就必然会对所有权产生影响。因此，受到所有权对抗的任何物权，均归于消灭。

【训练】甲将汽车 A 抵押给乙后，未办理抵押登记手续。甲又将汽车 A 出卖给不知情的丙，向丙交付汽车 A。

1. 乙的抵押权与丙的所有权之间的对抗性排他关系如何？

回答：乙的抵押权未经公示，而丙为善意，且其所有权已经公示，故丙的所有权可以对抗乙的抵押权，乙的抵押权不能对抗丙的所有权。

2. 后果如何？

回答：丙的所有权存续，乙的抵押权消灭。

第二，同一客体并存若干用益物权时，优势用益物权存续，其他用益物权消灭。由于用益物权以对客体的占有、使用、收益为内容，故一项用益物权的存在，同样不可能不对同一客体上的其他用益物权产生影响。因此，受到用益物权对抗的其他用益物权，归于消灭。

【训练】集体成员甲将 A 地的土地承包经营权转让给集体成员乙，未办理登记手续。甲又将 A 地的土地承包经营权转让给另一不知情的集体成员丙，办理了登记手续。

1. 乙的土地承包经营权与丙的土地承包经营权之间的对抗性排他关系如何？

回答：乙的土地承包经营权未经公示，而丙为善意，且丙的土地承包经营权已经公示，故丙可以对抗乙，而乙不能对抗丙。

2. 后果如何？

回答：丙的土地承包经营权存续，乙的土地承包经营权消灭。

（2）劣势物权有可能不对优势物权产生影响时，优势物权、劣势物权皆可存续，但后者必须限制在不对前者产生影响的范围之内。

第一，优势物权为他物权而劣势物权为所有权时，他物权与所有权均可存续。

【训练】甲将房屋抵押给乙，办理了抵押登记手续。甲又将房屋出卖给丙，办理了过户登记手续。

1. 乙的抵押权与丙的所有权之间的对抗性排他关系如何？

回答：乙的抵押权先公示，而丙的所有权后公示，故乙的抵押权可以对抗丙的所有权。

2. 后果如何？

回答：乙的抵押权、丙的所有权均存续。但丙的所有权不得影响乙的抵押权的行使。

第二，同一客体上并存若干担保物权时，优势物权、劣势物权皆可存续，但前者优先于后者受偿。

【训练】甲将房屋抵押给乙，办理了抵押登记手续。甲又将房屋抵押给丙，也办理了抵押登记手续。

1. 乙的抵押权与丙的抵押权之间的对抗性排他关系如何？

回答：乙的抵押权先公示，丙的抵押权后公示，故乙的抵押权可以对抗丙的抵押权。

2. 后果如何？

回答：在抵押房屋的价值上，乙先受偿。如有剩余价值的，丙再受偿。

上述并存于同一客体的担保物权之间，因对抗性排他效力所导致的受偿顺序的先后，在我国民法理论中，又被称为"物权优先于物权的效力"。

二、物权优先于债权效力

物权优先于债权的效力，是指物权的客体与他人债权的标的并存于同一财产时，物权的实现可不受他人债权的影响。物权优先于债权的效力，源自于物权是支配权而债权是请求权的性质区别，这种区别导致了相对于某一特定财产而言，物权人比债权人离得更"近"。需要注意的是，物权优先于债权效力的适用，以物权人并非债权人的债务人为条件。如果物权人为债务人，作为债务人的物权人不得凭借其物权，对债权人主张优先效力。

【训练】甲将自己享有所有权的房屋，出卖给乙，但尚未向乙过户登记。

1. 甲、乙分别享有什么性质的民事权利？

回答：甲享有所有权，是物权。乙享有买受权，是债权。

2. 乙的债务人是谁？

回答：甲。乙与甲订立买卖合同，乙有权请求甲交房、登记，故乙的买受权的债务人为甲。

3. 甲乙间是否存在物权优先于债权的关系？

回答：否。具有债之关系的当事人之间，受到债权关系的约束，故不存在物权优先于债权的效力。

物权的优先效力主要有如下两个方面的表现：

（一）所有权破除债权

所有权破除债权，是指债权的标的成为他人所有权的客体时，因所有权的成立导致债权不能实现。所有权破除债权的原因在于，因特定财产已归属于所有权人，其不再是债务人责任财产的范畴，债务人无权再将其让渡给债权人。

【训练】甲与乙订立买卖合同，约定甲将房屋A出卖给乙。合同订立后，甲尚未为乙办理过户登记手续。甲又与丙订立买卖合同，约定甲将房屋A出卖给丙，并向丙办理了过户登记手续。

1. 乙的买受人债权的标的是什么？

回答：乙的债权以请求甲交付房屋A、办理房屋A过户登记手续为目的，故其标的是房屋A。

2. 丙的所有权客体是什么？

回答：甲向丙办理房屋A的过户登记手续后，丙即取得了房屋A的所有权，故丙的所有权的客体是房屋A。

3. 丙是不是乙的债务人？

回答：否。甲与乙存在买卖合同关系，甲才是乙的债务人。

4. 丙取得房屋A的所有权，对乙的债权产生什么影响？

回答：乙的买受人债权不能实现，即不可能再取得房屋A的所有权，而只能追究甲的其他违约责任。

需要注意的是，所有权破除债权的效力并非绝对，在债权人善意取得、买卖不破租赁等情况下，存在例外。

【训练】甲与乙订立电脑买卖合同，约定甲将电脑 A 出卖给乙。后甲又与丙订立电脑 A 买卖合同，约定甲将电脑 A 出卖给丙。甲向丙交付电脑。

1. 丙的所有权客体是什么？

回答：电脑 A。

2. 乙的买受人债权标的是什么？

回答：电脑 A。

3. 丙取得电脑 A 的所有权，对乙的债权产生什么影响？

回答：原则上，乙的债权不能实现，即不可能取得电脑 A 的所有权，只能追究甲的其他违约责任。

4. 设：甲向丙交付电脑后，因电脑发生故障，丙交还给甲维修。甲修好电脑后，将电脑交付给不知情的乙。乙符合善意取得的要件。乙的债权实现了没有？

回答：实现了。

【训练】甲与乙订立房屋租赁合同，约定甲将房屋 A 出租给乙。合同订立后，甲向乙交付房屋。甲又与丙订立买卖合同，约定甲将房屋 A 出卖给丙，并向丙办理了过户登记手续。

1. 乙的租赁权的标的是什么？

回答：房屋 A。

2. 丙的所有权客体是什么？

回答：房屋 A。

3. 丙取得房屋 A 的所有权，对乙的租赁权产生什么影响？

回答：根据买卖不破租赁，没有影响。

（二）担保物权优先于债权受偿

担保物权优先于债权受偿，是指债权的标的成为他人担保物权的客体时，担保物权人可优先于债权人受偿。

【训练】张三从甲银行借款 100 万元，并将自己的房屋 A 抵押给甲银行，办理了抵押登记手续。甲随后从乙银行借款 100 万元，又将自己的房屋 A 抵押给乙银行，也办理了抵押登记手续。此外，张三还欠李四 20 万元到期未还。

1. 在房屋 A 的价值上，甲银行、乙银行、李四的受偿顺位如何？

回答：甲银行先受偿，乙银行次之，李四最后受偿。

2. 甲银行优先于乙银行受偿，其依据是什么？

回答：物权的对抗性排他效力。甲银行的抵押权公示在先，乙银行的抵押权公示在后，故甲银行的抵押权可以对抗乙银行的抵押权。担保物权间发生对抗的后果，是优势物权优先于劣势物权受偿。

3. 甲银行、乙银行优先于李四受偿，依据是什么？

回答：担保物权优先于债权的受偿效力。

第三节　物权的保护

从广义上讲，《民法典》的整个物权编都以物权的保护为宗旨。这里所称的"物权保护"是就狭义而言的，指物权受到他人不法侵害时，物权人依法享有的救济手段，即物权请求权和物权损害赔偿请求权。

一、物权请求权

（一）概念

物权请求权，是指物权人对于客体的支配受到他人不法侵害时，物权人可要求不法侵害人消除其侵害，以恢复物权的圆满支配状态的请求权。

如前所述，物权的特征在于支配客体的"正当性"，而非"现实性"。这意味着，在物权人可以圆满地支配其客体的情况下，支配的正当性与现实性是统一的，即社会财产秩序符合法律所追求的状态；反之，在物权人对其客体支配的圆满状态受到侵害时，客体支配的正当性与现实性则发生分立。此时，法律就需要通过物权请求权，以救济不能实现的物权，并矫正欠缺正当性的现实支配。由此可见，物权请求权是矫正支配的正当性与其现实性相互分离的法律工具。

【训练】甲享有所有权的手机 A，被乙偷去。

1. 谁有权支配手机 A？

回答：甲。

2. 谁正在支配手机 A？

回答：乙。

3. 手机 A 上支配的正当性与现实性是相互统一的，还是相互分离的？

回答：相互分离。

4. 法律该怎么办？

回答：赋予甲物权请求权，请求乙返还手机。

（二）物权请求权与物权的关系

1. 两者的区别。

（1）权利性质不同。物权是支配权、绝对权、对世权，而物权请求权是请求权、相对权、对人权。

（2）义务人范围不同。物权的义务人是物权人以外的不特定人，而物权请求权的义务人则是特定人，即侵害物权的人。

（3）权利内容不同。物权以支配物权客体并取得支配利益为内容，而物权请求权则以请求侵害人实施消除其侵害后果的行为为内容。

由此可见，物权请求权与物权具有本质的区别，不可将两者相混淆。

2. 两者的联系。

（1）物权请求权的主张，需以物权为基础。

（2）物权请求权是物权效力的表现，即前述物权"对世性排他效力"逻辑的延伸，是物权排斥非法侵害的法律手段。因此，在我国民法理论中，物权请求权又被称为"物权的消极效力"。

（三）物权请求权的内容

物权请求权由三项权利组成，即返还原物请求权、排除妨害请求权和消除危险请求权。

1. 返还原物请求权。返还原物请求权，又称物权返还请求权，是指物权的客体被他人无权占有的情况下，物权人要求无权占有人予以返还的请求权。其构成要件是：

（1）物权人对其客体的占有已经丧失。

（2）物权返还原物请求权的主张，需以物权为基础。这是物权返还原物请求权区别于占有返还原物请求权、债权请求权的关键所在。

【训练】

1. 甲的手机 A 被乙抢了。甲以自己是所有权人为由，请求乙将手机 A 交给自己。甲是否在主张物权返还原物请求权？

回答：是。

2. 甲的手机 A 被乙抢了。甲以乙是从自己手中抢走为由，请求乙将手机 A 交给自己。甲是否在主张物权返还原物请求权？

回答：否。甲是在主张占有返还请求权。

3. 甲乙订立买卖合同，约定乙将手机 A 出卖给甲。及至交货日，甲以买卖合同为由，请求乙将手机 A 交给自己。甲是否在主张物权返还原物请求权？

回答：否。甲是在主张债权请求权。

需要指出的是，并非任何物权都可作为返还原物请求权的基础。可据以主张返还原物的物权，仅限于具有占有权能的物权，即可以占有客体的物权。反之，倘若物权不具有占有权能，如抵押权，就不能作为返还原物请求权的基础。

【训练】甲将享有所有权的汽车 A 抵押给了乙银行。现汽车 A 被丙偷去。

1. 甲能否以所有权为基础，请求丙返还汽车 A？

回答：可以。

2. 乙银行能否以抵押权为基础，请求丙返还汽车 A？

回答：否。抵押权虽然是一种担保物权，但因抵押权人不能占有抵押物，故不能作为返还原物请求权的基础。

（3）返还原物的义务人，需为无权占有人。具体来讲：

第一，返还原物义务人，需是占有人。反之，请求未占有原物的人返还原物，没有意义。

【训练】甲享有所有权的手机被乙偷去后，出卖给丙，并且向丙交付手机。甲能否请求乙返还手机？

回答：否。乙卖手机给丙，并且交付后，乙不再是手机的占有人。故甲请求乙返还手机没有意义。

第二，返还原物义务人，需是无权占有人。反之，因有权占有人不负返还义务，请求有权占有人返还原物，在法律上不可能。

【训练】甲享有所有权的手机被乙偷去后，乙交予丙维修。丙修好后乙未支付修理费，该手机被丙依法留置。甲能否请求丙返还手机？

回答：否。丙享有留置权，为有权占有人。甲无权请求丙返还手机。

需要注意的是，无权占有人可分为两种情形：

第一种情形，没有任何本权的占有人，对物权返还原物请求权人构成无权占有，应负返还义务。

第二种情形，具有债权本权的占有人，其债权不能对物权返还原物请求权人主张的，也构成无权占有，应负返还义务。

【训练】甲享有所有权的手机被乙偷去。

1. 甲能否请求乙返还手机？

回答：可以。乙的占有因偷窃而来，没有任何本权，构成无权占有。故甲有权请求乙返还手机。

2. 设：乙偷去手机后，出租给丙，租期1年。在租期内，甲能否请求丙返还手机？

回答：可以。尽管丙在租期内享有租赁权，但租赁权性质为债权，具有相对性。故丙对乙构成有权占有，但对甲依然是无权占有。甲可以请求丙返还手机。

第三，作为返还原物义务人的无权占有人，可以是直接占有人，也可以是间接占有人。直接占有人是指直接管领、控制占有物的人；间接占有人是对直接占有人（媒介占有人）享有未来的返还原物请求权的人。需要注意的是，在间接占有的情况下，物权返还原物请求权的主张，存在如下两个方面的限制：

第一方面，物权人请求媒介占有人返还原物的，需要以间接占有人构成无权占有为前提。

第二方面，物权人请求间接占有人返还原物的，只能待媒介占有人向间接占有人返还原物后，再由间接占有人向自己返还。

【训练】甲将房屋出租给乙。在租期内，乙未经甲同意，将房屋转租给丙。

1. 在乙、丙的租赁关系中，谁是间接占有人？

回答：乙。乙虽未直接控制房屋，但在丙租期届满后，乙有权请求丙返还房屋，故乙是间接占有人。

2. 在乙、丙的租赁关系中，谁是媒介占有人？

回答：丙。丙的占有从乙处而来，且在租期届满后需对乙返还房屋，故丙是媒介占有人。

3. 甲能否请求丙返还房屋？

回答：不能。乙基于与甲的租赁合同，可以对甲主张租赁权，故乙对甲构成有权占有，丙又对乙构成有权占有，甲不能请求丙返还房屋。

4. 设：甲因乙擅自转租，依法解除了甲乙间的租赁合同。

（1）甲能否请求丙返还房屋？

回答：可以。甲乙租赁合同解除，乙不再享有租赁权，故对甲构成无权占有，甲可以请求丙返还房屋。

（2）甲能否请求乙返还房屋？

回答：可以。甲乙租赁合同解除，乙不再享有租赁权，故对甲构成无权占有。但甲请求乙返还房屋，需待丙租期届满，向乙返还房屋后，乙再向甲返还。

2. 排除妨害请求权。排除妨害请求权，又称物权排除妨害请求权，是指物权的客体被他人妨害时，物权人可要求妨害人去除其妨害的请求权。其构成要件是：

（1）物权的客体遭受他人非法妨害，导致对客体的支配出现障碍。

（2）物权排除妨害请求权的主张，需以物权为基础。这是物权排除妨害请求权区别于占有排除妨害请求权、债权请求权的关键所在。

【训练】乙到甲家做客，给甲书房里的电脑设置了开机密码，导致甲无法使用。

1. 甲以自己是所有权人为由，请求乙去除密码。甲是否在主张物权排除妨害请求权？

回答：是。

2. 甲以电脑在自己家为由，请求乙去除密码。甲是否在主张物权排除妨害请求权？

回答：否。甲在主张占有排除妨害请求权。

3. 甲将电脑交给丙电脑维修部，请丙去除密码。甲是否在主张物权排除妨害请求权？

回答：否。甲在主张债权请求权。

（3）排除妨害义务人，既包括行为妨害人，也包括状态妨害人。行为妨害人是指直接导致妨害发生的人；状态妨害人则是指容许妨害他人物权状态存在的人。

【训练】甲对房屋享有所有权，乙用汽车堵死了甲的大门。经查，该汽车归丙所有。

1. 甲能否请求乙移开汽车？

回答：可以。乙是行为妨害人。

2. 甲能否请求丙移开汽车？

回答：可以。丙是状态妨害人。

3. 消除危险请求权。消除危险请求权，又称物权消除危险请求权，是指物权客体因他人行为处于危险状态时，物权人可以主张造成危险的人消除该危险状态的请求权。其构成要件是：

（1）物权客体处于危险状态，且该危险状态是他人的原因所致。这里的危险状态不以物权客体实际发生损害为前提，只要有发生损害的可能性即可。

（2）物权消除危险请求权的主张，需以物权为基础。这是物权消除危险请求权区别于占有消除危险请求权、债权请求权的关键所在。

【训练】乙在甲家墙根随意堆放大量烟花爆竹。

1. 甲以自己是房屋所有权人为由，请求乙把烟花爆竹拿走。甲是否在主张物权消除危险请求权？

回答：是。

2. 甲以自己住在这里为由，请求乙把烟花爆竹拿走。甲是否在主张物权消除危险请求权？

回答：否。甲在主张占有消除危险请求权。

3. 甲与丙订立合同约定，丙将烟花爆竹妥善处理。甲以合同为依据，请求丙把烟花爆竹拿走。甲是否在主张物权消除危险请求权？

回答：否。甲在主张债权请求权。

（3）消除危险义务人，即造成危险状态的人。

二、物权损害赔偿请求权

作为物权的保护手段之一，物权损害赔偿请求权是指在物权的客体被他人损坏的情况下，原物权人可以就自己所遭受的损失，向侵害人主张赔偿的请求权。物权损害赔偿请求权不属于物权请求权的范畴，不以返还原物、排除妨害、消除危险为内容，而属于侵权损害赔偿请求权，以赔偿损失为内容，性质为债权请求权。具体内容将在本书第六编"侵权责任"中展开。

第 二 章
物权的变动

第一节　因法律行为所引起物权变动的公示原则

一、概述

（一）物权变动的概念及其法律事实

物权变动，是指基于一定的法律事实所引起的物权法律关系的发生、变更和消灭。在民法上，法律关系的产生、变更和消灭，系因民事法律事实所引起。引起物权变动的民事法律事实，包括民事法律行为及民事法律行为之外的法律事实，如法律文书、事实行为、事件等。本节所要阐述的公示原则，为基于民事法律行为所引起的物权变动中的法律原则。

基于民事法律行为所引起的物权变动，如买卖、抵押、质押、抛弃等，是当事人物权变动的意思表示所追求的法律后果，没有当事人物权变动的意思表示，物权变动即不能发生。民事法律行为所引起的物权变动，系作用于物上的权利，而非作用于物，故无需以物的形态改变或毁损灭失为其条件。

（二）公示原则的概念

公示原则，是指基于民事法律行为所引起的物权变动，必须以第三人可得察知的方式为之，否则，不得对不知情的当事人主张该物权的存在。由于基于民事法律行为所引起的物权变动，并不作用于物，故第三人从物的本身并不能察知物权变动的发生。然而，物权却具有绝对权的效力，任何人均有可能受到物权变动的影响。因此，为保障社会财产秩序的安定性，民法对因民事法律行为所导致的物权变动，课以公示原则的要求。在民法中，物权变动的公示方式有二：一是登记，二是交付与占有，以下分述之。

二、不动产登记

（一）不动产登记概述

不动产登记，是指作为国家机关的登记机关，经权利人的申请并依法定程序，将不动产物权状态的事实记载于不动产登记簿册的行为。由此可见，不动产登记的本质，是国家机关基于民事主体的私法意志，将作为民事权利的物权状态公之于众。因此，不动产登记的性质为一种具有私法性质的行政服务行为。

（二）不动产登记的分类

1. 实体权利登记与程序权利登记。实体权利登记，是指对当事人依物权法所享有的实体物权所进行的登记，如城市房地产所有权登记、土地承包经营权登记、抵押权登记等。实体权利登记的意义在于彰显不动产上的某种物权的存在。程序权利登记，是指不动产物权的顺位登记。所谓顺位，是指不动产物权在不动产登记簿上所占据的、以登记的时间先后确定的顺序上的位置。程序权利登记的意义在于确定同一不动产上并存的若干物权之间的对抗关系。一般来讲，先登记的物权可以对抗后登记的物权。

2. 不动产所有权登记与不动产他项权利登记。不动产所有权登记，是指对不动产所有权所进行的登记；不动产他项权利登记，是指不动产所有权之外的其他物权的登记，即不动产用益物权、担保物权的登记。不动产所有权登记是不动产他项权利登记的前提，故未办理不动产所有权登记，即无法办理不动产他项权利登记。

3. 总登记和变动登记。总登记，又称静态登记或初始登记，是指不动产登记机关为建立健全不动产物权秩序，在对不动产物权进行普遍清理、清查的基础上进行的全面登记。总登记是不动产物权的第一次登记，其权利对以后的不动产物权变动具有原始根据的意义。变动登记，又称动态登记或变更登记，是指不动产总登记后，登记机关就不动产物权的设立、变更，包括不动产分割、合并、增减以及转让或者消灭所进行的登记。

（三）预告登记

1. 预告登记的概述。预告登记，又称预登记、暂先登记或假登记，是指当事人订立买卖房屋或者其他不动产物权的协议，为保障将来实现物权，按照约定向登记机关所为的登记。由此可见，通过预告登记所公示于众的，并非不动产物权，而是不动产买受人的债权。预告登记发生于不动产买卖关系之中，故预告登记的办理，需要买卖双方协商一致。

预告登记制度旨在赋予不动产买受人的债权以对抗第三人的效力。在不动产买卖合同缔结后，倘若出卖人基于其所有权人的地位，将已经出卖给买受人的不动产再次处分予第三人，如出卖或者抵押，则买受人基于其债法上请求权，除请求出卖人承担违约责任外，无法阻止第三人对其买受物的取得，进而无法避免自己买受不动产债权的目的落空。在此基础上，预告登记制度使得不动产买受人的债权公开化，为买受人的债权对抗第三人寻求到法理上的支撑。由此可见，预告登记的债权，是一种具有物权性质的债权；预告登记制度，是民法将物权法的原理施加于债法的结果。

2. 预告登记的效力。《民法典》第221条规定，预告登记后，未经预告登记的权利人同意，处分该不动产的，不发生物权效力。预告登记后，不动产所有权人再次处分不动产予第三人的，如出卖、抵押，因预告登记之存在，第三人应当知道该不动产已为预告登记的权利人所购买，故第三人不能取得相应的物权，如所有权、抵押权。由此，预告登记权利人的债权得以保全，预告登记的债权所具有的对抗第三人的效力随之彰显。

需要注意的是，预告登记的保全效力，并不妨碍不动产所有权人与第三人之间债权合同的效力。第三人因预告登记不能取得物权时，依然有权追究出卖人的违约责任。

【训练】甲将房屋A出卖给乙，与乙订立房屋A买卖合同后，甲未经乙同意，又将房屋A出卖给丙。

1. 如果经查，乙并未办理预告登记手续。

（1）丙能否取得房屋 A 的所有权？

回答：可以。

（2）乙的债权如何保护？

回答：乙可以追究甲的违约责任，但无法实现购买房屋 A 的目的。

2. 如果经查，乙办理了预告登记手续。

（1）丙能否取得房屋 A 的所有权？

回答：不可以。因此乙购买房屋 A 的目的依然可以实现。

（2）甲丙间的房屋买卖合同效力如何？

回答：有效。丙不能取得所有权，但依然可以追究乙的违约责任。

3. 预告登记的办理与失效。在当事人办理了预告登记手续后，发生如下事由的，预告登记失效：

（1）预告登记的不动产买受人的债权消灭，预告登记失效。预告登记以不动产买受人的债权为公示的对象，故倘若该债权因买卖合同无效、被撤销、被解除或履行完毕等事由而归于消灭的，预告登记自然随之失效。

（2）自能够进行不动产登记之日起 90 日内未申请登记的，预告登记失效。预告登记所保护的不动产买受人的债权，以取得所买受的不动产所有权为目的。在能够进行不动产登记的情况下，即预告登记的权利人具备了实现其债权的条件，却在 90 日内未申请不动产登记，即构成怠于主张自己的权利。因民法不保护对自己权利漫不经心之人，故预告登记失效。

【训练】甲将房屋 A 出卖给乙，与乙订立房屋 A 买卖合同后，办理了预告登记手续。

1. 如果甲乙买卖合同解除后，甲将房屋 A 出卖给丙。丙能否取得房屋 A 的所有权？

回答：可以。预告登记已经失效，不能再构成对丙取得所有权的妨碍。

2. 如果乙办理了不动产登记手续，后果如何？

回答：①乙预告登记的债权实现；②预告登记随之失效。

3. 如果能够办理不动产登记之日起 90 日内，乙未申请办理不动产登记手续，甲又将房屋 A 出卖给丙。丙能否取得房屋 A 的所有权？

回答：可以。预告登记已经失效，不能再构成对丙取得所有权的妨碍。

4. 抵押预告登记。《民法典》中并未规定抵押预告登记，但《最高人民法院关于适用〈中华人民共和国民法典〉有关担保制度的解释》中对此作出了规定。抵押预告登记，是指不动产抵押合同的预告登记，其所公示的是债权人对不动产抵押人所享有的办理抵押登记的请求权。在办理抵押预告登记后，抵押人向债权人所办理的抵押权登记，称为首次登记。抵押预告登记适用预告登记的一般规则。在此基础上：

（1）抵押权预告登记后，未办理首次登记的：

第一，原则上，抵押权不成立。债权人不得依据抵押权预告登记，对抵押物主张优先受偿权。

第二，例外情况是，抵押权预告登记后，抵押人破产的，预告登记权利人有权就抵押财产优先受偿。但是，法院受理破产申请前 1 年内，"债务人"对自己没有担保的债务设立抵押预告登记的除外。

（2）抵押权预告登记后，办理首次登记的：

第一，办理首次登记时，抵押预告登记未失效的，抵押权自预告登记之日起设立；

第二，办理首次登记时，抵押预告登记已经失效的，抵押权自首次登记之日起设立。

【训练】甲与乙订立抵押合同，约定乙以房屋 A 为甲设立抵押。抵押合同订立后，办理了抵押预告登记手续。

1. 如果乙将房屋 A 处分给丙，后果如何？

回答：适用预告登记的一般原理，即物权不变动、债权不影响。

2. 抵押预告登记失效事由有哪些？

回答：适用预告登记的一般原理：一是债权人请求抵押人办理抵押登记的请求权消灭；二是自可以办理首次登记之日起 90 日内未办理首次登记。

3. 如果乙未为甲办理首次登记：

（1）甲是否享有抵押权？

回答：否。不动产抵押权的设立采取"强制公示"模式，未办理抵押登记，抵押权不成立。

（2）现乙破产。经查，乙是在法院受理破产申请之日一年之前，为自己欠甲的债务办理抵押预告登记的。甲能否就房屋 A 主张优先受偿？

回答：可以。

（3）现乙破产。经查，乙是在法院受理破产申请之日一年之内，为张三欠甲的债务办理抵押预告登记的。甲能否就房屋 A 主张优先受偿？

回答：可以。

4. 如果乙为甲办理了首次登记。甲在房屋 A 上的抵押权自何时成立？

回答：自办理抵押预告登记之日起成立。

5. 如果自可以办理首次登记之日起半年后，乙为甲办理了首次登记。甲在房屋 A 上的抵押权自何时成立？

回答：自办理抵押登记之日起成立。

（四）异议登记

1. 异议登记概述。异议登记，是指利害关系人对不动产登记簿记载的事项的正确性存有异议所进行的登记。通过异议登记所公之于众的，是他人对不动产登记簿记载事项的异议。

异议登记制度旨在保全异议人的异议。不动产登记簿记载的物权，只是法律为稳定社会经济秩序所作的权利的正确推定，而非绝对，故存在着登记簿记载的物权与真实物权不一致的可能性。在异议人未办理异议登记的情况下，向法院提起物权确认之诉，此时倘若不动产登记的权利人处分该不动产予第三人，则纵然异议人胜诉，不动产登记人构成无权处分，异议人也无法阻止第三人取得该不动产，其异议之目的势必落空。而如果异议人办理了异议登记，则第三人即应当知道该异议的存在，异议人的异议具有了对抗第三人的效力，因此得以保全。

2. 异议登记的办理。根据《民法典》第220条之规定，异议登记的办理以更正登记的申请为前置程序。更正登记，又称变更登记，是指权利人、利害关系人认为不动产登记簿记载的事项有错误时，按照法定的条件和程序向不动产登记机关申请予以更正的登记。据此，异议人对不动产登记簿的记载存在异议的，需先行申请更正登记。不动产登记机关受理异议人的更正登记申请后，在如下两种情况下，予以更正：一是不动产登记簿记载的权利人书面同意更正；二是有证据证明登记确有错误。反之，若不具备如上事由，登记机关将驳回异议人更正登记的申请。此时，异议人有权申请办理异议登记。

3. 异议登记的效力。办理异议登记后，异议人对特定不动产存在异议之事实，已众所周知。由此引申出异议登记的两项效力：

（1）异议被确认成立的，异议登记期间，登记的权利人处分该不动产予第三人的，第三人不得善意取得。异议被确认为成立，意味着登记的权利人向第三人处分该不动产的行为，构成无权处分。因异议登记的存在，第三人应当知道该不动产上存在他人异议的事实，故其非善意第三人，不能善意取得。

【训练】房屋A登记在甲的名下，乙认为自己才是房屋A的所有权人，遂向法院提起物权确认之诉，法院最终确认乙是房屋A的所有权人，判决已经生效。现甲将房屋A出卖给丙，并办理了不动产登记手续。

1. 甲将房屋A出卖给丙的行为，是有权处分，还是无权处分？

回答：无权处分。经法院确认房屋A归属于乙，故甲是将乙的房屋出卖给丙，构成无权处分。

2. 如果经查，乙并未办理异议登记手续。丙能否取得房屋A的所有权？

回答：可以。房屋A登记在甲的名下，又不存在异议登记，丙不知道房屋A上乙的异议事实，丙可以善意取得房屋A的所有权。

3. 如果经查，乙办理了异议登记手续。

（1）丙能否取得房屋A的所有权？

回答：不可以。尽管房屋A登记在甲的名下，但由于异议登记的存在，丙应当知道房屋A上乙的异议事实，丙不可以善意取得房屋A的所有权。因此，乙仍可将房屋A登记到自己名下，从而实现异议的目的。

（2）甲丙间的买卖合同效力如何？

回答：有效。欠缺处分权的事实，不影响负担行为的法律效力。故丙无法取得房屋A的所有权，但仍可追究甲的违约责任。

（2）异议被确认不成立的，因异议登记造成登记的权利人损失的，登记的权利人有权请求异议人赔偿损失。例如，在不动产市场价值高涨时，因异议登记的存在，登记的权利人无法将不动产出卖变现，而在异议被确认不成立时，不动产市场价格已经跌落，此即因异议登记给登记的权利人所造成的损失。

4. **异议登记的失效。**根据《民法典》第 220 条第 2 款之规定，异议登记后，异议人未在异议登记之日起 15 日内向法院提起物权确认之诉的，异议登记失效。异议登记之后，因不动产存在异议的事实众所周知，登记的权利人对该不动产的处分受到了严厉限制。与此同时，又因登记机关不具有裁判异议能否成立的资格，故异议登记后，异议人应尽快向法院提起物权确认之诉，为异议登记制度的一项原则。

需要指出的是，异议人申请异议登记与提起物权确认之诉，是两条相互独立的法律保护途径。因此，在异议登记失效后，异议人提起物权确认之诉的权利，不受影响。

【训练】房屋 A 登记在甲的名下，乙认为自己才是房屋 A 的所有权人。

1. 乙并未办理异议登记手续，直接向法院提起物权确认之诉。

（1）乙能否直接向法院提起物权确认之诉？

回答：可以。

（2）在物权确认之诉审理过程中，甲将房屋 A 抵押给丙，办理了抵押登记手续。后法院确认乙的异议成立。丙能否取得抵押权？

回答：可以。

2. 乙办理了异议登记手续，并在异议登记后的次日向法院提起物权确认之诉。在物权确认之诉审理过程中，甲将房屋 A 抵押给丙，办理了抵押登记手续。后法院确认乙的异议成立。丙能否取得抵押权？

回答：不可以。

3. 乙办理了异议登记手续，并在异议登记后的第 20 日向法院提起物权确认之诉。

（1）乙能否向法院提起物权确认之诉？

回答：可以。异议登记失效，不影响物权确认之诉的提起。

（2）在物权确认之诉审理过程中，甲将房屋 A 抵押给丙，办理了抵押登记手续。后法院确认乙的异议成立。丙能否取得抵押权？

回答：可以。异议登记失效，丙不应知道房屋 A 上的异议事实，故可以善意取得抵押权。

（五）不动产物权登记的程序

从我国《民法典》的规定来看，我国物权法关于不动产物权变动登记的基本程序有：申请、受理、审查、登记并颁发权属证书等环节。

1. **不动产登记的申请。**不动产登记的申请，是登记机关从事登记行为的动因。登记机构的登记不过是对当事人变动物权的意思表示或者享有物权事实的对外公开，没有当事人的申请，就没有登记机关的公示行为。

2. **不动产登记申请的受理与审查。**当事人提交登记申请后，登记机关即应当按照法律规定的收件程序接受申请，并对当事人的申请材料进行审查。

（1）实质审查与形式审查。在学理上，根据登记机关对申请人提交的必要证明材料的审查范围及其程度，不动产登记审查有实质审查与形式审查之分。实质审查，是指登记机关承担审查当事人提交材料真实性的职责；形式审查，则是指登记机关仅仅审查当事人所提交材料的内容完备性与形式的合法性，并不承担审查其真实性的职责。

我国法律关于不动产登记申请的审查，采取的是以形式审查为原则、以实质审查为例外的立法。首先，从《民法典》第212条第1款的规定来看，登记机关的审查职责，在于依法履行"查验"权属证明和其他必要的登记材料是否"齐全"、是否"符合法定形式"，并就有关登记事项"询问"申请人。至于当事人提交的申请材料包括买卖、赠与等合同之实质内容的真实性，则应当由申请人负责。由此可见，我国法律关于不动产登记机关对当事人申请登记材料的审查，原则上，属于以"窗口审查"为特点的形式审查。其次，《民法典》第212条第2款规定："申请登记的不动产的有关情况需要进一步证明的，登记机构可以要求申请人补充材料，必要时可以实地查看。"该项规定为登记机关的实质审查留下了例外的空间。在实践中，登记机关是否进行实质审查、是否有必要，则完全由登记机关依法根据具体情况决定。

（2）登记机关禁止实施的行为。为了规范不动产登记审查制度，《民法典》第213条明令禁止登记机关实施如下行为：①要求对不动产进行评估；②以年检等名义进行重复登记；③超出登记职责范围的其他行为。

3. 不动产申请的公告、登记并颁发证书。不动产登记的公告，是指不动产登记机关根据对权利人申请的审查结果，以一定形式向社会公开的登记程序。公告期间内若有人提出异议，由登记机关对异议进行审查，作出异议是否成立的裁决。登记公告期满无人提出异议，或异议不成立的，登记机关应当依法定的程序，将设立、变更、转让或者消灭不动产物权的事项登记于不动产登记簿上，并向权利人颁发不动产物权的权属证书。

需要注意的是，不动产登记簿不同于不动产权属证书。不动产登记簿，是指登记机构依法制作并保管的、记载不动产物权状况的法律簿册；而不动产权属证书，则是指登记机关在不动产物权登记后，依法颁发给权利人的、表明权利人对特定的不动产享有物权的凭证。不动产登记簿的记载，构成了不动产权属证书记载内容的来源与依据，故不动产登记簿与不动产权属证书的内容应当是相符的。倘若出现两者记载的内容不相符的情形，则根据《民法典》第217条之规定，以不动产登记簿为准。

三、交付与占有

（一）交付与占有概述

1. 交付与占有的概念。作为与登记并列的物权公示方式，交付与占有分别从静态和动态两个方面来表彰动产物权的关系。占有作为占有人占有动产的静态事实，表彰着动产物权的现实状态即静止状态。例如，某人对某一部手机依法享有所有权，是以对该手机的占有来对外表彰；交付作为占有转移的动态事实，表彰着动产物权变动的过程，例如，某人将自己所有的手机转卖他人时，将该手机交付给买受人，手机占有的转移则表彰着其所有权的转移。占有与交付，二者相辅相成，全面展示动产物权的变动由动至静、由始点至终点的全部过程，即构成了一条清晰的动产物权变动之轨迹。

2. 交付与占有的适用范围。以交付与占有作为公示方式的物权，仅限于动产物权。但是，并非任何的动产物权的公示方式，均采用交付与占有的方式进行公示。在《民法典》中，如下四种动产物权，也以登记为公示的方法：

（1）动产抵押权。抵押权为一种担保物权，因抵押权的设立，无需以抵押物的交付为成立条件，故动产抵押权无法提供交付、占有的方式加以公示，故无论不动产抵押权，还是动产抵押权，公示的方式均为抵押登记。

（2）交通运输工具的所有权。《民法典》第225条规定，机动车、船舶、航空器的所有权未经登记，不得对抗善意第三人。据此，交通运输工具的所有权公示方式为所有权登记。

（3）动产保留所有权买卖中出卖人的所有权。在动产保留所有权买卖中，出卖人将动产交付予买受人同时，却保留该动产的所有权。此时，出卖人的所有权无法通过占有事实予以公示，故《民法典》第641条第2款规定，出卖人对标的物保留的所有权，未经登记，不得对抗善意第三人。据此，动产保留所有权买卖中，出卖人所保留的所有权，其公示的方式为所有权登记。

（4）融资租赁合同中出租人的所有权。在融资租赁合同中，出租人将租赁物交付予承租人后，依然为租赁物的所有权人。此时，出租人的所有权无法通过占有来公示，故《民法典》第745条规定，出租人对租赁物享有的所有权，未经登记，不得对抗善意第三人。据此，融资租赁合同的出租人所有权公示的方式为登记。

需要指出的是，尽管《民法典》明确规定上述四种动产物权应当通过登记的方式予以公示，但登记作为动产物权的公示方式，由物的性质所决定，依然不具有普遍适用性。本身即已具备登记制度的动产，如交通运输工具，或容易实现特定性的动产，如大型机器设备，建立起动产物权登记制度具有可行性。其他的动产，如电脑、手机、牲畜、首饰等，难以通过登记方式使其物权得以彰显。

由此可以看出，以交付与占有作为公示方式的动产物权，为排除了上述四种情形的其他动产物权。

【训练】甲将一台机器设备抵押给乙，并向丙出质。

1. 社会公众何以得知乙享有该机器设备的抵押权？

回答：乙办理抵押登记。

2. 社会公众何以得知丙享有该机器设备的质权？

回答：丙占有该机器设备。

【训练】甲欲将一台机器设备出卖给乙。

1. 乙何以相信甲是该机器设备的所有权人？

回答：甲占有该机器设备。

2. 甲乙订立买卖合同，约定甲向乙交付该设备后，甲保留该设备的所有权。社会公众何以得知甲依然是该设备的所有权人？

回答：甲办理了保留所有权登记手续。

（二）交付的类型

在现代物权法中，作为公示方法的交付，包括现实交付和观念交付两种形式。

1. 现实交付。现实交付，是指动产物权的转让人，将其对动产的现实支配，移转给受让人的事实。现实交付是最为传统的交付方式，其本质在于转让人将其对动产的事实支配力转移给受让人，使受让人可以支配该动产。由此出发，"拟制交付"也可构成动产支配力的转移，故构成现实交付中的一种特殊形态。拟制交付，是指通过现实交付动产的象征物，以实现动产现实交付的方式。例如，赠与人将其占有的自行车钥匙转移给受赠人占有，即可构成自行车的现实交付。

需要注意的是，按照物权法理论，构成现实交付，除了占有的现实转移这个事实之外，还须有转让人的转让动产占有的意思，转让人没有转移动产占有的意思，如受让人自行占有标的物的，不构成交付。

【训练】甲打算出售其狗于乙，后乙在大路上发现该狗，遂径直牵回。甲是否对乙交付该狗？

回答：否。乙对狗的现实占有的移转因不是出于让与人甲的意思，所以乙对狗的占有不构成现实交付。

2. 观念交付。观念交付，又称交付之替代，是指动产的直接占有未发生改变的情况下，仅通过当事人的意志，所实现的动产交付。因社会生活中的动产交易频繁，故民法确立观念交付的目的，在于顾及交易的便捷。观念交付包括简易交付、指示交付和占有改定三种形式。

（1）简易交付。简易交付，是指交易动产已经为受让人占有，转让人仅需与受让人达成负担行为的合意，即可完成的观念交付。简易交付既可适用于动产所有权的转移，也可适用于动产质权的设立。简易交付是以观念的方式转移占有的一种交付形态，它可以免去因现实交付所带来的手续上的麻烦，从而达到简化交易程序，节省交易费用的目的。

【训练】甲将一台电脑出借给乙。

1. 在乙借用期间，甲欲将该电脑出卖给乙。甲该如何向乙交付？

回答：甲乙达成买卖合同，该买卖合同生效，即完成简易交付。换言之，甲无需请求乙返还该电脑后，再向乙现实交付。

2. 在乙借用期间，甲欲将该电脑出质给乙。甲该如何向乙交付？

回答：甲乙达成质押合同，该质押合同生效，即完成简易交付。换言之，甲无需请求乙返还该电脑后，再向乙现实交付。

（2）指示交付。指示交付，是指在出让人将第三人占有的动产物权转让给受让人时，出让人将对第三人的返还请求权，转让给受让人的观念交付。指示交付由两个步骤组成：首先，出让人与受让人达成合意，将对第三人的动产返还请求权转让给受让人；其次，向第三人通知此事。其中，第一个步骤完成，指示交付即告完成。至于是否向第三人进行通知，事关第三人是否对受让人承担返还义务，但与指示交付之完成无关。指示交付既可以适用于动产所有权的转移，也可以适用于动产质权的设立。

【训练】甲将一台电脑出租给乙，租期3年。在乙租赁期间，甲将该电脑出卖给丙，与丙约定：甲将对乙租期届满后的返还电脑请求权转让给丙，待乙租期届满后，由丙请求乙返还电脑。3 天后，甲向乙通知此事。

1. 甲对丙何时完成指示交付？

回答：甲丙达成转让对乙的返还请求权之日。

2. 如果甲未对乙通知此事，乙租期届满后，向甲返还电脑。丙能否请求乙再次返还？

回答：不能。因未向乙通知此事，乙对丙不负返还义务。故乙向甲返还电脑后，乙的返还义务已经履行完毕。

（3）占有改定。占有改定，是指在动产转让中，出让人与受让人约定，由受让人取得动产所有权，而出让人继续占有标的物的观念交付形式。占有改定完成的时间点，为当事人达成物权变动的合意之时。所谓物权变动的合意，是指当事人之间达成的、动产所有权已经归属于受让人的合意。反之，当事人之间若未达成物权变动的合意，而是仅仅达成买卖约定，则占有改定并未发生。需要注意的是，占有改定的适用范围有所限制，其只能适用于动产所有权的转移，而不能适用于动产质权的设立。换言之，禁止通过占有改定的方式设立动产质权。

【训练】8 月 5 日，甲乙订立买卖合同，约定甲将一台电脑出卖给乙，乙支付价金 3000 元。8 月 10 日，甲向乙表示：甲借用乙的电脑使用 10 日后，向乙归还。8 月 20 日，甲向乙归还电脑。甲乙何时完成占有改定？

回答：8 月 10 日。当甲乙约定"甲借用乙的电脑"时，双方已经达成买卖合同中"电脑此时归乙"的约定，故完成了占有改定。

需要指出的是，在上述三种观念交付中，对于指示交付与占有改定而言，取得物权的受让人并未直接占有动产，故其所取得的物权，并不能为社会公众所知晓，因而不得对抗善意第三人。由此可见，尽管指示交付与占有改定为观念交付的组成部分，但却并不具有公示的意义，其只是法律应社会生活对于动产交易快捷便利的要求，对公示原则所做的变通。

【训练】8 月 5 日，甲乙订立买卖合同，约定甲将一台电脑出卖给乙，乙支付价金 3000 元。8 月 10 日，甲向乙表示：甲借用乙的电脑使用 10 日后，向乙归还。8 月 15 日，甲将该电脑出卖给丙，向丙现实交付。丙能否取得该电脑的所有权？

回答：可以。尽管甲乙之间已经完成了占有改定，乙已经取得了该电脑的所有权，甲再次向丙出卖电脑构成无权处分。但是，因乙并未占有该电脑，故丙的所有权不具有对抗第三人的效力。

四、物权公示的公信效力

物权公示的公信效力，又称公信原则，是指登记或占有具有使第三人信赖的效力。纵然登记人或占有人并非真实的物权人，不知情的第三人基于对登记、占有的信赖所实施的民事法律行为，依然受到民法的保护。

（一）物权与物权公示的关系

物权与物权公示之间，具有内容与形式的关系。因此，两者可能相符，也有可能相悖。前者如登记的权利人、占有人，就是物权人；后者如登记的权利人、占有人，却并非物权人。因此，物权公示仅仅是物权的表现形式，是物权的外观，而未必是物权。两者之间存在差异，不可混淆。在此基础上，物权的公示具有推定物权的法律效力，即在没有反证证明的情况下，法律可推定登记人、占有人即为物权人。

【训练】甲将电脑出借给乙。

1. 电脑是谁的？

回答：甲的。

2. 电脑看起来像是谁的？

回答：乙的。

3. 如甲乙对于电脑的归属发生争议，甲无法举出任何证据支持自己的主张，法院应推定电脑是谁的？

回答：乙的。

【训练】甲父去世后，留有遗嘱：房屋 A 由甲继承。但乙却将房屋 A 登记在自己的名下。

1. 房屋 A 是谁的？

回答：甲的。

2. 房屋 A 看起来像是谁的？

回答：乙的。

3. 如甲乙对于房屋 A 的归属发生争议，甲无法举出任何证据支持自己的主张，法院应推定房屋 A 是谁的？

回答：乙的。

（二）物权公示与公信效力的关系

既然物权公示为物权的外观，且在社会生活中，登记人、占有人在高度盖然性上为物权人，那么物权公示的公信效力便得以产生：不知物权归属状态的第三人，可以信赖登记、占有的外观，将登记人、占有人认定为物权人，并基于此项信赖，与登记人、占有人实施民事法律行为，如购买、接受抵押等。

【训练】甲父去世后，留有遗嘱：房屋 A 由甲继承。但乙却将房屋 A 登记在自己的名下。乙将房屋 A 出卖给不知情的丙，并向丙办理了不动产登记手续。丙能否取得房屋 A 的所有权？

回答：可以。丙不知房屋 A 的物权状态，故可以相信登记人乙即为所有权人，丙的此项信赖受法律保护。

公信效力的意义在于，物权的受让人无需去调查物权转让人是否为真实的物权人，仅依据登记、占有的外观即可从事的民事交易，从而降低交易成本、保护交易安全。在我国民法中，物权公示的公信效力，构成善意取得制度的基础。

第二节 因法律行为所引起物权变动的模式

基于公示原则，因民事法律行为所引起的物权变动，应当以一种第三人可以察知的方式进行，即应当登记或者交付。那么，民事法律行为的效力，以及登记或交付的效力各自如何，大陆法系各国民法之间，及大陆法系民法与我国民法之间，规定彼此不同，由此便产生了物权变动的立法模式问题。

一、大陆法系民法的物权变动模式

（一）意思主义

意思主义，又称债权意思主义、公示对抗主义，是指物权变动的发生无需以登记、交付为要件，仅凭当事人的合意即可完成，如买卖合同、抵押合同。相应的，物权公示并非物权变动的要件，而是物权对抗的要件，即基于当事人合意所变动的物权，未经登记、交付，不得对抗善意第三人。《法国民法典》《日本民法典》采取意思主义模式。意思主义模式具有如下特征：

1. 物权变动的发生，以当事人之间的合意为条件，而与登记、交付等物权公示的完成无关。物权公示仅为物权的对抗要件，而非物权变动的成立要件。

2. 在基于法律行为变动物权的过程中，只存在一个合意，如买卖合同、抵押合同。而作为对抗效力要件的登记、交付，并非法律行为，而是事实行为，其中并不存在当事人的意思表示。

3. 基于法律行为引起的物权变动，民事法律行为有效是物权变动得以发生的基本前提。由于意思主义模式下只存在一个法律行为，故倘若该法律行为归于无效，则物权变动不能发生。这意味着：

（1）民事法律行为无效时，因不能发生物权变动，故在法律行为无效的财产返还后果上，转让人请求受让人返还特定动产的权利，性质为物权请求权，而非债权请求权。

（2）民事法律行为无效时，因不能发生物权变动，故若受让人处分该特定动产予第三人，性质为无权处分。若第三人构成善意的，可基于公信效力取得该动产。

【训练】甲与乙订立电脑买卖合同，约定甲将电脑 A 出卖给乙。买卖合同订立 3 天后，甲将电脑交付予乙。请立足于意思主义模式，回答如下问题：

1. 甲乙之间存在几个合同？

回答：一个，即买卖合同。甲将电脑交付予乙、乙受领电脑交付的行为，是买卖合同的履行，属于事实行为，而非买卖合同之外的第二个合同。

2. 乙自何时起取得电脑 A 的所有权？

回答：甲乙买卖合同生效时，而非甲向乙交付电脑时。

3. 如果甲向乙交付电脑后，甲乙的买卖合同被撤销。

（1）电脑 A 是谁的？

回答：甲的。买卖合同无效，纵然甲向乙交付电脑，所有权也不发生转移。

（2）因买卖合同无效，甲要求乙返还电脑的请求权，是什么性质？

回答：买卖合同无效，纵然甲向乙交付电脑，所有权不发生转移。故甲请求乙返还电脑的请求权，性质是物权请求权。

（3）如果甲乙的买卖合同被撤销后，乙将电脑 A 出卖给丙，向丙交付。丙能否取得电脑 A 的所有权？为什么？

回答：买卖合同无效，纵然甲向乙交付电脑，所有权不发生转移。故乙向丙处分电脑的行为，为无权处分。丙可基于公信效力取得该电脑的所有权。

（二）折中主义

折中主义，又称债权形式主义、公示对抗主义，是指仅凭当事人的合意，只能引起当事人之间的债权债务关系，而不能引起物权变动的发生。只有在登记、交付完成后，物权才告变动。《瑞士民法典》采取折中主义模式。折中主义模式具有如下特征：

1. 与意思主张不同，折中主义下，当事人达成的合意，可以引起债权关系的产生，但不能引起物权的变动。在有效的合意基础上，登记、交付完成，物权变动方能发生。由此所引起的债之关系的法律事实（合意），与引起物权变动的法律事实（公示）截然分离的现象，被称为物权变动的"区分原则"。

2. 与意思主义相同，在折中主义模式下，在基于法律行为变动物权的过程中，仍然只存在一个合意，如买卖合同、抵押合同。而作为物权变动要件的登记、交付，仍属于事实行为。

3. 仍与意思主义相同，由于折中主义模式下只存在一个法律行为，故倘若该法律行为归于无效，则物权变动不能发生。

【训练】甲与乙订立房屋买卖合同，约定甲将房屋 A 出卖给乙。买卖合同订立 3 天后，甲向乙办理了登记手续，并交付房屋。请立足于折中主义模式，回答如下问题：

1. 甲乙之间存在几个合同？

回答：一个，即买卖合同。甲向乙办理不动产登记的行为，是买卖合同的履行，属于事实行为，而非买卖合同之外的第二个合同。

2. 乙自何时起取得房屋 A 的所有权？

回答：甲向乙办理不动产登记时，而非甲乙买卖合同生效时。

3. 如果甲交房、登记后，甲乙的买卖合同被撤销。

（1）房屋 A 是谁的？

回答：甲的。买卖合同无效，纵然甲向乙交房、登记，所有权也不发生转移。

（2）因买卖合同无效，甲要求乙返还房屋的请求权，什么性质？

回答：物权请求权。

（3）如果甲乙的买卖合同被撤销后，乙将房屋 A 出卖给丙，向丙交付。丙能否取得房屋 A 的所有权？凭什么？

回答：乙向丙处分房屋的行为，为无权处分。丙可基于公信效力取得该房屋的所有权。

（三）形式主义

形式主义，又称物权形式主义，是指凭当事人之间的债权合意，如买卖合同、抵押合同，可以引起债权关系的产生，而物权变动的发生，则需依据当事人之间的物权合意所引起，如登记、交付。《德国民法典》采取形式主义立法模式。形式主义立法模式具有如下特征：

1. 与折中主义相同，形式主义奉行"区分原则"，将引起债权关系发生的法律事实（债权合意）与引起物权变动的法律事实（物权合意）相区分。

2. 物权行为的独立性。与折中主义不同，形式主义立法模式认为，在基于法律行为变动物权的过程中，存在两个合意，即债权合意与物权合意。前者是指当事人缔结的买卖合同、抵押合同，后者是指登记、交付行为。换言之，在意思主义、折中主义下，被视为事实行为的登记、交付，在形式主义下，被视为当事人伴随着登记、交付行为所达成的另一项（物权）合意。进而，在形式主义立法看来，当事人在债权合意中的约定内容，与其在物权合意中的约定内容，截然不同：前者以"一方愿意出让物权、对方愿意受让物权"为内容，即当事人的效果意思在于创建债的关系；后者则是以"物权现已变动"为内容，即当事人的效果意思在于物权变动。根据民事法律行为理论，当事人之间的法律关系来源于其效果意思，故前者应当引起债权关系的产生，后者才能引起物权的变动。形式主义将登记、交付行为视为一种民事法律行为的观念，理论上被称为"物权行为的独立性"。形式主义下债权合意与物权合意的两立，构成了民事法律行为分类中"负担行为""处分行为"之区分的基础。

3. 物权行为的无因性。仍与折中主义不同，根据形式主义立法模式，在债权合意与物权合意两立的模式之下，尽管前者构成了后者的原因，但法律技术切断了两者之间效力上的关联性，由此导向的结论就是，纵然债权合意无效，如买卖合同、抵押合同无效，物权合意的效力也不受影响，进而因登记、交付所引起的物权变动的后果，可继续维持。此即"物权行为的无因性"，又称"抽象原则"。这意味着：

（1）债权合意无效时，因物权变动的后果不受影响，故在法律行为无效的财产返还后果上，转让人请求受让人返还特定动产的权利，性质为不当得利之债权请求权，而非物权请求权。

（2）债权合意无效时，因物权变动的后果不受影响，故若受让人处分该特定动产予第三人，仍为有权处分。第三人可以继受取得该项物权，而无需以善意为条件，也无需以公信效力为依据。

【训练】甲与乙订立买卖合同，约定甲将机器设备 A 出卖给乙。合同订立 3 天后，甲向乙交付机器设备 A。请立足于形式主义，回答如下问题：

1. 甲乙关于机器设备 A，达成了几项合意？

回答：两项。一是机器设备 A 买卖合同，此为债权合意，内容是"甲愿意将机器设备 A 出卖给乙，乙愿意购买"；二是伴随着机器设备 A 的交付，甲乙达成了物权合意，内容是"现在机器设备 A 归乙了"。

2. 甲自何时起，取得机器设备 A 的所有权？

回答：甲向乙交付之日，即物权合意达成之日。

3. 如果甲向乙交付机器设备 A 后，甲乙的买卖合同被撤销。

（1）机器设备 A 是谁的？

回答：乙的。债权合意无效，不影响物权合意的效力，所有权依然发生转移。

（2）因买卖合同无效，甲要求乙返还电脑的请求权，什么性质？

回答：既然债权合意无效，不影响物权合意的效力，所有权依然发生转移，那么甲请求乙返还电脑的请求权，性质是不当得利之债权请求权。

（3）如果甲乙的买卖合同被撤销后，乙将电脑A出卖给丙，向丙交付。丙能否取得电脑A的所有权？凭什么？

回答：既然债权合意无效，不影响物权合意的效力，所有权依然发生转移，那么乙向丙处分电脑的行为，为有权处分。丙可继受取得该机器设备的所有权。

二、我国民法物权变动的模式

《民法典》第209条第1款规定："不动产物权的设立、变更、转让和消灭，经依法登记，发生效力；未经登记，不发生效力，但是法律另有规定的除外。"第224条规定："动产物权的设立和转让，自交付时发生效力，但是法律另有规定的除外。"据此可知，我国民法物权变动模式的构建，吸收了折中主义、意思主义的立法技术，从而形成了我国独有的、以折中主义（公示成立主义）为原则，以意思主义（公示对抗主义）为例外的立法模式。

（一）我国民法上的公示成立主义

在我国民法上，因民事法律行为所引起的物权变动，原则上均采取公示成立主义模式。如不动产买卖、转让、抵押，交通运输工具之外的动产买卖、质押等。故前述折中主义立法模式的原理，均可适用于我国民法。在此基础上，根据我国民法理论及民事司法实践，需要着重强调如下问题：

1. 在公示成立主义模式下，登记、交付行为，为履行合同债务的行为，而非是合同的成立要件或有效要件。这意味着，合同生效后，交付、登记之前，尽管物权尚未变动，但当事人之间的债权债务关系已经产生，债权人有权请求债务人完成登记、交付行为，否则可追究债务人的违约责任。因此，在诺成合同的范围之内，将登记、交付视为合同成立要件或生效要件的观念，是错误的。例如，《担保法》（已失效）第41、64条中"抵押合同自登记之日起生效""质押合同自质物移交于质权人占有时生效"之规定，即混淆了"合同的效力"与"合同的履行"的区分，将后者视为了前者的要件。该项规定，已为《物权法》（已失效）及《民法典》所纠正。

2. 在公示成立主义模式下，登记、交付行为，不仅是物权变动的要件，而且是物权变动的对抗要件。换言之，伴随着登记、交付的完成，物权在发生变动的同时，即因具备公示外观，获得了对抗第三人效力。

【训练】甲乙订立房屋A买卖合同，约定甲将房屋A出卖给乙。合同订立后，甲尚未为乙办理不动产登记手续。

1. 甲乙间的买卖合同是否生效？

回答：是。其成立即生效，甲乙间因而产生了买卖之债关系。甲有权请求乙如约交房、登记，否则，甲可追究乙的违约责任。

2. 乙是否取得房屋A的所有权？

回答：否。甲尚未向乙办理不动产登记手续。

3. 如果甲向乙办理了不动产登记手续，后果如何？

回答：其一，甲乙间的买卖合同得以履行；其二，乙取得了房屋 A 的所有权；其三，乙所取得的房屋 A 所有权，因已登记，具有了对抗第三人的效力。

（二）我国民法上的公示对抗主义

在我国民法上，基于法律的特别规定，对如下三种情况中因法律行为引起的物权变动，采取公示对抗主义立法模式：

1. 动产抵押。在动产抵押中，一经抵押人与债权人订立抵押合同，债权人即取得抵押权。但是，未办理抵押登记手续的，债权人所取得的抵押权，不得对抗善意第三人。

2. 特定的土地承包经营权的流转。在这里，特定的土地承包经营权的流转，包括三种情形：

（1）土地承包经营权的互换。这是指当事人将彼此的土地承包经营权相互交换。土地承包经营权的互换的后果，是自己在对方的承包土地上享有了土地承包经营权。

（2）土地承包经营权的转让。这是指转让人将自己享有的土地承包经营权转让给受让人。土地承包经营权转让的后果是，受让人取代了转让人，享有土地的承包经营权。

（3）5 年期以上的土地经营权流转。这是指土地承包经营权人在保留其土地承包权的前提下，将其土地经营权流转予第三人，且流转期限为 5 年以上。土地经营权流转的后果是，转让人继续保有土地承包权人地位的同时，土地经营权人有权对土地进行农业经营性支配。在我国民法上，5 年期以下的土地经营权流转，受让人所取得的土地经营权性质为债权，不涉及物权变动的问题。

上述三种土地承包经营权的流转，流转合同已经生效，物权即发生变动。但是，未办理相关登记手续的，受让人所取得的土地承包经营权，或土地经营权，不得对抗善意第三人。

3. 地役权的设立。需役地人与供役地人一经订立地役权合同，需役地人在供役地上的地役权即告产生，但是未经登记，不得对抗善意第三人。

（三）我国民法物权变动模式的特殊问题

1. 土地承包经营权的设立。《民法典》第 333 条规定："土地承包经营权自土地承包经营权合同生效时设立。登记机构应当向土地承包经营权人发放土地承包经营权证、林权证等证书，并登记造册，确认土地承包经营权。"据此，在土地发包关系中，发包人与承包人所订立的土地承包经营权一经生效，无需办理土地承包经营权登记手续，物权即发生变动，承包人即可取得土地承包经营权。在此基础上，第 333 条并未规定"土地承包经营权未经登记，不得对抗善意第三人"，由此可知，该条文关于"登记机构应当向土地承包经营权人发放土地承包经营权证、林权证等证书，并登记造册，确认土地承包经营权"之规定，为纯粹的行政管理手段，并不具有物权对抗要件的意义。根据《中华人民共和国农村土地承包法》（以下简称《农村土地承包法》）第 20、50 条之规定，我国农村土地承包，系采取公开方式进行。这意味着，土地承包经营合同的内容，并非只有合同双方当事人知晓，故而在土地发包关系中，承包人对土地承包经营权的取得，以及其所取得的土地承包经营权对抗效力的具备，均系以土地经营权经营合同的生效为要件。

由此可见，土地承包经营权的设立，其物权变动的模式不同于公示成立主义和公示对抗主义的"两要件"结构，将"合同"的效力与"公示"的效力相互区分，而是采取"一要件"结构，即合同既是物权变动的要件，也是对抗效力的要件。

2. 交通运输工具的所有权变动。《民法典》第224、225条规定，动产物权的设立和转让，自交付时发生效力。其中，对于船舶、航空器和机动车等的物权的设立、变更、转让和消灭，未经登记，不得对抗善意第三人。据此可知，交通运输工具的所有权变动，如车辆买卖，存在"三要件"结构：首先，合同具有债权效力；其次，交付引起物权变动；最后，登记为对抗要件。这意味着，交通运输工具所有权的公示方法，为交通运输工具的登记；而在交通运输工具所有权变动的情况下，其所有权变动的要件，则在于交付。

【训练】 甲欲卖车 A 给乙。

1. 乙何以相信该车 A 归甲所有？

回答：甲是车 A 的登记人。

2. 甲乙订立了车 A 买卖合同。乙是否取得了车 A 的所有权？

回答：否。甲尚未向乙交付汽车 A。但是，根据买卖合同的债权效力，乙享有请求甲如约交付汽车 A，并办理过户登记手续的债权。

3. 乙自何时起，取得汽车 A 的所有权？

回答：甲向乙交付汽车 A 之日。

第三节 非因法律行为所引起的物权变动

如前所述，民事法律行为并非是引起物权变动的唯一原因，法律行为以外的其他法律事实，如事实行为、事件，也可能导致物权的变动。此时，物权变动的发生，不再是当事人意思表示所追求的结果，而是法律直接规定的产物。故因法律行为以外的法律事实所引起的物权变动，不再适用公示原则。

一、国家对自然资源的所有权

国家对自然资源的所有权，是指国家对土地、河流、山岭、滩涂、草原及矿藏资源的所有权。根据《民法典》第209条第2款、第229条之规定，国家对自然资源所有权的变动，其法律构造如下：

1. 国家取得自然资源的所有权，无需以登记为条件。国家对于自然资源所有权的取得，其途径有二：一是法律的直接规定，二是国家的征收决定。因此，相关的法律或征收决定一经生效，国家即可取得相应的自然资源的所有权，而无需以登记作为物权变动的要件。

2. 国家处分其自然资源的所有权，也无需以登记为条件。国家将其所有的自然资源所有权，向其他法人、自然人设立用益物权的，国家无需先行办理登记手续，即可直接与法人、自然人订立用益物权合同。

需要注意的是，国家通过用益物权合同，使法人、自然人取得用益物权的过程，则属于因法律行为所引起的物权变动，其采取公示成立主义模式，即法人、自然人获得用益物权，需以用益物权登记为条件。国家未办理登记，并不妨碍用益物权登记的办理。

二、其他非因法律行为引起物权变动的情形

（一）基于继承引起物权变动

在继承引起物权变动的情况下，继承开始时物权变动即告发生，继承人即可取得被继承人遗产的所有权。这意味着，继承开始后，继承人取得被继承人的遗产，无需完成登记、占有。被继承人死亡后，民事权利能力丧失，不能继续享有其财产的所有权。此时，倘若要求继承人完成相关的登记、占有行为方能取得遗产，势必导致在被继承人死亡后，登记、占有完成前，被继承人遗产处于无主物的状态。因此，继承开始与继承人取得遗产，需同步发生。

需要注意的是，被继承人取得不动产遗产后，如欲向受让人处分，需先行办理不动产登记手续。否则，继承人自己未登记，便无法向受让人完成登记，受让人便无法取得物权。但是，继承人与受让人之间合同的债权效力，不受继承人未登记之事实的影响。

【训练】 甲生三子，且有房屋 A，登记在甲的名下。现甲死亡，未留遗嘱。甲的三子是甲全部的继承人。

1. 现在房屋 A 是谁的？

回答：甲之三子共有。甲之三子取得房屋 A 的所有权，无需以将甲的名字更换为他们的名字为条件。

2. 甲之三子欲将房屋 A 抵押给银行，用以贷款经商。在未将房屋 A 的登记更换到他们名下的情况下，即与银行订立了房屋抵押合同。

（1）银行能否取得房屋 A 的所有权？

回答：否。甲之三子自己未登记，无法向银行办理不动产抵押登记手续。

（2）房屋抵押合同效力如何？

回答：有效，具有债权效力。

（二）基于法律文书引起物权变动

在我国民法中，并非所有的法律文书都具有物权变动的效力。事实上，能够引起物权变动的法律文书，只有三种类型：

1. 物权形成之诉的法律文书。物权形成之诉的法律文书，又称物权变更之诉法律文书，是指法院或仲裁机关作出的、以变动物权为内容的判决书、调解书和裁决书。其中，"以变动物权为内容"，是指法律文书的内容，就是将"这种"物权关系"判"成"那种"物权关系。例如，法院判令夫妻共有的财产，在离婚后归属于一方的判决，即属于物权形成之诉的法律文书。物权形成之诉的法律文书一经生效，物权即发生变动，而无需以登记、占有的完成为物权变动的条件。

【训练】 甲、乙婚后购买房屋 A，登记在甲、乙名下。现甲、乙诉讼离婚，法院判决准予甲、乙离婚，房屋 A 归乙所有。现该判决已经生效。现登记在甲、乙名下的房屋 A 是谁的？

回答：乙单独所有。

2. 法院执行中的以物抵债裁定书。法院在民事执行中，根据案件实际情况，作出以物抵债裁定书的，该裁定书一经送达债权人，抵债之物的所有权即由债权人取得，而无需以登记、占有的完成为物权变动的要件。

3. 法院执行中的拍卖成交裁定书。在法院以民事执行为目的的司法拍卖中，买受人竞价购得拍卖物后，法院所作出的拍卖成交裁定书一经送达买受人，买受人即可取得拍卖之物的所有权，而无需完成登记、占有。

在上述三种情形下，基于法律文书取得不动产物权的人，如欲处分其不动产予受让人，需先行办理登记手续。否则，受让人不能取得物权，但合同的债权效力不受影响。

（三）基于房屋建造、拆除行为变动物权

1. 基于房屋建造行为变动物权。实施房屋建造行为，建造行为完成后，所有权即告成立，而无需以办理不动产登记为所有权取得的条件。但是，所有权人如欲处分该房屋予受让人，需先行办理登记手续。否则，受让人不能取得物权，但所有权人与受让人之间合同的债权效力不受影响。需要注意的是，可以取得所有权的建造行为，需为合法的建造行为，即办理了建筑工程规划许可证等相关手续。否则，所建造的房屋为违章建筑，不能取得所有权。

【训练】甲在自家的宅基地上，合法修建房屋。现房屋已经建好，但未办理所有权登记手续。

1. 甲能否取得该房屋的所有权？

回答：可以。

2. 甲未办理所有权登记手续，却将该房屋出卖给乙。后果如何？

回答：甲、乙的买卖合同有效，但乙不能取得所有权。

2. 基于房屋拆除行为变动物权。实施房屋拆除行为，房屋拆除后，纵然所有权登记并未注销，房屋所有权即告消灭。所有权以所有物为客体，故所有物消灭，所有权消灭。需要注意的是，地震、海啸、台风、泥石流所引起的物权变动，与房屋拆除行为具有相同的法律逻辑。

第三章

所有权

第一节 所有权概述

一、所有权的概念、本质、特征

（一）所有权的概念

我国《民法典》第 240 条规定："所有权人对自己的不动产或者动产，依法享有占有、使用、收益和处分的权利。"在我国，所有权即指所有人对自己的不动产或者动产，依法享有占有、使用、收益和处分的权利。所有权是关于财产归属至为重要的法律制度，具有定分止争的重要功能。自从产生了国家和法律，所有权制度也就随即产生；通过所有权制度确定的财产归属，不仅是维持整个国家财产秩序的必要举措，也能决定一个国家的基本经济和政治制度。

所有权是一种典型的物权，也是物权的原型；在任何一个国家的物权或财产权体系中都占有非常重要的地位。所有权是相对于债权请求权的最典型的支配权；是相对于他物权的自物权；是能够独立存在的主物权；是相对于限制物权的完全物权；也是可以永远存在的无期限物权。

【训练】 甲和乙签订房屋买卖合同，甲购买乙的一栋房屋，并办理了房屋所有权的登记，请问甲从何时拥有对这栋房屋的所有权？

回答：房屋登记之时。

（二）所有权的本质

所有权使个人能够对其所有物进行独立的支配，并排除其他人的干涉。这种权利的重要性也引起了人们对其本质的兴趣。按照马克思主义的观点，所有权并非纯粹的法律逻辑，而是一个历史的范畴。所有权的本质是作为法律上层建筑，对作为经济基础的所有制关系的体现。有什么样的所有制就会有什么样的所有权；所有制的发展变化也导致所有权的发展变化。

我国《民法典》第 206 条规定："国家坚持和完善公有制为主体、多种所有制经济共同发展，按劳分配为主体、多种分配方式并存，社会主义市场经济体制等社会主义基本经济制度。国家巩固和发展公有制经济，鼓励、支持和引导非公有制经济的发展。国家实行社会主义市场经济，保障一切市场主体的平等法律地位和发展权利。"第 207 条规定："国家、集体、私人的物权和其他权利人的物权受法律平等保护，任何组织或者个人不得侵犯。"因此，我国的所有权制度与社会主义公有制完全适应，民法典构建的所有权是国家所有权、集体所有权和私人所有权三大类型。

（三）所有权的特征

所有权作为民法中最为典型的支配权、绝对权，其除了具有物权的一般特征外，还具有如下特征：

1. 所有权权能的全面性和整体性。全面性是指所有权人享有一切不为法律所禁止的权能，能够对物进行全面的支配。相比于其他物权，所有权的内容最充分也最全面。所有权的权能不仅包括对于物的占有、使用、收益，还包括对于物的最终处分权。此外，所有权作为一种最完全的权利，还是他物权得以产生的原权利；地上权、地役权、抵押权、质权、留置权等他物权，仅仅是就占有、使用、收益某一特定的方面对于物享有直接管领的权利，或者说，他物权只是享有所有权的部分权能。我国《民法典》第240条规定："所有权人对自己的不动产或者动产，依法享有占有、使用、收益和处分的权利。"这些规定都体现了所有权权能的全面性。

所有权的整体性，也称所有权的单一性。所有权人享有的权能虽然在占有、使用、收益和处分方面存在具体的差别，但是在整体上表现为统一的支配力。占有、使用、收益和处分的不同权能仅是整体性所有权的不同体现；所有权也并非这些权能的简单相加，而是一个抽象性的、整体性的权利，不允许在内容或时间上进行分割。例如，不动产的所有人就其物为他人设定用益物权或担保物权，即使该不动产的使用、收益、处分等权能都归他人所享有，也在事实上限制了该不动产所有人的权利，但该不动产所有人享有的所有权的性质却不因此而受到影响。

我国《民法典》也认可和维护所有权的整体性，例如在物权体系上，用益物权和担保物权都属于与所有权相并列的他物权；其设立都不能影响所有权的整体性。在《民法典》第241条中规定："所有权人有权在自己的不动产或者动产上设立用益物权和担保物权。用益物权人、担保物权人行使权利，不得损害所有权人的权益。"

【训练】李某在市区有一栋二层小楼，他将一层出租给甲开设了一家小型超市，每年租金3万元；将二层出租给乙办成了一家小旅馆，每年租金2万元。李某自己居住在单位分配的单元房内。由于当时股市回暖，李某特别想炒股赚钱，便向朋友丙借款20万元。丙提出得有担保才能将这么多钱借给李某。李某于是以二层小楼作为抵押，并与丙办理了抵押登记手续。丙便借给了李某20万元，约好两个月后归还。李某迅速将钱投入股市，很快获益，于是按期归还丙20万元。请问，李某上述行为中，他所有的这栋二层小楼是如何发挥所有物的功能的？

回答：所有权具有全面性和整体性。在这个案例中，李某将二层小楼出租给甲、乙是行使自己的所有权；为了借款将小楼设定抵押，也是在行使自己的所有权。李某通过出租和设定抵押，分别实现了二层小楼的使用价值和交换价值。但出租和抵押都不影响李某所有权的全面性和整体性。我国《民法典》第241条规定，所有权人有权在自己的不动产或者动产上设立用益物权和担保物权。用益物权人、担保物权人行使权利，不得损害所有权人的权益。

2. 所有权具有永久性。所有权还具有永久性或恒久性，即所有权本身与所有权的标的相同时、永远地存在，直至标的物灭失。所有权不因所有权人不行使其权利而消灭；即使发生所有权的让与或继承，所有权本身并不消灭，而是由受让人或继承人继续行使。此外，与债权相比，所有权的永久性也不允许当事人预定其存在期限；所有权的终止除了因标的物灭失、取得时效、所有权人抛弃以及其他事由而消灭外，以永久存在为其本质。

3. 所有权具有弹力性和回归力。所有权人对所有物的支配是充分的，即使发生某种权能的限制或分离，也不影响所有权本身的完整性和整体性。这就使所有权表现出弹力性和回归力的特征。所谓"弹力性和回归力"，是指就所有权的某一客体，如果设立了用益物权或者担保物权，则构成对所有权的限制；但是一旦这种限制被除去，所有权又回复其圆满的支配状态。[1]或者说，"弹力性和回归力"是指所有权的诸种权能可以与所有权本身相分离，例如占有、使用、收益乃至于处分，都可以与所有权本身相分离（弹力性）；但这种分离并不影响所有权本身的存在，并且权能与所有权本身分离的状态总会得以回复（回归力），而回复之时，便使所有权人对所有物的圆满支配状态得以实现。因此，所有权的弹力性和回归力能实现所有权的完整性和整体性。

【训练】甲、乙是好友。乙急需向银行借款，甲用自己的房屋给乙设定抵押。请问该抵押权的设定是否会否定甲对房屋的所有权？

回答：设定抵押权不会否定甲的房屋所有权。按照我国《民法典》第241条的规定，所有权人有权在自己的不动产或者动产上设立用益物权和担保物权。用益物权人、担保物权人行使权利，不得损害所有权人的权益。按照所有权弹力性和回归力的特点，即使存在用益物权或者担保物权，也不影响所有权人所有权的存在；如果乙能够按时还款，则甲对房屋的所有权又将回复到圆满的支配状态。

二、所有权的权能

（一）所有权权能概述

所有权作为一种抽象的物权，是所有人对所有物进行全面支配的权利。而"支配"通常需要表现为若干具体的形式，这些形式即所有权的权能。所以，所谓所有权的权能，就是指所有人为了利用所有物以实现其对所有物的独占性而在法律规定的范围内可以采取的各种措施和手段。相对于抽象的所有权本身，所有权的权能是所有权的具体表现。一般认为，从积极方面看，占有、使用、收益和处分都是所有权的具体权能；而从消极方面看，排除他人干涉也应当属于所有权的权能。本书以下也将按照所有权的积极权能和消极权能分别予以介绍。

（二）所有权的积极权能

1. 占有。所有权的占有权能，是指所有权人对所有物实施管领、控制，并允许他人对所有物实施管领、控制的权利。所有权的占有权能，是其使用权能的基础。

2. 使用。所有权的使用权能，是指所有权人按照所有物的性质，对所有物加以利用，并允许他人按照所有物的性质，对所有物加以利用的权利。所有权的使用权能，是其占有权能的延伸。"使用"需受到所有物性质的约束，这是其与"处分"的分界线。例如，用自己的玻璃杯喝水即为对玻璃杯的使用，而将自己的玻璃杯砸毁则为对玻璃杯的处分。需要注意的是，所有

---

[1] 王泽鉴：《民法物权（1）通则·所有权》，中国政法大学出版社2001年版，第151页。

权人使用所有物的权利，与基于所有权人的允许，非所有权人对所有权人之物的使用（例如建设用地使用权、宅基地使用权）有所不同。前者对所有物的使用是全面的，后者则需受到约定或者法定的限制。例如，我国《民法典》第 344 条规定："建设用地使用权人依法对国家所有的土地享有占有、使用和收益的权利，有权利用该土地建造建筑物、构筑物及其附属设施。"第 362 条规定："宅基地使用权人依法对集体所有的土地享有占有和使用的权利，有权依法利用该土地建造住宅及其附属设施。"

3. 收益。所有权的收益权能，是指所有权人收取所有物的新增价值，并有权允许他人收取所有物新增价值的权利。在当代社会，所有权的功能在很大程度上就是为所有权人带来收益，因此收益权能的法律和现实意义显得格外突出。

4. 处分。所有权的处分权能，是指所有权人有权对所有物进行处理，包括消费、毁损、加工、抛弃、转让等。处分是最能体现所有权支配性本质和所有权人自由意志的权能。处分可以分为事实处分和法律处分。事实处分，是指改变所有物的性质、形态，如对所有物的消费、毁损、加工；法律处分，则是指改变所有物的权利，如对所有物的抛弃、转让。一般而言，所有权的处分权能仅归属于所有权人，他物权人一般没有处分权能。但在某些特殊情况下也可以由非所有人行使，例如，抵押权人或质权人在符合法律规定的权利实现条件时对担保物进行处分。此外，基于法律的特别规定，也可以使非所有人享有处分权能。例如，《民法典》第 255 条规定："国家机关对其直接支配的不动产和动产，享有占有、使用以及依照法律和国务院的有关规定处分的权利。"

【训练】甲买了一辆轿车，平时开着车上下班。朋友乙开办公司资金紧张，甲便将这辆车为乙办理抵押贷款，从银行获得贷款 30 万元；后来甲按期归还贷款本息，消灭了抵押权。甲还曾将这辆车借给朋友丙无偿使用了 1 个月。后来经人介绍，将车放在丁的婚庆礼仪公司；如果丁公司有业务需要，就将车开走，每次给甲 600 元。现在，由于甲买房欠戊的钱，甲现在准备把这辆车作价 28 万元抵偿给戊。请问，甲对这辆车的上述使用，是否具有《民法典》物权编的依据？

回答：具有。所有权是所有权人对自己的动产和不动产占有、使用、收益和处分的权利。占有、使用、收益和处分是所有权的权能。在这个案例中，轿车的所有权属于甲。甲平时开着车上下班就是对该车的占有和使用，将该车为甲贷款而作为抵押物、出借给乙也属于发挥所有权的使用权能；将车通过礼仪公司丁出租则属于收益权能；将车给戊抵债则属于处分权能。

（三）所有权的消极权能

所有权的消极权能是指所有权人在法律的限度内有权排除他人的干涉，这是所有权作为绝对权的体现。排除他人干涉的权能往往在受到他人侵害时才能显现，所以相较于占有、使用、收益和处分权能，这种权能被称为消极权能。虽然我国《民法典》并没有明确规定所有权人排除他人干涉的权能，但是我国《民法典》第 114 条第 2 款规定："物权是权利人依法对特定的物享有直接支配和排他的权利，包括所有权、用益物权和担保物权。"所以，在解释上，所有权还应当包括排除他人干涉的权能；并且我国《民法典》物权编第三章还专门规定了"物权的保护",也体现出作为物权典型代表的所有权所具有的排除他人干涉的消极权能。

【训练】赵某新近购买了一套住房。他精心设计房屋的装修风格,决定给卫生间装一个超大的豪华浴缸,为此重新更换了供水管道。不久,楼下田某找来,称自己家卫生间的屋顶严重渗水,已经无法使用。赵某未予理睬。后来,在物业公司的调解下,赵某同意物业公司前来检查,经检查发现是赵某自行更换的供水管道质量较差而导致渗水。物业公司要求赵某重新更换,赵某称若更换就得拆除浴缸,自己太忙无时间,迟迟不予更换。田某一气之下将赵某诉至法院,要求判决赵某尽快更换供水管道。请问,法院应当支持田某的诉讼请求吗?

回答:应当。本案实质是一个相邻关系纠纷。在这个例子中,赵某为自己房屋进行装修、安置浴缸、更换供水管道等行为都属于对自己房屋行使所有权的行为。应当说,依据所有权的权能,赵某不仅有权为这些行为,而且有权排除其他人,包括田某和物业公司的干涉。但是,本案中田某也是自己房屋的所有权人,他对于自己的房屋同样享有积极权能和消极权能;对于赵某行为导致自家卫生间无法使用的状况,田某自然应当行使所有权的消极权能,即排除赵某不当行为的干涉。这样,赵某和田某就所有权的权能就产生了冲突,民法中的相邻关系正是为解决这种冲突而存在的法律制度。

三、所有权的限制

在学理上,对权利的限制可以分为内部限制和外部限制。内部限制是指权利本身负有义务,权利应当为社会目的而行使,并遵循公共利益优先原则,如我国《民法典》第132条规定:"民事主体不得滥用民事权利损害国家利益、社会公共利益或者他人合法权益。"外部限制则是在承认权利的不可侵性和行使自由的前提下,以公法的措施适当限制权利的不可侵性,例如以民法的诚实信用原则、禁止权利滥用原则以及公序良俗原则限制权利的自由性。对所有权来说,同样存在权利的限制问题,而对所有权的限制,也构成民法中权利限制的典型。

如前所述,所有权具有最完整的权能,其积极权能表现为占有、使用、收益和处分,消极权能则体现在可以排除一切他人的非法干涉。为了维持人类生活的共同秩序,就有必要对所有权进行限制。对所有权的限制包括对禁止或限制融通物的规定、有关土地等自然资源利用和环境保护方面的规定以及为了公共利益的征收征用制度等;再如对所有权客体范围的限制、效力范围的限制、相邻关系的限制、所有权行使方式的限制以及所有权负担上的限制等。无论何种限制,都是为了维护人类生活的共同利益。以下我们将结合我国《民法典》的相关规定,讲述我国《民法典》对于所有权的具体限制。

(一)国家专属财产制度

1. 我国的国家专属财产。国家专属财产是指只能由国家拥有所有权并禁止集体和私人取得所有权的财产。我国《民法典》第242条规定:"法律规定专属于国家所有的不动产和动产,任何组织或者个人不能取得所有权。"依据《民法典》的相关规定,国家专属财产包括矿藏、水流、海域,无居民的海岛,城市的土地,无线电频谱资源和国防资产。国家专属财产排除了集体和私人取得其所有权的可能,因此国家专属财产制度的存在构成了集体和私人所有权客体范围的限制。

2. 国家专属财产的民法地位。国家专属财产属于传统民法中典型的"不融通物"，也称"不可有物"，即私人无法拥有所有权的物。这类物以满足公共利益为其存在的目的，不得成为个人私权的客体。对国家专属财产的法律保护措施包括禁止流通、排除善意取得等。对国家专属财产的保护，除了《民法典》中的规定外，还有大量相关的行政法律法规。

【训练】某市政府依法代表国家行使海域所有权，建立了A海域资产经营有限公司，对全市海域实行统一发包。甲水产有限公司与A签订了面积为1375亩的海域使用承包合同，使用期5年。其间，乙养殖有限公司派人阻止甲进行海上作业，称这块海域曾是他们的"承包地"。后又强行拆除了甲已架设的紫菜养殖台架，并在甲的海域使用范围内另行非法架设了养殖台架。为此，甲诉至法院。请问，本案乙的行为合法吗？

回答：不合法。海域属于国家专属财产。甲与A签订合同取得的海域使用权受法律保护；乙强占他人承包海域以及拆除台架行为构成侵权，因此应当承担民事赔偿责任。2001年颁布的《中华人民共和国海域使用管理法》第3条规定："海域属于国家所有，国务院代表国家行使海域所有权。任何单位或者个人不得侵占、买卖或者以其他形式非法转让海域。单位和个人使用海域，必须依法取得海域使用权。"我国《民法典》第247条也规定："矿藏、水流、海域属于国家所有。"因此，本案中乙公司不仅侵害了甲公司对于海域的使用权，同时也侵害了国家专属财产的所有权。

（二）征收

1. 征收的概念。征收是因公共利益的需要对所有权进行限制的典型制度。它是一种运用国家公权力，强制性剥夺集体或私人所有权归国家所有的制度，也是国家独有的所有权取得方式。在我国，因公共建设、城市规划而征收集体土地以及因城市规划拆迁而需要征收居民房屋等情况比较多，征收成为一项重要的对集体和私人所有权限制的制度。

被征收的财产是集体或个人所有的不动产，具体包括两类：一类是集体所有的土地以及集体所有土地之上的承包经营权和宅基地使用权等；另一类是单位和个人的房屋以及其他不动产。除了国家以外，任何集体或个人都不享有征收的权力。征收作为由国家单方做出的所有权剥夺行为，必须严格依法进行，否则就是对集体和私人所有权的侵害。《民法典》第243条第1款规定："为了公共利益的需要，依照法律规定的权限和程序可以征收集体所有的土地和组织、个人的房屋及其他不动产。"

2. 征收的条件。

（1）征收必须是为了满足公共利益的需要。一般认为，公共利益是指有关国防、教育、科技、文化、卫生等关系国计民生的利益。不满足公共利益需要的前提下的非法征收，是对集体和私人所有权的非法侵害。

（2）征收必须符合法律规定的条件和程序。为了防止实践中借征收之名对集体或私人所有权进行非法侵害，必须严格地限定征收的条件，也必须加强对征收的程序控制。依据《中华人民共和国立法法》（以下简称《立法法》）第8条第7项的规定，对非国有财产的征收只能由法律规定，而不能由行政法规和地方性法规来规定。

（3）征收应当对被征收对象做出相应的补偿。征收是一种国家强制性取得所有权的方式，但是征收并非商品交换，也不按照等价有偿的原则来进行。为了保护被征收对象的利益，征收必须对被征收对象做出相应的补偿。我国《民法典》第 243 条规定，征收集体所有的土地，应当依法足额支付土地补偿费、安置补助费，以及农村村民住宅、其他地上附着物和青苗的补偿费等费用，安排被征地农民的社会保障费用，保障被征地农民的生活，维护被征地农民的合法权益。征收组织、个人的房屋及其他不动产，应当依法给予征收补偿，维护被征收人的合法权益；征收个人住宅的，还应当保障被征收人的居住条件。任何组织和个人不得贪污、挪用、私分、截留、拖欠征收补偿费等费用。

（三）征用

1. 征用的概念。征用是国家在有紧急需要时，直接、强制使用单位、个人的财产。紧急需要是指在抢险、救灾等社会整体利益遭遇危机的情况下，需要动用一切人力、物力进行紧急救助。《民法典》第 245 条的规定："因抢险救灾、疫情防控等紧急需要，依照法律规定的权限和程序可以征用组织、个人的不动产或者动产。被征用的不动产或者动产使用后，应当返还被征用人。组织、个人的不动产或者动产被征用或者征用后毁损、灭失的，应当给予补偿。"

2. 征用的特征。与征收相比，征用具有以下特征：

（1）征用也属于对集体或私人所有权的限制。征用的目的仍然是为了公共利益的需要，只是相比于征收，征用的公共利益目的具体体现为国家因抢险、救灾等紧急需要，才强制性地剥夺组织、个人对自己财产的使用权。

（2）征用的对象是组织、个人的不动产或者动产。而征收的对象则是集体所有的土地和组织、个人的房屋及其他不动产。

（3）征用是一种国家的强制使用，不发生征用对象所有权的移转，在征用结束之后，应当将征用对象返还给被征用人，并不像征收那样移转征收对象的所有权。

（4）征用的权限和程序都体现出在紧急需要的前提下，由国家单方面决定的特色，而与征收中必须保护被征收人利益并且在征收程序中给与被征收人表达意愿机会的特点不同。

（5）在征用的补偿标准方面，征用的补偿有两种情况：一是使用补偿，即组织、个人的财产被征用而应当给予补偿；二是毁损、灭失的补偿，即组织、个人的财产被征用后毁损、灭失所应当给予的补偿。而征收的补偿则与征用不同，征收集体土地，应当依法足额支付土地补偿费、安置补助费、地上附着物和青苗的补偿费等费用，安排被征地农民的社会保障费用，保障被征地农民的生活，维护被征地农民的合法权益。征收组织、个人的房屋及其他不动产，应当依法给予拆迁补偿，维护被征收人的合法权益；征收个人住宅的，还应当保障被征收人的居住条件。

【训练】疫情时期，甲医院被确定为定点收治医院。由于病人太多，该院迫切需要增加一台呼吸机。经多方联系，乙医院表示愿意支援。但甲医院多方联系，由于害怕染病，没有一家搬家公司愿意将这套重 370 公斤的仪器从乙医院搬至甲医院。甲医院不得已找到当地派出所请求帮助。经所长多方联系，终于找到一辆货车，但是没有搬运工人愿意将仪器抬下货车，医生们只好亲自动手，终于将仪器搬进了甲医院。请问，这个事情民法上有无应对办法？

回答：可以依据《民法典》关于征用的规定处理。征用的前提是"抢险救灾、疫情防控等紧急需要"，疫情时期符合该要求。因此，上述事件甲医院为了救治病人所需要的呼吸机完全可以按照征用的程序进行。但本案历经辗转，后来由派出所出面才解决了机器的搬运车辆，但搬运人员的问题最后还是无法解决，这也提示我们关于征用程序的法律规定其实还相当欠缺。

第二节　国家所有权

一、国家所有权概述

（一）国家所有权的概念

国家所有权就是国家对国有财产享有的所有权。在我国，国家不仅是国家政权的承担者，也是国有财产的所有者。国家所有权是社会主义条件下的一种所有权形式，是国家对国有财产的占有、使用、收益和处分的权利，是我国全民所有制在法律上的体现。

（二）国家所有权的特征

1. 国家所有权的功能是实现公共利益。国有财产的存在是为了实现社会公共利益这个特定的目的，这与私人财产和集体财产的功能截然不同。私人财产的存在是为了实现个人的生活目的，而集体财产则是为了实现特定集体的共同目的。因此，国家所有权在功能上与全民所有制是一致的，都是为了实现社会公共目的。

2. 国家所有权的取得、实现方式多样。正是由于国家所有权具有实现社会公共利益的功能，这种所有权的实现方式较多，这也是国家所有权与私人所有权、集体所有权的显著区别。国家所有权的取得，既可以通过法律直接规定专属于国家所有的财产范围，也可以通过征收等方式将集体、私人的财产转化为国有财产。国家所有权的实现，既可以采取国家直接享有所有权的方式，也可以由国家出资设立有限责任公司、股份有限公司或其他企业，来实现国家的财产所有权。

【训练】某机关事务管理局由于近年来职能弱化，造成2亩多办公用地闲置。该地属于国家的划拨用地。2012年，该单位以闲置土地作为出资，与某开发商签订联建合同，由开发商投资建商品楼一栋。双方约定，建成后商品楼的一层房产归该单位，其余房产收益归开发商所有。2015年，国土资源局对这一案件进行了查处。请问，本案中，某机关事务管理局的行为合法吗？

回答：不合法。行政单位占有、使用国有土地是为了完成所负担的行政职责，因而具有鲜明的公共利益目的，不容违反。在本例当中，某机关事务管理局对于其享有使用权的划拨土地并无处分权，其与某开发商签订联建合同的行为违反了有关划拨土地使用权管理的规定，应当属于无效。本案机关事务管理局对国家的划拨土地只能按照批准用途来使用，不能进行转让、出让或抵押。以无偿划拨方式取得土地使用权的机关事业单位，如果因该机关事业单位迁址、解散、撤销或其他原因停止使用土地的，或是不能充分利用划拨土地，造成部分划拨土地闲置的，应由县级以上人民政府无偿收回，并可以依法进行出让。但不能任由这些单位对划拨土地进行租赁、出售，或者进行经营性房地产开发等。国土资源局不仅应当收回土地，还应当对某机关事务管理局予以处罚。应当对违法使用国有土地的单位没收违法所得；对单位负责人，向监察部门提出行政处分建议，追究行政责任；情节严重，触犯刑法的，依法追究刑事责任。

二、国家所有权的主体

国家所有权的主体是国家。国家作为一个统一的、抽象的主权和政权组织，同时也享有民法上的所有权。我国《民法典》第246条第2款规定："国有财产由国务院代表国家行使所有权。法律另有规定的，依照其规定。"据此，国务院代表国家行使所有权，应当依法对人大负责，受人大监督。

【训练】国家所有与全民所有、"政府所有"的含义一样吗？

回答：我国的国家所有权主体是国家而非政府。在马克思看来，所有制是人们在生产过程中对物质资料的占有关系，是一种客观存在和一个经济范畴；由于生产资料的占有总是不能脱离一定的社会条件，因此，不同的所有制形式反映的是人与人之间不同的社会经济关系。我国的社会主义公有制和"全民所有"，在最终目的上是保障全社会的民主和社会公平。但"全民"并不适宜作为民法中的所有权主体，并且极易导致所有权主体的缺位，从而在事实上损害公共财产的利益。而国家作为主体享有所有权在事实上和法律上都是可行的。因此，"国家所有即全民所有"的立法表达，其实是强调国家所有权的本质或功能是实现全民的公共利益。

"政府所有"在我国是不符合《民法典》规定的。社会主义国家强调国有财产归属于全民，是对国家这个社团法人的组成人员——全体人民的公平对待。我国《民法典》坚持"国家所有即全民所有"的国家所有权本质，也要坚持国家所有权主体的统一性和唯一性。国家是国家所有权唯一和统一的主体，国家以外的任何国家机关、企事业单位或公民个人都不能成为国家所有权的主体或与国家共同成为国家所有权的主体；国家所有权只能由中华人民共和国统一行使、统一掌握，非经国家授权，任何单位或个人都无权行使国家财产的所有权。

（一）国家所有权主体的唯一性

在我国，国家所有权的主体是国家，除了国家以外，任何国家机关、企业事业单位或私人，都不能成为国家所有权的主体，也不能与国家一起成为国家所有权的主体。国家作为国家所有权的主体具有唯一性。

既然国家是唯一的国家所有权主体，那么事实上占有、使用，乃至于收益和处分国有财产的国家机关、企业事业单位等都不是国家所有权的主体。在国家所有权主体唯一性的前提下，国家机关和事业单位只能依法享有相关国有财产的占有、使用等具体权能。进而，国家出资设立的营利法人，对国家的出资也不享有所有权。正如《民法典》第269条第1款规定："营利法人对其不动产和动产依照法律、行政法规以及章程享有占有、使用、收益和处分的权利。"由于营利法人需要自主经营，而自主经营必然需要享有对其财产的"占有、使用、收益和处分"权。但即使国家出资的营利法人对其财产享有的权利具有程度较高的自主性和灵活性，它依然是他物权而非所有权。

【训练】某国有企业为扩大规模，拟从甲外商处购进价值 8900 万美元的设备，当地政府却决定让该企业从外商乙处进口相似的设备，但价值高达 9900 万美元，造成该企业实际多花掉了 1000 万美元。外商乙曾向中国某银行借款 3000 万美元，只还了 1500 万美元，剩余部分未还。而政府某领导竟然批准决定让这家国有企业替外商还这 1500 万美元的银行欠款，使这家国有企业遭受了上亿元人民币的损失。而外商乙则通过上述两项活动获得了几千万美元的收益。这一案例中，有哪些违反了《民法典》？

回答：依据我国《民法典》的规定，国家对其出资设立的企业，由国务院、地方人民政府依照法律、行政法规分别代表国家履行出资人职责，享有出资人权益。而国有企业同时也享有经营自主权。在本例中，当地政府以行政命令的方式要该国有企业购进高价值的设备并替外商乙清偿所欠银行的债务，显然损害了该国有企业的经营自主权，也造成了大量国有财产的流失。随着《民法典》的实施，国务院和地方政府如何才能正确履行"出资人职责"，享有"出资人权益"就是实践中一个相当重要的问题。《中华人民共和国企业国有资产法》（以下简称《企业国有资产法》）中对这个问题进行了比较清晰的规定：要求国务院和地方人民政府应当按照政企分开、社会公共管理职能与国有财产出资人职能分开、不干预企业依法自主经营的原则，依法履行出资人职责。只有这样才能有效地防止政府侵害国有企业的经营自主权，防止国有财产流失。

（二）我国国有财产的管理体制

尽管国家是国有财产唯一的所有权人，但我国的国有财产存在由国家机关进行管理的体制。我国的国有财产包括三大类：一是资源类国有财产，包括土地及其他各种自然资源；二是由机关事业单位占有的国有财产；三是企业类的国有财产。由此也形成了三种不同的国有财产管理体制：

1. 资源类国有财产管理。对于土地及其他各种自然资源，目前已经有了较为完整的立法来施行国家对这些财产的管理。这些自然资源类的法律均明确规定由国务院代表国家行使所有权。

2. 行政单位占有、使用的国有财产。行政单位国有财产，是指由各级行政单位占有、使用的，依法确认为国家所有，能以货币计量的各种经济资源的总称。行政单位对其所占有、使用的国有财产承担管理职责。

3. 事业单位占有、使用的国有财产。事业单位国有财产，是指事业单位占有、使用的，依法确认为国家所有，能以货币计量的各种经济资源的总称。事业单位对其所占有、使用的国有财产承担管理职责。

4. 企业中的国有财产。对于企业国有财产，《企业国有资产法》第 2、3 条规定，企业国有财产，即国家对企业各种形式的出资所形成的权益，其为国家所有即全民所有，国务院代表国家行使国有财产所有权。据此，中央政府和地方政府分别代表国家履行出资人职责、享有所有者权益，是我国国有财产管理体制的要求。

三、国家所有权的客体

（一）国有财产的客体地位

就国家所有权而言，国家所有权的客体并非"不动产和动产"，而是"国有财产"。这主要是因为国家所有权的客体具有实现公共利益目的的功能，而为了实现公共利益的目的，很多难以归属于民法中"动产和不动产"的物质资源也必须作为国家所有权的客体，因此对国家所有权，不能以"不动产和动产"来概括其客体，而只能将"国有财产"作为国家所有权的客体。

（二）国有财产的具体范围

国有财产的范围由法律规定，可以分为国家专有财产和非专有财产两大类。前者只能归属于国家，后者则也可由国家以外的其他民事主体享有所有权。

1. 国家专属财产。

（1）矿藏、水流、海域；

（2）无居民海岛；

（3）城市的土地；

（4）无线电频谱资源；

（5）国防资产；

（6）铁路、公路、电力设施、电信设施和油气管道等基础设施；

（7）法律规定属于国家所有的野生动植物资源；

（8）法律规定属于国家所有的文物。

2. 国家非专属财产。

（1）森林、山岭、草原、荒地、滩涂等自然资源除了国家所有外，还存在集体所有的情形。例如《民法典》第 260 条第 1 项中规定："集体所有的不动产和动产包括：①法律规定属于集体所有的土地和森林、山岭、草原、荒地、滩涂……"

（2）国家机关、事业单位、国有企业直接支配的财产属于国家所有，国家出资企业中国家投资所形成的资产，也属于国有财产。在大多数情况下，国家机关直接支配的房屋、办公设施、教育设施、医疗设施、机器设备、现金等，从财产性质上讲，也可由国家以外的民事主体所有。

【训练】某国有企业在改制重组过程中，将部分优良资产转移到由该企业员工的家属、退休职工以及政府领导的亲属组建的甲股份公司中。该国有企业原来有 14 000 万元的净利润，在转让时竟然给甲公司转让了 16 000 万元净利润。而该国有企业在账面上已经资不抵债，之后便申请破产。而甲公司在经营了一段时间后便开始实施员工持股计划，普通员工每位平均获得约 20 万元的股票，公司高管人员获得的股票更多。一年后，在甲公司成功上市的情况下，员工和高管人员所持的股票在法定禁售期届满后即可在证券市场上出卖。请问本案中，有哪些违反了《民法典》关于国有财产保护的规定？

回答：国有企业改制和重组的目的是适应市场经济的要求，增强企业在市场经济中的活力，但借国有企业改制重组而损害国家所有权的情况比较严重，本案例即为一个典型例证。我国《民法典》第 259 条规定："履行国有财产管理、监督职责的机构及其工作人员，应当依法加强对国有财产的管理、监督，促进国有财产保值增值，防止国有财产损失；滥用职权，玩忽职守，造成国有财产损失的，应当依法承担法律责任。违反国有财产管理规定，在企业改制、合并分立、关联交易等过程中，低价转让、合谋私分、擅自担保或者以其他方式造成国有财产损失的，应当依法承担法律责任。"2009 年 5 月 1 日起实施的《企业国有资产法》要求国有财产管理部门严格履行出资人职责，特别是在国有企业改制和重组中要加强对国有资产的保护，防止如本例中将国有财产变为私人财产的违法行为。

第三节 集体所有权

一、农民集体所有权的概念和特征

（一）农民集体所有权的概念

农民集体所有权是指农村中的社区，即村、村民小组、乡等社区集体的成员集体，对本集体的不动产和动产，按照集体意志占有、使用、收益和处分的权利。

（二）农民集体所有权的特征

1. 农民集体所有权的主体是农村一定社区范围的成员集体。《民法典》第 261 条明确规定了农民集体所有的不动产和动产，属于本集体成员集体所有。这就确立了农村各个成员是本集体不动产和动产的所有权人，确立了成员集体的所有权主体地位。所谓成员集体，就是集体成员的全体，他们是具有共同利益认同感的居民群体。他们认同社区内的土地等自然资源和其他生产资料由全体成员集体享有，而不得为少数人垄断。在这种利益认同原则下，他们以集体形式共同享有所有权。这些成员集体是作为集体成员的自然人以特殊形式——集体或者群体形式，享有所有权。集体是成员的互相联系，与成员密不可分，集体不能脱离成员而独立存在，成员构成集体也不失个人之主体地位。在特定的社区集体中，只要成员处于集体之中，与集体共存在，他就是集体所有权的构成分子。正如马克思论述原始公社所有制时曾说："每一个单个的人，只有作为这个共同体的一个肢体，作为这个共同体的成员，才能把自己看成所有者或占有者。"[1]

2. 农民集体所有权的客体是属于本集体所有的不动产和动产。农民集体所有权的客体包括《民法典》第 260 条规定的可以属于集体所有的各种不动产和动产。例如，法律规定属于集体所有的土地和森林、山岭、草原、荒地、滩涂；集体所有的建筑物、生产设施、农田水利设施；集体所有的教育、科学、文化、卫生、体育等设施；集体所有的其他不动产和动产。对于这些财产各个集体都可以依据法律规定和具体的法律事实取得。这些财产都是本集体范围公有化的财产，是为成员的集体利益存在的。

3. 农民集体所有权依照集体成员的集体意志行使。集体成员的集体意志是集体成员的民主

---

[1] ［德］马克思、恩格斯：《马克思恩格斯全集》（上册）（第 46 卷），中共中央马克思恩格斯列宁斯大林著作编译局译，人民出版社 1979 年版，第 472 页。

意志，集体所有权是集体成员的民主所有权。行使集体所有权所涉及的重大事项都要由集体成员依照法定程序民主决定。

4. 农民集体所有权要由本集体成员的集体代表机构代表成员集体行使。集体所有权是成员集体的所有权。成员集体要形成集体的意志并按集体意志处理日常的所有权事务，对内管理，对外代表集体活动，就必须要有自己的代表机构。《民法典》第 262 条规定，属于村农民集体所有的土地等，由村集体经济组织或者村民委员会代表集体行使所有权；分别属于村内两个以上农民集体所有的，由村内各该集体经济组织或者村民小组依法代表集体行使所有权；属于乡镇农民集体所有的，由乡镇集体经济组织代表集体行使所有权。

5. 农民集体所有权不可分割。集体所有权不可分割是指集体成员对属于本集体的不动产和动产享有所有权，但集体成员不得将集体所有分割成成员个人的单独所有。集体成员对集体的财产以集体一分子的身份、以集体名义享有所有权，成员个人对集体财产永远没有现实的、具体的应有份，不发生集体成员对集体财产的分割、继承和转让问题。即使其脱退集体或者死亡也不发生个人对集体财产份额的分割和继承问题。这是由集体所有制的公有制性质决定的，也是集体所有权对集体所有制的基本保障。

6. 农民集体所有权以实现集体成员的利益为最终目的，集体成员对集体所有权具有受益权利。集体所有权不可为集体成员所分割，它是为实现集体成员的共同利益、长远利益、社会利益而存在的，因此，集体所有权的不可分割与集体所有权实现集体成员利益的目的是一致的，而不是矛盾的。集体成员在不可分割的共同所有的集体所有权的基础上，通过多种形式实现成员的集体利益和个人利益。其集体利益和每个成员的共同个人利益是一致的。例如，在对集体所有的土地共同所有的基础上，成员个人以成员所有者的身份依法可以承包经营集体土地获得基本的生产资料，依法取得宅基地使用权以获得基本的生活条件。这些都不是对集体所有权的分割，而是在集体所有的基础上，以集体所有权主体成员身份为依据，以他物权形式实现集体成员个人利益的。集体所有权对集体成员个人利益的实现还表现在集体为成员个人提供共同享有的共益设施，提供集体福利分配。例如，将土地征收补偿款、集体经营收入的一部分作为福利分配给集体成员个人。在这里，集体福利分配与集体所有权的不可分割并不矛盾。因为集体所有权的不可分割是指由集体所有制决定的基本生产资料所有权必须由集体所有，不可改变为成员个人的私人单独所有，而集体福利分配则正是在坚持不可分割的共同所有的基础上对福利性可分配财产的分配，它不动摇集体所有权的根基。

二、农民集体所有权的客体

农民集体所有权的客体是指集体所有权的对象，即哪些不动产和动产可以成为集体所有权的对象。《民法典》关于集体所有权客体的规定就是明确集体所有权的客体范围。依据我国《民法典》第 260 条的规定，集体所有的不动产和动产包括：

（一）法律规定属于集体所有的土地和森林、山岭、草原、荒地、滩涂

集体对土地、森林、山岭、草原、荒地、滩涂等自然资源享有所有权，是以国家法律的规定为依据的。法律之所以规定这些资源性财产归集体所有，是由集体所有制的性质决定的。在

农村实行集体所有制，就是要把土地、森林、山岭、草原、荒地、滩涂这些基本的自然资源由集体成员公有，而不得为个别人私有，从而保障社会成员能够公平地享有这些社会资源，获得生存的基本条件，以防止自然资源向少数私人集中，由少数人垄断。在农村，对于农民来讲，土地等自然资源是其安身立命的基本条件。实行土地私有和自由买卖，必然导致土地向少数所有者集中和垄断，从而使一部分人失去生存的基本条件，这是为我国历史发展所证明的。因此，新中国建立后，我国实行了农村土地等自然资源的集体公有制，以集体公有制的形式将这些资源集中为社会的资源，为社会成员公平享有。法律规定这些自然资源为集体所有，为集体土地等自然资源所有权的产生提供了法律依据。但对于各集体具体的土地等自然资源不动产所有权，其产生则是由 20 世纪 50 年代的合作化、集体化等生产资料公有化措施实现的。

（二）集体所有的建筑物、生产设施、农田水利设施

集体所有的建筑物，如房屋、厂房等；生产设施，如大型农业机械、机器设备；农田水利设施，如水库、抽水站、灌溉设施。

（三）集体所有的教育、科学、文化、卫生、体育等设施

集体所有的教育、科学、文化、卫生、体育等设施是指集体所有的为集体成员服务的公益设施。大部分农村集体在村一级一般都有村办小学、文化站、合作医疗站，有的还有农业科技推广站、畜牧兽医站，有的还有体育健身馆、文艺演出器材、舞厅等。这些设施大多是由集体积累、农民集资、社会捐助、国家扶持等筹建的，但所有权属于农民集体。

（四）集体所有的其他不动产和动产

对于集体所有的客体范围，除法律规定专属于国家所有的不动产或者动产，集体不能享有所有权以外，法律一般没有特别的限制。因此，除以上列举的常见的集体所有不动产和动产种类以外，对于其他不动产和动产，只要集体依据法律规定事实取得所有权的，集体都可以享有所有权。例如，集体开办的农贸市场、集体的交通工具、集体开办的矿场及其设备、集体企业的原材料等。

三、农民集体所有权的行使机制

农民集体所有权是集体成员对本集体所有的不动产和动产的所有权，因而是成员集体的多数人的共同所有。其所有权的行使就需要成员集体的协力，就要建立相应的所有权行使机制。我国《民法典》第 261 条规定了应当依照法定程序由本集体成员决定的事项。第 262 条规定了农民集体所有权行使的代表。第 264 条规定了集体所有权行使的代表机构应当向本集体成员公布集体财产状况。依据这些规定，农民集体所有权的行使机制包括两个层次：集体成员和集体经济组织或者村民委员会、村民小组。前者为集体所有权行使的权利层次；后者为集体所有权行使的代表组织。

（一）农民集体成员在集体所有权行使中的权利

所有权的行使应当体现所有权主体的意志，实现所有者利益。农民集体所有权的主体是本集体的成员集体。成员集体的意志和利益决定集体所有权的行使。成员集体的意志是集体所有权行使的最高意志，成员集体拥有行使集体所有权的权利。因此，集体所有权行使的重大事

项，也就是涉及集体成员重大利益的事项，应当由集体成员民主决定。

依据《民法典》第261条第2款规定，下列事项应当依照法定程序经本集体成员决定：

1. 土地承包方案以及将土地发包给本集体以外的组织或者个人承包。土地是最基本的农业生产资料，也是农民安身立命的基本社会保障。对于土地的承包涉及每个集体成员的根本利益，是农民集体所有权行使中头等重要的事项。因此《民法典》规定，承包经营方案拟将土地发包给本集体以外的单位或个人应当由集体成员依法定程序决定。

2. 个别土地承包经营权人之间承包地的调整。在土地承包经营期间，个别土地承包经营权人承包地的调整涉及土地承包经营权的稳定，涉及被调整土地承包经营权人的利益。因此，应当由集体成员决定。

3. 土地补偿费等费用的使用、分配办法。土地补偿费等费用，是指依据《民法典》第243条规定，为了公共利益的需要，依照法律规定的权限和程序，由国家征收集体所有的土地而支付的土地补偿费、安置补助费，以及农村村民住宅、其他地上附着物和青苗等的补偿等费用，安排被征地农民的社会保障费等费用。这些费用有的是补偿给集体的，从理论上讲，对于土地补偿费，集体可以用来解决土地被征用后的生产发展和农民生活问题。但现实操作中这些费用基本上都是直接补偿给集体成员个人，以解决其生活出路和社会保障问题。因此，这些费用如何分配，如何确保这些费用直接公平的分配于集体成员，关系到被征地农民的生活和生存发展。因此，对这些费用的使用和分配，《民法典》规定应当由集体成员依照法定程序决定。

4. 集体出资的企业所有权变动等事项。许多农民集体都以集体土地使用权和资金等财产出资举办企业，发展和壮大集体经济。此外，集体经济组织也可以依据《公司法》《合伙企业法》以及其他企业法的规定依法出资公司、合伙和其他形式的企业。集体所有企业所有权的变动属于对集体财产的重大处分事项，关系本集体每个农民成员的利益，而且在企业的转制、转让、抵押过程中很容易造成集体资产的流失。因此，《民法典》规定对集体出资企业所有权变动等事项，应当依照法定程序经本集体成员决定。这样就可以防止集体经济组织的干部擅自处置集体企业资产所有权，损害集体成员利益。

5. 法律规定的其他事项。法律规定的其他事项，是指《民法典》第261条明确规定的上述几类事项以外，由法律规定的应当由本集体成员决定的其他事项。依据《中华人民共和国村民委员会组织法》（以下简称《村民委员会组织法》）第24条规定："涉及村民利益的下列事项，经村民会议讨论决定方可办理：①本村享受误工补贴的人员及补贴标准；②从村集体经济所得收益的使用；③本村公益事业的兴办和筹资筹劳方案及建设承包方案；④土地承包经营方案；⑤村集体经济项目的立项、承包方案；⑥宅基地的使用方案；⑦征地补偿费的使用、分配方案；⑧以借贷、租赁或者其他方式处分村集体财产；⑨村民会议认为应当由村民会议讨论决定的涉及村民利益的其他事项。"在这九项涉及村民利益的事项中，除第4和7项由《民法典》第243条列明以外，其他事项都是应当由本集体成员决定的。

（二）各农民集体所有权的行使代表

农民集体所有权的行使代表是指代表各集体成员集体行使所有权权能的机构。《民法典》

第 262 条分别就村农民集体、村内农民集体、乡镇农民集体规定了各自相应的农民集体所有权行使的代表。

1. 村农民集体所有权行使的代表。《民法典》第 262 条规定，对于集体所有的土地和森林、山岭、草原、荒地、滩涂等，属于村农民集体所有的，由村集体经济组织或者村民委员会代表集体行使所有权。在这里，村农民集体，是指在农村按照居住状况和人口多少并参照历史习惯和经济状况划分的村民自治社区的成员全体。村是农村的基本社区。依据《村民委员会组织法》第 3 条第 1 款规定："村民委员会根据村民居住状况、人口多少，按照便于群众自治，有利于经济发展和社会管理的原则设立。"属于村农民集体所有的，由村集体经济组织或者村民委员会代表集体行使所有权，对内组织成员参与集体所有权的行使、管理集体所有的财产，对外代表本集体从事民事活动。

村集体经济组织或者村民委员会代表集体行使所有权的职责包括：召集村集体成员会议或成员代表会议，提请集体成员会议或成员代表会议讨论决定涉及集体利益的事项；办理集体成员会议或者成员代表会议决定的事项；代表村集体进行承包土地的发包和管理；代表村集体以村有集体资产投资设立有限责任公司、股份有限公司或者其他企业，并按照约定的比例或者出资比例享有资产收益、重大决策以及选择经营管理者等权利并履行义务；代表集体维护集体所有的财产不受任何单位和个人的侵占、哄抢、私分、破坏；村集体所有的土地被征收、征用时代表集体签订补偿协议，并取得各项补偿款；等等。

2. 村内两个以上农民集体所有权的行使代表。村内两个以上农民集体，是指在村范围内划分的社区集体，实际上是指在改革开放以前的人民公社的各个生产队集体。改革开放后，原生产大队这级基本上设置为行政村，原大队内的生产队就成为村内的村民小组，原已经属于各个生产队集体所有的土地等集体财产就是属于村民小组集体所有的土地和财产。每个村都有两个以上的村民小组集体，这就是法律所规定的村内两个以上的农民集体所有。

《民法典》第 262 条第 2 项规定："分别属于村内两个以上农民集体所有的，由村内各该集体经济组织或者村民小组代表集体行使所有权。"据此，村内两个以上农民集体所有权的行使代表的法律规则是：

（1）村内各农民集体虽然是在村的范围内，是村民自治的基层组织，但其在所有权的享有上各村内集体与村集体都是各自独立的，各自拥有属于本集体所有的土地和财产。村内各集体之间其土地和财产所有权边界是相互区分、各自独立的；各个村内集体与村集体的土地和财产边界也是相互区分、各自独立的。村农民集体只能拥有属于村农民集体所有的土地和其他财产，不能对属于村内集体（即村民小组集体）的财产享有所有权。

（2）村内设立了经济合作社、工商公司等经济组织的，由村内集体经济组织代表本集体成员集体行使所有权。没有设置集体经济组织的则由村民小组直接行使本集体成员的集体所有权。村民小组，是指由村民委员会按照村民居住状况等因素将村民划分成的小组，是本组村民的群体。

3. 乡（镇）农民集体所有权行使的代表。乡镇是比村更大的农村社区，它一般是由多个自治（行政）村构成的社区。改革开放以来，在原人民公社的社区范围经过政社分设，设立了乡（镇）政权和乡（镇）社区农民集体。原来属于人民公社集体所有的土地和其他财产，属于乡（镇）农民集体所有。《民法典》第 262 条第 3 项规定，属于乡镇农民集体所有的，由乡镇集体经济组织代表集体行使所有权。从理论上讲，乡（镇）人民政府是国家政权组织，因而不能作为乡（镇）农民集体所有权行使的代表。但是，在一些没有成立乡镇集体经济组织的地方，实际上由乡镇政府代管乡镇集体所有权的行使。

（三）农民集体所有权行使之监督

农民集体所有权的主体是本集体的成员集体，其所有权由其代表机构代表其行使。为了确保代表成员集体行使所有权的集体经济组织、村民委员会及其负责人和工作人员能够忠实地履行职责，实现集体成员的利益，就应当赋予每个集体成员对集体所有权行使代表的民主监督权利，而集体成员参与民主监督和有效进行民主监督的前提就是知情权，了解集体所有权的行使代表管理集体财产的各种信息。正是从保障集体成员对集体所有权行使代表的监督权的有效实现出发，《民法典》第 264 条明确规定了农村集体经济组织或者村民委员会、村民小组有应当向本集体的成员公布集体财产状况的义务。该条规定有以下要点：

1. 代表集体行使所有权的组织有公布集体财产状况的义务。这是《民法典》为确保集体成员利益对集体所有权的行使代表规定的法定义务。这里农村集体经济组织包括了代表本集体行使集体所有权的各个经济组织，如村集体经济组织、村内集体经济组织、乡（镇）集体经济组织，此外还有代表本集体成员集体行使所有权的村民委员会、村民小组等。

2. 公布集体财产状况应当依照法律、行政法规以及章程、村规民约进行。例如，我国《村民委员会组织法》第 30 条第 1 款、第 2 款规定："村民委员会实行村务公开制度。村民委员会应当及时公布下列事项，接受村民的监督：①本法第 23 条、第 24 条规定的由村民会议、村民代表会议讨论决定的事项及其实施情况；②国家计划生育政策的落实方案；③政府拨付和接受社会捐赠的救灾救助、补贴补助等资金、物资的管理使用情况；④村民委员会协助人民政府开展工作的情况；⑤涉及本村村民利益，村民普遍关心的其他事项。"这些事项中涉及集体财产所有权变动情况、集体财务收支情况、土地承包方案、宅基地使用情况、集体财产的分配情况、集体财产的投资及其收益等的，都是涉及本村村民利益的事项。

3. 应当确保集体成员对本集体财产状况公布资料的查阅和复制权。《民法典》第 264 条在规定农村集体经济组织或者村民委员会、村民小组向本集体成员公布集体财产状况的义务的同时，明确规定了集体成员有查阅、复制相关资料的权利，也就同时规定了农村集体经济组织或者村民委员会、村民小组保障本集体成员查阅、复制集体财产状况相关资料的义务。

4. 集体成员对农村集体经济组织、村民委员会或者其负责人作出的侵害成员合法权益的决定具有撤销权及其诉权。《民法典》第 265 条明确赋予了集体成员请求人民法院撤销农村集体经济组织、村民委员会或者其负责人作出的侵害其合法权益的决定的诉权。撤销权是形成权性质的民事权利，集体成员可以以诉的方式实现，这是一个重大的进步。在以往的司法实践中，对集体成员就农村集体经济组织、村民委员会及其负责人侵害其合法权益提起诉讼的，人民法院往往以"属于集体组织内部纠纷"为由不予受理,致使权利受损害的集体成员告状无门,其权利难以得到司法救济和保护,同时也助长了农村集体经济组织、村民委员会及其负责人损害集体成员合法权益行为的发生。《民法典》第 265 条对集体成员的诉权作出明确的规定,使集体成员在集体所有中享有的民事权利,在受到农村集体经济组织或者村民委员会及其负责人作出的决定的侵害时,可以通过司法途径获得救济。这种诉讼属于撤销不当决定之诉,提起诉讼的主体是因农村集体经济组织或者村民委员会及其负责人作出的决定权利受到侵害的任何集体成员,诉讼的对象是农村集体经济组织或者村民委员会及其负责人作出的侵害集体成员合法权益的决定。

四、城镇集体所有权

(一)城镇集体所有权概述

城镇集体是相对于农民集体而言的,它是指城镇一定社区或者经济组织的居民或者劳动群众,为实现自我服务,解决成员在生产、生活、就业等方面的困难,而共同拥有生产资料,形成的集体组织。

我国的城镇集体所有制最初是在对个体手工业进行社会主义改造的过程中,通过组织手工业生产合作社建立的。20 世纪 80 年代以来,各级地方政府和全民所有制企业单位为了安置待业青年又创建各类劳动服务公司企业。在劳动服务公司集体企业中,除企业占用的国有资产外,其余财产归企业的全体劳动者集体所有。因此,我国的城镇的集体所有制企业主要有三种情况:一是城市的街道社区举办的集体所有制企业;二是自 20 世纪 50 年代由个体手工业和资本主义工商业进行社会主义改造建立的手工业生产合作社、合作商店、运输合作社等合作社基础上转变的集体所有制工业企业、商业企业和运输企业;三是国有企事业单位创办的劳动服务公司企业。随着市场经济的发展,许多城镇集体企业经过改制已经改为公司制企业,有的改制为职工全员持股的股份合作制企业,也有的改制为私人企业。

城镇集体所有制企业的本质属性在于生产资料和其他财产的集体所有,集体所有就要以实现集体劳动群众的利益为根本目的,集体企业是劳动者的企业。城镇集体所有权对集体利益的实现体现在集体经济的发展和集体财产的保值和增值。而对于集体劳动者的利益实现主要体现在为集体劳动者(主要是弱势劳动群体)提供就业机会,按劳分配使劳动者获得劳动收入,以集体资金为劳动者提供社会保障,缴纳各种劳动保障基金。如果城镇集体所有制企业进行资本制企业改制,如改制为有限责任公司、股份有限公司、个人合伙企业等企业形式,它就不再是集体所有制企业,其企业产权也就不是集体所有权性质,其企业财产权就适用企业法人财产权或私人所有权的规定,其企业组织活动的法律适用就适用《中华人民共和国公司法》(以下简称《公司法》)、《中华人民共和国合伙企业法》(以下简称《合伙企业法》)、《中华人民共和国个人独资企业法》)(以下简称《个人独资企业法》)等法律规定。

(二)城镇集体企业的生产资料和财产归属

《民法典》第 263 条规定:"城镇集体所有的不动产和动产,依照法律、行政法规的规定由本集体享有占有、使用、收益和处分的权利。"这里由"本集体"享有,即以集体组织的名义享有，而不像农民集体所有权规定为本集体成员集体享有。由本条规定可以看出，城镇集体所有权就是城镇集体经济组织法人依照法律、行政法规的规定对本集体所有的不动产和动产享有的占有、使用、收益和处分的权利。从理论上讲，城镇集体所有制企业的生产资料和财产归企业的全体劳动者集体所有。但是，基于如下原因，城镇集体企业所有权的享有者，不宜采取农村集体所有权的集体成员共同享有的方式，而应由城镇集体作为所有权的主体：

1. 城镇集体所有制企业的劳动者，即集体成员与企业关系并不稳固。虽然有的劳动者一直在一个企业劳动，但大多劳动者变动很大，而且城镇集体所有制企业的财产也在不断变化之中，不像农民集体的土地资源那样稳定地存在。因此，从法律属性上界定城镇集体所有制企业的财产所有权主体，就很难具体地界定为企业的集体成员，即企业劳动者，而只能抽象地界定为城镇集体所有制企业的集体。

2. 城镇集体所有制企业组织不同于农村社区集体所有制。农村社区集体所有制处在农村社会之中，主要从事农业生产，因适应农业生产的季节性特点和受自然规律作用的特点，主要采取集体所有土地等基本农业生产资料与农民个人家庭承包经营占有生产资料从事分散劳动相结合的经营体制，因此农民集体所有制的生产资料应由本集体的成员集体直接享有所有权，以便于集体所有与成员家庭承包占有的结合。而城镇集体所有制企业处于城市社会之中，主要从事工商经济活动，在市场经济和社会化大生产的条件下，其经济活动具有集中经营和集体劳动的特点。在城镇集体企业中，集体所有制本质所要求的集体成员对生产资料的共同占有表现为集体成员对生产资料的集中占有和支配。这种集中占有和支配生产资料的特性决定了集体所有的生产资料应当集中于与集体成员相区别的集体企业，而集体企业区别于集体成员，具有独立人格，即为集体企业法人。因此，城镇集体所有制企业具有法人资格的，即以其集体法人名义享有所有权，由集体法人拥有集体所有权。

因此，城镇集体所有权的主体是城镇集体，即每个单元的城镇集体组织，而且不是成员集体。

第四节　私人所有权

一、私人所有权的概念和特征

私人所有权是指私人对其所有的不动产和动产享有的占有、使用、收益和处分的权利。《民法典》规定的私人所有权区别于国家所有权、集体所有权，是以私有制为基础的所有权类型。私人所有权具有如下特征：

1. 私人所有权的主体是私人。所谓私人，是相对于国家、集体的自然人。它包括我国的公民，也包括外国人和无国籍人。国家是社会的管理中心，是社会统治的工具；集体是公有制生产资料所有关系结成的人的群体；私人则是直接为实现自己利益而独立存在的自然人。

2. 私人所有权的客体范围是私人合法取得的不动产和动产。私人合法取得的财产就是私人依据法律的规定或者法律没有明确禁止的方式取得的不动产和动产。私人可以取得的财产范围是十分广泛的，除法律明确规定专属于国家所有或者仅限于国家和集体所有的财产范围以外的不动产和动产都可以成为私人所有权的客体。

3. 私人所有权由私人本人直接行使对其财产占有、使用、收益和处分的权利，而国家所有权需要由国务院代表国家行使，集体所有权需要由集体经济组织或者村民委员会等代表本集体成员集体行使。

二、私人所有权的客体范围

《民法典》第 266 条规定："私人对其合法的收入、房屋、生活用品、生产工具、原材料等不动产和动产享有所有权。"据此规定私人所有权的范围主要包括：

（一）合法收入

合法收入是指私人依据法律规定或法律所不禁止的方式取得的货币或者实物，以及有价证券等。其主要包括：

1. 劳动收入，即私人从事各种劳动取得的报酬或者实物。

2. 财产收益。财产收益是指私人因自己所有的财产或自己享有用益物权的财产产生的孳息收入。主要包括：

（1）储蓄的利息收入；

（2）投资及其收益；

（3）房屋、设备等财产出租的租金收入；

（4）对所有物的天然孳息收入或用益物权人对用益物的天然孳息收入等；

（5）从事财产交易行为取得的收入。

3. 各种射幸行为获得的收入，如博彩中奖、荣誉获奖的奖金收入、保险赔偿金收入等。

4. 继承遗产取得的财产收入。

5. 其他合法收入，如受赠获得的收入、拾荒取得的收入等。

（二）房屋

房屋是私人所有的最重要的不动产，是私人最基本的生活资料。私人房屋所有权主要通过两种方式取得：一是建造取得房屋所有权，二是购买取得房屋所有权。当然还包括以受赠、交易、继承等方式取得房屋所有权，但最为典型的是建造和购买。

（三）生活用品

生活用品是满足私人日常生活需要的各种物品。如私人家具、手机、家用电器、私人汽车、衣物等用品。

（四）生产工具和原材料

生产工具和原材料都是生产资料。生产工具是指人们在生产活动中使用的各种器械、工具等人造辅助物。《中华人民共和国宪法》（以下简称《宪法》）第 11 条规定，在法律规定范围内的个体经济、私营经济等非公有制经济，是社会主义市场经济的重要组成部分。国家保护个体经济、私营经济等非公有制经济的合法的权利和利益。国家鼓励、支持和引导非公有制经济的发展，并对非公有制经济依法实行监督和管理。因此，私人不仅拥有生活资料所有权，而且能够拥有生产资料的所有权。

（五）其他不动产和动产

除上述所列举的财产范围以外，私人还可以拥有其他不动产和动产。只要法律不禁止私人所有，其他不动产和动产私人都可以享有所有权。

第五节　出资权与法人财产权

一、出资权

（一）出资权概述

出资权，是指国家、集体、私人以其所有的财产向法人或非法人组织投资所取得的权利，如股权、合伙权利等。在我国民法上，国家、集体和私人都享有依法出资设立企业的权利，其出资权益的保护和出资义务的履行都是平等的。其中，国家、集体的出资权对坚持和实现国家基本经济制度具有重大的意义。同时，只有坚持多种所有权主体平等的投资权，才能保证一切市场主体平等的法律地位和发展权利，实现多种所有制经济的共同发展。国家、集体、私人出资设立企业是其所有权行使的一种方式，其通过向企业出资的方式对各自所有的财产所有权予以处分，以获得更大的利益，实现其所有权目的。其投资的基本方式是设立多种形式的企业，包括有限责任公司、股份有限公司或者其他企业形式。所有权人的出资应当合法，一是其资产来源合法，二是其投资行为符合特定企业形式的法律规定。

所有权人的投资行为是其将所有的财产投入企业作为企业资本的行为。在公司制企业和其他具有法人地位的企业，所有权人在完成了向企业的资本出资后，就以出资人身份对企业的总体财产享有出资人权益。因此，保护出资人的出资权同维护出资人所有权是一致的，出资权是其所有权的转化，又是其获得新的所有权的基础。需要注意的是，国家所有权、集体所有权和私人所有权是依据所有制划分的所有权类型，企业财产权则不是所有权的类型。

（二）出资权的内容

依据《民法典》第268条的规定，国家、集体、私人所有权主体在将其所有的不动产或者动产，投到企业后，就作为出资人按照约定或者出资比例享有资产收益、重大决策以及选择经营管理者等权利并履行义务。这些权利的内容，由有关法律、法规和公司章程等规定，因企业形式的不同其权利内容、行使方式而有不同。一般而言，出资人权利的内容主要包括：

1. 出资收益权。出资收益权是指出资人从企业盈余分配中取得红利的权利。出资人以营利为目的，因而，享有出资收益权，是出资人出资权的最重大的内容。无论出资人向哪一种企业投资，目的都在于获取资产收益。

2. 参与重大决策的权利。重大决策是对企业资产和重大经营事项的决定。例如，在公司中，出资人依照法律或公司章程的规定，通过股东会或者股东大会等作出决定的方式决定企业的资产及经营管理中的重大事项，包括公司资本变化、章程修改、利润分配和亏损弥补、公司贷款、对外担保、公司业务范围的改变、公司组织形式的改变、公司重大财产变化、公司的解散、清算等。

3. 选择经营管理者的权利。出资人有权提名、推荐自己的代表出任公司董事、监事和经营管理人员；出资人有权通过股东会或者股东大会决议选择更换公司的董事或者监事，决定董事或者监事的报酬；出资人通过自己选举的董事会选举董事长，并且聘任或解聘总经理、经理等高级管理人员。

以上权利是法条列明的出资人对出资企业的主要权利，除此之外，依据公司章程和法律规定，出资人还享有一些具体权利。例如，查阅公司股东会议记录、董事会决议、财务会计报告的权利；对董事、高级管理人员违反法律、行政法规和公司章程，侵害出资人权益的行为，可以向人民法院提起诉讼，维护其合法权益。

二、法人财产权

（一）法人财产权概述

法人财产权，是法人对属于法人的独立的不动产和动产依据法律、行政法规以及章程享有的占有、使用、收益和处分的权利。需要注意的是，这里所称的法人财产权是广义的，既包括法人对其财产的所有权，也包括所有权以外的其他的、狭义的财产权。广义的法人财产权具有如下特征：

1. 法人财产权的客体是法人的独立财产。法人的独立财产来源于其出资人、开办人的投资，以及在投资资本基础上的经营积累，其与法人的出资人、开办人的财产相区分，为法人独立的财产，包括不动产和动产。

2. 法人财产权是由法人通过其机关行使的权利，是法人对其财产的独立支配权。虽然法人的出资人对法人有出资者权益，以其出资权可以参与法人的收益分配、重大事项决策和选择管理者等，但法人财产支配权并非由出资人行使，而是由法人按照法人制度机理形成的法人意志支配的。

3. 法人财产权的行使依照法律、行政法规以及章程的规定。《民法典》第 269 条规定："营利法人对其不动产和动产依照法律、行政法规以及章程享有占有、使用、收益和处分的权利。营利法人以外的法人，对其不动产和动产的权利，适用有关法律、行政法规以及章程的规定。"

（二）法人财产权的分类

广义的法人财产权，根据法人类型的不同，包括狭义的法人财产权与法人所有权。兹分别阐述之。

1. 营利法人财产权。营利法人财产权是营利法人对其不动产和动产依照法律、行政法规以及章程享有占有、使用、收益和处分的权利。营利法人财产权具有如下特征：

（1）营利法人财产权的主体是营利法人。营利法人，是指以营利为成立目的，并将从事商品生产经营活动的利润分配给出资人的法人，包括有限责任公司、股份有限公司和其他企业法人等。

（2）营利法人财产权的客体是营利法人的独立财产。营利法人的出资人以其出资形成营利法人的资本财产，营利法人对其资本以及在资本基础上的经营财产的全部享有法人财产权。这是营利法人自主经营的基本权利，也是营利法人独立承担民事责任的基础。

（3）营利法人的财产权是其出资人出资和营利法人有效设立的法律事实直接引起的，是出资人对其出资所有权进行处分而转化给营利法人的权利。营利法人财产权使各个出资人出资于公司经营的财产与出资人个人相脱离而成为营利法人的独立财产，营利法人经营的风险责任也与其出资人相分离。这样营利法人财产权就能够使出资人最大限度地从企业获得利润，而仅以其出资为限对公司债务承担有限责任。出资人实际完成对营利法人的出资义务后，便不对营利法人的经营承担任何责任。

（4）营利法人对其不动产和动产依照法律、行政法规以及章程享有占有、使用、收益和处分的权利，可见营利法人财产权包括了占有、使用、收益和处分的权利，也就是具备了类似所有权的全部权能。但是，《民法典》第269条并没有将营利法人的财产权规定为所有权。这是因为营利法人是以营利为目的并给股东分配营利利润和在其终止时由股东分配剩余财产的法人，其财产权并不是最终归属意义上的所有权，而是以股东的股权联结的最终归属于股东的运营支配权。营利法人以股东出资财产为资本，通过法律的技术处理被赋予法律人格，对股东出资基础上的法人财产独立享有法人财产权，实现财产独立经营与股东所有的分离。使股东能够从法人的营利中分配利润，在法人破产时仅以出资为限承担有限责任，在法人终止时分配剩余财产。因此，营利法人的财产权是所有权与经营机制和经营权的法律技术处理，并不是最终归属意义上的所有权。

2. 机关法人、事业单位法人的财产权。《民法典》第255条规定："国家机关对其直接支配的不动产和动产，享有占有、使用以及依照法律和国务院的有关规定处分的权利。"第256条规定："国家举办的事业单位对其直接支配的不动产和动产，享有占有、使用以及依照法律和国务院的有关规定收益、处分的权利。"由此可见，机关法人和国家举办的事业单位法人的财产都属于国有财产，机关法人、事业单位法人对国家投资的财产享有法人财产权。

3. 农村集体经济组织、城镇合作经济组织、村民委员会、居民委员会法人财产权。农村集体经济组织法人作为农民集体所有权行使的代表，依据《民法典》第260、261条的规定代表农民集体对本集体所有的不动产和动产行使所有权，其法人财产权应当依据将来制定的"农村集体经济组织法"和集体经济组织章程的规定。城镇、农村的合作经济组织法人，依据《农民专业合作社法》等法律、法规和合作经济组织章程的规定，对本合作经济组织的不动产和动产行使所有权。作为基层群众自治组织的农村村民委员会法人和城镇居民委员会法人，分别依据《村民委员会组织法》和《中华人民共和国城市居民委员会组织法》（以下简称《城市居民委员会组织法》）的规定行使法人财产权。

4. 社会团体法人、捐助法人所有权。

（1）社会团体法人所有权。社会团体，是指自然人或者法人自愿组成，为实现会员的共同意愿，按照其章程开展活动的非营利性社会组织。如学术性社会团体、行业性团体、人民团体、宗教团体、专业性社会团体及联合性社会团体等。

社会团体的财产有的来源于国家财政的拨款，有的则来源于自筹。根据《民法典》第270

条的规定，社会团体法人的财产归社会团体所有，社会团体法人对其享有所有权。由此可见，这与对营利法人、机关法人、事业单位法人财产权的规定不同，社会团体法人依法享有直接支配性的财产权。

（2）捐助法人所有权。捐助法人，是指为公益目的以捐助财产设立的基金会、社会服务机构、宗教活动场所等法人。可见，捐助法人以公益为目的、以捐助财产设立是其最大特点，其属于大陆法系传统民法中的财团法人，其没有成员，只有财产，以特定公益目的的捐助财产为基础取得法人资格。其财产来自社会的捐助，包括自然人、法人和其他社会组织的捐助，捐助者捐助后的财产由以此捐助财产为基础成立的捐助法人独立所有，捐助者不再享有财产权益。因此，《民法典》第270条规定，捐助法人依法所有的不动产和动产受法律保护，就是其所有权受法律保护。

第六节 业主的建筑物区分所有权

一、业主的建筑物区分所有权概述

（一）业主的建筑物区分所有权的概念

建筑物区分所有权是指业主享有的、对建筑内的不动产的专有部分享有的专有所有权、对共有部分享有的共有所有权以及共同管理权。由上述概念可知，建筑物区分所有权由三项权利内容组成，即对专有部分的专有所有权、对共有部分的共有所有权以及共同管理权。建筑物区分所有权的主体为"业主"，根据2021年1月1日起施行的最高院《关于审理建筑物区分所有权纠纷案件适用法律若干问题的解释》第1条的规定，业主类型有二：一是依法登记取得或者是依据《民法典》第229条至第231条规定取得建筑物专有部分所有权的人；二是基于与建设单位之间的商品房买卖民事法律行为，已经合法占有建筑物专有部分，但尚未依法办理所有权登记的人。需要注意的是，专有部分的承租人、借用人等物业使用人，不是业主，但可根据法律法规、管理规约、业主大会或者业主委员会依法作出的决定，以及其与业主的约定，享有相应权利，承担相应义务。

【训练】甲在某小区买了一套单元房，面积100平方米。该小区有一个很大的草坪作为公共绿地。请问这块草坪是属于甲所有的吗？

回答：甲拥有的是《民法典》中的"业主的建筑物区分所有权"，该单元房是专有部分，甲享有和普通所有权一样的所有权，具有排他性；但草坪是共有部分，甲对草坪享有的是共有权，不能排他。

（二）建筑物区分所有权的特征

1. 建筑物区分所有权的客体包括建筑物的专有部分、建筑物及物业小区的共有部分。在建筑物由不同业主享有所有权时，每一个业主所需要的不仅是对建筑物内住宅或经营性用房的排他性、独占性的所有权，还必须与其他业主共同使用楼梯、走道、道路、绿地、公共设施等公共部分，否则其对专有的住宅或经营性用房的所有权和使用目的都无法实现。这样，就每一个业主所享有的所有权而言，其所有权的客体就不仅是住宅、经营性用房等专有部分，还包括专有部分之外的共有部分。

【训练】 与传统的所有权概念相比，业主的建筑物区分所有权，是归属决定利用，还是利用决定归属？

回答：倾向于利用决定归属。

建筑物区分所有权中，专有部分的特征是具有构造和功能上的相对独立性，例如可以由墙壁、天花板、地板等进行四界的清晰划分，供各业主单独地、排他地使用；共有部分则按推定原则来处理，只要是专有部分以外的建筑物组成部分，都是共有部分。共有部分是业主们为了使用各自的专有部分而必须共同使用的部分，每一个业主都有权使用而无权排斥其他业主的使用。因此，业主所享有的建筑物区分所有权的客体，是因使用目的而被区分为专有部分和共有部分的建筑物。相比之下，传统民法所有权的客体则比较简单，仍以建筑物为例，由于建筑物整体地归属于单一所有人或共有人，所有权人对建筑物所享有的所有权，根本不需要对建筑物进行专有部分与共有部分的区分就能圆满实现。

【训练】 甲在改装地暖时，施工工人不小心用钻头打穿了地板，楼下的乙大为恼火。请问甲的行为是否侵犯了乙对房屋的所有权？

回答：是的。乙对房屋的所有权是单独、排他的所有权，甲的行为构成侵害了乙的所有权。

2. 建筑物区分所有权的内容具有高度的复合性和不可分性。传统民法的所有权内容比较简单，其权能表现为积极方面的占有、使用、收益和处分以及消极方面的排除他人干涉的权利，但建筑物区分所有权的内容具有高度的复合性和不可分性。建筑物首先按照专有部分和共有部分进行区分，专有所有权是对建筑物内属于业主的专有部分的所有权，在权利的内容方面与传统民法所有权的内容相同。业主对专有部分之外的共有部分还享有共有权，以及共同管理权，共三项内容。其中的专有权是核心，共有权和管理权的存在、内容、行使都是为了最终满足专有权的实现，并且这三项内容具有不可分性。在转让建筑物区分所有权时，三种权利必须作为一个整体出让；他人在受让建筑物区分所有权时，所受让的所有权也必须包含这三种权利。《民法典》第273条第2款规定："业主转让建筑物内的住宅、经营性用房，其对共有部分享有的共有和共同管理的权利一并转让。"

【训练】 甲在某商业中心拥有一套商铺。他现在想将该商铺转让给乙，乙提出，他只购买该商铺，不需要购买商业中心的共有权和共同管理权，所以卖价应当降低。请问，乙的理由成立吗？

回答：不成立。因为业主的建筑物区分所有权三项内容不可以分割。业主转让建筑物内的住宅、经营性用房，其对共有部分享有的共有和共同管理的权利一并转让。

3. 建筑物区分所有权的享有者同时应当承担相应的义务。建筑物区分所有权的产生是为了解决土地资源的有限性与人类逐步扩张的居住要求之间的矛盾。为了满足人类共同居住的需要，法律在赋予建筑物区分所有权人所有权的同时，也要求其承担一定的义务。这些义务主要有以下三项：

（1）在相邻关系中承担的法定和约定义务。相较于传统民法中的相邻关系，建筑物区分所有权人为了实现自己的专有权，相互之间应当承担更多因相邻关系而产生的义务。《民法典》及物业小区管理规约对于相邻关系的规定，均适用于业主之间的关系。我国《民法典》第286条第2款、第3款还对违反相邻关系的法律后果做出了规定："业主大会或者业主委员会，对任意弃置垃圾、排放污染物或者噪声、违反规定饲养动物、违章搭建、侵占通道、拒付物业费等损害他人合法权益的行为，有权依照法律、法规以及管理规约，请求行为人停止侵害、排除妨碍、消除危险、恢复原状、赔偿损失。业主或者其他行为人拒不履行相关义务的，有关当事人可以向有关行政主管部门报告或者投诉，有关行政主管部门应当依法处理。"

【训练】甲住在某居民楼内，他在自己家门口堆积了很多纸箱等废品，挡住了大部分通道。邻居们比较反感。请问甲这样做合法吗？

回答：不合法。甲应当遵守相邻关系。楼道是业主共有，不能私自占有。

（2）业主对共有部分不得通过放弃权利而不履行义务。我国《民法典》第273条第1款规定，业主对建筑物专有部分以外的共有部分，享有权利，承担义务；不得以放弃权利为由不履行义务。业主对共有部分所承担的这些义务，并非其享有的共有权和管理权的对价，而是法定或约定的、为了满足全体业主的共同居住需要的义务，故不得通过放弃权利来免于义务的承担。

【训练】甲接到物业通知要交电梯费，甲回复这个月他腿伤了没有下过楼，没有使用过电梯，所以不交。请问甲的理由成立吗？

回答：不成立。业主放弃对共有部分的权利按照私法自治的原则当然应当允许；但是如果有业主通过放弃权利而不履行其义务，则势必会损害到全体业主的利益——这已经超出了自治的范畴而应当由法律强行加以禁止。

（3）业主应当遵守业主大会和业主委员会的决定。业主大会是全体业主组成的自治性组织，有权对共有部分的管理和共有事务作出决策。业主大会所决策的事项都是关系全体业主直接利益的事宜，全体业主必须遵守业主大会的决定。而业主委员会作为业主大会的执行机关，具体执行业主大会的各项决策并负责管理建筑区划内的日常事务，其所做出的决定也应受全体业主遵守和执行。《民法典》第280条第1款规定，业主大会或者业主委员会的决定，对业主具有约束力。当然，如果业主大会和业主委员会做出的决定会侵害业主的合法利益，受侵害的业主可以请求人民法院撤销该决定。

【训练】开发商将一栋高层公寓楼的楼顶部出租给个体户陈某，每年租金1万元，陈某利用楼顶空间栽种花卉用于出卖。由于花卉浇灌用水向楼底渗透，引起马某等居民不满。因为与开发商协商不成，马某等将其诉至法院，要求开发商停止侵害并赔偿损失。请问马某等的诉讼请求成立吗？

回答：成立。根据我国《民法典》第273条的规定，建筑物区分所有权的客体包括业主的专有部分和共有部分，业主对共有部分享有共有权，共有部分不属于开发商所有。共有部分包括建筑物的地基、楼道、屋顶、柱、梁、墙壁、院落等需要由业主共同使用的部分。而本案争议楼顶应该属于主体业主共同使用的部分，应当由全体业主共有。被告开发商擅自出租的行为没有得到业主的追认，所以应当责令开发商停止侵害，并赔偿相应的损失。

二、专有部分所有权

(一) 专有部分所有权的概念

业主对专有部分的所有权，简称专有权，是指业主对其建筑物内的住宅、经营性用房等专有部分享有的单独所有权。业主对专有部分的所有权，是建筑物区分所有权的核心组成部分和目的所在，业主的共有权和管理权都是为了满足业主对专有部分所有权的实现。但是，业主对专有部分的所有权在性质上依然属于传统民法的单独所有权。业主凭借其专有权可以对专有部分行使占有、使用、收益和处分的完整的所有权权能，只是由于各个业主之间紧密的相邻关系，应当特别注意在行使专有部分的所有权时维护整体建筑物的安全和其他业主的合法权益。

(二) 构成专有部分的条件

根据最高院《关于审理建筑物区分所有权纠纷案件适用法律若干问题的解释》第 2 条的规定，构成专有部分应当具备以下三个条件：

1. 具有物理构造上的独立性。所有权在本质上是支配权，只有客体特定才能实现支配。建筑物的专有部分作为业主单独所有权的客体，应当与其他所有权客体一样，具有特定性。只有每一个专有部分在客观上都与其他专有部分能做出清晰的界分，才能满足不同业主对专有部分的独立支配需求。物理构造上的独立性表现为该专有部分通过墙壁以及其他隔断设施而有清楚的、固定的四界，能形成一个与其他部分区别的独立单位。

2. 具有利用上的独立性，可以排他使用。专有部分的特点就是能够独立地、排他地实现业主的支配目的，例如用作居住、办公、仓库等。建筑物内的各个居住单元都有独立的出入门户，从而能构成专有部分供业主独立使用；而楼梯则没有独立的出入门户，因此只能属于共有部分。

3. 专有部分通过登记公示而具有法律上的独立性。在不动产登记中，对专有部分可以通过登记而使其具有法律上的独立性。登记的公示性最终使专有部分的独立性得到了法律的确认和社会公众的知悉，使业主对其行使单独所有权具备了法律上的可行性。

【训练】某单元房属于甲所有，那么甲对专有部分的所有权，究竟是及于何处？是房屋的墙壁、天花板表层，还是什么别的地方？甲发现墙壁、地板、天花板还埋有大量管线，管线又属于谁所有？

回答：专有部分的具体范围将决定业主专有权的行使范围，因此在建筑物区分所有权中是一个非常重要的实际问题。一般情况，在区分所有人相互间对建筑物的维持和管理关系方面，专有部分仅限于墙壁、地板、天花板的表面粉刷层。也即表面粉刷层之上部分都应当由业主自由使用，包括粉刷、悬挂物品等，其维修及费用也应当由该业主独立负担；而表面粉刷层之下的建筑物部分则属于业主的共有部分，其修缮费用应当由各个业主共同承担。建筑物的外墙面，自然也应当属于业主共有。但是，在买卖、保险、税金负担等外部关系中，专有部分应当达到墙壁、地板、天花板等境界部分厚度的中心线。例如业主在出售其专有部分时，必然将自己单元内的墙壁、地板、天花板等作为建筑物的组成部分予以出售；而毗邻业主对墙壁、地板、天花板的权利则不因此而受影响。

此外，还应当注意，专有部分的范围还应当包括某些建筑物的附属物与附属建筑物。建筑物的附属物，指配置于建筑物内部的水管、瓦斯管、电线、电话线等附属设备。其中，专供专有部分使用的管线应属于专有部分的范围；供各户共同使用的管线，则属共用部分。附属建筑物，指仓库、车库等居于从属地位的建筑物。附属建筑物有可能依据管理规约成为约定的共有部分，也有可能成为某一专有部分的附属建筑物，如从属于某一专有部分的车库、仓库。

（三）专有部分所有权行使的限制

业主对专有部分的所有权虽然在本质上属于单独所有权，但是它作为建筑物区分权的组成部分，在行使方面也受到了一定的限制。依据我国《民法典》的相关规定，这些限制主要有以下两个方面：

1. 不得危及建筑物的安全，不得损害其他业主的合法权益。我国《民法典》第272条规定："业主对其建筑物专有部分享有占有、使用、收益和处分的权利。业主行使权利不得危及建筑物的安全，不得损害其他业主的合法权益。"在建筑物归业主区分所有的情况下，由于每一个业主的专有部分都与其他业主的专有部分紧密相邻，所以每一个业主对其专有部分的使用都可能关系到建筑物的整体安全和其他业主的利益。因此，业主行使对专有部分的所有权时就必须注意维护整个建筑物的安全，不得损害其他业主的合法利益。

【训练】甲购买了一套单元房。在装修时，为了方便今后储存自己工厂生产的烟花，他想让施工工人拆除承重墙，请问甲这样做是否合法？

回答：不合法。业主行使专有部分的所有权不能危害建筑物的安全，所以不得拆除房屋内的承重墙，不得在专有部分内储藏、存放易燃易爆等危险物品危及整个建筑物的安全，损害其他业主的合法权益。

2. 将住宅改为经营性用房必须遵守法律、法规及管理规约，还必须经相关利害关系业主的同意。居住与经营都是专有部分的目的，但经营性用房对相邻居住方的影响往往比较大，故《民法典》第279条规定："业主不得违反法律、法规以及管理规约，将住宅改变为经营性用房。业主将住宅改变为经营性用房的，除遵守法律、法规以及管理规约外，应当经有利害关系的业主一致同意。"在这里，利害关系业主的范围，根据最高院《关于审理建筑物区分所有权纠纷案件适用法律若干问题的解释》第11条的规定，包括两类：一是本栋建筑物内的其他业主；二是建筑区划内，本栋建筑物之外的、能够主张与自己有利害关系的业主。

【训练】甲市某小区内，有一栋六层居民楼属于临街房。一楼住户李某开设了一家餐馆经营烧烤，生意兴隆。二层以上部分住户无法忍受夜市的喧闹，便联合将李某诉至法院，请求排除妨害、消除危险、恢复原状。李某则称还有一些自己楼上的业主晚上来吃烧烤，并未提出异议。请问本案原告的诉讼请求应当被法院支持吗？

回答：依据我国《民法典》第279条的规定以及最高院《关于审理建筑物区分所有权纠纷

案件适用法律若干问题的解释》第 11 条的规定，本案中二层以上的居民都属于"有利害关系的业主"，李某将房屋用于经营的行为必须经过有利害关系业主的一致同意。业主将住宅改变为经营性用房，未经有利害关系的业主同意，有利害关系的业主请求排除妨害、消除危险、恢复原状或者赔偿损失的，人民法院应予支持。将住宅改变为经营性用房的业主以多数有利害关系的业主同意其行为为由进行抗辩的，人民法院不应予以支持。所以本案原告的诉讼请求应当得到支持。

三、业主共有权

（一）业主共有权概述

业主对共有部分的共有权，简称共有权，是指业主对于专有部分以外的共有部分享有的共同所有权。业主共有权具有如下特征：

1. 业主共有权不能单独产生和存在，它依附于专有权。业主的共有权与其专有权不可分割，其存在是为了满足专有部分使用的需要；离开专有权则共有权不能存在，更不能将共有权单独出让。此外，共有权的大小也依附于专有权的大小。一般而言，专有权越大，共有权也越大；反之亦然。我国《民法典》第 283 条规定："建筑物及其附属设施的费用分摊、收益分配等事项，有约定的，按照约定；没有约定或者约定不明确的，按照业主专有部分面积所占比例确定。"专有部分面积可以按照不动产登记簿记载的面积计算；尚未进行物权登记的，暂按测绘机构的实测面积计算；尚未进行实测的，暂按房屋买卖合同记载的面积计算。

【训练】甲是某小区的业主，在业主大会讨论修复小区公共绿地时，甲提出应当按每个家庭实际使用绿地的人数分担费用。其他业主则认为此说法没有依据，均不同意。请问甲的这个说法是否有法律依据？

回答：没有。建筑物及其附属设施的费用分摊、收益分配等事项，有约定的，按照约定；没有约定或者约定不明确的，按照业主专有部分面积所占比例确定。

2. 业主共有权的内容有三项：一是业主对共有部分的使用权平等。这是建筑物区分所有人对共有部分享有共有权的基本权利。共有部分的存在目的就是共同使用。业主对共有部分的使用与传统民法中共有人对共有物的使用是一致的，都不需要对共有部分再做区分即能实现使用目的。二是业主有权对共有部分进行收益并分担费用。业主可以按照约定或者其持有份对共有部分取得收益。三是对共有部分的使用应当维护共有部分的功能。建筑物中业主共有部分之所以存在，是为了配合业主专有部分的使用，为专有部分使用所必须，因此，对共有部分的使用必须注意维护共有部分的功能。

3. 业主的共有权不受建设单位、物业服务企业或者其他管理人侵害。最高院《关于审理建筑物区分所有权纠纷案件适用法律若干问题的解释》第 14 条规定："建设单位、物业服务企业或者其他管理人等擅自占用、处分业主共有部分、改变其使用功能或者进行经营性活动，权利人请求排除妨害、恢复原状、确认处分行为无效或者赔偿损失的，人民法院应予支持。属于前款所称擅自进行经营性活动的情形，权利人请求建设单位、物业服务企业或者其他管理人等将扣除合理成本之后的收益用于补充专项维修资金或者业主共同决定的其他用途的，人民法院应予支持。行为人对成本的支出及其合理性承担举证责任。"

【训练】甲在某小区买了 200 平方米的别墅，乙在该小区买了 60 平方米的小户型。某日，甲和乙因为争一块广场舞的地方发生争执。甲对乙说，我的房子比你大，物业费交得比你多，你不能和我争。请问，甲的说法成立吗？

回答：不成立。在使用共有部分时，业主的权利平等。

（二）业主共有权的客体

1. 业主共有权客体的范围。原则上，建筑区划内的物业小区的专有部分之外的部分，均属于共同部分，即业主共有权的客体。在此基础上，业主共有权的客体可以区分为建筑物的共同部分、物业小区的共同部分和物业维修资金三部分。

（1）建筑物的共同部分。建筑物的共同部分，由该建筑物的全体业主享有共有权。根据最高院《关于审理建筑物区分所有权纠纷案件适用法律若干问题的解释》第 3 条的规定，建筑物的共同部分主要包括：建筑物的基础、承重结构、外墙、屋顶等基本结构部分，通道、楼梯、大堂等公共通行部分，消防、公共照明等附属设施、设备，避难层、设备层或者设备间等结构部分。

【训练】张某居住于幸福小区 6 栋 6 层（顶楼）。因屋顶漏水，时逢雨季即将到来，张某考虑与其花钱维修，不如在楼顶易漏水处修建一个小阁楼，既能堆放杂物，又起到了防水作用。阁楼修好后高 1.2 米，张某遂将家中杂物堆于其中。幸福小区业主委员会和物业管理公司发现后，告知张某其行为属于违章搭建，要求立即拆除。张某以阁楼在自家楼顶修建且是为了自行解决漏水问题为由坚决拒绝。请问张某的理由成立吗？

回答：本案涉及三个问题：一是楼顶的归属。楼顶应当属于业主共有，而非某业主的专有部分。二是张某行为是否合法。依据我国《民法典》第 286 条的规定，张某的行为确实构成了违法的违章搭建，因此业主委员会有权要求其排除妨碍。如果是业主基于对住宅、经营性用房等专有部分特定使用功能的合理需要，无偿利用屋顶以及与其专有部分相对应的外墙面等共有部分的，不应认定为侵权。但违反法律、法规、管理规约，损害他人合法权益的除外。而张某的行为并不属于对共有部分合理使用的情形。三是张某房屋的漏水问题应当由物业公司及时维修，并且属于对共有部分的维修而应当由维修资金支出。

（2）物业小区的共同部分。物业小区的共同部分，由该小区的全体业主享有共有权。根据《民法典》第 274 条的规定，物业小区的共同部分包括：①建筑区划内的道路，属于业主共有，但是属于城镇公共道路的除外。②建筑区划内的绿地，属于业主共有，但是属于城镇公共绿地或者明示属于个人的除外。③建筑区划内的其他公共场所、公用设施和物业服务用房，属于业主共有。建筑区划内的其他公共场所、公用设施和物业服务用房，也属于业主共有。其他公共场所具体包括广场、园林、走廊、门庭、大堂等，公用设施如围墙、大门、供电、供水、燃气以及其他各种管线等。

（3）建筑物及其附属设施的维修资金。《民法典》第 281 条规定，建筑物及其附属设施的维修资金，属于业主共有。维修资金是由业主出资或由共有财产收益形成的、用于建筑物及其附属设施维修的专项资金。经业主同意，可以用于维修电梯、水箱等共有部分。

共有部分的范围比较大，除了法定的共有部分，还允许存在约定的共有部分。除上述法律直接规定为共同部分的财产外，建设单位与业主约定归属于业主共同部分的，可从其约定。

【训练】某小区物业管理公司与某广告公司签订合同，允许广告公司在楼顶安放一块广告牌。业主甲认为，楼顶根据规划文件应当属于业主共有，故物业公司收取的费用应当属于业主共有，请问甲的理由成立吗？

回答：成立，按照规划文件属于业主共有的部分，相应收益也应归业主共有。

2. 车位、车库。在我国民法中，物业小区的车位、车库可以分为两类，即规划用于停车的车位、车库和占用业主共同部分用于停车的车位。

（1）规划用于停车的车位、车库。规划用于停车的车位、车库，如地下车库、架空层停车位，其所有权归属于建设单位。在此基础上，业主可与建设单位另行协商，通过购买、承租、附赠等方式，取得所有权或使用权。由此可见，规划用于停车的车位、车库，并非业主共有权的客体，业主基于购买、承租、附赠等方式所取得的车位、车库上的所有权或使用权，也不具有从属性，其可以脱离于专有部分的专有权而独立处分。

由于本小区规划用于停车的车位、车库，与本小区业主的利益具有紧密的联系，故《民法典》第276条规定，建筑区划内，规划用于停放汽车的车位、车库应当首先满足业主的需要。该项规定，是对建设单位对外租售规划用于停车的车位、车库的限制。其中，"首先应当满足业主的需要"，依据最高院《关于审理建筑物区分所有权纠纷案件适用法律若干问题的解释》第5条的规定，是指建设单位按照配置比例将车位、车库，以出售、附赠或者出租等方式处分给业主；而配置比例是指规划确定的建筑区划内规划用于停放汽车的车位、车库与房屋套数的比例。

（2）占用业主共同部分用于停车的车位。占用业主共同部分用于停车的车位，是指其本身为业主共有的道路、绿地，后改变用途，用于停放汽车的车位。由于这种车位所占用的土地，本就属于业主的共同部分，故这种车位也属于业主共有。这意味着，其经营收益扣除必要成本后，应用于业主的共同福利。

（三）业主对共同部分的合理使用

根据最高院《关于审理建筑物区分所有权纠纷案件适用法律若干问题的解释》第4条的规定，业主基于对住宅、经营性用房等专有部分特定使用功能的合理需要，无偿利用屋顶以及与其专有部分相对应的外墙面等共有部分的，例如，在窗外悬挂空调室外机、在楼顶安装太阳能板等，视为对共同部分的合理使用，故不应认定为侵权。但违反法律、法规、管理规约，损害他人合法权益的除外。

四、业主共同管理权

（一）业主共同管理权的概念

业主的共同管理权，简称管理权，是指业主对共有部分和共同事务进行管理的权利。业主共同管理权的存在以其专有权为基础，目的是实现对共有部分的所有权。而共有部分管理的目的，都是最终实现对专有部分的所有权，因此，管理权和共有权一样，都是为了配合专有权而必须存在的权利。

从业主管理权的性质来看，它与专有权和共有权都存在差异。专有权是业主对专有部分的所有权，共有权是对共有部分的所有权，因此，专有权和共有权在本质上都可以归为财产权。而管理权则是一种成员权，是业主由于需要对共同事务进行管理而依共有人的身份所享有的权利，其本质并非财产权。管理权之所以必须存在，是因为共有部分如何管理是建筑物区分所有人必须解决的问题，如果不能妥善解决将严重每个业主的切身利益。建筑物区分所有权人之间的关系虽然比较紧密，但这种关系的产生并非基于他们自己的意愿，而是基于共同居住于同一建筑物的事实。并且，与民法中共有人之间的关系相比，建筑物区分所有人之间的关系要复杂得多，所面临的管理问题也颇为繁缛。由《民法典》明确规定管理权显然十分有必要。

【训练】甲是某小区业主，从来不去参加业主大会，对小区的公共事务毫不关心。请问甲是否享有对小区的管理权？

回答：管理权是业主建筑物区分所有权的应有内涵，即使甲不行使也不能否认管理权的存在。

（二）业主共同管理权的特点

1. 业主的共同管理权是业主享有的权利。管理权存在的目的是充分实现业主对专有部分的所有权，因此管理权必须以业主享有的专有权为基础。凡是享有专有权者，也必然享有管理权；如果专有权转让，管理权也必须随之转让。在业主所享有的建筑物区分所有权中，专有权、共有权和管理权是不可分割的三种权利，都归业主享有。所以，管理权的主体只能是业主，除了业主之外的其他主体如物业公司，都不是管理权的享有者。

【训练】某小区物业管理公司比较强势，自称是该小区共同事务的管理权人。请问这个说法对吗？

回答：小区物业管理公司是提供物业服务的法人。业主才是共同管理权人。

2. 业主的共同管理权是基于对共有部分的管理需要而存在的权利。管理是经营、料理的意思，也含有主持、负责之意。建筑物区分所有权的客体包括专有部分和共有部分。专有部分由业主单独使支配权。对于共有部分业主享有共有权，一方面业主能够合法地使用共有部分以满足自己的需要，另一方面对共有部分也会在客观上产生共同管理的需要。只有妥善解决这些管理事务才能圆满地发挥共有部分对业主的功能。因此，业主的共同管理权是因共有部分管理的需要而产生的权利，也是建筑物区分所有权的必要组成部分。最高院《关于审理建筑物区分所有权纠纷案件适用法律若干问题的解释》第13条规定了业主的知情权，即业主请求公布、查阅下列应当向业主公开的情况和资料的，人民法院应予支持：①建筑物及其附属设施的维修资金的筹集、使用情况；②管理规约、业主大会议事规则，以及业主大会或者业主委员会的决定及会议记录；③物业服务合同、共有部分的使用和收益情况；④建筑区划内规划用于停放汽车的车位、车库的处分情况；⑤其他应当向业主公开的情况和资料。

【训练】业主们缴纳的物业费可以用于更换小区的路灯吗？

回答：可以。物业费应当用于共有部分的维修、公共场所的使用等。

3. 业主行使共同管理权的同时也承担相应的义务。对于业主来说，其所享有的对共有部分的管理权自然是一种权利，但是业主在行使共同管理权的同时也承担相应的义务。

（三）业主共同管理权的行使

1. 业主共同管理权的行使方式。《民法典》第277条规定："业主可以设立业主大会，选举业主委员会。业主大会、业主委员会成立的具体条件和程序，依照法律、法规的规定。地方人民政府有关部门、居民委员会应当对设立业主大会和选举业主委员会给予指导和协助。"因此，业主大会作为由全体业主参加的自治组织，业主通过在业主大会行使表决权而实现管理权。业主大会会议可以采用集体讨论的形式，也可以采用书面征求意见的形式。

2. 业主团体的召集、表决规则。

（1）参与表决比例。业主共同决定事项，应当由专有部分面积占比 2/3 以上的业主，且人数占比 2/3 以上的业主参与表决。需要注意的是，这里参与比例的"双 2/3"，以全体业主为基数，即"全体业主的双 2/3"。

（2）一般表决事项及其通过比例。一般表决事由包括如下五类：①制定和修改业主大会议事规则；②制定和修改管理规约；③选举或者更换业主委员会成员；④选聘和解聘物业服务企业或者其他管理人；⑤有关共有和共同管理权利的其他重大事项。

业主团体对上述一般表决事由的通过，需经专有部分面积过半数的业主同意，且人数过半数的业主同意。需要注意的是，这里通过比例的"双 1/2"，以参与业主为基数，即"参与业主的双 1/2"。

（3）特别表决事项。特别表决事由包括如下三类：①筹集建筑物及其附属设施的维修资金；②改建、重建建筑物及其附属设施；③改变共有部分的用途或者利用共有部分从事经营活动。

业主团体对上述特别表决事由的通过，需经专有部分面积 3/4 以上的业主，且人数 3/4 以上的业主同意。需要注意的是，这里通过比例的"双 3/4"，依然以参与业主为基数，即"参与业主的双 3/4"。

【训练】某小区的 A 物业管理公司由开发商选定，但长期以来管理水平低下，各种管理措施不到位，业主们非常不满意。后来，该小区成立了自己的业主大会和业主委员会，决定解聘 A，选聘 B 物业管理公司并与 B 公司签订了物业服务合同。但是，A 称自己与开发商签订物业服务合同，而且该合同尚未到期，坚决不愿退出；并指出，业主们现在要解除物业管理合同，就是为了拒绝向其交纳物业管理费。B 没有任何资料，根本无法开展工作，A 也占着物业用房不退，小区的物业管理工作濒于瘫痪。请问，业主委员会可以起诉至法院要求解除与 A 之间的合同吗？可以要求 A 移交相关资料和设施吗？

回答：可以。实践中一栋楼或者一个住宅小区建好后，就要对建筑物及其附属设施开始进行管理，但业主们是陆续迁入居住的，业主大会尚未成立，不能及时委托物业服务企业。在这种情况下，只能由建设单位选聘物业服务企业对建筑物及其附属设施进行管理。《民法典》第278条规定，"选聘和解聘物业服务企业或者其他管理人"是属于业主大会的权利，应当经专有部分占建筑物总面积过半数的业主且占总人数过半数的业主同意。《民法典》第284条规定："业主可以自行管理建筑物及其附属设施，也可以委托物业服务企业或者其他管理人管理。对建设单位聘请的物业服务企业或者其他管理人，业主有权依法更换。"所以，业主大会按照《民法典》规定的程序作出解聘物业服务企业的决定后，业主委员会请求解除物业服务合同的，人民法院应予支持。物业服务企业向业主委员会提出物业费主张的，人民法院应当告知其向拖欠物业费的业主另行主张权利。在物业服务合同的权利义务终止后，业主委员会请求物业服务企业退出物业服务区域，移交物业服务用房和相关设施以及物业服务所必需的相关资料和由其代管的专项维修资金的，人民法院应予支持。对于本案，法院应当支持原告的诉讼请求，判决解除与 A 之间的合同，A 应当移交相关资料以及相关设施。

第七节　相邻关系

一、相邻关系的概述

（一）相邻关系的概念

相邻关系是指依据法律规定，两个或者两个以上相互毗邻的不动产所有权人或使用权人，在行使不动产的所有权或者使用权时，因相邻各方应当给予便利和接受限制而发生的权利义务关系。"相邻关系"这一术语比"相邻权"更能全面概括立法对毗邻不动产的所有权人或使用权人权利限制的规范内容。我国《民法典》第二分编第七章专门规定了相邻关系。

【训练】相邻关系是《民法典》中的物权吗？

回答：相邻关系并不是物权，而是处理相邻不动产的各方权利人在行使自己物权时，应当给予对方便利或接受一定限制的法律制度。学理上通常将相邻关系中不动产权利人承担的义务称为"容忍义务"。如果从一方不动产所有权人或者使用权人有权要求毗邻方给予自己便利这个角度看，相邻关系也可以称为相邻权。对不动产所有权人或使用权人的权利进行限制的目的，则是维持毗邻各方就不动产之使用所需的利益平衡状态。

（二）相邻关系的特征

1. 相邻关系调整相邻不动产权利人之间的关系。物的所有权人对自己的所有物享有绝对的、排他的支配权，然而这样就可能使不同不动产权利人就各自不动产的使用（例如在通风、采光、排水等方面）产生冲突。《民法典》规定相邻关系，就是为了使相邻不动产各权利方绝对性的权利受到必要的限制，以获得相邻不动产各方在总体上利益的平衡，维持对不动产使用的法律秩序。因此，相邻关系的首要特点便是其涉及的主体应当是相邻不动产的权利人，包括不动产的所有权人和使用权人两大类。其中，"相邻"一般是指不动产在客观上的相互毗邻、相互连接的状态。但是，构成相邻关系，并不限于不动产的直接毗邻或连接状态。即使不动产在客观上并非毗邻或连接，只要所有权人或使用权人在行使权利时需要相互间给予方便或接受限制，就可以成立相邻关系。

2. 相邻关系的内容具有确定性和多样性。相邻关系的内容是由法律明确规定的，并以此区别于纯粹道德范畴下主体之间承担的相互容忍义务。通说认为相邻关系的内容包括两个方面：一是相邻一方有权要求他方提供必要的便利，他方应给予此种便利。所谓必要的便利，是指若相邻方不提供，己方就不能正常行使不动产的所有权或使用权。二是相邻各方行使权利，不得损害他方的合法权益。这就表明相邻关系的具体内容具有确定性，即对相邻不动产权利人的权利给予必要的限制或扩张，以实现不动产相邻各方对自己不动产的利用。

此外，基于人类生活的复杂性，相邻关系的类型也是多样的，而相邻关系的具体内容因相邻关系类型的丰富而呈现出多样性的特征，并且会因历史文化背景的不同而存在地区性差异，还会随着社会发展而有所变化。相邻关系的具体类型和内容呈现出多样性的特征，需要我们在具体的相邻关系中进行把握。

3. 相邻关系依据法律、法规的规定或当地习惯而产生，也允许当事人意思自治。相邻关系在总体上属于对所有权的限制，应当由法律明确规定。因此，在相邻关系中一方享有的要求对方作为或不作为的权利，也是依法产生的，既不存在权利的设定问题，也不存在权利的公示问题。[1] 不过，由于相邻关系的复杂性，成文法律不可能全面予以规定。对此，我国《民法典》第 289 条规定："法律、法规对处理相邻关系有规定的，依照其规定；法律、法规没有规定的，可以按照当地习惯。"可见，在法律法规没有规定的情况下，相邻关系还可以依据当地习惯来确定。

【训练】如果一方果树的果实坠落在邻人的土地上，应当是由果树的所有权人取回果实，还是由邻地的权利人取得？

回答：我国《民法典》没有规定邻地果实的取回权，对越界自落果实的相邻关系并无规定，各地也存在习惯上的差异，因此在处理相关纠纷时就必须考虑当地习惯来确定果实究竟应当属于哪方。

此外，相邻关系作为私法中的制度，也应当遵循私法自治原则，允许当事人就各方权利义务的设定进行约定。一般而言，法律法规对相邻关系中当事人义务的规定，往往是对所有权人权利行使最低限度的限制，自然应当允许当事人根据具体情况自行约定。只要当事人的约定符合法律规定，当事人之间就应当遵守该约定，如果有违反则应当承担违约责任。

【训练】张某在自家的宅基地上兴建起一座三层高的小楼。该楼与南面陈某的两层小楼相邻。建房过程中，张某与陈某经协商约定：两家的小楼相距 40 厘米。张某的楼与陈某的楼实际相距 42 厘米。但张某的楼建成后，陈某发现张某家的楼顶安装了长达 20 厘米的飘檐，这样一旦下雨，雨水会倾泻在自家两层小楼的楼顶上。陈某认为与张某约定 40 厘米的距离不仅包括楼底相距 40 厘米，也包括整个建筑物不得超过 40 厘米。因此要求张某将飘檐尽速拆除。但张某认为当地风俗允许给房屋建飘檐，并且自己未违反关于相距 40 厘米的约定。双方争执不下，陈

---

[1] 王利明：《物权法研究》，中国人民大学出版社 2005 年版，第 645~646 页。

某遂诉至法院。请问本案谁的观点有法律依据？

回答：相邻关系虽然是处理相邻不动产使用关系的基本准则，但是，由于社会生活的复杂性，法律不可能对所有的相邻关系内容做出详细的规定，因此运用习惯来确定当事人之间相邻关系的具体内容是非常必要的。在本案审理过程中，法院查明，在张某与陈某所居住的地方，通常的习惯是相邻房屋间距不少于80厘米；当地确有给房屋建造飘檐的习惯，但飘檐伸出的长度应控制在相邻间距的1/3之内。按照当事人意思自治的原则，张某与陈某之间关于相距40厘米的约定合法有效，但张某所建飘檐的长度不应当超过相邻间距的1/3即13厘米。因此判决张某将飘檐的距离缩短至13厘米。

（三）处理相邻关系的一般原则

1. 有利生产、方便生活原则。本原则体现了相邻关系制度的目的。生产与生活是人类生存的必要条件。不动产是满足人类生产、生活需要的最重要的物质资料，但由于物质资源的稀缺性，所有权制度便是为了使物的效用得以充分发挥而划定其归属的制度。作为所有权限制制度的相邻关系，则是为了解决不同不动产权利人之间的权利冲突，因此其制度目标仍是追求不动产效益的最大化。这样，"有利生产、方便生活"便成了处理相邻关系的基本和首要原则。

2. 团结互助原则。团结互助原则体现了相邻关系的深刻社会意义。社会分工使社会各个部分的功能紧密联结在一起，分工就需要社会的和谐、秩序和团结。中国自古就有"己所不欲勿施于人"的古训，所表达的意义也是倡导人们相互之间的容忍、谦让和人际关系的和谐。如果没有团结互助，社会将无法维系，法律对相邻关系的处理原则就是要实现社会的和谐，维持人类生活的基本秩序。因此，相邻不动产权利人在行使自己的权利时，必须以团结互助为行为准则，认真地尊重毗邻方的权利和利益；在发生矛盾冲突时也应当按照团结互助的原则来化解纠纷，实现各方利益的平衡。

3. 公平合理原则。公平合理是民法的基本法律价值。在确定相邻关系的具体内容以及在处理相邻关系纠纷时，公平合理都是重要的基本原则。该原则包含以下三点要求：

（1）不动产毗邻方都是平等的民事主体，一方不得把自己的意志强加于对方。

（2）各方在相邻关系中享有的权利及承担的义务应当对等，不应出现一方义务畸重或双方权利义务不平衡的状态。

（3）任何一方在行使自己的权利时，应当注意不损害对方的利益或者尽量把对对方的损害降至最低。例如，在弃置固体废物时，应当避免对相邻方造成损害；再如在行使通行权时，应选择对对方影响最小和损害最低的通行路线，而不是任由自己的方便来选择通行路线。在给对方造成损害时，应当承担赔偿责任。

【训练】张某的房屋与李某房的屋前后相邻，张某的房屋在南边，李某的房屋在北边。一年前，张某改建房屋时，在与李某房屋的交界处建成一堵外高2.5米、内高2.27米的围墙。所建围墙正好遮挡了李某正屋（即南边）的大门及两扇窗户。张某还把原在庭院东边的排水口移至西边。该排水道为明沟、较浅。由于地势南高北低，逢雨天，张某大院内的雨水全部都流到李某正屋。张某在建围墙和排水口时，李某曾多次提出异议和阻拦，但均无效。张某认为围墙所占土地属于自己宅基地范围之内，并称由于当地盗窃频发不得不将围墙建高；而之所以将排水道移至西边，是因为东边地势较高，水会倒灌在自己的院落。村委会虽然积极主持调解，但双方各持己见，未达成协议。后李某诉至法院。请问本案应如何处理？

回答：我国《民法典》规定不动产的相邻各方，应按有利生产、方便生活，团结互助，公平合理的原则，正确处理排水、通行、通风、采光等方面的相邻关系。给相邻方造成妨碍的应当停止侵害。张某所建围墙遮挡了李某正屋大门及窗户，确实影响李某房屋的通风采光，也影响了排水。故本案中法院后来判决张某将围墙从上往下拆除 1.6 米；将西边排水道加深，并建成暗道，避免排水进入原告正屋。张某把原在庭院东边的排水口移至西边，该排水道为明沟、较浅。由于地势南高北低，逢雨天，张某大院内的雨水全部都流到李某正屋，严重妨害了李某对房屋的正常使用，同时也损害了李某对自己房屋的所有权。因此张某依法应当向李某承担停止侵害、消除危险、恢复原状和赔偿损失的民事责任。

二、相邻关系的具体类型

（一）因用水、排水产生的相邻关系

1. 不动产权利人应当为相邻权利人用水、排水提供必要的便利。依据《民法典》第 290 条的规定，不动产权利人应当为相邻权利人用水、排水提供必要的便利。可见在相邻方用水、排水的关系中，"必要的便利"显然是确定当事人权利义务的最重要的事实依据。不动产权利人为相邻方提供用水、排水便利的前提是相邻方在客观上必须使用不动产权利人的土地排水，且若不动产权利人不提供此种便利就会影响到相邻方正常的生产生活。但是，相邻方应在必要限度内使用另一方的土地，并采取适当的保护措施排水，尽量避免对其土地造成损害；如果仍造成损失的，则应当由受益人对不动产权利方进行合理补偿。如果相邻方在客观上可以采取其他合理的措施排水，就应当采取其他措施而不能利用不动产权利人的土地进行排水；如果未采取其他合理措施进行排水，而是向不动产权利人的土地排水，进而毁损或者可能毁损不动产权利人的财产，则不动产权利人有权要求致害人停止侵害、消除危险、恢复原状、赔偿损失。

2. 对自然流水的利用，应当在不动产的相邻权利人之间合理分配。在自然流水的利用中，应当允许各方享有用水的权利，在水源不足的情况下，要特别注意按照公平合理的原则，在不动产相邻权利人之间进行合理的权利配置。主要有以下三个具体要求：

（1）利益兼顾与平衡。《中华人民共和国水法》（以下简称《水法》）第 20 条规定，调蓄径流和分配水量，应当兼顾上下游和左右岸用水、航运、竹木流放、渔业和保护生态环境的需要。一方为了自己的方便擅自堵截或独占自然流水影响他方正常生产、生活的，他方有权请求排除妨碍；造成他方损失的，应负赔偿责任。

（2）居民生活用水优先保障。《水法》第 21 条的规定，开发利用水资源，应当首先满足城乡居民生活用水，统筹兼顾农业、工业用水和航运需要。在水流上游灌溉农田影响下游人畜饮水的情况下，上游的不动产权利人负有限制灌溉的义务。

（3）顺流原则。利用有限的自然流水灌溉农业的，有用水协议的，执行用水协议；没有用水协议的，为节约用水并充分发挥其效益，应按照"先近后远、由高到低"的顺流原则来处理，要求相邻各方共同使用，依次灌溉。

3. 对自然流水的排放，应当尊重自然流向。通常情况下，自然流水的流向是历史形成的。为了保护生态和避免相邻关系纠纷，应当禁止对自然流水的方向进行改变，该要求也包含对水流地权利人变更水流或者宽度的限制。

（二）因通行产生的相邻关系

不动产权利人有权禁止他人进入其土地，但是当他人因通行等需要而必须利用或进入其土地时，不动产权利人不能进行阻碍，而是应当提供便利。因通行而产生的相邻关系，也是传统民法所规定的相邻关系的内容。我国《民法典》第291条规定："不动产权利人对相邻权利人因通行等必须利用其土地的，应当提供必要的便利。"该规定指出，因通行产生的相邻关系是在相邻权利人因通行等需要而"必须利用"不动产权利人的土地，即指在客观上如果不利用不动产权利人的土地，则相邻权利人将无法通行时产生的相邻关系。对这种相邻关系的理解，应当包括以下两个要点：

1. 因通行产生相邻关系的具体情形。实践中，必须利用不动产权利人土地通行的具体情形包括以下几种：

（1）袋地。袋地指被他人的土地包围，并且与公共道路没有适宜通道的土地。在某人的土地为袋地的情形下，应当允许其在围绕地上通行，围绕地的权利人应当允许并提供必要方便。

（2）准袋地。准袋地指虽然有通道通往公共道路，但通行存在客观上的困难。通行困难是指"费用过巨、具有危险，或非常不便，如爬越危岸、航经湍流"。[1] 因此，在准袋地的情形下，准袋地的权利人同袋地权利人一样，也需要在他人的土地上通行。

（3）其他通行困难。我国有学者指出，尽管《民法典》第291条规定的是土地上的通行问题，但是，也应当包括利用他人建筑物内的空间通行的问题。对于一方所有的或者使用的建筑物范围内，历史形成的必经通道，所有权人或者使用权人不得堵塞。因堵塞影响他人生产、生活，他人要求排除妨碍或者恢复原状的，应当予以支持。但有条件另开通道的，也可以另开通道。

2. 因通行所产生的相邻关系的内容。在法律许可使用他人土地通行的情况下，相邻不动产权利人之间的权利义务具体如下：

（1）一方必须在相邻一方使用的土地上通行的，应当尽量避免对相邻不动产权利人造成损害；如果因此造成损害的，应当给予赔偿。我国《民法典》第296条对通行方的注意义务进行了明确的规定，以维护相邻方的利益，实现对双方的均衡保护。

（2）如果袋地是因土地转让或者分割而形成，袋地的所有权人或使用权人只能在受让人或者让与人的土地上通行，不能在其他人的土地上要求通行；只有在此种通行难以维系的情况下，袋地的所有权人或使用权人才能主张在其他人的土地上通行。袋地若是因其权利人转让或受让该地的意思表示而形成，则应当推定在其与土地受让人或让与人的合意中足以解决其袋地

---

[1]　王泽鉴：《民法物权（1）通则·所有权》，中国政法大学出版社2001年版，第222页。

的通行问题，而不需要再给其他人增加负担。对此种情形下袋地权利人通行的限制，我国尚无规定。但在传统大陆法系国家的民法典中多有规定。

（3）袋地的权利人在必要的情形下，还可以在周围的土地上开设道路，但对于周围土地所造成的损害应当支付赔偿金。对此，我国《民法典》没有明确规定；但最高人民法院在相关司法解释中指出，对于一方所有的或者使用的建筑物范围内历史形成的必经通道，所有权人或者使用权人不得堵塞。因堵塞影响他人生产、生活，他人要求排除妨碍或者恢复原状的，应当予以支持。但有条件另开通道的，也可以另开通道。

【训练】如果某人想合法进入他人土地，可以有哪些合法的途径？

回答：我国《民法典》没有明确规定在哪些情形下不动产权利人不得阻碍他人进入其土地。所有权的排他性是所有权的典型属性。除了土地的权利人在相邻关系中因通行的需要必须允许他人在自己的土地上通行的情形外，大陆法系国家往往还规定了其他应当允许他人进入权利人土地的情形。这些情形大致包括两类：一是土地权利人应当按照习惯允许他人进入其土地。二是他人物品或者动物偶然失落于其土地的，应允许他人进入其土地取回。我国《民法典》第291条规定，"不动产权利人对相邻权利人因通行等必须利用其土地的，应当提供必要的便利"，其中"因通行等"原因中的"等"，即指在通行之外的其他情形下，不动产权利人应当允许他人进入其土地。

（三）因建造、修缮建筑物以及铺设管线等产生的相邻关系

在建造、修缮建筑物以及铺设电线、电缆、水管、暖气和燃气管线等情形下，也会产生相邻关系。我国《民法典》第292条规定："不动产权利人因建造、修缮建筑物以及铺设电线、电缆、水管、暖气和燃气管线等必须利用相邻土地、建筑物的，该土地、建筑物的权利人应当提供必要的便利。"该规定对在建造、修缮建筑物以及铺设管线这两种情形下，需利用相邻土地的关系进行了规定。

1. 因建造、修缮建筑物而产生的相邻关系。土地权利人因建造、修缮建筑物往往必须利用相邻的土地，这种利用属于一种临时的利用，相邻不动产的权利人应当为此提供必要的便利。此种情形也是相邻不动产权利人承担的容忍义务的典型体现。但建造、修缮方也应当承担相当的注意义务，将对相邻不动产权利人的损害降至最低，并承担恢复原状以及赔偿损失等民事责任。

2. 因铺设管线产生的相邻关系。从建筑工程的实际看，如果一方土地权利人在铺设电线、电缆、水管、暖气和燃气管线等时，必须使用另一方土地权利人的土地，就会产生他们之间的相邻关系。这种相邻关系可能是临时的，也可能是永久的。在因铺设管线而产生的相邻关系中，使用他方土地的权利人应当具备"必须利用"这个前提，还应当选择对对方损害最小的方法铺设管线；如果给对方造成了损害，则应当承担损害赔偿责任。

【训练】甲公司投资建设的高档写字楼与某日报社相邻。2007年2月，该写字楼开始进行基础工程施工，后发现地面下沉，便调整施工方案后继续施工。6月初，某日报社发现其印刷厂厂房墙壁、地面开裂，三台德国进口的胶印机出现异常，报纸印刷质量明显下降，印刷机严

重受损，厂房墙体损害并危及人员安全。经某日报社及时召集有关单位、专家商讨，采取补救措施后，该日报社印刷厂地面沉降才得到有效控制，但厂房、印刷机受损方面的处理并未涉及。经某日报社委托有关单位鉴定后认为，某日报社印刷厂厂房和厂内印刷机受损的直接原因是甲公司兴建写字楼基础工程施工大量抽排地下水造成。某日报社多次与甲公司交涉无果，2008 年 1 月，某日报社向法院提起诉讼，要求甲公司赔偿以下损失：①报社请国内外专家调校修理印刷机费用；在专家修理调校印刷机期间请他人代印部分报纸费用差额；德国专家来修理印刷机食宿费；某土木建筑学会鉴定费；国家印刷机构质量监督检验中心鉴定费、评估费、交通费、食宿费；其他有关单位咨询、鉴定费。②某日报社为修理进口印刷机必须进口的零部件购置费，购置该零部件所需交关税及增值税；拆除印刷机所需拆除费、运输费、保管费、安装费、调校费；维修加固厂房和重做印刷机基础所需工程费。前述各项费用共计 1300 余万元。请问上述诉讼请求应当被支持吗？

回答：上述案例中某日报社的诉讼请求应当得到支持。在处理侵害相邻权的损害赔偿案件时，我国《民法典》第 296 条规定："不动产权利人因用水、排水、通行、铺设管线等利用相邻不动产的，应当尽量避免对相邻的不动产权利人造成损害。"其中的"损害"应按民法中的实际损害赔偿原则来确定，而本案原告所提出的赔偿要求显然符合民法的实际损害赔偿原则。

（四）因建筑物的通风、采光和日照产生相邻关系

因建筑物的通风、采光和日照而产生的相邻关系是非常普遍的相邻关系类型，与社会大众的日常生活息息相关。人类居住于建筑物内，必须享有必要的通风、采光和日照；建筑物通风、采光、日照情况是决定人类生活质量和建筑物价值的重要因素之一。建筑物之间应当留有一定的距离，才能保证不同建筑物内的居民都能享有必要的通风、采光和日照。我国《民法典》第 293 条规定："建造建筑物，不得违反国家有关工程建设标准，不得妨碍相邻建筑物的通风、采光和日照。"据此，相邻方承担的义务主要是不得违反国家有关工程建设标准，不得妨碍相邻建筑物的通风、采光和日照。这种义务既是建筑物所有人对国家承担的公法上的义务，也是对相邻方承担的私法上的注意义务。如果相邻方违反有关规定修建建筑物，影响他人通风、采光或日照的，受害人有权要求停止侵害、恢复原状或赔偿损失。

【训练】因城市拆迁改造，张某于 1996 年回迁被安置在平安路 135 号 5 层 4 号位居住。该房只有东边窗户可以采光。1997 年，甲公司投资兴建欣欣大厦，正好位于张某居室的东边。当时该楼亦为 5 层。1999 年，甲公司又投资将该楼扩建，在原有 5 层的基础上加高为 8 层。这样就将张某的窗户全部挡严。2000 年初，甲公司将欣欣大厦卖给乙公司，并办理了房屋过户手续。2000 年底，因张某实在无法忍受没有一丝日光的生活，遂向乙公司提出赔偿采光权受损的损失。乙公司认为张某是回迁户，其住房安排与自己无关，且自己是在楼层加高后才购买该大厦，即使应当给张某赔偿损失，也应当由加高楼层的甲公司进行赔偿。后多次交涉无果，张某便将乙公司诉至法院，要求赔偿自己的采光权损失。请问张某的请求应当被支持吗？

回答：本案张某的采光权和日照权显然受到了侵害。阳光、空气和水一样，都是人类生存的基本要素。居住的基本要求就是要享有通风、采光和日照，因此被告的行为构成了对原告利

益的侵害。特别需要指出的是，相邻关系是相互毗邻的不动产所有人或占有人，在行使不动产的占有、使用、收益、处分权时，相互之间应当给予便利或者接受限制而发生的权利义务关系。从权利人来说，是其权利的合法延伸，而从须提供便利的一方来说，是对其权利的法定限制。相邻权受到损害，未必是因另一方的"过错"所导致；这种受到侵害的状态是一种事实，而相邻关系法律制度的意义就在于纠正这种事实状态的偏差，将当事人之间的关系恢复到应有的平衡状态。

依据《民法典》第293条的规定，不仅《民法典》是这类相邻关系的处理依据，国家有关工程建设标准也可以作为处理依据。国家有关工程建设标准主要体现在由建筑行政管理部门颁发的规范性文件中，例如2001年建设部颁布的《建筑采光设计标准》、2000年4月20日建设部专门就房屋建筑部分发布的《工程建设标准强制性条文》以及2002年3月1日建设部发布的《城市居住区规划设计规范》等。例如，在《城市居住区规划设计规范》中详细规定：大、中城市住宅日照的时数不低于2小时，小城市不低于3小时。从法律角度看，这些建筑标准都是技术性规范，是经过科学论证后得出的；如果得到遵守，一般就不会存在影响通风、采光和日照问题。但是，即使符合这些标准但仍然可能在客观上影响通风、采光和日照。再比如在广大的农村地区，基本不适用国家有关建筑工程标准，应当允许受害方主张权利。

（五）因污染环境产生的相邻关系

我国《民法典》第294条规定："不动产权利人不得违反国家规定弃置固体废物，排放大气污染物、水污染物、土壤污染物、噪声、光辐射、电磁辐射等有害物质。"该规定即因"不可量物"的侵害所引起的相邻关系。所谓"不可量物"，是指按照通常的计量方法无法加以精确测量的物质，主要包括噪声、煤烟、震动、臭气、尘埃、光、电、电磁波、放射性物质等。因不可量物引起的损害是工业发展带给人类的不良后果之一，严重破坏了人类的生存环境，如果法律不对这种损害加以控制，可能造成人类社会的发展停滞乃至遭受毁灭；但是，不可量物也是工业生产和人类文明进步不可避免的伴生物，将其完全消灭是不可能的。学界将不可量物引起的损害称为"容许性危险"，即某种行为或活动虽然有侵害他人权益的可能，但是基于其社会相当性、有用性、必要性，应当允许其存在；并且只要这种行为或活动在公法上允许的限度内或私法上容忍的范围内，就不认为其是违法行为。[1] 因此，在分析不可量物损害是否构成侵权时，需要进行复杂的利益衡量。

【训练】桂某一家居住在某小型印刷厂旁边。该厂在引进不干胶生产线后，订单猛增，效益显著，被评为本市明星企业。工厂每天24小时开足马力进行生产。但桂某一家感到该厂的噪声和难闻的气味无法忍受，随即与该印刷厂进行交涉。为了解决问题，双方本着互谅原则达成协议，约定该厂每月给付桂某1000元整作为补偿费，直至任何一方停产或者搬迁。印刷厂按约履行了12个月，之后便拒绝再给桂某补偿费。桂某多次前去询问，印刷厂答复：本厂加强对噪声的治理后，经该市环境监测中心站检测，现在该印刷厂的噪声不超标，原协议显失公平，故

---

[1] 参见王明远："相邻关系制度的调整与环境侵权的救济"，载《法学研究》1999年第3期。

无须给桂某任何补偿费。但桂某发现，噪声非但没有减少，反而更大，特别是晚上，并且气味也逾发难闻。后来经调查发现市环境监测中心站的检测是在白天进行的，并没有对晚上的噪声进行检测。于是桂某向法院提起诉讼，表示自己虽然不能制止印刷厂的生产，但印刷厂应当履行所签协议。请问，桂某的请求应当被支持吗？

回答：在这个案例中，桂某与印刷厂就噪声的容忍和补偿问题所达成的协议是双方真实的意思表示，也并未以"超标与否"作为印刷厂支付补偿费的条件，所以该协议的约定有效。即使该市环境监测中心站检测现在该印刷厂的噪声不超标，但是只要噪声在客观上对桂某的正常生活造成了损害，那么印刷厂就违背了相邻关系中自己应当承担的义务。桂某诉请执行协议的请求应当得到法院的支持。

第八节　共　有

一、共有概述

（一）共有的概念

按照同一标的物的所有权主体的数量，可以将所有权分为单独所有和共有。单独所有指由单一的自然人或其他单一主体享有某动产或不动产的所有权。民法中的所有权以单独所有为原则，"单独所有系对个人独立自主人格的肯定，使所有权不受部落、家族的束缚，所有人在法令限制的范围内得自由使用、收益、处分所有物，从事交易，发挥物畅其流、物尽其用的经济效用。"[1] 而共有则是单独所有的例外。共有是指数人共享一物的所有权。[2]

我国《民法典》第二分编第八章专门规定了共有，第297条规定，"不动产或者动产可以由两个以上组织、个人共有。共有包括按份共有和共同共有"。共有涉及的法律关系既有共有人与第三人的关系，也有共有人之间的内部关系，因此无法直接适用与单独所有相同的法律规则，需要民法对共有单独予以规定。

【训练】我们俩共有一辆车与这辆车是公有的，有什么区别？

共有与公有不同。公有是指公共所有，它与私有是一组相对应的概念。公有包括不同层次的公共所有，在我国即指国家所有和集体所有。一般说来，公有中所有权利益最终归属于多数人，多数人可以享有公有的利益，但是他们既不能主张各自在公有财产中的份额，也不能对公有财产主张分割。而共有则是相对于单独所有的一个概念，在共有中，每一个共有人或者享有确定份额的所有权，或者不分份额地享有所有权；且允许共有人通过分割共有物将共有关系解体。

（二）共有的特征

1. 共有人的复数性。共有的主体是两个以上单位或个人，称为"共有人"。共有人所享有的所有权的客体称为"共有物"。共有物本身与单独所有权的客体没有什么区别，共有物既可

---

[1]　王泽鉴：《民法物权（1）通则·所有权》，中国政法大学出版社2001年版，第321页。

[2]　周枏：《罗马法原论》，商务印书馆1994年版，第334页。

以包括动产，也可以包括不动产。

【训练】

1. 共有人可以是两个或两个以上吗？

回答：可以。

2. 既然共有的主体是两个或两个以上，那么共有涉及哪些法律关系？

回答：共有是由共有人对同一共有物享有所有权。正是由于这种共有人的多数性，产生单独所有状态下所不涉及的多数所有权人如何行使共有权的内部关系，以及多数共有人与第三人之间的外部关系的问题，从而使共有成为所有权制度体系下的一个重要分支问题，《民法典》物权编才有必要对其进行专门的规定。

2. 从共有人之间的关系看，共有人按份额享有所有权或不分份额地享有所有权。共有人之间的关系，也常被称为共有的内部关系。共有是对所有权的量的分割，是对权利的抽象分割，而权利的抽象分割不影响共有物的单一性。

【训练】

1. 甲乙约定对一套两居室的住房各占50%的所有权，是不是意味着甲只能支配该套住房的50%？

回答：不是。共有人对共有物的支配应当针对整个共有物，而非只针对共有物的某一部分。在按份共有的情况下，共有人在权利的行使方面虽然有份额的差别，但是该共有人在行使所有权时所指向的客体依然是整体的共有物，而非共有物的某一特定部分。

2. 甲乙是夫妻，共同共有两头牛，是不是意味着甲乙各自拥有一头牛的所有权？

回答：不是。共有人对共有物的支配应当针对整个共有物。共同共有的情况下，每一个共有人对共有物的支配都是相同的，自然也指向整体性的共有物而非该物的某一具体部分。

3. 从共有人与第三人的关系看，共有人作为整体对共有物的所有权依然是单一的所有权。共有人与第三人的关系也称为共有的外部关系。共有作为所有权的量的分割，所有权本身是由多个共有人享有（按份或共同），而不是针对某共有物同时存在数个所有权。

【训练】 甲乙共有一套学区房，丙准备购买该住房用于孩子上学。在丙看来，是不是甲和乙各自都是该住房的所有权人？

回答：不是。在第三人看来，某物由数人共有只是增加了所有权的主体数量。由共有人享有的所有权本身依然是一个单一的所有权，而非若干个所有权的聚合。

4. 能够共有的权利多样。我国《民法典》第310条规定："两个以上组织、个人共同享有用益物权、担保物权的，参照适用本章的有关规定。"可见《民法典》允许共有的权利不仅包括所有权，还包括用益物权和担保物权，因此物权皆可共有。

【训练】 甲乙可以共有债权、知识产权吗？

回答：可以。在理论和实践中，不仅物权，其实各种财产权，如债权、知识产权等皆有由多个主体共有的可能；既可以是按份共有，也可以是共同共有。学界将所有权以外的其他财产权利的共有，称为"准共有"。准共有在法律有特别规定时适用特别规定，无特别规定时则适用共有的一般规定。《民法典》通过共有制度所要解决的问题，已经不再限于所有权或物权的共有，也可以是为各种财产权利的共有提供一套处理内外部关系的基本准则。

二、我国《民法典》中共有的类型

我国《民法典》第297条规定，共有包括按份共有和共同共有两种类型。

（一）按份共有

按份共有，是指由共有人对不动产或者动产按照确定的份额享有所有权的共有形式。按份共有基本都是由当事人约定产生的，在现代经济生活中运用得较为广泛。《民法典》第298条规定："按份共有人对共有的不动产或者动产按照其份额享有所有权。"按份共有具有如下特征：

1. 按份共有中，按份共有人对共有的不动产或者动产按照份额享有所有权。按份共有人的权利和义务划分，例如，共有人对共有物处分的决定，以及对共有物费用的分担，都应当以份额为依据。

2. 按份共有中的共有人既享有对共有物的支配权，也享有对份额的支配权利。换言之，在按份共有中，共有份额是共有人在共有物之外，享有的另一项财产权利，可以转让，也可以用于债务的担保。

【训练】甲乙按份共有一辆汽车，各自的份额为40%、60%，甲拥有几项财产？

回答：两项。一是与乙共有的汽车，二是自己的40%的份额。

3. 按份共有产生的原因是当事人的约定或其他原因，不需要像共同共有那样存在共有人之间的共同关系。这是按份共有人与共同共有人最明显的差别。

【训练】哪些情况下会产生按份共有关系？

回答：按份共有的原因无非有以下三种：一是基于当事人的意思表示，例如甲乙共同出资购买一辆货车进行运营。二是基于法律的规定，如在按份共有或共同共有约定不明时，除非共有人存在家庭关系等，否则依法推定共有属于按份共有。三是由共同共有转化为按份共有，如甲乙丙三人共同继承一栋房屋，每人享有1/3的房屋所有权。所以，与共同共有人之间存在特定的人身关系不同，按份共有人之所以发生按份共有的关系，是因为存在当事人之间的约定或其他原因。

按份共有中，按份共有人的份额的确定，根据《民法典》第309条的规定，在私法自治的原则之下，首先允许按份共有人自行协商确定各自的应有份额。在没有约定或者约定不明的情况下，按份共有人的份额依投资的比例来确定；如果不能确定投资比例时，则将当事人的按份共有作为份额均等的按份共有。

【训练】甲乙口头约定按份共有一辆车，但一直没有确定各自的份额，请问依法如何确定他们对这辆车的份额？

回答：在按份共有中，如果共有人的应有份额不明，则应查明投资额；如果投资额也无法确定，则视为等额享有。

（二）共同共有

共同共有是指两个或两个以上的民事主体，根据某种共同关系而对某项财产不分份额地共同享有权利并承担义务。共同共有是一种与人们生活密切相关的共有类型。与按份共有相比，共同共有具有以下特征：

1. 共同共有根据共同关系而产生，以共同关系的存在为前提。共同关系是作为共同共有基础的法律关系，这些法律关系往往是特定的身份关系，如夫妻关系、家庭关系，其存在是为了满足两个或两个以上共同共有人的某种共同目的。共同共有必须以共有人存在这种共同关系为前提，如果共同关系消灭，共同共有亦消灭。

【训练】甲乙是夫妻，共同共有一套房屋。如果甲乙离婚，甲可以要求与乙分割这套房屋吗？

回答：可以。共同共有人之间既有人身关系，也有财产关系；并且人身关系是财产关系存在的前提，如果人身关系解除，则共同共有也不存在。最典型的就是夫妻离婚需要对共同共有的财产进行分割。而按份共有人之间只有财产关系，即使客观上按份共有人存在人身关系，这种人身关系也不影响按份共有，如兄弟俩按份共有一栋房屋，与普通民事主体按份共有一栋房屋并无差别。

2. 在共同共有关系存续期间，共有财产不分份额，各共有人平等地对共有物享有权利和承担义务。与按份共有人所享有的应有份额相比，共同共有人在共有期间并不享有应有份额，因此，共同共有人对共有物的权利义务没有份额的区分，而是共同的或者平等地享有权利、承担义务。这是共同共有与按份共有最主要的区别。我国《民法典》第299条规定："共同共有人对共有的不动产或者动产共同享有所有权。"此外，第301、302条还分别规定除共有人另有约定外，对共有物的处分或者重大修缮应当经占份额2/3以上的按份共有人或者全体共同共有人的同意；对共有物的管理费用以及其他负担，由共同共有人共同负担。这些规定都说明共同共有中，各共有人对共有物权利义务的共同性或平等性。

【训练】甲乙是夫妻，共同共有一套房屋。物业要求缴纳该房屋的物业管理费。请问究竟是甲有义务缴物业费，还是乙有此义务呢？

回答：甲乙都有义务。因为共同共有人对共有物的义务是一样的，不区分该义务究竟是甲来履行或乙来履行。

（三）按份共有与共同共有的区分

根据《民法典》第308条的规定，根据私法自治原则，当事人可以约定彼此间共有的类型。在当事人作出约定的情况下，从其约定，当事人之间是否存在共同关系则在所不问。例如，夫妻间约定婚后取得的财产为按份共有的，未尝不可。当事人没有约定或约定不明的，则根据当事人之间的关系来确定其共有的类型：当事人之间存在共同关系的，推定其为共同共有；否则，推定其为按份共有。

三、共有的内部法律关系

共有的内部法律关系，是指发生于共有人之间、因各共有人对同一物的共有所产生的法律关系。共有的内部法律关系内容包括：

（一）对共有物处分、重大修缮、变更用途的决定

共有物归属于各个共有人，故对共有物的处分、重大修缮、变更用途，即对共有物的重大处置，需征求各共有人的意见。共有人对共有物处分、重大修缮、变更用途的决定方式有约定的，从其约定。共有人没有约定或者约定不明的，则根据《民法典》第301条的规定，视共有的不同类型做不同的界定。

1. 按份共有物的处分、重大修缮、变更用途。在按份共有中，因各共有人的共有份额是其行使共有权的基础，故按份共有物处分、重大修缮、改变用途，除非共有人另有约定，应当经占份额2/3以上的按份共有人的同意。

【训练】甲乙按份共有一套机器设备，甲占70%，乙占30%，设备总价值60万元。乙负责该设备的保养，他向甲提出应对该设备进行大修，需要花费20万元。甲对此不同意。甲乙对设备的维修也从未有约定。请问甲所称的"不同意"有合法依据吗？

回答：有。因为如果按份共有人没有约定重大修缮，就应当经占份额2/3以上的按份共有人的同意。甲占70%，若他不同意，则不能对该设备进行重大维修。

2. 共同共有物的处分、重大修缮、变更用途。共同共有最重要的特征之一，就是不存在共有份额的概念，各共有人平等地对共有物享受权利和承担义务。因此，除非共有人另行约定，共同共有物的处分、重大修缮、改变用途，必须经全体共同共有人同意。例如，甲乙为夫妻，他们共同共有一栋房屋，只有在二人一致同意的前提下，才能将该房屋出卖。需要注意的是，上述规则不适用于夫妻共同共有情况下的日常生活处分行为。根据《民法典》第1060条的规定，夫妻一方因家庭日常生活需要而实施的民事法律行为，对夫妻双方发生效力，但是夫妻一方与相对人另有约定的除外。

【训练】刘某早年丧妻，留有一子刘甲。2006年，刘某又与张某结婚。2018年刘某去世，留下遗嘱自己的100万元存款由刘甲和张某各自继承一半，但遗嘱中未提到刘某于2008年所购买的一套住宅如何分配。该住宅位于本市黄金地段，一直用于出租，每年租金收入约5万元。由于刘甲长期在外地工作，张某一直负责收取租金。后来，刘甲认为该住宅是父亲的个人财产而非与张某共有财产，于是自己前去找房客收取租金。由于房客早先就认识刘甲，于是便将一年的租金交给了刘甲。同时，房客提出壁挂锅炉坏了，花费1000元才请厂家修好，刘甲顺手从5万元租金中抽出1000元给了房客。张某得知刘甲收取租金后大为不满，称该住宅是自己与刘某结婚后才购买的，因此属于夫妻共同财产，刘某去世后住宅就是她的个人财产，收取租金是她的权利；还提出1000元的锅炉修理费太贵，未经她同意，就不应当支付等。刘甲对此不予理睬，张某一气之下，将刘甲诉至法院，要求对住宅进行分割。请问对于本案，如果依据《民法典》的规定，该如何处理？

回答：该案例中住宅作为刘某遗产如何分割并不困难。我们还可以通过这个案例来讨论该住宅的管理权归属。依据前述共同共有的类型，在继承开始后、遗产分割前，继承人对于遗产属于共同共有；因此，本案中张某和刘甲作为刘某的继承人，对该住宅在分割前属于共同共有

关系。在共同共有期间，本案中的管理权具体体现为收取租金的权利。依据我国《民法典》第300条的规定："共有人按照约定管理共有的不动产或者动产；没有约定或者约定不明确的，各共有人都有管理的权利和义务。"因此在该住宅进行遗产分割前，张某和刘甲作为刘某的继承人都有管理的权利，刘甲收取租金的权利是合法的；至于修锅炉所用的1000元管理费，刘某支付给房客也不违法。

（二）共有物收益、费用的享有与承担

由于共有物归属于各共有人，故共有物所生的收益、费用，如共有车辆所得的租金、支付的维修费，也应由各共有人分享、分担。在此基础上，共有人对共有物的收益分享、费用分担有约定的，从其约定。共有人没有约定或者约定不明的，根据《民法典》第302条的规定，按份共有物的收益与费用，其分享与分担的比例，以共有人的共有份额比例为基础；共同共有物的收益与费用，因之间不存在共有份额的概念，故由共有人共同享有、承担。

【训练】甲乙二人为夫妻，双方在结婚之时约定婚后各自的工资收入为各自所有，奖金收入为共同共有。同时约定对家庭生活所必需的生活用品的购买实行AA制。婚后甲乙二人商定共买一辆汽车，约定双方各出资10万元，同时约定所购汽车为夫妻共同财产。购买汽车后，在对汽车的费用支出问题上，甲乙双方发生分歧，乙说自己从不开车不能承担相关费用。对此应如何处理？

回答：如果甲乙二人有约定，则依约定行事。如甲乙二人约定对该车的所有管理费用支出也实行AA制，则依此约定。如果甲乙二人没有对该车的管理费用支出做出约定，则由二人共同负担，即从二人共有的奖金中支付该车的管理费用。

四、共有的外部法律关系

（一）共有债权债务承担的一般原则

无论按份共有还是共同共有，都可能存在因共有而产生的债权债务关系，这种债权债务关系属于共有的外部关系。处理这种外部关系的一般原则是：对外不区分按份共有还是共同共有，均由共有人对债权债务享有连带债权、承担连带债务，但法律另有规定或者第三人知道共有人不具有连带债权债务关系的除外。在共有人享有连带债权时，任何一个共有人都有权向第三人主张债权；在共有人承担连带债务时，每一个共有人都承担向第三人的全部清偿责任，第三人有权向任何一个共有人主张债权。

【训练】甲乙是夫妻，为向银行借款将共有的一套房屋向银行办理了抵押权登记。借款期限届满后，甲乙未向银行还款，还悄悄办理了离婚手续，约定该房屋归甲所有，所有债务由乙承担。银行对此并不知晓。请问若银行主张自己的债权、抵押权，应当向甲主张，还是向乙主张？

回答：第三人若不知情，可以请求任何一个共有人履行全部债务，而被请求的共有人不得以自己在共有关系中的内部份额来对抗这种请求。如果法律另有规定或者第三人知道共有人不具有连带债权债务关系时，共有人就不需要承担连带责任，而是应当按照约定或者共有人享有的份额各自享有债权、承担债务。

（二）按份共有人的追偿权

对按份共有人内部关系的处理应遵循真实性原则。除共有人另有约定外，按份共有人按照其份额享有权利、承担义务。因此，对第三人偿还债务超过自己应当承担份额的按份共有人，有权向其他共有人追偿。这就是按份共有人的追偿权。《民法典》第307条规定："……偿还债务超过自己应当承担份额的按份共有人，有权向其他共有人追偿。"

但对共同共有来说，由于在内部关系中共同共有人共同享有权利和承担义务，所以并不存在追偿问题。

【训练】 甲乙丙三人在闹市区租了一家门面，合伙开设了一家服装店，约定三人按5：3：2的份额出资和承担责任。开始时三人经营不善，服装店很快陷入困境。于是乙丙二人到外地另谋生计，甲留下勉强维持经营。半年后，房屋租期届满，甲还想坚持下去，便从自己家中直接给房东拿了半年的房租6万元。又过了半年，生意慢慢有了起色。此时乙丙也回来愿意继续经营服装，甲要求乙丙分担6万元房租。但乙丙以自己在这半年间并没有参与经营为由进行推脱。于是甲将乙丙诉至法院，要求他们按5：3：2的约定分担6万元的租金，即乙承担2万元、丙承担1万元。请问甲的诉讼请求成立吗？

回答：本案甲乙丙属于按份共有，房租属于他们共同的债务。按照我国《民法典》第307条的规定，偿还债务超过自己应当承担份额的按份共有人，有权向其他共有人追偿。因此甲完全可以按该规定以及与乙和丙约定，要求他们承担自己应当承担的租金份额，即乙承担2万元、丙承担1万元。

五、按份共有人的优先购买权

（一）按份共有人优先购买权概述

按份共有人之间的关系主要是一种财产关系，且按份共有人所拥有的共有份额本身，即为一项独立的财产，因此遵循财产的自由流转原则，由按份共有人自行决定是否将其应有份额进行转让。《民法典》第305条规定："按份共有人可以转让其享有的共有的不动产或者动产份额。其他共有人在同等条件下享有优先购买的权利。"按份共有人的优先购买权是民法中较为典型的优先权。按份共有人之间虽然没有共同共有人那种紧密的身份关系，但是毕竟在某些情况下，某一按份共有人出让其应有份额后，因受让而加入的新共有人可能会让原来的共有人感到不便。法律在赋予每一个按份共有人转让应有份额的自由时，也要照顾其他按份共有人的意思。为此，允许按份共有人就其他应有份额出让时享有在同等条件下的优先购买权。

（二）按份共有人优先购买权的条件

根据《民法典》第305、306条、最高院《关于适用〈中华人民共和国民法典〉物权编的解释（一）》第9条至第11条的规定，按份共有人享有优先购买权的条件是：

1. 按份共有人对外转让应有份额。只有在按份共有人对外转让应有份额的情况下，其他按份共有人才享有优先购买权。反之，按份共有人向其他按份共有人转让应有份额，或按份共有份额的权利主体因继承、遗赠等原因发生变化时，除共有人之间另有约定外，其他按份共有人不享有优先购买权。

2. 同等条件。在按份共有人对外转让应有份额的情况下，其他按份共有人只有在同等条件下，才享有优先购买权。这里所称的"同等条件"，应当综合共有份额的转让价格、价款履行方式及期限等因素确定。

【训练】甲乙按份共有一栋写字楼，甲因需要资金拟出卖自己的份额。丙愿意出价 1 亿元购买，乙愿意出价 600 万元购买。请问甲可以将自己的份额卖给丙吗？

回答：可以。《民法典》规定的按份共有中其他共有人的优先购买权是指"同等条件下"的优先购买权。同等条件主要是指其他共有人就购买该份额所给出的价格等条件与欲购买该份额的非共有人相同。当其他共有人与其他人出价相同时，其他共有人有优先购买的权利。这种情况下的优先购买权是共有人相对于非共有人而言的，在共有人之间并无优先的问题。

（三）按份共有人优先购买权的行使

1. 优先购买权的行使期限。优先购买权的行使期间，按份共有人之间有约定的，按照约定处理；没有约定或者约定不明的，按照下列情形确定：

（1）转让人通知了其他按份共有人对外转让的事实，且通知中包含了同等条件内容的，也即其他按份共有人可以即时对是否行使优先购买权作出判断。此时，优先购买权的行使期间是：①以转让人通知载明的期间为准，但不得短于通知到达之日起 15 日；②转让人的通知中未载明期间的，为通知到达之日起 15 日。

【训练】甲乙按份共有 A 车。现甲通知乙：甲欲将自己的共有份额转让给丙，并告知了对丙的转让条件。

1. 如果甲要求乙 30 天内行使优先购买权，乙可在多久内行使优先购买权？

回答：乙自收到该通知之日起 30 日内，均可行使优先购买权。

2. 如果甲要求乙 3 天内行使优先购买权，乙可在多久内行使优先购买权？

回答：乙自收到该通知之日起 15 日内，均可行使优先购买权。

3. 如果甲未明确乙优先购买权的行使期间。乙可在多久内行使优先购买权？

回答：乙自收到该通知之日起 15 日内，可行使优先购买权。

（2）转让人未通知其他按份共有人对外转让的事实，或通知中未包含同等条件内容，也即其他按份共有人不具备对是否行使优先购买权进行判断的条件。此时，优先购买权的行使期间是：①自其他按份共有人知道或者应当知道最终确定的同等条件之日起 15 日；②其他共有人自共有份额权属转移之日起 6 个月内，未行使优先购买权的，该权利消灭。在这里，"共有份额权属转移之日"的确定方法是：

第一，不动产共有份额权属，自转让人为受让人办理不动产共有登记之日起转移；

第二，动产共有份额权属，自转让人与受让人之间的共有份额转让合同生效之日起转移。

【训练】甲乙按份共有房屋 A。现甲通知乙：甲欲将自己的共有份额转让给丙，但未告知对丙的转让条件，要求乙在收到通知之日起 15 日内行使优先购买权。

1. 如果乙收到通知后第 20 天，知道甲对丙的转让条件。乙可在多久内行使优先购买权？

回答：乙知道甲对丙的转让条件之日起 15 日内，可行使优先购买权。

2. 如果乙始终不知道甲对丙的转让条件，乙的优先购买权何时消灭？

回答：自甲向丙办理房屋 A 变更登记手续之日起 6 个月后，乙的优先购买权消灭。

2. 两个或以上共有人优先购买权的行使。按份共有人对外转让共有份额，两个或以上的其他按份共有人均主张优先购买权的，可以协商确定权利的行使方法。协商不成的，按照各自的份额比例受让。

3. 共有人侵害其他按份共有人的优先购买权。按份共有人未通知其他共有人，即对外转让其共有份额，纵然受让人已经取得该按份共有份额的，其他按份共有人仍有权在权利行使期间内，主张同等条件下的优先购买权。但是，其他按份共有人不得主张撤销该对外转让共有份额的合同，或主张该合同无效。

六、共有物的分割

（一）共有物的分割原则

我国《民法典》第303条规定："共有人约定不得分割共有的不动产或者动产，以维持共有关系的，应当按照约定，但是共有人有重大理由需要分割的，可以请求分割；没有约定或者约定不明确的，按份共有人可以随时请求分割，共同共有人在共有的基础丧失或者有重大理由需要分割时可以请求分割。因分割造成其他共有人损害的，应当给予赔偿。"由此可见，共有物的分割原则包括以下三个：

1. 共有人可以约定不得分割共有财产，但共有人有重大理由需要分割的，可以请求分割。无论是按份共有还是共同共有，都允许共有人约定不得对共有的不动产或动产进行分割，以维持共有关系。但即使存在这种约定，如果共有人有重大理由需要分割的，也应当允许分割。所谓重大理由，即指若不允许分割，就会对相关共有人的利益造成重大损害；是否构成重大理由，一般应当按照社会生活的实际和公平原则来进行判断。

【训练】甲乙按份共有一栋高档写字楼，甲占70%，双方曾约定2030年前不分割该写字楼。因2020年的新冠疫情严重影响了甲工厂的经营，甲现在急需现金挽救濒临倒闭的工厂，甲想分割与乙的这栋写字楼抵债以救急。请问甲可以请求与乙分割写字楼吗？

回答：可以。这种情况下，符合《民法典》所规定的有重大理由需要分割的规定。如果仍不允许甲请求分割与他人按份共有财产，会造成更大的损失，因此应当允许其请求分割该共有财产。

2. 按份共有人无约定或约定不清时，享有随时分割请求权。随时分割请求权是按份共有人重要的权利，其性质属于形成权，在行使时只需要某按份共有人单方的意思表示，而不需要经过其他按份共有人的同意。如果共有人约定在某期间内不得分割，则应当遵守该约定。如果因标的物的性质和使用目的不得分割的，也不允许分割。

【训练】甲乙按份共有一艘渔船，各占50%，还约定5年内不能分割这艘船的所有权，请问该约定有效吗？

回答：有效。因为如果共有人约定在某期间内不得分割，则应当遵守该约定。

3. 共同共有人在共有的基础丧失或者有重大理由需要分割时可以请求分割。共同共有是共有人对全部共有财产不分份额地享有权利承担义务的共有。在共有关系存续期间，各共有人对共有财产没有确定的份额，无论在权利的享有上还是在义务的负担上都无份额比例之分。在共有人对共有财产的分割没有约定的情况下，通常共有人只有在共同共有关系消灭时才能协商确定各自的财产份额，对共有财产予以分割。因此，共同共有人在共有的基础丧失或者有重大理由需要分割时可以请求分割共有财产。

【训练】甲乙是夫妻，离婚时双方都想要他们共有的一只宠物狗。请问该如何对这条宠物狗进行分割？

回答：宠物狗是民法上的不可分物，甲乙应协商，若归一方，可以给另一方补偿即折价赔偿；若协商不成只能变价分割，即甲乙均不取得宠物狗，分割宠物狗变卖的价值。

（二）共有物的分割方法

我国《民法典》第304条第1款规定："共有人可以协商确定分割方式。达不成协议，共有的不动产或者动产可以分割并且不会因分割减损价值的，应当对实物予以分割；难以分割或者因分割会减损价值的，应当对折价或者拍卖、变卖取得的价款予以分割。"该规定体现的是共有财产分割的一般原则，对按份共有和共同共有都适用。即分割共有的不动产或者动产，可以由全体共有人协商决定分割的方法。这种协商须征得全体共有人的同意。如果共有人无法达成分割协议，共有人可提请法院进行裁判分割。裁判分割遵循以下三个分割原则：

1. 实物分割。在共有物本身为可分物并且分割不影响共有物的使用价值和特定用途时，可以对共有物进行实物分割。

2. 变价分割。如果共有物本身为不可分物或者分割将影响物的使用价值或特定用途，则不能进行实物分割，例如，甲乙共有一匹马，在分割时只能变价分割。在变价分割时，应当将共有物进行拍卖或者变卖，对所得价款进行分割。此外，即使共有物本身是可分物，但是如果各个共有人都不愿接受共有物，也可以采用变价分割的方式。

3. 折价赔偿。如果共有人中的一人愿意取得共有物，其他共有人不愿取得共有物，则可以由该共有人取得共有物，并由该共有人向其他共有人折价赔偿。

【训练】甲乙二人共同共有房屋两套，两套房子市场价值相差较大，一套价值上千万，另一套仅值100万。离婚时每人分得一套，请问这样分割可以吗？

回答：这就是典型的实物分割，如果甲乙愿意这样分割，是可以的。

【训练】甲乙二人共同共有一架旧钢琴，离婚时二人均不想要这架钢琴，请问该如何分割这架钢琴？

回答：可以变价分割。

（三）共有物分割中的瑕疵担保责任

共有物分割后，如果分得该物的人发现该物存在权利或物的瑕疵，应当享有被救济的权利。我国《民法典》第304条第2款规定，共有人分割所得的不动产或者动产有瑕疵的，其他共有人应当分担损失。这就是说，共有人在共有物分割中承担着瑕疵担保责任，包括权利的瑕疵担保责任和物的瑕疵担保责任。前者指共有人应担保第三人就其他共有人分得之物不得主张任何权利；后者指共有人对其他共有人应担保其分得部分于分割前不存在物的瑕疵。共有人的瑕疵担保责任显然是为了确保共有物分割中的公平。这种瑕疵担保责任与买卖合同中卖方的瑕疵担保责任相似。

【训练】张某去世时，为三个儿子留下的遗产包括：别墅一套价值200万元；某知名公司股票30万股，该股日前市价5元/股；名牌轿车两部，分别价值120万元和100万元。张某仅在遗嘱中写明由三个儿子平均分配遗产，但并未写明如何分配。如果这三个儿子不能就遗产分配达成一致意见。请问上述遗产该如何分配？

回答：共有人可以协商确定分割方式。达不成协议，共有的不动产或者动产可以分割并且不会因分割减损价值的，应当对实物予以分割；难以分割或者因分割会减损价值的，应当对折价或者拍卖、变卖取得的价款予以分割。而上述遗产中，能够作为可分物运用实物分割的只能是股票；而别墅属于不可分割物，轿车仅有两部，且价值不等。所以别墅和轿车数量都不宜采用实物分割的方式，而应当对折价或者拍卖、变卖取得的价款进行分割。

第九节　所有权的原始取得

一、原始取得与继受取得

原始取得与继受取得相对应。所有权的继受取得，是指基于前手的意愿而取得所有权。因此，继受取得的发生需要继受取得人的前手的存在，以及前手愿意将所有权让渡给取得人的意愿。在民法上，基于买卖、赠与、继承、遗赠的取得，均属于继受取得。所有权的原始取得，是指基于法律的规定而取得所有权。因此，原始取得的发生，仅以符合法定的取得要件为条件，而不问原始取得所有权的人前手的意愿，及是否有前手的存在。本章所要讲述的，就是各种原始取得的方式。

二、善意取得

（一）善意取得概述

善意取得，是指从无权处分人处受让动产或不动产的善意第三人，在善意、支付相应对价且取得该动产的占有或不动产的登记后，即依法取得该动产或者不动产的所有权。善意取得是一种所有权的原始取得方式，是为了实现交易安全和效率的强制性制度安排。在我国，善意取得既适用于动产，又适用于不动产。对于其他物权，在符合法定善意取得的构成要件时也可以适用善意取得。

【训练】善意取得是所有权的原始取得还是继受取得？

回答：善意取得以无权处分为前提，这意味着善意取得的发生，系依法律的强制性规定，而不可能依据前手的意愿，故属于原始取得。

善意取得的理论基础在于如下方面：

1. 善意取得保护的是善意第三人的利益，进而能够维护交易的安全和效率。在构成善意取得的情形下，法律强制性地限制，甚至剥夺物的原所有人的权利，而对善意第三人予以保护，这是一种利益衡量之后的制度安排。民法中的善意第三人并非指某个具体实在的人，而是整个交易秩序的代称。保护善意第三人就是保护交易的安全和效率，而在某些特定的情形下，交易的安全和效率比特定所有权人的利益更需要得到法律的保护。对善意第三人来说，如果要求他对每一个受让的标的物都去调查其权属和出让人是否有处分权，是一种难以承受的负担，违背交易的效率要求；如果允许原所有人向善意第三人行使返还原物请求权，在善意第三人已经将该物继续合法流转的情形下，就意味着善意第三人之后的交易链条都要断裂。而按照善意取得制度，只要第三人不知道出让人事实上缺乏处分权，并且支付了该标的物相应的对价，就可以在取得该标的物的占有或登记时依法取得该物的所有权。善意第三人既无须花费时间和精力调查出让人有无处分权，也不必顾虑他若将该物继续转让会不会被物的真正权利人所追索。所以，善意取得是维护交易安全和效率的法律制度。

2. 善意取得能够实现动产占有的公信力，弥补不动产登记错误所造成的对善意受让人保护的不周。对于动产而言，由于其性质方面的可移动性，占有者很可能并非所有者。但是，占有依然是动产所有权的最为可行的公示方法，法律在确认这种公示方法的同时还赋予了占有以公信力：占有者被推定为享有权利的人，即使真实的权利与公示的权利状态不符合，善意信赖这种公示的第三人的利益也应当得到保护。因此，民法中的善意取得是一项实现动产占有公信力的具体制度。

在我国民法典中，不动产也可以适用善意取得。这是因为登记错误时有发生，例如共有不动产的部分共有人擅自出卖共有不动产的，受让人若是善意即可取得所有权；再如不动产登记有瑕疵时，受让人信赖此登记发生的不动产所有权转移。[1] 这两种情况中登记的权利人未必是全部的权利人或真实的权利人。在登记错误时，善意受让人因信赖该登记才购买不动产时，只能按照善意取得保护其利益，使善意受让人依法原始取得该不动产的所有权；如果还要依据登记的公信力保护其合法利益就会产生法理的矛盾，因为错误的登记本来就不能发生公信力。所以，对我国而言，将善意取得扩展适用于不动产是符合实际需求的，能在最大程度上保护善意受让人的利益。

3. 善意取得制度也公平保护了物的原所有人的利益。依据善意取得制度，物的原所有人被剥夺了返还原物请求权并绝对地丧失了自己对该物的所有权，但是，作为民法制度的善意取得，也同时按照公平的原则赋予了原所有人向无权处分人请求赔偿的权利。例如我国《民法典》第311条规定，在构成善意取得时，原所有权人有权向无处分权人请求赔偿损失。这种请求权的行使后果足以弥补物的原所有人的利益。所以，原所有人所丧失的是对该动产或者不动产的所有权，其利益则可以通过损失赔偿请求权得到补偿。

此外，我们还应当注意到，传统民法中的善意取得制度之所以剥夺动产的原所有人的所有权，而使善意第三人获得该动产的所有权，还隐含着这样一个公平的价值判断：一般情况下，所有人应当自己占有其动产；如果基于自己的意愿让该动产脱离自己的占有，由此所引起的该

---

[1] 李显东主编：《中国物权法要义与案例释解》，法律出版社2007年版，第243页。

动产被无权处分的风险应当自己承担。如果动产并非基于所有人的意思而脱离其占有，典型的如盗赃物，则不适用善意取得。因此，相较于对善意第三人保护的需要，剥夺物的原所有人的所有权也是一种不失公平的做法。

【训练】赵甲、赵乙是亲兄弟。他们的父亲去世时留给他们两套房屋即房 A 和房 B，指明赵甲继承房 A，赵乙继承房 B。但是在房屋登记机关登记时，将房 A 登记在了赵乙名下，房 B 登记在了赵甲名下。兄弟俩当时也比较匆忙，没有发现这个错误，各自拿了房产证回家。回家后，赵甲才看出来登记给自己的是房 B 而非房 A，于是打电话给赵乙；赵乙说等闲时再去办更改手续。但是，由于房 A 地段比较好，很快有人找赵乙要求买房，赵乙经考虑，决定将房卖给出价最高且能一次性付清房款的孙某，并很快与孙某办完了房屋过户登记手续，孙某也支付了350 万元的房款。赵甲得知此事，非常不满，认为房子是自己的，根本无意出卖，遂要求孙某返还房屋。孙某不肯，称自己与赵乙的买卖完全合法。赵甲便将孙某和赵乙诉至法院，并出具了父亲当年留下的遗嘱，请求返还房 A。请问本案赵甲的诉讼请求应被支持吗？

回答：这个例子涉及不动产的善意取得问题。在不动产登记错误的情况下，借助善意取得其实可以对不动产登记的公示公信力加以弥补。本案孙某完全可以凭借登记信赖该房属于赵乙所有，也可以信赖赵乙的出卖行为属于有权处分，因此符合善意取得的构成要件。孙某在办理完毕与赵乙的过户登记手续时就依法取得了房 A 的所有权，所以赵甲不享有向孙某的返还原物请求权，他只能向赵乙请求赔偿。同时，依据我国《民法典》第 222 条的规定，如果登记有错误，还有权向登记机关请求赔偿。

（二）善意取得的构成要件

依据我国《民法典》第 311 条的规定，善意取得的构成必须同时具备以下三个要件：

1. 受让人为善意，即相信出让人为有权处分人。

（1）善意的含义。在善意取得中，要求受让人必须是善意。受让人的善意，是指受让人对于出让人为无权处分人的事实并不知情，且相信处分人为有权处分。反之，如果受让人明知或者按照常理应知出让人为无权处分人，或者虽然不知处分人为无权处分，但却没有理由相信处分人为有权处分的，则构成恶意，恶意者不能取得标的物的所有权，否则就违反了民法诚信原则，也悖离了善意取得制度保护交易安全和效率的基本功能。

（2）善意的判断。善意是构成善意取得的核心要素，善意取得所保护的也是受让人对于占有或登记的合理信赖。对受让人是否为善意的判断关系到善意取得能否构成，因此是实践中一个非常重要的问题。一般说来，对于受让人是否为善意，我们可以从以下三个方面进行判断：

第一，善意的推定和恶意的举证责任。最高院《关于适用〈民法典〉物权编的解释（一）》第 14 条规定："受让人受让不动产或者动产时，不知道转让人无处分权，且无重大过失的，应当认定受让人为善意。真实权利人主张受让人不构成善意的，应当承担举证证明责任。"出于对交易安全和效率的考虑，在对受让人是否为善意进行判断时，应当首先推定其为善意。如果物的原所有人主张受让人为恶意，则应当负责提出证据；如果他不能举证证明受让人为恶意，则受让人即为善意进而构成善意取得。之所以将恶意的举证责任交由物的原所有人承担，是因为如果让第三人承担举证自己为善意的责任，则无异于将第三人置于举证不能即失去权利的危险境地，从而违背善意取得制度的基本功能。

第二，恶意的判断标准。善意或恶意在实质上都属于主观的心理状态，但在法律上必须以一定的客观外在表现来加以判断。

对于不动产的受让人而言，最高院《关于适用〈中华人民共和国民法典〉物权编的解释（一）》第15条规定："具有下列情形之一的，应当认定不动产受让人知道转让人无处分权：①登记簿上存在有效的异议登记；②预告登记有效期内，未经预告登记的权利人同意；③登记簿上已经记载司法机关或者行政机关依法裁定、决定查封或者以其他形式限制不动产权利的有关事项；④受让人知道登记簿上记载的权利主体错误；⑤受让人知道他人已经依法享有不动产物权。真实权利人有证据证明不动产受让人应当知道转让人无处分权的，应当认定受让人具有重大过失。"从该司法解释的规定来看，不动产受让人是否为善意应当考虑该受让人是否在买受前就知道登记的所有人并非真正的权利人或并非处分权人。如果他知道这种登记的错误则为恶意，反之则为善意。

对于动产来说，最高院《关于适用〈中华人民共和国民法典〉物权编的解释（一）》第16条规定："受让人受让动产时，交易的对象、场所或者时机等不符合交易习惯的，应当认定受让人具有重大过失。"因此确定动产的受让人是否为善意应当综合生活经验和法律规定，通过对受让人支付的价格是否合理、交易的场所是否合法以及交易方式是否合乎常规等进行分析，进而确定该受让人是否为恶意。

第三，受让人善意的判断时间。依据我国《民法典》第154条和第311条的规定，判断受让人是否属于善意的时间，应当是"受让人受让该不动产或者动产时"。最高院《关于适用〈中华人民共和国民法典〉物权编的解释（一）》第17条规定："民法典第311条第1款第1项所称的'受让人受让该不动产或者动产时'，是指依法完成不动产物权转移登记或者动产交付之时。当事人以民法典第226条规定的方式交付动产的，转让动产民事法律行为生效时为动产交付之时；当事人以民法典第227条规定的方式交付动产的，转让人与受让人之间有关转让返还原物请求权的协议生效时为动产交付之时。法律对不动产、动产物权的设立另有规定的，应当按照法律规定的时间认定权利人是否为善意。"

2. 受让人系通过有效合同取得动产或不动产。最高院《关于适用〈中华人民共和国民法典〉物权编的解释（一）》第20条规定："具有下列情形之一，受让人主张依据民法典第311条规定取得所有权的，不予支持：①转让合同被认定无效；②转让合同被撤销。"可见，如果受让人与无权处分人所签订的合同被认定为无效或被撤销，则不能构成善意取得。

3. 受让人支付了合理的价款。善意取得的第二个构成要件是受让人就标的物的取得支付了合理的价款。最高院《关于适用〈中华人民共和国民法典〉物权编的解释（一）》第18条规定："民法典第311条第1款第2项所称'合理的价格'，应当根据转让标的物的性质、数量以及付款方式等具体情况，参考转让时交易地市场价格以及交易习惯等因素综合认定。"之所以如此规定是因为以下三个原因：

（1）从利益衡量的角度看，如果受让人没有支付标的物的价款或所支付的价款与标的物的价值明显不相称，不赋予其该标的物的所有权并没有使其受到利益的损害。若比较该物所有权人的利益，则法律更应当保护所有权人的利益。

（2）从商品交易的一般规律看，商品交易以等价有偿为原则，无偿取得某物本身就不符合这一规律，而善意取得所要保护和引导的是正常的交易秩序。

（3）从受让人的主观状况考虑，很难说明无偿取得某物时，他是善意或对无权处分的事实不知情。因此，构成善意取得就必须要求受让人支付合理的价款。至于价款是否"合理"，则应当以市场价作为参照，如果与标的物的市场价背离过多，则不应当认定为"合理"。此外，受让人还必须完成价款的实际交付。这是为了避免无权处分人与受让人之间达成形式上有偿、实质上无偿的买卖协议，正确发挥善意取得制度的功能。

【训练】张某与李某是关系比较好的邻居。张某拟出国进修，于是将自己的一把名贵古董小提琴托付给李某保管。李某本人就是一位颇有名气的乐器收藏爱好者。李某将这把小提琴挂在房间里经常欣赏。一日，陈某到李某家拜访，看到了这把小提琴，非常喜欢；于是向李某询问是否出卖以及价格。李某称可以出卖，要价 30 万元。陈某第二天便拿来现金 30 万元，取走了小提琴。李某随即将此事通过电子邮件告诉了张某，张某当即回信表示再多的钱他也不愿意卖掉小提琴，李某再未答复。一年后，张某回国，继续找陈某索要小提琴，陈某依然拒绝。张某于是将陈某和李某诉至法院，要求返还该小提琴。请问本案中，陈某是否有义务返还该小提琴呢？

回答：小提琴本来是张某的所有物，交给李某保管而不是委托他出卖，故李某的出卖行为属于无权处分；但是，陈某在李某家中看到了这把琴挂在房中，陈某完全有理由相信该琴属于李某，经询问他也得到了该琴可以出卖的答复及价格。本案就是一个动产善意取得的典型例子。陈某因属于善意取得而依法取得该小提琴的所有权，张某无权请求陈某返还该琴，只能请求无权处分人李某赔偿损失。

4. 转让的财产应当登记的已经登记，不需要登记的已经交付给受让人。登记和交付是法定的物权变动方式。善意取得的构成还必须完成法定的公示方法，即对应当登记的不动产或者动产，已经由出让人和受让人（即善意第三人）办理过户登记；对不需要登记的动产则已经交付给受让人占有。法定公示方式的完成，说明受让人自登记或交付之时就依法取得了该物的所有权，并将此种权利的移转通过登记或交付的公示方法让社会知晓。在这之后，该受让人若再将该物进行处分便是有权处分，新的受让人再受让该物则属于继受取得。这样，不仅交付和登记的公示作用得以发挥，也能确保整个交易链条的连贯性，提高交易的效率。

（1）转让的财产应当登记的已经登记。目前这类财产主要指房屋，依据我国《民法典》第214 条的规定，不动产物权的设立、变更、转让和消灭，经依法登记才能发生效力。所以，我国对不动产物权的变动采取的是登记要件主义。在符合不动产善意取得的其他条件的同时，房屋的受让人还必须与出让人办理过户登记手续，在办理完毕过户登记手续时，该房屋才由受让人善意取得。

（2）不需要登记的已经交付给受让人。这是针对一般的动产而言。一般的动产以交付作为所有权变动的公示方法。交付一方面发生所有权移转的后果，使第三人知晓该动产所有权已经发生变化；另一方面则通过交付使受让人实际占有该动产，从而形成了对该动产享有所有权的权利外观。如前所述，作为动产善意取得构成要件的交付，主要指现实交付和观念交付中的简易交付。因为只有这两种交付方式才能具备权利变动的外观，其他交付方式因不具备权利变动的外观而没有适用善意取得的可能。

（三）占有脱离物的善意取得

民法一直区分占有委托物和占有脱离物。占有委托物指基于所有权人自己的意思而移转给他人占有，如所有人由于租赁、保管等合同而将动产交由他人占有。占有脱离物则指非基于所有权人的意思而脱离其占有，包括因盗窃、抢夺、遗失等原因而丧失对动产的占有。善意取得是法律为了维护交易的安全和效率而做出的强制性的所有权配置。就动产的善意取得而言，强制性剥夺原所有权人所有权的原因，除了对交易安全和效率的优位价值判断外，一个很重要的因素就是该动产是基于原所有权人自己的意思而脱离其占有。因此，可以善意取得的动产，一般是就占有委托物而言的。相应的，占有脱离物的善意取得，则存在特殊的制度安排。

1. 遗失物善意取得的条件。在遗失物被处分给受让人的情况下，受让人要善意取得遗失物，根据《民法典》第312条的规定，需同时具备如下特殊要件：

（1）受让人需符合前述《民法典》第311条所规定的善意取得的要件。反之，倘若受让人不符合善意取得的法定要件，则其必然不能善意取得。

（2）失主未直接对无权处分人主张损害赔偿请求权，或未在法定期间对受让人主张返还原物请求权。首先，在遗失物已经转让给第三人的情形下，遗失物所有权人或其他权利人享有选择权：一是向无处分权人请求损害赔偿；二是向受让人行使返还原物请求权。以上这两种权利不能同时行使，所有权人或其他权利人只能选择其一行使。这意味着，倘若失主对无权处分人主张损害赔偿请求权，则丧失了请求受让人返还原物的权利，受让人即可发生善意取得。其次，在失主未对无权处分人主张损害赔偿请求权的情况下，《民法典》第312条要求失主对受让人的返还原物请求权，需在知道或应当知道遗失物受让人之日起2年内主张，否则，该返还原物请求权消灭，受让人发生善意取得。根据《民法典》第312条的规定，失主在上述法定期间内请求受让人返还原物的，在受让人基于拍卖取得遗失物，或从有经营资格的无权处分人处取得遗失物的情况下，失主需向受让人支付受让人取得遗失物的对价。

【训练】齐某将一条精致的白金项链放在桌子边，不小心掉在地上，自己也没有发现。打扫完卫生，齐某顺手将装有项链的垃圾袋丢进楼下的垃圾桶。梁某是垃圾收集员，在收集垃圾时他发现了这条项链，仔细辨认发现居然是条白金的项链。于是高高兴兴地拿回家给妻子看。后来，梁某之妻托人将这条项链以3000元的价格卖给了不知情的高某。齐某发现项链不见后，到处寻找，最后打听到梁某曾从垃圾袋中发现一条项链，于是找到梁某请求返还；梁某称项链已经卖掉，无法返还；齐某又找到高某，高某也不肯返还。于是齐某将梁某夫妇和高某诉至法院。请问本案齐某的诉讼请求成立吗？

回答：本案中的白金项链属于齐某的遗失物。遗失物的善意取得问题比较复杂。我国《民法典》第312条规定："所有权人或者其他权利人有权追回遗失物。该遗失物通过转让被他人占有的，权利人有权向无处分权人请求损害赔偿，或者自知道或者应当知道受让人之日起2年内向受让人请求返还原物；但是，受让人通过拍卖或者向具有经营资格的经营者购得该遗失物的，权利人请求返还原物时应当支付受让人所付的费用。权利人向受让人支付所付费用后，有权向无处分权人追偿。"所以，所有权人对于自己的遗失物享有选择权：或者放弃向第三人的返还原物所有权而仅向无处分权人请求损害赔偿；或者向受让人请求返还，但返还请求权受2年的除斥期间限制，期限届满则消灭；如果受让人在公开市场上受让则应当由权利人支付受让人所付的费用后才能请求返还原物。本案齐某可以按照《民法典》对遗失物善意取得的规定，向梁某请求赔偿损失，或者请求高某返还项链。由于高某并非在公开市场上受让，所以齐某有权行使无偿的回复请求权。

需要注意的是，如果遗失物是货币或无记名的有价证券，则原所有人无权向善意占有人请求返还原物。因为货币和无记名的有价证券是民法中特殊的物，为了流通的需要，现实占有货币或无记名有价证券者就被推定为合法的所有者。因此，如果遗失物为货币或无记名有价证券，其原所有人无权请求现实占有人返还原物，他只能向出让人请求返还同种类物或者请求其他赔偿。

2. 盗赃物不适用善意取得。盗赃物是指因盗窃、抢劫、抢夺而脱离权利人的动产。盗赃物也是典型的占有脱离物。我国《民法典》仅对遗失物规定有条件地适用善意取得，却并没有规定盗赃物也可以适用善意取得，因此，对盗赃物目前的基本做法是允许原所有权人或其他权利人追回，无论第三人是否为善意。立法者之所以在《民法典》中没有对盗赃物的善意取得作出规定，其理由是：对被盗、被抢的财物，所有权人主要通过司法机关依照《刑法》《刑事诉讼法》《治安管理处罚法》等有关法律的规定追缴后退回。在追赃过程中，如何保护善意受让人的权益，维护交易安全和社会经济秩序，可以通过进一步完善有关法律规定解决，《民法典》对此可以不作规定。

（四）善意取得的法律效果

善意取得的法律效果是指在符合善意取得构成要件的情况下所发生的权利义务关系。善意取得的法律效果包括以下两个方面：

1. 受让人与原物权人之间的关系。受让人善意取得的物权与物上原有物权之间存在对抗关系。在此基础上，受让人在发生善意取得时，不知道且不应当知道物上原有物权之存在的，善意取得的物权可以对抗物上原有物权。这意味着：

（1）受让人善意取得所有权的，因受让人不可能知道原所有权的存在，故原所有权归于消灭。受让人善意取得所有权时，不知道且不应当知道物上存在他物权的，他物权归于消灭；反之，受让人善意取得所有权时，知道或应当知道物上存在他物权的，他物权不消灭，而是成为受让人善意取得的所有权的负担。

【训练】张甲与王乙是朋友。张甲准备去边疆工作，临行前将自己原来用于开设作坊的一套设备借给王乙使用，并约定张甲回来就归还。王乙的同学赵丙来拜访她。两人聊天期间，赵丙发现这套设备正好是自己工厂急需的，已经花了很多时间都没有买到，便想向王乙借用，看到王乙面有难色，赵丙急忙说自己干脆不借了，而是愿意以1万元的价格买下这套设备。王乙正着急筹钱，便答应了。但她要求赵丙两天后来取设备。第二天，王乙又向比较富有的刘戊提出想借款8000元给母亲看病，刘戊说得有担保。于是王乙用这套设备与刘戊签订了抵押合同。刘戊立即借给王乙8000元，约定1个月后归还。第三天，赵丙拿来1万元并取走了该设备。1个月后，王乙不能向刘戊还款，刘戊主张实现自己的抵押权。但此时设备已经被赵丙用了多时，赵丙坚决不予返还。请问本案中，赵丙构成善意取得吗？

回答：本案中，赵丙符合善意取得的构成要件。依据我国《民法典》第313条的规定，为了保护善意第三人的利益，善意取得制度规定善意第三人在取得动产后，该动产上的原有权利消灭，除非善意受让人在受让时知道或者应当知道该权利的存在。所以，刘戊能否实现自己的抵押权取决于赵丙是否知道抵押权的存在。从本案案情来看，赵丙并不知道这套设备上存在抵押权，因此适用第313条的规定，"该动产上的原有权利消灭"，所以刘某不能就该设备实现自己的抵押权。

（2）受让人善意取得他物权的，原所有权并不归于消灭，但善意取得的他物权可成为所有权的负担。受让人善意取得他物权时，不知道且不应当知道物上已有的他物权的，善意取得的他物权可以对抗物上已有的他物权；反之，受让人善意取得他物权时，知道或应当知道物上存在他物权的，善意取得的他物权不得对抗物上已有的他物权。

【训练】甲将自己的机器设备抵押给乙，并未办理抵押登记手续。后该机器设备发生故障，甲将该设备交予丙维修，丙修好该设备后，将其出质给不知情的丁，并向丁交付。

1. 丁善意取得该机器设备的质权，对甲的所有权产生何种影响？

回答：甲的所有权并不消灭，但丁善意取得的质权，成为甲所有权的负担。

2. 丁善意取得该机器设备的质权，对乙的抵押权产生何种影响？

回答：因乙的抵押权并未登记，故若丁不知道且不应当知道乙在机器设备上存在抵押权的，丁的质权可以对抗乙的抵押权，即在该机器设备的价值上，丁善意取得的质权可优先于乙的抵押权受偿；反之，丁的质权不得对抗乙的抵押权，即丁善意取得的质权的受偿顺位在乙的抵押权之后。

2. 处分人与所有权人之间的关系。因处分人实施无权处分行为，致使标的物被受让人善意取得，损害物上原物权人利益的，原权利人不能再向善意受让人主张返还原物请求权，只能向无权处分人主张损害赔偿。无权处分人应当向原权利人承担这种赔偿责任。原权利人享有的赔偿请求权的性质取决于其与无权处分人之间法律关系的具体类型，很可能构成侵权损害赔偿请求权、不当得利请求权或者违约责任的请求权，也可能存在请求权的竞合。当请求权竞合时，原权利人可以选择行使对其最为有利的请求权。

三、拾得遗失物

遗失物是非基于所有人的意思而脱离其占有的物。它具有三个特征：一是属于动产，不动产由于在性质上不能移动，所以不可能成为占有脱离物；二是须无人占有，也就是说遗失物在被拾得前处于无人占有的状态；三是遗失物占有的丧失并非基于所有人的意思，但遗失物确定地存在其所有人，遗失物并非无主物。

（一）拾得人、有关部门与所有人之间的法律关系

1. 拾得人的义务。拾得遗失物是指发现并占有遗失物。拾得遗失物是民事法律事实中的事实行为，即使是无行为能力的人，如果有占有的意思，也会构成拾得遗失物。拾得遗失物并不能使拾得人取得该物的所有权，而是使拾得人承担了三项义务：

（1）将遗失物返还给权利人的义务。如果拾得人不将遗失物返还给权利人，则构成侵权行为；如果将遗失物擅自处分还构成不当得利。

（2）及时通知权利人或送交公安等部门的义务。如果拾得人知道权利人，就应当及时通知权利人，如果不知道则应当及时送交公安等部门。

（3）对遗失物要尽到妥善保管的义务。对遗失物的妥善保管义务，实际上也是为了避免他人利益受到损失而进行的管理行为，因此，拾得遗失物的行为往往也同时构成无因管理。在管理中，拾得人应当尽到善良管理人的职责，对遗失物进行妥善的保管。例如，如果遗失物属于易腐烂变质物质，拾得人也可以将该物变卖，提存价金。如果拾得人故意或者重大过失而使遗失物毁损或灭失，则构成侵权，拾得人应当承担民事赔偿责任。但是，民法对拾得人的义务和权利往往进行特别的规定，从而与无因管理形成区别，民法有关无因管理的规定，应当作为拾得遗失物的补充适用。

拾得人侵占遗失物的，无权请求保管遗失物费等支出的费用，也无权请求权利人按照承诺履行义务。拾得人侵占遗失物，是指拾得人拾得遗失物后在主观上是想占为己有，拒绝向权利人返还，也包括对遗失物擅自处分的行为。

2. 遗失物所有人的义务。

（1）遗失物所有人在领取遗失物时有义务支付保管费等必要费用。

（2）遗失物所有权人悬赏寻找遗失物的，其领取遗失物时应当按照承诺履行义务。在社会生活中，权利人为了寻找遗失物会发出悬赏广告，申明自己将给拾得人一定的报酬。悬赏广告在法律性质上属于单方允诺，若拾得人履行返还遗失物的行为，则权利人应当按照悬赏广告的允诺履行自己的义务。

（二）无人认领的遗失物归国家所有

我国《民法典》第318条规定："遗失物自发布招领公告之日起1年内无人认领的，归国家所有。"国家在取得无人认领的遗失物的所有权时，应当先行从遗失物的价值中扣除遗失物的保管费用。也就是说，拾得人在保管期间发生的合理费用在无人认领的情况下，可以向有关部门主张。并且国家取得无人认领遗失物的所有权，属于原始取得，一经取得，物上原有的所有权便消灭。

【训练】李某年仅8岁。一天傍晚，他在途经自己家附近的环城公园时，发现有一只可爱的白色小狗，正在汪汪乱叫。李某一贯喜欢小动物，看到小狗就忍不住蹲下逗它，结果小狗就

跟着李某走了。李某把小狗带回家，越看越喜欢。李某父母让他把狗扔掉，李某怎么也不肯。后来发现小狗的脖子上带着一个项圈，上面刻着王某的名字和一个住宅电话。李某父母说这只狗肯定是王某的，于是赶紧拨打该电话却无人接听。李某便用自己过年攒下的压岁钱到超市买来狗食和牛奶等喂它，还常常领它出去散步。过了一个多月，一对夫妇找到李某家，称他们就是王某，这只狗是他们的，而是感情深厚。因他们到外地旅游将狗交给亲戚喂养，结果亲戚不慎让小狗在环城公园跑丢了。他们费尽周折，终于打听到小狗在李某家。李某开始不信，后来王某夫妇一下子说出了小狗脚趾上的一个比较隐秘的特征，李某才终于相信。在李某父母的劝说下，李某同意将狗归还。王某夫妇将200元酬金给李某父母，但是李某父母说为了养小狗李某已经把500元压岁钱花光了，并且找出了所有的购物小票，要求王某夫妇将这些花费予以返还。请问，本例情形下，王某夫妇应当答应李某父母的要求吗？

回答：实践中，拾得饲养的动物也按照拾得遗失物来处理。拾得遗失物是民法中的事实行为，它的构成不要求行为人有相应的行为能力，因此年仅8岁的李某捡拾小狗的行为当然可以构成拾得遗失物。李某履行了拾得遗失物所要求的返还给权利人、及时通知和妥善保管义务，因此他为养小狗所花去的费用应当由小狗的管理人即王某夫妇承担。此外，本案中李某的行为也构成了无因管理，依据无因管理的具体规定，王某夫妇享有移转管理后果给自己的权利，同时也要对李某承担费用补偿义务。

四、漂流物、埋藏物或者隐藏物的归属

（一）漂流物、埋藏物、隐藏物的含义

漂流物是指漂流在水上的遗失物。埋藏物是指埋藏于地下的物品，具有隐蔽性。隐藏物是隐藏于它物之中的物品，如隐藏于夹墙中的物品。

（二）拾得漂流物、发现埋藏物或隐藏物的后果

我国《民法典》第319条规定："拾得漂流物、发现埋藏物或者隐藏物的，参照适用拾得遗失物的有关规定。法律另有规定的，依照其规定。"所以，在拾得漂流物、发现埋藏物或隐藏物后，应当有以下后果：

1. 漂流物、埋藏物或隐藏物属于文物的处理办法。在概念外延上，文物与漂流物、埋藏物或隐藏物存在交叉。依据我国《民法典》第253条的规定，法律规定属于国家的文物，属于国家所有。所以，如果发现人发现的漂流物、埋藏物或隐藏物属于文物，应依《中华人民共和国文物保护法》处理。

2. 拾得人、发现人的义务。对于漂流物，适用的是遗失物的归属规则，其所有人或权利人有权要求拾得人返还；拾得人有义务返还，并承担及时通知和妥善保管义务。对于埋藏物和隐藏物，依据《民法典》第319条"拾得漂流物、发现埋藏物或者隐藏物的，参照适用拾得遗失物的有关规定。法律另有规定的，依照其规定"之规定，拾得人、发现人的义务与遗失物发现人的义务相同。

3. 拾得人、发现人的权利。依据我国《民法典》第319条的规定，拾得漂流物、发现埋藏物或者隐藏物的，参照适用拾得遗失物的有关规定。而《民法典》第317条规定，权利人领

取遗失物时，应当向拾得人或者有关部门支付保管遗失物等支出的必要费用。因此，对于漂流物的拾得人和埋藏物、隐藏物的发现人来说，也享有费用偿还请求权。

【训练】甲购买了乙的房屋，在翻修时发现墙里藏有一副字画，署名是乙的祖父。乙得知后要求甲返还，请问甲应当返还吗？为什么？

回答：甲应当返还。这副字画属于隐藏物，如果能够证明属于乙所有，甲应予返还。

五、添附

（一）添附的含义

添附是指不同所有人的物结合在一起而形成不可分离的物或具有新性质的物，包括附合、混合和加工。从社会经济立场看，与其恢复原状，不如让发生添附后的物归一人或数人共有。所以，为了使添附后的物能发挥其功能，法律一般禁止对添附物恢复原状，并且明确添附物的归属，解决添附物原所有权人的利益平衡问题。

（二）添附产生的物的归属

我国《民法典》第322条规定："因加工、附合、混合而产生的物的归属，有约定的，按照约定；没有约定或者约定不明确的，依照法律规定；法律没有规定的，按照充分发挥物的效用以及保护无过错当事人的原则确定。因一方当事人的过错或者确定物的归属造成另一方当事人损害的，应当给予赔偿或者补偿。"以下按照添附的三种形态分别介绍添附引起的所有权取得问题：

1. 加工。加工是指用他人的材料，以自己的劳动做出新的、价值更高的物。加工一般是指用他人的动产做成新的动产，如用他人的璞玉雕琢成玉佩；也有可能加工成新的不动产，如用他人的建筑材料建成房屋。与附合、混合相比，加工的重要特征是通过加工人的劳动使新物得以产生，加工并非如附合那样是不同所有人的财产合成为一物，加工也与不同所有人动产无法区分的混合不同。

加工物的所有权归属需要综合考虑当事人的约定、加工的善意与否，以及加工所增加的价值与材料本身的价值比较等因素后才能确定。如果当事人对加工物的归属有约定，应当按照约定处理，这种情况下的加工往往是对合同义务的履行行为。例如在承揽合同中，承揽人对定作人的物完成加工后，该加工物应当归定作人。如果没有约定而加工他人之物，则加工就是一种事实行为。这种情形下的加工既可能是善意的加工，也可能是恶意的加工。对于恶意的加工，如未经许可而故意将他人汽车喷涂成别的颜色，则构成侵权。侵权者有义务赔偿或恢复原状，但加工人无权利请求赔偿油漆的损失。如果加工物的价值大于材料价值，加工物归加工人所有，但应当对材料所有人进行补偿；如果加工物的价值与材料价值相当或者低于材料价值，则加工物应当归材料所有人。

2. 附合。附合是指不同所有人的财产密切在一起从而形成新的财产，对该新的财产在观念上认为属于一个财产。附合于他物的物已经成为该他物的组成部分，如果要拆分，必然要对物进行毁损或者拆分，由此产生的费用过于巨大而不经济。理论上对附合可以分为不动产与动产的附合，以及动产与动产的附合。

在不动产与动产附合的情形下，一般认为由于不动产的价值较大，因此动产应当归不动产所有人享有，动产的所有权消灭。不动产所有人应当对动产所有人进行补偿。这种情况下不动产人所取得的对动产的所有权属于原始取得。

在动产与动产附合的情形下，如果能够分出主物与从物，则依据从物归属于主物所有人的做法来处理；如果无法分清，则合成物应当归属于合成前拥有较大价值物的一方，并对另一方进行补偿；如果各方价值相当，则应当由各方共有。

3. 混合。混合是指不同所有人的动产结合在一起，无法再行分离，也无法再区分出混合成分的归属的情形，如甲的小麦与乙的小麦混为一桶。与附合之后尚可看出不同所有人的财产成分不同，混合之后无法区分是谁的财产。按照经济效率的要求，一般也按照混合前动产的价值大小来确定混合后新物的归属，混合后的新物归价值大的一方所有，但应当向另一方进行补偿。

【训练】甲是一名初出茅庐的木雕爱好者，很有才华但名气不大。一日，乙将自己的一根黄杨木交给丙，请丙进行木质鉴定。丙看后认为这根木头根本不值钱，就丢在一边不再过问。恰好甲也来找丙，发现这根木头形状奇异，于是向丙提出自己来雕刻。丙并不认识甲就说那你随便吧。于是甲当即拿了刻刀很快将这根木头雕刻成一个栩栩如生的小象。丙看后大加赞许，评估市场价是 10 万元。乙得知后，认为这个木雕小象应当归自己。请问乙的要求是否合法？

回答：甲的行为属于加工。黄杨木仅是材料。木雕小象价值较高应属于加工者，即甲，但甲有义务对乙进行补偿。

六、先占

先占是古老的所有权取得方式，在原始社会中，先占是唯一的所有权取得方式，无论动产或者不动产，都适用先占取得。"先占说"至今被作为所有权本质学说之一。但在现代社会中，对于各种不动产，都有了清晰明确的归属，无从再适用先占取得。只是对于无主动产，依然有适用先占取得的必要。

无主动产先占取得的构成条件具体包括：

1. 通过先占取得的只能是无主动产的所有权。与遗失物、漂流物、埋藏物和隐藏物不同，无主动产是不属于任何人，也未被任何人占有的物。无主动产中最典型的就是抛弃物，如被抛弃的废品和垃圾。对于抛弃物的原所有权人来说，抛弃是一种单方的物权行为，是以消灭自己对该物所有权为目的的意思表示行为；抛弃行为的完成也就意味着该物的所有权被消灭，因而抛弃物上不存在所有权。同时，抛弃物也应当是无人占有的，如果有人占有了抛弃物，则占有者依占有的规定受到保护，他人就不能再通过先占来取得所有权。此外，还有学者指出，在我国，不属于国家所有的野生动物和野生植物，也可以适用先占取得。[1]

2. 先占人具有对无主动产所有的意思。所谓所有的意思，"谓有与所有人同一程度之一般

---

〔1〕 王利明：《物权法研究》，中国人民大学出版社 2005 年版，第 482 页。

的支配的意思"[1]。因此，构成先占，还要求先占人对无主动产有归自己支配的主观意思。但是，先占并非所有权的继受取得，而是一种原始取得，即由法律规定先占人取得无主动产的所有权。所以，先占人对无主动产的所有的意思，仅仅是事实上归自己管领和控制的意思，有无取得法律上所有权的意思则在所不问。

3. 先占不得违反法律的规定。这是对先占取得所有权的一般要求。先占的对象、占有的方式等，都不得违反法律的强制性规定。

---

[1]　史尚宽：《物权法论》，中国政法大学出版社 2000 年版，第 127 页。

第四章

用益物权

第一节　用益物权概述

一、用益物权的概念与特征

用益物权是指非所有人对他人之物所享有的占有、使用、收益的排他性权利，旨在更好地发挥物的实用价值而在所有人之所有物上设定的定限物权，是用益物权人可以占有、使用他人之物并从中受益的他物权。

用益物权作为物权的一种形态，具有对世性、支配性、特定性、排他性、绝对性和公示性等物权的一般法律特征。用益物权和其他物权形态相比，又具有以下基本法律特征：

1. 用益物权是一种他物权。它是指对他人所有的物使用、收益的权利，因而其存在必须以他人对该物存在所有权为前提。

2. 用益物权大多为独立物权。除了地役权以外，用益物权的权利人对权利的享有不以享有其他财产权为前提，即该权利是独立存在，依当事人之间设立用益物权的行为或法律的直接规定而发生，因而为独立物权。

3. 用益物权是限制物权。限制物权也称为定限物权。用益物权的限制性是指与所有权相比在权利内容上受到法律和合同的限制。用益物权一旦产生，就成为独立的权利，权利人依法行使用益物权可以排除任何人的非法干涉，包括来自物的所有人对用益物权的侵害。然而，用益物权不具备对他人之物的处分权，又受到所有权人对其内容范围的限制，使得用益物权对物的支配力不如所有权，仅限于对物的某一方面或几方面的支配、使用、收益的权利，权利人只具有所有权的部分权能，或仅在一定范围内具有全部权能。

4. 用益物权是对他人之物的使用价值加以支配的权利。对他人之物的利用是用益物权之客体的特点之一。物具有价值和使用价值的双重属性。物的使用价值是指根据物的自然属性、法定用途或约定方式对物进行实际上的使用给物的使用人带来的价值。物权为支配权，权利人所支配的，既可能是物的使用价值，也可能是物的交换价值。但用益物权作为一种特定范围的支配权，其支配的对象是物的使用价值，因此不涉及以用益物的价值清偿债务问题，也不涉及用益物灭失后以其他物代替的问题。用益物权的这一特征与保障债权实现的担保物权有着显著的区别。

二、用益物权的功能

（一）完善物权法形式结构的功能

用益物权的一个重要功能在于它作为物权体系的一个有机构成，完备了物权的形式结构。从民法传统上看，我国民法属于大陆法系，其民法思维也是大陆法系的。这一特点决定了我国物权法体系的结构不能不考虑大陆法系的理论体系。因此，在现有条件下，我们还没有充分的理由置大陆法系的理论于不顾，完全抛弃已经为广大群众接受的概念，这在立法成本上并不划算。当然，我们不能完全照搬大陆法系的理论，必须对不适合我国国情的理论加以改造。物权法是强化物权观念，使人们明确物权的范围和内容的重要手段。如果物权法不采用用益物权的概念而仅代之以占有权，就容易导致人们仅知道占有而忽视权利的现象，这与物权法的初衷是相违背的。在这一点上，土地承包经营权就是一个很好的例子。由于土地承包经营权是通过承包合同取得的，因此实践中很多人将这种权利看成是债权，从而使其得不到物权的保护。

（二）合理配置资源的功能

用益物权配置资源的功能，是指解决资源的所有与利用之间矛盾的功能。从法经济学的角度分析，用益物权配置资源的功能取决于资源的稀缺性，资源的稀缺性导致了其不能满足任何主体的所有需求，这就很自然地产生了资源的所有与利用之间的矛盾。如果不加以妥善的解决，必将限制社会经济的发展。在这些情况下，用益物权就成为解决土地、房屋的所有与利用矛盾的有效手段。无论是在私有制国家还是在公有制国家，用益物权都是非所有权人利用他人土地、房屋的重要制度之一。例如，我国现行法中所规定的土地承包经营权、宅基地使用权等多种权利，也为非所有权人利用他人的不动产创造了法律条件。

（三）用益物权是实现社会主义公有制的法律构架

我国实行社会主义公有制经济制度，其在法律上的基本表现为生产资料的国家所有或集体所有。由于大量的物质资料集中于国家或者集体，其自行行使所有权，以实现公有财产的保值增值，结果必然是忽略非公有的民事主体生产生活的需求，抑制生产力的发展，这早已被中华人民共和国成立以来长期奉行的计划经济模式所证明。与此同时，随着市场经济体制的建立，众多的公有制主体对于国家所有或集体所有的生产资料产生了日益强烈的用益需求。如何在维持国家和集体所有的前提下，满足生产资料在日常生产生活中的需求，实现社会资源的市场配置机制，发挥公有财产的最大化效益，这些问题均需围绕着用益物权制度展开。由此，在我国改革开放的进程和市场经济建设的过程中，用益物权制度具有特殊的重要意义，换言之，在中国，用益物权问题就是社会主义公有制的法律实现问题。

第二节　土地承包经营权

一、土地承包经营权概述

（一）土地承包经营权的概念和特征

在我国，依法实行农村土地承包经营制度是一项基本经济制度。《民法典》第 331 条规定：

"土地承包经营权人依法对其承包经营的耕地、林地、草地等享有占有、使用和收益的权利，有权从事种植业、林业、畜牧业等农业生产。"可见，土地承包经营权是指土地承包经营权人依法对集体所有或国家所有，并由集体使用的农用土地占有、使用和收益的权利。土地承包经营权具有以下法律特征：

1. 土地承包经营权的权利主体是一切农业经营者。土地承包经营权的目的在于从事农业生产活动，因此，土地承包经营权的主体只能是从事农业生产的农业经营者。但是，在具体的土地承包经营关系中，土地承包经营权的主体一般仅限于土地所属的集体经济组织的内部成员，除此之外的农业经营者不能成为该土地的承包经营权人。换言之，在土地承包经营权关系中，发包方是土地所属的特定集体组织，承包方则是该集体经济组织的内部成员，双方之间存在一定的身份关系，这也决定了承包经营权的主体具有强烈的地域性。但是，随着农业经济的发展，为了提高部分农用土地的利用效益，如不宜采取家庭承包方式的"四荒"（荒山、荒沟、荒丘、荒滩），土地承包经营权的主体不再限于土地所属集体经济组织的成员，而是扩大至集体经济组织以外的农业经营者。此种承包方式在《中华人民共和国农村土地承包法》（以下简称《农村土地承包法》）中被称为"其他方式的承包"。不过，依据2018年修改的《农村土地承包法》第51条的规定，对于这种"其他方式的承包"，本集体经济组织成员享有优先承包权。

2. 土地承包经营权以集体经济组织所有或者国家所有，并由集体经济组织长期使用的农用土地为客体。土地承包经营权是存在于土地上的权利，建筑物上不得成立该项权利。土地是指农村集体经济组织所有或者国家所有，并由集体经济组织使用的土地，在城市国有土地上不得设立土地承包经营权。具体而言，土地承包经营权的客体限于耕地、草地、林地、滩涂、水面和其他适于农用目的的土地。

3. 土地承包经营权是在他人土地上为农业性质的耕作、养殖或畜牧的用益物权。土地承包经营权的目的具有特殊性，即"农业目的"，具体指在集体所有或国家所有，并由集体使用的土地上进行耕作、养殖或畜牧等农业生产。土地承包经营权为一种物权，其内容是就他人土地进行直接的占有、使用和收益，所以土地承包经营权是用益物权。土地承包经营权表现为自主利用土地的支配权，承包方基于合同实际占有、控制、使用土地，可以排除他人干预、侵害、侵占行为，行使物上请求权，这种对抗包括对抗发包人即土地所有人。

（二）土地承包经营权与永佃权的区别

永佃权，是指在他人土地上长期甚至永久地实施农业生产，并向土地使用权人缴纳地租的用益物权。在我国，永佃权古已有之。永佃权虽然是罗马法确立的一项用益物权，但永佃权制度并未被大陆法系国家普遍接受。从各国民法的规定来看，意大利、日本、葡萄牙、西班牙规定了永佃权，而法国、德国、瑞士等国的民法却没有规定永佃权。之所以如此，其原因在于法国、德国、瑞士等国的民法中所规定的用益物权已经兼有永佃权的效用。我国《民法典》物权编没有规定永佃权，而是规定了土地承包经营权。由于土地承包经营权和永佃权都是利用他人土地从事农业生产的权利，因此，二者在目的上是一致的。但是，我国《民法典》物权编规定的土地承包经营权与永佃权并不是完全相同的权利，有必要将二者区别开来。二者主要有如下区别：

1. 基础不同。永佃权是建立在土地私有制基础上的，是耕作者与地主之间的关系；而土地承包经营权是建立在土地公有制基础上的，是承包方与发包方之间的关系，承包方一般是本集体经济组织的成员。因此，随着土地收归国家和集体所有，永佃权也失去了存在的基础。

2. 权利内容不同。永佃权是以耕作或畜牧为目的的权利。所谓耕作，是指对土地施以劳力或资本，耕种农作物并收取孳息。通说认为，这里的农作物既包括定期作物如稻、麦、果蔬等，也包括不定期作物如桑树、果树，但不包括林木。以造林为目的而种植林木者，则属地上权。土地承包经营权是依法对其承包经营的耕地、林地、草地等享有的从事种植业、林业、畜牧业等农业生产的权利。

3. 是否支付租金不同。永佃权以支付佃租为其成立要件，因而是有偿设立的物权。若设立永佃权后，土地所有人免除永佃权人的佃租，则为对权利的抛弃，与永佃权的成立要件无关，且不产生物权效力，其仅在永佃权人与土地所有权人之间有效，永佃权的受让人不能援引。因而，虽然永佃权是物权，但有时亦有人的因素存在。而土地承包经营权的设定不以有租金为必要，此是根据我国农村与农业的实际情况确定下来的，我国农业还处于一个相对低水平的发展阶段，大多数农村人口还需直接靠土地产出维持生活，例如自留地或在许多地区农业承包经营中的"口粮田"，以农民在其上自产自用为目的，不以农民交付地租为要件。另外，目前对于荒山、荒地、荒丘、荒滩的承包有时也是无偿的，发包人只以获得生态效益为目的。因此，在设定具体的土地承包经营权时，应允许当事人根据实际情况决定是否收取租金。

（三）土地承包经营权的限制

根据《民法典》《土地管理法》《农村土地承包法》等法律的规定，我国特有的土地承包经营权应受到下列限制：

1. 目的限制。土地承包经营权，其成立应限于农业目的。所谓"农业目的"，是指土地承包经营权人为获得土地上的收获物、养殖物或畜产品等收益而以农业方法使用土地。如果农业用地变更为非农业用地，则土地承包经营权应提前终止，否则须待期限届满权利消灭，才有变更可能。

2. 转让限制。土地承包经营权可因继承、出租、转让、抵押等原因而发生主体变更，但此项权利的变更应符合土地承包经营权的各项立法意旨。例如，主体（继承人、承租人、受让人、抵押权人）必须也是从事农业生产的个人或集体；主体变更后，该土地仍以农用为目的，而不得转为非农业用地等。

3. 分割限制。因土地承包经营权主体的特殊性和我国的特殊情况，应当限制其分割归属于多个主体。如果土地承包经营权人死亡而有数个继承人时，可由数个继承人共有或者折价由其中一人承包经营，并且，非从事农业生产经营的继承人不得参与继承土地承包经营权。

二、土地承包经营权的设立

土地承包经营权的取得，也即土地承包经营权的发生，是指某一主体在农村土地上取得土地承包经营权。从我国《民法典》和《农村土地承包法》的规定来看，土地承包经营权既可以通过承包合同设定，也可以通过土地承包经营权转让而取得。此处仅就基于承包合同而取得土地承包经营权做一阐述，对于因权利转让而取得土地承包经营权的情形留待本节第三部分"土地承包经营权的流转"加以说明。农村土地，原则上采取农村集体经济组织内部的家庭承包方式，但对于不宜采取家庭承包方式的"四荒"（荒山、荒沟、荒丘、荒滩）土地，采取招标、拍卖、公开协商等方式承包。显然，在不同的承包方式下，土地承包经营权的设定大不相同，以下分述之。

（一）土地承包经营权的家庭承包经营方式设定

家庭承包经营方式设定土地承包经营权，是指本集体经济组织成员以户为单位与集体经济组织之间通过合同设定土地承包经营权。土地承包经营权设定的当事人，一方为农业集体经济组织，一方为从事农业活动的农业经营者；客体为集体经济组织所有或国家所有由集体经济组织长期使用的土地；内容为当事人双方的权利义务。在现今农村，订立土地承包合同是最主要的取得土地承包经营权的方式。我国《民法典》第 333 条第 1 款规定："土地承包经营权自土地承包经营权合同生效时设立。"土地承包经营权合同一旦生效，即对当事人双方产生约束力。对此，《农村土地承包法》第 25 条规定："承包合同生效后，发包方不得因承办人或者负责人的变动而变更或者解除，也不得因集体经济组织的分立或者合并而变更或者解除。"这有利于土地承包经营权的稳定，也有利于维护承包方的利益。

（二）通过招标、拍卖、公开协商等方式取得土地承包经营权

《土地承包法》第 3 条规定了此种土地承包经营权的取得方式。以招标、拍卖、公开协商等方式设立土地承包经营权有如下三个特点：

1. 以该种方式设定土地承包经营权，其客体受到法律的严格限制，仅限于不宜采取家庭承包方式的"荒山、荒沟、荒丘和荒滩"等土地。

2. 由这种方式取得土地承包经营权的承包人并不仅限于集体经济组织内的成员，而是扩大至集体经济组织之外的自然人、法人或其他组织。

3. 采取这种途径设定土地承包经营权，对于本集体经济组织成员在承包费、承包期限等主要内容相同的条件下主张优先承包权的，应予支持，而且发包方将土地发包给本集体经济组织以外的单位或者个人，应当经法律规定的民主议定程序通过。

（三）设立土地承包经营权的物权变动模式

土地承包经营权自土地承包经营权合同生效时设立，且基于土地承包经营权合同所成立的土地承包经营权具有对抗第三人的效力。因此，《民法典》第 333 条第 2 款"登记机构应当向土地承包经营权人发放土地承包经营权证、林权证等证书，并登记造册，确认土地承包经营权"之规定，是土地承包经营权的行政管理措施，其既不是土地承包经营权的成立要件，也不是土地承包经营权的对抗要件。上述判断是基于如下几点考虑：其一，我国农村基本上还处于典型的熟人社会，社区成员较为封闭固定，人口与财产缺乏流动，关于土地承包经营权这样的重大家庭财产取得，人们常可以通过非制度方式获得相应信息，从而降低了物权公示的必要

性。其二，我国广大农村地区尚未建立完善的土地登记制度，如果要求土地承包经营权以登记为设立要件，则该制度势必缺乏物质基础，亦难以实施。其三，如果要求以登记为土地承包经营权的设立要件，势必增加权利的取得成本，增加农民的负担。

【训练】农村集体甲与本集体成员乙订立土地承包经营权合同后，并未办理登记手续。后甲又将发包给乙的土地，发包给本集体成员丙，与丙订立了土地承包经营权合同。乙、丙谁有权承包该土地？

回答：乙。甲乙间的土地承包经营权合同一经生效，乙获得土地承包经营权的同时，其权利即具有对抗第三人的效力，故丙的土地承包经营权因受到乙的对抗，归于消灭。

三、土地承包经营权的传统流转方式

土地承包经营权的流转，是指土地承包经营权通过合法的方式在有关当事人之间发生移转。在 2018 年《农村土地承包法》修订之前，《物权法》（已失效）及《农村土地承包法》已经对土地承包经营权的流转方式作出了规定，这些规定在《民法典》中得以延续，本书称之为"土地承包经营权的传统流转方式"，其内容主要包括：

（一）通过家庭承包取得的土地承包经营权流转

财产权利得以流转方式实现其经济价值，此为财产权应有之义。根据《农村土地承包法》的规定，通过家庭方式取得的土地承包经营权，其流转的方式主要包括互换、转让、流转土地经营权等方式。

1. 土地承包经营权的互换。这是指同一农村集体的不同承包经营权人之间对各自享有的土地承包经营权的相互让渡。土地承包经营权互换的结果，是互换的双方享有了原属于对方的土地承包经营权，但双方与作为农村集体的发包人之间依然存在承包关系。根据《农村土地承包法》第 33 条之规定，土地承包经营权的互换，无需经发包人的同意，仅需向发包人备案即可。根据《民法典》第 335 条之规定，土地承包经营权的互换，采取公示对抗的物权变动模式，即当事人之间互换承包经营权的合同已经生效，土地承包经营权即发生互换，但未经登记的，不得对抗善意第三人。

2. 土地承包经营权的转让。这是指土地承包经营权人将自己的土地承包经营权向同一农村集体的成员进行让渡。土地承包经营权转让的结果，是受让人取得了转让人原本享有的土地承包经营权，且转让人与农村集体之间的承包关系终止，受让人与农村集体之间的承包关系建立。根据《农村土地承包法》第 34 条之规定，土地承包经营权的转让，需经发包人的同意。根据《民法典》第 335 条之规定，土地承包经营权的转让，采取公示对抗的物权变动模式，即当事人订立了转让承包经营权的合同，受让人即取得了土地承包经营权，但未经登记的，不得对抗善意第三人。

【训练】甲与乙订立土地承包经营权转让合同，约定甲将 A 地的土地承包经营权转让给乙。合同订立后，并未办理登记手续。后甲又与丙订立土地承包经营权转让合同，将 A 地的土地承包经营权转让给不知情的丙，且办理了登记手续。乙、丙谁取得 A 地的承包经营权？

回答：丙。尽管甲乙之间的土地承包经营权转让合同一经生效，乙即取得 A 地的土地承包

经营权，但因其并未登记，不具有对抗效力。故在丙土地承包经营权登记后，乙的土地承包经营权因不得对抗丙而归于消灭。

（二）通过招标、拍卖、公开协商等方式取得的土地承包经营权的流转

依《民法典》第342条的规定，通过招标、拍卖、公开协商等方式承包的农村土地，经依法登记取得权属证书的，其土地承包经营权可以出租、入股、抵押或者以其他方式流转。通过招标、拍卖、公开协商等方式取得的土地承包经营权，与基于家庭承包而无偿取得的土地承包经营权有重大差异，其不具备福利性与社会保障性，在流转中受到的限制理应更弱，特征上更趋于一种普通的民事财产权。以其他方式取得的土地承包经营权的流转，其特征主要体现在抵押和入股两种特殊流转方式上。

四、土地经营权

自农村实行家庭联产承包责任制以来，为了巩固农地制度改革成果，立法遂明确规定了土地承包经营权，随着农村经济的快速发展，现实中亟需土地承包经营权流转，尤其是土地规模化经营。由此，在总结中央推行农地的所有权、承包权、经营权的三权分置实践经验的基础上，2018年修订的《农村土地承包法》明确规定了土地经营权，《民法典》亦对其作出了规定。土地经营权的流转，是我国农村土地承包实践中新的流转方式。

（一）土地经营权的概念

土地经营权，是指土地经营者对通过流转取得的土地于一定期限内享有占有、使用、收益的权利。土地经营权人为土地经营者，包括专门从事农业的个人、专业合作社、企业等，同时，土地经营权是土地经营者对土地所享有一项独立的权利，在约定使用期限内，任何机关、组织或者个人不得侵害。因土地经营权目在于使用、收益，须以占有为前提，也就具有了独占性、排他性。

关于土地经营权的性质，在推行农地三权分置过程中，并没有形成统一见解，且主要存在物权说、债权说、物权化债权说、物权债权二元说等主张。修订后的《农村土地承包法》以及《民法典》根据土地经营权的存续期间，将其区分为"流转期限5年以上的土地经营权"与"流转期限不满5年的土地经营权"。在此基础上，前者具有用益物权的性质，后者则仅具有物权的性质。

（二）土地经营权的类型

依据土地经营权产生基础不同，可以将其区分为土地承包经营权派生的土地经营权和集体土地所有权派生的土地经营权。

1. 土地承包经营权派生的土地经营权。该土地经营权是指农业经营者与土地承包经营权人通过出租（转包）、入股或者其他方式流转取得的，在一定期限内依法、依约占有承包地开展农业生产经营并获取收益的权利。此类土地经营权是以土地承包经营权为基础产生，设定主体为土地经营者和承包农户，设定方式包括出租、转包、入股或者其他方式。究其本质而言，该类土地经营权原属于土地承包经营权人享有，但分离出来后由他人享有和行使，也就是土地承包经营权人将自己的土地经营权转让予他方的结果。

2. 集体土地所有权派生的土地经营权。该土地经营权是指农业经营者与农民集体土地所有人对不宜采取家庭承包方式的荒山、荒沟、荒丘、荒滩等农村土地通过招标、拍卖、公开协商等方式取得的，在一定期限内依法、依约占有承包地开展农业生产经营并获取收益的权利。此类土地经营权是以集体所有土地为基础而产生，设定主体是农民集体土地所有人和土地经营者，即直接与土地所有人设定；适用的土地范围，主要为不宜采取家庭承包方式的荒山、荒沟、荒丘、荒滩等农村土地；设定方式为招标、拍卖、公开协商等公开竞争性方式。

（三）土地经营权的设立

根据《民法典》第 341 条的规定，土地经营权的设立，采取公示对抗主义的物权变动模式，即土地经营权流转合同一经生效，土地经营权即告成立。土地经营权登记为对抗效力。

1. 土地经营权合同的订立。土地经营权流转合同，是土地经营权人与土地承包经营权人或者农民集体之间双方自愿协商而订立的合同。除了承包方将土地交由他人代耕不超过 1 年的以外，立法均明确要求要订立书面合同。在订立土地经营权流转合同过程中，需要注意三点：

（1）土地经营权流转的价款，应当由当事人双方协商确定，但流转收益应归承包方所有，任何组织和个人不得擅自截留、扣缴。

（2）若与土地承包经营权人订立合同，土地经营权的期限不得超过土地承包经营权的期限，即受制于土地承包经营权合同的期限。

（3）合同约定与法律规定不一致或者没有约定的，则应当以法定为依据，如《农村土地承包法》第 42 条赋予了承包方对土地经营权流转合同的单方解除权，即在受让方有擅自改变土地的农业用途、弃耕抛荒连续 2 年以上、给土地造成严重损害或者严重破坏土地生态环境等严重违约行为的前提下，承包方享有解除土地经营权流转合同的权利。

2. 土地经营权的登记。自土地流转合同生效后，受流转方遂取得了土地经营权，但现实中却又存在设立数个土地经营权的情形，为了保护土地经营权人利益，2018 年修订《农村土地承包法》第 41 条以及《民法典》第 341 条规定，流转期限为 5 年以上的土地经营权，自流转合同生效时设立。当事人可以向登记机构申请土地经营权登记；未经登记，不得对抗善意第三人。显然，我国立法土地经营权保护采纳了登记对抗主义，但其仅限于"流转期限为 5 年以上的土地经营权"。至于流转期限不满 5 年的土地经营权，因其具有债权性质，故不存在公示对抗的问题。

（四）土地经营权人的权利

土地经营权一经设立，在约定期限内，土地经营权人就对土地享有了占有、使用、收益权。一般而言，土地经营权人享有的权利主要为以下几类：

1. 占有、收益权。即在合同约定的期限内，对土地享有占有权，并自主开展农业生产经营并取得收益权。

2. 投资改良权。即经流转方同意，可以依法投资改良土壤，建设农业生产附属、配套设施，并按照合同约定对其投资部分获得合理补偿。

3. 再次流转权。即经流转方书面同意，可以再流转土地经营权，但对"通过招标、拍卖、公开协商等方式承包的农村土地",依法登记取得权属证书后,才可以流转。

4. 融资担保。即经流转方书面同意,可以向金融机构融资担保。此处的担保包括抵押与质押,若以土地经营权为担保物的,则为抵押,若以土地经营权收益或者作价入股的土地经营权为担保物的,应为质押。2018 年修订的《农村土地承包法》第 47 条第 2 款规定,"担保物权自融资担保合同生效时设立。当事人可以向登记机构申请登记;未经登记,不得对抗善意第三人",即立法对土地经营权融资担保采纳了登记对抗主义。

五、土地承包经营权的消灭

土地承包经营权的消灭是指因某种法定事由发生,权利人丧失土地承包经营权,发包人收回承包地。土地承包经营权的消灭包括消灭原因和消灭后果。就消灭原因而言,土地承包经营权为物权的一种,物权的一般消灭原因,如标的物灭失、约定存续期间届满等对土地承包经营权均可适用。

(一)土地承包经营权消灭的原因

1. 承包期限届满。土地承包经营权是有期物权,只能在法律规定的期限内存续。关于土地承包期限,《农村土地承包法》第 21 条规定,耕地承包期为 30 年,草地的承包期为 30 年至 50 年,林地的承包期为 30 年至 70 年,同时,耕地承包期届满后再延长 30 年,草地、林地承包期届满后也依法相应延长。因此,土地承包经营权期限届满,土地承包经营权应归于消灭。

2. 承包人自愿交回承包地。承包人自愿交回承包地实际上是对土地承包经营权的抛弃,也是土地承包经营权的处分权能的表现形式。从合同法角度而言,承包地的交回就是土地承包经营权人解除合同。关于承包地的交回,《民法典》没有规定,但《农村土地承包法》规定承包人可以在承包期内交回承包地。

3. 承包地的收回。承包地收回是指在承包期内,发包方因发生了法律规定的事由而收回土地承包权人的承包地。在承包期内,发包方一般是不能收回承包地的,但在具备了法律规定事由的情况下,发包方有权收回承包地,但承包方在承包地上投入而提高土地生产能力的,有权获得相应的补偿。

4. 承包地被征收、占用。国家出于公共利益的需要,征收承包地的,土地承包经营权归于消灭;因乡(镇)村公共设施、公益事业建设的需要而占用承包地的,土地承包经营权亦归于消灭。

5. 承包地灭失。在土地承包经营权存续期间,承包地因自然灾害而毁损灭失的,如耕地完全沙漠化、承包地全部成为水面,土地承包经营权归于消灭。

(二)土地承包经营权消灭的法律后果

土地承包经营权一旦消灭,即产生以下法律后果:

1. 取回出产物和农用构筑物。土地承包经营权消灭时,土地上的出产物、农用构筑物,均为土地承包经营权人花费劳力或资金所设置或所得,故自当由其取回。

2. 补偿请求权。土地承包经营权的补偿请求权包括两个方面:一是投入补偿请求权,即承包方对其在承包地上投入而提高土地生产能力的,有权获得相应的补偿;二是承包地被征收、占用时的补偿请求权。

第三节　建设用地使用权

一、建设用地使用权概述

（一）建设用地使用权的概念、特征

建设用地使用权，是指建设用地使用权人在国家所有或集体所有土地及其上下建造建筑物、构筑物及其附属设施的用益物权。《民法典》第344、361条分别对国有土地建设用地使用权及集体土地建设用地使用权作出规定。建设用地使用权具有如下法律特征：

1. 建设用地使用权的主体具有广泛性。我国境内外的公司、企业、其他组织和个人，除法律另有规定外，均可依法取得国有土地上的建设用地土地使用权，进行土地开发、利用、经营。可见，国有建设用地使用权的主体具有广泛性。

2. 建设用地使用权的客体为土地，及于土地的地表、地下及地上的空间。建设用地使用权虽然为一种不动产物权，但此处所称不动产，仅指土地而言，在建筑物上不得设定建设用地使用权。我国采用土地公有制，土地只能为国家和集体所有，要在其上建造并保有建筑物，只能在国家或集体所有的土地上为之。根据我国现行法律相关规定，建设用地原则上是国家所有的土地，但为兴办乡镇企业或者乡（镇）村公共设施和公益事业而设定建设用地使用权时，或者村民建设住宅使用本集体经济组织土地作为宅基地的，其客体可以为集体所有的土地。

3. 建设用地使用权的内容为在国家所有或集体所有的土地上建造、保有建筑物、构筑物及其附属设施的权利。因此，纵然是设立于集体所有土地上的建设用地使用权，权利的用途也在于建造开发，而非用于农业经营活动。

（二）建设用地使用权与地上权的区别

地上权，是指在他人土地上修建建筑及种植竹木，并取得建筑、竹木所有权的用益物权。地上权的观念起源于罗马法。地上权之设置，旨在使他人土地建筑房屋之地上权人，得藉房屋与地上权之结合，而将房屋独立于土地之外，进而得保有房屋之权利。此种地上权制度其后为各国民法所继受，成为大陆法系各国家和地区民法上的一项重要用益物权。在我国古代法中并不存在地上权概念，然而民间存在着"租地造屋，拆屋还地"的习惯，实际上已经具有了地上权的性质。但是直至清末修律时才有地上权的规定，其后《中华民国民法典》和我国台湾地区现行"民法"均规定有地上权。然而，我国《民法典》规定的建设用地使用权与地上权存在诸多区别，主要表现在以下几个方面：

1. 产生基础不同。地上权的产生，是为弥补"地上物属于土地"这种不公平的现象，解决支付地租而在他人土地上建房者取得房屋所有权的问题，我国台湾地区"民法"甚至扩大到取得种植竹木所有权的边界；而建设用地使用权，除了解决在国有土地上建造建筑物、构筑物及其附属设施的所有权问题外，还承载着解决国有土地进入市场流转问题的重任。次一点也可以说是二者的制度功能不同。

2. 客体性质不同。建设用地使用权与地上权的客体虽都是土地，但土地的所有权性质却有质的差别。地上权产生的基础是土地私有制，而建设用地使用权产生的基础是土地公有制。由于土地所有权性质的差异，导致地上权与建设用地使用权的客体性质不同。凡采纳地上权制度的国家和地区，其一般实行土地私有制，地上权通常设立于私人所有土地上；建设用地使用权则设立于公有土地上。

3. 权利取得方式不同。地上权的创设取得方式主要有当事人的约定、遗嘱和登记，且地上权是否有偿不影响地上权的设立；而建设用地使用权的创设取得方式主要是有偿的出让方式和无偿的划拨方式，其中，以出让方式设立的建设用地使用权不得无偿。

4. 权利内容不同。如前所述，关于地上权的内容，各国和地区不外乎两种规定：一是限于建造建筑物；二是界定为建造建筑物和种植竹木等物。但在我国《民法典》中，建设用地使用权的内容具有特定性，即权利人只能以在地上建造建筑物、构筑物及其附属设施为权利内容，而种植竹木等物，根据物权法定原则，显然不为建设用地使用权的内容，而只能通过土地承包经营权实现。

5. 利益范围不同。地上权的主旨在于保护建筑物或其他工作物的享用利益；而建设用地使用权的主旨在于保护土地使用利益，这种利益不仅包括建筑物或其他工作物的享用利益，而且包括土地的其他各种利用利益，如从事工商业等各种生产经营活动，从事教育、科学、文化等公益活动的利益，故建设用地使用权的利益范围要大于地上权。

二、国有建设用地使用权的取得

国有建设用地使用权的取得，又称建设用地使用权的发生，是指建设用地使用权人基于一定的法律事实而取得国有土地的建设用地使用权。根据《民法典》第 347 条之规定，国有建设用地使用权的取得包括两种方式：一是通过出让的方式取得；二是通过划拨的方式取得。

（一）通过出让方式取得建设用地使用权

建设用地使用权出让，是指通过订立建设用地使用权出让合同，国家以土地所有权人的身份将建设用地使用权在一定年限内让与建设用地使用权人，并由建设用地使用权人向国家支付建设用地使用权出让金的行为。建设用地使用权出让具有如下特点：

1. 建设用地使用权出让由市、县人民政府土地管理部门代表国家进行。在建设用地使用权出让中，国家是实质的出让人，而市、县人民政府土地管理部门是名义上的出让人。

2. 建设用地使用权出让是一种有偿、有期、要式的民事法律行为。在建设用地使用权出让中，国家与用地人之间的关系为民事法律关系。我国实行国有土地有偿使用制度，建设用地使用权人以出让方式取得国有土地的使用权，必须向国家支付建设用地使用权出让金。建设用地使用权人通过出让方式取得的建设用地使用权是有期限限制的，具体期限以合同为准。建设用地使用权人通过出让方式取得建设用地使用权时出让人与受让人应当签订书面合同。

3. 建设用地使用权自登记时设立。根据《民法典》的规定，建设用地使用权出让可以采取招标、拍卖、协议等方式进行。建设用地使用权出让，应当向登记机构申请建设用地使用权登记，建设用地使用权自登记时设立。登记机构应当向建设用地使用权人发放建设用地使用权证书。可见，建设用地使用权的设定，我国采取公示成立的物权变动模式，即建设用地使用权出让合同的生效，并不直接发生创设建设用地使用权这一用益物权的效力，而只发生债权的效力，而完成建设用地使用权登记，方可发生建设用地使用权创设的效果。

（二）通过划拨方式取得建设用地使用权

建设用地使用权的划拨，是指县级以上人民政府依法批准，在建设用地使用权人缴纳补偿、安置等费用后将该土地交付其使用，或者将建设用地使用权无偿交付给建设用地使用权人使用的行为。划拨也是建设用地使用权原始取得的方式之一。建设用地使用权划拨具有如下特点：

1. 划拨建设用地使用权通过行政行为取得，具有公益性、无偿性。建设用地使用权划拨是市、县人民政府代表国家将建设用地使用权授予权利人使用，是通过单方授予的行政方式创设建设用地使用权，是通过行政行为创设民事权利的一种典型方式。建设用地使用权划拨只适用于公益事业或国家重点工程项目，是国家为实现公益目的而授予建设用地使用权的行为，如国家机关或军事用地、城市基础设施用地和公益事业用地以及国家重点扶持的能源、交通、水利等基础设施用地等，均可以通过划拨而取得建设用地使用权。基于其公益性，划拨并非市场化手段，因此，建设用地使用权划拨是一种无偿行为，建设用地使用权人无需支付土地出让金。需要指出的是，建设用地使用权人在取得划拨建设用地使用权时，有的还需缴纳补偿、安置费用，但补偿、安置费用并非建设用地使用权的对价——土地出让金，而只是对被征收土地原使用权人的损失和重新安置的补偿。

2. 划拨建设用地使用权原则上没有期限的限制。《中华人民共和国城市房地产管理法》（以下简称《城市房地产管理法》）第23条第2款规定："依照本法规定以划拨方式取得土地使用权的，除法律、行政法规另有规定外，没有使用期限的限制。"可见，除法律、行政法规另有规定外，建设用地使用权划拨并没有期限的限制。应当指出的是，建设用地使用权划拨没有期限的限制，并不等于建设用地使用权可以永续存在，而只是说明建设用地使用权划拨属于未定期限的行为。

3. 划拨建设用地使用权的取得条件和转让严格受限。由于划拨建设用地使用权的公益目的和无偿性，划拨取得建设用地使用权的用益物权人在转让其权利时，应受到严格限制，否则必然造成国家公益目的的落空，而且导致用益物权人取得不当利益。

三、国有建设用地使用权的流转

（一）国有建设用地使用权流转概述

如前所述，建设用地使用权人拥有权利处分权，这也是建设用地使用权得以流转的前提条件。《民法典》第353条规定："建设用地使用权人有权将建设用地使用权转让、互换、出资、赠与或者抵押，但是法律另有规定的除外。"依据我国现行法律的相关规定，出让建设用地使用权原则上允许转让、互换、出资、赠与或者抵押，而划拨建设用地使用权原则上不允许转让、互换、出资、赠与或者抵押。建设用地使用权的流转主要有两种类型：一是权利移转型的流转，其具体方式包括转让、互换、出资、赠与等；二是权利负担型的流转，其具体方式包括抵押、出租等。其中，在权利移转型的流转中，其结果会导致建设用地使用权主体的变更。

（二）建设用地使用权的转让

建设用地使用权转让有广义、狭义之分。狭义的建设用地使用权的转让，是指权利人将建设用地使用权以合同方式再行转移的行为。广义的建设用地使用权还包括建设用地使用权的互换、赠与、出资。此处仅介绍狭义的建设用地使用权转让，互换、赠与、出资的条件、效果与转让（狭义）相似，此处不赘。

1. 建设用地使用权转让的条件。

（1）建设用地使用权转让的积极条件。建设用地使用权转让的积极条件，是指允许建设用地使用权转让的条件。根据我国现行法的规定，建设用地使用权转让的积极条件包括：

第一，出让方式取得的建设用地使用权。只有出让的建设用地使用权才有转让之可能，划拨的建设用地使用权不得转让。在此基础上，划拨取得的建设用地使用权，如确需转让的，需将划拨的建设用地使用权变更为出让的建设用地使用权，即经有权审批的政府机关批准后，用地人需与国家重新订立建设用地使用权出让合同，补缴土地出让金，并办理建设用地使用权变更登记手续。

第二，以出让方式取得的建设用地使用权的转让，根据《城市房地产管理法》和《中华人民共和国城市房地产转让管理规定》（以下简称《城市房地产转让管理规定》）的相关规定，还需符合下列条件：其一，按照出让合同约定已经支付全部土地使用权出让金，并取得土地使用权证书；其二，按照出让合同约定进行投资开发，属于房屋建设工程的，完成开发投资总额的25%以上，属于成片开发土地的，形成工业用地或者其他建设用地条件；其三，转让房地产时房屋已经建成的，还应当持有房屋所有权证书。

（2）建设用地使用权转让的消极条件。建设用地使用权转让的消极条件，是指法律所规定的禁止建设用地使用权转让的条件。根据我国现行法律规定，建设用地使用权转让的消极条件主要有：其一，以出让方式取得建设用地使用权但不符合法律所规定的允许建设用地使用权转让条件的；其二，司法机关和行政机关依法裁定，决定查封或者以其他形式限制房地产权利的；其三，依法收回土地使用权的，共有房地产，未经其他共有人书面同意的；其四，权属有争议的；其五，未依法登记领取权属证书的；其六，法律、行政法规规定禁止转让的其他情形。

2. 建设用地使用权转让的效力。

（1）建设用地使用权转让时，建设用地使用权出让合同所载明的权利义务随之转移。由此可见，在建设用地使用权转让后，建设用地使用权出让合同对受让人仍有约束力。质言之，建设用地使用权转让并非单纯的权利转让，而是将建设用地使用权出让合同规定的全部权利、义务一并转让给受让人。

（2）我国民法采取"房地一体转让原则"，建设用地使用权转让时，纵然当事人未对地上建筑物、构筑物与附属设施的转让进行约定，地上建筑物、构筑物与附属设施应一并转让。

（3）建设用地使用权转让，采取公示成立主义的物权变动模式，故转让人与受让人之间的建设用地使用权转让合同，具有债权效力。当事人办理土地使用权转让登记的，物权变动发生，受让人取得建设用地使用权。

四、国有建设用地使用权的消灭

（一）建设用地使用权消灭的原因

一定法律事实的出现导致权利的消灭。概括起来，引起建设用地使用权消灭的原因主要有期限届满未续期、提前收回、土地灭失和权利人抛弃等原因。

1. 期限届满未续期。《民法典》第 359 条规定，住宅建设用地使用权期间届满的，自动续期。非住宅建设用地使用权期间届满后的续期，依照法律规定办理。据此规定，住宅建设用地使用权期间届满的，是自动续期，从而住宅建设用地使用权不消灭。非住宅建设用地则与住宅建设用地不同，其期间届满后如不以法律规定办理续期手续，即发生消灭。另外，以划拨方式取得的建设用地使用权是未定期限的，也不存在期限的问题。所以，建设用地使用权期满未续期，实际上只是出让建设用地使用权消灭的原因。

2. 提前收回。《民法典》第 358 条规定："建设用地使用权期限届满前，因公共利益需要提前收回该土地的，应当依据本法第 243 条的规定对该土地上的房屋以及其他不动产给予补偿，并退还相应的出让金。"依此规定，建设用地使用权可以因公共利益的需要被提前收回而消灭。

3. 土地灭失。因地震、火山爆发等自然灾害致正在使用的土地消灭或不能再作为土地使用的，建设用地使用权灭失。

4. 权利人抛弃。建设用地使用权属于一种财产权，权利人有权抛弃建设用地使用权。在建设用地使用权人抛弃建设用地使用权而不取回地上建筑物时，该地上建筑物亦应视为抛弃。其原因在于，如果允许抛弃建设用地使用权而保留地上建筑物的所有权，则等于有条件抛弃，有害于土地所有权人的利益。当然，建设用地使用权的抛弃不得损害社会公共利益和他人合法权益。

（二）建设用地使用权消灭的后果

1. 返还土地、办理注销登记。在建设用地使用权消灭后，应将土地返还给所有权人。同时，建设用地使用权消灭后，应当及时办理注销登记。

2. 使用期限届满后地上建筑物的处理。从比较法上看，建设用地使用权消灭后，地上建筑物的处理方式主要有两种：一是由土地所有权人取得地上建筑物的所有权，并给予建设用地使用权人一定的补偿，由此产生建设用地使用权人的补偿请求权。二是建设用地使用权人有权取回地上建筑物，由此产生建设用地使用权人的取回权；土地所有人也有权以市场价购买，由此产生土地所有权人的购买权。当然，在取回权与购买权发生冲突时，土地所有人的购买权优先。根据《民法典》第 359 条的规定，非住宅建设用地使用权期限届满后的续期，依照法律规定办理。该土地上的房屋以及其他不动产的归属，有约定的，按照约定；没有约定或者约定不明确的，依照法律、行政法规的规定办理。

3. 有益费用偿还请求权。建设用地使用权人可以请求土地所有人偿还其增加土地的价值而支出的有益费用。有益费用主要指建设用地使用权人在土地上安装排水设备、改良工事而使土地的客观价值得以实际增加所支出的费用。

第四节　宅基地使用权

一、宅基地使用权概述

（一）宅基地使用权的概念和特征

宅基地使用权，是指农民集体成员依法对集体所有的土地进行占有和使用，在该土地上建造房屋、其他附着物及附属设施，并排除他人干涉的权利。宅基地使用权制度是在我国农村土地集体所有的情况下，解决农民集体成员居住问题的基本制度设计，是传统民法用益物权中地上权制度在新时期、新情况下，针对我国农民集体成员在"他人"所有的土地上建造房屋、其他附着物以及附属设施的制度的创新，也是我国特有的一种用益物权。我国《民法典》第362条规定："宅基地使用权人依法对集体所有的土地享有占有和使用的权利，有权依法利用该土地建造住宅及其附属设施。"作为一种新型的、相对独立的用益物权，宅基地使用权的特征主要表现在以下几个方面：

1. 宅基地使用权的主体是农民集体成员，并且往往表现为"户"。因宅基地使用权制度设立目的在于解决农民集体成员的居住问题，因此，立法上对该权利的行使主体作出了明确的界定，即仅限于农民集体的成员，并且农民集体成员只能以"户"为单位申请宅基地使用权。除本农民集体成员以外，城镇居民和其他农民集体的成员均不能对本集体组织的土地享有宅基地使用权。

2. 宅基地使用权的客体仅限于农民集体所有的土地。宅基地使用权的客体是作为住宅用地的土地，依照我国物权法律和土地管理法规的限定，其只能是属于农民集体所有的土地。除农民集体所有宅基地外，被作为住宅用地的其他土地，均不能视为宅基地使用权的客体。

3. 宅基地使用权的内容是农民集体成员以"户"为单位，对农民集体所有土地享有的以建造居住性建筑物、附属设施及其他附着物为核心的一系列权利。作为一种独特的用益物权，权利人对宅基地除了享有占有、收益等一般用益物权的内容外，还对作为此权利客体的农民集体的土地享有在其上建造住房、附属设施及其他附着物并依法取得其所有权的权利。

4. 宅基地使用权的取得具有行政审批性和无偿性的特点。由于宅基地使用权主体严格限定于农民集体成员内部，其一定程度上具有社会保障和福利的性质，而此种保障和福利性又主要体现在该农民集体的成员可以无偿取得宅基地以获得最基本的生活居住条件，该经济组织以外的任何人不能享有此种便利。因此，法律对宅基地使用权的取得明确规定了行政审批程序。依照我国《土地管理法》的规定，农村村民住宅用地，经乡（镇）人民政府审核，由县级人民政府批准；其中，涉及占用农用地的，应当办理农用地转用审批手续。农村居民出卖、出租住房后，再申请宅基地的，不予批准。农村村民未经批准或者采取欺骗手段骗取批准，非法占用土地建造住宅的，由县级以上人民政府主管部门责令退还非法占用的土地，限期拆除在非法占用的土地上新建的房屋。超过省、自治区、直辖市规定的标准，多占的土地以非法占用土地论处。

5. 宅基地使用权具有无期限性和不可分性。宅基地使用权的期限不存在限制，只要房屋或建筑物存在，该房屋或建筑物所占用土地范围内的宅基地使用权就一直存续着；若房屋或建筑物毁损或灭失，只要所有权人或使用权人愿意修复或进行重建（必要时需经过批准），那么其对土地的使用权便可以长久地存续下去。宅基地使用权不得和其上的建筑物、构筑物或附随设施相分离而单独转让或处分，只能遵循"地随房走"的原则进行转让或流转。

（二）宅基地使用权与地上权的关系辨析

宅基地使用权与传统民法用益物权部分的地上权制度既有相类似之处，亦有明显区别。二者的相似点在于均是权利主体在他人的土地上建造房屋或附属设施并取得房屋或附属设施的所有权，但其区别点主要表现在以下方面：

1. 主体方面，地上权的主体可以是自然人，也可以是法人，权利主体与土地所有人之间不受隶属关系的限定；而宅基地使用权的主体仅限于自然人，且该自然人与土地所有人即农民集体之间须有隶属关系。

2. 制度设计目的方面，地上权的设计目的在于使权利主体对他人土地上的工作物取得所有权，并且，此处的工作物不限于个人住所和房屋建筑；而宅基地使用权的制度设计目的仅在于使权利人获得个人住所及家庭院落。

3. 权利取得方式方面，地上权由当事人之间通过订立地上权合同而确立，一般为有偿行为；而宅基地使用权却是依照法律规定的审批程序取得，且多为无偿或仅支付少量费用。

4. 权利内容方面，地上权可以单独设定抵押，其转让时可以与地上物一并转让，也可以分离转让，且存续期限为有期或者无期；而宅基地使用权不能单独设定抵押，不能单独转让，须与地上建筑物一并转让，存续期限一般是无期限限制。

（三）宅基地使用权与建设用地使用权的关系辨析

宅基地使用权与建设用地使用权均是在他人所有的土地上构造建筑物及其附属设施的用益物权，但二者之间有区别，主要表现在以下方面：

1. 权利主体方面，宅基地使用权的主体明确界定为农民集体成员，但建设用地使用权的主体则没有此方面的限制。

2. 权利客体方面，宅基地使用权的客体严格限定为农民集体所有土地，但建设用地使用权的客体只能是城镇国有土地。

3. 取得方式方面，宅基地使用权取得是通过行政审批，而建设用地使用权则有出让和划拨两种取得方式。

4. 在权利处分方面，宅基地使用权不能自由处分，不得单独设定抵押、投资入股以及自由转让；而建设用地使用权处分较为自由，可以互换、转让、出资、赠与或抵押。

5. 权利成立要件方面，宅基地使用权的创设取得要依靠行政审批产生，登记不是其成立的必备要件，只是若已经进行了登记，在权利转让或消灭时应该及时办理变更或注销登记；而建设用地使用权的设立以登记为要件，只有经过登记才能取得权利，其消灭时亦应该进行注销登记。

二、宅基地使用权的取得

宅基地使用权的取得，是指宅基地使用权人通过法律规定的途径取得在农民集体所有的土地上建造住宅及其附属设施并享有其所有权的过程。依照我国目前的法律规定和实践中的做法，我国宅基地使用权的取得主要有行政审批取得和附随取得两种方式。

（一）宅基地使用权的行政审批取得

宅基地使用权的行政审批取得，是指农民集体成员依照法律规定向宅基地审批部门申请取得宅基地，该部门经过审查核实，准许其取得一定的宅基地使用权，并发给其相关证书的法律程序。依据《土地管理法》相关规定，宅基地使用权行政审批要遵循以下基本原则：

1. "一户一宅"原则。该原则的主要内容是指每一农村住户只能无偿分配取得一处宅基地，不能"一户多宅"。究其原因，一方面，农民集体所有的宅基地要确保所有集体成员的居住利益，以户为单位进行分配就比较公平；另一方面，我国人多地少，但许多农村仍存在滥占耕地的现象，为了有效解决农村居民的住宅问题以及节约用地，立法遂采纳了此原则。需要说明的是，该处的"一户一宅"原则仅局限于宅基地的创设取得。实践中，一户创设取得一处宅基地后又通过其他方式（如购买农村房屋）取得宅基地的现象较为普遍，因此，法律规定的"农村村民一户只能拥有一处宅基地"应该理解为"农村村民一户只能申请一处宅基地"。

2. 节约用地原则。受我国人多地少的国情影响，法律规定了宅基地行政审批取得时要节约用地，尽可能地节约每一处宅基地，此举也是防止将耕地占为宅基地的一项有力举措。该原则主要体现在三方面：

（1）宅基地面积上不能超过省、自治区、直辖市规定的标准，而且应当符合乡（镇）土地利用的总体规划、村庄规划。

（2）不得占用永久基本农田。

（3）尽量使用原有的宅基地和村内空闲地。

关于宅基地使用权行政审批取得的程序，主要有村民的申请、土地所有权人的同意和行政机关的审批这三道程序，因其多为行政法上的内容，此处不再赘述。需要明确的是，被作为宅基地而申请的土地用途不同，其最终批准的行政机关的级别也不同。具体说来，申请使用非农用地的，由乡（镇）人民政府审核批准；而若是将农用地转为建设用地的，则程序更为严格。

（二）宅基地使用权的附随取得

宅基地使用权的附随取得主要是继受取得宅基地使用权。虽然我国现行立法中严格禁止宅基地的抵押、出租和转让，但法律并未禁止农村房屋的转让，而农村房屋要实现转让，不可能只转让房屋而不转让其占用的宅基地使用权。因此，宅基地使用权的附随取得就是指宅基地使用权人将房屋转让时，根据"地随房走"的原则，受让人在取得房屋所有权的同时一并取得房屋占用范围内的宅基地使用权。同理，房屋所有权人死亡时，继承人或受遗赠人亦可通过继承或受遗赠取得房屋所有权而一并取得宅基地使用权。由此可见，宅基地使用权可以流转，但不能单独进行，须与附随其上的房屋或建筑物一并进行。此为我国立法的特别之处，目的在于防范通过仅将宅基地使用权自由流转而出现的宅基地使用权人与房屋所有权人不一致的情形。根据《土地管理法》第62条之规定，农村村民出卖、出租、赠与住宅后，再申请宅基地的，不予批准。

三、宅基地使用权的消灭

宅基地使用权的消灭，是指宅基地使用权因一定法律事实的出现或条件的成就而归于灭失的状态。由于引起宅基地使用权消灭的情形不同，宅基地使用权消灭所导致的法律后果也有所不同。

（一）引起宅基地使用权消灭的原因

1. 宅基地的收回。因乡村建设和公益事业的需要、宅基地使用权人的违法行为（如采用欺骗方式获得宅基地而改变土地的用途等）、宅基地的长期闲置、"一户多宅"等情况时，农民集体有权收回宅基地。

2. 宅基地的征收。国家为了公共利益的需要，必要时可以对宅基地进行征收，从而导致宅基地使用权的消灭。宅基地被征收以后，经原宅基地使用权人申请，农民集体应该为其另行审批新的宅基地。

3. 宅基地使用权的抛弃。作为民事权利的一种，使用权人当然可以抛弃其对宅基地的使用权。但权利人因为抛弃而丧失宅基地使用权后，不得再申请重新分配宅基地。

4. 宅基地的灭失。宅基地使用权的客体是集体土地。如果集体土地发生灭失，致使宅基地归于消灭或无法再使用，则可以申请分配新的宅基地。但如果仅发生宅基地上的建筑物或附属设施灭失，不影响宅基地使用权的，不得申请分配新的宅基地。

（二）宅基地使用权消灭的法律后果

宅基地使用权消灭后可能会发生如下法律后果：

1. 重新分配宅基地。当宅基地因为自然灾害等外界因素、征收、乡村建设或国家政策而被收回等非基于使用权人的意愿而致其灭失且原权利人没有多余的宅基地之时，原宅基地使用权人可以向有关审批机关申请分配新的宅基地。

2. 丧失宅基地使用权且无权要求重新分配宅基地。当出现违法使用宅基地、抛弃宅基地使用权、长期闲置宅基地等基于宅基地使用权人的意愿而致使宅基地使用权灭失的情形时，原宅基地使用权人丧失宅基地使用权且无权要求重新分配宅基地。

3. 获得补偿权。在农民集体收回宅基地或宅基地被国家征收的情形下，农民集体或征收人应对宅基地使用权人的地上附着物等给予适当的补偿。

4. 办理注销登记。依据《民法典》的相关规定，经过登记的宅基地使用权消灭的，权利人应当办理注销登记。

第五节　居住权

一、居住权概述

居住权，是指特定人因居住需要而占有、使用他人住宅且排除任何人干涉的权利。居住权源自于罗马法。在罗马时期，为了特定土地或特定人的便利和收益之考虑，所有人可以允许他人使用自己之物，该权利被称为役权，包括地役权和人役权，地役权是以为特定土地提供便利为目的，人役权是以为特定人提供便利为目的。就人役权而言，其是为特定人的利益而利用他人所有之物的权利，通常包括用益权、使用权和居住权。在这三种权利中，只有居住权是以住宅为唯一的权利标的的，设立目的是解决某些特殊家庭成员的居住需要，并且只能终身使用，不能赠予或转让他人。

受罗马法影响，法国、德国、意大利、瑞士等国民法典均规定了居住权制度。但因东方社会并没有设立居住权的习惯，设立此权利往往会妨碍交易，加之东方社会又注重家庭养老，一般由子女担养老义务，所以，日本、韩国、我国民国时期等民法典中就没有规定居住权。自21世纪初，为了解决部分亲属以及特殊群体人员的住房需求，我国一直有学者主张立法应规定居住权。在制定《物权法》过程中，草案中曾规定了居住权，因争议较大，最终并没有正式规定。在民法典的编纂过程中，结合现实需求，遂又专章规定了居住权，至此，我国《民法典》正式规定了居住权制度。

居住权作为用益物权，与其他用益物权相比，其自身特有的特征比较明显，主要表现为以下几点：

1. 居住权具有人身属性。一般而言，居住权的设立目的在于解决特定人的居住困难，只有特定人存在居住需求，才有必要设立居住权。居住权一般具有无偿性，往往是住宅所有人恩惠于居住权人的行为，居住权人无需支付对价，如果需要支付对价，则与租赁权无异，反而又与其设立目的相悖。因此，在居住权存续期间内，居住权不能转让，也不能将住宅出租，在居住权人死亡后，居住权也不能成为遗产。换言之，居住权只能由特定主体享有，不能与该权利主体相分离，具有人身专属性，是役权中的人役权。

2. 居住权是对住宅进行居住使用的权利。居住权的设立目的在于解决居住困难，居住权人对住宅是以居住使用为目的，也即在他人住宅所有权上设定了使用权。就使用方式而言，不论居住权人采纳何种使用方式，只要基于居住目的，均不应禁止，使用方式也延展到了住宅用地使用权及其设立的地役权等。同时，为了便于使用住宅，居住权人可以对住宅进行必要的装修、改良，但不得改变住宅的结构和用途。此外，住宅的收益权应由住宅所有权人享有，居住权人并不享有，但当事人另有约定的除外。

3. 居住权的主体具有特定性。居住权的主体包括设立人和居住权人，设立人应为住宅所有权人，非所有权人无法设立居住权，如果住宅是共有的，应当由共有人共同设立居住权，设立人也并不限于自然人，法人、非法人组织等亦可以成为设立人。因设立居住权的目的是满足生活居住的需要，只有自然人才可以具有此种需求，因此居住权人只限于自然人，现实中主要表现为家庭成员之间，但在住宅中居住的人并不限于居住权人，除非当事人另有约定，也应当包括居住权人的亲属以及其他相关人员（如保姆、受扶养人等）。

4. 居住权的客体具有限定性，仅为住宅。居住权的设立目的在于解决居住需求，客体应当限于可用于居住的建筑物，但并非所有的建筑物都可以设立居住权，只有用于居住的建筑物才能设立居住权，我国《民法典》遂将该种建筑物限定为"住宅"，故居住权的客体具有限定性。关于住宅的范围，可以是建造于国有土地上的城镇住宅，也可以是建造于宅基地上的农村住宅；可以是建筑物区分所有权中的单个住宅，也可以是整个住宅，更可以是住宅的某一部分（如住宅中的部分房间）。

二、居住权的效力

（一）居住权人的权利

居住权一经设立，居住权人必然享有权利，一般而言，主要权利如下：

1. 住宅的居住使用权。住宅的居住使用是居住权人的首要权利，并依此可以排除住宅所有人或其他第三人的干涉。居住权人不仅可以与其家属共同居住使用住宅，也可以让其雇佣的保姆等其生活所需的服务、护理人员共同居住。为了便于行使权利，居住权人对住宅的各种附属设施亦有使用权，可以行使附属于住宅所有权的各种其他权利，如建筑物区分所有权的份额权、成员权、相邻权、地役权等。

2. 住宅的收益权。居住权人原则上不享有对住宅的收益权，但对于住宅附属的树木的果实等自然孳息，居住权人有收取的权利，并取得已收取的孳息的所有权。如果设定居住权之时，双方约定排除了居住权人对树木果实等自然孳息的收取权，则居住权人不享有这些权利。

3. 住宅的优先购买权。如果住宅所有人将其住宅转让给第三人，因住宅所有权的变动直接关系到居住权人的居住利益，且第三人受让住宅所有权后，居住权仍为住宅所有权的权利负担，因此，同等条件下，应当赋予居住权人该住宅的优先购买权，但不得对抗住宅共有人的优先购买权。

（二）居住权人的义务

居住权人除了享有以上权利外，还应当履行义务，一般而言，主要义务如下：

1. 不得转让和继承居住权。居住权属于人役权，专为特定人居住利益而设，具有人身专属性，故只能由居住权人自己本人居住使用，居住权不能转让，亦不能成为居住权人的遗产而由其继承人继承。正因如此，我国《民法典》第369条规定了"居住权不得转让、继承"，如果居住权人将其转让，无疑就证明了居住权人已无居住需求，此与居住权的设立目的相悖，住宅所有人可以径直撤销居住权。

2. 不得出租居住住宅。居住权人转让居住权与出租居住住宅目的具有相同性，均为获取经济利益。既然不允许居住权人转让居住权，也就不允许其将住宅出租，换言之，在居住权存续期间，居住权人对居住住宅负有不得出租义务，如果双方当事人另有约定，则依照其约定。

3. 不得对住宅进行改建、改装和作重大的结构性改变。设立居住权后，居住权人仅对住宅享有居住使用权，住宅所有权仍然归住宅所有人，故居住权人不得对住宅进行改建、改装和作重大的结构性改变，但为了便于居住使用，居住权人可以对住宅进行必要、合理的修缮、改良。

4. 对居住住宅的合理保管义务。在居住期内，居住权人应当合理保管住宅，尽到善良管理人的注意义务，不得从事任何损害住宅的行为。如果住宅存在毁损的隐患，应当及时通知所有权人进行修缮或者采取必要的措施。

三、居住权的设立

居住权的设立，是指居住权人通过何种方式而取得住宅的居住使用权。关于居住权设立方式，各国民法典主要规定了合同、遗嘱、时效取得、法律规定、法院裁判等方式，依据居住权的来源，可以分为法定设立和意定设立。在我国制定《民法典》的过程中，因争议较大，《民法典》仅明确规定意定设立，即合同与遗嘱两种方式。

（一）合同设立

通过合同方式设立居住权，根据《民法典》第368条之规定，采取公示成立主义模式，即当事人订立的居住权合同具有债权效力，一经办理居住权登记手续，居住权方即告成立。根据《民法典》第367条之规定，当事人应当采用书面形式订立居住权合同，并且，居住权合同一般包括下列条款：①当事人的姓名或者名称和住所；②住宅的位置；③居住的条件和要求；④居住权期限；⑤解决争议的方法。

（二）遗嘱设立

我国《民法典》除了规定通过合同设立居住权以外，又在第371条规定"以遗嘱方式设立居住权的，参照适用本章的有关规定"，据此，我国《民法典》又规定以遗嘱设立居住权的方式。理解遗嘱设立方式，需要注意两点：一是遗嘱方式包括遗嘱继承和遗赠；二是遗嘱生效后，取得居住权也要参照上述规定进行居住权登记，只有依法登记后，居住权才能生效。

【训练】甲订立遗嘱，载明其死亡后，房屋A由其子大甲继承，并由保姆乙成立居住权。现甲死亡。

1. 大甲是否享有房屋A的所有权？

回答：是。基于继承变动物权的，继承开始时，物权变动。

2. 乙是否享有房屋A的居住权？

回答：否。乙尚未办理居住权登记手续，不享有居住权。但乙有权请求大甲履行甲的遗嘱，为自己办理居住权登记手续。

四、居住权的消灭

居住权设立后，并不是长期存在，往往因各种原因而消灭，主要原因如下：

1. 居住权的抛弃。居住权人采用明示方法抛弃居住权的，居住权消灭。该明示的抛弃意思表示应当对住宅所有权人作出。居住权人作出抛弃表示的，即发生消灭居住权的效力，且不得撤销，除非住宅所有权人同意。

2. 居住权的期限届满。居住权设定的期间届满，居住权即时消灭，所有权的负担解除。

3. 解除居住权的条件成就。在设定居住权的合同或者遗嘱中，如果对居住权附加了解除条件，该条件成就的，居住权则消灭。

4. 撤销居住权。居住权人具有以下三种情形的，住宅所有权人有权撤销居住权。

（1）故意侵害住宅所有权人及其亲属的人身权、财产权，造成重大损害的。

（2）危及住宅安全等严重影响住房所有权人或者他人合法权益的。

（3）居住权人擅自转让居住权的。

5. 住房被征收、征用、灭失。住宅被征收、征用以及灭失的，居住权消灭。补偿费、赔偿金应归属于住房所有人，但居住权人可以分得适当的份额。

6. 权利混同。住宅所有权和居住权发生混同，即两个权利归属于同一人的，居住权消灭。例如，住宅所有人将住宅转让或者赠与居住权人，此时居住权已经丧失存在的意义，故发生居住权消灭的后果。

居住权消灭的，当事人之间的居住权的权利义务消灭，居住权人应当返还住房，办理注销登记。

第六节　地役权

一、地役权概述

（一）地役权的概念

地役权，是指土地所有人或用益物权人为了自己土地利用的便利，通过合同与他人约定，利用他人的土地，以提高自己土地利用效益的一项用益物权。通过此概念界定，我们可以看出：地役权是一种通过利用他人的土地（或称为对他人的土地权利进行限制或设定负担）而增加自己土地利用价值的用益物权。依照我国《民法典》的规定和地役权法律传统，为方便自己土地利用而使用他人土地的一方当事人称为地役权人（也可以称为需役地人），把自己的土地提供给他人使用的一方当事人称为供役地权利人（或供役地人）；因使用他人的土地而获得便利的土地为需役地，为他人土地使用的便利而受到限制或被设定负担的土地称为供役地。

地役权制度最早起源于罗马法的役权制度。在罗马法中，规定了为特定人的利益或特定的土地的便利可以使用他人的土地，即役权制度。其中，前者为人役权，后者即为地役权。罗马法上的役权是最早出现的用益物权，包含内容极广，凡是利用他人之物的物权，均可以设立役权。后来，由于地上权、永佃权等用益物权日益发达，地役权的内容逐渐减少。1804年《法国民法典》开启了各国建立地役权的先河，受其影响，后来的各主要国家民事立法都或多或少地对地役权进行了规定。在我国，民事立法长期以来没有设定地役权制度，仅规定了处理不动产之间相互利用的相邻关系，但该规定无法适应现代社会复杂多变的不动产利用方式，也无法满足人们对不动产的利用程度。2007年颁布的《物权法》比较全面地规定了地役权制度，填补了我国立法长期以来在此方面的不足，2020年5月颁布的《民法典》又明确规定了地役权。

（二）地役权的特征

地役权的法律特征，主要体现在以下几个方面：

1. 地役权原则上是存在于他人土地之上的他物权，但基本上是一种非占有性的物权。地役权的设立是为了更好地发挥需役地的使用价值而对供役地设定负担，故原则上要求供役地和需役地分属不同的所有权人，但当供役地和需役地为同一所有权人拥有，却又为不同人使用时，也可以设定地役权。另外，在用益物权体系之中，除地役权之外的用益物权均是占有性的权利，其效用发挥均以对物的占有为前提，而地役权设定的目的仅是提高需役地的使用效益，而不在于对供役地进行单纯的占有。由此，地役权所表现出来的非占有性决定了它几乎能够与所有的不动产物权并存于同一宗不动产之上，这也是其他的用益物权不能与之相比拟的。

2. 地役权的客体是他人的土地，内容主要体现为对供役地的利用。地役权的主要目的在于更好地为需役地提供便利，其内容多为对供役地的利用。这里的"利用"表现为供役地人的不作为，即供役地人对需役地人利用自己的土地，仅负容忍义务或不作为义务，而不负为一定行为的积极义务。若需供役地人承担一定的作为义务，则须有当事人之间的合同约定，但此项约定并不属于地役权的内容，而仅仅产生债的约束效力。

3. 地役权是为了需役地的便利而设定的用益物权。设定地役权是为了自己对土地即需役地使用效能的增加，并不在于使用他人的土地，故地役权是为了需役地的便利而设定的用益物权制度。要说明的是，此处的"便利"不以经济上的利益为限，精神利益也包括在其中。通常认为，"便利"的内容主要包括以下几项：

（1）以禁止供役地的某种使用为目的，如为了更好地向远处眺望，禁止邻地上建设高层建筑物。

（2）以使用供役地为目的，如在供役地上设定通行地役权。

（3）以需役地的收益为目的，如从供役地上取水等。

（4）以避免相邻关系的任意规定为目的，如依据相邻关系土地所有权人有不得设置屋檐的义务，假如该人在邻地上设定以排水为目的的设施即可以规避这一义务。

4. 地役权具有不可分性和从属性。

（1）地役权的不可分性。地役权的不可分性，是指地役权存在于需役地和供役地的全部，不能分割为各个部分或者仅仅以一部分存在。即使供役地或者需役地被分割，地役权仍存在于被实际分割后的供役地和需役地的各个部分上。根据我国《民法典》第382、383条的规定，结合学者通说，地役权的不可分性具体表现在：①无论需役地为共有状态，还是供役地为共有状态，地役权均不同于所有的分割而被分割。②供役地的各个共有人均因地役权的限制而承担完整的不作为义务，同时，需役地的各个共有人均对供役地享有完整的地役权。③在需役地共有的情况下，某一共有人自行抛弃地役权，其抛弃行为无效；某一共有人取得地役权，则其他共有人一同取得。

【训练】甲为进出自己A地的便利，与乙订立地役权合同，约定甲有权在乙的B地上修路驱车通行。如果甲死亡，甲的继承人大甲、小甲继承了甲在A地上的权利，并对A地进行分割。

1. 大甲、小甲是否继承了甲对 B 地的通行地役权?

回答:是。甲的通行地役权也属于甲的遗产,由大甲、小甲继承。

2. 甲的继承人大甲、小甲继承了甲在 A 地上的权利后,并对 A 地进行分割。其所享有的 B 地上的通行地役权能否分割?

回答:否。地役权不可分割,大甲、小甲均享有完整的、在 B 地上驱车通行的权利。

(2)地役权的从属性。地役权作为一种用益物权本质上为一种独立的物权,为了需役地的使用利益而设定,故从属于需役地而存在,该从属性主要体现两个方面:①地役权不得与需役地分离而单独让与。地役权人不得自己保留需役地的所有权或使用权,而单独把地役权让与他人;地役权人也不得自己保留地役权,而仅把需役地的所有权或使用权让与他人。②地役权不得由需役地分离而成为其他权利的标的。根据《民法典》第 378、380、381 条之规定,地役权不得单独设立抵押,土地承包经营权、建设用地使用权等抵押的,实现抵押时地役权一并转让。

【训练】甲为进出自己 A 地的便利,与乙订立地役权合同,约定甲有权在乙的 B 地上修路驱车通行。

1. 甲享有几项不动产物权?

回答:两项。一是甲原先享有的需役地(A 地)上的不动产物权;二是甲享有的供役地(B 地)上的地役权。

2. 甲能否在保留其 A 地上的不动产物权的同时,将 B 地上的通行地役权转让给丙?

回答:不可以。地役权不得与需役地分离而单独让与。

(三)地役权与相邻关系的区别

相邻关系是指两个或两个以上相互毗邻的不动产的所有人或使用人,在行使不动产的占有、使用、收益和处分权能时,因相互之间应该给予方便或接受限制而发生的权利义务关系。在相邻关系中,不动产一方为了自己不动产权利行使的必要,有权依照法律的规定请求不动产相毗邻的另一方提供便利或接受一定的限制,与之相对应,被请求的一方必须依照法律的规定配合对方权利的合法行使,从而使自己的不动产权利受到相应限制。地役权和相邻关系是两个有着密切联系的制度,二者均有满足土地支配之需要,缓和不同土地需要的刚性排他,协调土地支配中人与人关系的作用,但二者之间也存在着区别:

1. 两者产生的前提条件不同。相邻关系中的相邻权利产生以不动产事实上相毗邻为要件,如果不动产之间不存在事实上的相邻关系,则不能要求一方当事人为了他方当事人使用不动产的便利而使自己的不动产权利受到限制;而在地役权法律关系中,无论不动产之间是否毗邻,只要双方之间存在地役权设定合同,地役权法律关系就可以成立。

2. 权利性质存在差异。本质上,相邻关系中不动产权利人享有的相邻权是不动产所有权或使用权在毗邻的对方不动产上的扩展,是所有权或使用权法律效力的一种表现形式,故相邻权不是一种独立的物权种类;而地役权作为用益物权,虽然其存在要依赖于需役地的存续,但在效力方面却独立于需役地的所有权或其他用益物权，是一种独立的物权种类。

3. 权利取得方式不同。相邻关系中相邻不动产人取得对对方不动产权利的限制或利用是基于不动产相毗邻的事实，且该权利由法律直接规定，故为一种法定权利；而地役权主要是需役地人和供役地人通过地役权合同所设定的，此外，一定条件下也可以基于取得时效的完成等法定方式取得（虽然我国没有规定依时效取得，但是传统法中有这种取得方式），但是并不排斥地役权绝大多数情况下的意定性。

4. 对于涉邻不动产关系的调节程度不同。基于相邻关系的法定性，法律通过相邻关系对涉邻不动产间关系的调节，限定在最为必要的限度内，至多是所有权的扩张，相邻关系在很大程度上反映了法律的最低限度要求；因地役权是当事人之间通过地役权合同设定的，故可以超越法律的最低限度要求，但是地役权的约定不得违背公序良俗和法定的涉邻关系的基本准则。

5. 二者在存续期限、是否有偿存在不同。在相邻关系中，当事人之间所享有的相邻权是法律在调整相邻不动产的关系时所赋予的，存续期限由法律明确规定，除非相邻权的行使给对方造成损失，相邻权人行使权利是无偿的；而地役权多是当事人之间通过地役权合同设定的，存续期限由地役权合同约定，是否有偿也基于当事人之间的意思表示而定。

6. 权利和义务的配置方面存在不同。相邻不动产的当事人之间彼此依据法律享有相邻权；而地役权是需役地人使用供役地的权利，供役地人并不在同一合同关系中和需役地人互享同一地役权。

二、地役权的内容

（一）地役权人的权利

1. 对供役地的使用权。地役权的设定目的就是方便需役地的利用，因此，需役地人有权对供役地加以利用。地役权人对供役地的利用方式，包括通过积极的行为对供役地加以利用，也包括以消极不作为的方式仅限制供役地的所有权人和使用权人对供役地的利用，只要是为了需役地的方便即可。地役权人行使其对供役地的使用权，主要表现在以下几方面：

（1）基于地役权主要由当事人之间通过签订地役权合同而设定的事实，需役地人对供役地的利用范围、利用方式、利用程度等，应当依照当事人在地役权合同中的约定，不得随意超出。如果当事人之间关于供役地的使用范围和利用方式的约定并不明确，则对需役地人而言，只要是为了实现利用目的的利用均可。且需役地的需要是自然增加的，地役权的利用范围和方式可以随需役地的需要而变化。

（2）需役权人在行使地役权时，应当依照诚实信用原则，在方便自身土地利用的范围内，选择对供役地损害最小的方法行使权利。如果对供役地造成变动或损害的，应当在使用期限届满时对供役地恢复原状并给予供役地人相应的赔偿。

（3）在供役地上并存着数个内容相同的地役权时，权利人之间在行使各自的权利时应当协商进行，协商未果时，应该按照物权的效力顺位，设定在先的地役权优先于设定在后的地役权，登记的地役权优先于没有登记的地役权行使。如果同一供役地上并存的是数个内容相同的消极的地役权，则不存在权利行使的先后顺序问题。

【训练】甲、乙、丙三人的三块土地依次相连。乙地中央有一眼机井供乙地灌溉使用。现甲地想利用乙地中央的机井灌溉，遂与乙签订了地役权合同。合同约定，甲地使用乙地的机井灌溉，甲向乙支付150元的使用费，使用期限为3个月。二人签订合同后没有进行地役权登记。其后不久，丙也与乙签订了地役权合同，使用乙地的机井灌溉土地，并且进行了地役权登记。时值盛夏，用水量激增。因井水量不足，甲、乙、丙三人都想抢先浇灌。问如何处理？

回答：首先，按照定限物权优先于所有权的原则，甲和丙的地役权应该优先于乙对供役地的使用。其次，在甲和丙两个地役权之间，虽然甲的地役权设定在先，但是依据《民法典》第374条的"未经登记，不得对抗善意第三人"的具体规定和物权优先原则中的"登记的优先于未登记的"原则，应该是已经登记过的丙的地役权优先于甲的地役权。所以，甲、乙、丙对机井的使用顺序应该依次为丙、甲、乙。

2. 为必要的附随行为与设置必要的设施的权利。地役权人为了达到方便自己土地利用的目的，在必要的情况下，可以在供役地上实施附随行为或设置必要的设施。该必要的附随行为，并非行使地役权的行为，而是指为达到地役权的目的或实现权利内容而不得不为的行为，如为达到通行的目的而不得不在他人土地上开挖公路、为达到排水目的而不得不在他人土地上开挖沟渠等。此外，地役权人为了行使地役权，在必要情况下，可以在供役地上设置相应的设施，并取得该设施的所有权，如在他人土地下铺设管道取水、排水等。然而，无论是实施必要的附随行为，还是在供役地上设置必要的设施，都要采取适当的方法，尽可能地避免给供役地人造成不必要的损失。

3. 基于地役权的物上请求权。地役权人依照与供役地人的约定，有直接支配供役地的权利。在其行使地役权时，如果出现供役地人或第三人侵害其权利或有侵害其权利的可能时，其基于地役权享有请求停止侵害、恢复原状、排除妨碍、赔偿损失等物上请求权。当然，如果是供役地人所为时，权利人还可以选择让其承担违约或侵权责任。

（二）地役权人的义务

1. 合理利用供役地的义务。合理利用供役地，是指地役权人应该严格按照合同约定的用途、方式、范围和使用日期并基于诚实信用原则利用供役地，尽量避免给供役地造成不必要的损失。当地役权人因为自己土地利用的需要而扩大对供役地的使用范围时，应该与供役地人协商变更地役权合同或另行签订地役权合同。也即地役权人应该以实现土地利用的目的为限，在对供役地损害最小的范围内进行一切必要的利用。

2. 维持附属设施的义务。地役权人对于其因为行使权利而在供役地上设置的必要的附属设施，负有维持的义务，以防止供役地因此受到损害。因未尽保养维修义务而致供役地人遭受损害的，地役权人应当承担损害赔偿责任。如果地役权人与供役地人就附属设施的维修保养另有约定，则依照约定。

3. 支付相关费用的义务。地役权的设定，可以是有偿的，也可以是无偿的，由当事人在地役权合同中约定。如果当事人设定地役权时约定为有偿，则地役权人负有向供役地人支付约定费用的义务。

（三）供役地人的权利和义务

1. 容忍土地上的负担或不作为的义务。地役权的设定意味着供役地人权利受到限制，供役地人从此要容忍地役权人在自己的土地上为或不为一定的行为。根据设定的地役权的性质不同，供役地人承担的义务也不同。如果当事人之间设定的是积极的地役权，供役地人要忍受地役权人在自己土地上实施一定的行为，如设定管道用以排水等；如果当事人之间设定的是消极的地役权，则供役地人负有不得实施某种行为的义务，也即不得妨碍地役权的行使，如设定的地役权是眺望权时，供役地人负有不得在供役地上建筑高层建筑的义务等。此外，如果当事人在地役权设定合同中约定地役权人可以利用供役地人的已有设施的，供役地人则负有不得随意变更该项设施的义务。

【训练】甲和乙分别为 A 和 B 两块土地的宅基地使用权人。两个人分别在自己的宅基地上修建了住宅。乙的土地和公路相邻，为方便通行，双方签订了设立通行地役权的合同。甲每天出门较早，而此时乙还在休息。于是乙在两块土地的通行交界处修了一道铁门，只有自己醒来后才放甲通过，给甲的出行和生活造成了很大的不便。为此，甲主张拆除铁门，乙则认为在自己家的土地上安装铁门没有什么不对。双方争执不下，诉至法院。法院应如何处理本案？

回答：本案中，甲通过与乙签订地役权合同，在乙的土地上设定了通行地役权。根据合同所设定的地役权性质，乙负有不阻碍甲通行的消极的义务，然而乙非但不配合，还在自己的宅基地上安装铁门阻止甲通过，彻底违反其容忍义务。故甲有权要求乙移去铁门恢复通行。

2. 对附属设施进行使用的权利和分担维持设施费用的义务。在地役权法律关系中，供役地人和地役权人有时会同时利用供役地。针对地役权人于供役地上所设置的附属设施，在不对地役权人造成妨碍的情况下，供役地人有权对其加以利用，如地役权人于供役地上铺设的管道，在地役权人没有使用或已经使用但是不妨害供役地人行使权利的情况下，供役地人有权进行使用，以节省重新修建设施的费用。在为此种使用时，应当按照其收益的比例，分担附属设施的维修保养费用，但当事人另有约定的除外。

3. 变更对供役地的使用场所和方法的权利。地役权设定以后，非经当事人商议，供役地人不得随意变更地役权合同所约定的供役地的使用场所和使用方法。在出现新情况或变更供役地的使用场所和方法对地役权人并无不利，而对供役地人有利时，供役地人有权请求地役权人变更供役地的使用场所及方法，地役权人不得拒绝。当然，因此支出的费用由供役地人承担。

4. 对价支付请求权及对价调整请求权。如果地役权的设定采取了有偿的形式，则供役地人有权请求地役权人支付对价即地租。自地役权设定后，如果后来的形势发展导致原定的地租偏低，对供役地人显失公平，供役地人有权请求地役权人变更地租的数目。

三、地役权的取得

地役权的发生，也即地役权的取得，是指需役地人基于一定的原因或条件成就而在供役地上取得地役权。地役权的发生方式，根据民法理论，既可以是基于当事人之间实施的法律行为，如订立地役权合同、地役权的让与，也可以是基于法律行为以外的事实，如地役权的继承取得。

（一）基于法律行为取得地役权

当事人之间通过法律行为取得地役权主要有两种方式：通过订立地役权合同取得或通过地役权的转让而取得。

1. 通过地役权合同取得地役权。需役地人和供役地人之间通过签订地役权合同而设立地役权，这是地役权发生的主要途径。根据《民法典》第 374 条之规定，地役权的设立采取公示对抗主义的物权变动模式，即地役权合同一旦订立，需役地人在供役地上的地役权即告成立。地役权登记行为，是地役权的对抗要件。

【训练】甲为进出自己 A 地的便利，与乙订立地役权合同，约定甲有权在乙的 B 地上修路驱车通行。甲乙的地役权合同订立后，尚未办理地役权登记手续。

1. 甲是否享有乙的 B 地上的地役权？

回答：是。甲乙订立的地役权合同一经生效，地役权即告成立。地役权登记为对抗要件，而非地役权的成立要件。

2. 如果乙将其 B 地转让给不知情的丙。丙取得乙在 B 地上的不动产物权后，是否有权禁止甲在 B 地上的驱车通行？

回答：是。甲的地役权未登记，不得对抗善意第三人。

3. 如果甲的地役权办理了登记手续。现乙将其 B 地转让给丙。丙取得乙在 B 地上的不动产物权后，是否有权禁止甲在 B 地上的驱车通行？

回答：否。甲的地役权已经登记，可以对抗第三人。

2. 通过需役地权转让或在需役地上设立他物权而取得地役权。由于地役权具有从属性，故需役地权转让时，或在需役地上设立他物权时，受让人或他物权人可以取得地役权。具体来讲：

（1）需役地人将其所享有的需役地权转让给受让人的，因需役地权为地役权的主权利，地役权为需役地权的从权利，故主权利转移，从权利随之转移，受让人取得需役地权的同时，取得地役权。

【训练】甲为进出自己 A 地的便利，与乙订立地役权合同，约定甲有权在乙的 B 地上修路驱车通行。现甲、丙订立合同，约定甲将其所享有的 A 地上的不动产物权转让给丙。丙取得 A 地上的不动产物权后，是否有权利在乙的 B 地上驱车通行？

回答：是。根据地役权的从属性，需役地权转让的，地役权随之转让。

（2）需役地人将其需役地为第三人设立抵押权的，第三人实施抵押权时，地役权一并转让，即需役地受让人取得需役地的同时，取得地役权。显而易见，该项规则是地役权从属性在抵押关系中的再现。

（3）需役地人将其需役地为第三人设立用益物权的，第三人取得需役地上的用益物权的同时，取得地役权。

【训练】农村集体甲为进出自己 A 地的便利，与乙订立地役权合同，约定集体甲有权在乙的 B 地上修路驱车通行。现集体甲与本集体的农户丙订立土地承包经营合同，约定集体甲将 A

地发包给丙。丙取得 A 地上的土地承包经营权后，是否有权利在乙的 B 地上驱车通行？

回答：是。需役地上成立用益物权的，用益物权人取得地役权。

（二）基于法律行为以外的事实取得地役权

在我国民法上，基于法律行为以外的事实取得地役权，主要是指通过继承方式取得地役权。地役权是一种财产性的用益物权，因此可以由地役权人的继承人继承取得。只不过这种继承取得是随着需役地的所有权或使用权的继承而发生的，单独的地役权转让不被法律所认可。

四、地役权的消灭

地役权的消灭，是指已经存在的地役权因为某种条件的成就而使得其效力归于终止。地役权消灭的主要原因有：地役权合同的解除、存续期限届满、标的物的灭失、权利人的抛弃、国家对供役地或需役地的征收、混同等。

（一）地役权消灭的事由

1. 因地役权合同的解除而消灭。地役权主要的设定方式是当事人之间签订地役权合同。因此，如果设定地役权的合同解除，地役权会自动归于消灭。《民法典》第 384 条规定了地役权消灭的法定事由：

（1）地役权人违反法律规定或合同约定，滥用地役权。地役权通过合同设立以后，权利人负有按照合同约定的方式、期限、用途及目的合理使用供役地的义务。如果地役权人滥用地役权，如不按土地用途使用导致供役地永久损害的；不按合同订立的目的和方式行使地役权，经警告仍然不改的；违反公共秩序恶化善良风俗，影响他人生产和生活；等等，此时供役地人有权解除地役权合同。如果此种滥用致使供役地人受到损失的，地役权人应负相应的赔偿责任。

（2）地役权人有偿使用供役地，约定的付款期限届满后在合理期限内经两次催告仍未支付费用。在合同约定为有偿使用供役地的情形下，地役权人负有按期缴纳使用费的义务。超过约定的缴纳期限，并在合理期限内经过供役地人两次催告仍不支付应缴费用的，表明地役权人以其行为默示拒绝了履行支付费用的义务，供役地人有权利解除合同，终止地役权。

2. 因为存续期限届满而归于消灭。在地役权合同约定了地役权存续期限的情况下，期限的届满即意味着地役权的消灭。如果需役地人还想使用供役地来提高自己的不动产利用效率，其应该与供役地人另行协商签订新的地役权合同，从而延长使用时间。

3. 因为标的物灭失而致地役权消灭。地役权的建立有赖于需役地和供役地的存在。当供役地和需役地有任何一个灭失时，地役权都将不复存在。造成标的物灭失的原因既有自然原因，也有人为原因，以致供役地或需役地不能再使用或灭失，无论哪一种均将造成地役权消灭的后果。

4. 权利人的抛弃致使地役权消灭。地役权作为一种民事权利，权利人可以行使，也可以放弃或抛弃。在权利人抛弃其对供役地所享有的地役权时，地役权归于消灭。如果地役权是无偿取得，权利人可以随时抛弃；如果为有偿取得，权利人应该在支付了供役地人剩余期限的使用费后才能抛弃。如果地役权已经随同需役地设定了抵押，权利人要抛弃地役权还需征求抵押权人的同意。

5. 因为国家对供役地或需役地的征收而消灭。地役权的存在基础是供役地和需役地，在供役地或需役地因为国家意志而被征收，致使地役权成为不必要或行使不能时，地役权归于消灭。

6. 因为混同而致使地役权消灭。混同是指地役权人和供役地人归于同一的情形出现。地役权因混同而灭失主要有两种情形：①供役地和需役地上的使用权都归属于同一个土地使用人；②供役地和需役地的所有权归属于同一人。上述两种情形发生任何一种，地役权均归于消灭。

（二）地役权消灭的法律后果

地役权消灭以后，其法律后果因为地役权的种类不同而有所差别：

1. 如果当事人之间设立的是积极性质的地役权，地役权消灭后，地役权人应当对供役地负返还或恢复的义务。如果地役权人为了实现地役权而在供役地上设置了相关设施，地役权人在地役权灭失后有权取回该设施，如果该设施是不能取回的，地役权人则不能取回。

2. 如果当事人之间设立的是消极性的地役权，则供役地人负有某种不作为义务。地役权消灭后，该不作为义务消失，供役地人可以对该土地自由支配，不再受该不作为义务的限制。

3. 如果当事人之间的地役权曾经办理过登记，地役权消失后应该及时办理注销登记手续。

第五章

担保物权

第一节 担保物权概述

一、担保物权的概念、特征

担保物权，是指以确保债权的实现为目的，在债务人或第三人的特定财产上设定的、在债务人到期不履行债务或者发生当事人约定的实现担保物权的情形时，债权人即担保物权人可以直接以担保物的交换价值优先受偿的一种他物权。在担保物权关系中，依法就担保财产享有优先受偿权的人，为担保物权人；提供担保财产以确保债权实现的债务人或第三人，为担保人；担保人提供的、用以担保债权实现的特定财产，为担保物。

从担保物权的概念中可以看出，担保物权除具备物权的一般特征外，还具有自身独有的特征：

1. 担保物权具有从属性。担保物权的从属性，是指担保物权作为以确保债权的实现为目的的权利，是附随于其所担保的主债权的从权利。担保物权从属性的本质，在于担保物权与其所担保的主债权之间存在的"目的—手段"关系。担保物权的从属性，具有如下体现：

（1）存在上的从属性。这是指担保物权的存在应当以其所担保的主债权的存在为前提，脱离了其所担保的主债权存在这个目的，担保物权原则上因目的不存在而失去其存在的意义。需要注意的是，在最高额抵押中，担保物权存在上的从属性存在例外。

（2）转让上的从属性。这是指担保物权应随同主债权的转让而转让，不能与主债权分离而单独转让。

（3）消灭上的从属性。这是指担保物权随主债权的消灭而消灭。主债权依法律规定的原因消灭时，担保物权因其目的不存在而丧失了继续存在的意义。

2. 担保物权具有不可分性。担保物权的不可分性，是指担保物权人在其全部债权受清偿前，可以就担保物的全部行使其权利。担保物权不可分性的核心在于，担保物的全部担保债权的各部，且担保物的各部担保债权的全部。

（1）担保物的各部分担保债权的全部，是指担保物权人有权就担保物各个部分的价值优先受偿其债权。这意味着：其一，在担保物权存续期间，担保物因共有的分割分别属于数人时，其分割后的各部分仍然担保着债权的全部；其二，在担保物权存续期间，担保物部分灭失时，担保物的其余部分仍然担保全部债权的实现。

【训练】甲向银行借款 100 万元，乙、丙、丁用共有的一块金砖向银行提供担保。

1. 如果乙、丙、丁将该金砖一分为三，各自所有。现甲到期未偿还银行的借款，银行可就哪一块金砖行使担保物权？

回答：三块均可。

2. 如果该金砖的一半被磨损，不复存在。现甲到期未偿还银行的借款，银行可否就金砖的剩余部分行使担保物权？

回答：可以。

（2）担保物的全部担保债权的各部，是指担保物权人有权就担保物的全部价值，以保障自己各部分的债权受清偿。这意味着：其一，在担保物权所担保的主债权经过分割分别为不同的人享有时，分割后享有债权的人，仍然有权就担保物的全部价值保障自己享有的债权受清偿；其二，在担保物权所担保的主债权部分转让而分别为不同的人享有时，通过受让享有债权的人，仍然有权就担保物的全部价值保障自己享有的债权受清偿。

【训练】甲借款 100 万元给乙，丙以房屋 A 向甲提供担保，以保障甲债权的实现。

1. 如果甲将对乙的 100 万元债权中的 40 万元，转让给丙。

（1）丙所获得的 40 万元债权，是否受到房屋 A 的担保？

回答：是。

（2）甲剩余的 60 万元债权，是否受到房屋 A 的担保？

回答：是。

2. 如果甲死亡，甲对乙的 100 万元债权由甲之子大甲继承 40 万元、小甲继承 60 万元。

（1）大甲所继承的 40 万元债权，是否受到房屋 A 的担保？

回答：是。

（2）小甲所继承的 60 万元债权，是否受到房屋 A 的担保？

回答：是。

3. 担保物权具有物上代位性。担保物权的物上代位性，是指担保物权存续期间，担保物因毁损、灭失或征收而获得的赔偿金或补偿金作为担保物的代替物，继续担保债务的履行。在通常情况下，物权作为支配特定物的权利，随着客体的灭失而消灭。但担保物权是一种以支配担保物的交换价值为内容的价值支配权，以取得标的物的价值受偿为目的，在担保物权的客体灭失而其价值仍然存在时，担保物权并不因担保物的灭失而消灭，而是继续存在于担保物价值的代位物之上。这意味着，在担保物权所担保的债权到期后，担保物权人有权就担保物的价值代位物优先受偿；在担保物权所担保的债权尚未到期时，担保物权人有权提存担保物的价值代位物。

【训练】甲将土地 A 建设用地使用权向银行设立抵押，用以担保银行对乙的借款。银行的抵押权成立后，土地 A 建设用地使用权被征收，甲获得征收补偿金 500 万元。

1. 如果银行对乙的债务已经到期，银行可对该笔补偿金行使什么权利？

回答：主张优先受偿。

2. 如果银行对乙的债务尚未到期，银行可对该笔补偿金行使什么权利？

回答：主张提存该笔补偿金。

担保物权的物上代位效力，涉及价值代位物给付义务人履行对象的界定问题。根据最高院《关于适用〈中华人民共和国民法典〉有关担保制度的解释》第42条的规定，给付义务人接到担保物权人要求向其给付的通知，仍向担保人给付了保险金、赔偿金或者补偿金的，担保物权人仍有权请求给付义务人实施给付。反之，给付义务人未接到担保物权人要求向其给付的通知，向担保人给付了保险金、赔偿金或者补偿金的，担保物权人不得再请求给付义务人向其给付。

4. 担保物权具有优先受偿性。担保物权的优先受偿性，是指担保物权人对于担保物的变价，有权优先于担保人的其他债权人受偿。担保物权的优先受偿性，源自担保物权的价值支配权的特性，是民法上"物权优先于债权"原理的体现。

需要注意的是，担保物权的优先受偿效力，是优先于担保人的其他债权人的效力，而非优先于债务人的其他债权人的效力。在债务人即为担保人的情况下，上述区分没有意义；而在债务人以外的第三人为担保人的情况下，上述区分则至关重要。

【训练】甲公司从银行贷款100万元。甲公司以房屋A向银行设立抵押，乙公司以房屋B向银行设立抵押。经查，甲公司有债权人张三，乙公司有债权人李四。

1. 在房屋A的变价上，银行可优先于谁受偿？

回答：张三。在银行受偿后，张三可就房屋A的剩余价值主张受偿。李四作为乙公司的债权人，对甲公司的房屋A没有受偿权。

2. 在房屋B的变价上，银行可优先于谁受偿？

回答：李四。在银行受偿后，李四可就房屋A的剩余价值主张受偿。张三作为甲公司的债权人，对乙公司的房屋B没有受偿权。

二、担保物权的实行

担保物权的实行，是指担保物权所担保的债权到期未能实现时，担保物权人行使担保物权，就担保物的价值优先受偿的过程。担保物权的实行，是担保物权所具有的担保债权之实现的法律效果的最终体现。那么，在债务人届期不履行债务时，担保物权人能否在实现担保物权与就债务人的一般财产受偿之间作出选择？我国《民法典》并未作出明确规定。围绕该问题，大陆法系民法中形成了两种不同的认识：第一种观点认为，担保物权既然是以担保债权的清偿为目的的，在债权附有担保物权时，应当先行实现担保物权并就其变价受偿，不足部分再就债务人的一般财产受偿，不允许担保物权人在实现担保物权与就债务人的一般财产受偿之间作出选择。否则，有可能损害债务人的一般债权人的合法权益，无法保证公平。第二种观点认为，担保物权是否实现属于担保物权人的自由，担保物权人当然有权选择先以债务人的其他财产受偿，不足部分再以担保物权的变价优先受偿，或者相反。我们认为，第一种观点应予采纳。

【训练】甲公司将价值200万元的房屋A抵押给银行，担保乙公司从银行的100万元贷款。现乙公司到期未向银行偿还贷款。经查，乙公司还欠丙公司80万元的债务也未偿还，且乙的财产总额为 80 万元。

1. 如果银行先行使债权，后果如何？

回答：银行的 100 万元的债权，与丙公司的 80 万元债权，均受偿一部分。银行不能受偿的部分，再以房屋 A 的价值受偿。

2. 如果银行先行使抵押权，后果如何？

回答：银行获得全部受偿，丙公司也获得全部受偿。

（一）担保物权的实行方式

在我国民法上，担保物权的实行方式有二：一是协商实行，二是诉讼实行。

1. 担保物权的协商实行。担保物权的协商实行，是指担保人与担保物权人达成实行抵押权的协议，以担保物折价或者以拍卖、变卖所得的价款优先受偿的实行方式。担保法律关系仍然是一种民事法律关系，故民法允许当事人对自己的权利进行处置，对法律关系的运作方式自行作出安排。需要注意的是，协商实行担保物权的当事人双方，为提供担保的人与接受担保的人，即担保人与担保物权人，而不是债务人与担保物权人。在债务人以外的第三人提供担保的情况下，债务人无权与债权人（担保物权人）就他人（担保人）所提供的担保物的实行方式进行协商约定。

担保人与担保物权人所达成的协商实行担保物权的协议，不得损害第三人的利益。利益可能因此遭受损害的第三人，是指担保人的其他债权人。如前所述，担保人的其他债权人对于担保物的价值受偿，只能居于担保物权人受偿之后。故倘若协商实行担保物权的协议将担保物价值不当低估，则会导致本来可以受偿的担保人的其他债权人无法受偿。此时，根据《民法典》第 410 条的规定，担保人的其他债权人可以请求法院撤销该协商实行担保物权的协议。

【训练】甲银行向乙发放贷款 100 万元，丙以房 A 向甲设立抵押。同时，丙欠丁银行 50 万元。现乙逾期未还甲银行的债务，房屋 A 市值为 150 万元。

1. 协商实行担保物权的当事人是谁？

回答：担保物权人甲银行与抵押人丙。

2. 如果甲银行与丙约定，将房屋 A 作价 150 万元，丁银行能否就房屋 A 的价值受偿？

回答：可以。甲银行作为房屋 A 的担保物权人，优先于丁银行受偿 100 万元。剩余的 50 万元丁银行即可受偿。

3. 如果甲银行与丙约定，将房屋 A 作价 100 万元。

（1）丁银行能否就房屋 A 的价值受偿？

回答：不可以。甲银行作为房屋 A 的担保物权人，优先于丁银行受偿 100 万元后，房屋 A 再无价值供丁银行受偿。

（2）丁银行如何保护自己的合法权益？

回答：丁银行可诉请法院撤销甲银行与丙达成的协商实行担保物权的协议。

需要指出的是，上述担保人的其他债权人的撤销权，其法律基础是债的保全制度中债权人的撤销权。即债务人（担保人）对其债权人的债务尚未偿还，却将财产（担保物）不当处分给第三人（担保物权人）的，债权人有权诉请法院撤销该不当处分行为（协商实行担保物权的协议）。

2. 担保物权的诉讼实行。担保物权的诉讼实行，是指在担保物权人与担保人未能就担保物权实现方式达成协议的情况下，担保物权人通过向法院起诉的方式，在法院的主持下实行担保物权。

（二）担保物的变价方式

担保物的变价方式，是指担保物变价的手段。担保物权是担保物的价值支配权，故担保物权的实行，最终须将担保物转换为金钱价值，进而对该金钱价值受偿。而将担保物转换为金钱价值的手段，就是担保物的变价方式。

1. 担保物的法定变价方式。根据《民法典》第410、436、453条之规定，担保物的变价方式有三：

（1）拍卖。这是指通过拍卖竞价程序出卖担保物，以所获价金供担保物权人受偿的担保物变价方式。

（2）变卖。这是指通过普通的出卖方式出卖担保物，以所获价金供担保物权人受偿的担保物变价方式。

（3）折价。这是指在对担保物评估作价的基础上，由担保物权人取得担保物的所有权，且根据评估作价多退少补的担保物变价方式。

需要指出的是，上述担保物的变价方式，是有形的动产、不动产担保物的变价方式，并不适用于无形财产性权利的变价方式。例如，应收账款债权质权的实行方式，并非是就出质债权出卖所得的价金受偿，而是质权人通过行使出质的债权，接受债务人的金钱给付而受偿。

2. 禁止流质约款。

（1）流质约款的含义与效力。流质约款，是指当事人所达成的"债务到期不履行，债权人无需评估作价，直接取得担保财产所有权"的约定。在担保物权法律领域，流质约款之所为法律所禁止，是由于该项约定违背了担保物权的价值支配权的性质，成为一种取得担保物所有权的权利，故为法律所不容。因此，当事人达成流质约款之约定的，该约定无效。流质约款无效，意味着纵然在当事人约定流质约款的情况下，任何一方依然均有权主张就特定财产变价或作价评估，从而实现多退少补的交易目的。

【训练】甲银行向乙公司贷款100万元。乙公司将房屋A向甲银行设立抵押，丙公司将其对丁公司的应收账款债权向甲银行出质，共同担保甲银行对乙公司贷款债权的实现。现乙公司到期未偿还贷款本息。

1. 甲银行欲实行抵押权，如何就房屋A变价受偿？

回答：对房屋A拍卖、变卖或折价取得。

2. 甲银行欲实行质权，如何就应收账款债权变价受偿？

回答：甲银行请求丙公司的债务人丁公司履行债务。

3. 如果甲银行与乙公司订立的抵押合同中约定，若乙公司到期未向甲银行偿还贷款本息，房屋 A 即归属于甲银行，乙公司的债务消灭。该约定效力如何？

回答：该约定属于流质约款，依法无效。这意味着，无论是甲银行认为房屋 A 的价值不足以偿还贷款本息，还是乙公司认为房屋 A 的价值超过了贷款本息，均可主张就房屋 A 变价或评估作价，进而主张多退少补。

4. 如果甲银行与丙公司订立的质押合同中约定，若乙公司到期未向甲银行偿还贷款本息，丙公司对丁公司的应收账款债权即归属于甲银行，乙公司的债务消灭。该约定效力如何？

回答：该约定属于流质约款，依法无效。

需要指出的是，禁止流质约款不仅是担保法上的一项原则，也是民法中的一般原理。因此，其适用的范围，并不以担保物权的实行领域为限，也包括了以物抵债、让与担保等领域。

（2）折价与流质约款的区别。如前所述，折价为我国所允许采用的担保物变价方式，与流质约款相比较，两者的相同之处在于担保物权人均可取得担保物的所有权。但是，折价与流质约款仍然具有本质的区别：

第一，时间不同。流质约款是当事人在债务到期之前所达成的约定；折价则是债务到期不履行时当事人所约定的担保物变价方式。

第二，内容不同。根据流质约款，担保物权人取得担保物的所有权，并不以担保物的评估作价为条件，不具有"担保物变价"的性质；根据折价，担保物权人取得担保物的所有权，则是以评估作价为基础，具有"多退少补"的担保物变价内含。

三、让与担保

（一）让与担保概述

让与担保，是指担保人为担保债权人之债权实现，与债权人订立让与合同，约定将特定财产的归属权利让与给债权人，作为债权实现之担保，待债务人履行债务后，债权人再将担保财产的归属权返还给担保人的交易。在民法上，让与担保不属于法定的担保权类型，是一种非典型担保。在让与担保的交易中，因担保财产的归属已经转移给债权人，而从担保人的责任财产中分离，故债权人可依据其所取得的担保财产上的归属权，获得较担保人的其他债权人优先受偿的法律地位，从而可以达到债权担保的效果。但是，由于让与担保交易的内在逻辑，可能会导向"债务人到期不履行债务，债权人即继续拥有担保财产的归属权"的结果，这一结果又与流质约款禁止规则相抵触，故法律对让与担保交易有规制的必要。

（二）让与担保的法律规制

《民法典》并未对让与担保作出直接规定，但最高院《关于适用〈中华人民共和国民法典〉有关担保制度的解释》则对让与担保的规制作出了较为详尽的规定，具体来讲：

1. 让与担保合同的效力。让与担保合同，是指担保人与债权人所订立的、以移转特定财产的归属权的方式为债权人的债权提供担保的合同。因让与担保交易并不违反民事法律行为有效的要件，故根据最高院《关于适用〈中华人民共和国民法典〉有关担保制度的解释》第 68 条的规定，让与担保合同有效。在此基础上，倘若当事人在让与担保合同中约定"债务人到期不履行债务，担保财产继续归债权人所有"的，该约定因违反流质约款禁止规则而无效，但不影响有关提供担保的意思表示的效力。

2. 让与担保权的效力。让与担保权，是指债权人根据让与担保合同所获得的担保财产上的权利。从法律形式上看，该项权利为担保财产上的归属权，但由于当事人的真实交易目的在于以移转财产归属权的形式来担保债权的实现，故让与担保权的本质，仍为担保权。由此出发，根据最高院《关于适用〈中华人民共和国民法典〉有关担保制度的解释》第 68 条的规定，债务人到期不履行债务，债权人基于其让与担保权，可主张将担保财产折价、变价受偿。让与担保权已经公示（交付、登记）的，债权人享有优先受偿权。

需要注意的是，股权让与担保中，股东以将其股权转移至债权人名下的方式为债务履行提供担保，债权人（名义股东）不承担股东因未履行出资义务、抽逃出资的责任。

【训练】甲欲借给乙 100 万元，借期 1 年，本息共计 110 万元。为担保乙的还本付息，丙与甲订立"买卖合同"约定："丙将房屋 A 出卖给甲，价款 100 万元，甲将价金交付予乙。合同订立后，丙即向甲交房、过户。1 年内，若乙向甲偿还 110 万元，则甲、丙买卖合同解除。否则，甲继续享有房屋 A 的所有权。"买卖合同订立后，丙将房屋 A 向甲交付、登记，甲将 100 万元"房款"交付予乙。

1. 甲乙的买卖合同效力如何？

回答："若乙到期未还款，甲继续享有房屋 A 的所有权"之约定无效，但担保意思表示有效。

2. 如果乙未在 1 年内回购房屋 A：

（1）丙是否有权请求甲就房屋 A 变价受偿、多退少补？

回答：是。让与担保受流质约款禁止规则的约束。

（2）甲能否对房屋 A 的变价，优先于丙的普通债权人受偿？

回答：可以。甲的"所有权"已经登记。

（三）后让与担保

后让与担保，是让与担保交易的一种变形，是指担保人为担保债权人之债权实现，与债权人订立让与合同，约定若债务人到期不履行债务，担保人即需将担保财产的归属权移转给债权人的交易。较之于让与担保，后让与担保的不同之处在于，在让与合同订立后，担保人无需将担保财产的归属权事先移转给债权人。根据最高院《关于适用〈中华人民共和国民法典〉有关担保制度的解释》第 68 条的规定，后让与担保的法律规则是：

1. 后让与担保合同的效力。

（1）当事人关于"债务人到期未履行债务，则移转担保财产归属权"的约定，因违反流质约款禁止规则而无效，但不影响有关提供担保的意思表示的效力。

（2）当事人之间的法律关系，应认定为受担保的债权关系，如借款关系。

2. 后让与担保权的效力。债务人到期不履行还本付息义务时，债权人有权就担保财产变价受偿。因担保权未经公示（交付、登记），故债权人对价金不享有优先受偿权。

【训练】甲欲借给乙 100 万元，借期 1 年，本息共计 110 万元。为担保乙的还本付息，丙与甲订立"买卖合同"约定："丙将房屋 A 出卖给甲，价款 100 万元，甲将价金交付予乙。1 年内，如乙向甲返还 110 万元房款，甲、丙买卖合同解除；否则，丙即应当履行买卖合同，向甲交房、过户。"合同订立后，甲将 100 万元"房款"交付予乙。

1. 甲乙的买卖合同效力如何？

回答："若乙到期未还款，丙向甲交房、过户"之约定无效，但担保意思表示有效。

2. 如果乙到期未向甲偿付 110 万元，甲遂以买卖合同为依据提起诉讼，请求乙交房、过户。

（1）法院按照何种法律关系审理此案？

回答：借贷关系。

（2）房屋 A 应如何处理？

回答：折价或变价以偿还甲的债权。

（3）甲能否对房屋 A 的变价，优先于乙的普通债权人受偿？

回答：不可以。

3. 如果乙到期未向甲偿付 110 万元，且丙将房屋 A 交付予甲，并办理了过户登记手续。丙是否有权请求甲就房屋 A 变价受偿、多退少补？

回答：是。让与担保受流质约款禁止规则的约束。

第二节　抵押权

一、抵押权概述

抵押权，是指债权人对于债务人或者第三人不转移占有的、作为履行债务担保的特定财产，在债务人到期不履行债务时，有权就该财产卖得的价金优先受偿的担保物权。在抵押权法律关系中，提供担保财产的债务人或者第三人为抵押人，享有抵押权的债权人为抵押权人，抵押人提供的担保财产称为抵押物。

抵押权作为一种担保物权，除具有担保物权的一般特征之外，还具有自身独有的特征：

1. 抵押权是不移转占有的担保物权。抵押人在设定抵押权时，不以移转标的物的占有为前提，这是抵押权区别于质权和留置权的重要标志。正是因为不转移标的物的占有，才使抵押权既发挥了抵押物的担保功能，又不影响抵押人对抵押物的占有或使用，同时又免除了抵押权人保管抵押物之累以及因此而支出的费用。抵押权较其他担保物权种类而言，确实是一种优良的担保形式，被誉为"担保之王"。

2. 抵押权的客体可以是不动产，也可以是动产。在传统民法上，抵押权只能在不动产上设立。但是近现代民法为了融通资金、发挥物的效用、克服动产质权只能担保而无法利用的弊端，在原有的不动产抵押权之外，也规定了动产抵押权。我国民法适应时代发展的潮流并根据我国的实际，不仅规定不动产抵押权，也规定了动产抵押权。但是，在《民法典》上，不动产抵押与动产抵押的设立方式，即物权变动的模式，有所不同。

二、抵押权的设立

（一）不动产抵押权的设立

如前所述，不动产抵押权的设立，采取公示成立主义的物权变动模式。

1. 不动产抵押合同。抵押人与债权人欲设立不动产抵押权，需订立不动产抵押合同。因在我国担保法律制度中，所有的意思表示均需采取书面形式，故不动产抵押合同也应采取书面形式。根据《民法典》第402条的规定，不动产抵押权的设立采取公示成立主义立法模式，故不动产抵押合同生效后，抵押人与债权人之间即产生抵押合同之债的法律关系。在这种法律关系中，债权人并未取得不动产抵押权，但享有请求抵押人办理不动产抵押登记的债权请求权；如果抵押人未如约办理不动产抵押登记手续，债权人有权追究抵押人抵押合同上的违约责任。

在此基础上，根据《最高人民法院关于适用〈中华人民共和国民法典〉有关担保制度的解释》第46条的规定，抵押人因未如约办理抵押登记手续，而需承担不动产抵押合同上的违约责任的规则是：

（1）抵押物因"可归责于"抵押人自身的原因，导致不能办理抵押登记的，如抵押物毁损灭失、对外转让，债权人有权请求抵押人承担违约责任，但不应超过抵押物价值及主债额。

（2）抵押财产因"不可归责于"抵押人自身的原因，导致不能办理抵押登记的，如抵押物毁损灭失、被征收，债权人不得请求抵押人承担违约责任。但是，抵押人已经获得保险金、赔偿金或者补偿金等，债权人有权请求抵押人在其所获金额范围内承担赔偿责任，但不具有优先受偿效力。

2. 不动产抵押登记。根据公示成立主义模式，办理不动产抵押登记后，不动产抵押合同得以履行，债权人即取得不动产抵押权。需要注意的是，根据《最高人民法院关于适用〈中华人民共和国民法典〉有关担保制度的解释》第47条之规定，不动产登记簿就抵押财产、被担保的债权范围等所作的记载与抵押合同约定不一致的，以登记簿的记载为准。

（二）动产抵押权的设立

根据《民法典》第403条的规定，动产抵押权的设立，采取公示对抗主义的物权变动模式。

1. 动产抵押合同。抵押人与债权人订立的动产抵押合同，依然需采取书面形式。根据公示对抗主义的物权变动模式，动产抵押合同一经生效，物权发生变动，债权人即取得抵押权。但是，在办理动产抵押登记之前，该抵押权不得对抗善意第三人。其中，"善意第三人"的范围包括：

（1）动产抵押物的善意受让人。抵押人转让动产抵押物，善意受让人取得所有权后，动产抵押权消灭。

（2）动产抵押物的善意承租人。抵押人将抵押物出租给承租人并交付的，抵押权人行使抵押权的，善意承租人可对抵押物受让人主张买卖不破租赁。

（3）对抵押物申请保全或者执行抵押财产的抵押人的债权人。法院已经作出财产保全裁定或者采取执行措施的，未经登记的动产抵押权人不得主张对抵押财产优先受偿。

（4）抵押人的破产债权人。抵押人破产，抵押权人不得主张对抵押财产优先受偿。

【训练】甲公司因从乙公司处借款，与乙公司订立抵押书面合同，约定甲将机器设备 A 向乙设定抵押，作为甲公司未来还款的担保。抵押合同订立后，未办理抵押登记。

1. 乙可否取得机器设备 A 的抵押权？

回答：可以。

2. 如果甲将机器设备 A 出卖给不知情的丙，并向丙交付。乙能否对 A 继续享有抵押权？

回答：不可以。

3. 如果甲将机器设备 A 出租给不知情的丙，并向丙交付。现因甲到期未偿还欠乙的债务，乙实行抵押权，将 A 出卖给李四，丙能否对李四主张买卖不破租赁？

回答：可以。

4. 如果甲还欠李四的借款，李四请求法院将机器设备 A 扣押。乙能否主张优先于李四受偿？

回答：不可以。

5. 如果甲进入破产程序，乙能否对机器设备 A 主张优先受偿？

回答：不可以。

2. 动产抵押登记。动产抵押合同生效后，抵押人办理抵押登记手续的，抵押权即获得物权公示的外观，因此具有了对抗第三人的效力。

动产抵押合同约定抵押人应当办理抵押登记手续的，抵押人承担办理抵押登记手续的债务。抵押人违反此项债务，未办理抵押登记手续的，需承担抵押合同上的违约责任，但是，抵押人所应承担违约责任的数额，不得超过主债权额及动产抵押物的价值额。

【训练】甲公司将机器设备 A 抵押给乙银行，又将其抵押给丙银行，且为丙银行办理了抵押登记手续。

1. 经查，甲公司与乙银行订立了书面抵押合同，但并未办理抵押登记手续。

（1）乙银行是否享有机器设备 A 上的抵押权？

回答：是。

（2）乙银行的抵押权与丙银行的抵押权，谁具有更为优先的受偿顺位？

回答：乙银行虽享有抵押权，但因未经登记，不得对抗丙银行已经登记的抵押权，故丙银行的抵押权优先于乙银行的抵押权。

2. 经查，甲公司与乙银行订立了书面抵押合同，并办理抵押登记手续。乙银行的抵押权与丙银行的抵押权，谁具有更为优先的受偿顺位？

回答：乙银行的抵押权已经登记，可以对抗丙银行的抵押权，故乙银行的抵押权优先于丙银行的抵押权。

需要注意的是，在《民法典》第 404、416 条，以及《最高人民法院关于适用〈中华人民共和国民法典〉有关担保制度的解释》第 16 条规定的情形中，登记的动产抵押权具有对抗效力的一般原理，存在法定例外，后文将阐述之。

（三）向债权人以外的他人登记的抵押权

无论是不动产抵押，还是动产抵押，原则上，抵押人均应向债权人办理抵押登记手续。在此基础上，根据《最高人民法院关于适用〈中华人民共和国民法典〉有关担保制度的解释》第4条之规定，有下列情形之一，抵押人将抵押权登记在债权人以外的他人名下的，债权人或者受托人主张就该财产优先受偿的，法院依法予以支持：

1. 为债券持有人提供的担保物权登记在债券受托管理人名下。

【训练】甲公司为发行公司债，将房屋 A 向乙债券受托管理公司进行抵押，并为乙管理公司办理了抵押登记手续，用以担保未来债券的兑付。

1. 甲公司的债权人是谁？

回答：购买债券的人（购买债券的只有人）。

2. 如果甲公司到期未能兑付所发债券的本息，债券持有人或乙管理公司能否对房屋 A 行使抵押权？

回答：可以。

2. 为委托贷款人提供的担保物权登记在受托人名下。

【训练】甲公司与乙公司订立借款合同，约定甲公司借给乙公司 100 万元。随后，甲公司委托丙银行将甲公司现金账户中的 100 万元出借给乙公司。乙公司以房屋 A 向丙银行设立抵押，并为丙银行办理了抵押登记手续。

1. 乙公司的债权人是谁？

回答：甲公司。

2. 如果乙公司到期未能向甲公司偿还借款本息，甲公司或丙银行能否对房屋 A 行使抵押权？

回答：可以。

3. 担保人知道债权人与他人之间存在委托关系的其他情形。

【训练】甲公司与乙公司订立借款合同，约定甲公司借给乙公司 100 万元。随后，甲公司委托其子公司丙公司与乙公司订立抵押合同，乙公司将房屋 A 向丙公司办理登记手续。

1. 乙公司的债权人是谁？

回答：甲公司。

2. 乙公司是否知道甲公司与丙公司之间的委托关系？

回答：知道。

3. 如果乙公司到期未能向甲公司偿还借款本息，甲公司或丙公司能否对房屋 A 行使抵押权？

回答：可以。

三、抵押物

（一）土地使用权抵押

根据《民法典》第399条之规定，国家土地所有权、集体土地所有权的稳定性，事关我国社会主义公有制的稳定性，故不得作为抵押权的客体。因此，在我国社会生活中，所谓的土地抵押，通常是指采用出让方式取得的国有建设用地使用权的抵押。在此基础上，当事人以划拨取得的国有建设用地使用权抵押的，根据《最高人民法院关于适用〈中华人民共和国民法典〉有关担保制度的解释》第50条的规定，抵押人以划拨建设用地使用权抵押的，不影响土地使用权及地上建筑物抵押合同的效力。进而，当事人办理了抵押登记手续的，抵押权设立。但是，在实行抵押权时，拍卖、变卖所得的价款，应当优先用于补缴建设用地使用权出让金，即将划拨建设用地使用权变更为出让建设用地使用权。

（二）房地一体抵押原则

房地一体抵押原则，是指土地上存在房屋的，土地抵押的，房屋随之抵押，且土地抵押登记的时间，就是房屋抵押登记的时间；反之，房屋抵押的，其所占用的土地也随之抵押，且房屋抵押登记的时间，就是土地抵押登记的时间。房地一体抵押原则的特殊问题，在于抵押土地上的新增房屋、抵押房屋上的续建部分，是否仍为抵押物。根据《民法典》第417条、《最高人民法院关于适用〈中华人民共和国民法典〉有关担保制度的解释》第51条之规定，上述特殊问题的确定规则是：

1. 抵押土地上的新增房屋。因抵押土地上的新建房屋，产生于土地抵押之后，故该新建房屋并非抵押物。土地抵押权人因实行抵押权而变卖土地时，地上的新建房屋应随之变卖。但是，由于新建房屋并非抵押物，故抵押权人无权就新建房屋的变价优先受偿。

【训练】甲公司在拥有使用权的A地上建有B房。现甲公司将A地使用权抵押给银行，用以担保乙公司从银行的贷款，并办理了A地的抵押权登记手续。

1. 银行的抵押权客体是否包括B房？

回答：是。A地抵押，地上的B房随之抵押，且视为B房与A地同时办理了抵押权登记手续。

2. 甲公司将A地抵押后，又在A地上修建C房。现乙公司到期未向银行偿还贷款本息，银行欲变卖A地。

（1）B房、C房是否一并变卖？

回答：是。

（2）银行可否就A地、B房、C房的价金，优先于甲公司的其他债权人受偿？

回答：银行可就A地、B房的价金优先受偿，但无权就C房的价金优先受偿，因为C房并非抵押物。

2. 抵押房屋上的续建部分。以正在建造的建筑物抵押的，抵押权的效力仅及于已办理抵押登记的部分，而不及于续建部分、新增建筑物以及规划中尚未建造的建筑物。

（三）抵押物的从物与添附物

1. 抵押物的从物。抵押物的从物，是否为抵押物，根据《最高人民法院关于适用〈中华人民共和国民法典〉有关担保制度的解释》第40条之规定，需视该从物的产生在抵押权设立之前还是之后。从物产生于抵押权依法设立前，抵押权的效力及于从物；从物产生于抵押权依法设立后，抵押权的效力不及于从物。但是，在实行抵押权时，从物可一并处分。抵押权人对从物的变价不享有优先受偿权。

2. 抵押物的添附物。抵押权依法设立后，抵押财产被添附，即发生附合、混合、加工的，根据《最高人民法院关于适用〈中华人民共和国民法典〉有关担保制度的解释》第41条之规定，抵押权客体的认定规则是：

（1）添附物归第三人所有的，抵押权人有权主张抵押权效力及于补偿金。

（2）抵押人对添附物享有所有权的，抵押权的效力及于添附物中原抵押物的价值部分，而不及于增加的价值部分。

（3）抵押人与第三人因添附成为添附物的共有人的，抵押权的效力及于抵押人对共有物享有的份额。

（四）有争议物、查封扣押物的抵押

根据《民法典》第399条的规定，权属有争议的物、被查封扣押的物，不得抵押。然而，抵押人将上述财产抵押的，其法律后果如何，《民法典》并未规定。根据《最高人民法院关于适用〈中华人民共和国民法典〉有关担保制度的解释》第37条之规定，有争议物、查封扣押物的抵押后果是：

1. 有争议物抵押的，抵押合同有效。抵押人构成无权处分的，债权人符合善意取得要件的，可以善意取得抵押权。

【训练】房屋A登记在甲的名下，乙认为自己才是房屋A的所有权人。甲将房屋A抵押给银行。

1. 如果乙办理了异议登记手续，且后来查明乙的异议成立。银行能否取得房屋A的抵押权？

回答：不能。乙的异议成立，意味着甲向银行的抵押构成无权处分。因异议登记的存在，银行不能善意取得所有权。但是，甲与银行之间的抵押合同仍然有效，即具有债权效力，银行可据此追究甲的违约责任。

2. 如果乙未办理异议登记手续，银行能否取得房屋A的抵押权？

回答：可以。如果乙的异议不成立，银行可继受取得房屋A上的抵押权；如果乙的异议成立，因不存在异议登记，银行可善意取得房屋A上的抵押权。

2. 查封、扣押财产抵押的，抵押合同有效。但抵押权人只能就查封、扣押权受偿后，就剩余的担保物价值受偿。

四、抵押权人的保全权

（一）抵押权人保全权的概念

抵押权人的保全权，是指在抵押权存续期间，抵押物的价值受到侵害或者有侵害可能时，抵押权人依法享有的、保全其抵押权益的权利。在抵押权存续期间，由于抵押权人不占有抵押物，如果抵押物受到侵害导致其价值减少，在实现抵押权时，抵押权人就不能受清偿或者完全受清偿。因此，在抵押期间对抵押物的侵害，也是对抵押权的一种侵害，为保护抵押权人的权利，法律赋予抵押权人保全抵押权的权利。

（二）抵押权人保全权的内容

根据《民法典》第408条之规定，在抵押权存续期间，抵押物受到非法侵害或者侵害可能时，抵押权人的保全权主要包括以下内容：

1. 停止侵害、消除危险请求权。这是指在抵押权存续期间，抵押人的行为足以使抵押物的价值减少时，抵押权人享有请求抵押人停止其侵害、消除其可能造成的侵害危险的权利。

2. 恢复原状请求权或者另行提供相对担保请求权。抵押权人恢复原状请求权，是指在抵押权存续期间，因抵押人的行为致使抵押物的价值减少时，抵押权人享有请求抵押人恢复抵押物价值的权利。另行提供相当担保请求权，是指因抵押人的行为导致抵押物价值减少时，抵押权人享有请求抵押人另行提供相当担保的权利。

3. 提前要求清偿债务的请求权。在因抵押人的行为导致抵押物价值减少时，抵押权人依法享有请求抵押人恢复原状或者另行提供相当担保的权利，但是抵押人既不恢复抵押财产的价值，又不另行提供相应的担保时，法律赋予抵押权人提前要求债务人清偿债务的权利，如果债务人拒绝履行，则构成债务到期不履行，抵押权人可以实行抵押权，立即就抵押物变价受偿。

需要注意的是，抵押权人保全权的行使，需以抵押人的行为造成抵押物损害或危险为条件，如果是第三人的行为导致上述后果，则原则上不发生抵押权人的停止侵害请求权或者消除危险请求权。因为第三人对抵押物的侵害，其请求权往往由抵押人行使。

五、抵押人对抵押物的转让

（一）概述

抵押人对抵押物的转让，是指抵押人在抵押期间，将已经抵押的财产转让予第三人的行为。根据《民法典》第406条的规定，抵押人将抵押物转让给受让人的，只需通知抵押权人，而无需征得抵押权人的同意。因此，在《民法典》上，抵押人转让抵押物的行为，性质是有权处分行为，原则上只需完成不动产的登记或动产的交付，故受让人必然可以继受取得抵押物的所有权。

然而，在抵押人与抵押权人约定禁止抵押物转让的情况下，抵押人将抵押物转让给受让人的，受让人能否取得其所有权，根据《最高人民法院关于适用〈中华人民共和国民法典〉有关担保制度的解释》第43条之规定，其界定规则是：

1. "禁止抵押物转让"的约定未经登记的，抵押物已经交付、登记的，善意受让人可以取得抵押物的所有权。与此同时，抵押权人有权请求抵押人承担违约责任。

2. "禁止抵押物转让"的约定已经登记的，抵押财产已经交付或者登记的，受让人不得取得抵押物的所有权。但是，受让人代替债务人清偿债务导致抵押权消灭的除外。

进而，在抵押物受让人可以取得抵押物所有权的情况下，抵押物上将会发生抵押权与受让人所取得的所有权之间的对抗关系。

（二）不动产抵押物转让所形成的对抗关系

因不动产抵押权的设立采取公示成立主义模式，故不动产抵押权必定是办理了抵押登记手续的抵押权，具有对抗第三人的效力。因此，根据《民法典》第406条的规定，不动产抵押人将抵押物转让给受让人的，抵押权不受影响。这意味着，尽管受让人可以取得不动产抵押物的所有权，但由于抵押权可以对抗该所有权，故可成为受让人所有权的负担，即抵押权在受让人所有权上继续存在。因此，在抵押权所担保的债权到期未能实现时，抵押权人可追及至受让人处，行使抵押权。

（三）动产抵押物转让所形成的对抗关系

1. 受让人构成正常买受人。《民法典》第404条规定："以动产抵押的，不得对抗正常经营活动中已经支付合理价款并取得抵押财产的买受人。"据此，动产抵押权的对抗效力，受到了正常买受人的绝对限制，即在动产抵押物的受让人构成正常买受人的，无论动产抵押权登记还是未登记，均不得与其所取得的所有权相对抗。随着正常买受人取得抵押物的所有权，抵押权归于消灭。由此所产生的问题就是，抵押物受让人是否为正常买受人的判断标准为何。

（1）正常买受人的积极条件。根据《民法典》第404条、《最高人民法院关于适用〈中华人民共和国民法典〉有关担保制度的解释》第56条之规定，同时具备如下条件的抵押物受让人，构成正常买受人：①在抵押的正常经营活动中购买抵押物，即抵押人的经营活动属于其营业执照明确记载的经营范围，且抵押人持续销售同类商品。②买受人已经支付了合理的对价。③买受人已经取得了抵押物的所有权。

（2）正常买受人的消极条件。根据《最高人民法院关于适用〈中华人民共和国民法典〉有关担保制度的解释》第56条之规定，具备如下情形之一的抵押物受让人，不构成正常买受人：①购买商品的数量明显超过一般买受人。这意味着，买受人购买商品旨在转售营利，故买受人不构成正常买受人。②购买出卖人的生产设备。抵押人销售其使用生产设备生产的商品，属于正常经营活动；而出售生产设备，则不属于正常经营活动，故买受人不构成正常买受人。③订立买卖合同的目的在于担保债务的履行。此时，买受人实际取得的并非所有权，而是担保权，故应当按照"未经登记的抵押权，不得对抗善意第三人"的一般规则处理，而不适用正常买受人的规则。④买受人与抵押人存在直接或者间接的控制关系。此时，存在双方串通损害抵押权人的可能性，故买受人不构成"正常买受人"。

【训练】甲银行向乙公司贷款，乙公司将机器设备A向甲银行抵押。在抵押期间，乙公司将机器设备A出卖给丙公司，并向丙公司交付。

1. 如果丙公司尚未支付价款，丙公司是否构成正常买受人？

回答：否。

2. 如果乙公司是生产、销售儿童玩具的厂商，机器设备 A 为其生产工具。丙公司是否构成正常买受人？

回答：否。

3. 如果丙公司是生产、销售与 A 同类机器设备的厂商，而丙公司从乙公司处购买了 20 台机器设备，超越了一般购买人的正常情况。丙公司是否构成正常买受人？

回答：否。

4. 如果丙公司是生产、销售与 A 同类机器设备的厂商，乙公司将机器设备 A 出卖给丙公司，旨在为丙公司的债权进行让与担保。丙公司是否构成正常买受人？

回答：否。

5. 如果丙公司是生产、销售与 A 同类机器设备的厂商，而丙公司为乙公司的控股公司。丙公司是否构成正常买受人？

回答：否。

2. 受让人不构成正常买受人。动产抵押权的受让人，并非是在交易市场购买抵押物，或未支付合理的对价，其不构成"正常买受人"。此时，受让人所有权与抵押权的关系，则适用一般的物权对抗规则。

（1）动产抵押权已经登记。动产抵押权登记的，抵押权可以对抗第三人。这意味着，受让人仍可以取得动产抵押物的所有权，但抵押权在受让人所有权上继续存在，即成为受让人所有权的负担，抵押权人可追及至受让人处行使抵押权。

（2）动产抵押权未经登记。动产抵押权未经登记的，抵押权不得对抗善意第三人。这意味着：①受让人不知道且不应当知道其所购买之物为抵押物的，构成善意第三人。此时，因未经登记的抵押权不得对抗善意受让人的所有权，故抵押权消灭。原抵押人能就受让人所支付的价金，主张提前清偿债务或提存。②受让人知道或应当知道其所购买之物为抵押物的，构成恶意第三人。此时，尽管动产抵押权未经登记，但仍可对抗受让人取得的所有权，即抵押权在受让人所有权上继续存在，成为受让人所有权的负担。

【训练】甲公司将其生产的机器设备 A 抵押给银行，担保自己对银行的贷款。在抵押期间，甲公司又将机器设备 A 出卖给乙公司，向乙公司交付，但乙公司尚未支付价金。现甲公司到期未向银行偿还贷款。

1. 乙公司是否构成正常买受人？

回答：否。乙公司尚未支付合理价款。

2. 如果银行的抵押权已经登记，银行能否继续对已经归乙公司所有的机器设备行使抵押权？

回答：可以。抵押权已经登记，可以对抗第三人。

3. 如果银行的抵押权未经登记。

（1）经查，乙公司购买机器设备 A 时，并不知晓其已经抵押给了银行。银行能否继续对已经归乙公司所有的机器设备行使抵押权？

回答：否。抵押权未经登记的，不得对抗善意第三人。故银行的抵押权消灭，只能就乙公司所支付的价金主张提前清偿债务或者提存。

（2）经查，乙公司购买机器设备 A 时，知晓其已经抵押给了银行。银行能否继续对已经归乙公司所有的机器设备行使抵押权？

回答：可以。抵押权未经登记的，依然可以对抗恶意第三人。故银行的抵押权在机器设备 A 上继续存在，成为乙公司所有权的负担。

六、浮动抵押

（一）浮动抵押概述

浮动抵押，是指抵押人以现有的和将有的一系列动产向债权人设立抵押，当债务人不履行到期债务时，债权人有权就实现抵押权时的动产优先受偿的担保物权。浮动抵押作为一种特殊抵押，与一般抵押权相比，具有如下几个特点：

1. 我国民法中浮动抵押的抵押人，设定为仅限于企业、个体工商户和农村生产经营者，故浮动抵押是一种商事抵押。

2. 我国民法中浮动抵押权的客体，限定于生产设备、原材料、半成品和产品，除此之外的动产和不动产，不能成为浮动抵押的客体。

3. 在浮动抵押期间，浮动抵押物的范围具有不特定性。在浮动抵押期间，抵押人正常的生产经营、采购销售活动仍在进行，故抵押人的生产设备、原材料、半成品和产品处于流动状态，总价值则处于浮动状态。直至发生了确定抵押物范围的事由，"哪些财产属于抵押物"才得以确定。

（二）浮动抵押的动产抵押性质

较之于一般的动产抵押，尽管浮动抵押存在着一系列的特殊之处，但在如下两个方面仍然遵循一般动产抵押的法律规则：

1. 浮动抵押权的设立，也采取公示对抗主义模式，抵押人与债权人订立书面的浮动抵押合同，债权人即可享有浮动抵押权。浮动抵押权登记手续的办理，是浮动抵押权的对抗要件。

2. 在浮动抵押期间，抵押人可自由地转让浮动抵押物，而无需征得抵押权人的同意。受让人所取得的所有权与浮动抵押权之间的对抗关系，适用前述一般的动产抵押物转让的规则。

（三）浮动抵押物范围的确定

在浮动抵押期间，抵押人的生产设备、原材料、半成品和产品处于流动状态，浮动抵押物并不特定。在此基础上，根据《民法典》第411条之规定，在下列情形发生时，浮动抵押物的流动性终止，抵押人所拥有的生产设备、原材料、半成品和产品，即为抵押物的范围：①债务人到期未履行债务的，其债务到期之日，浮动抵押物的流动性终止。②抵押人被宣告破产或者解散之日，浮动抵押物的流动性终止。③当事人约定的实现抵押权的情形出现之日，浮动抵押物的流动性终止。④严重影响债权实现的其他情形出现时，浮动抵押物的流动性终止。

【训练】甲公司将自己现有及将有的生产设备、原材料、半成品和产品，向银行设定抵押，担保甲公司对银行的贷款偿还，并与银行订立了书面的抵押合同。

1. 如果甲公司与银行订立书面抵押合同后，并未办理抵押登记手续，银行是否享有抵押权？

回答：是。浮动抵押采取公示对抗主义立法模式。

2. 在银行取得抵押权时，甲公司的哪些生产设备、原材料、半成品和产品属于抵押物，能否确定？

回答：否。甲公司可采购新的生产设备、原材料、半成品和产品，也可将已有的生产设备、原材料、半成品和产品对外销售，故此时浮动抵押物呈流动状态，其范围并不确定。

3. 在抵押期间，甲公司将其产品 A 通过正常的经营活动，出卖给乙公司，向乙公司交付产品 A 后，乙公司支付了合理的价款。此时，银行对产品 A 是否享有抵押权？

回答：否。动产抵押权不得对抗正常买受人。

4. 如果甲公司到期未向银行偿还贷款本息，银行可对甲公司的哪些生产设备、原材料、半成品和产品行使抵押权？

回答：此时，抵押物的范围得以确定，即甲公司债务到期之日，其所拥有的生产设备、原材料、半成品和产品，即为抵押物的范围。

七、抵押权期间

抵押权期间，是指抵押权存续的时间段。抵押权期间届满的，抵押权消灭。根据《民法典》第 419 条之规定，抵押权期间即为主债权诉讼时效。换言之，主债诉讼时效届满，抵押权归于消灭。在此基础上，根据《最高人民法院关于适用〈中华人民共和国民法典〉有关担保制度的解释》第 44 条之规定，主债权诉讼时效期间届满前，债权人仅对债务人提起诉讼，但未在申请执行时效期间内申请强制执行的，抵押权归于消灭。

需要注意的是，根据《最高人民法院关于适用〈中华人民共和国民法典〉有关担保制度的解释》第 44 条之规定，以登记作为公示方法的权利质权，包括股权质权、知识产权质权、应收账款债权质权，参照适用上述抵押权期限的规定。

第三节　质　权

一、质权概述

质权，又称质押权，是指债权人对债务人或第三人转移占有的动产或财产性权利，所享有的在债务人到期不履行债务时，就其价值优先受偿的一种担保物权。在质权法律关系中，占有质物并享有质权的债权人为质权人；转移财产并设定质权的债务人或第三人为出质人；出质人设定给债权人以担保债权实现的动产称为质物；财产性权利为出质权利。质权作为一种担保物权，除具有担保物权的一般特征外，还具有以下特征：

1. 质权是以动产或财产性权利为客体的担保物权，故质权可分为动产质权与权利质权两种类型。在不动产或不动产权利之上不能设立质权。

2. 质权的公示方法具有多样性。动产质权的公示方式为质物的交付；权利质权的公示方式，根据出质权利的不同，既可能是有价证券的交付，也可能是出质登记。

二、动产质权

（一）动产质权的设立

动产质权的设立，采取公示成立主义立法模式。据此，动产质权的设立过程，可分为两个步骤：

1. 订立质权合同。质押合同，又称质押权合同，是指债权人和出质人之间以设立质权为目的而自愿协商所达成的协议。质权合同为法定书面要式合同，依法应当采取书面形式。根据公示成立主义模式，质权合同订立后，并不能引起物权变动，只能产生债权关系。故债权人不能凭质权合同取得质权，但可享有请求出质人交付质物的债权请求权。如果出质人违反质权合同的约定，未如约向债权人交付质物，则债权人有权追究出质人质权合同上的违约责任。此时，出质人违约责任的承担，受到两个数额的限制：其一，不得超过主债数额；其二，不得超过质物的价值额。

2. 交付质物。根据动产质权设立的公示成立主义模式，出质人向债权人交付质物的法律意义有二：一是物权变动，即债权人因出质人的交付行为取得了质权；二是质权合同的履行，即出质人在质权合同中的交付质物的债务履行完毕。质物交付的方式包括：

（1）现实交付。出质人可以通过现实交付质物的方式，向债权人设立质权。在质权因现实交付而成立后，质权人丧失对质物的直接占有的，质权不消灭，但因质权不再具有公示的外观，故不得对抗善意第三人。

【训练】甲与银行订立书面质权合同，约定甲将机器设备 A 向银行出质，担保甲从银行的贷款。质权合同订立后，甲向银行现实交付机器设备 A。现因银行库房维修，银行遂将机器设备 A 返还予甲，让甲临时保管。

1. 银行在机器设备 A 上的质权，是否消灭？

回答：否。银行向甲返还机器设备 A，并非基于抛弃质权的意思。质权人丧失对质物的直接占有的，质权并不消灭。

2. 如果甲在临时保管机器设备 A 的过程中，将其出卖给不知情的乙，并向乙现实交付。银行在机器设备 A 上的质权，是否消灭？

回答：是。银行向甲返还质物后，其质权不具有对抗善意第三人的效力。故银行的质权不得对抗丙的所有权，银行的质权归于消灭。

在社会生活中，质物的现实交付，存在一种特殊的表现形式，即通过受托人完成交付。具体来讲：

第一，受托人受出质人委托占有质物的，出质人将质物现实交付给受托人的，质权不成立。只有当受托人将质物向债权人或债权人的受托人交付的，债权人才能取得质权。

第二，受托人受债权人委托占有质物的，出质人将质物现实交付给受托人的，质权成立。但是，因受托人怠于履行占有职责，导致质物实际上仍由出质人管领控制的，质权仍不成立。此时，债权人可基于质权合同，追究出质人的违约责任；也可基于委托合同，追究受托人的违约责任，但受托人所应承担的违约责任范围，不得超过主债权额，也不应超过质物的价值。

【训练】甲与银行订立书面质权合同，约定甲将机器设备 A 向银行出质，担保甲从银行的贷款。甲与银行订立质权合同后，甲委托张三向银行交付机器设备，银行委托李四接受甲交付机器设备。

1. 甲将机器设备交付给了张三，银行是否取得了机器设备上的质权？

回答：否。

2. 甲将机器设备交付给了张三后，张三又将该机器设备交付给了李四。银行是否取得了机器设备上的质权？

回答：是。

3. 如果张三将该机器设备交付给李四后，甲能够从李四处随用随取。

（1）银行是否取得了机器设备上的质权？

回答：否。

（2）银行能否追究甲的违约责任？

回答：是。银行可追究甲质权合同上的违约责任，但不得超过主债额及质物的价值。

（3）银行能否追究李四的违约责任？

回答：是。银行可追究李四委托合同上的违约责任，但不得超过主债额及质物的价值。

（2）观念交付。质权的设立，可通过观念交付中的简易交付、指示交付的方式完成，但当事人不得以占有改定的方式设立动产质权。否则，视为质物没有交付，质权不成立，但质权合同的债权效力不受影响。

【训练】甲与乙订立书面质权合同，约定甲将机器设备 A 向乙出质，担保乙对甲的借款债务。

1. 如果甲乙订立质权合同之前，甲已经将机器设备 A 出租给乙。乙能否取得质权？

回答：可以。甲乙质权合同一经生效，乙即基于简易交付取得机器设备 A 上的质权。

2. 如果甲乙订立质权合同之前，甲已经将机器设备 A 出租给丙。乙能否取得质权？

回答：可以。甲乙达成甲将丙租期届满后租赁物返还请求权让与给乙之时，乙即基于指示交付取得机器设备 A 上的质权。

3. 如果甲乙订立质权合同之后，双方约定：乙现在取得机器设备 A 上的质权，甲保管机器设备 A1 个月后，再将机器设备 A 返还给乙。乙能否取得质权？

回答：否。禁止通过占有改定的方式设立动产质权，但甲乙的质权合同依然有效。

3. 金钱质权的设立。根据《最高人民法院关于适用〈中华人民共和国民法典〉有关担保制度的解释》第 70 条之规定，特定账户下的金钱，可以设立动产质权。具体来讲：

（1）当事人以担保债务履行为目的，设立专门账户并由债权人实际控制，无论账户内的款项是否浮动，债权人有权主张就账户内的款项优先受偿。

（2）当事人非为担保债务履行为目的，债权人不得主张就专门账户内的款项优先受偿，但是不影响当事人依照法律的规定或者按照当事人的约定主张权利。

（二）动产质权的效力范围

1. 动产质权所担保的债权范围。动产质权所担保的债权范围，应以出质人与质权人在质押合同中的约定为准。如当事人未在质押合同中约定或者约定不明确时，质权所担保的债权范围包括原债权、利息、违约金、损害赔偿金、保管质物的费用和实现质权的费用。

2. 动产质权效力所及的标的物范围。动产质权效力所及的标的物范围，包括原质物以及质物的从物、添附物、孳息和代位物等。需要注意的问题有二：

（1）对于质物之从物而言，质权及于从物的效力因从物的交付而发生，从物未交付的，质权的效力不能及于从物。

（2）对于质物之孳息而言，质押期间质权人所收取的质物孳息，应首先冲抵收取孳息的费用。如有剩余的，依次冲抵主债权之利息、本金。

（三）动产质权人的保全权

动产质权人的保全权，是指在质物有损坏或价值明显减少、足以危害质权人的权利时，质权人依法享有的、保全质物价值的权利。根据《民法典》第 433 条之规定，动产质权人的保全权规则是：

1. 质物的毁损或者价值明显减少，是不能归责于质权人的事由所致。由于动产质权的设立需以质物的交付为条件，故一般情况下，在动产质权担保期间，质物为质权人直接占有，故只有因不可归责于质权人的事由而导致质物损毁或价值减少的，质权人才有权主张保全权。反之，倘若因可归责于质权人的事由导致质物毁损、价值减少的，则质权人不仅不能主张保全权，而且应向出质人承担违反质物妥善保管义务的责任。

2. 在因不能归责于质权人的事由可能使质押财产毁损或者价值明显减少，足以危害质权人权利的情况下，质权人的保全措施有二：其一，质权人有权请求出质人提供相应的担保；其二，出质人不提供的，质权人可以拍卖、变卖质押财产，并与出质人协议将拍卖、变卖所得的价款提前清偿债务或者提存。

（四）动产质权人妥善保管质物的义务

在动产质权担保期间，质权人为质物的占有人，一旦质权所担保的债权得以实现，质权人需返还质物予出质人，因此，质权人应承担妥善保管质物的义务，且不得对质物加以使用或擅自处分。在此基础上，根据《民法典》第 432 条之规定，质权人违反妥善保管质物义务的后果是：

1. 质权人的行为可能使质物毁损、灭失的，出质人可以请求质权人将质物提存，或者请求提前清偿债务并返还质物。由此可见，纵然在质权人违反妥善保管质物义务的情况下，质权人的债权未获清偿时，出质人不得请求质权人返还质物。

2. 质权人因保管不善致使质物毁损、灭失的，出质人有权请求质权人承担赔偿责任。

【训练】甲将机器设备 A 出质给乙，并向乙交付。现乙对机器设备 A 保管不善，可能造成机器设备 A 的毁损。

1. 甲能否请求乙返还机器设备 A？

回答：否。甲只能请求乙将机器设备 A 提存，或者在履行债务后请求乙返还机器设备 A。

2. 如果因乙保管不善，已经造成机器设备 A 的损失，后果如何？

回答：甲有权请求乙赔偿损失。

（五）转质

转质是指质权人为担保自己或他人债务的履行，将质物的占有转移给自己或他人的债权人以设定新的质权的行为。在转质法律关系中，实施转质行为的质权人称为原质权人，接受转质的第三人称为转质权人。转质分为承诺转质与责任转质两种类型。

1. 承诺转质，是指经出质人同意，质权人将质物再次出质给转质权人，为转质权人设立新的质权的行为。在承诺转质的情况下，转质权人可以取得质权，且在质物的价值上，转质权具有优先于原质权受偿的效力。在此基础上，《最高人民法院关于适用〈中华人民共和国担保法〉若干问题的解释》（已失效）第 94 条第 1 款的规定："质权人在质权存续期间，为担保自己的债务，经出质人同意，以其所占有的质物为第三人设定质权的，应当在原质权所担保的债权范围之内，超过的部分不具有优先受偿的效力。转质权的效力优于原质权。"据此，以担保原质权人对转质权人债务为目的的承诺转质，具有原质权人将自己所享有的担保数额向转质权人让渡的法律意义。

【训练】甲将机器设备 A 出质给乙，担保甲对乙的 12 万元的债务。乙经甲同意，又将机器设备 A 转质给丙，担保乙对丙的 8 万元债务。现甲未对乙履行债务，乙也未对丙履行债务，机器设备 A 变价 20 万元。

1. 就机器设备 A 的 20 万元变价，乙的质权与丙的质权，谁先受偿？

回答：丙凭质权先受偿 8 万元。转质权人优先于原质权人受偿。

2. 丙凭质权受偿 8 万元后，乙可凭质权受偿多少钱？

回答：4 万元。乙经甲同意，以担保自己债务之目的，向丙承诺转质，本质是乙将自己原本享有的 12 万元的担保数额，向丙让渡 8 万元，故乙剩余的担保数额为 4 万元。

2. 责任转质，是指未经出质人同意，质权人将质物的占有转移给自己或他人的债权人以设定新的质权的行为。在未经出质人同意的情况下，质权人是否享有对质物转质的权利，即是否承认责任转质，大陆法系各国民法规定不一，因而对于转质行为的性质及其后果也存在截然不同的认识：

（1）如果承认责任转质，则原质权人实施的转质行为性质属于有权处分，转质权人可以继受取得质权，但因此给出质人造成的损失，原质权人需承担赔偿责任。

（2）如果不承认责任转质，则原质权人实施的转质行为性质是无权处分，只有在符合善意取得条件的情况下，转质权人才可以取得质权，且因此给出质人造成的损失，转质权人需承担赔偿责任。

需要注意的是，无论是否承认责任转质，转质权人所取得的质权，在质物的变价上，均具有优先于原质权人受偿的效力。

《民法典》第 434 条规定：“质权人在质权存续期间，未经出质人同意转质，造成质押财产毁损、灭失的，应当承担赔偿责任。”基于该条规定，应当认为，我国民法对责任转质持认可的态度。

三、权利质权

（一）权利质权概述

权利质权，是指以依法可以转让的财产权利为客体而设定的质权。权利质权不同于动产质权之处在于，其客体为可转让的财产权利。较之于动产质权，权利质权具有如下特征：

1. 权利质权以可转让的财产权利为客体，人身权利、不可转让的财产权利不得出质。在此基础上，也并非任何的可转让的财产权利皆可出质，以不动产、动产为客体的权利，包括不动产物权、动产物权，只能设立抵押或动产质权，而不得设立权利质权。

2. 权利质权的公示方式具有多样性。不同的权利质权，根据民法的规定，公示的方式有所不同，其可能采取交付的方式，也可能采取登记的方式。

3. 权利质权的实行方式具有多样性。不同的权利质权，根据民法的规定，实行的方式有所不同。在债务人到期不履行债务的情况下，债权人对权利质权的实行，可能采取就出质权利变价受偿，也可能直接行使出质权利，受领义务人的给付而受偿。

（二）有价证券权利质权

有价证券权利质权，是指以有价证券所记载的权利为客体的质权。在这里，“有价证券”包括汇票、支票、本票、债券、存款单、仓单、提单等。

1. 有价证券权利质权的设立。

（1）原则。有价证券权利质权的设立，采取公示成立主义模式，故有价证券权利质权的设立，以完成公示为条件。根据《民法典》第 441 条之规定，有价证券权利质权的公示方式有二：首先，原则上，出质人将有价证券交付质权人的，质权人取得该有价证券记载权利上的质权。其次，出质人没有持有权利凭证的，权利质权自办理出质登记时设立。例如，在我国，由于部分债券如记账式国库券和在证券交易所上市交易的公司债券等都已经实现了无纸化，这些债券没有权利凭证，如果要出质，还应当办理出质登记手续，质权自登记时设立。

（2）几种特殊的有价证券权利质权的设立方式。根据《最高人民法院关于适用〈中华人民共和国民法典〉有关担保制度的解释》第 58 条、第 59 条之规定，汇票质押、仓单与提单质押的设立方式为：①以汇票出质的，出质人交付汇票前，应背书记载“质押”字样并签章。质权自交付时设立。②以仓单、提单出质的，出质人交付仓单、提单之前，应背书记载“质押”字样并经保管人签章。质权自交付时设立。

2. 先于主债权到期的有价证券权利质权的实行。原则上，质权的实行，需以主债务到期未履行为前提，且有价证券权利质权的实行方式，为质权人请求有价证券义务人履行义务，进而就义务人给付的金钱或货物受偿。由此产生的问题是，在有价证券先于主债权到期的情况下，尚未发生债务到期不履行的事实，质权人能否实行有价证券权利质权，请求义务人付款或提货？根据《民法典》第 442 条之规定，回答是肯定的。此时，质权人实行质权所得的款项或货物，可根据与出质人的协商，或提前清偿债务，或提存。《民法典》之所以允许质权人在尚未发生债务到期不履行的情况下，提前实行有价证券权利质权，原因是有价证券到期不及时行使，往往会产生失权的法律后果。

【训练】甲公司借给乙公司 100 万元，约定 2020 年 10 月 15 日还款。丙公司将自己的银行定期存单向甲公司出质，并向甲公司交付该存单。

1. 甲公司自何时起取得该存单上的权利质权？

回答：丙公司向甲公司交付该存单之日。

2. 如果该存单于 2020 年 8 月 10 日到期。

（1）现在是否发生乙公司到期不履行还款债务的事实？

回答：没有。乙公司的债务尚未到期。

（2）甲公司能否根据质权，凭该存单请求银行付款？

回答：可以。

（3）甲公司凭该存单质权所兑现的款项，如何处理？

回答：与丙公司协商，或提前向甲公司还款，或提存。

（三）股权质权、知识产权质权、应收账款质权

股权质权，是指以股权、基金份额为客体的质权；知识产权质权，是指以著作权、专利权、商标权中的财产权利为客体的质权；应收账款质权，是指以产品价款债权、服务报酬债权为客体的质权。从本质上来看，应收账款属于民法上一般金钱债权的范畴。应收账款作为一般金钱债权，不仅包括已经形成的既得的金钱债权，也应当包括将来发生的期待的金钱债权，如公路、桥梁、电网等收费权。

1. 股权质权、知识产权质权、应收账款质权的设立。

（1）原则。股权质权、知识产权质权、应收账款质权的设立，采取公示成立主义模式。出质人与债权人订立的股权、知识产权、应收账款债权质权合同，具有债权效力，但不能引起物权变动。只有当质权登记手续完成时，债权人才可取得权利质权。换言之，股权质权、知识产权质权、应收账款质权的公示方式，均为质权登记。

（2）应收账款质权与应收账款债权。应收账款质权的客体是作为金钱债权的应收账款债权。根据《最高人民法院关于适用〈中华人民共和国民法典〉有关担保制度的解释》第 61 条之规定，应收账款债权与应收账款质权的关系是：

现有应收账款债权质权：

第一，以应收账款债权出质，债务人向质权人确认应收账款的真实性后，不得再以应收账款不存在或者已经消灭为由主张不承担责任。

第二，以应收账款债权出质，债务人未确认应收账款的真实性，质权人能够证明办理出质登记时，应收账款真实存在的，债务人不得以应收账款已经消灭为由主张不承担责任。但是，应收账款出质未通知债务人，债务人向债权人偿还债务的除外。

将有应收账款债权质权：

第一，以公用设施的收益权及其他将有的应收账款债权出质，当事人设立特定账户，质权人可请求就该特定账户内的款项优先受偿。

第二，特定账户内的款项不足以清偿债务或者未设立特定账户，质权人有权请求折价或者拍卖、变卖收益权等将有的应收账款债权，并以所得的价款优先受偿。

2. 出质的股权、知识产权、应收账款债权的转让。根据《民法典》第443、444、445条之规定，出质人将已经出质的股权、知识产权、应收账款债权转让给受让人的，需经质权人的同意，否则构成无权处分。这意味着：

（1）质权人书面同意该转让行为的，受让人可以继受取得相应的民事权利。此时，质权人在该民事权利上的质权归于消灭，但可就转让所得的价金，主张提前清偿债务或提存。

（2）质权人未同意该转让行为的，受让人不能继受取得相应的民事权利。且由于质权已经登记，故受让人应当知道该质权的存在，也不能善意取得该项民事权利。但是，如果受让人代为清偿质权人的债权的，因质权随债权的消灭而消灭，受让人可以取得该项民事权利，且无需再经原质权人的同意。

【训练】甲将股权出质给银行，担保甲从银行的借款，并办理了股权质权登记手续。现甲欲将已经出质给银行的股权转让给乙。

1. 如果银行同意甲乙的股权转让交易，后果如何？

回答：乙可以取得股权，银行在该股权上的质权消灭，但可就乙向甲支付的受让股权价金主张提前清偿债务或者提存。

2. 如果银行不同意甲乙的股权转让交易，后果如何？

回答：乙不可取得股权。首先，因银行不同意转让，乙不能继受取得股权；其次，因银行的股权质权已经登记，乙也不能善意取得股权。

3. 如果在银行不同意甲乙的股权转让交易的情况下，乙代甲向银行偿还了借款，乙能否取得该股权？

回答：可以。此时，银行对甲的债权消灭，其对该项股权的质权随之消灭。甲向乙转让股权无需再受到银行的限制。

由此可见，在《民法典》中，抵押物的转让与出质股权、知识产权、应收账款债权的转让，虽均为担保财产的转让，但转让行为的性质完全不同：前者为有权处分，后者为无权处分，进而转让的规则构建也完全不同。《民法典》有无必要将上述两种担保财产的转让做区别对待，可做进一步讨论。

第四节　留置权

留置权，是指债权人按照合同约定占有债务人的动产，在债务人不按照合同约定的期限履行债务时，债权人有权依照法律的规定留置该动产，并以该动产的变价优先受偿的担保物权。

在留置权关系中，占有留置财产的债权人为留置权人，债权人占有的动产为留置财产。与抵押权、质权等约定担保物权不同，留置权直接依法律规定的条件发生，而不以当事人的约定为条件，故在民法上，并不存在"留置权合同"的概念。

一、留置权的成立条件

（一）留置权成立的积极要件

1. 债权人合法占有债务人的动产。留置权的客体仅限于动产，不动产上不能成立留置权。债权人对动产上留置权的成立，需以先行占有该动产为前提，且其对动产的占有系基于债务人的意思而取得，即构成合法占有。债权人对自己拾得、偷窃、抢夺的债务人动产，构成非法占有，不能成立留置权。需要注意的是，债权人合法占有债务人动产的时间，并非留置权的成立时间。留置权成立的时间是在债权人取得合法占有之后。

2. 债权人占有的动产与债权属于同一法律关系。

（1）同一性的概念。债权人占有的动产与债权属于同一法律关系，又称留置权的"牵连性"或"同一性"要件，是指导致债权人占有该动产的原因，与导致债权成立的原因相同，均系源自于同一个民事法律关系。反过来讲，债务人向债权人履行债务，与债权人向债务人返还动产，是双方在同一个法律关系中互负的义务，存在交换关系。正是基于这种牵连性，才会导向"若债务人不履行债务，债权人即可拒绝返还该动产并予以留置"的法律结论。在社会生活中，最为常见的具有牵连性的合同关系，包括保管合同、运输合同、承揽合同、行纪合同等。

【训练】甲将电脑交给乙维修，将该电脑交付给乙。乙修好电脑后，甲未交付维修费。

1. 甲为什么应当向乙交付维修费？

回答：因为甲乙间存在承揽合同。

2. 乙为什么应当向甲返还电脑？

回答：因为甲乙之间存在承揽合同。

3. 甲应向乙交付维修费与乙应向甲返还电脑之间，存在何种联系？

回答：甲乙双方在承揽合同中互负的义务，即具有牵连性。

（2）同一性要件的例外。上述同一性要件，并非是留置权成立的绝对性要件。为了维护商事交易的便捷、效率性需求，《民法典》第448条规定，企业间的留置，不要求同一性。这意味着，债权人、债务人均为以营利为目的的组织体，如公司、合伙企业、个人独资企业等，债权人合法占有的债务人的动产，纵然该动产与债权之间不存在同一性，债权人也可享有留置权。在此基础上，根据《最高人民法院关于适用〈中华人民共和国民法典〉有关担保制度的解释》第62条之规定，不以同一性为要件的企业间的留置，需以担保债权人企业在其经营范围内，因实施商事经营行为所享有的债权为目的。反之，企业为担保因商事经营行为以外的原因而享有的债权，而对债务人的动产实施留置，仍需以同一性为要件。

【训练】甲公司将车 A 交给乙修理厂维修。车 A 修好后，甲公司支付了维修费。

1. 如果一个月前，甲公司车 B 的修理费尚未向乙修理厂结清，乙修理厂遂扣留车 A。乙修理厂能否对车 A 享有留置权？

回答：可以。乙修理厂以修车为业，其对甲公司的债权为修车费，属于"商事营业债权"，故纵然车 A 与车 B 的修理费之间并不具有同一性，乙修理厂仍可对车 A 享有留置权。

2. 如果一个月前，乙修理厂借给甲公司 20 万元已经到期，甲公司尚未偿还，乙修理厂遂扣留车 A。乙修理厂能否对车 A 享有留置权？

回答：不可以。乙修理厂以修车为业，其对甲公司的借款债权，不属于"商事营业债权"，故在车 A 的修理费与对甲公司的借款债权之间并不具有同一性的情况下，乙修理厂不得对车 A 享有留置权。

3. 对债务人不享有所有权的动产的留置。在债权人合法占有的债务人交付的动产，不属于债务人所有的情况下，债权人可否对其实施留置，根据《最高人民法院关于适用〈中华人民共和国民法典〉有关担保制度的解释》第 62 条之规定，需视该动产与债权之间是否具有同一性而区别对待。具体来讲：

(1) 留置的动产与债权具有同一性的，债权人可以留置非属于债务人所有的动产。

(2) 留置的动产与债权不具有同一性的，债权人不可留置非属于债务人所有的动产。

【训练】甲公司将电脑 A 交乙修理部维修，现乙修理部修好了电脑 A。

1. 如果甲公司不向乙修理部支付电脑维修费。

(1) 乙修理部可否留置电脑 A？

回答：可以。

(2) 如果电脑 A 是甲公司租赁来的，乙修理部可否留置？

回答：可以。留置的动产与债权具有同一性的，无论电脑是否归属于债务人，债权人均可留置。

2. 如果甲公司向乙修理部支付了电脑维修费，但一个月前，乙修理部为甲公司修理电脑 B，修理费尚未结清。

(1) 乙修理部可否留置电脑 A？

回答：可以。商事留置权，不问同一性。

(2) 如果电脑 A 是甲公司租赁来业，乙修理部可否留置？

回答：不可以。留置的动产与债权具有同一性的，债务人不享有动产所有权的，债权人不可留置。

4. 债务到期不履行。债务人到期未履行债务，债权人对已经合法占有债务人的动产，成立留置权。由此可见，原则上，债权人合法占有成立之后，债务人不履行到期债务之前，债权人对其所占有的动产，并不享有留置权。但是，在债务人无支付能力时，债权人的债权，即使未届清偿期，债权人也依法可以留置。

5. 等价留置原则。等价留置原则，是指债权人所占有的债务人的动产为可分物的情况下，债权人依法可得留置的财产数额，需与债务人到期不履行的债务数额相适应。等价留置原则是留置权的担保物权性质的当然要求。需要注意的是，若留置物为不可分物，债权人的留置权不再受等价留置原则的约束。

（二）留置权成立的消极要件

按照传统民法理论，在有下列情形时，债权人不能取得留置权：

1. 法律规定或者当事人双方在合同中明确约定不得留置的财产，不得留置。留置权为法定担保物权，不能违反法律的规定，法律明文规定不得留置的财产，留置权人不得留置。同时，留置权无需依当事人的约定而发生，但法律允许当事人依约定排除留置权的适用。在当事人有不得留置的约定时，债权人不得留置债务人的动产。

2. 留置债务人的财产违反公序良俗的，不得留置。例如，对于债务人生活上的必需品，如残疾人的拐杖、债务人定作的身份证、毕业证等，如果允许债权人留置，会造成债务人生活困难或者无法工作，严重违反社会公共秩序和善良风俗。在此情形下，不能成立留置权。

3. 行使留置权与债权人所承担的义务相抵触的，不得留置。如果债权人留置财产与其承担的义务相抵触，而仍许债权人留置财产，则无异于许可债权人不履行其承担的义务。因此，在留置财产与债权人所承担的义务相抵触时，不成立留置权。例如，承运人负有将承运的物品运送到约定地点的义务，其不得以债务人未支付运费，而留置货物不予运送，因为这与其承担的运送义务相抵触。但承运人将货物运送到目的地后，尽管其负有应给付货物的义务，却有权为运费等债权的受偿而留置货物。

二、留置权对留置权人的效力

留置权对留置权人的效力，表现为留置权人的权利和义务。

（一）留置权人的权利

1. 留置动产的权利。留置权人在其债权未受清偿前，有权扣留留置物，拒绝债务人的一切返还请求。

2. 收取留置财产孳息的权利。留置权成立后，在留置权担保期间，留置权人有权收取留置物的孳息，并以之清偿自己的债权。一般而言，留置权人收取的孳息应当首先充抵收取孳息的费用，其次充抵利息，最后才充抵原债权。由此可见，留置权的效力不仅及于留置之原物，也及于留置物所生的孳息。

3. 请求返还必要费用的权利。留置权人为保管留置物所支出的必要费用，是为债务人的利益而支出的，自应向债务人请求返还。所谓保管的必要费用，是指为留置物的保存及管理上所不可缺的费用，如养护费、维修费等。所支出的费用是否为必要，应依支出当时的客观标准而定，而不能以留置权人的主观认识为标准。

4. 就留置物的变价优先受偿的权利。留置权人的优先受偿权是留置权担保物权性质的表现，是留置动产外的又一项基本权利，是留置权发生的第二次效力。

（二）留置权人的义务

1. 保管留置物的义务。留置权人负有妥善保管留置财产的义务；因保管不善致使留置财产毁损、灭失的，应当承担赔偿责任。

2. 不得擅自使用、利用留置物的义务。留置权人负有不得擅自使用、利用留置物的义务。除为保管上的必要而使用外，未经债务人同意的，留置权人不仅不得自己使用留置物，也不得将留置物出租或供作担保。留置权人未经留置物所有人同意而使用留置物或将留置物出租或者提供担保的，留置权人应对由此造成的损害负赔偿责任。

3. 返还留置物的义务。在留置权所担保的债权消灭时，留置权人有义务将留置物返还于债务人。在债权虽未消灭，但债务人另行提供担保而使留置权消灭时，留置权人也有返还留置物的义务。

三、留置权的实行

留置权的实行，是指留置权人将留置物变价并优先受偿的过程。在留置权成立之时，留置权人不能立即实行留置权，而是应当给债务人设定债务履行的宽限期。债务人在宽限期内仍不履行债务的，留置权人才可实行留置权。由此可见，与抵押权、质权不同，债务到期不履行，并非是留置权的实行条件，而是其成立条件；宽限期满债务仍不履行，才是留置权的实行条件。根据《民法典》第453条之规定，债务履行宽限期的确定方法是：

1. 留置权人与债务人约定宽限期的，从其约定。

2. 当事人没有约定或者约定不明确的，由留置权人指定宽限期，但不应少于60日。留置鲜活易腐等不易保管的动产的，宽限期可少于60日，但根据诚实信用原则的要求，此时的宽限期仍应具有合理性。

债务人宽限期满仍未履行债务的，留置权人可以与债务人协议以留置财产折价，也可以就拍卖、变卖留置财产所得的价款优先受偿。

【训练】8月10日，甲将一台电脑交给乙维修。8月15日，乙修好电脑后，因甲未支付维修费，乙遂拒绝向甲返还电脑。

1. 8月10日，乙是否享有电脑的留置权？

回答：否。债权人占有债务人的动产时，留置权并未成立。债务到期不履行，留置权方告成立。

2. 8月15日，乙能否实行留置权？

回答：否。债务到期不履行时，留置权不能实行。宽限期满仍不履行时，留置权方得实行。

四、留置权的消灭

（一）留置权的消灭原因

按照《民法典》第393、457条的规定，留置权可因下列法律事实而消灭：

1. 债务人对债务的清偿。留置权以担保债的履行为目的，债务人清偿了债务时，留置权自应依法消灭。

2. 留置权的实行。留置权人实行留置权的，留置权因实行而消灭。

3. 留置物占有的丧失。留置权以留置权人对留置物的占有为存续条件，留置权人丧失对留置物的占有的，留置权归于消灭。例如，留置权人返还留置物予债务人，或留置物被他人盗窃、抢夺，留置物的占有均告丧失，留置权随之归于消灭。

4. 留置权人接受债务人另行提供的担保。债务人另行提供的担保，可以是人的担保，如保证，也可以是物的担保，如抵押、质押。债务人另行提供担保，债权人接受的，债权的实现有了保障，此时，留置权消灭。

（二）主债权诉讼时效期间届满对留置权的影响

主债权诉讼时效届满，财产被留置的债务人或者对留置物享有所有权的第三人享有债务人的抗辩权，有权拒绝承担担保责任。但是，根据《最高人民法院关于适用〈中华人民共和国民法典〉有关担保制度的解释》第 44 条之规定，主债诉讼时效的届满，并不导致留置权消灭，故留置权人对留置物的占有，依然为有权占有。这意味着：

1. 留置权人有权拒绝返还留置物。

2. 留置权人无权就留置物拍卖、变卖以优先受偿。

3. 财产被留置的债务人或者对留置物享有所有权的第三人有权请求拍卖、变卖留置物，并以所得价款清偿债务。

需要注意的是，上述规则适用于以交付为公示方式的其他担保物权，包括动产质权、有价证券权利质权。

第五节　担保物权的竞存

担保物权的竞存，是指同一物上同时存在数个不同权利人的担保物权的现象。在担保物权竞存的情况下，并存于一物的数个担保物权之间的关系，为物权间的对抗关系，其相互对抗的结果，决定了各担保物权在该物价值上的受偿顺位。

一、抵押权的竞存

（一）清偿顺序

抵押权的竞存，又称一物多押，是指同一抵押物上同时存在数个不同权利人的抵押权的现象。在抵押权竞存的情况下，根据《民法典》第 414 条的规定，各抵押权人就抵押物变价清偿的顺位规则是：

1. 存于一物之上的各抵押权，已登记的先于未登记的清偿。

2. 存于一物之上的各抵押权，均未登记的，按照所担保的债权额的比例清偿。

3. 存于一物之上的各抵押权，均已登记的，按照登记的时间先后顺序清偿；登记时间相同的，按照所担保的债权额的比例清偿。

（二）价款优先权

1. 价款优先权的成立条件。价款优先权，是一种具有特殊效力的动产抵押权，是指以担保抵押物价金债权之实现为目的的抵押权。《民法典》第 416 条借鉴《美国统一商法典》的立法，赋予"担保抵押物价金之动产抵押权"特别的优先效力，即"动产抵押担保的主债权是抵押物的价款，标的物交付后 10 日内办理抵押登记的，该抵押权人优先于抵押物买受人的其他担保物权人受偿，但是留置权人除外"。由此可见，价款优先权是"先公示优先于后公示"的担保物权竞存时受偿顺序规则的例外。价款优先权的成立要件是：

　　（1）抵押权需以担保动产抵押物的价金债务之履行为目的。这意味着，在抵押关系成立之前，抵押人与抵押权人之间存在动产买卖关系。在该买卖关系中，抵押人（买受人）对抵押权人（出卖人）承担抵押物（买卖物）价金给付义务。进而，取得了动产所有权的买受人将其抵押给出卖人，旨在担保自己价金债务的履行。

　　（2）出卖人的抵押权需在抵押物交付后10日内办理抵押登记手续，方才具有特别的优先受偿效力。这里的"交付"是指出卖人向买受人让渡动产所有权，故"交付后10日内"本质即"买受人取得动产所有权之日起10日内"。反之，倘若买受人没有为出卖人办理抵押权登记手续，或办理抵押权登记手续的时间是在交付后的10日之后，出卖人的抵押权不得具有特别的优先效力。

　　2. 价款优先权的效力。法律之所以赋予担保抵押物价金的抵押权以特别的优先效力，原因在于，如果担保动产买价的动产抵押权，较之于抵押物买受人的其他担保物权不具有优先效力，无异于以动产出卖人的财产替债务人清偿债务，有失公允。故此，价款优先权的法律效力是：

　　（1）根据《民法典》第416条的规定，价款优先权的特别优先效力，在于可优先于抵押物买受人的其他抵押权人清偿。换言之，纵然取得了该动产所有权的买受人，在为出卖人办理抵押登记之前，又将其抵押给他人并办理了抵押登记手续，只要出卖人在交付后10日内办理抵押登记的，就可优先于该动产上已经登记的他人的抵押权。

　　【训练】1月8日，甲将电脑A出卖给乙，乙应向甲支付价金1万元。甲乙同时约定，乙取得电脑A所有权后，应将电脑A向甲抵押，以担保乙价金债务的履行。1月10日，甲将电脑A交付予乙，1月12日，乙将电脑A抵押给丙，办理了抵押登记手续。1月15日，甲的电脑A抵押权办理了抵押登记手续。

　　1. 在电脑A上，丙的抵押权与甲的抵押权，谁登记在先？

　　回答：丙的抵押权登记在先。

　　2. 在电脑A上，丙的抵押权与甲的抵押权，谁优先受偿？

　　回答：甲可优先于丙受偿。

　　（2）根据《最高人民法院关于适用〈中华人民共和国民法典〉有关担保制度的解释》第57条之规定，同一动产上存在多个价款优先权的，应当按照登记的时间先后确定清偿顺序。

　　【训练】甲公司将机器设备A出卖给乙公司，向乙公司交付后的第三天，乙公司将A抵押给甲公司，并办理了抵押登记，担保乙公司欠付的价金。一个月后，乙公司将A出卖给丙公司，向丙公司交付后的第三天，丙公司将A抵押乙公司，也办理了抵押登记。

　　1. 本例中，存在几项价款优先权？

　　回答：两项，即甲公司为担保自己对乙公司的机器设备A价金的抵押权，以及乙公司为担保自己对丙公司的机器设备A价金的抵押权。

　　2. 谁的价金优先权更为优先？

　　回答：甲公司登记在先，故可优先于乙公司受偿。

3. 价款优先权原理的扩展适用。根据《最高人民法院关于适用〈中华人民共和国民法典〉有关担保制度的解释》第 57 条之规定，价款优先权的原理，不仅可适用于出卖人的价款债权抵押权，还可适用于如下领域：

（1）为价款支付提供融资的债权人在该动产上设立的抵押权；

（2）保留所有权买卖中出卖人所保留的所有权；

（3）融资租赁合同中出租人的所有权。

【训练】一周前，甲公司为从乙银行贷款，将自己现有、将有的机器设备、原材料、产品、半成品向乙银行设立抵押，并办理登记手续。

1. 现甲公司从丙公司购买机器设备 A，马某芸为甲公司购买 A 提供借款。丙公司将 A 交付予甲公司后的第三天，甲公司将 A 向丁公司出质并交付。第六天，甲公司将 A 向马某芸办理抵押登记手续。丙公司的抵押权能否优先于乙银行的抵押权、丁公司的质权受偿？

回答：是。价款优先权可适用于为价款支付提供融资的债权人在该动产上设立的抵押权。

2. 现甲公司从丙公司购买机器设备 A，约定在甲公司付清价款前，丙公司保留 A 的所有权。丙公司将 A 交付予甲公司后的第三天，甲公司将 A 向丁公司出质并交付。第六天，丙公司办理了保留所有权登记手续。若因甲公司逾期支付价款，丙公司依法将 A 取回。丙公司保留的所有权能否优先于乙银行的抵押权、丁公司的质权受偿？

回答：是。价款优先权可适用于保留所有权买卖中出卖人所保留的所有权。

3. 现甲公司与丙公司订立融资租赁合同，丙公司购买机器设备 A 后，向甲公司交付。第三天，甲公司将 A 向丁公司出质并交付。第六天，丙公司办理了出租人所有权登记手续。若因甲公司逾期支付价款，丙公司依法解除融资租赁合同，将 A 取回并变价受偿。丙公司的租赁物所有权能否优先于乙银行的抵押权、丁公司的质权受偿？

回答：是。价款优先权可适用于融资租赁合同中出租人所保留的所有权。

（三）竞存抵押权的变更

竞存抵押权的变更，是指依据抵押人与抵押权人的约定，或抵押权人彼此之间的约定，并存于一物之上的若干抵押权所发生的变更，其主要包括顺位的变更与所担保债权数额的变更两种类型。因不动产抵押权的设立采取公示成立主义模式，未经登记不得成立抵押权，故不动产抵押权的变更，也需办理变更登记手续，否则不发生抵押权变更的效力。

抵押权依当事人的约定而创设，自可依当事人的约定而变更。但是，在抵押权并存的情况下，因涉及其他抵押权人的利益，故《民法典》第 409 条规定，在未经其他抵押权人书面同意的情况下，部分抵押权的变更，不得对其他抵押权人产生不利影响。这意味着，未参与变更的其他抵押权人的利益，在未经其同意的情况下，不能因抵押权的变更而遭受损害。

【训练】甲先后将房屋 A 抵押给乙、丙、丁，依次登记，分别担保乙 50 万元、丙 70 万元、丁 90 万元的债权。

1. 丙、丁的抵押权利益是什么？

回答：丙为第二顺位，故就房屋 A 的变价，乙受偿 50 万元后，即轮到丙受偿。丁为第三顺位，故就房屋 A 的变价，乙受偿 50 万元、丙受偿 70 万元后，即轮到丁受偿。

2. 如果甲与乙协商，将乙受担保的债权额，由 50 万元增加至 70 万元，并办理了抵押变更登记手续。

（1）甲与乙变更抵押权的约定，是否损害了丙、丁的利益？

回答：是。增加了丙、丁不能受偿的风险。

（2）现房屋 A 变价若干，乙、丙、丁如何受偿？

回答：甲乙变更抵押权的约定，不得损害丙、丁的利益。故乙只能优先于丙、丁受偿 50 万元。丙、丁受偿后，房屋 A 的变价仍有剩余的，乙再就增加的 20 万元受偿。

3. 如果乙与丁约定交换顺位，并办理了抵押变更登记手续。

（1）乙与丁变更抵押权的约定，是否损害了丙的利益？

回答：是。根据乙、丁的约定，丁的抵押权居于第一顺位，因此就房屋 A 的变价，丁受偿 90 万元后，才轮到丙受偿，增加了丙不能受偿的风险。

（2）现房屋 A 变价若干，乙、丙、丁如何受偿？

回答：丁虽成为第一顺位抵押权人，但只有权优先于丙受偿 50 万元（即乙原先优先于丙的受偿数额）。待丙完全受偿后，房屋 A 的价值仍有剩余的，再按照丁先、乙后的顺序，由丁与丙受偿。

（四）抵押权与所有权的混同

抵押权与所有权的混同，是指并存于一物的数个抵押权中，部分抵押权与抵押物的所有权集于一人之身的现象。例如，抵押人将抵押物转让给抵押权人、抵押人与抵押权人发生继承或法人合并等事实，均可导致抵押权与所有权的混同。在抵押权与所有权发生混同的情况下，围绕抵押权是否归于消灭，后顺位的抵押权是否发生顺位的递升之问题，有如下两种立法模式可供选择：

1. 顺位递升主义。即抵押权与抵押物所有权同属于一人时，抵押权归于消灭。相应的，后顺位的抵押权顺位递升，从而占据因混同而消灭的抵押权的受偿份额。

2. 顺位固定主义。即抵押权与抵押物所有权同属于一人时，抵押权并不归于消灭，其仍然占据原有的顺位及受偿数额。相应的，后顺位的抵押权的顺位并不能从而递升，而是保持不变。

【训练】甲将房屋 A 分别抵押给乙、丙、丁，并依次办理抵押登记手续，分别担保乙、丙、丁的债权 100 万元、300 万元、500 万元。

1. 现各抵押权人的债权到期未获偿还，房屋 A 变价 600 万元。乙、丙、丁各自受偿数额是多少？

回答：乙受偿 100 万元，丙受偿 300 万元，丁受偿 200 万元。

2. 在抵押期间，乙取得了房屋 A 的所有权。现各抵押权人的债权到期未获偿还，房屋 A 变价 600 万元。

（1）按照顺位递升主义，乙、丙、丁各自受偿数额是多少？

回答：乙的抵押权归于消灭。丙、丁递升至第一、第二顺位，故丙受偿300万元，丁受偿300万元。

（2）按照顺位固定主义，乙、丙、丁各自受偿数额是多少？

回答：乙的抵押权并不消灭。丙、丁仍为第二、第三顺位，故乙受偿100万元，丙受偿300万元，丁受偿200万元。

二、质权的竞存

质权竞存，是指一个质物或出质权利上，存在两项或两项以上的质权，以担保不同债权人之债权的现象。在质权竞存的情况下，各质权之间的对抗关系，决定了其各自受偿的顺序。

（一）动产质权的竞存

一个动产上并存两个或以上质权的，直接占有的质权优先于未直接占有的质权。

【训练】甲将一台电脑出租给乙。在租赁期间，甲将该电脑出质给丙，并完成指示交付。乙租期届满后，将电脑向甲返还。甲又将该电脑出质给丁，向丁现实交付。在该电脑上，丙的质权与丁的质权，谁优先受偿？

回答：丁。丁直接占有质物的质权可优先于丙未直接占有质物的质权。

（二）仓单质权的竞存

根据《最高人民法院关于适用〈中华人民共和国民法典〉有关担保制度的解释》第59条之规定，保管人为同一货物签发多份仓单，出质人在多份仓单上设立多个质权，按照公示的先后确定清偿顺序；难以确定先后的，按照债权比例受偿。在此基础上，债权人举证证明其损失系由出质人与保管人的共同行为所致，有权请求出质人与保管人承担连带赔偿责任。

【训练】甲与乙仓储商订立仓储合同，将一批货物交乙仓储，乙向甲出具了两份仓单。甲将两份仓单分别向丙、丁出质，均经甲出质背书并经乙盖章后，分别向丙、丁交付。

1. 丙、丁的受偿顺位如何？

回答：根据仓单交付的先后确定。难以确定交付先后的，按债权比例受偿。

2. 如果甲先向丙交付仓单，丁所遭受的损失，怎么办？

回答：丁可以请求甲、乙承担连带赔偿责任。

（三）仓单质权与货物质权的竞存

根据《最高人民法关于适用〈中华人民共和国民法典〉有关担保制度的解释》第59条之规定，出质人既以仓单出质，又以仓储物设立担保，按照公示的先后确定清偿顺序；难以确定先后的，按照债权比例清偿。债权人举证证明其损失系由出质人与保管人的共同行为所致，有权请求出质人与保管人承担连带赔偿责任。

【训练】甲与乙仓储商订立仓储合同，将一批货物交乙仓储，乙向甲出具了仓单。甲将仓单向丙出质，经甲出质背书并经乙盖章后，向丙交付。此外，甲还将该批货物向丁出质，指示乙向丁交付了货物。

1. 丙、丁的受偿顺位如何？

回答：根据仓单、货物交付的先后确定。难以确定交付先后的，按债权比例受偿。

2. 如果甲先向丙交付仓单，丁所遭受的损失，怎么办？

回答：丁可以请求甲、乙承担连带赔偿责任。

三、不同的动产担保物权的竞存

动产担保物权竞合，是指同一动产上并存若干分属于不同权利人的、不同类型的担保物权的情形。在我国民法上，不动产上只能成立抵押权，而不得成立质权、留置权，故不动产上不发生担保物权竞合问题。但是对于动产而言，动产上不仅可以成立抵押权、质权，也可成立留置权，因而会发生担保物权的竞合现象。在动产担保物权竞合时，并存于一个动产上的若干担保物权之间，仍为物权间的对抗关系。因而各动产担保物权的清偿顺序，不过是其相互间对抗的结果。在《民法典》上，动产担保物权竞合情况下，各担保物权的清偿顺序规则是：

1. 留置权具有优先于抵押权、动产质权的受偿效力。留置权是法定的担保物权，动产抵押权、质权是约定的担保物权，按照法定物权优先于约定物权的规则，无论抵押权、质权成立于留置权之前还是之后，留置权一律优先于抵押权与质权。从立法政策角度以观，留置权所担保的债权范围，大多数属于债权人所付出的劳动报酬请求权、所投入的材料及垫付的其他费用的返还请求权，以及依合同发生的违约损害赔偿请求权。债权人的劳动和其投入的材料，往往增加了留置物的价值，依法应当给予优先保护。如果允许动产抵押权、质权优先于留置权，无异于以债权人的劳动或投入来清偿债务人的债务，势必导致严重违反公平原则。

2. 先公示的抵押权、质权优先于后公示的抵押权、质权，但"担保抵押物价金的抵押权"除外。抵押权的公示方法为抵押权登记，动产质权的公示方法则为对质物的占有。在《民法典》上，质权的公示方法和抵押权的公示方法具有同等的效力，故在登记的动产抵押权与动产质权同时并存时，原则上应按照公示的时间的先后确定清偿顺序。具体而言，先设立的抵押权已经登记，而后设立质权时，先设立的登记抵押权具有优先于质权的效力。反之，在当事人于动产上已经为他人设立质权，而后又以该动产为另一人设定抵押权且已办理了登记手续的，质权具有优先于登记抵押权的效力。

需要注意的是，倘若后公示的动产抵押权为价款优先权，即为担保抵押物价金，且为在动产交付后10日内登记的抵押权，其可以优先于买受人的其他担保物权人（包括抵押权人，也包括质权人）受偿。

【训练】1月8日，甲将电脑A出卖给乙，乙应向甲支付价金1万元。甲乙同时约定，乙取得电脑A所有权后，应将电脑A向甲抵押，以担保乙价金债务的履行。1月10日，甲将电脑A交付予乙。1月12日，乙将电脑A抵押给丙，办理了抵押登记手续。1月15日，乙又将电脑A出质给丁，向丁交付。1月18日，甲的电脑A抵押权办理了抵押登记手续。1月20日，乙将电脑A损坏，交戊维修，因乙未向戊支付维修费，电脑A被戊留置。

1. 丙的抵押权、丁的质权、甲的抵押权、戊的留置权，谁的受偿顺位最为优先？

回答：丁的留置权，作为法定担保物权，具有优先于抵押权、质权受偿的效力。

2. 丙的抵押权、丁的质权、甲的抵押权，谁的受偿顺位更为优先？

回答：甲的抵押权为交付后 10 日内登记的、担保抵押物价金的抵押权，可优先于丙的抵押权、丁的质权受偿。

3. 丙的抵押权、丁的质权，谁的受偿顺位更为优先？

回答：丙的抵押权公示在先，丁的质权公示在后，故丙的抵押权可优先于丁的质权受偿。

3. 未直接占有动产质物的质权优先于未经登记的抵押权。未直接占有的动产质权与未登记的抵押权并存于同一动产时，其受偿顺位关系如何，《民法典》并未明确规定。从理论角度以观，未直接占有标的物的动产质权人，往往保有对质物的间接占有，如质权人将质物交他人暂时保管，或曾经对标的物存在过直接占有，如质物被他人盗窃。比较而言，未经登记的抵押权，其在标的物上并无任何事实上或法律上的支配印记。据此，在同一动产上同时并存为直接占有的质权与未登记的抵押权时，无论未经登记的抵押权成立时间在先还是在后，未直接占有质物的动产质权人均可优先于未经登记的抵押权人受偿。

【训练】甲将机器设备 A 出租给乙后，又将其抵押给丙，与丙订立了抵押合同，但未办理抵押登记手续。再后来，甲将机器设备 A 出质给丁，与丁约定：甲将对乙租期届满后的返还请求权转让给丁，租期届满后由丁请求乙返还机器设备 A。随后，甲向乙通知此事。

1. 甲与丙订立了机器设备 A 抵押合同，但并未办理抵押登记手续。丙能否取得机器设备 A 的抵押权？

回答：可以。动产抵押权的设立，采取公示对抗主义模式，动产抵押合同即可引起抵押权的设立。

2. 甲与丁约定将返还请求权转给丁，但丁并未直接占有机器设备 A。丁能否取得该设备上的质权？

回答：可以。当事人可以通过指示交付的方式设立动产质权。

3. 在机器设备 A 的变价上，丙的抵押权与丁的质权，谁优先受偿？

回答：丁的质权优先受偿。未直接占有质物的动产质权人可优先于未经登记的抵押权人受偿。

第六章 占有

第一节 占有概述

一、占有的概念

占有，是指人对物管领与控制的事实状态。占有的构成，包括客观要素和主观要素两个方面。占有的客观要素，又称为占有体素，指占有的成立需要人对物构成事实上的控制；占有的主观要素，又称为占有心素，指占有的成立还需人具有将物占为己有、为我所用的意思。只有占有体素与心素同时具备，占有才能成立。

二、占有的特征

（一）占有的客体为物

占有是人对物的管领与控制，可得占有的标的物仅以物为限。这里的物与作为物权客体的物并无不同，动产或不动产，固体，气体，液体物在所不问，均包括在内。

（二）占有是人在物上的管领力

人在物上的管领力，是指人对物已有确定、连续的支配状态，或已形成排除他人支配的状态。对物的管领力，不能以纯粹物理上的接触关系作为判断标准，而须依据社会观念，从空间关系、时间关系、法律关系的角度来进行认定：

1. 空间关系，是指人与物具有场合上的结合关系。这种结合关系可以被认为人对物具有管领力。如甲的耕地上，有一头耕牛。根据耕牛存在的空间，即可认定该耕牛上存在着甲的管领力。

2. 时间关系，是指人与物在场所上的结合需持续相当的时间。如果仅仅是人对于物短暂的、一时的接触与控制，也不能形成占有。

3. 法律关系，指人对于物是否存在管领力，可通过由法律关系认定。在民法上，间接占有、通过辅助占有人而成立的直接占有，便是基于法律关系而形成的人在物上的管领力。

（三）占有是一种事实而非权利

占有是一种人对物事实上的管领和控制，其为一种客观事实，既不同于权利，也不同于占有权能。

1. 占有不同于权利。占有为一种事实，其成立可以基于权利，也可不基于权利。本权对于占有的意义，在于为占有事实提供法律上的正当性依据，而不在于决定占有是否成立。在占有人不享有权利的情况下，权利基础的欠缺并不妨碍占有的成立，其仍受占有制度的调整与保护。

2. 占有不同于所有权的占有权能。如前所述，占有权能，是所有权的一种权能，其属于权利的范畴，标志着由所有权派生出的占有标的物的法律正当性。占有权能与占有并无关联：一方面，享有占有权能的权利人，未必是占有人，如遗失动产的所有权人与质权人，其仍然保有占有权能，但却已丧失了物之占有；另一方面，物之占有人也未必具有占有权能，如抢夺者对于抢夺物的占有，其并不享有任何权利，但这并不妨害其占有的成立。

三、占有制度的社会意义

既然占有并非一项权利，民法又何必要规定占有制度，并对占有加以保护？这就涉及占有制度的社会意义问题。占有的社会意义主要包括：

（一）保护占有事实，稳定物之静态支配活动的秩序

物的静态支配活动以物的占有为基础，进而构成社会财产秩序的基础。占有制度通过对占有事实本身的保护，确立了"禁止侵害占有"的法律原则。在此原则下，纵然侵害人为他人占有物的权利人，纵然他人占有的事实没有本权的基础，法律同样禁止对占有的侵害，从而稳定物之静态的支配事实，维护社会秩序。

（二）表彰本权，弥补本权对占有事实保护的不足

占有某物通常情形下都具有进行占有的权利，占有与权利具有高度的盖然性，故对占有施加保护，在绝大多数情况下，就是对权利进行保护。由于权利的证明难度远大于占有的证明，故权利人通过权利制度寻求保护，往往会由于权利的证明不能而败诉；但是，通过占有制度寻求保护，却可以使权利人免于承担享有权利的举证责任，其只需要证明自己的占有受到侵害，即可获得法律的救济。

（三）取得本权

占有作为一种事实，其所代表的是财产静态支配秩序的实然性，而非正当性。然而，在一些特定的场合下，本来不享有权利的占有人，其占有事实无损于他人的利益，或者与法律更高的价值相吻合时，法律却可以赋予这种占有的实然秩序以正当性，从而使占有人获得本权。如先占、善意取得。

四、占有的分类

（一）自主占有、他主占有

以占有人是否以所有人的意思实施占有为标准，可将占有分为自主占有和他主占有。需要注意的是，自主占有与他主占有的区分标准，在于占有人的主观意思，而与占有人是否真的为占有物的所有权人无关。

1. 自主占有，是指占有人以所有人的意思所实施的占有。在这里，以所有权人的意思，是指占有人将占有物视为自己之物，而不具有未来返还给他人的意思。如所有人对所有物、买受人对买受物、盗窃者对盗窃物，均构成自主占有。

2. 他主占有，是指非以所有人的意思对物进行占有。在这里，非以所有权人的意思，则是指占有人未将占有物视为自己之物，因而具有于未来向他人返还的意思。如土地使用权人、承

租人对土地、租赁物的占有。

区分自主占有与他主占有的法律意义在于，无主物的占有者要构成先占，必须以自主占有为前提。

（二）直接占有、间接占有

以占有人是否对占有物发生事实管领为标准，占有可分为直接占有和间接占有。

1. 直接占有，是指人对物发生直接管领的占有。需要注意的是，在直接占有中，人对物的直接管领，系以人对物的管领力不以他人为媒介而直接存在为特征，而并非以人对物的直接接触为特征。故车主对于自己正在驾驶的汽车为直接占有，车主对放在地下车库的自己的汽车，同样构成直接占有。

2. 间接占有，是指通过占有媒介人而形成的占有。例如，在租赁关系中，承租人为占有媒介人，而出租人则为间接占有人。在间接占有的法律结构中，占有媒介人是物的直接占有人，间接占有人事实上对物并无直接的管领力。但是，基于占有媒介人与间接占有人之间所存在的媒介法律关系，占有媒介人对其直接占有之物的支配方式，需受间接占有人意思或法律规定的制约，且间接占有人在该媒介法律关系消灭后，仍然可请求占有媒介人返还占有物，故法律依然认可间接占有人对物具有间接的管领力。

区分直接占有与间接占有的意义在于：

（1）使间接占有受到占有制度的保护。间接占有人基于自己对占有媒介人的返还请求权的存在以证明自己的占有人身份，从而得到占有制度的保护。

（2）为动产交付的多样化奠定了法律基础，促进了交易的便捷。法律对间接占有的承认，使动产的观念交付成为可能，在这一观念下，动产的占有改定、指示交付应运而生，从而促进了交易的便捷。

（三）直接占有：自己占有与辅助占有

以占有人是否亲自占有为标准，可将直接占有分为自己占有与辅助占有。因此，自己占有、辅助占有，是直接占有的两种实施途径。

1. 自己占有，是指占有人不以他人为辅助，而亲自对物进行占有。例如，店主亲自照看店里的商品，此时，店主的直接占有就是通过自己占有的方式来实现的。

2. 辅助占有，是指是基于特定的从属关系，通过指示他人对物进行的占有。例如，店主通过店员照看店里的商品，店员即占有辅助人，因其基于雇佣关系占有商品，不具有独立的据为己有、为我所用的占有心素，并非店里商品的占有人，而仅为持有人；相应的，店主对店里商品仍为直接占有人，其直接占有是通过辅助占有的方式来实现的。

与间接占有相比，辅助占有与间接占有的相同之处，均在于占有人通过他人实施物之占有。而两者的不同之处则更加显而易见：

（1）辅助占有所依赖的占有辅助法律关系，具有指示与服从特征，故占有辅助人在此关系中，是听命于他人指示，而非为自己利益占有标的物，其不具备独立的占有心素，不是占有人；而在间接占有所依赖的占有媒介法律关系中，占有媒介人则是为自己的利益占有标的物，具有独立的占有心素，为直接占有人。

（2）在辅助占有中，由于占有辅助人并非占有人，故通过占有辅助人占有标的物的人，为直接占有人。因此，在辅助占有中，只存在一个占有。而在间接占有中，由于占有媒介人为直接占有人，构成了对他人直接管领占有物的法律阻碍，故通过占有媒介人占有标的物的人，则为间接占有人。因此，在间接占有中，则存在两个占有。

【训练】甲将一辆汽车出租给乙，租期 1 年。

1. 乙是否为汽车的占有人？

回答：是，乙是直接占有人。

2. 甲对该汽车，是直接占有，还是间接占有？

回答：甲对该汽车构成间接占有。

【训练】甲公司的汽车由司机乙驾驶。

1. 乙是否为汽车的占有人？

回答：否，乙不是占有人，仅是持有人。

2. 甲公司对该汽车，是直接占有，还是间接占有？

回答：甲公司对该汽车构成直接占有。

区分自己占有与辅助占有的意义在于，原则上，由于占有辅助人不是占有人，占有制度对占有人的保护原则上不及于占有辅助人。但是，又由于占有辅助人对物的直接管领又具有占有的外观，因此在对第三人的外部关系中，可以推定辅助人为占有人，进而准用占有的效力规则，如自力救济、本权推定等。

（四）有权占有、无权占有

本权，是指占有人享有的、可以占有标的物的权利基础。物权、债权均可作为本权，前者如所有权、土地承包经营权、建设用地使用权、宅基地使用权、质权、留置权等，后者如租赁权、借用权等。本权的法律意义在于为占有提供法律上的正当性，但其并不构成占有的要件。因此，以占有人是否享有本权为标准，占有可以分为有权占有与无权占有。

1. 有权占有，是指具有本权基础的占有。有权占有的表现形式有二：

（1）以物权为本权的占有，由于物权具有绝对性，故以物权为本权的占有也具有绝对性。因此，占有人可以对任何人主张自己为有权占有。

（2）以债权为本权的占有，由于债权具有相对性，故以债权为本权的占有也具有相对性。因此，占有人只能对其债务人主张自己为有权占有。例外情况是，在"买卖不破租赁"情况下，尽管承租人所享有的租赁权为债权性质，但是承租人依然可以对租赁物的受让人主张自己为有权占有。

2. 无权占有，是指不具有本权基础的占有。无权占有的表现形式有二：

（1）不享有任何本权的占有人，对于任何人，均构成无权占有。

（2）以债权为本权的占有，由于债权具有相对性，故以债权为本权的占有也具有相对性。因此，占有人对其债务人以外的他人，构成无权占有。同样，例外情况是，在"买卖不破租赁"情况下，承租人依然可以对租赁物的受让人主张自己为有权占有。

【训练】甲将房屋出卖给乙，并向乙交付房屋，但尚未办理过户登记手续。

1. 相对于甲，乙是有权占有，还是无权占有？

回答：有权占有。乙基于买卖合同债权占有标的物，而甲是乙的债务人，故乙可对甲主张有权占有。

2. 设：甲又将该房屋出卖给丙，并办理了过户登记手续。相对于丙，乙是有权占有，还是无权占有？

回答：无权占有。乙基于买卖合同债权占有标的物，但丙并非乙的债务人，故乙不能凭其债权本权，对丙主张有权占有。

区分有权占有与无权占有的法律意义在于：有权占有人，无需承担返还标的物的义务；而无权占有人则需对具有返还请求权的人，承担返还原物的义务。需要注意的是，有权占有与无权占有之区分的法律意义，并不在于是否受民法之保护。事实上，任何占有均受法律保护。

（五）无权占有：善意占有、恶意占有

根据占有人是否知道或应当知道自己不享有占有本权，无权占有可以进一步划分为善意占有与恶意占有。

1. 善意占有，是指不知道且不应当知道自己为无权占有的占有。例如，甲的手机遗失被乙拾得，乙将该手机出卖给不知情的丙后，丙对手机所形成的占有。

2. 恶意占有，是指知道或应当知道自己是无权占有，或者对自己是否享有本权心存怀疑的占有。例如，乙拾得甲遗失的手机后，对该手机所形成的占有。

没有证据证明无权占有人为善意或者恶意的，推定其为善意占有。

区分善意占有与恶意占有的法律意义有二：

（1）在无权占有物发生毁损灭失的情况下，善意占有人无需承担赔偿责任，恶意占有人则应当赔偿。

（2）在无权占有期间产生费用的情况下，善意占有人有权请求返还必要费用，恶意占有人则不享有费用返还请求权。

第二节　占有的效力与保护

一、占有的效力

（一）占有的权利推定效力

1. 概述。占有的权利推定，是指占有人对占有物主张权利时，推定其享有此权利。例如，占有人主张其对于占有物享有所有权的，占有人无需对其所主张的所有权负举证责任，只需在没有反证的情况下，法律即可基于其占有之事实，推定占有人享有占有物的所有权。占有的权利推定效力，以占有人即权利人的高度盖然性为基础，因此，由占有事实可以推定的权利，应以具有占有权能的权利为限。例如，抵押权不具有占有抵押物的权能，故占有人基于占有事实主张对占有物享有抵押权的，其主张不能得到占有的权利推定效力之保护。

需要注意的是，不动产的物权公示方式为登记，故不动产原则上不适用占有的权利推定效力规则。但是，倘若特定的不动产并未纳入登记体系的，占有的权利推定效力规则在该不动产上依然可以适用。

2. 效力内容。

（1）占有的权利推定效力具有防御功能。即占有人面临他人返还原物之请求时，原则上，无需对自己享有本权加以证明。但是，倘若请求返还原物一方举证证明自己享有物权，或证明自己为标的物的原占有人的，则现占有人需对自己占有的来源负举证责任。

（2）占有的权利推定效力可由第三人援引。占有的权利推定的效力不仅占有人自己可以援用，第三人也可以援用。例如，债权人可以主张债务人所有的动产为债务人所有，请求法院查封。

（3）占有的权利推定效力包括不利益的推定。一般而言，占有的权利推定效力旨在保护占有人的利益，但是在特殊情况下，占有的权利推定效力也可导向对占有人不利益的推定。例如，推定物的占有人为所有人时，税费等开支也应由占有人承担。

（二）无权占有人与返还原物请求权人的权利与义务

返还原物请求权的对象为无权占有人。在返还原物请求权人有权请求无权占有人返还原物的法律关系中，双方当事人之间的权利义务包括：

1. 无权占有人的返还范围。

（1）在无权占有期间，占有物产生孳息的情况下，根据《民法典》第460条的规定，占有人应将原物与孳息一并返还。

（2）在无权占有期间，占有物发生毁损灭失的情况下，根据《民法典》第461条的规定，占有物余留残值，包括占有人获得保险金、赔偿金、补偿金，应予返还。占有物残值与占有物原价值之间的差额，则根据无权占有是善意占有还是恶意占有区别对待：善意占有人无需承担赔偿责任，恶意占有人则需向返还请求权人赔偿。

2. 无权占有人的费用请求权。在无权占有期间，占有人为占有物支付费用的情况下，占有人返还占有物的同时，是否有权请求返还请求权人偿付费用，根据《民法典》第460条的规定，仍需根据无权占有是善意占有还是恶意占有区别对待：善意占有人有权请求偿付为维持占有物所支付的必要费用，但是非必要费用，如占有物的改良费用，善意占有人无权请求偿付；恶意占有人则无权请求偿付任何费用。

二、占有的保护

占有的保护，是指在占有遭受侵害的情况下，占有人可以寻求的保护手段。占有的保护是民法设置占有制度的宗旨。不同于权利的保护，占有的保护直接以占有为依据，无需以占有人证明自己享有占有标的物的本权为条件。在民法上，有权占有、无权占有、直接占有、间接占有，均受到法律的保护。占有的保护方法包括：

（一）占有自力救济权

占有的自力救济权，是指在占有正在受到侵夺、妨害时，占有人可以以其自身力量直接对侵害加以排除，以维护其占有的占有保护手段。占有制度以保护现有的占有事实为宗旨，在占有人的占有受到侵害时，如果占有人无权以自身力量去对抗侵害而只能坐视侵害的发生，不仅不利于占有的保护且有违常理。因此，占有人的自力救济权是保护占有所必需的。需要说明的是，可享有这种自力救济权者，仅以直接占有人为限。由于占有辅助人具备直接占有人之外观，法律亦准其享有自力救济权。占有的自力救济权内容有二：

1. 占有防御权。占有防御权，是指占有人对正在发生的侵夺、妨害其占有的行为，有权以自身力量加以防御。此处所谓的侵夺，是指违背占有人的意思，以积极的不法行为夺取占有人对物的管领，如抢夺。妨害则是以侵夺以外的其他方法使占有人不能实现其对物的管领，如在他人的土地上堆放垃圾。需要注意的是，占有防御权的行使必须以侵夺、妨害正在发生为前提，倘若侵夺、妨害已经完成，则不得再实施占有防御。

2. 占有取回权。占有取回权，是指针对业已被他人侵夺之物，占有人得立即追踪至侵夺人所在之处，将占有物取回的权利。占有物被侵夺时，法律赋予占有人自力防御权，旨在消极地排除正在发生的侵害。占有人的取回权则是法律进一步赋予占有人在占有被侵夺后立即积极地取回占有物的权利。需要注意的是，占有取回权具有严格的时间限制：在占有被侵夺后，占有人须立即行使占有取回权，否则，该权利不得再行使，而只能通过公力救济寻求保护。因为，法律对于占有的保护系基于物之管领的事实，而不考虑占有的取得有无瑕疵。故侵夺人若于侵夺物上形成稳定的占有，将同样受到法律的保护，进而享有占有防御权。

（二）占有保护请求权

占有保护请求权是指在占有被侵夺、妨害或有妨害之虞时，占有人对于侵害人返还占有物，除去妨害及防止妨害发生的请求权。其是相对于自力救济而言的公力救济，即它可以在占有受到侵害之时或之后，请求国家有权机关运用国家强制力来保护其占有。根据《民法典》第462条的规定，占有保护请求权包括以下三方面内容：

1. 占有返还请求权。占有物返还请求权是指占有人在其占有物被侵夺时，可请求返还其占有物的权利。占有物返还请求权须以占有物被侵夺，占有因而丧失为要件。有权要求返还其被侵夺之物的权利人为占有人，至于占有人的占有是否拥有本权，占有是善意还是恶意，是自主占有还是他主占有，均非所问。需要注意的是，占有之侵夺状态，持续、平和地经过一定期间后，就形成了新的占有。此时，又围绕物的占有产生了一种平静的社会状态。如果再准予恢复旧的占有，反倒会扰乱现有的秩序，妨害社会的安宁，也与占有制度的设定目的相违背。因此，《民法典》第462条第2款对占有物的返还原物请求权行使期限做出了规定："占有人返还原物的请求权，自侵占发生之日起1年内未行使的，该请求权消灭。"

在此需要辨析的是，在无权占有遭受返还请求权人侵夺的情况下，无权占有人能否主张占有返还请求权？如上所述，在无权占有之事实状态已经稳定，形成社会财产秩序之一部分的情况下，返还请求权人不得再主张占有的自力救济权，而只能寻求公力救济。于是，在返还请求权人对无权占有施加侵夺时，依照完整的法律逻辑以观，占有人可以请求作为占有侵害人的返还请求权人返还原物。返还请求权人向无权占有人返还原物后，可通过主张返还原物请求权，再请求无权占有人返还。由此可见，按照上述法律逻辑，标的物历经两次返还请求权的行使，最终仍回到返还请求权人的手中，回到返还请求权人侵夺无权占有物的原点。因此，为了便利权利的行使、节省司法诉讼的成本，民法理论中也存在着无权占有遭受返还请求权人侵害时，占有人不得主张返还原物的观点。

2. 占有排除妨害请求权。占有排除妨害请求权是指占有人在其占有受到妨害时可请求除去妨害的权利。此处的妨害是指以侵夺以外的方法妨碍占有人的占有。在此情况下，占有人虽然未丧失占有，但是现实的占有状态及其利益受到了干扰，占有人无法对占有物实现完全的管领。此时，无论妨害人对于占有的妨害是故意还是过失，占有人均可请求其除去妨害，回复占有的圆满状态。

3. 占有消除危险请求权。占有消除危险请求权指占有人在其占有面临被妨害的危险时，可请求防止妨害发生的权利。需要注意的是，是否有妨害的危险不是依占有人的主观感受决定的，而是就具体的事实，依照社会一般观念、客观决定的。一旦存在客观的危险情形，从而可能危及占有人的占有时，则占有人可基于占有妨害请求权请求物的所有人及时地排除该危险。

第二编 债 权 <<<

第 七 章

债权总论

第一节 债与债权

我国《民法典》仅设置"合同"编而未设置"债权"编，但债与债权的原理和规则，依然是民法体系的支柱之一，是民法制度、民法法律思维不可或缺的环节和工具。本章所涉及的内容，如"债的移转""债的保全""债的担保""债的消灭"，是所有债的类型的一般性规则。尽管在《民法典》合同编中，上述内容被表述为"合同的变更和转让""合同的保全""担保""合同的权利义务终止"，其适用范围依然不以合同之债为限。对此，《民法典》第 468 条规定："非因合同产生的债权债务关系，适用有关该债权债务关系的法律规定；没有规定的，适用本编通则的有关规定，但是根据其性质不能适用的除外。"

一、债与债权的概念

债，是一种民事法律关系，指一方请求对方实施给付的财产性法律关系。债之关系中的内容即债权与债务。其中，债权是指能够请求并受领对方给付的权利；债务则是指应当向对方实施给付的义务。在债之关系中，享有债权的一方为债权人，承担债务的一方为债务人。通常，债的当事人既享有债权，又承担债务。

二、债权的一般原理

（一）债权的特征

债权作为与物权并立的两大民事财产权利之一，具有与物权迥然不同的特征。

1. 债权的创设奉行自由主义。当事人通过合同约定创设债权，不受法律所规定的合同债权的类型、种类的限制。只要创设债权的行为符合法律行为的有效要件，债权即为有效。比较而言，物权的创设奉行法定主义，当事人创设的物权种类、内容不得超越法律所规定的范围。

2. 债权是请求权。债权以请求义务人实施给付行为为内容，是一项对人的权利。比较而言，物权则是支配权，是一项直接及于客体之上的权利。

3. 债权具有相对性。债权的相对性，是指债权的义务人是特定的人，债权人只能请求特定的债务人实施给付。比较而言，物权则具有绝对性，物权的义务人为物权人以外的所有的人，物权人可以向任何人主张自己的物权。

4. 债权具有相容、平等性。债权的相容性是指并存于同一标的上的两个或两个以上债权，均为有效；债权的平等性是指并存于同一标的上的两个或两个以上债权，原则上在效力上并无优劣之分。比较而言，物权则具有排他性，并存于同一客体之上的物权，会发生对抗性排他效力，因而会存在优劣之分。

【训练】甲与乙订立房屋 A 买卖合同，约定甲将房屋 A 出卖给乙。甲在向乙过户登记之前，甲又将房屋 A 出卖给丙。

1. 乙认为，甲既然已经将房屋 A 出卖给自己，甲就不能再出卖给丙。故主张甲丙之间的房屋 A 买卖合同无效。乙的主张能否成立？

回答：否。根据债权的相容性，乙、丙并存于房屋 A 上的买受人债权，均属有效。

2. 设：甲向丙办理了过户登记手续。乙认为，自己与甲订立买卖合同在先，自己应当优先于丙取得房屋，丙不能取得房屋 A 的所有权。乙的主张能否成立？

回答：否。根据债权的平等性，乙、丙并存于房屋 A 上的买受人债权并无效力上的强弱之别。甲向任何一人过户登记，均属正当。

5. 债权利益为期待利益。债权作为一项请求债务人实施给付的权利，意味着在债之关系中，债权人并未取得债务人的给付标的，而仅仅是有权请求债务人实施其给付行为。只有通过债务人给付行为的实施，债权利益才能实现。因此，债权人在债权上的利益，乃是一种期待利益。比较而言，物权利益则是既得利益，物权人无需义务人的协助配合，即可直接实现对其客体的支配利益。

【训练】甲与乙订立电脑买卖合同，约定甲将电脑 A 出卖给乙。

1. 甲交付给乙的电脑 A 的债权，对乙有什么意义？

回答：取得电脑 A 的所有权。

2. 合同订立后，甲向乙交付电脑 A 之前，乙是否取得电脑 A 的所有权？

回答：否。甲未向乙交付，物权不发生变动。

3. 合同订立后，甲向乙交付电脑 A 之前，乙是否有权请求甲交付电脑 A？

回答：是。乙对甲享有债权。

（二）债权请求权

债权请求权，是指以债权为基础的、以要求债务人实施给付为内容的请求权，是债权行使的基本方式。在这里，债务人所应实施的给付，是指债务人的付出，即债务人将属于自己的财产向债权人流转，或向债权人付出财产性劳务。因此，债权请求权是请求债务人付出财产或者劳务的权利，即"要别人东西"的请求权。这是债权请求权区别于物权请求权（"要自己东西"的请求权）、占有保护请求权（"要自己占有的东西"的请求权）的关键所在。

【训练】

1. 甲乙订立买卖合同，约定甲将 1 部手机出卖给乙。买卖合同订立后，乙请求甲交付手机的权利，是不是债权请求权？

回答：是。乙请求甲交付属于甲的手机，是在请求甲实施给付。

2. 甲乙订立委托合同，约定乙为甲代理民事诉讼。委托合同订立后，乙请求甲代理诉讼的权利，是不是债权请求权？

回答：是。乙请求甲付出属于甲的劳务，是在请求甲实施给付。

3. 甲捡到了乙遗失的 100 元钞票。乙请求甲返还钞票的权利，是不是债权请求权？

回答：是。货币是消耗物，具有"占有即所有"的法律特征。甲拾得该钞票后，钞票归甲所有。故乙是在请求甲交付属于甲的钞票，是在请求甲实施给付。

4. 乙享有所有权的羊 A 走失，被甲拾得。乙基于所有权请求甲返还羊 A 的权利，是不是债权请求权？

回答：否。羊是非消耗物，没有"占有即所有"的法律特征。甲拾得羊 A 后，羊 A 仍然归乙。故甲向乙返还属于乙的羊 A，并非没有付出，乙并非在请求甲实施给付。因此，乙请求甲返还羊 A 的请求权是物权请求权，而非债权请求权。

三、债的客体与标的

（一）债的客体

债的客体，是指债权债务共同指向的、债务人应当履行债务的行为，即给付。在表现形态上，给付既可以表现为积极的作为，也可以表现为消极的不作为。

【训练】甲出版社公司与乙订立出版合同，约定乙在 5 年之内，不得将书稿交予其他出版社出版。乙 5 年内未将书稿交予其他出版社，是否算履行了出版合同中的债务？

回答：是。

（二）债的标的

债的标的，是指给付的对象，即债务人所应付出的"东西"。作为给付的对象，债的标的具有多样性。物、无形财产、财产性权利以及劳务本身，均可成为债的标的。当债的标的为物时，其标的被称为"标的物"。

【训练】甲乙订立房屋 A 买卖合同，约定甲将房屋 A 出卖给乙。

1. 甲乙买卖之债的客体是什么？

回答：甲应实施的交房、过户行为。

2. 甲乙买卖之债的标的是什么？

回答：房屋 A。

四、债的发生原因

债作为一种以债权和债务为内容的法律关系，其产生、变更和消灭，均是由法律事实引起的。引起债之法律关系产生的法律事实，就是债的发生原因。债的发生原因主要包括：

（一）合同

合同是当事人之间设立、变更、终止债权债务关系的法律行为。合同是最为典型的双方法律行为，是债产生的最常见的原因。因合同而引起的债之关系即合同之债。《民法典》第三编"合同"专门规定合同之债。

（二）侵权行为

侵权行为是指不法侵害他人绝对性民事权利或其他受法律保护的利益，给他人造成损害而应承担民事赔偿责任的法律事实。由此而引起的以侵权损害赔偿为内容的债之关系，即为侵权行为之债。因《民法典》未设置"债权编"，故侵权行为之债规定于《民法典》第七编"侵权责任"之中。

（三）不当得利

不当得利是指没有法律上的依据而获得利益并使他人受到损害的法律事实。由此而引起的以不当得利返还为内容的债之关系，即为不当得利之债。因《民法典》未设置"债权编"，故不当得利之债规定于第三编"合同"之下第三分编"准合同"之中。

（四）无因管理

无因管理是指没有法定或约定的义务而为他人利益管理他人事务的法律行为。由此而引起的以无因管理的费用、损失、债务偿付为内容的债，即为无因管理之债。因《民法典》未设置"债权编"，故无因管理之债规定于第三编"合同"之下第三分编"准合同"之中。

五、债的分类

（一）意定之债与法定之债

以债的发生原因为标准，债可分为意定之债和法定之债。意定之债，是指债权、债务的内容由当事人自主决定的债。合同之债即为意定之债。法定之债，是指债权、债务的内容由法律直接规定的债。侵权行为之债、不当得利之债、无因管理之债，均属于法定之债。

（二）单一之债与多数人之债

以债的一方当事人人数为标准，债可分为单一之债与多数人之债。单一之债，是指债的双方人数均为一人的债。多数人之债，是指债的一方或双方人数为两人或两人以上的债。需要注意的是，债的一方为两人或两人以上，且以名称、商号对外订立合同的，为单一之债。

区分单一之债与多数人之债的意义在于，单一之债只涉及双方当事人的外部关系，而不涉及债的一方当事人的内部关系。多数人之债则既涉及债的双方当事人之间的外部关系，也涉及债的多数人一方当事人之间的内部关系。

（三）多数人之债：连带之债与按份之债

以债的多数人一方内部与外部关系为标准，多数人之债可分为连带之债与按份之债。

1. 连带之债。

（1）概念。连带之债，是指债的多数人一方，每一多数人均得对外主张全部债权并对内分配，或均须对外承担全部债务并对内追偿的债。其中，多数人一方享有债权的，为连带债权；多数人一方承担债务的，为连带债务。

（2）连带之债的内、外部关系。在连带之债中，既存在外部关系，即连带多数人一方对外部债权人、债务人之间的关系，也存在内部关系，即连带多数人一方彼此之间的关系。

第一，连带债权的内、外部关系。①在连带债权人与债务人之间的外部关系中，连带债权人中的部分或全部，对外均享有全部债权，即均可请求对方履行全部债务。②在连带债权人彼此间的内部关系中，部分连带债权人所受领的债务人给付，其他连带债权人有权按照内部份额比例请求分配。连带债权人的内部份额比例的确定方法是：连带债权人之间有约定的，从其约定；没有约定或约定不明的，视为份额相同。

【训练】甲、乙、丙将共有的房屋 A 以 100 万元的价格出卖给张三，约定甲、乙、丙对张三的价金享有连带债权，且内部份额比例为 3∶3∶4。现张三付款期限届至。

1. 甲能否请求张三向自己支付 100 万元？

回答：可以。

2. 如果张三向甲支付了价金 100 万元。乙、丙能否请求甲内部分配？

回答：可以。乙有权请求甲支付 30 万元，丙有权请求甲支付 40 万元。

3. 如果张三向甲支付了价金 10 万元后，无力履行价金债务。乙、丙能否请求甲内部分配？

回答：可以。乙有权请求甲支付 3 万元，丙有权请求甲支付 4 万元。

第二，连带债务的内、外部关系。①在连带债务人与债权人之间的外部关系中，连带债务人中的部分或全部，对外均承担全部债务，即均有义务向对方履行全部债务。②在连带债务人彼此间的内部关系中，部分连带债务人履行的债务超过自己份额比例的，该连带债务人在超额履行的范围内，可以取得债权人的权利。这意味着：首先，该连带债务人可以享有债权人的债权，因而有权按照内部份额比例，向其他连带债务人追偿。被追偿的连带债务人不能履行其应分担份额的，其他连带债务人应当在相应范围内按比例分担。连带债务人的内部份额比例的确定方法，与连带债权相同，即连带债务人之间有约定的，从其约定；没有约定或约定不明的，视为份额相同。其次，债权人享有担保权的，该连带债务人还可以享有债权人的担保权，即其对其他连带债务人的追偿权的行使，可继续受到担保。需要注意的是，超额履行的连带债务人对债权人权利的享有，不得损害债权人的利益。最后，其他连带债务人对债权人享有的抗辩权，可以对行使追偿权的连带债务人继续主张。

【训练】甲、乙、丙以 100 万元的价格购买张三的房屋 A，约定甲、乙、丙对张三承担连带价金债务，且内部份额比例为 3∶3∶4。为担保张三价金债权的实现，李四以房屋 B 向张三设立抵押，并办理了抵押登记手续。现甲、乙、丙付款期限届至。

1. 张三能否请求甲向自己支付 100 万元？

回答：可以。

2. 如果甲向张三支付了价金 10 万元，甲能否向乙、丙追偿？

回答：不可以。甲所履行的债务并未超过自己的份额比例。

3. 如果甲向张三支付了价金 100 万元。

（1）甲能否向乙、丙追偿？

回答：可以。甲有权就自己超额履行的 70 万元，要求乙支付 30 万元、丙支付 40 万元。

（2）设：丙已经无力履行被追偿的债务。甲怎么办？

回答：丙应承担的份额，由甲乙分担，即甲有权向乙追偿 50 万元。

（3）设：乙、丙拒不履行追偿义务，甲可如何保护自己的追偿权？

回答：对李四所提供的房屋 B，行使抵押权。

（4）设：甲、乙、丙的价金债务诉讼时效届满。甲向张三支付了 100 万元价金后，向乙、丙追偿。乙、丙能否拒绝？

回答：可以。乙、丙对张三的诉讼时效抗辩权，可以继续对甲主张。

（3）连带之债的债务免除。连带之债的债务免除，是指部分连带债权人免除债务人的债务，或债权人免除部分连带债务人的债务的情形。

第一，在连带债权中，部分连带债权人免除债务人债务的，在扣除该连带债权人的份额后，不影响其他连带债权人的债权。

第二，在连带债务中，债权人免除部分连带债务人债务的，在该连带债务人应当承担的份额范围内，其他债务人对债权人的债务消灭。

【训练】甲、乙、丙对张三享有连带债权 100 万元，内部份额比例为 3∶3∶4。现甲免除张三的债务，后果如何？

回答：乙、丙对张三享有连带债权 70 万元。

【训练】甲、乙、丙对张三承担连带债务 100 万元，内部份额比例为 3∶3∶4。现张三免除甲的债务，后果如何？

回答：乙、丙对张三承担连带债务 70 万元。

2. 按份之债。按份之债，是指多数人一方中的每一人，均按照自己的份额对外享有债权、承担债务的债。在按份之债中，多数人一方享有债权的，为按份债权；多数人一方承担债务的，为按份债务。按份债权人或者按份债务人的份额难以确定的，视为份额相同。

与连带之债相比较，按份之债只存在外部关系，即多数人一方向其债权人按份履行、向其债务人按份请求的关系；而不存在多数人一方彼此间的内部关系，即多数人一方的分配或者追偿关系。由此可见，按份之债与连带之债的区别，并不在于多数人一方内部是否存在份额比例，而是在于其份额比例是否具有对外效力。

根据《民法典》第 178 条第 3 款"连带责任，由法律规定或者当事人约定"之规定可知，我国民法上，多数人之债属连带之债还是按份之债的界定方法是：

（1）法律有规定，或当事人之间有约定的，从其规定、约定。在这里，"当事人之间的约定"是指多数人一方与相对人之间的外部约定。

（2）法律没有规定，且当事人之间也没有约定的，多数人之债为按份之债。

（四）财物之债与劳务之债

以债的标的为标准，债可分为财物之债和劳务之债。财物之债，是指以财产为标的的债，即债务人"付出财物""付出权利"的债，如买卖合同之债、侵权之债、不当得利之债。劳务之债，是指以劳务为标的的债，即债务人"付出劳务"的债，如委托合同之债、行纪合同之债、中介合同之债。

区分财物之债与劳务之债的意义在于，由于民事执行不能及于人身，故财物之债存在直接强制执行的可能性，而劳务之债不可能直接强制执行，只能采取间接执行的方式，即将劳务之债转化为财物之债，再予以执行。《民法典》第 581 条规定："当事人一方不履行债务或者履行债务不符合约定，根据债务的性质不得强制履行的，对方可以请求其负担由第三人替代履行的费用。"

（五）财物之债：特定之债与种类之债

以财物之债的标的性质为标准，财物之债可分为特定之债与种类之债。特定之债，又称为特定物之债，是指以特定物为标的的债，如甲将自己的汽车 A 出卖给乙。种类之债，又称种类物之债，是指以种类物为标的的债，如甲 4S 店将 A 型汽车出卖给乙。由此可见，原则上只有特定物才能成为物权的客体，但特定物、种类物均可成为债权的标的。需要注意的是，劳务之债中，不存在特定之债与种类之债的区分。

区分特定之债与种类之债的意义在于：债务履行前，标的物毁损灭失的，特定之债即发生事实履行不能，债务人继续履行的义务即告免除；而种类之债则不会发生履行不能的情况，债务人继续履行的义务不因标的物毁损灭失而免除。

（六）可分之债与不可分之债

以债的标的是否可分为标准，债可以分为可分之债与不可分之债。可分之债，是指以可分的给付为标的的债。不可分之债，是指以不可分的给付为标的的多数人之债。

区分可分之债与不可分之债的法律意义有二：其一，在多数人之债的情况下，可分之债可以是连带之债，也可以是按份之债；而不可分之债只能是连带之债，不可能是按份之债。其二，在债务人主张双务合同抗辩权的情况下，可分之债的债务人需遵循等价抗辩原则，即自己拒绝履行的债务需与对方不履行的债务在价值、性质上相适应，而不可分之债则无需考虑等价抗辩原则。

【训练】甲、乙与丙订立汽车买卖合同约定，甲、乙以 20 万元的价格购买丙的汽车 A。

1. 该买卖合同是可分之债，还是不可分之债？

回答：就价金而言为可分之债，就汽车 A 而言为不可分之债。

2. 甲乙请求丙交付汽车 A 的债权，是否可能为按份债权？

回答：不可能。

3. 甲乙向丙交付价金的债务，是否可能为按份债务？

回答：可能。

4. 设：甲、乙只交付了部分价金，丙能否以此为由，拒绝交付汽车 A？

回答：可以。

（七）简单之债与选择之债

根据债的标的是否可以选择，债可分为简单之债与选择之债。

1. 简单之债。简单之债，是指债务人只能给付确定的标的而别无选择的债，如当事人约定以 A 型机器设备为买卖标的的债。在社会生活中，简单之债是最常见的债的类型。

2. 选择之债。

（1）概念。选择之债则是指存在两个或两个以上标的以供选择的债，如当事人约定以 A 型或 B 型机器设备为买卖标的的债。在选择之债中，债务人履行多种标的中的任何一种，即构成对债务的履行。需要注意的是，选择之债所存在的多种标的之间，应当具有质的不同。否则，当事人对于债务履行量上的灵活性约定，不构成选择之债，而为简单之债。

（2）选择权。选择之债的履行，前提是当事人对多项标的做出选择，从而确定给付的内容。当事人没有约定或约定不明的，选择权归债务人。但是，享有选择权的当事人在约定期限内或者履行期限届满前未作选择，经催告后在合理期限内仍未选择的，选择权转移至对方。当事人行使选择权后，应当及时通知对方。通知到达时，债务标的确定，非经对方同意，确定的债务标的不得变更。

（3）选择之债的履行不能。原则上，选择之债所存在的多种标的中，部分标的发生履行不能的，选择之债并不发生履行不能。只有在全部标的均发生履行不能时，选择之债才发生履行不能。在可选择的债务标的部分发生不能履行的情况下，享有选择权的当事人不得选择不能履行的标的。但是该不能履行的情形是由对方造成的除外。

第二节 债的移转

一、债的移转概述

（一）概念

债的移转，是指在债的内容不发生变更的情况下，债的主体所发生的改变，即新的债权人、债务人取得了原债权人、债务人的债权、债务，从而成为新的债权人、债务人。

债的移转发生的原因，可以分为两大类：一是基于法律规定发生的债的移转，二是基于法律行为发生的债的移转。

（二）基于法律规定发生的债的移转

基于法律规定发生的债的移转，是指在法定情况下，无需当事人达成债的移转的协议，仅依据法律的规定，即可发生债的移转的情形。其常见情形包括：

1. 法人合并、分立时，原法人的债权、债务由合并、分立后的法人享有和承担。

2. 在继承中，被继承人的债权、债务，由继承人享有和承担。

3. 在出租人转让租赁物于受让人时，根据"买卖不破租赁"规则，出租人的债权、债务由受让人享有和承担。

4. 在第三人代为履行中，代为履行的第三人可享有债权人的债权，从而有权向债务人追偿。

5. 在连带债务中，部分债务人在其所偿还超出其内部份额比例的债务范围内，取得债权人的债权，从而可以向其他连带债务人追偿。

6. 在第三人担保中，担保人在其所承担的担保责任范围内，取得债权人的债权，从而可以向债务人追偿。

7. 在财产保险中，第三人造成保险标的损害时，保险人向投保人支付保险金后，可享有投保人对第三人的债权，从而对第三人享有追偿权。

（三）基于法律行为发生的债的移转

基于法律行为发生的债的移转，是指通过当事人的约定而完成的债的移转，包括债权让与、债务承担、债权债务的概括转移三种情形。基于法律行为发生的债的移转，是本节所要着重讲述的内容。

二、债权让与

（一）概述

债权让与，又称债权转让，是指债权人与受让人订立债权让与合同，约定将对债务人的债权转让给受让人的债的移转方式。

债权让与充分地体现出债权的双重属性。一方面，债权是一种"财产权"。债权的财产属性体现为债权人有权请求债务人履行债务、实施给付。因此，作为"财产权"的债权，是一种于将来取得财产的权利。另一方面，正是由于债权的"财产权"属性，使得债权本身成为一项"财产"，其可以转让、可以设定担保，并且不容任何人非法侵害。可见，作为"财产"的债权，其本身即具有既存的财产价值。显然，债权让与是以债权的"财产"属性为基础的。

（二）债权让与的要件

1. 需有债权的存在。债权让与以债权为转让的标的，原则上，转让人享有所欲转让的债权，是受让人取得该债权的前提。

（1）不存在的债权之让与。一般情况下，因该债权并不存在，相应的债务人也不存在，故转让人将不存在的债权转让给受让人，受让人不能取得债权，也不得请求债务人履行债务。但是，不存在的债权之让与，并不影响债权让与合同的债权效力。故不能取得债权的受让人，可以追究转让人债权让与合同上的违约责任。此外，在法定情况下，受让人可以依法善意取得不存在的债权，即尽管转让人不享有所转让的债权，但受让人依然可以取得该债权，并有权请求债务人履行债务，例如，在基础关系不存在的保理合同中，善意保理人依然可根据《民法典》第763条"应收账款债权人与债务人虚构应收账款作为转让标的，与保理人订立保理合同的，应收账款债务人不得以应收账款不存在为由对抗保理人，但是保理人明知虚构的除外"之规定，享有受让的债权，并可请求应收账款债务人履行债务。

（2）可撤销、债务人享有抗辩权的债权之让与。因可撤销、债务人享有抗辩权的债权，存在未撤销、债务人放弃抗辩权及抗辩权消除之可能，故可以作为债权让与的标的。如果在债权让与后，债权被撤销，或债务人基于抗辩权拒绝履行债务，受让人即不得对债务人主张受让的债权。此时，不知受让债权存在瑕疵的受让人，可基于与转让人之间的债权让与合同，寻求法律上的救济，如追究转让人债权让与合同上的违约责任、依法撤销债权让与合同，并追究转让人的缔约过失责任等。

【训练】甲胁迫乙订立买卖合同，约定甲将一台机器设备出卖给乙，乙应支付价金100万元。甲将对乙的价金债权转让给丙，丙向乙发出通知。

1. 设：乙未行使撤销权。丙能否请求乙支付 100 万元？

回答：可以。

2. 设：乙行使了撤销权。

（1）丙能否请求乙支付 100 万元？

回答：否。

（2）设：甲将债权转让给丙时，并未告诉丙自己胁迫乙之事。现丙无法对乙行使债权。

问题一：丙可否追究甲的违约责任？

回答：可以。债权让与合同有效，甲应承担权利瑕疵担保责任。

问题二：丙可否撤销与甲的债权让与合同？

回答：可以。甲未告知丙胁迫之事，甲对丙构成欺诈。丙可撤销与甲的债权让与合同。

2. 债权人与受让人订立债权让与合同。在存在所转让债权的情况下，转让人即为债权人。债权人与受让人订立债权让与合同，约定债权人将其对债务人的债权转让给受让人，是债权让与的核心要件。

债权让与合同的成立与生效，受所转让债权的发生原因的影响。若债权人的债权是基于与债务人订立的合同而产生的，如果债权人与债务人的合同是法定要式合同，如不动产买卖合同，则债权让与合同也应采取书面形式；如果债权人与债务人的合同需经审批而生效的，则债权让与合同也需经审批方能生效。

债权让与合同一经生效，债权人对债务人的债权，即转移至受让人。

3. 通知债务人。债权让与是债权人对于自己财产的处置，故只需通知债务人即可，而无需征得债务人的同意。债权让与的通知到达债务人后，未经受让人同意的，不得撤销。因此，在债权人将其债权转让给两个或以上的受让人，并均向债务人发出通知的情况下，债务人只对所收到的第一个通知的受让人负担债务。

如上所述，债权让与合同一经生效，债权即转移于受让人，故通知债务人的法律后果，并非债权让与合同的生效要件，即并非受让人取得债权的要件，而是债权让与对债务人的生效要件，即债务人对受让人承担债务的要件。具体来讲：

（1）债权让与通知债务人的，债务人对受让人负担债务。这意味着，倘若债务人向债权人履行债务，因债务人履行对象不正确，其对受让人的债务并不消灭，故受让人仍有权请求债务人向自己履行债务。在此基础上，受让人可向债权人请求不当得利的返还。

（2）债权让与未通知债务人的，尽管受让人已经依债权让与合同而取得债权，但债务人并不对受让人负担债务。这意味着，倘若债务人向债权人履行债务，因债务人履行对象正确，其债务已告消灭，故受让人不得再请求债务人向自己履行债务。在此基础上，受让人有权向债权人请求不当得利的返还。

【训练】甲是债权人，乙是债务人。5 月 5 日，甲与丙订立了债权让与合同，将自己对乙的债权转让给丙，5 月 10 日，甲向乙通知此事。5 月 15 日，乙仍向甲履行债务。

1. 甲、丙的债权让与合同，何时生效？

回答：5月5日。

2. 丙自何时起，取得对乙的债权？

回答：5月5日。

3. 乙向甲履行债务，对象是否正确？

回答：否。

4. 乙的债务，能否因履行而消灭？

回答：否。

5. 如果丙请求乙再次履行，乙能否拒绝？

回答：否。

6. 乙履行了两次，所受损失如何处理？

回答：乙就向甲的履行，请求甲返还不当得利。

【训练】甲是债权人，乙是债务人。5月5日，甲与丙订立了债权让与合同，将自己对乙的债权转让给丙，但没有向乙通知此事。5月15日，乙仍向甲履行债务。

1. 甲、丙的债权让与合同，何时生效？

回答：5月5日。

2. 丙自何时起，取得对乙的债权？

回答：5月5日。

3. 乙向甲履行债务，对象是否正确？

回答：是。

4. 乙的债务，能否因履行而消灭？

回答：是。

5. 如果丙请求乙再次履行，乙能否拒绝？

回答：能。

6. 丙的债权应如何实现？

回答：丙就乙向甲的履行，请求甲返还不当得利。

需要指出的是，上述通知债务人的规则，是民法的一般原理。即债务人对债权人负担债务的，无论基于何种法律事实，导致第三人对债务人行使权利，均需以通知债务人为前提。不仅债权让与如此，在指示交付、抵押权人对被查封扣押的抵押物法定孳息的收取、保证人对债权受让人保证责任的承担的情况下，也是如此。

（三）债权让与的后果

1. 债权人与受让人之间。对于债权让与合同的双方，即债权人与受让人而言，债权让与的后果是：

（1）债权转让，债务未转让。首先，在债权让与范围内，债权人的债权由受让人取得，受让人成为债务人的新的债权人。相应的，债权人将其部分债权转让给受让人的，债权人、受让人对债务人形成按份债权。其次，在双务法律关系中，债权人对债务人享有债权的同时，也负担债务的，债权让与后，债权人的债务并未发生变化，即债权人继续对债务人负担债务。

（2）由于债权让与无需征得债务人的同意，故民法需保证债务人不会因债权让与而遭受不利。故因债权转让增加的履行费用，由债权人负担。

（3）让与的债权所生的利息、违约金、损害赔偿请求权，随之转移。但是，具有专属性的损害赔偿请求权除外。在这里，具有专属性的损害赔偿请求权，包括人身损害赔偿请求权、精神损害赔偿请求权等。

【训练】甲商场将1个电热壶出卖给乙，因电热壶存在质量瑕疵，乙被烫伤。此时，乙对甲商场享有两项民事权利：一是请求甲商场重新履行，二是请求甲商场赔偿人身损害。现乙将请求甲商场重新履行的债权让与给丙。乙请求甲商场赔偿人身损害的债权，是否随之转移给丙？

回答：否。

2. 受让人与债务人之间。债权让与在新的债权人与债务人之间，即受让人与债务人之间所发生的后果是：

（1）抗辩权延续。债权让与的抗辩权延续，是指债务人对债权人享有抗辩权的，债权人将债权让与受让人，债务人可以此抗辩事由继续抗辩受让人。由于债权让与无需征得债务人的同意，故在法律制度的安排上，债权让与不得对债务人产生不利，债务人原先对债权人所享有的抗辩权，不应受到债权让与的影响。由于债务人对受让人负担债务，需以将债权让与的事实通知债务人为前提，故债务人对受让人继续主张其对债权人的抗辩权，也需以将债权让与的事实通知债务人为前提。

需要注意的是，债权让与之抗辩权延续的后果，既适用于债务人享有抗辩权之后，债权人再将其债权让与给受让人的情形，例如，债权人将诉讼时效期间届满的债权，让与给受让人，通知债务人后，债务人可对受让人继续主张该诉讼时效抗辩权；也适用于债权让与之后，债务人再享有抗辩权的情形，例如，债权人将买卖合同的价金债权转让给受让人后，因债权人向债务人交付的货物质量不合格，导致债务人享有可拒绝付款的先履行抗辩权的，债务人可对受让人继续主张该项抗辩权。

（2）抵销权延续。债权让与的抵销权延续，是指债务人对债权人享有抵销权的，债权人将其债权让与给受让人之后，债务人可以对受让人主张抵销。由于债权让与无需征得债务人的同意，故债务人原先对债权人所享有的抵销权，同样不应受到债权让与的影响。债权让与之抵销权延续后果的发生，所需要具备的要件是：

第一，债权人与债务人之间，存在两个法律关系。在第一个法律关系中，债权人对债务人享有债权；在第二个法律关系中，债务人对债权人享有债权。债权人、债务人在两个法律关系中互负的债权标的的种类相同。

第二，债务人在第二个法律关系中，对债权人的债权到期。这是债务人对债权人享有抵销权的前提。

第三，债权人将其在第一个法律关系中的债权，让与给受让人，并通知债务人。如上所述，债权让与通知债务人，是债务人对受让人负担债务的前提，故也是债务人对债权人的抗辩权，可以对受让人继续主张的前提。否则，债务人可对债权人行使抵销权。

在时间顺序上，无论是债务人的债权先到期，再收到债权让与的通知，还是债务人先收到通知，其债权再到期，均不影响抵销权延续的法律后果。

【训练】 甲因 A 合同对乙享有 20 万元债权，乙因 B 合同对甲享有 20 万元债权。现甲将其在 A 合同中的债权，让与给丙，并向乙发出通知。

1. 设：乙在 B 合同中对甲的债权 2 月 5 日到期，乙于 2 月 15 日收到甲债权让与的通知。

（1）乙自何时起，可以对甲行使抵销权？

回答：2 月 5 日。

（2）乙自何时起，可以对丙行使抵销权？

回答：2 月 15 日。

2. 设：乙在 B 合同中对甲的债权 2 月 15 日到期，乙于 2 月 5 日就收到了甲债权让与的通知。

（1）2 月 5 日，乙收到通知后，能否行使抵销权？

回答：否。乙的债权尚未到期，不享有抵销权。

（2）2 月 15 日，乙的债权到期后，向谁行使抵销权？

回答：丙。

三、债务承担

债务承担，是指受让人对债务人所欠债务的承担。债务承担可以分为两类，即并存的债务承担与免责的债务承担。

（一）并存的债务承担

并存的债务承担，又称债务加入，是指在受让人承担债务的同时，债务人的债务并不因此消灭的债务承担形式。

1. 要件。

（1）当事人订立并存的债务承担合同。该合同的订立方式较为灵活，其可以由债务人与受让人订立，也可以由债权人与受让人订立。

（2）通知债权人。并存的债务承担并不会消灭债务人的债务，不会对债权人产生实质性的不利影响，故只需通知债权人，而无需征得债权人的同意。但债权人有权在合理期间内拒绝受让人加入债务。

2. 法律后果。在并存的债务承担中，债务人与受让人对债权人承担连带债务清偿责任。

（二）免责的债务承担

免责的债务承担，又称债务转让，是指债务人与受让人订立债务承担合同，约定债务人将其对债权人的债务，转让给受让人，且在债务承担的范围内，债务人之债务归于消灭的债务承担形式。

1. 要件。

（1）债务人与受让人订立债务转让合同。该合同一经成立，效力待定。其最终效力如何，需要债权人的追认或者拒绝。

（2）债权人对债务承担合同表示追认的，合同自始有效。这意味着，从债务承担合同成立时，受让人就承担了债务，成为债权人新的债务人。反之，债权人对债务承担合同表示拒绝的，合同自始无效。这意味着，债务从未发生转让，债务人始终未发生变化。

在此基础上，债务人或者第三人可以催告债权人在合理期限内予以追认。催告后，债权人未作表示的，视为拒绝。

（3）债务承担具有无因性。只要债务人与受让人订立了债务承担合同，并征得债权人的同意，债务就会发生转移。至于债务人与受让人订立债务承担合同的原因为何，在所不问。

【训练】甲借给乙1万元。乙向丙表示，愿意帮丙之子找到工作，丙遂与乙订立免责的债务承担合同，受让了乙对甲的债务，甲对此表示同意。后乙并未为丙之子找到工作。

1. 乙允诺为丙之子找工作，与乙丙订立免责的债务承担合同之间，是什么关系？

回答：前者是后者的原因。

2. 乙并未为丙之子找到工作。此时，谁是甲的债务人？为什么？

回答：丙。免责的债务承担具有无因性。

2. 法律后果。

（1）债务人与受让人之间。在免责的债务承担合同的双方，即债务人与受让人之间，免责的债务承担的后果是：

第一，债务转让，债权未转让。首先，在债务转让范围内，债务人的债务由受让人取得，受让人成为债权人的新的债务人。相应的，债务人将其部分债务转让给受让人的，债务人、受让人对债权人承担按份债务。其次，在双务法律关系中，债务人对债权人负担债务的同时，也享有债权的，债务转让后，债务人的债权并未发生变化，即债务人继续对债权人享有债权。

第二，转让的债务所生的利息、违约金、损害赔偿债务，随之转移。但是，具有专属性的损害赔偿义务除外。在这里，具有专属性的损害赔偿义务，包括人身损害赔偿义务、精神损害赔偿义务等。

【训练】甲商场将1个电热壶出卖给乙，因电热壶存在质量瑕疵，乙被烫伤。此时，乙对甲商场享有两项民事权利：一是请求甲商场重新履行，二是请求甲商场赔偿人身损害。现甲商场将重新履行的债务转让给丙。甲商场向乙赔偿人身损害的债务，是否随之转移给丙？

回答：否。

（2）债权人与受让人之间。在新的债权人与债务人，即债权人与受让人之间，免责的债务承担的后果是：

第一，抗辩权延续。免责的债务承担的抗辩权延续，是指债务人对债权人享有抗辩权的，债务人经债权人同意，将债务转让给受让人的，受让人可以此抗辩事由继续抗辩债权人。

需要注意的是，免责的债务承担之抗辩权延续的后果，既适用于债务人享有抗辩权之后，再将其债务让与给受让人的情形，例如，债务人经债权人同意，将诉讼时效期间届满的债务转让给受让人后，受让人可对债权人继续主张该诉讼时效抗辩权；也适用于债务转让之后，债务人再享有抗辩权的情形，例如，债务人经债权人同意，将买卖合同的价金债务转让给受让人后，因债权人向债务人交付的货物质量不合格，导致债务人享有可拒绝付款的先履行抗辩权的，受让人可对债权人继续主张该项抗辩权。

第二，抵销权不延续。免责的债务承担，不发生抵销权延续的后果，这是其不同于债权让与之处。具体来讲，债务人在另一法律关系中，对债权人享有到期债权，则意味着债务人对债权人享有抵销权。此时，若经债权人同意，债务人将其债务转让给受让人的，受让人不得对债权人行使抵销权。其原因在于，在两个法律关系中分别享有债权、负担债务的当事人，方才具有抵销利益，方能主张抵销权。而在免责的债务承担中，受让人只是债务人，而并不享有另一法律关系中的债权，故其无权主张抵销权。

【训练】甲因 A 合同对乙享有 20 万元债权，乙因 B 合同对甲享有 20 万元债权。现乙的债权已经到期。

1. 设：甲将其在 A 合同中债权，让与给丙，并向乙通知此事。

（1）乙是否负担第一个法律关系中的债务？

回答：是。

（2）乙是否享有第二个法律关系中的债权？

回答：是。

（3）乙能否对丙主张抵销权？

回答：能。

2. 设：乙将其在 A 合同中的债务，转让给丁，并征得甲的同意。

（1）丁是否负担第一个法律关系中的债务？

回答：是。

（2）丁是否享有第二个法律关系中的债权？

回答：否。

（3）丁能否对甲主张抵销权？

回答：否。

四、约定的债权、债务的概括转移

（一）概述

约定的债权、债务的概括转移，是指双务之债中的一方当事人与受让人约定，将其在该法律关系中对另一方的权利、义务，一并转让给受让人。因此，转让人与受让人之间所订立的概括转移合同，既包括债权让与的内容，又包括免责的债务承担的内容。

（二）要件

既然约定的债权、债务的概括转移，是债权让与、免责的债务承担两种交易的合并，那么对其要件的分析方法，就是将该项约定区分为债权让与和免责的债务承担两个部分，进而适用前述债权让与和免责的债务承担各自的要件。具体来讲：

1. 债权、债务的概括转移合同中债权让与的部分，无需相对人追认，即可生效。其一经生效，受让人即取得转让人的债权。但是，未向相对人通知的，相对人不对受让人负担债务。

2. 债权、债务的概括转移合同中免责的债务承担部分，则需以相对人的追认为有效的前提。相对人追认的，免责的债务承担部分自始有效，受让人自合同成立时，即取得转让人的债务；相对人拒绝的，免责的债务承担部分自始无效，受让人从未取得转让人的债务。

五、不得转让的债权与债务

在民法上，并非任何的债权、债务都可转让。以下债权、债务不得转让：

（一）具有人身专属性的债权、债务

具有人身专属性的债权、债务，只能由特定的人享有或承担。一旦与特定的人相分离，则债权、债务即丧失意义。通常，具有人身专属性的债权、债务，包括如下类型：

1. 以人身信任为基础的债权、债务，如明星为挚友在生日晚会表演节目的债权、债务；

2. 不作为债务以及所对应的债权，如公司与高管间竞业禁止的债权、债务；

3. 基于家庭身份所生的债权以及债务，如成年子女与老迈父母间的赡养费债权、债务；

4. 基于社会身份所生的债权、债务，如烈士家属与有关部门间的抚恤金债权、债务；

5. 人身损害所生之债权与债务，如交通事故引起的人身损害赔偿的债权、债务；

6. 劳动工资债权、债务，如农民工与建筑公司间的劳动报酬债权、债务。

（二）当事人约定不得转让的债权

债之关系的当事人双方约定，任何一方不得将其债权让与他人的，该约定有效。一方违反约定，将债权让与受让人的，在内部关系中，擅自转让的债权人对债务人构成违约，需承担违约责任，自不待言。然而，在外部关系中，债务人能否基于与原债权人之间的债权不得转让之约定，拒绝向受让人履行债务，则需要区分情况进行分析。

1. 当事人约定非金钱债权不得转让的，不得对抗善意受让人。故债权人将非金钱债权转让给受让人，而受让人不知道且不应当知道原债权人与债务人之间债权不得转让之约定的，债务人不得据此约定，拒绝向受让人履行债务。

2. 当事人约定金钱债权不得转让的，不得对抗第三人。故债权人将金钱债权转让给受让人的，则不问受让人是否知道或应当知道原债权人与债务人之间债权不得转让的约定，债务人均不得据此约定，拒绝向受让人履行债务。

（三）法律规定不得转让的债权、债务

根据法律的强制性规定，禁止转让的债权、债务，不得转让。例如，主债权人在保留主债权的情况下，对外单独转让保证权；又如，经批准而生效的合同，当事人一方未经批准，即与他人订立债权让与合同或债务承担合同。

第三节 债的保全

一、概述

债的保全，又称债的一般担保或责任财产的保全，是指债务人责任财产的保全，即法律赋予债权人为自己债权的实现，确保债务人的责任财产充实，避免因债务人责任财产不足而导致债权不能实现的特殊法律手段。

在债的关系中，债务人的全部财产是其履行债务、承担不履行债务的责任以及接受强制执行的物质基础，因此债务人的全部财产，又称为责任财产。因债务人的责任财产是否充实，对于债权人债权的实现有着直接的利害关系，故在债务人不当作为，导致其责任财产不充实，影响债权的实现时，法律有必要赋予债权人保全手段，以恢复债务人责任财产的正常水平。

债权作为相对权，原则上，其仅能通过请求债务人实施给付的手段实现其利益。然而，由于导致债务人责任财产不充实的原因涉及第三人，如债务人怠于向第三人主张债权，或债务人向第三人不当处分财产，故为实现保全债务人责任财产之目的，法律赋予债权得向第三人主张的效力。由此可见，债的保全制度，是一项突破了债权相对性的法律制度，是债权对外效力的体现。

二、代位权

（一）概念

债的保全制度中的代位权，又称债权人的代位权，是指债务人怠于向次债务人主张债权，有损债权人的债权时，债权人直接对次债务人主张债务人的债权的权利。

在代位权法律关系中，存在债权人、债务人、次债务人三方当事人，因而存在两个债之关系，即债权人与债务人的债权债务关系、债务人与次债务人的债权债务关系。在此基础上，代位权的法律逻辑在于，债权人以对债务人的债权为依据，代债务人之法律地位，直接向次债务人行使债务人对次债务人的债权。

（二）代位权的成立条件

1. 两个债权均到期。原则上，债权人对债务人的债权、债务人对次债务人的债权均应到期。否则，倘若债权人对债务人的债权尚未到期，则债权人主张代位权没有必要；倘若债务人对次债务人的债权尚未到期，则债权人主张代位权没有可能。

例外情况是，在债权人的债权到期前，债务人的权利存在诉讼时效期间即将届满或者未及时申报破产债权等情形时，倘若仍要求债权人在其债权到期后，再行使代位权，则债务人对次债务人的债权将诉讼时效届满或归于消灭。故在上述情况下，尚未到期的债权人也可以行使代位权。

2. 债务人怠于行使对次债务人的到期债权。债务人怠于向次债务人主张到期债权，是导致债务人责任财产不充实的原因，也是代位权成立的根本性要件。那么，是否无论债务人对次债务人以任何方式主张过自己的债权，都可打破"怠于"要件，进而阻却债权人代位权的行使？

这就需要对"怠于"的标准加以界定。《民法典》第535条并未对"怠于"的标准进行界定，而此前《最高人民法院关于适用〈中华人民共和国合同法〉若干问题的解释（一）》（以下简称《合同法解释一》，现已失效）第13条则规定，债务人未对次债务人以诉讼、仲裁方式主张债权，即可构成"怠于"。《民法典》颁布之前的司法解释规定，可以作为解释《民法典》相关不确切规定的重要参考。

3. 债务人的债权须是非专属性债权。债务人怠于向次债务人主张的债权，如果具有专属性，则该债权即与债务人不可分离，从而不具有债权人代位行使的可能性。在这里，非专属性债权，就是不具有人身专属性的债权。何种债权具有人身专属性，本章在"债的移转"一节已有阐释，自不复赘。需要注意的是，在代位权法律关系所并存的两个债中，债务人对次债务人的债权不得具有专属性，否则债权人不得行使代位权。至于债权人对债务人的债权是否具有人身专属性，则不影响代位权的成立。

4. 债务人怠于行使对次债务人的到期债权，有损债权的实现。"有损债权的实现"是指，因债务人怠于向次债务人主张到期债权，导致债务人无力向债权人偿还债务。反之，倘若纵然债务人怠于向次债务人主张到期债权，但债务人现有的财产足以偿还债务，则无法达成本要件。需要注意的是，在举证责任分配上，债权人无需对本要件的成立负举证责任，而应由债务人、次债务人对本要件不成立负举证责任。因此，倘若没有证据证明债务人的"怠于"是否有损债权的，法律将推定其有损债权。

（三）代位权的行使

在具备前述代位权的成立要件的基础上，债权人行使代位权的规则是：

1. 代位权的行使，须以债权人的名义。尽管债权人行使代位权，是对次债务人主张债务人的债权，但是债权人之所以能够对次债务人主张债务人的债权，是因为自己对债务人所享有的债权，换言之，代位权是属于债权人自己的权利，故其之行使，须以债权人自己的名义。

2. 代位权的行使，须以诉讼的方式。根据《民法典》第535条之规定，代位权不得直接采用请求履行的方式主张，而必须通过诉讼的方式行使。由此便涉及诉讼当事人与管辖法院两个问题。

（1）代位权之诉以债权人为原告，次债务人为被告。债务人作为无独立请求权第三人参加诉讼。原告未将债务人列为第三人的，法院可依职权追加。

（2）代位权之诉的管辖法院，为被告住所地法院，即次债务人住所地法院。

3. 代位权行使的范围。债权人行使代位权，需受两个债权数额的约束。一方面，债权人行使代位权，旨在保护自己债权的实现，故权利的主张不得超过自己的债权数额；另一方面，债权人行使代位权，是对次债务人主张债务人的债权，故权利的主张也不得超过债务人的债权数额。因此，代位权行使的范围，为债权人的债权额与债务人的债权额，就低不就高。

4. 次债务人的抗辩权。次债务人的抗辩权，是指在代位权诉讼中，次债务人可以对债权人主张的抗辩权。尽管《民法典》第535条第3款仅仅规定"相对人对债务人的抗辩，可以向债权人主张"，但是，代位权之诉的内在逻辑结构决定了，债务人对债权人享有抗辩权的，次债务人以之对债权人进行抗辩，也应得到法院的支持。

（四）行使代位权的法律后果

债权人提起代位权之诉并且胜诉，由此引起的法律后果包括：

1. 次债务人应当履行对债务人的债务。代位权之诉以债权人请求次债务人履行对债务人的到期债务为内容，故代位权之诉胜诉之后，次债务人即应履行该项债务，自不待言。这里的问题是，次债务人应当向债权人还是向债务人履行该项债务？对于这一问题，民法上有入库原则与优先原则两种理论。

（1）入库原则与优先原则。入库原则，是指次债务人应当向债务人履行债务，从而充实债务人的责任财产。进而，债权人再依据其债权，请求债务人履行债务。优先原则，是指次债务人直接向债权人履行债务，在次债务人履行的范围内，次债务人对债务人的债务、债务人对债权人的债务，一并归于消灭。

在债权人仅为一人的情况下，入库原则与优先原则在法律效果上，并无不同。但是，在债权人为两人或两人以上的情况下，入库原则可以确保各债权人债权受偿的平等性，但同时会导致部分未行使代位权的债权人"搭便车"的后果；优先原则可以杜绝"搭便车"，但却会导致行使代位权的债权人获得优先于其他债权人受偿的后果，违背债权的平等性原理。

【训练】甲、乙对丙各享有到期债权 10 万元，丙对丁享有到期债权 10 万元。丙无力对甲、乙偿还债务，现甲对丁依法提起代位权之诉，且已经胜诉。

1. 根据入库原则：

（1）丁应向谁履行债务？

回答：丙。

（2）丁向丙交付 10 万元后，乙可否从甲行使代位权的后果中收益？

回答：可以。乙可以请求丙偿还丁所偿还给丙的 10 万元。

2. 根据优先原则：

（1）丁应向谁履行债务？

回答：甲。

（2）丁向甲交付 10 万元后，乙可否从甲行使代位权的后果中收益？

回答：不能。甲实际上拥有了优先于乙受偿的法律地位。

（2）《民法典》采取优先原则。《民法典》第 537 条规定："人民法院认定代位权成立的，由债务人的相对人向债权人履行义务，债权人接受履行后，债权人与债务人、债务人与相对人之间相应的权利义务终止……"由此可见，我国民法对于次债务人履行对象的确定，采纳了优先原则。

2. 行使代位权费用的承担。《民法典》第 535 条第 2 款规定："……债权人行使代位权的必要费用，由债务人负担。"对于这一规定，应从如下两个方面加以理解：

（1）代位权之诉的诉讼费。

第一，代位权之诉中，债权人胜诉的，次债务人作为败诉被告，应当承担诉讼费。由于债权人在起诉时已经预交诉讼费，故次债务人应当将诉讼费连同所应履行的债务，一并支付给债权人。

第二，次债务人向债权人交付诉讼费后，有权向债务人追偿。

（2）诉讼费之外的其他必要费用，由债务人承担。

三、撤销权

（一）概述

债的保全制度中的撤销权，又称债权人的撤销权、废罢诉权，是指债务人向第三人不当处分财产，导致其责任财产减少，有损债权人债权时，债权人撤销债务人与第三人的不当处分行为的权利。

撤销权法律关系，存在债权人、债务人、第三人三方当事人。该三方当事人之间，并存着两个法律关系：债权人与债务人之间为债之关系，债务人与第三人之间为财产处分关系。撤销权的对象是第二个法律关系，而其依据则是债权人在第一个法律关系中的债权。

债权人与债务人基于合同发生债之关系时，债权人通常需对债务人的资信加以评估，因而该债之关系体现了债权人对债务人现有责任财产水平的信赖。倘若在债之关系发生后，债务人采取不当处分行为导致其责任财产减少，则势必损害债权人的资信信赖。因此，法律有必要赋予债权人以撤销权，恢复或维持债务人责任财产的原有水平。

（二）撤销权的成立条件

1. 债务人向第三人实施不当处分行为。不当处分行为，是指导致债务人责任财产减少的行为。因债务人向第三人等价有偿的处分行为，并不会导致债务人责任财产的减少，故不当处分行为包括如下三种情形：

（1）无偿处分行为。根据《民法典》第538条之规定，无偿处分行为的法定类型包括：

第一，无偿转让财产。例如，债务人向第三人实施财产赠与。

第二，放弃债权担保。例如，债务人对他人享有债权，第三人为该债权提供担保，而债务人放弃了第三人所提供的担保权。

第三，放弃债权。例如，债务人对第三人享有债权，而债务人免除第三人的债务。

第四，恶意延长其到期债权的履行期限。例如，债务人对第三人享有的债权已经到期，债务人延长第三人债务的履行期限。需要注意的是，债务人延长到期债权的履行期间，需以"恶意"为条件，即以阻碍债权人债权的实现为目的。反之，债务人基于正常需要而延长债权履行期限的，如第三人无力偿还欠款，债务人予以宽限的，债权人不得行使撤销权。

需要注意的是，债务人向第三人无偿处分其责任财产的形态，并不以上述法定类型为限。债务人对第三人所实施的任何放弃财产利益的行为，债权人均有权撤销。

（2）明显不等价处分行为。明显不等价处分行为，是指债务人对第三人责任财产的处分，虽属有偿、但明显不等价，依然导致债务人责任财产减少的行为。其包括两种情形：

第一，以明显不合理的低价转让财产；

第二，以明显不合理的高价受让财产。

《民法典》第 539 条并未对"明显不合理"的标准作出界定。但是在《民法典》颁布之前，《最高人民法院关于适用〈中华人民共和国合同法〉若干问题的解释（二）》（以下简称《合同法解释二》，现已失效）第 19 条曾经规定，转让价格达不到交易时交易地的指导价或者市场交易价 70%的，一般可以视为明显不合理的低价；对转让价格高于当地指导价或者市场交易价 30%的，一般可以视为明显不合理的高价。《民法典》颁布之前的司法解释，可以作为对《民法典》相关不明确规定进行解释的重要参考。

需要注意的是，在债务人向第三人实施上述明显不等价处分行为的情况下，因第三人毕竟支付了相应的对价，故需考虑债权人与第三人利益的平衡。故根据《民法典》第 539 条之规定，债权人对债务人明显不等价处分行为的撤销权，需以第三人知道或应当知道其与债务人的交易有损债权人利益为条件。

（3）向第三人提供担保。债务人为第三人对他人债权之实现，向第三人提供担保的，因第三人若行使担保权，将会导致债务人责任财产的减少，故债权人也可享有撤销权。根据《民法典》第 539 条之规定，债权人对债务人向第三人提供担保行为的撤销权，也需以第三人知道或应当知道其与债务人的交易有损债权人利益为条件。

2. 债务人的不当处分行为，发生在债权存续期间。如前所述，撤销权以维护债之关系发生时，债权人对债务人的资信信赖为目的，故只有在债权人对债务人的债权存续期间，债务人实施不当处分行为，方才构成对债权人资信信赖的侵害。反之，倘若在债权人的债权成立之前或消灭之后，债务人对第三人实施导致其责任财产减少的行为无损于债权，债权人对此不享有撤销权。

3. 债务人的不当处分行为有损债权实现。"有损债权实现"是指，因债务人向第三人实施不当处分行为，导致债务人责任财产减少，进而无力向债权人偿还债务。反之，倘若纵然债务人向第三人不当处分，但债务人现有的财产足以偿还债务，则债权人不得享有撤销权。需要注意的是，在举证责任的分配上，债权人无需对本要件的成立负举证责任，而应由债务人、次债务人对本要件不成立负举证责任。因此，倘若没有证据证明债务人的不当处分行为是否有损债权的，法律将推定其有损债权。

（三）撤销权的行使规则

撤销权成立后，债权人行使撤销权的规则是：

1. 撤销权的行使，须以诉讼的方式。根据《民法典》第 538、539 条之规定，撤销权不得直接采用通知的方式主张，而必须通过诉讼的方式行使。由此，依然会涉及诉讼当事人与管辖法院两个问题。

（1）撤销权之诉以债权人为原告，债务人为被告。次债务人作为无独立请求权第三人参加诉讼。原告未将次债务人列为第三人的，法院可依照职权追加。

（2）撤销权之诉的管辖法院，为被告住所地法院，即债务人住所地法院。

2. 撤销期间。撤销权的行使，受撤销期间的限制。撤销期间届满的，撤销权消灭。撤销期间的计算方式有二：一是债权人应自知道或者应当知道撤销事由之日起 1 年内，行使撤销权；

二是债权人自债务人的不当处分行为发生之日起 5 年内未行使撤销权的，撤销权消灭。以上两个撤销期间并行，任何一个期间届满，撤销权均归于消灭。

（四）撤销权行使的法律后果

债权人提起撤销权之诉，并且胜诉的，由此产生的法律后果是：

1. 债务人对第三人的不当处分行为自始无效，即视为债务人自始未向第三人实施过不当处分行为。需要注意的是，基于不当处分行为，债务人已经将动产或不动产交付给第三人的，不当处分行为撤销后，第三人应向债务人返还该财产。然后，债权人再请求债务人履行债务。换言之，与前述代位权行使中次债务人的履行对象不同，对于撤销权行使中第三人返还财产的对象的确定，我国民法奉行入库原则。

2. 债权人行使撤销权所支付的必要费用，如律师代理费、差旅费等，由债务人负担。

第四节　债的担保

一、担保概述

（一）担保权

1. 担保权的概念和体系。担保权，是指以担保债权实现为目的的民事权利。根据担保权的性质究竟属于物权还是债权，担保权可以分作"担保物权"和"担保债权"两种。

（1）担保物权，又称物保，是指具有物权性质的担保权，包括抵押权、质权和留置权三种类型。

（2）担保债权，是指具有债权性质的担保权，包括保证和定金两种类型。其中，保证被称为人保，定金被称为钱保。

由此可见，我国民法典型的担保形式共有五类，即抵押、质押、留置、保证、定金。其中，因抵押、质押、留置三种担保物权，在本书物权部分已经阐释，故本节的讲述内容，限于保证和定金这两种担保债权。

2. 担保权的特征。

（1）独立性。担保权的独立性，是指担保权与受担保的债权，是两项民事权利。因此，债的担保不同于债的保全：后者是债权的自我保护，而前者则是债权之外的另一权利对债权的保护。由此可见，所有的债权均可受到债的保全之保护，但未必都可受到债的担保的保护，担保权的产生，需要债权法律事实之外的担保法律事实。

（2）从属性。担保权的从属性，是指担保权是依附于受担保的债权的从权利；相应的，受担保的债权则是担保权的主权利。担保权的从属性特征的法律意义有二：一是受担保的债权的让与、变更、消灭，将会导致担保权的让与、变更、消灭；二是受担保的债权与担保权，必然归属于同一主体——"担保权人就是主债权人"是担保法律关系中恒定的规律。

担保权的从属性必然导致担保责任的从属性。根据《最高人民法院关于适用〈中华人民共和国民法典〉有关担保制度的解释》第 3 条的规定，担保责任的从属性表现为：

第一，当事人对担保责任的承担约定专门的违约责任，或者约定的担保责任范围超出债务人应当承担的责任范围，担保人仅需在主债额范围内承担担保责任。

第二，担保人承担的责任超出主债额的，担保人向债务人追偿，债务人仅需在主债额范围内承担责任；担保人有权请求债权人返还超出主债额的部分。

【训练】甲银行向乙贷款10万元，丙与甲银行订立保证合同，约定丙对甲银行的债权承担全额保证责任，如丙怠于承担保证责任，应当向甲银行支付保证合同约定的违约金2万元。现乙期满后未向甲银行履行债务，丙也怠于承担保证责任。于是，甲银行请求丙承担10万元主债务的保证责任的同时，还要求丙支付保证合同所约定的违约金2万元。

1. 在贷款合同中，甲银行对乙的债权额是多少？

回答：10万元。

2. 甲银行能否请求丙承担10万元的保证责任？

回答：可以。

3. 甲银行能否请求丙承担2万元的违约金？

回答：甲银行要求丙支付2万元违约金的主张，因超过了主债额的范围而不能成立。

4. 如果丙向甲银行支付了12万元：

（1）丙能否向乙追偿12万元？

回答：否。丙只能向乙追偿10万元。

（2）丙能否请求甲银行返还2万元？

回答：可以。

（3）补充性。担保权的补充性，是指担保权是债权的补充性权利，即债权人担保权的行使，需以债务人到期不履行债务为前提。相应的，担保人担保责任的承担，也需以债务人到期不履行债务为前提。这是债的担保区别于债务承担的关键所在。

（二）担保合同

1. 担保合同的概念和种类。担保合同，是指债权人与担保人所订立的、以设定担保权为目的的合同。在我国民法上，担保合同共有四类：①抵押人与债权人订立的抵押合同；②出质人与债权人订立的质押合同；③保证人与债权人订立的保证合同；④债权人与债务人另行订立的定金合同。由于"留置权"为法定担保物权，无需以当事人的约定为条件，故不存在"留置合同"。

2. 担保合同的订立方式。在担保法律关系中，所有的意思表示，均应当采取书面形式。因此，担保合同也应采取书面形式。书面担保合同的订立方式包括：

（1）在主合同之外，主债权人和担保人另行订立担保合同。

（2）担保人出具的、表明其愿意对某一债权承担担保责任的担保函。虽然在表现形式上，担保函为担保人的单方意思表示行为，但债权人没有明示拒绝接受担保的，视为债权人对担保函的默示接受，担保合同成立。

（3）在主合同中约定担保条款。在主合同中约定担保条款，本质是当事人将主合同与担保合同订立于一个法律文件之中。因此，在法律概念上，主合同和担保合同，仍然为两种合同，不能相互混淆。

【训练】 甲乙订立的买卖合同中，约定了定金条款。现甲乙在买卖合同上签字盖章，但是定金尚未交付。

1. 甲乙的买卖合同是否成立？

回答：是。

2. 甲乙的定金合同是否成立？

回答：否。定金合同为实践合同，因定金未交付，定金合同未成立。

需要注意的是，担保人为债务人以外的第三人时，主合同中的担保条款若想具有担保合同的意义，除了主合同双方当事人的签字外，还需有担保人的签字。

（4）保证人在主合同上签字。主合同中未约定担保条款，保证人签字表明其保证人身份的，也视为保证合同成立。

3. 第三人担保的无因性。在保证、抵押、质押等担保形式中，存在"第三人为债务人负债提供担保"的现象。第三人为债务人的负债向债权人提供担保的原因，具有多样性。但是这些原因，在判断"担保合同是否成立""担保是否成立"等问题时，法律不予考虑。换言之，只要担保人与债权人订立担保合同，符合担保权的成立要件，担保权即告成立，担保人即应承担担保责任。至于担保人提供担保的原因，法律在所不问。

（三）担保人的消极条件

担保人的消极条件，是指依法不能承担或无需承担担保责任的法定事由。根据《民法典》及《最高人民法院关于适用〈中华人民共和国民法典〉有关担保制度的解释》的规定，担保人的消极条件包括：

1. 公司的法定代表人违反《中华人民共和国公司法》（以下简称《公司法》）第 16 条之规定擅自担保。

（1）一般原理。《公司法》第 16 条规定，公司向其他企业投资或者为他人提供担保，依照公司章程的规定，由董事会或者股东会、股东大会决议。公司为公司股东或者实际控制人提供担保的，必须经股东会或者股东大会决议。由此可见，公司的法定代表人未经公司表决程序，以公司名义为他人债务进行担保，其行为构成越权代表。《民法典》第 61 条规定，法定代表人越权代表，相对人善意的，公司需承担越权代表行为的法律后果。在公司法定代表人违反《公司法》第 16 条之规定擅自担保的情况下，接受担保的相对人如欲请求公司承担担保责任，须就自己的善意负举证责任，即证明自己不知道且不应当知道法定代表人越权代表的事实。

若相对人能够证明自己为善意，如提供了公司的相关决议（包括伪造、变造的决议），或提供了上市公司公开披露的信息，则担保合同有效，公司应承担担保责任。反之，若相对人不能证明自己不知道且不应当知道法定代表人越权代表的，担保合同无效，公司可不承担担保责任。但是，若公司也有过错的，公司须根据自己的过错，承担相应的赔偿责任。

【训练】 甲公司法定代表人张某擅自与乙银行订立抵押合同，以甲公司的房屋向乙银行设立抵押，担保丙公司从乙银行的贷款。现甲公司以张某越权代表为由，拒绝承担担保责任。

1. 如果甲公司无法证明乙银行知道或应当知道张某为越权代表，乙银行也无法证明自己不知道且不应当知道张某为越权代表。抵押合同效力如何？

回答：无效。因乙银行无法证明自己善意，推定为乙银行恶意，甲公司无需承担抵押担保责任。但是，若甲公司也有过错的，应承担相应的赔偿责任，并可向张某追偿。

2. 如果乙银行证明张某曾出具甲公司的"同意担保"的股东会决议，经查，该决议系张某伪造。

（1）抵押合同效力如何？

回答：乙银行系善意，担保合同有效。甲公司需承担抵押担保责任，并可向张某追偿。

（2）如果甲公司举证证明乙银行知道该股东会决议系伪造。抵押合同效力如何？

回答：乙银行系恶意，担保合同无效。甲公司无需承担抵押担保责任。但是，若甲公司也有过错的，应承担相应的赔偿责任，并可向张某追偿。

（2）例外。以下情况下，最高院《关于适用〈中华人民共和国民法典〉有关担保制度的解释》第8、10条规定，未经公司表决程序，公司对外担保的，担保合同有效：

第一，金融机构开立保函或者担保公司提供担保。但是，金融机构或担保公司的分支机构，未经授权提供担保的除外。

第二，公司为其全资子公司开展经营活动提供担保，但上市公司除外。

第三，担保合同系由单独或者共同持有公司2/3以上对担保事项有表决权的股东签字同意，但上市公司除外。

第四，一人公司为其股东提供担保。

需要说明的是，法定代表人以公司名义与他人订立并存的债务承担合同，加入债务的，其行为的效力，参照公司为他人提供担保的规则进行处理。

2. 机关法人提供担保的，担保合同无效。但是经国务院批准，为使用外国政府或者国际经济组织贷款进行转贷的除外。

3. 居民委员会、村民委员会提供担保的，担保合同无效。但是依法代行村集体经济组织职能的村民委员会，依法对外提供担保的除外。

4. 以登记为非营利法人的学校、幼儿园、医疗机构、养老机构等提供担保的，担保合同无效。但是有下列情形之一的除外：

（1）在购入或者以融资租赁方式承租公益设施时，出卖人、出租人为担保价款或者租金实现而在该公益设施上保留所有权；

（2）以公益设施以外的财产设立担保物权。

【训练】甲大学为非营利性的事业单位法人。

1. 甲大学为从银行贷款，以实验楼以及校领导的专车向银行抵押。该抵押合同效力如何？

回答：实验楼为公益设施，抵押合同无效；领导专车为非公益设施，抵押合同有效。

2. 甲大学为获得教学实验设备，与乙公司订立设备买卖合同，约定乙公司将设备交付甲大学使用的同时，保留所有权。该买卖合同效力如何？

回答：有效。

3. 甲大学为获得教学实验设备，与乙公司订立融资租赁合同，约定乙公司从丙厂购买设备后，出租给甲大学。该融资租赁合同效力如何？

回答：有效。

需要注意的是，登记为营利法人的学校、幼儿园、医疗机构、养老机构等提供担保的，担保合同有效。

（四）担保合同的无效

1. 含义。担保合同无效时，担保人的责任性质，不再是"担保责任"，而是"缔约过失责任"（赔偿责任），即因一方过错导致合同无效的，过错方应向对方承担赔偿责任。因此，担保合同无效时，当事人责任的承担，以"过错"为基础。

需要注意的是，担保合同无效的法律后果，针对的是债务人以外的"第三人"提供担保的情况，即：第三人作为抵押人的抵押合同、第三人作为出质人的质押合同以及保证合同。

2. 主合同有效而担保合同无效。主合同有效而担保合同无效，即债权人与债务人所订立的主合同有效，而债权人与担保人所订立的担保合同无效或被撤销。此时，根据《最高人民法院关于适用〈中华人民共和国民法典〉有关担保制度的解释》第17条的规定，其法律后果是：

（1）债权人有过错而担保人无过错的，担保人不承担赔偿责任。

（2）债权人与担保人均有过错的，担保人承担的赔偿责任不应超过债务人不能清偿部分的1/2；

（3）担保人有过错而债权人无过错的，担保人对债务人不能清偿的部分承担赔偿责任。

3. 因主合同无效而导致担保合同无效。担保合同为从合同，以担保主合同的实现为目的。作为"目的"的主合同无效、被撤销，作为"手段"的担保合同当然归于无效。需要注意的是，当事人约定担保合同的效力独立于主合同或者担保人对主合同无效的法律后果承担担保责任的，该约定因违反担保独立性而无效。但是，因金融机构开立的独立保函发生的纠纷，不适用《民法典》的规定，而适用《最高人民法院关于审理独立保函纠纷案件若干问题的规定》。

根据《最高人民法院关于适用〈中华人民共和国民法典〉有关担保制度的解释》第17条第2款的规定，因主合同无效所导致的担保合同无效的法律后果是：

（1）担保人无过错的，不承担赔偿责任；

（2）担保人有过错的，其承担的赔偿责任不应超过债务人不能清偿部分的1/3。

需要注意的是，在担保合同无效的情况下，担保人承担了赔偿责任的，依然可向债务人追偿。

（五）反担保

1. 概念。反担保，是指在债务人以外的第三人作为担保人的情况下，用以担保第三担保人对债务人的追偿权的担保。在债务人以外的第三人提供担保，并向债权人承担担保责任后，第三担保人享有向债务人追偿的债权。反担保的意义，即在于为此追偿债权提供担保。

【训练】甲将 100 万元出借给乙，丙以自己的房屋 A 为甲抵押，担保乙债务的履行，并办理了抵押登记手续。乙以自己的房屋 B 为丙设立反担保，也办理了抵押登记手续。

1. 甲的房屋 A 抵押权，所担保的债权是什么？

回答：甲对乙的还款债权。

2. 丙的房屋 B 抵押权，所担保的债权是什么？

回答：丙向甲承担担保责任后，对乙享有的追偿权。

2. 反担保法律关系。

（1）反担保关系中的债权人，为追偿权人，即原担保关系中的担保人。

（2）反担保关系中的债务人，即追偿的对象，为原担保关系中的债务人。

（3）反担保关系中的担保人，可以是债务人，也可以是第三人。

（六）担保责任

1. 以新贷偿还旧贷中的担保责任。以新贷偿还旧贷，是指旧贷的债务人从新贷债权人处获得借款，用以偿还其旧贷债务的事实。在以新贷偿还旧贷的法律关系中，涉及两个方面的担保责任，即新贷的担保责任与旧贷的担保责任。

（1）新贷之债的担保责任。以新贷偿还旧贷，意味着债务人极有可能无法向新贷的债权人偿还债务，新贷的担保人责任风险极大。因此，根据《最高人民法院关于适用〈中华人民共和国民法典〉有关担保制度的解释》第 16 条的规定，原则上，新贷的担保人有权以"所担保的主债权关系，系以偿还旧贷为目的"为由，不再承担保证责任。但例外情况有二：

第一，担保人提供担保时，知道或者应当知道所担保的主债具有偿还旧贷的用途的，不得再以此为由拒不承担担保责任；

第二，旧贷发生时，该担保人即为其提供担保的，担保人不得以新贷具有偿还旧贷的用途为由，拒不承担保证责任。

（2）旧贷之债的担保责任。根据《最高人民法院关于适用〈中华人民共和国民法典〉有关担保制度的解释》第 16 条的规定，原则上，新贷的债权人对于旧贷的偿还，并不构成第三人代为履行，因而不适用"代为履行的第三人可以享有债权人的权利"之规则，因此。新贷债权人不得享有旧贷债权人的担保权。但是，旧贷的物上担保人在担保登记尚未注销的情形下，同意继续为新贷提供担保，并办理变更担保登记手续的，新贷债权人可享有该担保物权，且其担保物权登记的时间，溯及至担保人为旧贷债权人办理登记的时间。这意味着，旧贷担保人与新贷债权人办理变更登记之前，又以该担保财产为其他债权人设立担保物权并办理登记手续的，新贷债权人可优先于其他债权人受偿。

【训练】甲借给乙一笔款项，张三提供连带责任保证。经查，两个月前，乙欠丁的债务到期未能偿还。乙从甲处借款的目的，就是给丁还款。

1. 张三可否以"甲乙借款目的不正常"为由，拒绝承担保证责任？

回答：可以。

2. 如果张三与甲订立保证合同时，即知道或应当知道此笔借款的用途，张三可否以"甲乙借款目的不正常"为由，拒绝承担保证责任？

回答：不可以。

3. 如果当初乙从丁处借款时，也是张三提供保证，张三可否以"甲乙借款目的不正常"为由，拒绝承担保证责任？

回答：不可以。

4. 如果丁借款给乙时，有李四的房屋 A 提供抵押，且办理了抵押登记手续。现因甲借钱给乙，使乙向丁偿还了债务。

（1）甲能否行使李四所提供的抵押权，用以担保自己对乙债权的实现？

回答：否。甲借钱给乙，使乙向丁还款，并不构成第三人代为履行，甲不得享有丁的担保权。

（2）如果李四的抵押权登记尚未注销，李四同意继续为甲对乙的借款提供担保，与甲订立了抵押合同，办理了抵押变更登记手续。李四可否以"甲乙借款目的不正常"为由，拒绝承担抵押担保责任？

回答：不可以。

（3）如果李四的抵押权登记尚未注销，李四同意继续为甲对乙的借款提供担保。李四与甲订立抵押合同之前，将房屋 A 抵押给丙，并为丙办理了抵押登记手续。随后，李四才与甲订立抵押合同，办理了抵押登记。房屋 A 上丙的抵押权与甲的抵押权，谁优先受偿？

回答：甲。

2. 担保人的债务人抗辩权。担保人的债务人抗辩权，是指在债务人对债权人享有抗辩权的情况下，担保人有权以之抗辩债权人，拒绝承担担保责任。担保人的债务人抗辩权，具有独立性。纵然债务人放弃自己对债权人的抗辩权，担保人的债务人抗辩权也不受影响。由担保人对债务人抗辩权的享有，可引申出担保人追偿权与抗辩权的关系，具体来讲：

（1）在债务人对债权人享有抗辩权的情况下，若担保人未以之抗辩债权人，承担担保责任之后，不得向债务人追偿。

（2）债务人放弃其对主债权人的抗辩权的情况下，若担保人未以之抗辩主债权人，承担了担保责任的，其追偿权并不消灭。

【训练】甲借给乙 10 万元，丙向甲提供保证。现甲乙借款之债诉讼时效届满，乙向甲主张诉讼时效抗辩权，拒绝返还借款。现甲请求丙承担保证责任。

1. 丙能否以乙的借款诉讼时效届满为由，拒绝承担保证责任？

回答：可以。

2. 若丙未行使乙的诉讼时效抗辩权，向甲承担了保证责任后，能否向乙追偿？

回答：否。

3. 若乙向甲表示，愿意履行债务。此时：

（1）乙还能否对甲主张诉讼时效抗辩权？

回答：否。诉讼时效届满后，债务人同意履行债务的，不得再主张诉讼时效抗辩权。

（2）丙能否仍以乙的借款诉讼时效届满为由，拒绝承担保证责任？

回答：可以。

（3）若丙未行使乙的诉讼时效抗辩权，向甲承担了保证责任后，能否向乙追偿？

回答：可以。

（七）主债变动对担保责任的影响

在保证所涉及的三方当事人之间，并存着主债权关系和保证之债关系。在主债关系的主体、内容、目的发生变动的情况下，作为从债关系的保证关系，就有可能受到相应的影响。具体来讲：

1. 主债权让与、主债务承担对保证责任的影响。

（1）主债权让与对保证责任的影响。原则上，在主债关系中，债权人将其对债务人的债权转让于受让人的，无需担保人的书面同意，担保人应对受让人的债权继续承担担保责任。其原因有二：一是从利益角度以观，决定担保责任风险的因素，在于债务人，而非债权人，因主债发生债权让与的结果，是债权人发生了变化，债务人并未发生变化，故担保人继续对受让人承担担保责任，无损于担保人的利益。二是从法律逻辑角度以观，在主债权转让于受让人的情况下，担保权作为从权利，亦应随之转让给受让人。在此基础上，根据《民法典》第696条、《最高人民法院关于适用〈中华人民共和国民法典〉有关担保制度的解释》第20条的规定，例外情况有二：

第一，担保人与债权人约定禁止债权转让，债权人未经担保人书面同意转让债权的，担保人对受让人不再承担保证责任。

第二，债权让与未通知第三担保人的，第三担保人不向受让人承担担保责任，而只向原债权人承担担保责任。

【训练】甲银行借给乙公司100万元，丙公司为甲银行提供连带责任保证，丁公司为甲银行设立抵押，并为甲银行办理了抵押登记手续。此外，戊公司以其汽车为甲银行设立质押，并向甲银行交付汽车。现甲银行未经丙、丁、戊公司的同意，将对乙公司的债权转让给资产管理公司，并通知了乙公司。现乙公司到期未向资产管理公司履行债务。

1. 资产管理公司请求丙公司承担保证责任：

（1）丙公司提出，自己是与甲银行订立的保证合同，与资产管理公司之间并无保证之债关系，故拒绝承担保证责任。丙公司的主张是否于法有据？

回答：否。

（2）丙公司提出，甲银行将债权让与给资产管理公司，并未通知自己。自己已经向甲银行承担了保证责任，故拒绝再承担保证责任。丙公司的主张是否于法有据？

回答：是。

2. 资产管理公司请求丁公司承担抵押担保责任。丁公司提出，自己是与甲银行订立的抵押合同，且抵押登记所记载的抵押权人是甲银行，资产管理公司并未将抵押登记变更至其名下，故拒绝承担抵押担保责任。丁公司的主张是否于法有据？

回答：否。

3. 资产管理公司请求戊公司承担质押担保责任。戊公司提出，自己是与甲银行订立的质押合同，且已向甲银行交付质物，资产管理公司并未占有质物，故拒绝承担质押担保责任。戊公司的主张是否于法有据？

回答：否。

（2）主债务承担对于保证责任的影响。在主债发生并存的债务承担时，即受让人债务加入的，因不会增加担保人的担保责任风险，故无需担保人的书面同意，保证人应继续对债权人承担保证责任。但是，主债关系发生免责的债务承担，即债务人经债权人同意，将债务转让给受让人的，因不同的债务人履行债务的能力不同，故可能对担保责任的承担产生实质性影响。因此，主债务转让，未经第三担保人的书面同意，第三担保人的担保责任消灭；但是，债务人担保的，须继续承担担保责任。

【训练】甲银行借给乙公司 100 万元，乙公司向甲银行设立抵押，办理了抵押登记手续。丙公司向甲银行提供连带责任保证，丁公司也向甲银行设立抵押，办理了抵押登记手续。现乙公司经甲银行的同意，将其债务转让给资产管理公司。丙、丁公司对此并不知情。现资产管理公司未向甲银行履行到期债务。

1. 甲银行是否能行使乙公司提供的抵押权？

回答：可以。

2. 甲银行是否能请求丙公司承担保证责任？

回答：否。丙公司的保证责任已经消灭。

3. 甲银行能否行使丁公司提供的抵押权？

回答：否。丁公司的物上担保责任已经消灭。

2. 主债额变动对担保责任的影响。主债额变动，是指债权人、债务人通过约定增加或者减少主债的数额。主债双方约定增加债额的，未经担保人书面同意，担保人对增加的部分，不再承担担保责任；主债双方约定减少债额的，担保人应对剩余的部分，继续承担担保责任。

3. 债务人未行使对债权人的抵销权、撤销权。

（1）债务人对债权人享有抵销权的，如其行使抵销权，会导致其债务的减少甚至消灭，进而会减轻甚至消除保证人的保证责任。因此，若债务人未行使其抵销权的，在本可抵销的范围内，保证人有权拒绝承担保证责任。

（2）债务人对债权人享有撤销权的，如其行使撤销权，会导致其债务的减少甚至消灭，进而会减轻甚至消除保证人的责任。因此，若债务人未行使其撤销权的，在保证人责任本可减轻、消灭的范围内，保证人有权拒绝承担保证责任。

【训练】甲与乙订立买卖合同，约定甲将货物交付予乙，乙支付价金 10 万元。丙为甲的价金债权提供保证。现乙发现，甲存在欺诈事实，且丙对此事并不知情。

1. 如果乙行使撤销权，对于丙后果如何？

回答：首先，甲乙买卖合同自始无效，甲丙保证合同随之无效。其次，因丙对保证合同无效没有过错，丙无需承担缔约过失责任。

2. 如果乙行使撤销权，对于丙后果如何？

回答：首先，甲乙买卖合同有效，甲丙保证合同有效。其次，丙有权拒绝承担保证责任。

（八）债务人破产时第三担保人的担保责任

1. 债权人申报债权。债务人进入破产程序，且债权人申报债权的，由债权人参与债务人的破产程序。此时，根据《最高人民法院关于适用〈中华人民共和国民法典〉有关担保制度的解释》第 23 条的规定，债权人、债务人、第三担保人之间的法律关系是：

（1）在破产程序进行中，债权人仍有权请求担保人承担担保责任。担保人清偿全部债权后，可以代替债权人在破产程序中受偿，即直接从债务人破产程序中受偿债权人应受偿的部分；担保人未清偿全部债权的，不得代替债权人在破产程序中受偿。但是，担保人有权就债权人超额受偿的部分，在已承担的担保责任的范围内，请求债权人返还。

（2）在破产程序终结后，债权人未获清偿的部分，有权请求担保人继续承担担保责任。担保人承担担保责任后，不得向债务人追偿。

【训练】甲公司借给乙公司 100 万元，丙公司为甲公司提供连带责任保证。现乙公司进入破产程序，甲公司申报了债权。

1. 设：甲公司申报债权后，在破产程序进行中，又请求丙公司承担保证责任。

（1）丙公司主张，待甲公司通过破产程序受偿完毕后，再就甲公司不能受偿的部分承担保证责任。丙公司的主张是否于法有据？

回答：否。

（2）如果丙公司向甲公司偿还了 100 万元，可否代替甲公司，在破产程序中直接受偿？

回答：可以。

（3）如果丙公司仅向甲公司偿还了 70 万元，而甲公司通过破产程序受偿了 60 万元。

问题一：丙公司能否代替甲公司受偿？

回答：不能。

问题二：丙公司如何保护自己的合法权益？

回答：请求甲公司返还 30 万元。

2. 设：甲公司申报债权后，通过破产程序受偿 60 万元。现破产程序已经终结。

（1）甲公司能否请求丙公司承担未获清偿的 40 万元？

回答：可以。

（2）丙公司向甲公司承担了 40 万元保证责任后，可否向乙公司追偿？

回答：否。

2. 债权人未申报债权。债务人进入破产程序后，债权人未申报对债务人的债权，即未参与破产分配程序的，则可由担保人预先行使追偿权，即由尚未承担担保责任的担保人，通过对破产债务人申报追偿债权的方式，对主债务人行使追偿权。

（1）预先行使追偿权的要件。

第一，担保人尚未承担担保责任。如果担保人已经向债权人承担了担保责任，债务人进入破产程序后，担保人在其承担担保责任的范围内，也可以申报追偿债权，但不构成预先行使追偿权。

第二，法院受理债务人的破产案件，而债权人未申报债权。在作为法人的债务人进入破产程序后，本应由债权人申报破产债权。只有在债权人未申报破产债权的情况下，为保护担保人的利益，法律允许担保人预先行使追偿权。反之，在债权人申报债权的情况下，担保人不得预先行使追偿权。

（2）债权人的通知义务。债权人知道或者应当知道债务人破产，如不申报债权，应当通知担保人预先行使追偿权。反之，债权人既未申报债权也未通知担保人，致使担保人丧失预先追偿权的，担保人在本可受偿的范围内，担保责任消灭。但是，担保人因自身过错未预先行使追偿权的除外。

【训练】甲乙订立买卖合同，约定甲将机器设备出卖给乙，乙支付价款 100 万元。丙向甲提供连带责任保证，担保乙价金债务的履行。现乙的价金债务尚未到期，乙进入破产程序，法院通知甲申报债权。经查，乙的资产负债比例为 40%。

1. 如果甲申报破产债权后，再请求丙承担保证责任。丙的保证责任额是多少？

回答：60 万元。甲经破产程序受偿 40 万元后，丙的保证责任额为 60 万元。

2. 如果甲未申报债权，丙的保证责任额是多少？

回答：60 万元。首先，丙可预先行使追偿权，受偿 40 万元。其次，丙应向甲承担保证责任 100 万元。故丙最终承担保证责任的数额为 60 万元。

3. 如果甲未申报债权，也未通知丙预先行使追偿权，导致丙丧失了预先追偿的机会。丙的保证责任额是多少？

回答：60 万元。在甲未申报债权，也未通知丙预先行使追偿权，导致丙丧失了预先追偿机会的情况下，丙在本可预先追偿 40 万元的范围内，保证责任消灭。故丙的保证责任额为 60 万元。

（九）最高额担保

1. 最高额担保概述。最高额担保，是指担保人与担保权人约定，在最高债权额限度内，对一定期间内连续发生的债权所作的担保。在我国民法上，最高额担保有三种类型，即最高额抵押、最高额质押和最高额保证。最高额担保作为一种特别担保方式，具有不同于一般担保权的特征：

（1）最高额担保权是为将来发生的债权设定的担保。一般情况下，担保权具有典型的从属性，即先有债权存在才设定担保权，主债权消灭，担保权也消灭。而最高额担保权却是为担保将来发生的债权而设定，具有典型的相对独立性，其设定不以主债权的存在为前提，即突破了担保权成立上的从属性。需要注意的是，在我国民法上，最高额担保权设立之前已经发生的债权，未必绝对不受担保。根据《民法典》第 420 条第 2 款之规定，最高额担保权设立前已经存在的债权，经担保人与担保权人双方同意，可以转入最高额担保的债权范围。

（2）最高额担保的债权具有不确定性。在一般担保权所担保的债权是特定的，但最高额担保权一般适用于有连续发生债权的法律关系，如连续交易关系、连续借贷关系等，是担保未来的一系列债权，其将来是否发生、发生额为多少都不确定。因此，受到最高额担保的一系列债权，存在两个维度的约束：一是最高金额，二是最长时间，即债权确定期间。任何一个维度突破后，债务人再发生的债权即不再受最高额担保。相应的，在最高金额与债权确定期间任何一个维度被突破时，受最高额担保的债权范围，即"哪些债权最终受到最高额抵押物之担保"，遂告确定。

【训练】2018 年 12 月 20 日，甲公司将房屋 A 抵押给银行，担保乙公司自 2019 年 1 月 1 日至 2019 年 12 月 31 日从银行的所有贷款，最高金额不得超过 800 万元。

1. 如果到 2019 年 10 月 25 日，银行对乙公司的贷款额累计已达 800 万元。2020 年 11 月 5 日，银行又向乙公司贷款 50 万元。该笔贷款是否受到房屋 A 价值的担保？

回答：否。尽管该笔贷款发生于债权确定期间之内，但是最高金额已经突破。

2. 如果到 2019 年 12 月 31 日，银行对乙公司的贷款额累计达 300 万元。2020 年 1 月 5 日，银行又向乙公司贷款 50 万元。该笔贷款是否受到房屋 A 价值的担保？

回答：否。尽管该笔贷款仍在最高金额范围之内，但是债权确定期间已经届满。

3. 如果 2018 年 10 月 15 日，银行向乙公司贷款 50 万元。该笔贷款是否受到房屋 A 价值的担保？

回答：原则上不可以。但是，甲公司与银行约定将该笔贷款纳入最高额抵押担保范围的，从其约定。

2. 债权确定期间。债权确定期间，是指受最高额担保的一系列债权的时间维度，发生于债权确定期间外的债权，即不受最高额担保权的担保。根据《民法典》第 423 条、《最高人民法院关于适用〈中华人民共和国民法典〉有关担保制度的解释》第 30 条的规定，最高额担保的债权确定期间的界定规则如下：

（1）原则上，担保人与担保权人约定债权确定期间的，从其约定。没有约定债权确定期间或者约定不明确，担保权人或者担保人自最高额担保设立之日起满 2 年后请求确定债权。当事人请求确定债权之日，即债权确定期间届满之日。此后再发生的债权，不再受最高额担保。

（2）例外情况是，发生如下特殊事实的，事实发生之日，债权确定期间届满：

第一，新的债权不可能发生时，债权确定期间届满。此时，纵然当事人明确约定了债权确定期间，但因以后不会再有新的债权发生，故无需待约定的债权确定期间届满，即可确定债权的范围。

第二，担保权人知道或者应当知道担保财产被查封、扣押时，债权确定期间届满，以后再发生的债权，不再受最高额担保。担保物被查封、扣押会限制最高额担保的功能，担保权人知道或应当知道此事后，一般即不会再与债务人发生新的债之关系。因此，在担保物被查封、扣押之后，担保权人知道或应当知道此事之前，因其无法预见因担保物的查封、扣押所带来的风险，故此时所发生的债权，仍应受到最高额担保物的担保，且与查封、扣押前已经发生的债权一样，可优先于查封、扣押受偿。

【训练】2018 年 12 月 20 日，甲公司将房屋 A 抵押给银行，担保乙公司自 2019 年 1 月 1 日至 2019 年 12 月 31 日从银行的所有贷款，最高金额不得超过 800 万元。2019 年 5 月 15 日，银行累计向乙公司贷款 500 万元。因甲公司对丙公司的债务到期未能偿还，丙公司申请法院将房屋 A 查封，银行于 2019 年 5 月 20 日得知此事。经查，银行于 2019 年 5 月 18 日向乙公司贷款 50 万元，于 2019 年 5 月 25 日向乙公司贷款 100 万元。

1. 针对房屋 A 的价值，2019 年 5 月 15 日以前已经发生的 500 万元贷款，银行可否优先于丙公司受偿？

回答：可以。上述债权发生于债权确定期间之内，且未突破最高金额，应受最高额抵押权的担保。

2. 针对房屋 A 的价值，2019 年 5 月 18 日发生的 50 万元贷款，银行可否优先于丙公司受偿？

回答：可以。该笔债权依然发生于债权确定期间之内，且未突破最高金额，应受最高额抵押权的担保。

3. 针对房屋 A 的价值，2019 年 5 月 25 日发生的 100 万元贷款，银行可否优先于丙公司受偿？

回答：不可以。该笔债权发生于债权确定期间之外，银行对该笔债权不享有最高额抵押权的担保。

第三，债务人被宣告破产或者解散时，债权确定期间届满。此前已经发生的债权，在最高金额之下的，受到最高额担保。因债务人已经被宣告破产或者解散，一般而言，以后不会再发生与担保权人的债权关系。

第四，担保人被宣告破产或者解散时，债权确定期间届满。此前已经发生的债权，在最高金额之下的，受到最高额担保；此后再发生的债权，则不再受到最高额担保。

【训练】2018 年 12 月 20 日，甲公司将房屋 A 抵押给银行，担保乙公司自 2019 年 1 月 1 日至 2019 年 12 月 31 日从银行的所有贷款，最高金额不得超过 800 万元。2019 年 5 月 15 日，银行累计向乙公司贷款 500 万元。

1. 如果此时乙公司被宣告破产，此前已经发生的银行 500 万元贷款债权，可否受到房屋 A 的担保？

回答：可以。该笔债权发生于债权确定期间之内，且未突破最高金额，应受最高额抵押权的担保。

2. 如果此时甲公司被宣告破产，且丙公司对甲公司享有破产债权。此前已经发生的银行 500 万元贷款债权，可否受到房屋 A 的担保？

回答：可以。该笔债权发生于债权确定期间之内，且未突破最高金额，应受最高额抵押权的担保，进而可优先于抵押人的其他债权人受偿。

3. 受最高额担保的系列债权的让与。在担保权人将受到最高额担保的系列债权让与受让人的情况下，受让人有权请求债务人履行债务。那么，倘若债务人未如约向受让人履行债务，受让人可否受到最高额担保，根据《民法典》第421条之规定，需根据债权让与的时间不同作区分处理。

（1）担保权人在债权确定之前，将部分债权让与给受让人的，除当事人另有约定外，最高额担保权不随之转移。"债权确定之前"是指担保权人与受让人实施债权让与交易时，最高额担保的系列债权既未突破最高金额，也未届满债权确定期间。由于此时，"哪些债权最终受到担保"尚未确定，故受让人可以取得所让与的债权，但其所受让的债权为普通债权，不受最高额担保。

（2）担保权人在债权确定之后，将部分债权让与给受让人的，除当事人另有约定外，最高额担保权随之转移。担保权人与受让人实施债权让与交易时，最高额担保的系列债权或已突破最高金额，或已届满债权确定期间的，由于"哪些债权最终受到担保"已经确定，故受让人取得的债权，应受最高额担保。

【训练】2018年12月20日，甲公司将房屋A抵押给银行，担保乙公司自2019年1月1日至2019年12月31日从银行的所有贷款，最高金额不得超过800万元。

1. 如果2019年5月15日，银行累计向乙公司贷款500万元。此时，银行将其中100万元债权让与给丙公司，并通知乙公司到期向丙公司履行债务。现乙公司未如约向丙公司还款，丙公司能否就房屋A主张优先受偿？

回答：不可以。此时哪些债权最终受到担保尚未确定，故丙公司可以取得该100万元的债权，但该债权一旦为丙公司取得，即成为普通债权，不受房屋A的担保。

2. 如果2019年12月31日，银行累计向乙公司贷款500万元。2020年1月20日，银行将其中100万元债权让与给丙公司，并通知乙公司到期向丙公司履行债务。现乙公司未如约向丙公司还款，丙公司能否就房屋A主张优先受偿？

回答：可以。此时哪些债权最终受到担保已经确定。

二、保证

（一）概述

保证，作为担保债权的一种，是指在主债务人不履行债务时，由保证人履行主债务的担保形式。保证的特征是：

1. 保证是一种约定的担保形式，以保证人和债权人之间的保证合同为基础。因此，保证权是保证合同中的合同债权，保证责任是保证合同中的合同债务。

2. 保证人作为保证合同中提供担保的一方，必须是主债务人之外的第三人。主债务人自己为自己债务的履行提供保证，没有意义。在保证的三方当事人中，并存两个债的关系，即债权人与债务人之间的主债关系、债权人与保证人之间的从债关系，即保证之债关系。这两个债之关系的债权人是同一个人，即主债权人同时享有从债权，即保证权。

3. 保证权的性质是一项合同债权，并不具有优先于保证人的其他债权人的受偿效力。享有保证权的债权人，只享有要求保证人承担保证责任的请求权，而不享有对保证人特定财产的支配权。因此，保证的担保机理与担保物权不同：担保物权的担保机理，在于其优先受偿效力；

而保证的担保机理则在于其扩大了偿还债务的责任财产的范围，即将作为第三人的保证人的责任财产，也纳入实现担保债权的财产基础的范围。

（二）保证合同

保证合同，是指保证人与债权人订立的，在债务人到期不履行债务时，由保证人履行债务的合同。

保证意思表示。保证意思表示，是保证合同的核心内容，也是判断第三人与债权人订立的合同是否为保证合同、该第三人是否应承担保证责任的关键因素。保证意思表示的判断方法是：

1. 表明保证责任。在第三人与债权人订立的合同中，第三人允诺承担保证责任的，该合同为保证合同，该第三人应承担保证责任。承担保证责任的允诺，包括如下三个要素：

（1）基于债的担保的补充性特征，第三人承担保证责任的允诺，需以债务到期不履行为前提。

【训练】甲对乙享有债权。丙与甲订立书面合同。

1. 甲、丙的合同约定：乙的债务，丙来偿还。丙是不是保证人？

回答：不是。这里丙的允诺，并非保证意思表示，而是债务承担意思表示。

2. 甲、丙的合同约定：乙的债务，乙若不还，丙来偿还。丙是不是保证人？

回答：是。这里丙的允诺，是保证意思表示。

（2）基于债的担保的从属性，第三人承担保证责任的允诺，需以第三人履行债务人的债务为内容，即保证人保证责任的内容，与主债务的内容相同。

（3）基于保证的担保债权的性质，第三人承担保证责任的允诺，须以第三人的一般责任财产作为承担保证责任的物质基础。反之，第三人允诺以自己的特定财产为债权人设定担保的，其意思表示为抵押或质押，而非保证。

2. 表明保证人地位。在第三人与债权人订立的合同中，第三人虽未允诺承担保证责任，但表明自己为保证人的，也视为作出了保证允诺。

综上所述，只有在第三人表明愿意承担保证责任或自己为保证人的情况下，法律方可认定其作出了保证意思表示，进而应承担保证责任。反之，第三人既未表明愿意承担保证责任，也未表明自己为保证人的，不得认定其为保证人。

【训练】甲借给乙 10 万元，乙向甲出具借据。丙在该借据上签署了自己的姓名。丙是否为保证人？

回答：否。丙未表明自己承担保证责任，也未表明自己为保证人，故丙未作出保证意思表示。

（三）保证责任的分类

保证责任，即保证人在保证合同中的债务。从不同的角度，可以对保证责任做不同的分类。

1. 全额保证与限额保证。以保证责任的数额为标准，保证责任可分为全额保证与限额保证。

（1）全额保证，是指保证责任额与主债务额相等的保证。在全额保证中，凡债务人所承担的债务，保证人均应承担保证责任。

（2）限额保证，是指保证责任额小于主债务额的保证。在限额保证中，保证人仅对债务人债务之一部分，承担保证责任。

在保证合同中，当事人明确约定保证责任范围的，从其约定。当事人没有约定或约定不明确的，保证人承担全额保证责任。

2. 连带责任保证与一般保证。以保证责任的方式为标准，保证责任可分为连带责任保证与一般保证。

（1）连带责任保证。连带责任保证，是指当事人在保证合同中约定，债务人到期不履行债务时，由保证人与债务人承担连带责任的保证。在连带责任保证中，债务的履行与保证责任的承担，不具有顺序，债权人可以任意请求债务人或保证人履行其债务或承担保证责任。

（2）一般保证。

第一，概念。一般保证，是指当事人在保证合同中约定，债务人到期不履行债务时，在债务人最终无力履行债务的情况下，保证人对债务人不能履行的部分，承担保证责任的保证。在一般保证中，债务的履行与保证责任的承担，具有顺序，即债权人应先对债务人起诉或申请仲裁，经强制执行后，债务人仍有部分债务不能履行，才可由一般保证人承担补充性的保证责任。

关于连带责任保证与一般保证的区分，当事人在保证合同中有约定的，从其约定。根据《最高人民法院关于适用〈中华人民共和国民法典〉有关担保制度的解释》第 25 条的规定，当事人在保证合同中约定，保证人在债务人"不能履行债务"时，才承担保证责任，即"具有债务人应当先承担责任"的意思表示的，为一般保证；反之，当事人在保证合同中约定，保证人在债务人"不履行债务"时，即承担保证责任，即"不具有债务人应当先承担责任"的意思表示的，为连带责任保证。当事人在保证合同中未对担保责任的形式作出约定或约定不明的，根据《民法典》第 686 条之规定，推定为一般保证。

第二，先诉抗辩权及其例外。先诉抗辩权，是指债权人未对债务人提起诉讼、仲裁并强制执行的情况下，一般保证人拒绝承担保证责任的权利。先诉抗辩权是一般保证责任顺序性特征的当然结果。在此基础上，根据《民法典》第 687 条之规定，在以下情况下，纵然债权人未对债务人强制执行，一般保证人也不得主张先诉抗辩权，而须承担保证责任：①债务人下落不明，且无财产可供执行。此时，因债权人对债务人提起诉讼、仲裁并加以执行，发生重大困难，故一般保证人不得主张先诉抗辩权。②人民法院已经受理债务人破产案件。在债务人作为法人，进入破产程序后，法院将会终止对债务人财产的强制执行。此时，因债权人对债务人提起诉讼、仲裁并加以执行，在法律上已不可能，故一般保证人不得主张先诉抗辩权。③债权人有证据证明债务人的财产不足以履行全部债务或者丧失履行债务能力。此时，因债权人对债务人提起诉讼、仲裁并加以执行，已无意义，故一般保证人不得主张先诉抗辩权。④保证人以书面形式放弃先诉抗辩权。需要注意的是，一般保证人放弃先诉抗辩权的意思表示，须向债权人或其代理人作出，方能引起权利放弃的后果。

第三，债权人怠于执行一般保证人提供的财产线索。基于一般保证人的"后顺位"特征，一般保证人在主债务履行期限届满后，向债权人提供债务人可供执行财产的真实情况，债权人放弃或者怠于行使权利致使该财产不能被执行的，保证人在其提供可供执行财产的价值范围内，不再承担保证责任。

（四）保证期间与保证诉讼时效

1. 概念。保证期间，是指债权人行使保证权的期间。债权人未在保证期间内行使保证权，其保证权消灭，保证人的保证责任消灭。保证诉讼时效，是指债权人与保证人之间保证合同的诉讼时效。保证诉讼时效期间届满的，保证人享有保证合同上的诉讼时效抗辩权。

保证期间与保证诉讼时效是保证中两项事关时间的法律制度。两者的关系是，债权人在保证期间内行使保证权的，保证诉讼时效开始起算。

2. 保证期间的计算。

（1）保证期间的起算点。

第一，一般规则。保证期间的起算点，为债务履行期届满之日。因保证期间是债权人行使保证权的期间，而债权人行使保证权又以债务到期未履行为前提，故保证期间的起算点，应为债务履行期届满之时。

第二，最高额保证的保证期间的起算。由于最高额保证所担保的，为两个或两个以上债权，故最高额保证的保证期间的起算点，存在特殊性。根据《最高人民法院关于适用〈中华人民共和国民法典〉有关担保制度的解释》第 30 条之规定，最高额保证人承担保证责任的保证期间的起算，当事人有约定的，从其约定；当事人没有约定或约定不明的，在"债权确定之日"与"最后到期债权的履行期届满之日"两个时间点之间，从其后者。

【训练】甲银行向乙公司提供贷款，丙公司与甲银行保证合同，约定为甲银行向乙公司自 2018 年 1 月 1 日至 2020 年 12 月 31 日的所有贷款提供连带责任保证，最高金额不超过 100 万元。至 2020 年 12 月 31 日，甲银行向乙公司贷款两笔，金额共计 80 万元，到期日分别是 2020 年 6 月 15 日、2020 年 8 月 15 日。

1. 债权确定期间为何时？

回答：2020 年 12 月 31 日。

2. 最后到期的债权履行期届满之日为何时？

回答：2020 年 8 月 15 日。

3. 保证期间自何时起算？

回答：2021 年 1 月 1 日。

4. 设：2020 年 7 月 15 日，乙公司进入破产程序。

（1）债权确定期间为何时？

回答：2020 年 7 月 15 日。

（2）最后到期的债权履行期届满之日为何时？

回答：2020 年 8 月 15 日。

（3）保证期间自何时起算？

回答：2020 年 8 月 15 日。

（2）保证期间的长度。保证期间的长度，当事人有约定的，从其约定。当事人没有约定的，保证期间为主债务履行期届满之日起 6 个月。当事人约定的保证期间早于主债务履行期限，或者与主债务履行期限同时届满的，因违反了保证期间的内在法律逻辑，故视为当事人没有约定保证期间。同样，当事人约定保证人承担保证责任直至主债务本息还清时为止等类似内容的，也因违反了保证期间的法律目的，故视为当事人没有约定保证期间。

（3）主债期变动对保证期间的影响。主债期变动，是指主债当事人双方约定延长或者缩短主债的履行期。如前所述，保证期间的起算点为主债到期日。故主债期变动未经保证人书面同意的，保证期间按照原债期起算。这意味着，主债期变动后，债务人到期不履行债务，而债权人行使保证权的，若按照原债期计算，保证期间已经届满，则保证责任消灭。

【训练】甲乙订立买卖合同，约定乙应于 2 月 1 日支付价金。丙向甲提供连带责任保证，担保乙价金债务的履行，没有约定保证期间。后甲乙协商，将乙的价金支付日推迟至 5 月 1 日，并未征求丙的意思。现乙到期未履行债务。

1. 保证期间的起点与终点，分别为何时？

回答：自 2 月 2 日至 8 月 2 日。

2. 甲于 8 月 15 日请求丙承担保证责任，丙能否拒绝？

回答：可以。保证期间届满，保证权消灭。

3. 保证期间的法律意义。我国民法设置保证期间的目的，在于要求保证权人在保证期间内行使保证权。保证权人未在保证期间内行使保证权的，保证权消灭，保证责任消灭。进而，保证权人在保证期间内行使保证权的方式，则因连带责任保证与一般保证而有所不同。

（1）连带责任保证。在连带责任保证中，因保证人不享有先诉抗辩权，故主债权人行使保证权的方式为请求保证人承担保证责任。在此基础上，根据《最高人民法院关于适用〈中华人民共和国民法典〉有关担保制度的解释》第 29 条的规定，对于共同保证而言，即两个以上保证人为债权人的债权提供保证的，债权人应当在保证期间内，请求各个保证人承担保证责任。这意味着：

第一，债权人在保证期间内，未请求部分保证人承担保证责任的，后者不再承担保证责任。

第二，保证人之间相互有分担请求权的，因债权人未在保证期间内请求部分保证人承担保证责任，导致其他保证人在承担保证责任后丧失分担请求权的，后者有权在不能追偿的范围内免除保证责任。

需要注意的是，在连带责任保证中，债权人在保证期间内起诉或申请仲裁后，又撤诉或撤回仲裁，但诉状或者仲裁申请的副本已经送达保证人的，应当认定债权人已经行使了保证权。

【训练】甲借给乙 10 万元,约定 2020 年 3 月 30 日还款,但未约定保证期间。丙、丁与甲订立连带责任保证合同,为甲的债权共同提供担保。

1. 保证期间何时起算?何时届满?

回答:2020 年 4 月 1 日起算,2020 年 10 月 1 日届满,即债务到期之日起 6 个月。

2. 如果甲于 2020 年 9 月 1 日请求乙偿还借款,乙仍未付款。甲遂于 2020 年 11 月 1 日请求丙、丁承担保证责任。

(1)丙、丁能否以保证期间届满为由拒绝?

回答:可以。甲在保证期间内未行使保证权,保证权消灭。

(2)如果丙、丁在甲请求其承担保证责任的书面文件上签字、盖章,其能否以保证期间届满为由拒绝?

回答:可以。丙、丁并未作出愿意承担保证责任的意思表示,不能认定为达成了新的保证合同,丙、丁的保证责任仍归于消灭。

3. 如果甲于 2020 年 9 月 1 日请求丙承担保证责任,并于 2020 年 11 月 1 日请求丁承担保证责任:

(1)丁能否以保证期间届满为由拒绝?

回答:可以。

(2)如果丙、丁约定,任何一方承担了保证责任,有权请求对方分担一半。

问题一:倘若丙向甲偿还了 10 万元,可否依约请求丁分担 5 万元?

回答:否。丁的保证责任已经消灭。

问题二:丙应如何保护自己的合法权益?

回答:丙可主张在 5 万元的范围内,免除保证责任。

(2)一般保证。在一般保证中,因保证人享有先诉抗辩权,故债权人行使保证权时,不能采用请求一般保证人承担保证责任的方式,而只能对债务人提起诉讼或者申请仲裁。需要注意的是,在一般保证中,债权人在保证期间内起诉或仲裁后,又撤诉或撤回仲裁的,应当认定债权人未行使保证权。

4. 保证诉讼时效的起算。保证诉讼时效,是指债权人与保证人之间保证合同之债的诉讼时效。保证诉讼时效为普通诉讼时效,期限为 3 年。因在不同的保证责任中,债权人行使保证权的方式不同,保证责任的诉讼时效起算方式亦有所不同。

(1)连带责任保证的诉讼时效的起算。债权人在保证期间内,请求保证人承担保证责任之日,连带责任保证的诉讼时效开始起算。

(2)一般保证诉讼时效的起算。债权人在保证期间内,对债务人提起诉讼、申请仲裁的,原则上,一般保证责任的诉讼时效自对债务人执行完毕之日起算。在此基础上,根据《最高人民法院关于适用〈中华人民共和国民法典〉有关担保制度的解释》第 28 条的规定,在以下特殊情况下,一般保证诉讼时效的起算方式为:①法院作出终结对债务人执行程序裁定的,自裁定送达债权人之日起开始计算。②法院自收到债权人对债务人的申请执行书之日起 1 年内,未作出终结执行程序裁定的，自法院收到申请执行书满 1 年之日起开始计算。但是保证人有证据证明债务人仍有财产可供执行的除外。③存在先诉抗辩权例外事由的，保证诉讼时效自债权人知道或者应当知道该情形之日起开始计算。

【训练】甲银行向乙公司贷款 100 万元，丙与甲银行订立保证合同，对甲银行的债权提供一般保证，但未约定保证期间。

1. 保证期间何时起算？

回答：乙公司借款期间届满之日起 6 个月。

2. 甲银行在乙公司借款期间届满之日起 6 个月内，应如何行使保证权？

回答：对乙公司提起诉讼或申请仲裁。

3. 如果甲银行在乙公司借款期间届满之日起 6 个月内，对乙公司提起诉讼或申请仲裁。

(1) 保证诉讼时效何时起算？

回答：自对乙公司执行完毕之日起算。

(2) 如果甲公司胜诉后，申请执行。法院依法作出终结执行程序的裁定。保证诉讼时效何时起算？

回答：自该裁定送达甲公司之日起算。

(3) 如果甲公司胜诉后，申请执行。法院收到甲公司的执行申请书已逾 1 年，既未对乙公司强制执行，也未作出终结执行程序的裁定。保证诉讼时效何时起算？

回答：自法院收到甲公司执行申请书满 1 年之日起算。

(4) 如果甲公司胜诉后，申请执行。法院收到甲公司的执行申请书已逾 1 年，既未对乙公司强制执行，也未作出终结执行程序的裁定。经查，乙公司仍有房产可供执行。保证诉讼时效是否已经起算？

回答：否。

(5) 如果甲公司对乙公司在乙公司借款期间届满之日起 6 个月内，对乙公司提起诉讼后，乙公司进入破产程序。保证诉讼时效何时起算？

回答：自甲公司知道或应当知道乙公司进入破产程序之日起算。

5. 保证合同无效情况下的保证期间的适用。根据最高院《关于适用〈中华人民共和国民法典〉有关担保制度的解释》第 33 条的规定，在保证合同无效时，债权人依法对保证人享有的赔偿损失请求权，仍受保证期间的约束：债权人在保证期间内请求保证人赔偿损失的，自请求之日起算赔偿损失之诉讼时效；债权人未在保证期间内依法请求保证人承担赔偿责任的，保证人的赔偿责任消灭。

三、定金

(一) 概述

1. 定金与定金合同。定金，是指基于定金合同的约定，一方向另一方交付一定数额的金钱，用以担保主合同之履行的担保形式。定金合同的当事人双方，就是主债权关系的当事人双方。因此，定金法律关系，是存在于主债双方之间的第二个法律关系，而不涉及第三人。定金合同是要式、实践合同，当事人应以书面形式订立定金合同，且该书面合同以定金的交付为成立条件。

2. 定金性质的确定。在社会生活中，当事人之间收受一定数额金钱的现象司空见惯，而所收受的金钱是否是定金的判断标准是：

（1）当事人有约定的，从其约定。当事人约定所收受的金钱是定金的，为定金，如当事人在约定中使用了"定金"字样或明确了定金罚则；反之，当事人约定不是定金的，则不为定金，如当事人之间达成了不同于定金罚则的约定。

（2）当事人未作约定的情况下，法律规定是定金的，从其规定。《民法典》第495条第1款规定："当事人约定在将来一定期限内订立合同的认购书、订购书、预订书等，构成预约合同。"据此，当事人订立认购书时，一方向另一方支付的认购金，依法即具有定金性质，即担保预约合同履行的定金。预约合同中的任何一方，违反预约合同的约定，拒绝与对方订立本约合同的，将承受预约定金处罚。

（3）当事人未作约定且不属于法律规定的情形的，不是定金。

3. 定金数额。当事人实际交付的定金数额多于或者少于约定数额，视为变更定金合同，以交付额作为定金的数额。无论是约定的定金数额，还是实际交付的定金数额，均不得超过主债额的20%，超出部分不具有定金的效力。

（二）定金的分类

1. 违约定金与解约定金。以定金担保事项为标准，定金可分为违约定金与解约定金。定金担保事项，是指定金所担保的对象。定金合同的当事人违反约定的定金担保事项，即应承受定金处罚。

（1）违约定金。违约定金，是指以任何一方均不得违反主合同作为担保事项的定金。相应的，任何一方违反主合同的约定，即应承受定金处罚。

（2）解约定金。解约定金，是指以任何一方均不得解除合同作为担保事项的定金。相应的，任何一方主张解除合同的，即应承受定金处罚。由此可见，解约定金的本质，是当事人约定以承受定金处罚为代价，而保留的主合同的解除权。

2. 预约定金、成约定金、证约定金。以定金担保事项之外的其他特殊功能为标准，定金可分为预约定金、成约定金和证约定金。

（1）预约定金。预约是与本约相对应的概念。预约，是指当事人双方达成的、于将来订立本约的合同；本约，则是指当事人根据预约应当订立的合同。因此，本约之订立，意味着预约之履行；反之，本约未订立，则预约未履行。此时，预约构成违约的，拒绝订立本约的一方，应承担预约上的违约责任。在此基础上，预约定金，是指担保预约履行的定金。可见，预约定金所依附及担保的主合同，并非本约而是预约。例如，前述在认购书被视为预约的情况下，认购金即用以担保认购书履行的定金。

（2）成约定金。成约定金，是指作为主合同成立要件的定金。主合同的当事人约定，以定金的交付作为主合同成立要件的，根据合同自由原则，该项约定并不为法律所禁止，故当事人所约定的该种定金，具有了主合同成立要件的意义，即成约定金。在民法理论上，当事人对于成约定金的约定，可被诠释为当事人将其主合同约定为要式合同：定金的交付是主合同的形式要件。因此，从约定要式合同的原理来看，当事人约定成约定金的，从其约定，即定金未交付，主合同的形式要件不具备，主合同不成立。但是，主合同主要义务一方履行、对方接受的除外，即履行行为可以弥补要式行为形式要件上的缺陷。

（3）证约定金。证约定金，是指作为合同成立的证据而约定的定金。证约定金的特殊功能，仅是证明当事人之间已经订立合同。

需要注意的是，这里关于定金的三种分类，在逻辑上，与前述违约定金、解约定金并非并列关系，即不是非此即彼的关系。因此，预约定金、成约定金、证约定金，既可能是违约定金，也可能是解约定金。

（三）定金罚则

定金罚则，是指定金合同的当事人一方违反定金担保事项，所应当承受的定金处罚。定金之所以能够具备担保功能，成为债的担保的形式之一，原因就在于定金罚则的存在。

1. 定金罚则的基本内容。定金罚则的基本内容是，接受定金一方违反定金担保事项的，在其违反定金担保事项的范围内，双倍返还所接受的定金；交付定金一方违反定金担保事项的，在其违反定金担保事项的范围内，丧失所交付的定金。

2. 定金罚则的适用。在我国民法上，定金罚则的适用，应与违反定金担保事项的情形相适应。具体来讲：

（1）一方当事人全部违反定金担保事项的，按照定金数额的100%适用定金罚则，即接受定金一方，应当向对方当事人双倍返还定金的100%；交付定金一方，丧失定金的100%。

【训练】甲、乙订立买卖合同，约定甲以1万元的价格，向乙出卖1台电脑。乙向甲交付定金1000元，作为甲乙履行买卖合同的担保。

1. 如果甲未如约向乙交付电脑，如何适用定金罚则？

回答：接受定金一方违约100%，双倍返还定金的100%，故甲应向乙返还2000元（1000元+1000元×100%＝2000元）定金。此时，甲承受了1000元的定金处罚，相当于1000元定金额乘以100%的违反约定比例。

2. 如果乙未如约向甲支付价金，如何适用定金罚则？

回答：交付定金一方违约100%，丧失定金的100%，故乙丧失向甲交付的1000元（1000元−1000元×100%＝0元）定金。此时，乙承受了1000元的定金处罚，相当于1000元定金额乘以100%的违反约定比例。

（2）一方当事人部分违反定金担保事项的，按照比例适用定金罚则。

【训练】甲、乙订立买卖合同，约定甲以1万元的价格，向乙出卖10件货物。乙向甲交付定金1000元。

1. 如果甲仅将6件货物如约交付给乙，如何适用定金罚则？

回答：甲违约40%，应向乙返还1400元（1000元+1000元×40%＝1400元）定金。此时，甲承受了 400 元的定金处罚，相当于 1000 元定金额乘以 40% 的违反约定比例。

2. 如果乙仅将 6000 元价款如约交付予甲，如何适用定金罚则？

回答：乙违约 40%，乙仅有权请求甲从已付定金中返还 600 元（1000 元 − 1000 元 × 40% = 600 元）定金。此时，乙承受了 400 元的定金处罚，相当于 1000 元定金额乘以 40% 的违反约定比例。

（3）债权人主张定金罚则后，仍存在不能弥补的损失的，就未能弥补的部分，债权人有权继续主张赔偿损失。但是，债权人主张的定金罚则处罚额与继续赔偿额的总和，不得超过合同的应赔偿损失额。

四、共同担保

（一）概述

共同担保，是指两个或者两个以上的担保人，为一项债权所提供的担保。在共同担保中，债权人一方面享有债权，另一方面享有两项或两项以上的担保权。根据债权人所享有的多项担保权的性质，共同担保可分为三种类型：

1. 共同保证。共同保证，又称共同人保，是指两个或两个以上保证人为债权人提供保证的情形。在共同保证中，债权人所享有的多项担保权均为保证权。

2. 共同物保。共同物保，是指两个或两个以上物上担保人为债权人提供担保的情形。在共同物保中，债权人所享有的多项担保权均为担保物权。

3. 混合担保。混合担保，是指两个或两个以上的保证人、物上担保人为债权人提供担保的情形。在混合担保中，债权人所享有的多项担保权，既包括保证权，也包括担保物权。

（二）连带共同担保与按份共同担保

1. 概念。以债务人到期不履行债务时，享有多项担保权的债权人行使保证权的方式为标准，共同担保可以分为连带共同担保与按份共同担保。连带共同担保，是指主债务人到期不履行债务时，主债权人可以请求任何一个担保人承担全部担保责任的共同担保。按份共同担保，是指主债务人到期不履行债务时，各个担保人按照约定的份额、顺序，对主债权人承担担保责任的共同担保。由此可见，按份共同担保中的"按份"一词，采取广义，既包括各担保人按照"份额"各自承担担保责任，也包括各担保人按照"顺序"承担担保责任。

2. 界定方法。各担保人与主债权人约定各自承担保证责任的顺序、份额的，从其约定。各担保人与主债权人没有约定各自承担保证责任的顺序、份额的，原则上，各担保人承担连带担保责任。在此基础上，根据《民法典》第 392 条的规定，在混合担保中，存在债务人提供的物保的，主债权人应当先就债务人提供的担保物行使担保物权。如有不能清偿部分，其他第三担保人承担连带担保责任。不存在债务人提供的物保的，各第三担保人承担连带担保责任。

【训练】甲乙订立买卖合同，丙为甲提供保证，乙以房屋 A 为甲设立抵押，丁以房屋 B 向甲设立抵押，均办理了抵押登记手续。甲与乙、丙、丁均未约定担保的份额、顺序。现乙到期未支付价金。甲应如何行使担保权？

回答：甲应先就房屋 A 实行抵押权。不能受偿部分，再请求丙承担保证责任，或就房屋 B

实行抵押权。

各第三担保人相互间约定各自承担担保责任的份额、顺序的，其约定具有内部效力。各担保人对主债权人依然承担连带共同担保责任，而其内部的约定，可以作为连带责任承担之后内部追偿的依据。

（三）债权人放弃债务人提供物保的法律后果

如前所述，在共同担保既有主债务人提供物保，又有第三人提供担保的情况下，原则上，第三担保人所承担的担保责任，是债务人物保执行完毕后，仍然不能受偿的部分。因此，主债权人放弃债务人提供的担保物上的担保物权或者担保利益时，第三担保人在主债权人丧失优先受偿权益的范围内，免除担保责任。

【训练】甲乙订立买卖合同。为担保乙价金债务的履行，乙以房屋 A、房屋 B 为甲设立抵押，丙以房屋 C 为甲设立抵押，丁提供保证。现甲放弃房屋 A 的抵押权，对房屋 B 上的抵押担保责任、房屋 C 上的抵押担保责任及丁的保证责任，产生何种影响？

回答：因房屋 B 上的抵押权为债务人乙所提供，故房屋 B 上的担保责任不受影响。房屋 C 上的抵押担保责任、丁的保证责任，则在甲弃权范围内免责。

（四）第三人共同担保

1. 第三共同担保人的追偿权。在债务人以外的第三人担任担保人的情况下，如保证及第三人所提供的抵押、质押，第三担保人承担担保责任的，可以向债务人追偿。在此基础上，根据《民法典》第 700 条、《最高人民法院关于适用〈中华人民共和国民法典〉有关担保制度的解释》第 18 条的规定，同一债权既有债务人自己提供的物的担保，又有第三人提供的担保，承担了担保责任或者赔偿责任的第三共同担保人，向债务人行使追偿权时，有权行使债权人对债务人享有的担保物权。

2. 共同担保人之间的分担请求权。

（1）概述。共同担保人之间的分担请求权，又称共同担保人之间的追偿权，是指在共同担保中，担保人请求其他担保人分担自己已承担的担保责任的权利。需要注意的是，共同担保人的分担请求权，其权利人、义务人均以第三担保人为限。

（2）共同担保人之间的分担请求权的条件。在共同担保人的内部关系中，对于按份共同担保而言，各第三担保人按照各自的份额、顺序承担担保责任，彼此之间不发生追偿关系，自不待言。但是，对于连带共同担保而言，对债权人承担担保责任的第三担保人，在对债务人享有追偿权的同时，能否向其他第三担保人追偿？对此，《民法典》并未作出规定。但是，《最高人民法院关于适用〈中华人民共和国民法典〉有关担保制度的解释》第 13 条对于共同担保人彼此间的分担请求权的行使条件，作出了明确的规定。

第一，直接分担请求权。各共同担保人之间约定可以相互分担或承担连带共同担保责任，且约定分担份额的，从其约定。

第二，不能向债务人追偿部分的分担请求权。其一，各共同担保人之间约定可以相互分担或承担连带共同担保责任，但未约定分担份额的；其二，各共同担保人之间未约定可以相互分担，且未约定承担连带共同担保责任，但是各担保人在同一份合同书上签字、盖章或者按指印的。

除上述情形外，共同担保人之间不享有分担请求权。

【训练】甲乙订立买卖合同，约定甲将1台机器设备以300万元的价格出卖给乙。为担保甲价金债权的实现，乙以房屋A向甲设立抵押，丙以房屋B向甲设立抵押，丁向甲提供连带责任保证。乙、丙、丁均未与甲约定各自承担担保责任的份额、顺序。现乙到期未向甲支付价款，甲欲行使担保权。

1. 甲应先行使哪一项担保权？

回答：乙所提供的房屋A上的抵押权。

2. 如果在甲行使乙所提供的房屋A上的抵押权之前，丁先行向甲承担了保证责任：

（1）丁向乙行使追偿权时，能否就乙所提供的房屋A、丙所提供的房屋B行使抵押权？

回答：丁只可对房屋A行使抵押权。承担了担保责任的第三担保人，其对债务人的追偿权，可受债务人物保的担保。

（2）如果丙、丁约定，若丁承担了保证责任，丙应分担80万元。现丁承担了300万元保证责任后，可否请求丙分担？

回答：可以。且丁无需先向乙追偿，即可直接请求丙分担80万元。

（3）如果丙、丁约定，丙、丁承担连带担保责任。现丁承担了300万元保证责任后，可否请求丙分担？

回答：丁应先向乙追偿。就不能受偿的部分，丁才有权按比例（丙、丁未约定份额、比例的，视为比例相等）请求丙分担。

（4）如果丙、丁在同一担保合同上签字。现丁承担了200万元保证责任后，可否请求丙分担？

回答：丁应先向乙追偿。就不能受偿的部分，丁才有权按比例（丙、丁未约定份额、比例的，视为比例相等）请求丙分担。

（3）担保人受让债权。同一债务有两个以上第三人提供担保，部分担保人受让债权的，该行为性质应界定为承担担保责任。这意味着：

第一，受让债权的担保人有权向债务人追偿；

第二，受让债权的担保人不得作为债权人请求其他担保人承担担保责任，但可依法对其他担保人主张分担请求权。

【训练】甲公司借给乙公司100万元。张三、李四分别以房屋A、B为甲公司设立抵押，并办理了抵押登记手续，王五为甲公司提供连带责任保证。现甲公司与王五订立债权让与合同，约定甲公司将其对乙公司的借款债权转让给王五，并通知了乙公司。

1. 王五受让甲公司债权的行为性质，如何界定？

回答：王五向甲公司承担了保证责任。因此，在王五承担保证责任范围内，债权消灭。

2. 王五能否请求乙公司向自己偿还100万元？

回答：可以。承担了保证责任的担保人，对债务人享有追偿权。

3. 王五能否对张三、李四主张分担请求权？

回答：在 3 名担保人约定可以相互追偿、连带共同担保或在同一合同书上签字的情况下，王五可对张三、李四主张分担请求权。

第五节 债的消灭

债作为一种民事法律关系，其消灭系因民事法律事实所致。引起债的消灭的民事法律事实包括：

一、清偿

（一）清偿与履行

清偿，是指债务人正确地履行债务，导致债权、债务归于消灭的法律后果。履行，是指债务人履行其债务的行为。由此可见，清偿与履行的概念截然不同：履行指向的是债务履行行为本身，而清偿指向的则是正确地履行所导致的债之关系归于消灭的后果。履行未必会导致清偿，只有正确地履行才能导致清偿。可以导致清偿的正确履行的要件主要包括：

1. 履行主体正确。原则上，履行债务的人，应当是债务人或其代理人。第三人代为履行债务，并不为法律所禁止，但《民法典》第 524 条第 1 款对可以实施代为履行行为的第三人规定了两项限制：一是代为履行的第三人必须对债之履行具有合法利益；二是根据债务性质、按照当事人约定或者依照法律规定只能由债务人履行的，不得由第三人代为履行。

2. 履行对象正确。债务人履行的对象，原则上为债权人或其代理人。在债权人通知债务人向第三人履行债务的情况下，第三人也可作为受清偿人。需要注意的是，债权人与第三人之间存在令债务人向第三人履行的法律关系，如指示交付、抵押物查封扣押后法定孳息的收取、债权受让人对原债权人债权的享有、债权受让人对原债权人保证权的享有等，债权人未将该法律关系之发生通知债务人的，债务人仍只对债权人承担履行义务，此时债务人仍向债权人履行债务的，构成清偿。

3. 履行标的正确。债务人履行的内容，须与其根据债的关系所应给付的内容相符，否则纵使履行，也不构成清偿。

（二）债务人负担数笔同种类债务的清偿

债务人对同一债权人负担的数项债务种类相同，债务人的给付不足以清偿全部债务的情况下，对于债务人的哪一笔债务优先获得清偿的问题，《民法典》第 560 条确定的规则是：

1. 除当事人另有约定外，由债务人在清偿时指定其履行的债务；

2. 债务人未作指定的，应当优先履行已经到期的债务；

3. 数项债务均到期的，优先履行对债权人缺乏担保或者担保最少的债务；

【训练】乙欠甲 A、B、C 三笔债务，分别为 2 万元、4 万元、6 万元。一日，乙向甲还了 5 万元，但甲乙未约定、乙也未指定还的是哪一笔债务。经查，A、B 两项债务已经到期，且 A

债务有担保。乙向甲偿还的是哪一笔债务？

回答：首先，B债务4万元全部受偿；其次，2万元A债务受偿1万元。

4. 均无担保或者担保相等的，优先履行债务人负担较重的债务；

5. 负担相同的，按照债务到期的先后顺序履行；

【训练】乙欠甲A、B、C三笔债务，分别为2万元、4万元、4万元。一日，乙向甲还了5万元，但甲乙未约定、乙也未指定还的是哪一笔债务。经查，上述债务按照A、B、C顺序先后均已到期，且均有足额担保。乙向甲偿还的是哪一笔债务？

回答：首先，4万元B债务全部受偿；其次，4万元C债务受偿1万元。

6. 到期时间相同的，按照债务比例履行。

（三）债务人负担一笔复合内容债务的清偿

债务人在履行主债务外还应当支付利息和实现债权的有关费用，其给付不足以清偿全部债务的，对于债务人的哪一部分债务获得清偿的问题，《民法典》第561条确定的规则是：

1. 当事人有约定的，从其约定。

2. 当事人没有约定的，按照"费用——利息——本金"的顺序充抵。

（四）代物清偿

代物清偿，又称以物抵债，是指债务人以他种给付代替其所负担的给付，从而使债消灭的情形。代物清偿的本质，是一种对债务履行标的的变通，而非债之双方废止旧债、缔结新债。

1. 履行期届满前达成的以物抵债协议。当事人在债务履行期届满前达成的以物抵债协议，性质为实践合同。这意味着：

（1）在债务履行期届满后，抵债物交付债权人之前，债权人有权请求债务人根据原债给付标的履行债务，但无权请求债务人交付抵债物。因此，债权人根据以物抵债协议，起诉请求债务人交付抵债物的，法院应当向其释明，其应当根据原债权债务关系提起诉讼。经释明后，当事人拒绝变更诉讼请求的，应当驳回其诉讼请求，但不影响其根据原债权债务关系另行提起诉讼。

（2）在债务履行期届满后，抵债物交付债权人之后，债权人可以取得抵债物的所有权。但是，根据"流质约款禁止"规则，当事人一方有权请求对方在抵债物评估作价的基础上，多退少补。

2. 履行期届满后达成的以物抵债协议。当事人在履行期届满后达成的以物抵债协议，性质为诺成合同。因此，债务履行期届满后，债权人有权根据以物抵债协议，请求债务人交付抵债物。但是，根据"流质约款禁止"规则，代物清偿协议履行完毕后，当事人一方有权请求对方在评估作价的基础上，多退少补。

当事人在履行期届满后达成的以物抵债协议的一种特殊表现，为当事人在民事诉讼中达成的以物抵债协议。该特殊的以物抵债协议的程序处理规则是：

（1）一审程序中，当事人可因达成以物抵债协议申请撤回起诉。

（2）二审程序中，当事人因达成以物抵债协议而申请撤回上诉的，法院应当告知其申请撤回起诉；当事人不申请撤回起诉的，法院应当继续对原债权债务关系进行审理。

（3）在民事诉讼中，当事人达成以物抵债协议后，请求人民法院出具调解书予以确认的，法院不应准许。

二、提存

提存，是指在债权人受领迟延的情况下，债务人向法定的提存机关履行债务，以消灭自己对债权人的负债的法律事实。在我国，法定的提存机关是债务履行地的公证机关。

（一）提存的条件

1. 债权人构成迟延受领。债权人迟延受领，是指债权人没有正当理由而不接受债务人的履行，导致债务人无法履行债务的情形。其情形主要包括：①债权人无正当理由拒绝受领；②债权人下落不明；③债权人死亡未确定继承人，或者丧失民事行为能力未确定监护人；④法律规定的其他情形。

2. 债务人所负的债务为交付财产的债务。只有在财物之债中，债务人的债务才有可能通过提存而归于消灭。反之，在劳务之债中，不适用提存制度。进而，在财物之债中，适于提存的财物可直接提存；不适于提存的财物，如不易保管、不易放置、保管费用过高的财物，债务人可以依法拍卖或者变卖标的物，提存所得的价款。

（二）提存的效力

1. 对债务人的效力。

（1）债务人的债务归于消灭。债务人债务的消灭时间，为债务人将合同标的物或者标的物拍卖、变卖所得价款交付提存部门之时。

（2）债务人承担及时通知义务。标的物提存后，债务人应当及时通知债权人或者债权人的继承人、遗产管理人、监护人、财产代管人，告知其提存事实。

2. 对提存机关的效力。

（1）提存机关对提存物承担妥善保管义务。因保管不善致提存物损害的，提存机关对提存物的领取人承担赔偿责任。

（2）提存机关对债权人承担交付提存物的义务。

3. 对债权人的效力。

（1）债权人取得提存物及其孳息的所有权。债务人一经提存，提存物的所有权即归属于债权人。在提存期间，提存物产生孳息的，债权人取得孳息的所有权。

（2）债权人承担提存物上的风险。在提存期间，提存物发生风险的，由债权人承担损失。

（3）债权人有权随时领取提存物，但应当承担提存费用。

（三）提存中的双务合同抗辩权

在双务合同中，当事人双方互负债务。在一方的债务已经提存，而另一方的债务已经到期，但是尚未履行的情况下，经提存一方当事人的要求，提存机构在对方当事人未履行债务且未提供适当担保的情况下，有权拒绝其领取提存物。

（四）提存物的最终处理

1. 在债务人提存之日起 5 年内，债权人可承担提存费用，并领取提存物的，已如前述。

2. 在债务人提存之日起 5 年内，债权人向提存部门书面放弃提存物领取权的，债务人承担提存费用后，取回提存物。

3. 在债务人提存之日起 5 年后，债权人未领取提存物，且对债务人有到期债务未履行的，债务人承担提存费用后，取回提存物。

4. 在债务人提存之日起 5 年后，债权人未领取提存物，且对债务人没有到期债务的，提存物扣除提存费用后，归国家所有。

三、抵销

（一）概述

抵销，是指当事人双方基于两个法律关系互负债务时，互负的债务相互冲抵而归于消灭的法律事实。抵销的适用，以当事人双方互负债务的两个法律关系均为财物之债为前提。劳务之债不存在抵销之可能。抵销是一项重要的民法工具，其法律意义主要有以下两个方面：

1. 抵销是债务履行的特殊手段。从表面上看，抵销是当事人双方在两个法律关系中互负债务的冲抵，但在实质上，抵销的完成过程则是当事人双方的双向债务履行。正是由于抵销具有债务履行的意义，《民法典》第 520 条第 1 款才规定，连带债务人向债权人履行债务，或以自己的债务向债权人抵销的，均可引起向其他连带债务人追偿的法律后果。

2. 抵销具有强制对方履行债务的性质，因而具有优先受偿的效力。当事人双方在两个法律关系中互负债务，且一方的债权人众多、已经丧失履行能力的情况下，如果具有履行能力一方履行自己的债务，必然无法获得丧失履行能力的对方对等的履行。此时，具有履行能力的一方，若将自己的债务与对方的债务相互抵销，则意味着强制对方履行了债务，进而可以获得优先于丧失履行能力一方的其他债权人受偿的法律效果。

【训练】A 公司借给甲、乙、丙 100 万元，约定甲、乙、丙对 A 公司承担连带还款责任。借款合同订立后，甲又与 A 公司订立买卖合同，约定甲将一台机器设备出卖给 A 公司，A 公司应支付价金 100 万元。现 A 公司经营不善，欠一系列债权人的债务且无力履行，其银行账户已被其他债权人申请法院查封。

1. 如果甲未选择抵销，而是向 A 公司偿还 100 万元借款。后果如何？

回答：甲欠 A 公司借款合同上的债务归于消灭，但 A 公司欠甲的买卖合同上的价金债务，依然无力偿还。

2. 如果甲选择抵销，后果如何？

回答：甲对 A 公司借款合同上的债务，与 A 公司对甲的买卖价金债务，因相互冲抵而均归于消灭。这意味着甲向 A 公司偿还了借款债务，并强制 A 公司也向甲偿还了价金债务，甲获得了优先于 A 公司其他债权人受偿的效果。其后，甲还可以就超越自己份额、比例的部分，向乙、丙追偿。

根据抵销的原因不同，抵销可分为法定抵销与约定抵销。

（二）法定抵消

法定抵销，又称抵销权抵销，是指在符合法律规定的条件下，一方当事人可行使抵销权，无需经过对方同意，即可与对方债务相互冲抵的抵销。

1. 法定抵销权的要件。

（1）法定抵销的积极条件。

第一，当事人在两个法律关系中，互享债权、互负债务。抵销是当事人双方互负债务的冲抵，必然以当事人双方在两个法律关系中权利的互享、义务的互担为前提。反之，当事人在一个法律关系中互享权利、互担义务，如买卖双方相互享有交货、付款的债权，承担付款、交货的债务，则是双务合同的关系，不存在抵销的问题。

需要指出的是，《民法典》第 549 条，在债权让与的抗辩权延续问题上，所规定的"基于同一合同的抵销权"，其本质依然是同一合同的双方，在两个法律关系中互享债权、互负债务的构造，并不构成对本抵销权要件的突破。

【训练】甲乙订立买卖合同，约定甲将一批货物出卖给乙，乙应支付价金 10 万元。合同中约定任何一方违约，支付违约金 2 万元。合同订立后，甲逾期 1 个月才将货物交付给乙，依约应向乙支付违约金 2 万元。

1. 甲乙之间存在几个债权债务关系？

回答：两个。首先，甲基于买卖合同，对乙享有 10 万元价金债权，相应的，乙承担 10 万元价金债务。其次，乙基于买卖合同的违约金约定，对甲享有 2 万元违约金债权，相应的，甲承担 2 万元违约金债务。

2. 乙可否对甲进行抵销？

回答：可以。乙若对甲抵销，则乙只需向甲支付 8 万元的价金。

3. 设：甲将对乙的 10 万元价金债权转让给丙，并通知了乙。乙可否以对甲的违约金债权，与丙的价金债权相抵销？

回答：可以。根据前述债权让与的抵销权延续规则，债务人对债权人享有抵销权，债权让与并通知债务人的，债务人可以对受让人主张抵销权。

第二，当事人在两个法律关系中，互负债务的标的种类相同。既然抵销是当事人双方互负债务的冲抵，那么只有双方互负债务标的为相同种类的情况下，双方负债的履行才具有可替代性。此时，一方的抵销才不会损害另一方的利益。反之，双方互负债务标的种类不同，则不存在抵销之可能。

【训练】甲乙订立电脑买卖合同，约定甲以 5000 元的价格向乙出卖电脑 A。随后，甲乙又订立手机买卖合同，约定乙以 5000 元的价格向甲出卖手机 B。

1. 甲的手机 B 价金债务，能否与乙电脑 A 的价金债务相抵销？

回答：可以。

2. 甲交付电脑 A 的债务，能否与乙交付手机 B 的债务相抵销？

回答：不能。

第三，债权到期。在当事人在两个法律关系中互享债权、互负债务的基础上，债权到期的一方享有抵销权，有权主动与对方抵销。因此，双方的债权均未到期，任何一方均不得享有抵销权；一方的债权到期，另一方的债权未到期，债权到期的一方享有抵销权；双方债权均到期的，不问到期时间的先后，双方均享有抵销权。

在当事人在两个法律关系中互享债权、互负债务的基础上，一方债权到期，意味着该法律关系中另一方的债务到期，故债权到期一方行使抵销权，不过是强制对方履行已经到期的债务；反之，一方债权尚未到期，意味着该法律关系中另一方的债务也未到期，此时，若允许债权未到期一方行使抵销权，则意味着强制对方履行未到期的债务。由此可见，本要件的本质，在于不得以抵销方式，强制对方履行未到期的债务，从而保护对方当事人的期限利益。

【训练】根据 A 合同，甲对乙享有债权。根据 B 合同，乙对甲享有债权。现甲债权到期，乙债权未到期。

1. 此时，甲是否需要履行 B 合同中的债务？

回答：否。乙在 B 合同中的债权尚未到期。

2. 此时，乙是否需要履行 A 合同中的债务？

回答：是。甲在 A 合同中的债权已经到期。

3. 此时，若甲享有抵销权，是否会对乙不利？

回答：否。甲行使抵销权，不过是强制乙履行已到期的债务。

4. 此时，若乙享有抵销权，是否会对甲不利？

回答：是。乙若行使抵销权，意味着强制甲履行尚未到期的债务，损害了甲的期限利益。

（2）法定抵销权的消极条件。

第一，债务人享有抗辩权的，债权人不得享有抵销权。基于抵销权强制对方履行债务的功能，在债务人享有抗辩权的情况下，债权人的债权纵然到期，也不得享有抵销权。否则，即意味着强制债务人履行了享有抗辩权的债务。

【训练】根据 A 合同，甲对乙享有债权。根据 B 合同，乙对甲享有债权。现甲债权到期，乙债权诉讼时效届满。

1. 此时，甲是否需要履行 B 合同中的债务？

回答：否。乙在 B 合同中的债权诉讼时效已经届满，甲享有诉讼时效抗辩权。

2. 此时，乙是否需要履行 A 合同中的债务？

回答：是。甲在 A 合同中的债权已经到期，且诉讼时效未届满。

3. 此时，若甲享有抵销权，是否会对乙不利？

回答：否。甲行使抵销权，不过是强制乙履行已到期且诉讼时效未届满的债务。

4. 此时，若乙享有抵销权，是否会对甲不利？

回答：是。乙若行使抵销权，意味着强制甲履行诉讼时效届满的债务，损害了甲的诉讼时效抗辩权。

第二，具有人身专属性的债务，不得抵销。具有人身专属性的债务，如基于亲属关系产生的抚养费、赡养费、扶养费支付义务，其履行，对于债权人具有特殊利益，具有不可替代性，故不得与债权人所负的其他债务相抵销。

【训练】甲每月应向甲父支付赡养费 2000 元。后来甲父所住房屋被拆迁，需支付 5 万元弥补差价。甲父遂借甲 5 万元，后无力偿还。甲能否以赡养费债务与甲父的借款债务相抵销？

回答：否。

第三，当事人约定不得抵销的债务，不得抵销。

2. 抵销权的行使。抵销权性质为形成权，故抵销权人只有行使抵销权，才能引起抵销的后果。反之，抵销权人纵有抵销权，但未行使，抵销后果并不发生。抵销权的行使方式为单方通知，即抵销权人向对方当事人单方作出抵销意思表示，即构成抵销权的行使，无需以诉讼或仲裁的方式为之。行使抵销权的意思表示，不得附条件、附期限。

3. 行使抵销权的后果。

（1）抵销意思表示一经到达对方当事人，溯及抵销权人一方的抵销权成立之时，双方互负的债务在同等数额内消灭。由此可见，抵销权的行使后果，具有溯及力：双方互负债务相互的抵销时间，并非抵销意思表示到达对方当事人时，而是抵销权成立时，即主张抵销权的对方债权到期时。这意味，自抵销权成立至行使抵销权这段时间内所发生的债额的增加，如违约责任的累计，不计入双方负债相互冲抵的范围。

【训练】甲借给乙 10 万元，2019 年 1 月 1 日到期。乙又卖给甲一批货，甲应于 2019 年 3 月 1 日支付价款 10 万元。双方借款合同与买卖合同均约定，每迟延还款、付款 1 个月，应承担违约金 1000 元。

1. 设：现在是 2019 年 2 月 1 日，乙未偿还借款。若甲于 2019 年 2 月 1 日行使抵销权：

（1）抵销的后果自何时发生？

回答：甲的抵销权成立之时，即 2019 年 1 月 1 日。

（2）抵销后果发生时，甲的价金债务为多少钱？

回答：10 万元，2019 年 1 月 1 日尚未到期。

（3）抵销后果发生时，乙的借款债务为多少钱？

回答：10 万元，2019 年 1 月 1 日刚到期，尚无违约责任。

（4）抵销后，甲、乙的债务各为多少钱？

回答：双方债务均归于消灭。

2. 设：现在是 2019 年 4 月 1 日，乙未偿还借款，甲也未支付价款。若乙于 2019 年 4 月 1 日行使抵销权：

（1）抵销的后果自何时发生？

回答：乙的抵销权成立之时，即 2019 年 3 月 1 日。

（2）抵销后果发生时，甲的价金债务为多少钱？

回答：10 万元。2019 年 3 月 1 日刚到期，尚无违约责任。

（3）抵销后果发生时，乙的借款债务为多少钱？

回答：10.2 万元。2019 年 3 月 1 日，乙欠甲本金 10 万元，并应承担违约责任 2000 元。

（4）抵销后，甲、乙的债务各为多少钱？

回答：甲不对乙负债，乙对甲负债 2000 元。

（2）行使抵销权一方享有的债权不足以抵销全部债务数额，当事人对抵销顺序又没有特别约定的，应当根据实现债权的费用、利息、主债务的顺序进行抵销。

（三）约定抵销

约定抵销，是指基于当事人的合意，在两个法律关系中所互负的债务相互冲抵的抵销。在约定抵销的情况下，由于存在当事人合意的基础，所以无论当事人互负的债务标的是否种类相同、债权是否到期、是否诉讼时效届满、是否具有人身专属性，均可通过抵销的约定，使当事人互负的债务归于消灭。约定抵销中，当事人互负的债务归于消灭的时间，为抵销合意达成之时。

四、混同

（一）概述

混同，是指基于特定法律事实，一个债之关系中的债权、债务，由一个人享有和承担的情形。引起混同的法律事实主要包括：

1. 债权让与、债务承担。债权人与债务人之间发生债权让与、债务承担的，其法律后果，或是债务人取得了债权，或是债权人取得了债务，都会导致债权与债务同归于一人，即发生混同。

2. 法人合并。两个法人之间存在债权债务关系的情况下，其发生合并，新的法人将会继受原债权人法人的债权，并继受原债务人法人的债务，从而使债权与债务同归于一人，即发生混同。

3. 继承。两个有继承关系的自然人之间存在债权债务关系的，发生继承的法律后果，或是债权人继承了债务，或是债务人继承了债权，都会导致债权与债务同归于一人，即发生混同。

（二）混同的后果

1. 原则上，一旦发生混同事实，同归于一人的债权、债务，归于消灭。这一原则，在民法上有两种表现：

（1）同归于一人的债权、债务数额相等的，债权、债务均归于消灭。

（2）同归于一人的债权、债务数额不相等的，数额较小的归于消灭，数额较大的相应减少。例如，在连带之债中，部分连带当事人与相对人之间发生的混同。

【训练】甲、乙、丙对李四享有连带债权 100 万元，甲、乙、丙内部份额为 3：3：4。甲死亡，李四继承了甲的全部遗产。现债权债务关系如何？

回答：乙、丙对李四享有连带债权 70 万元。

【训练】甲、乙、丙对李四承担连带债务 100 万元，甲、乙、丙内部份额为 3：3：4。甲死亡，李四继承了甲的全部遗产。现债权债务关系如何？

回答：乙、丙对李四承担连带债务 70 万元。

2. 例外情况是，混同的债权涉及第三人利益的，同归于一人的债权、债务，不发生消灭。在这里，混同的债权涉及第三人利益，是指该债权为第三人权利的客体。

【训练】甲公司对乙公司享有应收账款债权 100 万元。甲公司将对乙的应收账款债权出质给丙公司，并办理了质押登记手续。现甲公司与乙公司发生合并，甲、乙公司消灭，丁公司成立。

1. 该应收账款债权、债务是否发生混同？

回答：是。该应收账款债权、债务同归于丁公司。

2. 该应收账款债权、债务是否消灭？

回答：否。因该债权已成为丙权利质权的客体。

五、免除

免除，又称债务免除，是指债权人放弃自己的债权、免除债务人债务的行为。免除行为的特征是：

1. 免除是债权人对其债权的处分，是一种民事法律行为。因此，行为人须具有相应的民事行为能力。

2. 免除是一种单方民事法律行为，故只需要债权人单方做出免除部分或者全部债务的意思表示，即可发生债务免除的后果，而无需以债务人的同意为条件。但是，债务人在合理期间内，有权拒绝债权人免除其债务的意思表示。

3. 免除是一种有特定相对人的民事行为，故债权人免除债务的意思表示，必须向债务人或其代理人作出，方能引起免除的法律后果。债权人向无关的第三人作出免除债务人债务的意思表示的，不会导致债务的免除。

4. 免除是一种无因行为，故债务免除的法律后果，只需具备上述要件即可发生。至于债权人免除债务的原因为何，其是否得以实现，均在所不问。

第 八 章
合同之债总论

第一节 合同概述

一、合同的概念和特征

（一）合同的概念

《民法典》第 464 条第 1 款规定："合同是民事主体之间设立、变更、终止民事法律关系的协议。"从理论上讲，合同是指民事主体与他人达成的，能够引起债权债务法律关系设立、变更、终止的一致的双方或多方民事法律行为。

【训练】甲、乙二人系同学，相约周末一起逛书店，二人达成的一致意见是合同吗？

回答：不是。甲、乙二人达成一致的是周末共同的行程，并不能设立、变更、终止二人之间的民事法律关系，所以二人达成的一致合意不是合同。

（二）合同的特征

合同作为民事主体主动设立、变更、终止民事法律关系的法律事实，具有以下特征：

1. 合同是民事主体依据意思自治原则作出的有目的主动行为。民事主体依据物权法、知识产权法等确定财产归属的法律制度，对特定财产享有所有权、著作权等支配性权利。当对自己所有的财产进行支配不能满足需求的时候，民事主体就需要以合同作为法律工具，与其他民事主体进行交换，以达到自己的目的。所以，合同在内容上就表现为合同各方主动支配各自的特定财产与他方进行交换的一致意愿。

【训练】甲有一台小轿车，但周末拟用 SUV 外出钓鱼，甲的同事乙有一辆 SUV，甲应怎样达到目的？

回答：与乙订立借用合同或租赁合同，从而使用乙的 SUV。

2. 合同所设立、变更的民事法律关系的内容，主要来自合同约定的内容，即由合同当事人在意思自治的原则下自行决定。民事主体主动与他人达成一致意见，缔结并履行合同，本质上都是在支配或处分其自身享有的民事权利，与社会公益和合同关系外的其他人无关。因此，民事法律原则规定由当事人自己通过合同磋商，最终决定其与他人设立或变更的民事法律关系的内容。

【训练】甲因周末拟驾驶高档 SUV 外出钓鱼，遂至汽车租赁公司，因其出价较低，汽车租赁公司只同意出租一辆中档 SUV，甲同意并签约。这一过程中，如何体现意思自治？

回答：甲计划以较低的价格租赁较好的汽车，仅仅是其单方面的想法，最终经汽车权利人提议仅租赁到中档汽车，恰恰体现合同订立必须经双方当事人一致同意，体现出合同缔结时双方当事人的意思自治。

需要指出的是，合同法律制度在特定情况下会在当事人协商确定的合同内容之外，确定合同的内容：

（1）为保护某种交易形态，强行确立当事人必须遵循的规则，如租赁合同关系中的"买卖不破租赁"，即法律为了避免让承租人承受租赁期间租赁物所有权发生变动而无法继续租赁的风险而设置的强行性规则；

（2）为引导和规范诚实信用的合同订立和履行秩序，规定合同法律关系中的法定义务，如《民法典》第 500 条、第 509 条第 2 款以及第 558 条规定的先合同义务、附随义务和后合同义务；

（3）为促成民事主体通过订立合同想要进行的民事活动，在合同当事人就特定合同事项没有约定的情况下，规定合同缺漏内容的补充规则，如《民法典》第 510、511 条。

【训练】甲向乙签订合同订购一批"保温杯"。交货后，甲发现乙交付的杯子毫无"保温"效果。在双方的合同中没有约定质量要求的情况下，其是否有权主张乙存在交付标的物不符合质量标准的违约情形？

回答：是。尽管双方没有约定质量标准，但是从"保温杯"这样的合同表述和《民法典》第 510 条"按照合同相关条款或者交易习惯确定"的规定可以确定，乙交付的杯子必须满足起码的"保温"效果。

3. 合同以引起债权债务法律关系产生、变更或消灭为内容。在民法领域，当事人可以就众多法律问题达成协议，但并非所有的协议都是合同。只有以产生、变更、消灭债权债务法律关系为目的的协议，才是合同。结婚协议、离婚协议、收养协议，旨在变动身份法律关系，故不是合同。

二、合同的类型

合同作为一种民事法律行为，民事法律行为的一般分类，如诺成行为与实践行为、单务行为与双务行为、要式行为与不要式行为、有偿行为与无偿行为等，均可适用于合同。在此基础上，这里所讨论的合同的类型，仅以民事法律行为分类之外的合同类型为限。

（一）有名合同和无名合同

1. 有名合同。有名合同，又称典型合同，是指《民法典》或其他法律作出明文规定的合同类型。《民法典》在"合同编"中所规定的有名合同共有 19 种类型，如买卖合同、赠与合同、借款合同等，均属有名合同。需要注意的是，《民法典》以外的其他法律有明文规定的合同类型，依然为有名合同，例如《中华人民共和国信托法》（以下简称《信托法》）第 8 条规定的"信托合同"。

2. 无名合同。无名合同，又称非典型合同，是指法律没有对其类型加以总结的合同。《民法典》第 467 条第 1 款前半句"本法或者其他法律没有明文规定的合同"，即无名合同。根据合同自由原则，无名合同只要不具有效力瑕疵的法定事由，依然有效。进而，根据《民法典》

第467条之规定，无名合同，其法律的适用规则是：其一，可以直接适用《民法典》中关于合同的一般性规定；其二，参照适用《民法典》中最相类似典型合同的规定，或其他法律当中最相类似合同的规定。

【训练】甲与音乐学院钢琴系的研究生乙签订合同，约定将1间住房借给乙上学期间居住使用，乙每天晚上辅导甲的女儿钢琴演奏1个小时作为回报。该合同如果产生纠纷，应当如何适用法律？

回答：甲、乙就房屋使用而言，首先达成了财货使用型合同，不是租赁合同就是借用合同，因为乙提供劳务作为对价，因此属于有偿合同，故该部分合同属于租赁合同。乙每晚付出劳动，教授甲的女儿学习钢琴，属于提供劳务的合同，而乙对甲房屋的使用即其提供劳务的报酬。所以，整个合同属于有偿合同和财货使用、提供劳务的混合合同。如果房屋使用部分发生纠纷，则参照适用租赁合同的相关规定。

（二）财货转移型合同、财货使用型合同和劳务合同

依据合同法律关系中，合同权利义务的主要内容不同，可将合同分为财货转移型合同、财货使用型合同和劳务合同。

1. 财货转移型合同。财货转移型合同，为典型的一次性合同，是指以转移物之所有权等物权（用益物权、担保物权）、无形财产权以及其他类物权的民事权利的归属为主要内容的合同类型，如买卖合同、赠与合同、股权转让合同、国有建设用地使用权转让合同、债权转让合同等。在这种合同类型中，合同相对方支付金钱或履行其他对待给付义务，用以交换的就是特定财产权利的归属。

2. 财货使用型合同。财货使用型合同，为典型的继续性或持续性合同，是指不转移物之所有权或使用权，由一方持续使用他人财货的合同类型，如租赁合同、借用合同等。财货使用型合同原则上是以使用人之占有、使用作为使用人履行支付对价义务的对价。

财货转移型合同和财货使用型合同区分的意义在于：①确定合同对待给付义务数额和大小的依据不同，前者一般是标的财货的市场价值，是其交换价值的体现；后者是标的财货的使用费，有单位时间使用价值和使用时间长短两个计算维度，是其使用价值的体现。②合同解除后的法律后果不同，前者的解除效果一般溯及既往，双方各自返还标的物和价款；后者解除合同时，一般没有溯及既往的效果，过往已经履行的时间仍按合同结算。

3. 劳务合同。劳务合同是指一方提供劳务，另一方支付劳务报酬或履行其他对待给付义务，用以交换对方付出的劳务。劳务合同又可进一步分为两类：

（1）交付劳动成果的合同，即一方不仅承担提供劳务的义务，而且需向对方交付物化的劳务成果的合同，如加工承揽合同、技术合同、建设工程合同等。

（2）单纯给付劳务的合同，即一方仅承担提供劳务的义务，而并不存在物化的劳务成果的交付问题的合同，如委托合同、行纪合同、中介合同等。

（三）一次性合同和继续性合同

根据时间因素是否对合同给付义务的内容和范围发生影响，合同可分为一次性合同和继续

性合同。

1. 一次性合同。一次性合同，是指一次给付便使合同权利得以实现的合同，如买卖、赠与、互易等。应当注意的是分期付款买卖中，付款虽为分期，但分期款项数额和总体数额自始确定，故仍然是一次性合同。

2. 继续性合同。继续性合同，是指持续实现合同权利，持续时间长短对给付内容和范围起重要作用的合同。如雇佣、合伙、保管、仓储、租赁等即属于此类合同。租赁合同关系中，承租人给付租金的最终数额是由单位时间的租金数额和租赁的时间长度为计算依据的，时间在计算租金数额时起到重要作用。

区分一次性合同和继续性合同的意义在于：

（1）给付内容是否确定不同。一次性合同中的给付内容在订立合同时即已确定，而在继续性合同的不定期合同中，双方的给付内容均不确定。如不定期租赁合同，最终租赁期限长短和租金数额是不确定的。

（2）合同解除条件和效果不同。如果是继续性合同中的不定期合同，《民法典》第 563 条第 2 款规定了特殊的解除规则，即"以持续履行的债务为内容的不定期合同，当事人可以随时解除合同，但是应当在合理期限之前通知对方"。此外，在解除效果上，一次性合同解除的效果将溯及合同订立时，合同各方应恢复原状；继续性合同的解除一般不溯及既往，过往已经履行的期间按照合同约定加以清理和结算。

【训练】甲租赁乙的房屋，甲不支付多期房租，且经乙催告后仍不支付。乙遂于 5 月 1 日告知甲解除租赁合同。问，乙解除租赁合同的效果如何？

回答：租赁合同是继续性合同，合同解除只向未来发生法律效力，故甲应返还房屋并按照租赁合同约定向乙支付 5 月 1 日前发生的租金；甲未于 5 月 1 日向乙返还租赁房屋的，因此时合同已经解除，甲、乙之间再无租赁合同关系；故，甲在 5 月 1 日后对租赁房屋的占有和使用无法定或约定依据，属于不当得利，应当予以返还。

（四）自己合同和涉他合同

根据当事人订立的合同在内容上是否涉及第三人，合同可分为自己合同和涉他合同。

1. 自己合同。自己合同，又称束己合同，是指订立合同一方自己享有本方的债权且自己负担本方债务的合同。因此，自己合同在内容上不涉及第三人。自己合同是社会生活中最为常见的合同类型。

2. 涉他合同。涉他合同，又称利他合同，是指订立合同一方自己负担本方的债务，而将本方的债权设定给第三人的合同。在社会生活中，涉他合同较为独特，指定第三受益人的人寿保险合同就是著例。涉他合同的法律规则是：

（1）在涉他合同中，第三人的法律地位为债权人。相应的，义务人对与其订立合同的对方当事人的抗辩权，可以向第三人主张。

（2）在利他合同中，第三人债权之享有，无需征得其同意。但是，第三人知道该涉他合同存在后，有权在合理期间拒绝债权之享有。在第三人拒绝的情况下，设定给第三人的权利，由订立合同的当事人享有，即涉他合同转变为自己合同。

【训练】甲与乙订立买卖合同，约定甲将一台电脑出卖给乙，乙收货后1周内，应支付价金5000元。甲乙同时约定，甲将对乙请求支付价金的请求权，设定给丙。

1. 该电脑买卖合同中，谁承担交付电脑的义务？

回答：甲。

2. 该电脑买卖合同中，谁有权请求乙支付电脑价金？

回答：丙。

3. 如果乙到期未交付电脑价金，谁有权追究乙的违约责任？

回答：丙。

4. 如果甲向乙交付的电脑质量不符合买卖合同的约定，乙能否拒绝向丙支付价金？

回答：可以。乙对甲的抗辩权，有权对丙主张。

5. 如果丙表示拒绝享有电脑的价金债权，后果如何？

回答：甲有权请求乙支付电脑价金。

（五）预约合同和本约合同

根据合同在目的上是否是为了缔结另外一个合同，合同分为预约合同和本约合同。

1. 预约合同。预约合同，是指当事人约定于未来订立合同的合同。在实践中，认购书、订购书、预定书、意向书等均为预约合同。

2. 本约合同。本约合同，是指当事人之间在预约合同中所约定的、应当于未来订立的合同。

区分预约合同和本约合同的意义在于：

（1）由于预约合同以"订立本约合同"为内容，故当事人双方根据预约合同，享有请求对方与自己订立本约合同的债权。故本约合同的订立，意味着预约合同的履行。

（2）当事人违反预约合同的约定，未与对方当事人订立本约合同的，构成预约合同上的违约，应承担违约责任。相应的，在预约合同存在定金担保的情况下，违反预约合同的当事人须承担定金处罚。

【训练】甲至乙房地产开发公司购房，确定购买意向后，甲与乙公司签订《认购书》约定1个月内甲、乙签订正式的商品房买卖合同，且甲向乙缴纳5万元定金用于担保签署商品房买卖合同。1个月内，甲多次至乙公司要求签署合同，均遭拒绝，其是否有权适用要求乙公司双倍返还定金的定金罚则？

回答：有权。《认购书》为预约合同，商品房买卖合同是本约合同，甲缴纳定金在本质上就起到担保预约合同之履行的功能。

第二节　合同的订立

在我国《民法典》中，合同的本质是以变动债之关系为目的的双方、多方民事法律行为，故合同以当事人各方作出意思表示且达成合意为基本要素。因此，合同的订立过程，就是合同要素从无到有的形成过程，其可分为要约与承诺两个阶段。

一、要约

《民法典》第471条规定："当事人订立合同，可以采取要约、承诺方式或者其他方式。"由此可见，要约是合同订立程序中的第一个环节。

（一）要约的概念

要约，是指希望和他人就具体、确定内容订立合同的意思表示。订立合同是双方或多方法律行为，故存在发出和受领意思表示的民事主体，其中，发出要约的主体为要约人，受领要约的主体为受要约人。

（二）要约的构成要件

要约的构成要件，是指一项意思表示构成要约应当具备的条件，也即意思表示具备要约效力的条件。要约的有效要件如下：

1. 要约人应当具备民事行为能力。要约是意思表示，包含法律效果意思，所以要约人须具有完全民事行为能力。否则，无行为能力人发出的要约无效；限制行为能力人超越行为能力发出的要约，需经法定代理人追认方才有效。

2. 要约须向相对人发出。要约的相对人，即受要约人，可以是特定的人，也可以是不特定的人。例如，商场商品的标价陈列、自动售货机、社会服务部门的营业状态等，均属于向不特定的受要约人发出的要约。

3. 要约须具有具体确定的内容。由于要约意味着受要约人一旦作出"接受要约"的承诺，合同即告成立，故要约应当具备合同的基本内容。在当事人没有对合同的相关事项进行约定的情况下，因《民法典》第510条至第513条对合同质量、价格、履行地、履行期限、履行方式、履行费用负担等问题作出了规定，故即使要约中未对上述事项予以确定，也不会影响合同的完备性。因此，只要要约中明确交易的主体、标的、数量这三项合同的必备要素，即可认定要约具备了具体确定的内容。

【训练】X地的甲公司向Y地的乙公司发出要约函称"我公司愿购买贵公司A型电脑100台"，并加盖甲公司的印章。

1. 甲公司的要约函，内容是否具体确定？

回答：是。

2. 如果乙公司表示同意，合同履行地如何确定？

回答：根据《民法典》第511条第3项"其他标的，在履行义务一方所在地履行"之规定，甲公司所在的X地，为合同履行地。

3. 如果乙公司表示同意，合同价格如何确定？

回答：根据《民法典》第511条第2项"价款或者报酬不明确的，按照订立合同时履行地的市场价格履行"之规定，以甲乙合同成立时，甲公司所在X地的A型电脑市场价格，作为本合同的价格。

（三）要约和要约邀请的区分

要约邀请，是指邀请他人向自己发出要约的表示。要约邀请并非法律事实，并不具有法律意义。要约与要约邀请的区分方法如下：

1. 内容明确具体者，为要约。如上所述，要约内容明确具体，包括了主体、标的、数量等合同的必备要素。反之，内容不明确具体者，为要约邀请。要约邀请的内容并不具体确定，欠缺上述合同的必备要素，法律无法根据一项要约邀请，对合同的内容加以确定。

2. 在内容明确具体的前提下，当事人未表示不受约束者，为要约。反之，尽管当事人所表达的内容明确具体，但其同时声明并不受其表达的约束，则其表达为要约邀请。

【训练】甲公司向乙公司发出函件，推销自己的产品。函件中对产品的规格、型号、价格、履行方式等内容均作出了详尽介绍，但在函件最后，注明"以上内容仅供参考"的字样。甲公司的函件是要约还是要约邀请？

回答：要约邀请。

3. 法定的要约邀请。根据《民法典》第473条的规定，在如下情形下，当事人所作出的表达，依法直接界定为要约邀请：

（1）寄送的价目表，即一方向对方寄送的，载明商品种类、价格的文件。由于该文件在交易习惯上被视为附有价格的推销单，故《民法典》将其界定为要约邀请。

（2）拍卖公告，即拍卖人在拍卖开始前向社会公众发布的，告知拍卖召开时间、地点与拍卖物品，召集竞买人前来竞拍的法律文件。拍卖公告不可能涉及拍卖标的物的成交价格，故其性质为要约邀请。

（3）招标公告，即发标人在招标开始前向社会公众发布的，告知招标时间、地点、程序、投标人条件，召集投标人前来竞标的法律文件。招标公告中同样不可能涉及最终成交价格，故其性质为要约邀请。

（4）招股说明书、债券募集说明书、基金招募说明书，是指股份有限公司公开发行股票、债券、基金前，就发行中的有关事项向公众作出披露的法律文件。因招股说明书并没有向所有愿意认购股票的投资者都出售其股票、债券、基金的意思，故其性质为要约邀请。

4. 商业广告的性质。商业广告在性质上，既可能构成要约，也可能构成要约邀请。区分二者的方法，仍为前述要约与要约邀请的区分方法，即以商业广告的内容是否明确具体、广告的发布商是否作出了不受约束的表示作为判断标准。需要指出的是，在商业广告构成要约的情况下，受要约人一旦与该广告发布商订立合同，则广告内容即自动构成合同的条款。这意味着：

（1）如果发布商未履行其在广告中的允诺，将构成违约；

（2）如果发布商发布虚假广告，将构成欺诈。受要约人有权诉请法院或向仲裁机关申请撤销该合同。

【训练】甲房地产公司发布广告称，本小区为地铁沿线房，离地铁站100米。乙看上该小区交通便利，遂与甲公司订立商品房买卖合同。待甲公司向乙交付房屋后，乙发现该小区并非地铁沿线房。

1. 甲公司发布的商业广告，是要约还是要约邀请？

回答：要约。

2. 乙能否追究甲公司的违约责任？

回答：可以。甲公司构成违约。

3. 乙能否诉请法院撤销与甲公司的商品房买卖合同？

回答：可以。甲公司构成欺诈。

（四）要约的生效、撤回、撤销

1. 要约效力的概念。要约的效力，是指生效的要约对要约人的法律拘束力，即要约人需受自己要约意思表示的约束，一旦受要约人表示承诺且合同成立，要约人应当按照要约的内容履行债务。

【训练】红星公司有一批钢材待售，遂向蓝星公司送达出售要约；但是，在蓝星公司回复购买承诺前，红星公司与绿星公司签署采购合同，将该批钢材出售予绿星公司。交付钢材的同时，红星公司收到蓝星公司的复函称愿意购买钢材。此时，红星公司和蓝星公司之间的法律关系如何？

回答：红星公司和蓝星公司的合同生效，红星公司无钢材可交，须向蓝星公司承担违约责任。红星公司如果不想承担上述违约责任，正确的做法是等自己发给蓝星公司的要约失效，此时其不再受要约效力束缚，可以另行出售该批钢材。

2. 要约的生效时间。要约的生效时间，是指要约对要约人法律约束力的产生时间。根据《民法典》第474条、第137条的规定，要约的生效时间，根据要约的方式而有所不同。

（1）对特定人作出的要约。对特定人作出的要约，是指受要约人为特定人的要约，分为对话方式的要约与非对话方式的要约两种情形。

第一，对话方式要约的生效时间。以对话方式作出的要约，采取"了解主义"生效模式，即受要约人知道其内容时生效。在这里，"对话方式作出的要约"，是指在要约人作出要约时，受要约人可即时获悉其内容的要约，如口头要约。"受要约人知道其内容时"，是指受要约人理解了要约意思表示内容的时间，而非要约到达受要约人的时间。

【训练】甲用德语向乙口头表示："我的这台电脑3000元卖给你，要不要？"乙听到此言，但未听懂。甲的要约是否生效？

回答：乙尚未了解该对话方式要约的内容，要约未生效。

第二，非对话方式要约的生效时间。以非对话方式作出的要约，采取"到达主义"生效模式，即到达受要约人时生效。"非对话方式作出的要约"，是指在要约人作出要约时，受要约人并不能即时获悉其内容的要约，如书面要约。"到达受要约人时"，是指要约到达受要约人的控制领域时，至于受要约人是否看到、是否理解，在所不问。

【训练】甲用德语向乙公司发函称："我的这台电脑3000元卖给你，要不要？"

1. 设：该函件到达乙公司传达室，但尚未被乙公司负责人看到。要约是否生效？

回答：非对话要约已经到达乙公司控制的区域，故已经生效。

2. 设：乙公司负责人看到该函件，并未看懂，欲找人翻译。要约是否生效？

回答：非对话要约已经到达乙公司控制的区域，故已经生效。

需要指出的是，在以数据电文方式作出要约的情况下，上述非对话要约的"到达主义"就表现为：受要约人指定特定系统接收数据电文的，该数据电文进入该特定系统时生效；受要约人未指定特定系统的，受要约人知道或者应当知道该数据电文进入其系统时生效。当事人对采用数据电文形式的要约的生效时间另有约定的，按照其约定。

（2）对不特定人发出的要约，采取"作出主义"生效模式，即要约作出时生效。

3. 要约的撤回。要约的撤回，是指阻止要约的生效，即要约人发出要约后，在该要约生效之前取消要约，使要约不发生法律拘束力。要约撤回的条件是：

（1）因要约的撤回，需以撤回时要约已经作出、但尚未生效为前提，故只有向特定人作出的要约，即对话方式要约、非对话方式要约，因采取"了解主义""到达主义"生效模式，故要约的作出与生效之间存在时间间隔，从而有撤回之可能；而对不特定人作出的要约，因采取"作出主义"生效模式，一经作出即生效，故不可撤回。

（2）撤回要约的意思表示，须生效于要约生效之前，或至少与要约同时生效。否则，"撤回"意思表示生效于要约生效之后，该意思表示就不再是"撤回"要约，而是"撤销"要约了。因此，《民法典》第 141 条规定了非对话要约的撤回方式，即撤回要约的通知应当在要约到达受要约人前或者与意思表示同时到达受要约人。

【训练】红星公司以信件的方式向蓝星公司送达要约。信件发出后，红星公司随即又以加急快件的方式发送撤销函撤回上述信函要约。最终，撤销函与要约同时到达蓝星公司，红星公司的要约是否已经生效？

回答：未生效。要约撤回在效果上是使要约不生效，因为撤销函与要约同时到达蓝星公司，所以红星公司的要约未生效。

4. 要约的撤销。要约的撤销，是指要约人在要约生效后，以通知方式取消该要约，从而使其效力从生效状态转变为失效状态。要约撤销的条件是：

（1）因要约的撤销以要约已经生效为前提，故任何要约在其生效后，均有撤销的可能。

（2）撤销要约的意思表示，须生效于要约生效之后。由此出发，《民法典》第 477 条规定："撤销要约的意思表示以对话方式作出的，该意思表示的内容应当在受要约人作出承诺之前为受要约人所知道；撤销要约的意思表示以非对话方式作出的，应当在受要约人作出承诺之前到达受要约人。"

【训练】红星公司有一批钢材待售，遂向蓝星公司送达出售要约。蓝星公司迟迟未回复购买承诺，但此时绿星公司向红星公司发出钢材求购信息。红星公司在向蓝星公司送达撤销出售要约的撤销函后，即与绿星公司签署采购合同。在向绿星公司交付钢材的同时，红星公司收到蓝星公司的复函称愿意购买钢材。此时，红星公司和蓝星公司之间的法律关系如何？

回答：红星公司和蓝星公司之间无任何法律关系，因为红星公司的要约已经失效。

（3）由于要约人撤销要约时，要约已经生效，故要约的撤销以无损受要约人的信赖利益为前提。因此，《民法典》第476条规定了要约撤销的限制，即在如下情况下，因受要约人对于要约具有较强的信赖利益，故要约不得撤销：①在撤销要约的意思表示生效前，受要约人已经作出承诺；②要约人在要约中明示不得撤销；③要约人在要约中规定了承诺期限；④受要约人有理由认为要约不可撤销，并已经作了履约准备工作。

【训练】红星公司向蓝星公司送达要约求购一批机械零件，并在要约中言明要约不可撤销，蓝星公司可以以实际交货的行为作出承诺。蓝星公司收到要约后，即刻开始组织人力、物力加工，等待备货齐整后交货。此时，红星公司向蓝星公司送达要约撤销函。该函件有效吗？

回答：无效。红星公司要约中已经言明要约不可撤销，相对方蓝星公司对此产生了信赖，此时允许红星公司撤销要约，将会导致蓝星公司无法获取履行利益。

（五）要约的失效

要约的失效，是指要约效力的消灭，即要约对要约人法律约束力的消灭。在要约失效的情况下，受要约人作出的"同意要约"的意思表示，不构成承诺，而是新要约。根据《民法典》第478条的规定，要约的失效事由包括：

1. 要约被拒绝；

2. 要约被依法撤销；

3. 承诺期限届满，受要约人未作出承诺；

4. 受要约人对要约的内容作出实质性变更。

【训练】甲公司向乙公司发出要约函，称"愿以1万元的单价购买贵公司的A型机器设备"。3天后，甲公司收到乙公司的回函称："少于1.2万元免谈。"第四天，甲公司又收到乙公司的第二封回函称："同意1万元出售。"乙公司的第二封回函，是新要约，还是承诺？

回答：第二封回函是新要约。乙公司第一封回函到达甲公司时，甲公司的要约已经失效。故乙公司的第二封回函，性质是新要约。

二、承诺

（一）承诺的概念和构成要件

承诺是指受要约人向要约人作出的，同意要约内容，愿意与要约人订立合同的意思表示。受要约人享有承诺自由，故其可以作出承诺，也可以拒绝承诺，或对要约不予理会。承诺应当具备以下要件：

1. 承诺人应当具备民事行为能力。

2. 承诺必须是受要约人作出的意思表示。在对特定的受要约人发出要约的情况下，受要约人以外的人所作出的同意要约的意思表示，并非承诺，而是新要约。

3. 承诺须以通知的方式，即采用对话或非对话的方式作出。在要约人同意或存在交易习惯的情况下，受要约人可以履约行为的方式作出承诺。

【训练】甲在网上发布要约，明确"愿意购买的，将价款打到指定账户，款到发货"。乙看到该要约后，向甲发送电子邮件，表明愿意购买。此时，乙是否作出承诺？

回答：否。根据要约，乙应当以付款方式承诺。

4. 承诺的内容应当与要约的内容一致。

5. 承诺应当在承诺期间内送达要约人。

（二）承诺对要约的变更

承诺的法律意义在于达成合意，故承诺的内容应当与要约的内容一致。如果受要约人的承诺变更了要约的内容，那就要根据其对要约内容变更的具体情况，作出不同的处理。

1. 实质性变更。实质性变更，是指受要约人的"承诺"，改变了要约中的交易条件。根据《民法典》第488条的规定，受要约人对要约中关于合同标的、数量、质量、价款或者报酬、履行期限、履行地点和方式、违约责任和解决争议方法等的变更，是对要约内容的实质性变更。受要约人实质性变更要约内容的，其"承诺"是对要约的重新要价，故不构成有效承诺，而是新要约。

2. 非实质性变更。非实质性变更，是指受要约人在未改变要约中交易条件的前提下，对要约内容所做的变更。如受要约人的表达中，添加了要约中没有的法定权利义务条款、说明性条款，或者在要约范围内的表示等。受要约人对要约内容作非实质性变更的，除要约人及时表示反对或者要约表明承诺不得对要约的内容作出任何变更外，该承诺有效，合同的内容以承诺的内容为准。

【训练】甲向乙发出要约，乙回函称："愿意成交，但需再加一条：如甲交付的货物有瑕疵，将追究违约责任。"乙的回函，性质及效力如何？

回答：乙对要约添加了法定权利义务条款，作了非实质性变更。除非甲及时表示反对或者要约表明承诺不得对要约的内容作出任何变更，否则其为有效承诺。

（三）承诺的迟到

承诺迟到，是指受要约人以非对话方式作出的承诺，没有在承诺期间内到达要约人。承诺期间的界定方式是：首先，要约中规定承诺期间的，从其规定。其次，要约中没有规定承诺期间的，以对话方式要约的，受要约人应即时承诺；以非对话方式要约的，承诺期间为合理期间。在以通知方式承诺的情况下，需要区分承诺迟到的具体情形，作出不同的处理。

1. 迟发迟到。迟发迟到，是指受要约人超过承诺期限发出承诺，或者在承诺期限内发出承诺，按照通常情形不能及时到达要约人的承诺迟到情形。受要约人构成迟发迟到的，其"承诺"为新要约。

2. 早发迟到。早发迟到，是指受要约人在承诺期限内发出承诺，按照通常情形能够及时到达要约人，但是因其他原因致使承诺到达要约人时超过承诺期限的承诺迟到情形。受要约人构成早发迟到的，除要约人及时通知受要约人因承诺超过期限不接受该承诺外，其承诺有效。

【训练】红星公司向蓝星公司送达要约，限定1周内承诺。收到要约后第二天蓝星公司即加急寄出承诺信函。因邮政公司的原因，导致要约人红星公司在2周后才收到承诺。但此时红星公司已经与绿星公司签订合同。问，红星公司此时应如何做？

回答：应当及时通知蓝星公司不接受已经超过承诺期限送达的承诺，否则合同将成立并生效，红星公司将同时面临2个需要履行的合同。

（四）承诺的效力

1. 承诺的生效时间。根据通知承诺与履约承诺的方式不同，承诺的生效时间不同。

（1）通知承诺的生效，采取"到达主义"，即承诺到达受要约人时生效。需要注意的是，《民法典》第491条对网络电子合同的承诺生效作出明确规定，即当事人一方通过互联网等信息网络发布的商品或者服务信息符合要约条件的，除当事人另有约定外，对方选择该商品或者服务并提交订单成功时，承诺生效，合同成立。

（2）履约承诺的生效，采取"作出主义"，即承诺自履约行为作出时生效。

2. 承诺生效的法律意义。承诺一经生效，意味着要约人与受要约人之间订立合同的意思表示，达成合意，从而具备了合同成立的基础性要件。但是法律另有规定或者当事人另有约定的除外。

3. 承诺的撤回与撤销。

（1）承诺的撤回，是指受要约人阻止承诺的生效。承诺的撤回条件是：

第一，通知承诺因采取"到达主义"生效模式，故可以撤回。撤回承诺的通知应当在承诺通知到达要约人之前或者与承诺通知同时到达要约人。

第二，履约承诺因采取"作出主义"生效模式，故不可以撤回。

（2）承诺的撤销，是指受要约人消灭承诺的效力。由于承诺的生效意味着合意的达成，故无论是通知承诺，还是履约承诺，均不得撤销。

三、合同成立的时间和地点

（一）合同成立的时间

在承诺生效、合意达成的前提下，合同成立的时间，需根据合同的不同情形，做进一步区分。

1. 诺成、不要式合同的成立时间。因诺成、不要式合同，无需交付标的物，也无需具备法定或约定的形式要件，故承诺生效、合意达成的时间，为合同成立的时间。具体来讲：

（1）根据《民法典》第481条之规定，承诺采取对话或非对话方式作出的，即以通知方式承诺的，承诺达到要约人时生效，合同成立。

（2）根据《民法典》第480、484条之规定，当事人如果依据交易习惯或要约表明可以通过行为作出承诺的，做出行为时，合同成立。

（3）根据《民法典》第137条第2款，承诺采用数据电文形式作出的，相对人指定特定系统接收数据电文的，该数据电文进入该特定系统时生效，合同成立；未指定特定系统的，相对人知道或者应当知道该数据电文进入其系统时生效，合同成立。

【训练】甲公司向乙公司发送内容具体确定的钢材求购意向的电子邮件，乙公司回复邮件称同意。甲公司、乙公司之间的钢材买卖合同于何时成立？

回答：买卖合同自乙公司回复的电子邮件到达甲公司的电子邮箱时成立。

2. 实践合同的成立时间。因实践合同以标的物的交付作为合同的成立条件，故对于实践合同而言，承诺生效、合意达成，合同并不成立。只有在当事人交付标的物之时，合同方告成立。

3. 要式合同的成立时间。因要式合同以法定或约定的形式要件之具备作为合同的成立条件，故对于要式合同而言，承诺生效、合意达成，合同并不成立。只有在法定或约定的形式要件具备之时，合同方告成立。具体来讲：

（1）根据《民法典》第490条第1款，当事人采用合同书形式订立合同的，自当事人均签字、盖章或者按指印时合同成立。

【训练】甲公司、乙公司拟签订买卖合同。2月1日，甲公司签字盖章，随即将签字盖章的合同书邮寄给乙公司，乙公司于2月10日签字盖章。买卖合同何时成立？

回答：2月10日。合同成立的时间为最后一位合同当事人签字盖章的时间。实践中，合同书上往往除双方当事人的签字盖章外，还在签字盖章下有分别的签字盖章时间，合同成立的时间以最后一个签字盖章时间为准。

（2）根据《民法典》第491条，合同当事人采用信件、数据电文等形式订立合同要求签订确认书的，合同自签订确认书时成立。确认书签署有先后顺序的，合同成立时间则以最后一个当事人签字盖章的时间为准。

【训练】甲、乙邮件确认了买卖合同的所有条款，但也一致同意还应签订线下确认书。甲先签署确认书，后邮寄给乙签署。买卖合同何时成立？

回答：自乙签署确认书时成立。

需要注意的是，法律、行政法规规定或当事人约定合同应当采取书面形式订立，当事人未采取书面形式但是一方已经履行主要义务，对方接受的，该合同成立。

【训练】甲公司、乙公司口头约定土方开挖合同。承包人甲公司在派遣施工队进场开挖并运出所有土方后，向发包人乙公司请求支付工程款，乙公司以法律规定建设工程合同须以书面形式订立为由称合同不成立。乙公司的主张是否于法有据？

回答：于法无据。建设工程合同法律规定须以书面形式订立，但承包人甲公司已经完成了合同主要义务，该合同即已经成立，所以乙公司的主张于法无据。

（二）合同成立的地点

合同成立的地点，即合同签订地，是指合同成立是事实发生的地点。合同成立的地点对于合同纠纷的管辖，以及涉外合同纠纷的法律适用的选择都具有重要的法律意义。合同成立地点的确定规则，具体如下：

1. 当事人在合同中约定合同签订地的，从其约定。纵然合同约定的签订地与实际签字或盖章地点不符的，仍应以约定的签订地为合同签订地。

【训练】西安的甲和成都的乙达成买卖合同，合同先由甲签署后邮寄给乙签署，双方在合同中约定合同签订地为郑州。合同签订地在哪里？

回答：甲先签署后乙签署，合同成立或实际签订地应当在成都。但是，双方在合同中约定的合同签署地在郑州，与实际签订地不一致，故而合同的签订地仍应为郑州。

2. 当事人未约定合同签订地的，承诺生效的地点为合同签订地。当事人采用数据电文形式订立合同的，收件人的主营业地为合同成立的地点；没有主营业地的，其住所地为合同成立的地点。

3. 当事人采用合同书形式订立合同的，最后签字、盖章或者按指印的地点为合同成立的地点，但是当事人另有约定的除外。

四、格式条款合同

（一）格式条款与格式条款合同的概念

格式条款，德国法称之为"一般交易条件"，是指当事人为了重复使用而预先拟定，并在订立合同时未与对方协商的条款。由上述概念可知，格式条款的法律特征包括：①一方预先拟定；②重复使用；③未与对方协商。

【训练】小王去红星商场购物，在鞋帽区发现移动售货车，车上悬挂告示"过季打折，概不退换"。这一告示的法律性质如何？

回答：属于格式条款。

格式条款合同，是指包含格式条款的合同。我国民法对格式条款存在特殊规制，其对象是格式条款合同中的格式条款。

（二）格式条款的功能

格式条款的预先拟定、重复使用、不予协商的法律特征决定了其可以大大提高缔约效率，减少缔约过程中的协商成本，提高交易达成的概率。通过公平的格式条款，一对多的大规模交易得以以极低的成本迅速展开，极大地方便了社会成员的日常生活。但是，格式条款也有消极的一面：社会分工愈加细致，导致很多社会主体对一些专业性质的交易类型不甚了解，提供格式条款的一方常常利用自己经济上的优势地位和丰富的交易经验订立不公平的格式合同。所以，民法一方面鼓励格式合同以降低交易成本，一方面限制格式合同以保障合同基本的公平正义，导致格式条款的学习和研究面对一对主要矛盾。

（三）格式条款的限制

《民法典》通过第 496 条、第 497 条、第 498 条三个条款总体框定了格式条款的限制框架，使得格式条款尽可能地趋向于公平正义，该三个条款分别涉及格式条款的排除、格式条款的无效情形以及格式条款的解释。

1. **格式条款的排除。**格式条款的排除，是指依据法律将不满足法定条件的格式条款排除出合同的内容。格式条款的排除规则包括：

（1）提供格式条款一方，对如下两种格式条款，承担提示与说明义务：其一，免除和减轻提供格式条款一方的责任；其二，与相对方有重大利害关系的条款。其中，提示义务是指提供格式条款一方主动提示相对人对上述条款加以注意的义务；说明义务是指提供格式条款一方按照相对人的要求，对上述条款予以说明，使对方了解的义务。格式条款的提供一方对自己是否尽到提示与说明义务，负举证责任。

（2）提供格式条款的一方未履行提示或者说明义务，致使对方没有注意或者理解与其有重大利害关系的条款的，相关条款应从合同的内容中排除，即相对人可以主张该条款不成为合同的内容。

【训练】小李在红星商场买了一双过季皮鞋，短期使用后发现开裂的质量瑕疵，遂至商场要求退还。商场称已经在售货单据背后注明了"过季商品、概不退换"的字样。此时，小李才发现单据背后的声明。"过季商品、改不退换"是否是小李和红星商场购物合同的一个免责条款？

回答：不是。首先，因为商场是在购物结束，交易达成后提示的，而非在订约时，故不能成为合同条款；另外，概不退换是一项免除"退货""换货"责任的条款，商场并未以合理的方式提示小李注意到这个免责条款。

2. 格式条款的无效。格式条款的无效规则，主要是通过限制提供格式条款的一方利用优势地位提出不公平的格式条款损害相对方的利益，保障交易达到最基本的公平。就此，《民法典》第497、506条给出了明确的规则，具体包括：

（1）格式条款存在《民法典》第153条、第154条规定的民事法律行为一般无效的情形，以及格式条款系《民法典》第506条所规定的造成对方人身损害、因故意或者重大过失造成对方财产损失的免责条款。应当注意的是，这个无效规则不仅仅适用于格式条款和格式合同，而且适用于所有非格式条款和合同，具有普遍适用性。

（2）提供格式条款一方排除对方主要权利的内容。每一个有效的合同都意味着当事人之间的一项交易，交易本质即双方用各自履行合同主要义务的结果进行相互间的交换。所以，如果通过格式条款排除了相对方的主要权利，那么对于相对方而言，这个合同根本就没有意义，合同本身也没有存在的必要；所以，排除对方主要权利的格式条款当然无效。

【训练】小李至红星饭店就餐，饭店门口的大牌子上赫然写着在本店就餐"不允许吃饭"的公告，该公告是否有效？

回答：该条款因排除小李的主要权利而无效。因为小李至红星饭店就餐，与饭店订立餐饮服务合同，最主要的权利就是要在饭店吃饭。

（3）提供格式条款一方不合理地免除或者减轻其责任、加重对方责任、限制对方主要权利的内容。不能排除对方主要权利，但是可否限制对方主要权利呢？这时应当看是否合理，如果合理，则合同的性质也可能会发生稍许偏移，相对方在双务合同中履行的对待给付义务相对于不限制的情况也可能相应减少。同理，对于免除或限制提供格式条款一方的责任、加重相对方责任的情形，也要进行是否合理的价值判断，而这一判断在司法程序中往往有赖于法官的自由裁量。

【训练】小李购买红星公司开发的楼盘，签署物业管理协议时，红星公司提供的格式条款中列明"不允许封装阳台，该阳台必须呈开放式"。小李入住装修时，将阳台用铝合金、玻璃封装起来，红星公司诉至法院要求拆除。上述格式条款是否有效？

回答：需要视具体情况而定。本题为司法实践判例，争议焦点为不允许封装阳台是否系排除小李主要权利的格式条款，法院最终以小李是以和房屋室内同样的价格购买阳台部分的面积，故通过封装阳台使其具备和室内一样的防尘、防噪音、避光的功能是小李的主要权利为由，认定不允许封阳台实际上排除了小李的主要权利。最终，法院认定该条款无效，小李有权封阳台。

3. 格式合同的解释规则。因为格式条款是预先拟定、未与对方进行磋商和讨论的合同条款，所以合同双方对格式条款的理解很容易发生争议，《民法典》第498条为此规定了格式条款的解释规则，具体为：

（1）对格式条款的理解发生争议的，首先按照通常理解予以解释；对格式条款有两种以上通常解释的，应当作出不利于提供格式条款一方的解释。

（2）格式条款和非格式条款不一致的，应当采用非格式条款。

【训练】仔细阅读，分析应当如何解释以下格式条款？

1. 甲、乙订立格式性买卖合同，约定购买"田鸡"。后双方就"田鸡"的理解产生纠纷，提供格式条款的甲称"田鸡"是"田地里放养的走地鸡"，而相对方乙称"田鸡"就是俗称的"肉食青蛙"。应当如何解释该合同中的"田鸡"？

回答：应当按照乙的说法理解，因为是通常解释；甲的解释不是通常解释，不应采纳。

2. 甲至红星酒店用餐，餐厅门口放置公告称"外带酒水入内须缴纳开瓶费"。席间，甲将放在包内带入的可乐拿出饮用，与红星酒店就是否应当支付开瓶费产生纠纷。双方争议的焦点在于可乐是否属于"酒水"。甲称"酒水"系包含酒精的饮料，而可乐并不是；红星酒店称"酒水"系所有饮料的统称。应当如何理解此处的"酒水"？

回答：甲和红星酒店的说法都是通常解释，此时即应按照不利于提供格式条款的一方进行解释，即"酒水"仅包含含有酒精的饮料。

应当注意的是，格式条款的排除规则和后续的无效规则、解释规则，应当以递进的方式加以适用。也即，遇到一个格式条款，首先要做的是依据《民法典》第496条判断是否是组成合同的一个条款，得出肯定答案后，再依据第497条审查该条款是否有效。最后，在条款有效的情况下，再依据第498条对有效的格式条款进行解释。

第三节　合同的解释

一、合同解释的概念和功能

合同的解释，是指根据合同解释的原则，通过合同解释的手段，对于当事人有争议的合同内容予以解释，从而最终确定当事人享有的权利、承担的义务。实践中，合同的解释有助于消除合同的歧义，弥补合同条款的漏洞，帮助合同当事人顺利履行合同义务，妥善处理合同纠纷。

【训练】甲至乙的饭店吃饭，饭店门口立有"外带酒水须缴纳开瓶费"的告示。席间，甲将自己携带的矿泉水打开饮用，与乙就是否缴纳开瓶费产生争议。甲认为酒水不包括不含酒精的矿泉水，而乙认为酒水包括含酒精的酒和不含酒精的矿泉水。双方争议应当如何处理？

回答：首先，饭店门口的告示属于格式条款，存在"酒水"包括矿泉水和不包括两种通常解释，故双方争议的焦点实际上是"酒水"应当如何解释。根据《民法典》第498条，当格式条款存在两种通常解释的情况下，应当采纳不利于提供格式条款的乙的解释，故告示所言"酒水"不包括矿泉水。所以，《民法典》第498条就是典型的合同解释规则。

二、合同解释原则

合同解释原则，是指在实施合同解释活动时，应当遵循的基本原则或基本出发点。合同是民事主体主动发起的，用自己的民事权益与他人进行交易的平台，内容仅涉及合同当事人自身权益。所以，合同法遵循意思自治的基本原则制定具体规范、处理合同纠纷；合同解释也应遵循意思自治的基本原则，在尽可能探查当事人真实意愿的基础上解释合同，从而满足法律和经济后果由当事人承担的正当性和自治性。

实践中，很多纠纷往往是因当事人内心真实意思与外在客观表现不一致而导致的，前者代表表意人想要达到的私法效果，后者则是与之交易的相对人做出意思表示的基础或出发点。鉴于前者的主观和不确定性，为了维护交易的可预见性，合同解释即以外观主义为原则，以意思主义为例外。

【训练】马丁是德国小城特里尔当地的小报记者，每年都会采访小城在葡萄酒节举办的葡萄酒拍卖会。拍卖会以拍卖员叫价作为要约，以参加拍卖会的客户举手为承诺。拍卖会过程中，马丁突然见到自己的好友麦克，遂举手打招呼。拍卖员误认为马丁的举手行为是承诺行为，遂落锤定拍，拍卖成交。马丁和拍卖委托人的葡萄酒买卖合同是否成立并且生效？

回答：已经成交并生效。马丁举手做出"承诺"行为时，其并无购买的意思，但行为外观恰恰相反。为了维护拍卖这种特殊买卖形式的交易秩序，应当认定买卖合同成立并且生效，但马丁有权请求司法机关撤销合同，并承担缔约过失的赔偿责任以弥补拍卖委托人的损失。

三、合同解释的种类

根据解释的方法不同，合同解释可分为内容解释、补充解释和修正解释。

（一）合同的内容解释

合同的内容解释，是指对当事人订立之合同的内容进行解释。根据《民法典》第142条的规定，合同的内容解释方法包括：

1. 文义解释。文义解释，是指在当事人对合同条款所使用的词句存在理解分歧的情况下，以一般社会观念对争议词句的最通常的理解，作为该词句含义的合同解释方法。

【训练】甲将房屋出租给乙，约定甲应当承担全部修缮费用，但是因"地震"引起房屋毁损的，修缮费用由甲、乙平摊。租期内，附近的加油站爆炸，引起地面剧烈震动，房屋毁损。本案中，是否发生了"地震"？

回答：否。按照文义解释，地震系因地壳内部的原因所致，故加油站爆炸不构成"地震"。甲应承担全部修缮费用。

2. 体系解释。体系解释，又称整体解释或上下文解释，是指依靠合同条款之间的逻辑联系，根据当事人明确约定的条款，推导出当事人未约定或未明确约定条款的合同解释方法。

【训练】甲将其房屋出租给乙，合同的租金条款中约定："月租金2000元，总租金4.8万元。"甲乙合同的租期是多久？

回答：根据体系解释，由租金条款可以推知，租期为 24 个月。

3. 目的解释。目的解释，是指将当事人订立该合同所欲追求的目的，作为确定合同当事人未约定或者未明确约定的条款依据的合同解释方法。

【训练】甲从乙手机商处购买进口手机 1 部，因与我国网络不匹配，不能使用微信。经查，甲乙并未约定该手机的具体功能，乙是否应承担违约责任？

回答：是。从目的解释以观，乙交付的手机不合格，应承担违约责任。

4. 习惯、惯例解释。习惯、惯例解释，是指将存在于法律规则之外的交易习惯、交易惯例，作为界定当事人权利、义务依据的合同解释方法。对于习惯、惯例解释，应当注意如下几个问题：

（1）作为合同解释依据的习惯、惯例，不得违反法律、行政法规强制性规定；

（2）作为合同解释依据的习惯、惯例，可以是在交易行为地或者特定领域、行业通常采用并为交易对方订立合同时所知道或者应当知道的做法，也可以是合同当事人双方经常使用的习惯做法；

（3）对于交易习惯，由提出主张的一方当事人承担举证责任。

【训练】甲、乙订有长期供货合同，没有履行先后顺序的约定，但一直以来均是甲先交货，乙收货验收无误后付款。后甲、乙就合同义务履行先后顺序产生争议。该争议应当如何处理？

回答：甲乙在长期的交易当中形成了甲先交货、乙后付款的交易习惯，按照该习惯解释和处理甲、乙之间的纠纷最能体现甲、乙的真实意愿。

5. 诚实信用原则解释。诚实信用原则解释，是指从诚实信用原则对于合同当事人诚实守信、与人为善、不加害他人的要求出发，确定当事人未约定或未明确约定的内容的合同解释方法。

【训练】甲乙订立苹果买卖合同，约定甲向乙交付苹果 200 公斤，且任何一方违约，支付违约金 2 万元。现甲向乙交付苹果短缺 2 公斤。乙遂请求甲支付违约金 2 万元。乙的主张能否得到法院的支持？

回答：否。根据诚实信用原则解释，2 万元违约金不应适用于本案情形。

（二）合同的补充解释

通过当事人订立的合同条款、合同目的以及习惯无法对合同特定内容进行解释的，民法还会根据市场公认的通行交易规则或公理予以确定，通过任意性规定，对合同的内容进行补充。根据《民法典》第 511 条的规定，合同的补充解释规则包括：

1. 对合同标的质量的补充规定。当事人对合同标的质量要求未作约定，且无法通过合同的解释加以明确的，按照如下规定确定：

（1）按照强制性国家标准履行。没有强制性国家标准的，按照推荐性国家标准履行。没有推荐性国家标准的，按照行业标准履行。

（2）有国家标准、行业标准的，按照国家标准、行业标准履行。

（3）没有国家标准、行业标准的，按照通常标准或者符合合同目的的特定标准履行。

2. 对合同价格的补充规定。当事人对合同价金、报酬未作约定，且无法通过合同的解释加以明确的，按照如下规定确定：

（1）合同的标的按照市场确定价格的，按照订立合同时履行地的市场价格履行。

（2）合同的标的依法应当执行政府定价或政府指导价格的，按照交付时的价格计价。在迟延履行期内，政府价格调整的，按照对违约方不利的价格履行。这意味着：

第一，逾期交付标的物的，遇价格上涨时，按照原价格执行；价格下降时，按照新价格执行。

第二，逾期提取标的物或者逾期付款的，遇价格上涨时，按照新价格执行；价格下降时，按照原价格执行。

【训练】8月15日，甲、乙订立汽油买卖合同，约定10月15日双方同时履行合同，合同中没有约定买卖价格。现乙迟延付款后，国家下调汽油价格。此时，乙应当按照何种价格支付价款？

回答：乙应按照合同订立时的价格付款。

3. 对履行地点的补充规定。当事人对合同履行地点未作约定，且无法通过合同的解释加以明确的，按照如下规定确定：

（1）交付不动产的，在不动产所在地履行。

（2）给付货币或其他动产标的的，给付货币的，在接受货币一方所在地履行；给付动产标的，在履行义务一方所在地履行。

【训练】甲乙订立租赁合同，约定甲出租给乙笔记本电脑，没有约定履行地点。此时，乙应当到甲处取电脑，还是甲应将电脑送至乙处？

回答：动产标的在履行义务一方所在地履行，即在甲处履行，故乙应到甲处取电脑。

4. 对履行方式、履行费用的规定。当事人对合同履行方式、履行费用未作约定，且无法通过合同的解释加以明确的，按照如下规定确定：

（1）履行方式不明确的，按照有利于实现合同目的的方式履行。

（2）履行费用的负担不明确的，由履行义务一方负担。因债权人原因增加的履行费用，由债权人负担。

【训练】甲与乙约定，甲将一批玻璃器皿出卖给乙。双方未就包装问题加以约定。

1. 该批货物是否应当包装？

回答：是。包装有利于合同目的的实现。

2. 包装费用由谁承担？

回答：甲。甲负责包装，应承担包装费用。

5. 对履行期限的规定。当事人对合同履行期限未作约定，且无法通过合同的解释加以明确的，按照如下规定确定：

（1）原则上，债务人可以随时履行，债权人也可以随时要求履行，但应当给对方必要的准备时间。

（2）买卖合同的价金支付时间，为买受人收到标的物或者提取标的物单证的时间。

（3）利息、租金的支付，借款、租赁期间不满 1 年的，应当在期间届满时支付；借款、租赁期间 1 年以上的，应当在每届满 1 年时支付，剩余期间不满 1 年的，应当在租赁期间届满时支付。

（三）合同的修正解释

合同的修正解释，是指合同的内容违背公平原则，或有其他违背法律精神的约定，通过合同法的强制性规定对其予以修正的解释方法。例如，《民法典》第 506 条规定"合同中的下列免责条款无效：①造成对方人身损害的；②因故意或者重大过失造成对方财产损失的"；再如，《民法典》497 条有关格式条款无效的规定；等等，其立法目的在于去除就人身伤害和故意或重大过失造成财产损害的免责条款，防止契约自由原则的滥用。在实质意义上，合同的修正解释构成了法律对民事主体私法自治的干预，是公序良俗原则在立法上的实际运用。

第四节　合同的履行

一、合同履行概述

合同履行，是指当事人按照合同约定或法律规定，全面、适当地履行合同义务的行为。合同是民事主体进行交换、协作的平台，本质上是合同双方相互交换履行合同义务的结果，所以合同的履行意味着对方当事人订立合同目的的实现。因此，在合同的履行问题上，民法更加注重合同履行的结果，而非履行行为本身。

【训练】甲、乙达成买卖合同，甲支付价款购买乙所有的古董花瓶。合同履行过程中，乙因第三人原因导致花瓶毁损，其是否有权要求甲支付价款？

回答：无权。在结果上，乙无法将完好的花瓶交付给甲，使甲达到其合同目的，自然无权要求甲支付价款。甲、乙之间的交易在本质上，是乙用其完全履行花瓶交付义务的结果，交换甲支付全部价款的结果。

二、合同履行的原则

合同履行原则是指当事人在履行合同义务时应当遵循的基本准则。学者根据自己不同的认识，对合同履行原则进行了不同归纳，包括：实际履行原则、全面履行原则、协作履行原则、诚实信用原则、亲自履行原则、请示变更原则、经济履行原则等。此外，《民法典》第 509 条还对合同的履行提出了"避免浪费资源、污染环境和破坏生态"的要求。我们认为，其中真正能够做到贯穿合同履行的立法、司法和社会实践的，只有全面履行原则和诚实信用原则。

（一）全面履行原则

全面履行原则，又称正确履行原则或适当履行原则，是指合同当事人按照合同约定的标的、数量、质量、履行地点、履行方式全面、适当地履行合同义务。具体而言，合同当事人须履行主给付义务、从给付义务和附随义务，未全面履行即应承担相应的违约责任。实践中，当事人之间的合同缺失部分合同内容的，须先行通过合同解释补充规则补齐后，再加以全面履行。

【训练】甲、乙达成设备买卖合同，合同中没有约定在哪里交货，该合同应如何履行？

回答：可以通过合同解释补充规则补齐合同条款后履行合同。即在双方无法就履行地点达成补充协议、也无法通过合同解释规则、交易习惯得出履行地点时，根据《民法典》第511条，在履行义务一方即出卖人甲所在地交付设备。

（二）诚实信用原则

诚实信用原则是民事法律的基本原则之一，用于倡导和规范诚实守信的相互关系。合同关系是相互关系，尤其是在合同履行阶段，所以诚实信用原则就成为合同履行的根本性准则。在合同履行阶段，诚实信用原则对合同当事人提出了以下两点基本要求：其一，信守合同，全面履行合同义务；其二，遵循社会基于诚实信用原则就合同订立、履行秩序达成的基本共识，与合同相对方相互协作、相互照顾地履行合同义务。整个社会就合同订立、履行达成的基本共识，体现在《民法典》第500、501条先合同义务、第509条第2款附随义务和第558条后合同义务中。

【训练】甲公司向乙公司下达订单紧急订购一批手机包装盒，双方未约定交货运输方式。在无法与甲取得联系的情况下，乙公司通过航空运输将包装盒运至甲公司，导致约定由甲公司负担的运费与包装盒价值相差无几。乙的履行行为是否符合合同履行基本原则？

回答：符合。《民法典》第511条第5项规定"履行方式不明确的，按照有利于实现合同目的的方式履行"，紧急订购情形下，所以乙选择最为快捷的履行方式符合合同目的。这个例子中，乙公司的履行行为虽然不符合经济履行原则的表面要求，但符合诚实信用原则。

三、合同义务

合同的履行，是当事人对合同义务的履行。在民法上，合同义务包括如下类型：

（一）给付义务、法定诚信义务

给付义务，即合同债务，是指债务人基于合同的约定所承担的、向债权人给付财产或者劳务的义务。在不同的合同中，当事人的给付义务各不相同。

法定诚信义务，是指法律根据诚实信用原则，要求当事人双方彼此照顾的义务。《民法典》第509条第2款规定："当事人应当遵循诚信原则，根据合同的性质、目的和交易习惯履行通知、协助、保密等义务。"由此可见，在不同的合同中，法定诚信义务的内容并无不同。需要注意的是，诚实信用原则作为合同履行的基本原则，意味着不仅法定诚信义务系以诚信原则为基础，给付义务的履行也应遵循诚实信用原则。

【训练】甲乙订立买卖合同约定，周三下午甲到乙处取货。

1. 如果乙前来取货，甲应将货物交付给乙的义务，是什么性质的义务？

回答：给付义务。

2. 如果甲临时有事不在，故提前通知乙改日再来，以免白跑一趟的义务，是什么性质的义务？

回答：法定诚信义务。

区分给付义务与法定诚信义务的法律意义在于：

1. 来源不同。给付义务只能通过合同约定加以确定，法定诚信义务则由法律规定加以确定。应当注意的是，法定诚信义务的目的是维护诚实信用的整体性的合同履行秩序，具公益性质，故可以由法律加以规定，具有强行法的色彩。

2. 违反义务的法律后果不同。首先，债务人违反给付义务的，债权人可以要求其继续履行、支付违约金、赔偿损失、重做、更换、降价；而违反附随义务的，只能要求赔偿损失。其次，违约责任中的赔偿损失责任，性质为期待利益的赔偿；当事人违反法定诚信义务的后果，是违法法定诚信义务的赔偿责任，性质为信赖利益的赔偿。上述两种性质的赔偿责任，赔偿范围完全不同。

（二）给付义务：主给付义务、从给付义务

给付义务又可分为主给付义务与从给付义务。主给付义务，是指由当事人约定，决定合同类型，并直接影响合同当事人合同目的是否实现的合同义务。从合同义务，也称为从给付义务，是指当事人通过约定确定的，辅助当事人实现合同目的的合同义务。

【训练】甲、乙达成机械设备买卖合同，出卖人乙除了交付机械设备之外，还须交付设备合格证。在这个合同法律关系中，哪些是主合同义务、从合同义务和附随义务？

回答：当事人订立合同的目的在于买卖机械设备，所以交付机械设备和支付价款的义务为主合同义务；交付设备合格证则为从合同义务；而乙向甲交付设备前向甲进行通知则是附随义务。

区分主给付义务与从给付义务的意义在于：

1. 功能不同。主给付义务决定合同的性质和类型，从给付义务一般不具备这一功能。《民法典》合同编是根据主合同义务的法律特征，规定各种典型合同类型的。分析和处理具体合同纠纷，首要任务即根据合同的主给付义务确定合同类型，进而确定应当适用哪一个类型项下的法律规定。

【训练】海鲨旅游公司与崂山风景区管理局订立合作协议，约定海鲨旅游公司专营一条旅游线路，并每年支付固定的资源使用费。问，合作协议是什么性质的合同？

回答：从海鲨旅游公司的主要义务内容看，合作协议没有共担风险的内容，故在大的合同类型上，应当属于财货使用型合同，资源使用费是海鲨旅游公司使用旅游线路所支付的使用费。该合同产生纠纷的，可以参照适用《民法典》合同编租赁合同的相关规定。

2. 违反义务的后果不同。一般情况下，只有在违反主合同义务的情况下，未违约一方才可能有权解除合同；违反从合同义务，只有在导致合同目的无法实现的情况下，未违约一方方有权解除合同。

【训练】甲、乙达成机械设备买卖合同，出卖人乙除了交付机械设备之外，还须对买受人甲的员工进行使用培训。在乙到期不交付设备和不进行员工培训的两种情形下，甲是否都能够解除合同？

回答：乙负有的交付设备和培训员工两个义务中，前者是主合同义务，其决定了合同性质为设备买卖合同，后者是从合同义务。《民法典》第563条第1款解除合同的法定事由中，第3项"当事人一方迟延履行主要债务，经催告后在合理期限内仍未履行"中的主要债务就是主合同义务，即上例中交付设备的义务。故，经催告，乙还是不交付设备，甲可以解除合同。上述规定的第4项"当事人一方迟延履行债务或者有其他违约行为致使不能实现合同目的"中的其他违约行为主要指的是违反从合同义务，即上例中对员工进行培训的义务，则需要导致合同目的无法实现的情况下才能有权解除合同。如果标的设备是通用设备，一般的操作人员都能够操作，此时不能解除合同；如果该设备是专门设备，不经过培训员工根本不会使用，将会导致设备无法使用，则不对员工进行培训即会导致主合同义务即使履行了也无法实现合同目的，故此时可以解除合同。

（三）法定诚信义务：先合同义务、附随义务、后合同义务

根据当事人对法定诚信义务的承担时间，法定诚信义务又可分为先合同义务、附随义务和后合同义务。

先合同义务，是指在合同磋商阶段，缔约双方基于诚信原则而负有的告知、协作、保护、保密等义务，这些义务在大的类型上属于民事交往中的注意义务。

附随义务，是指在合同履行阶段，为维护和保障合同给付义务的顺利履行，合同双方依据诚实信用原则负有的通知、协助、保密等义务。除约定给付义务，当事人也可以约定附随义务，构建属于双方当事人的合同履行秩序。例如，商务咨询协议，委托人即可就受托咨询人保密义务的具体内容进行约定。

后合同义务，是指合同给付义务履行完毕后，为维护给付效果或者妥善处理合同终止事宜，合同双方依据诚实信用原则负有的通知、协助、保密以及回收旧物等义务。

【训练】甲公司委托乙公司开发软件，软件交付且甲公司向乙公司支付全部开发费用后不久，乙公司即将软件源代码泄露给甲公司的竞争对手丙公司。在委托开发协议未约定开发方须在合同履行完毕后仍负有保密义务的情况下，甲公司是否有权请求乙公司赔偿损失？

回答：有权。因为委托开发合同履行完毕后，开发方承担保密义务是一项后合同义务，虽然没有约定，但《民法典》第558条规定了合同履行完毕后开发方应当承担的保密义务。

四、合同履行的具体规则和方式

合同履行，主要涉及履行主体、履行标的、履行方法、履行期限、履行地点等一系列问题，合同当事人应当按照全面履行原则和诚实信用原则履行合同义务，处理合同履行中的上述问题。具体而言，合同履行的具体规则如下：

（一）给付义务的履行

给付义务由当事人自行协商，通过合同确定，并由当事人按照合同约定全面、适当地履行。给付义务的履行规则是：

1. 履行主体适当。合同给付义务应当由合同义务方履行，特殊情况下可由第三人代为履行。实践中，合同义务方可以自己履行，也可以由自己的履行辅助人履行，也可以委托第三人履行，后两者的履行行为在法律上视为合同义务方自己的履约行为，履行效果直接归于合同义务方。

【训练】甲、乙公司订有买卖合同。甲公司指令公司司机张某，并委托运输丙公司将货物运至乙公司交货。

1. 甲公司是否适当地履行了合同义务？

回答：甲公司已经适当地履行了合同义务。在大多数合同关系中，合同双方都系用自己合同义务的履行结果进行相互交换，最终完成交易，所以合同法大多数情况下并不关心合同义务由谁履行的问题。

2. 若张某或丙公司在运输途中不慎将货物毁损，导致迟延交付，甲公司是否有权以货物毁损系第三方原因为由不承担违约责任。

回答：不能。无论是履行辅助人张某，还是受托履行的第三方，履行效果直接归于甲公司，所以货物毁损在甲、乙合同关系中应被认定为甲的行为，甲应当承担因此导致的迟延履行或履行不能的违约责任。不仅如此，即使系因交通事故导致货物毁损，且张某和丙公司并无任何过错，甲公司也应向乙公司承担违约责任。

2. 履行行为适当。履行行为适当是指合同义务方应当按照合同约定的标的（包括标的数量、质量）、约定期限、约定地点、约定方式，或在合同没有约定的情况下依据诚实信用原则适当履行合同义务。在合同没有约定的情况下，须根据合同条款补充规则，即《民法典》第511条的规定确定合同义务方应当履行的义务内容。实际上，第511条的内容既是立法者依据诚实信用原则给出的默认规则，也是为履行行为"适当"设定的一般标准。

【训练】甲公司与某地国土资源局之间订有国有建设用地土地使用权出让合同，双方约定了土地使用权出让金的数额、违约责任等，但未约定出让金支付期限。10月1日，国土资源局催告甲公司于1周内缴纳出让金，甲公司未按期足额缴纳，国土资源局以甲公司迟延履行、经催告仍未履行为由解除了出让合同，并要求甲公司支付约定的违约金。国土资源局的主张是否于法有据？

回答：不符合法律的规定。首先，双方没有在合同中约定履行期限，应认定为履行期限不明确；其次，根据《民法典》第511条第4项之规定，债权人国土资源局欲确定履行期限的，须请求甲公司履行，且必要准备时间经过后履行期限方届满；最后，国土资源局解除合同须满足履行期限届满，经催告后仍不履行的条件，本案明显不满足。本题是一宗实践案例，甲公司在庭审中称出让金金额高达4亿元，国土资源局限定的1周时间明显过短，审判法官采纳了这一主张，最终法院认定国土资源局无权解除合同。从本案看，履约的适当性既是对债权人的保障，也是对合同义务方的保障，其保障合同义务的履行满足了法律对诚实信用的最低要求。

需要注意的是，《民法典》第512条明确规定了网络交易中产品、服务的提供者的债务履行时间，即"交付"时间的确定规则：

（1）订立的电子合同的标的为商品并采用快递物流方式的，收货人的签收时间为交付时间；

（2）电子合同的标的为提供服务的，服务凭证中载明的时间为交付时间。前述凭证没有载明时间或者载明时间与实际提供服务时间不一致的，实际提供服务的时间为交付时间；

（3）电子合同的标的采用在线传输方式交付的，合同标的进入对方当事人指定的特定系统并且能够检索识别的时间为交付时间。

（二）附随义务的履行

为保障合同双方有序履行合同义务，法律基于诚实信用原则，依据社会的一般交易观念，规定由当事人负有的各项义务。《民法典》第509条第2款即规定了合同履行中当事人负有的一般附随义务，即"当事人应当遵循诚信原则，根据合同的性质、目的和交易习惯履行通知、协助、保密等义务"，具体如下：

1. 注意义务，即合同双方在合同履行过程中，应尽到合理的注意义务以避免给对方利益造成损失。当事人的注意程度，因当事人的地位、职业、判断能力，以及合同的性质而有所不同。一般来说，当事人应尽到善良管理人的注意义务。未尽注意义务，则应承担赔偿的责任或分担违约造成的经济损失。

【训练】甲委托乙搬运公司搬运钢琴。在搬运过程中，乙公司员工不慎将甲家的古董花瓶打碎，乙公司是否应当承担违约责任？

回答：应当。乙公司在合同履行过程中，未尽到合理注意义务导致甲的财产受到损害，应当承担违约责任。

2. 通知义务，即合同双方在合同履行过程中，应当将合同履行的有关情况及时通知对方，防止给对方造成损失。对此，除《民法典》第509条第2款规定的通知义务外，《民法典》合同编还在有关条款中规定了通知义务。例如，第590条第1款第2句"因不可抗力不能履行合同的，应当及时通知对方，以减轻可能给对方造成的损失，并应当在合理期限内提供证明"。

【训练】甲、乙签订买卖合同，约定出卖人甲应于2月1日至2月10日之间将标的物运至乙公司所在地。甲于2月5日将货物送至乙公司所在地，发现乙公司未营业，导致乙公司于第二天才收货。合同是否存在乙公司受领迟延的情形？

回答：不存在。合同即使未约定甲公司对乙公司负有到货通知义务，甲公司也应当根据《民法典》第509条的规定承担通知义务。甲公司在履行中未履行法定通知义务，存在先前违约行为，所以不发生乙公司受领迟延的违约情形。

3. 协助义务，即在合同义务方履行合同义务时，相对方应当对义务履行给予必要的协助。应当注意，协助义务仅限必要，应当依照一般的社会观念加以认定。例如，甲委托乙搬运公司搬运钢琴，即不能认为在乙公司员工搬运钢琴过程中，甲负有参与一起搬运的义务。

4. 保密义务，即合同双方在合同履行过程中，应当严格保守履行中获悉的对方的商业秘密、个人隐私或其他信息。实践中，保密义务涉及的秘密非常宽泛，几乎涵盖当事人的所有信息，甚至是合同本身。

【训练】明星甲女士与靓丽美容中心订立服务协议，由美容中心对其面部实施美容手术。治疗期间，甲女士发现美容中心将其在该中心美容的消息放在商业广告中予以公布。对此，甲女士有哪些权利？

回答：除了请求美容中心承担侵犯隐私权的侵权责任，还有权以美容中心违反法定保密义务为由请求其承担违约责任。

五、代为履行与代为受领

（一）代为履行与代为受领的概念

代为履行，又称第三人代为履行，是指合同债务人以外的第三人，向债权人履行债务人所承担的给付义务。代为受领，又称第三人代为受领，是指合同债权人以外的第三人，接受债务人给付义务的履行。代为履行或代为受领的第三人，并不具备债务人或债权人的法律地位，而仅仅是履行义务或接受义务履行的行为人。因此，在代为履行情况下，第三人未如约向债权人履行债务的，债权人不得追究第三人的违约责任；在代为受领情况下，债务人未如约向第三人履行债务的，第三人也不得追究债务人的违约责任。代为履行、代为受领中的第三人不具有合同当事人的法律地位，是其区别于债务承担、债权让与的关键所在。

（二）代为履行的条件

因代为履行依然能够实现债权人的缔约目的，故总体上讲，法律并不禁止合同义务方以外的人履行合同义务。但是，第三人履行若想产生有效的、债务人义务因履行而消灭的效果，则须具备以下要件：

1. 第三人以自己的名义履行义务；

2. 第三人知晓履行的是他人所负之义务，并有代为履行的意思；

3. 第三人履行的义务不能是法律规定或合同约定必须由合同义务方亲自履行的专属性义务，如抚养费义务、赡养费义务等；

4. 第三人对合同义务履行具有合法利益；反之，如果第三人对合同义务的履行具有非法利益，则民法禁止第三人代为履行。

【训练】承租人甲经出租人乙同意，将租赁房屋转租给丙。一日，丙得知承租人甲欠缴出租人乙大量租金，后者拟解除租赁合同，遂向乙表示愿代甲履行租金支付义务。乙以租赁合同约定该义务只能由甲履行为由，拒绝受领该租金，乙的行为是否于法有据？

回答：于法无据。因次承租人丙租赁房屋的权利来自于承租人甲和乙的租赁合同，乙解除该合同将导致丙无法继续承租房屋，故丙对甲租金支付义务的履行具有合法利益，故《民法典》第524条第1款规定其有权履行，也意味着债权人负有受领义务，不得拒绝。所以，出租人乙的主张于法无据。

（三）代为履行的后果

1. 第三人代为履行，消灭债权人的债权的，第三人在代为履行的范围内，可以取得债权人的权利。这意味着：

（1）代为履行的第三人可以取得债权人的债权，因而对债务人享有追偿权。但是，第三人放弃追偿权的除外。

（2）债权人享有担保权的，代为履行的第三人还可以取得该担保权，作为自己追偿权的担保。

【训练】甲借给乙 10 万元，丙以汽车向甲出质，以担保甲借款债权的实现，并向甲交付汽车。现乙的朋友丁代乙向甲偿还了 10 万元借款。

1. 丁能否向乙追偿 10 万元？

回答：可以。

2. 如果乙未向丁履行追偿债务，丁能否对丙所提供的汽车，行使质权？

回答：可以。

2. 因第三人代为履行不符合约定，导致债权人的债权未能如约实现的，债权人、债务人、第三人的法律关系是：

（1）在债权人与第三人的关系中，债权人与第三人存在委托合同关系的，即债权人委托第三人代为履行债务的，债权人可追究债务人违反委托合同的违约责任。反之，债权人与第三人之间没有委托合同关系的，即第三人非基于债权人的委托向债权人代为履行债务的，债权人不得追究第三人的违约责任。第三人代为履行不符合约定，因过错导致债权人人身或财产损害的，债权人可追究第三人的侵权损害赔偿责任。

（2）在债权人与债务人的关系中，第三人代为履行经债务人同意的，债权人有权追究债务人的违约责任。反之，第三人代为履行未经债务人同意的，债权人不得追究债务人的违约责任。

六、双务合同的抗辩权

双务合同，是指当事人双方在同一法律关系中，互享债权、互负债务的合同。双务合同中，当事人互负的债务之间存在对待给付关系，即一方债务的负担以另一方债务的负担为条件。相应的，倘若一方当事人不履行其义务，则对方当事人就有权拒绝履行自己的义务，这就是双务合同抗辩权的理论基础。

需要注意的是，双务合同抗辩权遵循"等价抗辩"原则。该项原则的表现形式有二：

1. 给付义务性质上的等价性。即一方未履行主给付义务时，对方可相应地不履行主给付义务；一方未履行从给付义务时，对方不得以不履行主给付义务进行抗辩。

【训练】甲、乙订立设备买卖合同，约定出卖人除交付设备的义务外，还要交付 3 套说明书，但未约定交付义务和支付价款义务履行的先后顺序。其中，设备为通用设备，其使用不以查阅说明书为前提。

1. 如果甲在履行了设备交付义务后，要求乙支付价款；乙以甲未履行说明书交付义务而行使同时履行抗辩权，是否于法有据？

回答：于法无据。说明书的交付义务和价款支付义务不是对待给付义务，至少绝大部分不是，所以乙无权在此情况下行使同时履行抗辩权。

2. 如果设备是特种设备，查阅说明书是使用设备的必要条件，此时乙是否有同时履行抗辩权?

回答:可以。此时,说明书的交付,已与设备的正常使用相关联,故未交付说明书,意味着设备交付义务未完全履行。

2. 给付数额上的等价性。即在一方债务标的为可分物的情况下,其因对方不履行债务而为的抗辩,应当与对方未履行债务的数额相适应。

【训练】甲乙订立苹果买卖合同,约定甲向乙出卖苹果100公斤,乙应支付300元价款。乙向甲支付全额价款后1周内,甲向乙交付苹果。现乙如约支付了150元价款,甲能否以此为由,拒绝交付100公斤苹果?

回答:不行。甲只有权拒绝交付50公斤苹果。

在民法中,双务合同抗辩权分为三类,即同时履行抗辩权、先履行抗辩权与不安抗辩权。

(一)同时履行抗辩权

1. 同时履行抗辩权的概念。同时履行抗辩权,是指双务合同双方当事人负有的对待给付义务无先后履行顺序时,一方在对方未履行对待给付之前,得以拒绝履行所负合同义务的权利。同时抗辩权的目的在于敦促对方履行合同义务,而非免除抗辩权人一方的履行义务,属于延缓性抗辩权。

2. 同时履行抗辩权的行使条件。

(1)须为双务合同;

(2)合同双方互负之义务无约定或法定的履行先后顺序,且履行期限已届满;

(3)须以相对方未履行对待给付义务为前提;

(4)义务履行须尚为可能。

(二)不安抗辩权

1. 不安抗辩权的概念。不安抗辩权,也被称为保证履行抗辩权,是指在双务合同中,负有先履行义务的当事人,发现后履行义务方的财务状况显著恶化或债务履行能力明显减弱,以至于可能难以履行其负有的对待给付义务时,终止自己的履行并要求后履行义务方提供必要担保,否则先履行义务方得以拒绝履行自己义务的权利。

2. 不安抗辩权的行使条件。不安抗辩权的行使条件为:

(1)须为双务合同;

(2)双方相互负有的义务,存在约定或法定的先后履行顺序;

(3)须存在先履行义务方的法定不安事由。根据《民法典》第527条的规定,后履行债务一方存在如下四种情形之一的,即可构成先履行一方的不安事由:

第一,经营状况严重恶化;

第二,转移财产、抽逃资金,以逃避债务;

第三,丧失商业信誉;

第四,有丧失或者可能丧失履行债务能力的其他情形。通过最后一项兜底条款,不安事由实际上就有了可能丧失履约能力的程度要求。

【训练】甲、乙订立买卖合同，约定甲先交货，1个月后乙付款。交货期限届至，乙请求甲交货。此时，甲发现乙存在转移资产的情况，但乙的付款义务仅为很小的金额。此时，甲是否享有不安抗辩权？

回答：不享有。因为即使乙转移资产，其还是拥有履行很小金额支付义务的能力，所以不符合不安抗辩权的行使条件。

3. 不安抗辩权的行使效果。在满足前述不安抗辩权行使条件的情况下，行使不安抗辩权的效果是：

（1）先履行义务方可以中止履行，但应当及时通知相对方。

（2）相对方恢复履行能力，或就其履行对待给付义务提供担保的，先履行义务方应继续履行合同义务。

（3）合理期限内，相对方未恢复履约能力且未提供担保的，则推定其拒绝履行对待给付义务。此时，先履行义务方可以解除合同，并可以请求对方承担预期违约责任。

（4）行使不安抗辩权的先履行义务一方，如不能证明存在不安事由，而擅自中止履行自己已到期的债务的，须承担违约责任。

（三）先履行抗辩权

1. 先履行抗辩权的概念。先履行抗辩权，是指在双务合同中，负后履行义务的当事人，针对依约定或法定负有先履行义务的当事人到期未履行义务或履行义务不符合合同约定的情况下提出的履行请求，得以拒绝履行全部或部分义务的权利。

【训练】甲、乙订立买卖合同，约定甲先付款、1个月后乙交货。付款期限届至，甲请求乙交货，乙如何应对？

回答：乙有权行使先履行抗辩权。实践中，很多转口贸易都是先付全部或部分款项，然后交货，因为出卖人往往在收到货款后才向自己的上游厂商购买货物，最终由出卖人将其从上游厂商受领的货物交付买受人。这样买受人先付款就成为启动整个交易链条的按钮，先履行抗辩权就是为满足此类交易而产生的。

2. 同时履行抗辩权的行使条件。

（1）须为双务合同；

（2）双方相互负有的义务，存在约定或法定的先后履行顺序；

（3）须是先履行义务方未履行义务或履行义务不符合合同规定；

（4）须是先履行义务方应当先履行的义务在客观上能够被履行，因为先履行抗辩权的目的还是促使先履行义务方履行合同义务。

实践中，先履行抗辩权一方面保护合同双方既定的义务履行秩序，保障交易的顺利进行；另一方面，该权利的行使有利于区分双方违约和一方违约的情形，而且可以保障后履行义务方能够及时通过解除合同保护自己的合法权益。

第五节　合同的解除

一、合同解除概述

（一）合同解除的概念

合同解除，是指合同当事人在出现约定或法定解除事由的情况下，合同权利义务自行、基于单方意思表示或双方合意终止的情形。在功能上，合同解除制度保障合同当事人在遇到合同履行障碍，包括预期违约、履行僵局、履行不能等情形时，及时终止合同关系，使当事人能够及时摆脱合同权利义务的束缚。

（二）合同解除的类型

《民法典》第158条、第562条、第563条共同组成了合同解除制度的事由或类型体系，包括合同附解除条件、协议解除、约定解除、法定解除，供当事人根据自己的具体情况加以选择。

1. 合同附解除条件。合同附解除条件，是指当事人自缔结合同时，或在合同履行期限届满前通过变更协议给合同附以解除条件，约定自条件成就时合同自动解除。如甲将自己1套闲置的房屋出租给乙使用，并约定一旦甲旅居德国的儿子回国定居，则租赁合同自动解除。合同附解除条件被规定于《民法典》第158条第3句当中，即"附解除条件的民事法律行为，自条件成就时失效"。相较于协议解除、约定解除、法定解除，合同附解除条件的特点在于，当事人既无需与合同相对人进行协商，也无需行使解除权，解除条件成就时，合同即告解除。

2. 协议解除。协议解除，也称协商解除，是指合同当事人在合同义务未完全履行完毕之前，通过协商一致，共同决定解除合同的情形。协议解除的本质是当事人通过一个新的合同解除原来的合同。一般情况下，当事人在解除协议中除了就合同解除达成一致外，还会就合同解除后的后果达成一致。所以，协议解除是妥善终止合同关系的一种方式。

3. 解除权解除。解除权解除，是指合同当事人一方基于解除权的行使，无需对方同意即可单方解除合同的情形。根据解除权的来源不同，解除权可以分为如下两种类型：

（1）约定解除权。约定解除权，是指当事人在合同中约定，具备特定事由时，一方或双方所享有的解除权。实践中，经常有一方合同当事人利用市场优势地位约定对于另一方当事人来讲非常苛刻的解除事由，导致滥用约定解除权的问题。对此，最高人民法院在《全国法院民商事审判工作会议纪要》（法〔2019〕254号）（以下简称《九民纪要》）第47条规定："合同约定的解除条件成就时，守约方以此为由请求解除合同的，人民法院应当审查违约方的违约程度是否显著轻微，是否影响守约方合同目的的实现，根据诚实信用原则，确定合同应否解除。"由此可见，一方根据约定解除权主张解除合同时，法院应对违约程度和合同目的两个因素加以审查，以确定该方是否享有约定解除权。

（2）法定解除权。法定解除权，是指在具备法定事由的情况下，当事人一方或双方所享有的解除权。根据法定解除权适用的范围不同，其又可分为一般法定解除权与特别法定解除权两种类型。前者指法律规定于合同总则之中，因而可适用于所有合同类型的解除权；后者则是指法律规定于合同分则之中，因而只可适用于特定有名合同的解除权。

二、一般法定解除权事由

一般法定解除权事由，是指根据法律规定，在任何合同中均可导致当事人一方或双方享有解除权的事由。一般法定解除权事由包括如下情形：

（一）不可抗力

不可抗力，是指不能预见、不能避免、不能克服的客观事由。因不可抗力导致合同目的不能实现的，当事人双方均有权解除合同。由此可见，因不可抗力导致合同解除权的产生，需要以"不可抗力"与"合同目的不能实现"之间存在因果关系为条件。其中，"合同目的不能实现"是指因不可抗力的发生，导致合同陷入履行不能。

（二）拒绝履行

拒绝履行，是指债务人在债务到期之前作出的，将于债务到期后拒绝履行债务的意思表示。拒绝履行的意思表示，既可以明示，也可以默示。前者如通过书面、口头方式作出拒绝履行的表示，后者如转移财产、处分机器设备等。债务人在债务到期前表示拒绝履行时，债权人有权立即解除合同，并追究债务人的预期违约责任。

（三）迟延履行

迟延履行，是指债务履行期限届至，债务人仍未履行债务。迟延履行成为合同的解除事由，应具备以下构成要件：

1. 债务人所迟延履行的债务，为主要债务，即主给付义务，如交货债务、付款债务。反之，债务人迟延履行次要债务，即从给付义务的，债权人不得解除合同，但从给付义务履行影响合同根本目的之实现的除外。

2. 经债权人催告后，债务人在合理的期间仍不履行。

【训练】甲与乙订立汽车买卖合同，约定甲将汽车出卖给乙，并连同发票一同向乙交付。

1. 如果甲将汽车交付于乙，但未如约交付发票，经乙催告数次，甲仍未交付发票。乙能否以甲迟延履行为由解除合同？

回答：否。甲所迟延履行的是次要债务，故乙不得以迟延履行为由解除合同。

2. 如果甲到期未向乙交付汽车，履行期届满后的次日，乙能否以迟延履行主要债务为由，解除合同？

回答：否。乙须向甲催告。催告后的合理期间，甲仍未交付汽车的，乙才能够以甲迟延履行为由，主张解除合同。

（四）根本违约

根本违约，是指因债务人的违约，导致债权人的缔约目的落空，即订立合同所欲获得的利益不能实现。构成根本违约的行为，包括迟延履行，也包括其他违约事实；包括主要债务的不履行，也包括次要债务的不履行。总之，债务人违约导致债权人不能实现合同目的的，即根本违约。债务人构成根本违约时，债权人无需催告，即可解除合同，并追究债务人的违约责任。

【训练】甲将于 2020 年 2 月 14 日结婚。甲与乙订立婚纱买卖合同，约定乙应在 2020 年 2 月 14 日前，将甲所订购的婚纱交付于甲。及至履行期，乙未能如约交付婚纱。甲能否立即解除婚纱买卖合同？

回答：可以。乙构成根本违约。

（五）情势变更

情势变更，是指在合同成立后，发生了当事人订立合同时无法预见的、不属于正常市场风险的重大变化，导致继续履行合同对于一方当事人明显不公平或者不能实现合同目的的情形。情势变更的事由，如国家政策、现行法律规定、物价、币值、汇率、国内和国际市场运行状况的异常变动，不同于正常的市场供求变化、价格波动，因而不属于正常的商业风险。在发生情势变更的情况下，当事人订立合同时，对于未来的基本预判被颠覆，合同的基础不复存在，故而应允许因此遭受不利的一方，享有合同的变更权和解除权。

需要注意的是，情势变更所导致的后果，并非合同履行不能，而是按照原合同履行违反公平原则，这是情势变更区别于不可抗力的关键所在。

【训练】甲乙订立 A 货物买卖合同，约定甲以价格 100 元/件的价格将 A 货物出卖给乙。合同履行时，因发生当事人始料未及的金融危机，导致 A 货物价格上涨为 800 元/件。

1. 本案例中价格的上涨是否为正常的商业风险？

回答：否。发生了情势变更事由。

2. 若按照原合同约定的价格履行，后果将会如何？

回答：对出卖人甲明显不公平。故甲有权变更或解除该买卖合同。

（六）债务人无需继续履行的法定事由

当事人一方不履行非金钱债务或者履行非金钱债务不符合约定，具有下列情形之一的，对方当事人不得请求继续履行：

1. 法律上或者事实上不能履行；

2. 债务的标的不适于强制履行或者履行费用过高；

3. 债权人在合理期限内未请求履行。

在发生上述情形时，根据《民法典》第 580 条的规定，不仅债务人有权拒绝债权人继续履行的请求，而且当事人有权主张解除合同。

（七）违约方的解除权

一般而言，违约方不享有合同解除权。但是，在一些长期性合同，如房屋租赁合同，在履行过程中，双方形成合同僵局。一概不允许违约方通过起诉的方式解除合同，有时对双方都不利。在此前提下，符合下列条件，违约方起诉请求解除合同的，法院依法予以支持：

1. 违约方不存在恶意违约的情形，即违约方不履行债务的原因，并非是有能力而不履行，而是丧失了履行能力；

2. 违约方继续履行合同，将对其明显不利；

3. 守约方拒绝解除合同，违反诚实信用原则。

违约方解除合同的，其本应当承担的违约责任不能因解除合同而减少或者免除。

【训练】甲商城将 1 间商铺出租给乙，约定租期 10 年。乙承租不久，因经营状况不佳，乙请求甲商城减租遭拒后，遂停止支付租金，甲商城则基于双务合同抗辩权，对乙所承租的商铺中断供电，致使乙无法继续经营，由此形成长达 1 年的僵局。

1. 谁有权解除该商铺租赁合同？

回答：甲作为守约方，有权解除合同，自不待言。而乙作为违约方，也有权解除租赁合同。

2. 商铺租赁合同解除后，乙对于所欠付的租金及相关违约责任，是否应当承担？

回答：是。

三、解除权的行使

解除权的性质为形成权，权利人必须行使该权利，才能够引起合同解除的法律后果。

（一）解除权的行使方式

解除权的行使，除情势变更的解除权、违约方的解除权外，不要求以诉讼或仲裁的方式为之，只要解除权人对相对人发出解除合同的单方通知到达相对人时，即可发生合同解除的效果。

【训练】甲、乙订立买卖合同，履行期限届满，出卖人甲在买受人乙催告后仍未履行交货义务。乙向甲有效送达合同解除函，经第三人协调，乙向甲送达函件称撤销解除函，甲回函表示同意。此时，甲、乙之间的买卖合同是否有效？

回答：甲、乙再次达成的买卖合同有效。乙有效送达解除函之后，甲、乙之间的买卖合同已经被解除。后续乙撤销解除函的函件以及甲同意的回函，可理解为甲、乙再次订立有效的买卖合同。

（二）解除权的一般除斥期间

解除权为形成权，应受除斥期间约束。解除权的除斥期间届满的，解除权消灭，当事人不得再单方主张解除合同。在此基础上，解除权的一般除斥期间，是指在法律没有规定、当事人也未约定解除权行使期限的情况下，解除权人行使解除权的期间。其确定方法是：

1. 原则上，解除权的一般除斥期间为自解除权人知道或者应当知道解除事由之日起 1 年；

2. 对方催告解除权人行使解除权的，解除权的一般除斥期间为自对方催告之日起经过合理期间。在这里，"合理期间"根据具体的案情具体分析。

【训练】西安的甲为满足"情人节"花卉市场的供货需求，高价从昆明的乙处订购玫瑰花，约定乙应于 2 月 14 日前将玫瑰花以公路运输的方式运至西安向甲交货。因天气原因，2 月 13 日中午，乙才将玫瑰花运至四川成都，预计 2 月 14 日无法将玫瑰花运至西安。乙遂电话联系甲询问是否解除合同，甲不置可否。无奈之下，乙只得放弃 2 月 14 日在成都处理玫瑰花的计划，继续运输，最终于 2 月 15 日清晨将玫瑰花运至西安。这时，甲向乙表示因乙迟延送达，导致 2 月 14 日在西安销售玫瑰花的合同目的未能实现，根据《民法典》563 条第 1 款第 4 项之规定解除订购合同。甲是否有权解除合同？

回答：无权。无法将玫瑰花按时运到西安，导致合同目的未能实现，甲拥有法定解除权。但是，乙电话催告甲行使解除权，甲未在合理期限内行使解除权，甲的解除权已经消灭，故甲无权再以迟延送达解除合同。因为乙可以在成都情人节花卉市场以较高的价格处置玫瑰花，可以借此减少损失，所以这里行使解除权的合理期限非常短；无论最终如何处理甲、乙之间的纠纷，均很难认定甲仍有权解除订购合同。

（三）合同解除的时间

1. 原则上，解除权人对相对人解除合同的单方通知到达相对人时，合同解除。行使解除权的通知载明，债务人在一定期限内不履行债务则合同解除的，合同解除的时间从其通知。由此可见，解除权人行使解除权的通知，可以附条件。

【训练】1月1日，甲将房屋出租给乙，乙拖欠租金半年。经甲反复催要，乙仍不交租。7月1日，甲向乙通知：如果下个月前未补交租金，合同解除。该通知已经到达乙。

1. 通知到达乙时，租赁合同是否解除？

回答：否。解除合同的通知并非以立即解除合同为内容。

2. 如果至8月1日，乙仍未交租，租赁合同的解除，是否需要以甲再次通知为条件？

回答：否。根据7月1日的通知，8月1日合同自动解除。

2. 当事人以提起诉讼或者申请仲裁的方式主张解除合同的，法院或者仲裁机构确认该主张的，合同自起诉状副本或者仲裁申请书副本送达对方时解除。

【训练】甲于2月15日向乙提起诉讼，主张解除与乙之间的合同。乙于2月20日收到起诉状副本。10月20日，法院确认甲享有解除权的判决生效。甲乙间的合同何时解除？

回答：自2月20日解除。

（四）相对人的异议权

解除权的行使，原则上无需以起诉、仲裁的方式进行，由于存在解除权行使不当的可能性，故法律允许对方当事人对主张解除一方解除权的享有提出异议。相对人提出异议的期间，当事人有约定的，从其约定；当事人没有约定或者约定不明的，相对人应在接到解除合同的通知之日起3个月内提出异议。

需要注意的是，解除权异议期间的法律意义，仅仅在于相对人能否提出异议，而与合同能否解除无关。换言之，只有享有法定或者约定解除权的当事人才能以通知方式解除合同。不享有解除权的一方向另一方发出解除通知，另一方即便未在异议期限内提出异议，也不发生合同解除的效果。

【训练】甲与乙订立买卖合同后，甲向乙单方通知解除合同。乙并未在异议期间内提出异议。后乙诉请法院请求甲履行合同，甲以合同已经解除为由表示拒绝。经查，甲并不享有合同解除权。乙能否请求甲履行合同？

回答：可以。尽管乙未在异议期间内提出异议，但因甲不享有解除权，合同并未解除，故甲仍须履行合同债务。

四、合同解除的后果

无论是基于附条件解除、协议解除，还是基于解除权解除，合同一经解除，合同效力即告终止。由此引起的法律后果包括如下方面：

1. 合同解除时尚未到期的部分，终止履行。

2. 合同解除时已经到期的部分，债务人尚未履行的，原则上应当履行。但合同在解除后，当事人主张恢复原状的除外。

【训练】甲与乙订立买卖合同，约定甲将机器设备向乙交付后，乙付清全款。现甲将机器设备交付于乙后，乙到期并未付款，经甲催告乙仍未履行。于是，甲通知乙解除合同。

1. 合同解除后，甲能否请求乙返还机器设备？

回答：可以。本案存在恢复原状的可能性，故甲可以主张恢复原状。

2. 合同解除后，甲能否既请求乙返还机器设备，又请求乙交付价金？

回答：不行。合同在解除后，当事人主张恢复原状的，解除前尚未履行的债务，无需履行。

3. 如果合同解除之前，乙已经将机器设备出卖给丙，向丙交付。甲能否请求乙交付价金？

回答：可以。此时甲请求返还机器设备已无可能，故有权请求乙交付价金。

3. 合同解除后，有可能恢复原状的，当事人可以主张恢复原状；不可能恢复原状的，则当事人不得主张恢复原状。可见，合同的解除有无溯及力，应视该合同事实上是否存在恢复原状之可能，区别对待。一般而言，继续性履行的合同，在合同解除之后，通常不存在恢复原状的可能性；一次性履行的合同，在合同解除之后，通常存在恢复原状的可能性。

【训练】甲、乙订立房屋租赁合同，出租人甲交付房屋使用后6个月，乙一直拖欠租金。甲催告后，乙仍未支付租金，甲依据《民法典》第722条解除合同，法律后果如何？

回答：租赁合同为继续性合同，合同解除仅向未来发生法律效力，所以合同解除的法律后果包括：①甲有权请求乙返还房屋；②甲有权请求乙支付合同解除前已经经过的6个月的租金；③甲有权请求乙赔偿迟延支付6个月租金的利息损失。应当注意的是第②、③项解除后果，实际上是合同解除前已经履行的部分，仍然按照有效合同加以处理，所以②是违约责任中的继续履行，③是违约责任中的赔偿损失。

4. 在合同解除之前，债务人已经违约的，合同解除后，债权人请求债务人承担赔偿损失、支付违约金的违约责任请求权，不受影响。

【训练】甲电厂与乙煤矿订立1000吨动力煤采购合同。乙交付第一批100吨煤，甲燃烧使用了50吨，因含硫量过高导致环保局给予甲电厂10万元罚款的行政处罚。此时，甲电厂才发现乙煤矿交付的动力煤质量不达标，遂根据《民法典》第563条第1款第4项质量违约导致合同目的不能实现的规定解除合同。试分析，合同解除后的法律后果如何？

回答：乙交付质量不达标的动力煤导致合同被解除，故合同系违约解除，法律后果为：①乙煤矿不必交付剩余未交付的900吨动力煤，甲电厂也不必再履行该900吨煤对应价款的支付义务；②第一批100吨煤中未使用的50吨，予以返还，已经使用的50吨，因无法恢复原状而无需返还；③对于环保局处罚的 10 万元，甲、乙约定有违约金的，甲有权请求乙支付违约金；没有约定违约金的，甲有权请求乙承担赔偿损失的违约责任。另外，乙有权要求甲支付已使用的 50 吨煤的价款；但与此相对，甲有权因质量不达标，要求乙采取减少价款的补救措施以承担违约责任。

第六节　合同责任

合同责任，是指合同上的责任，即义务人违反合同义务所应承担的责任。在民法中，最为常见的合同责任有两种，即缔约过失责任与违约责任。

一、缔约过失责任

（一）缔约过失责任的概述

缔约过失责任，是指在合同订立过程中，一方当事人在违反法律依诚实信用原则确立的先合同义务而导致对方信赖利益损失时，应当承担的民事赔偿责任。缔约过失责任由德国法学家耶林在其于 1861 年发表的《缔约上过失、契约无效与未完成的损害赔偿》一文中首先提出，后续为世界各国所广泛接受。总体而言，当事人进入合同磋商阶段后，相互之间会产生相对于日常交往而言更进一步的交往注意义务，即相互之间基于诚实信用而产生相互注意、相互照顾的义务，违反该义务且满足主观过错要件的情况下，违约方即应承担缔约过失责任。

与违约责任相比，缔约过失责任的特征是：

1. 缔约过失责任是违反先合同义务的结果，即当事人在缔约过程中存在违反诚信原则的行为；违约责任则是违反给付义务的结果，即当事人在合同履行过程中，存在违反合同债务的行为。

2. 缔约过失责任是一种过错责任，而违约责任是一种无过错责任。相较于合同关系，缔约阶段当事人之间没有约定，属于一种相对较弱的联系，所以追究法律责任还要求其主观存在过错。与此相对，合同关系中的当事人已经有了约定的、相对应的权利义务，属于一种强联系，违反约定义务承担违约责任无需过错。

3. 缔约过失责任发生在合同订立过程中，而违约责任发生在合同履行过程中。合同订立过程中，尚无当事人约定。所以，先合同义务均是法定义务，是法律出于规范、引导诚实信用的订约秩序而规定的法定义务，具有法律政策的考量。合同义务绝大部分是约定义务，即主给付义务、从给付义务。

4. 缔约过失责任赔偿信赖利益损失，赔偿效果是使合同当事人回到合同开始磋商时的状态；而违约责任赔偿可得利益或履行利益损失，赔偿效果是使合同前进一步，达到如约履行的状态。

【训练】甲公司向银行提交虚假资料贷款，银行在受欺诈的情况下发放贷款，约定利率为 8%/年。合同到期后，银行请求甲公司还款，且知晓贷款存在欺诈情形。银行应当如何在"撤销合同，使合同无效，请求甲公司赔偿"和"请求甲公司继续履行还本付息义务"两种诉讼请求中进行选择，两者的区别在哪里？

回答：银行受欺诈签订合同，其有权撤销合同并请求甲公司赔偿；同时，银行还有权选择不撤销合同，保持合同有效，从而依据合同请求甲公司以继续履行还本付息义务的方式承担违约责任。两者的区别是，前者是缔约过失责任，只能请求赔偿信赖利益，即请求贷款资金的占用损失，一般是5%左右的同期银行基准贷款利息（自2019年8月20日起，为全国银行同业拆借中心公布的贷款市场报价利率计算得出的利息），赔偿的效果实际上是使合同双方回到了订立合同之初的状态；而后者是违约责任，赔偿的是履行利益，即让银行前进一步到合同如约履行的状态，此时银行可以要求8%/年的利息。

（二）缔约过失责任的构成要件

缔约过失责任是责任的一种，其构成要件如下：

1. 违反先合同义务。责任是违反义务的法律后果，是连接民事义务和公力救济的桥梁，缔约过失责任也不例外，须存在违反先合同义务的事实。先合同义务，是指民法根据诚实信用原则，要求缔约双方在缔约阶段，互负协助、配合、通知、保护、保密的法定义务。因此，当事人违反先合同义务的时间，必须发生在缔约阶段，即要约生效之后，合同生效之前。

2. 对方须存在损失。缔约过失责任是一项法定救济制度，只能对当事人的损失进行基本救济；如果对方没有损失，就不能要求具有违背诚实信用原则的行为方承担任何责任。实践中，损失是判断应否承担缔约过失责任的首要要件，因为没有损失即没有认定责任、予以救济的必要。

3. 对方须存在过错。缔约过失责任以违反先合同义务为前提，而先合同义务之违反则表现为缔约过程中，当事人一方实施了违背诚信原则的行为，即过错行为。所以，承担责任以当事人主观上存在过错为前提。如果不存在过错，损失即应当由当事人各自承担。

4. 缔约过失责任具有相对性。缔约过失责任的追究与承担，须发生在缔约双方当事人之间，即缔约关系是缔约的基础法律关系。如果当事人之间不存在缔约关系，则不可能存在缔约过失责任关系。

（三）违反先合同义务的法定类型

1. 假借订立合同，恶意磋商。即缔约一方并无与对方缔约的意思，却以加害对方的心态与对方磋商，从而造成对方的损失。

2. 欺诈。即当事人一方在磋商过程中，隐瞒与订立合同有关的重要事实或者提供虚假情况，导致对方遭受财产损失。

3. 泄露、不正当使用对方的商业秘密。即一方在磋商过程中，获悉对方的商业秘密后，该方自行利用该商业秘密，或者将商业秘密泄露给他人。

4. 因过错导致法律行为无效，致对方损失。因导致法律行为无效的事由，均发生于缔约阶段，均可视为过错方违反了先合同义务，故《民法典》第157条所规定的，民事法律行为无效时"有过错的一方应当赔偿对方由此所受到的损失"的赔偿责任，性质上也属于缔约过失责任。

5. 其他违反先合同义务的情形。违反先合同义务的形态，并不以上述四种法定类型为限。只要在缔约过程中，一方当事人违反先合同义务，致对方遭受损失的，均须向对方承担缔约过失责任。

（四）缔约过失责任的承担

缔约过失责任的承担方式为赔偿损失，即对无过错的缔约当事人的信赖利益损失进行赔偿。所谓信赖利益的损失，是指缔约一方违反诚实信用原则，辜负对方对自己的信赖，给对方造成的损失。在范围上，信赖利益损失包括直接损失，即因一方违反诚信原则已经给对方造成的损失，如一方因假借订立合同，恶意磋商，使对方支付的缔约费用、丧失的缔约机会，一方因泄露、不正当使用对方的商业秘密，使对方遭受的市场损失等。由此可见，缔约过失责任的信赖利益赔偿，旨在恢复原状，使缔约双方的财产状态恢复到缔约之前的状态。

【训练】甲与红星房地产公司签订商品房买卖合同，甲后来发现红星公司订约时存在欺诈，甲随即起诉法院撤销了商品房买卖合同。此时，甲才发现当初签订合同时放弃的蓝星公司的房屋的价格已经在 5000 元/每平方米的基础上上涨了 2000 元。甲的订约机会损失如何获得赔偿？

回答：处理这类问题，应当熟练掌握大的方向，即让合同退回订约时的状态，相当于从未订立合同。红星公司就甲的订约机会损失进行赔偿，即应当按照每平方米赔偿 2000 元进行赔偿。赔偿后的结果是让甲以每平方米 5000 元的价格购买蓝星公司的房屋，这样 5000 元 + 2000 元即等于蓝星公司现在的房屋售价。应当注意的是，甲在纠纷诉讼中，应当就红星公司存在缔约过失责任承担举证责任。

二、违约责任

（一）违约责任的概念和特征

违约责任，是指债务人违反债务所应承担的法律后果。如前所述，合同义务包括给付义务与法定诚信义务两大类型。其中，给付义务即合同债务，故违约责任也可表述为违反给付义务所应承担的法律后果。违约责任具有以下特征：

1. 违约责任具有相对性。合同权利义务的相对性决定了违约责任的相对性，违约责任项下的权利人和义务人一般只能是合同当事人。与此相对，法律并不禁止合同为第三人赋权，所以第三人可以享有合同权利并请求合同义务方履行合同义务；此时，如果合同义务人不履行或不完全履行合同约定的向第三方履行的义务，则第三方有权请求违约方承担违约责任。

【训练】甲、乙之间订有买卖合同。为履行合同，甲委托运输人丙将标的物运至乙处并代为向乙交付。运输途中，丁因违章驾驶与丙的运输车辆相撞，导致货物毁损，甲未能按时向乙交货。交警认定丁对车辆相撞承担 100% 的交通事故责任。乙是否有权就买卖合同，请求甲、丙、丁承担违约责任？

回答：乙只能请求甲承担违约责任，因为丙、丁对乙没有合同义务。甲向乙承担违约责任后，再根据自己与丙之间的运输合同，请求丙承担违约责任。

2. 违约责任具有任意性。违约责任的任意性，是指民法允许当事人对违约责任的承担方式、承担数额予以自治。违约责任也即具有任意性，其主要表现在以下方面：

（1）当事人可以在缔结合同时即对承担违约责任的方式、数额进行约定，例如《民法典》第585条第1款规定"当事人可以约定一方违约时应当根据违约情况向对方支付一定数额的违约金，也可以约定因违约产生的损失赔偿额的计算方法"。

（2）在特定情况下，当事人可以选择违约责任的承担方式，例如《民法典》第582条规定在违约方应当采取补救措施的情况下，守约方可以"合理选择请求对方承担修理、重作、更换、退货、减少价款或者报酬等违约责任"。

（3）在确定违约方应当承担违约责任的情况下，守约方和违约方可以就责任承担方式和数额进行约定，这种约定在本质上是当事人对自己民事权益的处分。

【训练】甲和乙公司订立手机买卖合同，双方约定若手机出现质量瑕疵，乙公司只负责更换，不负责修理。当事人之间的上述约定是否有效？

回答：有效。上述情况也正是实践中一些手机生产厂商的实际做法，出于处理质量瑕疵的成本考量，只换不修是其理性选择，《民法典》第582条规定的"履行不符合约定的，应当按照当事人的约定承担违约责任"，也确认了这种做法的合理性。

3. 违约责任具有填平性，即违约责任的承担，旨在弥补因债务人违约给债权人造成的损失。故除法律特别规定的惩罚性违约责任外，债务人违约责任的承担，不应超过债权人所遭受的损失数额。

（二）违约责任的归责原则

违约责任的归责原则，是指违约责任的构成，应如何处理债务人的过错问题，即债务人违约责任的承担，是否应以其之违约存在故意或过失为条件。

1. 违约责任以无过错责任为原则。原则上，我国民法上的违约责任，采取无过错责任原则，即只要债务人不履行或不完全履行债务，就应承担违约责任。至于债务人违约是否基于过错，在所不问。《民法典》第577条"当事人一方不履行合同义务或者履行合同义务不符合约定的，应当承担继续履行、采取补救措施或者赔偿损失等违约责任"之规定，并未将"过错"作为违约责任的承担条件，即确立了违约责任的无过错责任性质。相应的，《民法典》第593条"当事人一方因第三人的原因造成违约的，应当依法向对方承担违约责任。当事人一方和第三人之间的纠纷，依照法律规定或者按照约定处理"之规定，则是无过错违约责任的重要体现。

2. 无过错违约责任的例外。我国民法上违约责任的无过错责任原则，并非绝对。债务人承担无过错的违约责任存在如下几种法定的例外情形：

（1）在无偿合同中，因债务人负担债务并不需要债权人付出代价，故债务人应承担较低的注意义务。因此，无偿合同中的债务人违约责任的承担，应当以债务人具有故意或重大过失为条件。例如，《民法典》第897条规定"……无偿保管人证明自己没有故意或者重大过失的，不承担赔偿责任"。

（2）在一些特定的有偿合同中，法律出于平衡当事人利益关系的需要，明确规定有偿的债务人违约责任的承担，也须以其存在过错为条件。例如，《民法典》第824条第1款规定："在运输过程中旅客随身携带物品毁损、灭失，承运人有过错的，应当承担赔偿责任。"

（三）违反给付义务的形态

1. 现实违约与预期违约。现实违约，是指债务人因违反已经到期的债务，从而发生违约的情形。在社会生活中，绝大多数情况下，债务人的违约都属于现实违约。

预期违约，是指在合同义务履行期限届满前，一方当事人明确表示或以自己的行为表明其将在届满后不履行合同义务的违约行为。预期违约包括明示的预期违约和默示的预期违约：前者是指合同一方在履行期限届满前以明确的、不附条件的语言、文字声明自己将不履行合同义务；后者是指合同一方不是以语言和文字直接声明，而是通过行为表明到期将不履行合同义务，如债务人经营状况严重恶化、丧失商业信誉，或通过抽逃资金、转移财产的方式而非以直接处分合同标的物的方式逃避履行合同义务的情形。在债务人构成预期违约的情况下，《民法典》赋予当事人选择通过追究违约责任或解除合同加以救济的权利，前者通过径行要求债务人承担违约责任实现合同权利，后者则通过解约直接摆脱合同权利义务的束缚。

【训练】甲、乙订立二手房买卖合同，约定甲将 1 套二手房出卖给乙，6 月 1 日办理房产过户登记手续。

1. 5 月 20 日，买受人乙得知，甲就同 1 套房产又与丙签订二手房买卖合同，甲的行为是否构成预期违约？乙可以选择哪些救济途径？

回答：构成。房产为特定物，甲的行为清楚地表明其将不履行 6 月 1 日的房产过户登记手续。如果甲还没有将房屋交付丙并办理过户登记手续，则乙有权请求甲立即以继续履行的方式承担违约责任，即实际交付房产并办理过户登记手续；如果甲已经向丙交付房产，则乙有权请求甲立即以赔偿损失的方式承担违约责任。或者，乙有权解除合同，另行购买房屋。

2. 5 月 20 日，甲致函乙称自己将不会履行办理二手房过户登记手续的义务，但此时甲还未与任何人订立买卖合同，也未以其他形式处分标的房产。甲的行为是否构成预期违约？

回答：构成。预期违约制度的重点在于对守约方的及时救济，而非对是否真正出现了违约情形的探究，所以甲的行为构成预期违约，对乙可以通过追究违约责任和解除合同方式加以救济。

3. 出卖人甲听说买受人乙又与丙签订了二手房买卖合同，乙的行为是否构成预期违约？

回答：不构成。乙的义务是支付房屋价款，是种类物，其再次订立一份买卖合同的行为很难证明其无意履行与甲之间的二手房买卖合同；如果乙向丙支付房屋购买价款，导致乙对甲的价款债务履行能力堪虞，则甲可以行使不安抗辩权。

4. 按照甲、乙的约定，甲应当先履行办理过户登记手续的义务，然后乙才履行支付房屋价款的义务。义务履行前，甲听说买受人乙对外负有大量债务，可能未来无法履行价款支付义务。问，乙的情形是否构成预期违约？

回答：不构成。根据乙存在负债的情形并不能推定其将在履行期限届满之时不履行合同义务，因为其并无明确的意思表示，也无直接针对特定标的物的具体行为从而导致应当对甲进行即时救济，所以《民法典》第 528 条首先让义务人提供担保，未提供担保的，才能够对债权人赋予解约救济的权利。

2. 不履行。不履行，是指当事人在履行期限届满时不履行合同义务的行为。根据构成不履行的主、客观条件不同，不履行主要分为拒绝履行和履行不能两种情形。

（1）拒绝履行，是指合同义务人无正当理由而拒绝履行合同义务的行为。债务人拒绝履行债务的，债权人可以要求债务人以继续履行合同义务的方式承担违约责任，或催告并经合理期限后解除合同。

（2）履行不能，又称给付不能，是指义务人因事实上或法律上，或履行费用过巨的原因而无法履行合同义务的行为。根据导致当事人不能履行给付义务的不同原因，履行不能又存在如下分类：

第一，法律不能、事实不能。法律不能，是指由于法律上的障碍，导致当事人不能履行给付义务，如出卖人将买卖物的所有权转让给了第三人，从而无法向买受人转移标的物的所有权。事实不能，是指由于事实上的障碍，导致当事人不能履行给付义务，如发生不可抗力，导致给付义务不能履行。

第二，主观不能、客观不能。主观不能，是指相对于特定的当事人而言，该当事人无法履行给付义务，如不会英语的人与他人订立英语翻译合同。客观不能，是指相对于任何当事人而言，均无法履行给付义务，如当事人约定停止地球的自转。

第三，事先不能、嗣后不能。事先不能，是指在合同订立时，给付义务的履行即不可能，如没有别墅、也不可能购买别墅的当事人与他人订立出卖别墅的合同。嗣后不能，是指在合同订立时，给付义务可以履行，但在合同履行时，该义务已经不能履行，如 A 别墅的所有权人与他人订立出卖别墅的合同后，A 别墅被焚毁。

债务人构成履行不能的，债权人可以径行解除合同，或在特殊情况下请求违约方以损害赔偿替代履行。

【训练】请判断下列情形属于哪种不履行？

1. 甲将 1 万元出借给乙，约定 10 月 1 日乙向甲还本付息。10 月 1 日，乙未向甲履行还本付息的义务。乙的行为构成哪种不履行？

回答：拒绝履行。乙应履行的是金钱给付义务，根据《民法典》第 579 条，该等义务不存在履行不能的情形，故乙的行为属于不履行当中的拒绝履行。

2. 甲、乙达成二手房买卖合同，约定于 10 月 1 日，出卖人甲为乙办理房产过户登记手续以最终履行房产交付义务。但是，10 月 1 日，买受人乙发现甲已将标的房产出卖并过户登记给丙。甲的行为属于哪种不履行？

回答：履行不能。甲应履行的是非金钱给付义务，房产已经移转登记给第三人，根据《民法典》第 580 条，甲为乙办理房产移转登记的义务属于法律上不可能，并非发生诸如房屋毁损等情形的事实上的不可能，故应属于主观上的履行不能。

3. 10 月 1 日，甲、乙在北京就 A 地的一处房产达成二手房买卖合同。但事实上，该房产于 9 月 30 日深夜的一场地震中已经倒塌灭失。此种情形属于哪一种履行不能？

回答：属于自始客观的履行不能。对此种情况，一般可认定合同自始无效并适用缔约过失责任的规定。此外，如果合同订立后，房屋因地震毁损灭失，则应属嗣后不能，具体讲是不可抗力引起的嗣后不能，可以视情况以不可抗力为由减免违约责任。

4. 甲、乙达成成套定制设备买卖合同，该合同分为 A、B、C 三个部分分批交付。其中，核心 B 部分设备因不可抗力毁损灭失，重新制作得不偿失。此种情形属于哪一种履行不能？

回答：因为重新制作得不偿失，导致重作 B 部分出现主观不能的情形，因 B 为核心部分，其履行不能将导致 A、C 两个部分履行无意义，故应当认定为全部不能。

3. 迟延履行。迟延履行，是指在未构成履行不能的情况下，当事人没有在合同约定的履行期间履行给付义务。债务人构成迟延履行的，债权人有权请求债务人履行债务，并追究其迟延履行的违约责任；债务人迟延履行主要债务，经债权人催告仍不履行的，债权人有权解除合同，并追究债务人迟延履行的违约责任。

需要注意的是，在逻辑上，当事人给付义务的履行在时间上不符合要求的情形，既包括迟延履行，也包括提前履行，但是，只有迟延履行才构成对给付义务的违反，才需要承担违约责任，提前履行并不构成对给付义务的违反，也无需承担违约责任。《民法典》第 530 条规定："债权人可以拒绝债务人提前履行债务，但是提前履行不损害债权人利益的除外。债务人提前履行债务给债权人增加的费用，由债务人负担。"

4. 不完全履行。不完全履行，也被称为不适当履行或不完全履行，是指当事人未完全按照约定履行合同义务的行为。虽然合同义务人已经履行了合同义务，但并未按照合同约定的地点、方式、质量履行合同义务，此时也需要对守约方进行违约救济。需要注意的是，因不完全履行与上述迟延履行，是两种不同的违约形态，故在不完全履行的情形中，须排除迟延履行的情形。

债务人构成不完全履行的，债权人有权根据合同的实际情况，请求债务人采取补救措施、赔偿损失、支付违约金。债务人不完全履行构成根本违约的情况下，债权人有权解除合同，并追究债务人的违约责任。

【训练】甲、乙订立标号 425 的水泥买卖合同，但乙向甲交付的水泥经检测只能达到标号 325 的质量。甲考虑到标号 325 的水泥也能达到建筑规范要求，而且施工任务紧，来不及采购标号 425 的水泥，遂收货。事后，甲是否有权就此要求乙承担违约责任？

回答：有权。乙交付的水泥不符合合同约定的标号 425 质量，存在不完全履行的违约情形，甲有权要求乙承担违约责任，根据《民法典》第 582 条之规定，甲有权要求乙以减少价款的方式承担违约责任。

需要注意的是，上述债务人违反给付义务的各种形态，均是以债务人应当履行债务为前提条件。反之，倘若债务人有不履行合同义务的正当理由，如债务人有效地行使了同时履行抗辩权、先履行抗辩权、不安抗辩权、期限抗辩权等权利，则不履行合同义务的行为不构成不履行的违约情形。

（四）违约责任的责任形式

在债务人违反给付义务的情况下，债权人请求债务人承担违约责任的形式是多样的。具体来讲，在我国民法中，违约责任的形式包括：

1. 继续履行。继续履行，是指债权人有权请求债务人按照合同的约定，实际地履行其给付义务。由于债务人承担继续履行的违约责任，以给付义务尚可履行或继续履行符合经济原则为前提，故在债务人违约时，债权人能否请求债务人继续履行，须区分如下情形分别对待：

（1）债务人负担给付金钱债务的，债权人有权请求其继续履行。因金钱为种类物，不存在客观履行不能的情形，故不问债务人是否具备履行能力，其均须承担继续履行的违约责任。

【训练】甲、乙之间订有买卖合同，约定买受人乙于 10 月 1 日向甲支付买卖价款。10 月 1 日，甲在已经按约交付标的物的情况下，请求乙支付价款，乙称无力支付。甲无奈之下诉至法院，其可提出什么诉讼请求？

回答：甲可以提出要求乙支付价款的诉讼请求，无论乙无力支付是否属实，均不妨碍法院作出判令乙支付价款的判决。实践中，乙无力承担判决的价款支付责任，经强制执行仍无法履行的，人民法院将作出执行裁定终结本次执行。此后，一旦乙有能力履行判决的价款支付义务，法院将会恢复执行程序，强制乙履行判决内容。

（2）债务人负担给付非金钱债务的，原则上，债权人有权请求债务人继续履行，但在如下情况下除外：

第一，法律上或者事实上履行不能，前者如特定物的出卖人将标的物所有权转让给第三人；后者如特定物交付前标的物发生毁损、灭失。

第二，债务的标的不适于强制履行或者履行费用过高，前者如债务人负担给付劳务的债务；后者如履行成本远高于债权人因急需履行所得到的利益，以致继续履行严重不经济。

第三，债权人在合理期限内未请求履行，即债权人对债务人继续履行的利益需求，并不迫切。

2. 采取补救措施。采取补救措施，主要是指当事人一方履行合同义务不符合合同的约定，对方依据法律规定或合同约定，请求违约方采取适当的补救措施，使不符合约定的合同履行达到合同约定状态的权利。

采取补救措施的方式，原则上由当事人进行约定。在此基础上，《民法典》第 582 条还规定了补救措施的具体类型，即债权人可以合理选择请求对方承担修理、重作、更换、退货、减少价款或者报酬等违约责任。

【训练】甲在乙商行以 2000 元购买了手机 1 台，使用 1 周后发现无法使用摄像功能。根据下列情形回答问题：

1. 在甲、乙就质量问题没有约定违约责任的情况下，甲享有什么权利？

回答：乙交付的手机存在质量瑕疵，属于不完全履行的违约情形，甲有权选择请求乙以修理、更换或减少价款的方式承担违约责任。

2. 甲往返乙的维修部修理手机3次，才将手机修好，但往返修理部花费交通费100元，甲对此支出有什么权利？

回答：甲请求乙以修理的方式采取补救措施解决了手机故障，但其为此有100元的损失，故甲有权请求乙赔偿交通费损失。

3. 乙反复修理手机3次，都无法最终排除故障，对此甲有什么权利？

回答：甲可以以手机质量不符合约定，无法修好，导致合同目的无法实现为由解除合同。

4. 甲请求乙减少价款500元，乙应允并支付了500元。1周后，甲后悔并向乙请求退货，其请求是否于法有据？

回答：甲请求减少价款500元，是其请求乙以减少价款的方式承担违约责任。乙向甲支付500元，承担了违约责任。此时，甲、乙实际上就1500元换取手机达成一致，故甲无权再以摄像功能无法使用为由，请求乙再采取其他补救措施承担违约责任，也无权以合同目的无法实现为由解除合同。

3. 赔偿损失。赔偿损失，是指债务人违约致债权人损失时，债权人请求违约方赔偿损失的权利。

（1）赔偿范围。在违约责任理论中，违约赔偿责任的性质，为期待利益赔偿，包括直接利益损失与可得利益损失两个组成部分。

第一，直接利益损失，是指因债务人的违约，已经给债权人造成的损失，如债权人支付的价款、利息及其催要债务的费用等。直接利益损失的赔偿，旨在恢复债权人的财产原状，即将债权人的财产恢复到损失发生之前的状态。

第二，可得利益损失，是指因债务人的违约，导致债权人所丧失的本可获得的利益。可得利益损失的赔偿，旨在使债权人获得合同履行的利益，即将债权人的财产增加至合同履行之后的状态。因可得利益损失的赔偿，是对未来利益的赔偿，因而须以"可预见性"作为赔偿的依据。根据《民法典》第584条的规定，我国民法上可得利益损失的"可预见性"规则是：其一，债权人的可得利益，须为债务人所可以预见的利益。反之，债权人自我预见而债务人不能预见的债权人可得利益，不属于赔偿的范围。其二，债权人的可得利益，须为合同成立时，债务人所可以预见的利益。反之，合同成立时，债务人未能预见的债权人可得利益，不属于赔偿的范围。其三，债权人的可得利益，须具有合理性，即倘若债务人未曾违约，债权人的可得利益必然能够获得。反之，纵然债务人履行债务，债权人可得利益之实现，仍然具有或然性的，不属于赔偿的范围。

【训练】甲在潘家园古玩市场闲逛，发现乙的摊位上正在出卖一个玉石鼻烟壶，要价1万元。甲知道收藏家丙正在寻找这个鼻烟壶，出价100万元，甲遂与乙订立鼻烟壶买卖合同，甲向乙支付价款1万元，约定3日后交货。次日，甲与丙订立鼻烟壶买卖合同，约定3日后甲将鼻烟壶出卖给丙，丙拿到货物后，向甲付款100万元。3日后，甲如约取货的时候，乙在将鼻烟壶递交给甲的时候不慎掉落，鼻烟壶摔碎。

1. 甲能否请求乙赔偿已经支付的 1 万元价金？

回答：可以。价金赔偿属于直接利益损失的赔偿。

2. 甲能否请求乙赔偿可得利益 99 万元？

回答：不可以。乙与甲订立买卖合同时，并未预见甲的该项可得利益。

（2）违约赔偿责任中的利益衡平。违约赔偿责任中的利益衡平，是指在确定了债权人损失数额的基础上，民法对于债务人违约赔偿范围所做的再次调整。其内容包括：

第一，债权人未采取必要措施，导致损失扩大的，无权就扩大的损失，请求债务人赔偿。根据诚实信用原则，债权人在有能力防止损失扩大的情况下，应当承担止损义务。债权人履行止损义务所支出的费用，有权请求债务人承担。债权人违反减损义务致损失扩大的，对扩大的部分须自负其责。

第二，债权人对债务人违约，具有过错的，债权人应就其过错，自行承担相应的责任，债务人则可以减轻责任。如前所述，我国民法上的违约责任，以无过错责任为原则，故不问债务人是否存在过错。但倘若因债权人的过错致债务人违约的，债务人则可主张减轻责任。

（3）加害给付。加害给付，是指债务人违反债务的行为，致债权人人格或财产损害，因而构成侵权的情形。在加害给付的情况下，因债务人既构成违约，又构成侵权，因而债权人发生权利竞合，即可以在违约责任请求权与侵权损害赔偿请求权之间择一主张。这意味着：

第一，债权人选择主张侵权责任的，无需对其与债务人之间的合同关系进行证明，但需要对债务人构成侵权损害赔偿责任的要件予以证明。在侵权责任的框架下，债权人可以请求债务人承担直接利益损失的赔偿责任，但不得请求债务人赔偿可得利益损失、支付违约金、采取其他补救措施，如重作、更换、降价。因为，这些民事责任的方式为违约责任所独有。

第二，债权人选择主张违约责任的，无需对债务人构成侵权损害赔偿责任的要件加以证明，但需要对其与债务人之间的合同关系及债务人构成违约进行证明。在违约责任的框架下，债权人可以请求债务人赔偿直接利益损失与可得利益损失、支付违约金、采取其他补救措施。

需要指出的是，债务人违约侵害债权人人格权利，并造成债权人严重精神损害的情况下，无论债权人选择追究债务人的侵权责任还是违约责任，均不影响其精神损害赔偿请求权的主张。

4. 违约金。违约金，是指合同当事人双方约定的，在一方违约时应向对方支付的一定数额的金钱。违约金的数额可以是当事人约定的具体金额，也可以是当事人约定的计算方式。

【训练】甲、乙订立买卖合同，约定甲不交货，则向乙支付 1 万元违约金，而乙迟延向甲迟延付款，则以未支付款项为基数，每迟延 1 天按 0.6‰ 向甲支付违约金。甲、乙支付的分别是什么形式的违约金？

回答：甲违约支付的是具体金额的违约金，乙违约支付的是按照计算方式计算得出的违约金。

（1）违约金与赔偿损失的关系。当事人在合同中约定了违约金，且债务人违约给债权人造成损失的情况下，债权人主张债务人支付违约金的，即不得再同时要求债务人赔偿损失。但是，由于违约金的数额源自于当事人双方在合同中的约定，故在结果上违约金有可能超过实际损失，也有可能低于实际损失。故此，为了使债务人应支付的违约金数额与应赔偿损失的数额相适宜，我国民法规定了违约金的调整制度。具体来讲：

第一，债权人能够举证证明约定的违约金低于应赔偿损失额的，可以请求法院或仲裁机关增加违约金，从而通过违约金的支付，达到填平损害的效果。

第二，债务人能够举证证明约定的违约金过分高于应赔偿损失额的，可以请求法院或仲裁机关适当减少违约金。参考《合同法解释二》（现已失效）第29条的规定，违约金"过分高于造成的损失"应赔偿损失额的标准，为约定的违约金超过造成损失的30%。由此可以看出，在违约金高于应赔偿损失额的情况下，违约金具有惩罚性违约责任的功能，其具体表现有二：其一，在违约金高于应赔偿损失额，但未达到"过高"标准的情况下，债务人不得请求法院或仲裁机关予以减少。此时，超出应赔偿损失额的违约金，即具有惩罚性违约责任的性质。其二，在违约金过分高于应赔偿损失额的情况下，债务人可以提出减少违约金的请求，但法院或仲裁机关只是对过高的违约金做"适当减少"，即减少到不至于"过高"的程度。"适当减少"后的违约金，仍然高于应赔偿损失额的部分，也具有惩罚性违约责任的性质。

【训练】甲乙订立买卖合同，约定甲将1辆汽车出卖给乙，且任何一方违约，应支付违约金若干。因甲迟延交付汽车，导致乙遭受损失10万元。现乙诉至法院，请求甲支付违约金。

1. 经查，甲乙约定的违约金数额为8万元，支付违约金对乙不利。乙该如何维护自己的利益？

回答：乙可以请求法院将违约金数额提升至10万元。

2. 经查，甲乙约定的违约金数额为12万元，支付违约金对甲不利。甲该如何维护自己的利益？

回答：因约定的违约金并未超过应赔偿损失额的30%，故甲无权请求法院减少违约金，即甲的利益无法得到维护。

3. 经查，甲乙约定的违约金数额为15万元，支付违约金对甲不利。甲遂请求法院较少违约金数额，法院应如何处理？

回答：其一，因约定的违约金超过了应赔偿损失额的30%，故甲有权请求法院减少违约金。其二，法院对于过高的违约金，予以适当减少，即减少到13万元以下即可。

（2）违约金与定金的关系。当事人在合同中约定了违约金，且根据定金约定，一方向另一方交付了定金作为合同履行担保的情况下，债务人违约的，债权人有权对违约金请求权和适用定金罚则请求权，择一主张。具体来讲：

第一，债权人可以选择主张适用定金罚则请求权，请求接受定金的债务人双倍返还定金，或扣留债务人所交付的定金。与此同时，债权人不得再主张债务人支付违约金。

第二，债权人也可以选择主张违约金请求权，即请求债务人依约支付违约金。与此同时，债权人不得再请求债务人承担定金处罚。进而，由于定金罚则不再适用，故交付定金一方有权请求对方单倍返还定金，即将定金恢复原状。

【训练】甲乙订立机器设备买卖合同，约定甲将 1 台机器设备以 100 万元的价格出卖给乙，任何一方违约，应向对方支付违约金 30 万元。此外，根据甲乙的定金约定，乙向甲交付定金 20 万元。现甲将机器设备交付于乙后，乙未如约支付价款。

1. 甲可否主张适用定金罚则？

回答：可以。甲主张适用定金罚则，有权扣留乙所支付的 20 万元的定金，但不得再请求乙支付违约金。

2. 甲可否主张违约金？

回答：可以。甲主张违约金，有权请求乙支付违约金 30 万元。但甲收取乙所交付的 20 万元定金，应向乙返还。

（五）违约责任的免责事由

对于违约责任，不可抗力是唯一的免责事由。不可抗力，是指不能预见、不能避免且不能克服的客观情况。因不可抗力是超出合同双方在订立合同时能够预见到的客观风险，故其所导致的风险，应当由合同双方来分担。因此，《民法典》第 590 条规定，因不可抗力导致债务人违约的，债务人可以在不可抗力影响的范围内，免除相应的违约责任。需要注意的是，在发生不可抗力的情况下，尽管债务人无需对因此造成的违约后果承担违约责任，但基于附随义务的要求，债务人须及时通知债权人，以减轻债权人的损失，并在合理期限内，提供发生不可抗力的证明。

第九章

合同之债分论

第一节　买卖合同

一、买卖合同概述

（一）买卖合同的概念和特征

买卖合同，是指买受人支付价款，交换出卖人买卖物所有权的合同。买卖合同的标的，为物，包括动产、不动产，也包括无形的物，如电、水、气、热力等。买卖合同具有如下特征：

1. 买卖合同是买卖物所有权与金钱相互交换的合同。债权让与合同、股权转让合同、建设用地使用权转让合同等权利与金钱相互交换的合同，并非买卖合同；互易合同是物与物相互交换的合同，也非买卖合同。

2. 买卖合同是以产生债权、债务为目的的合同。买卖合同一经生效，出卖人与买受人之间产生买卖之债法律关系。出卖人享有交付价金债权，并承担交货债务；买受人则享有交货债权，并承担交付价金的债务。但是，买卖合同并不能产生买卖物所有权转移的法律后果。买卖物所有权的转移，需以动产的交付或不动产的登记为要件。

3. 买卖合同是诺成合同。出卖人与买受人之间达成买卖合意，买卖合同即告成立，不以买卖物的交付为买卖合同的成立条件。因此，买卖物的交付以及不动产登记的办理的性质为买卖合同的履行，而非买卖合同的成立条件或生效条件。

4. 原则上，买卖合同是不要式合同。当事人订立买卖合同，无需采取特定的形式要件。但是，对于不动产买卖合同，法律则要求采取书面形式。

（二）多重买卖

多重买卖，又称一物多卖，是指出卖人就一个标的物，与两个或两个以上买受人订立买卖合同的情形。多重买卖之构成，须具备两个要件：一是买卖标的物须为特定物，种类物不存在多重买卖问题；二是出卖人与每一个买受人订立买卖合同时，出卖人均为标的物的所有权人，这是多重买卖与无权处分的区别所在。

无论是动产多重买卖，还是不动产多重买卖，由于买卖合同的法律意义在于买卖之债法律关系的产生，故以同一特定物为买卖物的各个买卖合同，后成立的合同并不因先成立的合同之存在而无效。在各买卖合同不违反民法所规定的有效要件的情况下，均为有效。因此，在多重买卖情况下，出卖人向部分买受人履行债务并移转买卖物所有权的，对其他买受人构成履行不能，其他买受人有权解除买卖合同，并追究出卖人的违约责任。

1. 不动产多重买卖。不动产多重买卖中，在每一个买卖合同均为有效的情况下，各个买受人受偿地位平等，原则上，出卖人可以自主决定向哪一个买受人交付不动产并办理不动产登记手续。出卖人向一个买受人交付不动产，却又向另一个买受人办理不动产登记手续的，办理登记的买受人取得买卖物所有权，并有权请求占有房屋的买受人返还不动产。

【训练】甲将房屋 A 出卖给乙，过户登记前，甲又将房屋 A 出卖给丙。

1. 甲应向谁交付房屋、办理登记手续？

回答：由甲自行决定。

2. 如果甲已经将房屋 A 交付给乙，却又向丙办理不动产登记手续。后果如何？

回答：丙取得房屋 A 的所有权，并有权请求乙返还房屋 A。乙可追究甲的违约责任。

需要指出的是，多重买卖的不动产出卖人的自主履行需受到预告登记制度的限制。具体来说：如果有买受人办理了预告登记的，办理预告登记的买受人应当获得履行。如前所述，《民法典》第 221 条第 1 款规定："……预告登记后，未经预告登记的权利人同意，处分该不动产的，不发生物权效力。"据此，在部分买受人办理了预告登记的情况下，出卖人已经不可能再向其他买受人履行合同，办理过户登记手续。

2. 动产多重买卖。动产多重买卖中，在每一个买卖合同均为有效的情况下，根据《最高人民法院关于审理买卖合同纠纷案件适用法律问题的解释》（以下简称《买卖合同纠纷解释》）第 6、7 条之规定，出卖人的自主履行存在限制：

（1）普通动产多重买卖。不属于交通运输工具的动产，即"普通动产"。在普通动产多重买卖情况下，在每一个买卖合同均有效时，买受人均要求实际履行合同的，出卖人的履行顺序规则是：

第一，占有者优先，即先行受领交付的买受人，有权请求确认所有权已经转移；

第二，先支付价款者优先，即各买受人均未受领交付的：①先行受领交付的买受人请求确认所有权已经转移的，人民法院应予支持。由此可见，普通动产多重买卖中，出卖人仍可自主决定向哪一个买受人交付买卖物。出卖人将动产买卖物交付于某一买受人的，该买受人即获得履行，取得买卖物所有权。②均未受领交付，先行支付价款的买受人请求出卖人履行交付标的物等合同义务的，人民法院应予支持。即出卖人未向任何买受人交付动产的情况下，"先行支付价款"的买受人有权优先于未支付价款的买受人，请求出卖人履行交付标的物等合同义务。③均未受领交付，也未支付价款，依法成立在先合同的买受人请求出卖人履行交付标的物等合同义务的，人民法院应予支持。

【训练】甲将电脑先出卖给乙，乙未支付价金。甲向乙交付前，又将其出卖给丙，丙支付了价金。现乙丙均诉至法院，请求甲交付电脑。法院应如何处理？

回答：如果丙支付了价款，法院应判决丙受让电脑；反之，法院应判决乙受让电脑。

（2）交通运输工具多重买卖。车辆、船舶、航空器等交通运输工具多重买卖情况下，在每一个买卖合同均有效时，买受人均要求实际履行合同的，出卖人的履行顺序规则是：

第一，先行受领交付的买受人请求出卖人履行办理所有权转移登记手续等合同义务的，人民法院应予支持。由此可见，交通运输工具多重买卖中，出卖人仍可自主决定向哪一买受人交付交通运输工具。接受交付的买受人取得所有权后，即有权请求出卖人办理交通运输工具的过户登记手续。

第二，均未受领交付，先行办理所有权转移登记手续的买受人请求出卖人履行交付标的物等合同义务的，人民法院应予支持。在出卖人未向任何买受人交付交通运输工具的情况下，获得过户登记的买受人，享有较之于其他买受人优先受偿的权利。

第三，均未受领交付，也未办理所有权转移登记手续，依法成立在先的合同的买受人请求出卖人履行交付标的物和办理所有权转移登记手续等合同义务的，人民法院应予支持。

第四，出卖人将标的物交付给买受人之一，又为其他买受人办理所有权转移登记，已受领交付的买受人请求将标的物所有权登记在自己名下的，人民法院应予支持。由此可见，交通运输工具多重买卖的出卖人向一方买受人交付买卖物，又向其他买受人办理过户登记手续的，接受交付的买受人获得履行。

【训练】甲将车 A 出卖给乙，并向乙交付。随后，甲又将车 A 出卖给丙，并办理了登记。

1. 甲出卖车 A 给丙的行为，是有权处分，还是无权处分？

回答：无权处分。甲向乙交付汽车 A 时，乙已经取得了汽车 A 的所有权。故甲出卖车 A 给丙，是将乙的车 A 出卖给丙。

2. 丙能否善意取得汽车 A 的所有权？

回答：否。由于交通运输工具的善意取得，需要向受让人交付，因甲未向丙交付汽车，丙不能善意取得。故汽车仍归乙，乙有权请求丙变更登记。

二、出卖人的移转所有权义务

在买卖合同中，出卖人承担转移所有权义务，即出卖人应当向买受人移转买卖物所有权，并确保所转移的所有权上不存在第三人的权利。出卖人违反转移所有权义务的，应承担违约责任。出卖人转移给买受人的买卖物被第三人主张权利的，出卖人则应承担权利瑕疵担保责任。

（一）标的物所有权转移的时间

原则上，买卖合同所引起的物权变动，采取公示成立主义的物权变动模式，即买卖合同一经成立即产生债权债务效力，但是不引发物权变动；买卖标的物所有权的转移，依赖于不动产的登记和动产的交付。因此，不动产登记的时间、动产交付的时间，是买卖物所有权转移的时间。但是，在动产买卖中，根据《民法典》第641条之规定，允许当事人约定保留所有权。在当事人约定保留所有权的情况下，动产的交付不能够导致所有权的转移。在保留所有权买卖中，所有权转移的时间，为当事人约定的所有权转移条件成就的时间。

（二）买卖物孳息收取权转移的时间

《民法典》第630条规定："标的物在交付之前产生的孳息，归出卖人所有；交付之后产生的孳息，归买受人所有。但是，当事人另有约定的除外。"由此可以看出，买卖物孳息的收取规则，与民法上"原物所有权人收取孳息"的一般规则不同。在当事人没有特别约定的情况下，买卖物孳息的收取，并非以原物的所有权为依据，而是以原物的占有事实为依据，即买卖物在直接占有转移之前产生的孳息，归出卖人所有；之后产生的孳息，则归买受人所有。具体来讲：

1. 不动产买卖中，买受人占有买卖物之后，无论是否办理过户登记手续，买受人均可取得该买卖物所产生的孳息；反之，买受人占有买卖物之前，无论是否办理过户登记手续，该不动产的孳息均由出卖人取得。

【训练】甲乙订立房屋买卖合同，约定甲将房屋 A 出卖给乙。甲乙并未对买卖物孳息收取问题作出约定。

1. 如果甲向乙交付房屋 A 后，办理所有权登记手续之前，乙将房屋 A 出租给丙。谁有权取得租金？

回答：乙。

2. 如果甲向乙办理所有权登记手续后，交付房屋 A 之前，甲将房屋 A 出租给丙。谁有权取得租金？

回答：甲。

2. 动产买卖中，出卖人将动产交付于买受人之后，无论是否约定保留所有权，该动产的孳息均由买受人取得。

【训练】甲将 1 只羊出卖给乙，约定保留所有权。甲将羊交予乙后，羊在乙处生下 1 只小羊，小羊归谁？

回答：小羊归乙。

（三）标的物所有权转移与知识产权转移的关系

在买卖物上存在出卖人知识产权的情况下，出卖人将标的物的所有权移转于买受人，除当事人另有约定外，知识产权原则上并不发生转移。但是，《中华人民共和国著作权法》（以下简称《著作权法》）第 20 条第 1 款规定："作品原件所有权的转移，不改变作品著作权的归属，但美术、摄影作品原件的展览权由原件所有人享有。"据此，著作权中的展览权，可随买卖物所有权的转移，而依法直接由买受人享有。

（四）出卖人的权利瑕疵担保责任

权利瑕疵担保责任，是指出卖人就交付的标的物，负有保证第三人不得向买受人主张任何权利的义务。出卖人违反上述义务，应当承担权利瑕疵担保责任，买受人可以请求出卖人承担违约责任。但是，买受人订立合同时知道或者应当知道第三人对买卖的标的物享有或可能享有权利的，出卖人不承担权利瑕疵担保责任。

需要注意的是，根据《民法典》第 614 条之规定，买受人在订立合同时，不知道且不应当知道标的物上有权利瑕疵，在合同履行时，买受人有确切证据证明第三人对标的物享有权利的，根据双务合同抗辩权，买受人可以中止支付相应的价款。但是出卖人提供适当担保的除外。

三、出卖人的交付买卖物义务

(一) 交付买卖物是出卖人的基本义务

在买卖合同中，出卖人还承担交付买卖物义务，即出卖人应当将标的物的占有转移至买受人，并确保标的物的品质、数量符合合同约定的标准。出卖人未如约向买受人交付买卖物的，应承担违约责任；出卖人交付的买卖物在质量、数量上不符合约定的，应承担品质瑕疵担保责任。

由此可见，在买卖合同中，出卖人不仅承担"移转所有权"的义务，而且承担"交付标的物"的义务。任何一项义务未履行，均会导致出卖人承担违约责任。

【训练】甲从乙网商处购买 A 型电脑 1 台。甲支付价款后，乙网商与丙快递公司订立货物运输合同，将 1 台 A 型电脑交丙运输。丙在运输途中，不慎将电脑遗失。

1. 乙网商将电脑交付给丙快递公司，该电脑的所有权是否转移？

回答：是。乙网商已经完成交付。

2. 甲取得了该电脑的所有权，但并未获得电脑的占有。甲能否请求乙网商承担违约责任？

回答：可以。乙网商并未完全履行其出卖人的义务。

(二) 品质瑕疵异议的期间

品质瑕疵异议期间，又称检验期、保质期，是指买受人因出卖人交付的买卖物在质量、数量上不符合约定，向出卖人提出异议的期间。品质瑕疵，可分为外观瑕疵和隐蔽瑕疵两类。原则上，出卖人将标的物交付给买受人之后，标的物质量、数量不符合约定，买受人应当在异议期间内提出异议，在异议成立时，方能够追究出卖人的品质瑕疵担保责任。由此可见，《民法典》为买受人提出品质瑕疵异议设置异议期间，旨在阻止买受人直接对出卖人主张违约责任请求权，从而对出卖人的品质瑕疵担保责任进行限制。

1. 品质瑕疵异议期间的计算。

(1) 当事人约定异议期间的，从其约定。但是，当事人对于异议期间的约定，在如下两个方面受到法律的限制：

第一，当事人约定的检验期间过短，买受人在检验期间内难以完成全面检验的，当事人约定的期间依然有效，但视为买受人对外观瑕疵提出异议的期间；至于买受人对隐蔽瑕疵提出异议的期间，仍为根据合同的具体情形所确定的"合理期间"。

【训练】甲将 1 台机器设备出卖给乙，买卖合同约定乙应在收到货物后 1 周内完成检验。乙收到货物后，发现 1 周检验期根本不够，完成全面检验需要 1 个月的时间。

1. 甲乙买卖合同约定的检验期是够有效？

回答：有效。该期限应被视为对机器设备外观瑕疵提出异议的期间。

2. 机器设备的隐蔽瑕疵异议期间如何确定？

回答：期间为 1 个月。

第二，当事人约定的检验期间或者质量保证期间短于法律、行政法规规定的检验期间或者质量保证期间的，以法律、行政法规规定的检验期间或者质量保证期间为准。

（2）当事人没有约定异议期间的，买受人应当在发现或者应当发现标的物的数量或者质量不符合约定的合理期间内提出异议。但是，该"合理期间"不得长于2年。买受人自收到标的物之日起2年内未提出异议的，不得再提出异议。

需要注意的是，根据《民法典》第623条之规定，当事人对检验期限未作约定，买受人签收的送货单、确认单等载明标的物数量、型号、规格的，除有相关证据足以推翻以外，推定买受人已经对数量和外观瑕疵进行了检验，并予以认可。此时，买受人不得再对标的物的数量不足、外观瑕疵提出异议。

【训练】甲乙订立货物买卖合同，约定甲将一批货物出卖给乙。甲乙并未约定品质瑕疵异议期间。甲将货物交付给乙时，乙在载明标的物数量、型号、规格的送货单上签字。

1. 如果乙签字之次日，发现货物存在隐蔽瑕疵，乙可否提出品质瑕疵异议？

回答：可以。乙在送货单上签字，仅推定乙对数量和外观瑕疵进行了检验，不能推定其对隐蔽瑕疵也进行了检验。

2. 如果乙在送货单上签字的同时，载明"收货后1周内完成外观检验"。乙签字之次日，发现货物存在外观瑕疵，乙可否提出品质瑕疵异议？

回答：可以。因有相反证据证明乙并未对数量和外观进行检验，故乙仍有权提出外观瑕疵异议。

2. 品质瑕疵异议期间的效力。

（1）买受人在异议期间内提出异议，且异议成立的，出卖人履行不合格，应当承担品质瑕疵担保责任。需要注意的是，除当事人另有约定外，买受人支付价款、确认欠款数额、使用标的物等事实，不代表买受人放弃异议权。

（2）买受人未在异议期间提出异议的，买受人不得再提出异议，出卖人的履行视为合格。此时，如果出卖人自愿承担违约责任的，不得再以异议期间经过为由反悔。

3. 品质瑕疵异议期间的排除。出卖人知道或者应当知道提供的标的物不符合约定的，买受人提出品质瑕疵异议，不受前述异议期间的限制。此时，只要诉讼时效未届满，买受人即可追究出卖人的违约责任。

（三）出卖人的品质瑕疵担保责任

买受人请求出卖人承担品质瑕疵担保责任的方式包括：因标的物质量不符合要求，致使不能实现合同目的的，买受人可以拒绝接受标的物或者解除合同；出卖人可以请求出卖人修理、更换、重作、退货、减少价款等。

1. 买卖合同中关于"出卖人免于承担品质瑕疵担保责任"约定的效力。原则上，根据意思自治原则，从其约定。但是，出卖人故意或者因重大过失不告知买受人标的物瑕疵的，上述免责条款无效。

【训练】甲古玩店将一幅"明代字画"出卖给乙，并约定"如为赝品，甲概不负责"。乙买回此画后，经鉴定为赝品。

1. 乙能否请求甲承担品质瑕疵担保责任？

回答：不可以。

2. 如果查明甲明知此字画为赝品而不告知乙的，乙能否请求甲承担品质瑕疵担保责任？

回答：可以。此时，乙依然有权在异议期间内提出异议，并追究甲的违约责任。

2. 买受人在缔约时知道或应当知道买卖物有瑕疵的法律后果。原则上，出卖人不承担品质瑕疵担保责任。但是，买受人在缔约时不知道该瑕疵会导致买卖物的基本效用显著降低的，其依然有权提出异议。

【训练】甲将汽车以较低价格出卖给乙。因该车行驶里程较高，乙也知道其存在一些质量问题。但乙后来发现，该车行驶速度稍快，方向盘即无法转动，且刹车失灵。此时，乙可否提出异议，并追究甲的违约责任？

回答：可以。

四、买卖物的风险承担

（一）买卖物风险及其承担的法律意义

买卖物的风险，是指因不可归责于买卖双方当事人的事由，导致买卖物毁损、灭失的事实。相应的，买卖物的风险承担，是指在买卖物发生风险时，损失的承受，即买受人是否仍应承担价金义务。如果买卖物毁损、灭失，买受人无需支付价金，意味着出卖人承担风险，即出卖人承担了买卖物毁损、灭失的损失；反之，如果买卖物毁损、灭失，买受人仍需支付价金，意味着买受人承担风险，即买受人承担了买卖物毁损、灭失的损失。需要注意的是，只有作为特定物的买卖，才涉及风险承担问题，种类物买卖无此问题。

买卖物的风险承担，与买卖合同中违约责任的承担，是两项并行不悖的法律制度，适用各自的判断标准。例如，根据《民法典》第611条之规定，标的物毁损、灭失的风险由买受人承担的，不影响因出卖人履行义务不符合约定，买受人请求其承担违约责任的权利。

【训练】甲乙订立房屋买卖合同，约定了逾期交房违约金。甲逾期1年将房屋交付给乙后，该房因泥石流毁损。

1. 乙是否应承担风险？

回答：是。因甲乙订立了房屋买卖合同，且甲已经向乙交付房屋，风险已经转移给乙。故乙应承担风险，继续交付价金。

2. 甲是否应承担逾期交房1年的违约责任？

回答：是。甲对乙构成违约，应承担违约责任。

（二）买卖的物的风险承担的一般规则

买卖合同双方可以对风险的承担进行约定。当事人之间未约定或约定不明的，买卖物风险承担的规则是：

1. 原则上，出卖人交付买卖物后，买卖物发生毁损、灭失的，风险由买受人承担。对此，需要说明如下几点：

（1）无论是动产买卖还是不动产买卖，买卖合同的成立与买卖物的交付，是买受人承担风险的两个基本要素，缺一不可。至于当事人之间订立买卖合同与交付买卖物的先后，则在所不问：当事人订立买卖合同后，出卖人向买受人交付买卖物的，买卖物交付时，买受人承担风险；反之，出卖人向买受人交付买卖物后，双方订立买卖合同的，买卖合同成立时，买受人承担风险。

【训练】甲欲将电脑 A 出卖给乙：

1. 甲乙订立合同后，甲将电脑 A 交付于乙之前，电脑 A 因火灾毁损，乙是否应支付价金？

回答：否。因甲未向乙交付电脑 A，乙不承担电脑 A 的风险。

2. 甲事先将电脑 A 交予乙试用。甲乙订立买卖合同之前，电脑 A 因火灾毁损，乙是否应支付价金？

回答：否。因甲乙尚未订立电脑 A 买卖合同，乙不承担电脑 A 的风险。

（2）出卖人交付的对象包括：

第一，买受人。即出卖人将买卖物交付于买受人的，买卖物上的风险由买受人承担。

第二，买受人指定的承运人。即出卖人将买卖物交付于买受人指定的承运人的，买卖物上的风险由买受人承担。

第三，出卖人委托的承运人。买卖双方没有约定交付地点或者约定不明确的，出卖人将买卖物交付给自己所委托的承运人后，买卖物上的风险由买受人承担。需要注意的是，出卖人将货物交付给自己所委托的承运人，导致风险由买受人承担的，以买卖双方没有约定交付地点或者约定不明确为前提。

【训练】甲公司、乙公司订立买卖合同约定，出卖人甲应将货物交由他人承运，并指示其运至"广东方向"。具体地点由乙向承运人指示。合同订立后，甲遂将货物交给丙运输公司。丙公司向广东方向运输途中，货物因泥石流毁损。乙是否应向甲支付价金？

回答：是。

2. 买卖合同的成立与买卖物的交付两个要素具备，买卖物上的风险由买受人承担之规则，存在如下两种例外情形：

（1）买卖双方明确约定交付地点的，出卖人将买卖物交付给自己所委托的承运人后，买卖物上的风险仍由出卖人承担。直至承运人将买卖物交付于买受人或买受人所指定的收货人时，买卖物上的风险才由买受人承担。

【训练】乙在网上购买甲网商的旅游鞋。甲乙买卖合同约定，出卖人甲应将货物交由他人承运，并指示其运至乙的住所地。合同订立后，甲将乙所购买的货物交予丙快递公司承运。在丙公司运输途中，该旅游鞋因泥石流毁损。乙是否应向甲支付价金？

回答：否。

（2）买受人及其所指定的承运人、收货人受领迟延的，风险由买受人承担。在买受人及其所指定的承运人受领迟延，是指因不可归责于出卖人的原因，买受人及其所指定的承运人没有受领出卖人的交付，从而无端地延长了出卖人承担风险的时间，对出卖人有所不公，故自迟延受领发生时，风险由买受人承担。

（三）在途货物买卖的风险承担

在途货物，是指由出卖人、买受人之外的承运人正在运输的途中货物。在途货物买卖，则是指在途货物的所有权人就在途货物与买受人所订立的买卖合同。根据《民法典》第606条之规定，在途货物买卖合同一经成立，在途标的物的风险即由出卖人转移给买受人。但是，在途货物买卖合同成立时，标的物已经发生风险的，买受人不承担该风险。

五、特种买卖

（一）试用买卖

1. 试用买卖概述。试用买卖，是指出卖人向买受人作出出卖意思表示，并将货物交买受人试用，买受人根据试用情况，自主决定是否购买的买卖交易形式。试用买卖具有如下两个特征：

（1）在试用期间，当事人双方仅仅达成了试用协议，而并未订立买卖合同。即出卖人已经作出了愿意出卖的要约，试用人尚未作出同意购买的承诺。

（2）买受人最终是否购买，完全取决于其自愿，即买受人享有购买自由。故而，在试用买卖中，不得设定买受人在某种情况下必须购买的约束。

2. 试用期的确定。试用买卖的试用期，出卖人与买受人有约定的，从其约定。出卖人与买受人没有约定的，试用期由出卖人指定。确定试用期的法律意义在于：

（1）在试用期内，买受人应当以明示或积极作为的方式，向出卖人作出购买或拒绝的意思表示。明示，即口头或书面的方式；积极作为的方式，如买受人付款、将标的物出卖、出租、设立担保物权的行为。买受人退还货物，即表明拒绝购买。

（2）在试用期届满时，买受人如拒绝购买，应以积极的方式表示；如果买受人对是否购买未作表示的，视为购买。

（二）凭样品买卖

凭样品买卖，是指以当事人约定封存的样品及对于样品的文字说明，作为质量条款的买卖合同。在这种买卖中，合同的质量条款由两部分组成：一是样品；二是对样品的文字说明。

1. 样品与文字说明不一致时的认定。在凭样品买卖中，双方封存样品的质量与对该样品质量加以说明的文字不相符的，如果样品封存后外观和内在品质没有发生变化的，以样品作为合同的质量条款；反之，如果外观和内在品质发生变化，或者当事人对是否发生变化有争议而又无法查明的，则以文字说明作为合同的质量条款。

2. 具有隐蔽瑕疵的样品的法律效力。在凭样品买卖中，双方封存的样品存在隐蔽瑕疵，且买受人不知道样品有隐蔽瑕疵的，该样品不得作为合同的质量条款。此时，合同的质量条款应为通常标准。

（三）分期付款买卖

1. 分期付款买卖概述。分期付款买卖，是指出卖人将标的物交付于买受人，买受人按照约定分期支付价款的买卖合同。根据《买卖合同纠纷解释》第27条之规定，买受人的价款支付分3次或3次以上的，才构成分期付款。分期付款买卖，可以适用于动产买卖，也可以适用于不动产买卖。其中，动产的分期付款买卖，并不必然意味着保留所有权买卖。在动产分期付款买卖中，当事人双方可以不约定保留所有权，也可以约定保留所有权。在未约定保留所有权的情况下，动产标的物交付于买受人，所有权即告转移。

2. 分期付款买卖中的出卖人价金债权的保护。分期付款买卖中，买受人迟延支付的价款达合同总价款的 1/5，经催告在合理期限内仍未支付到期价款的，出卖人可以选择如下两种途径之一，来保障自己债权的实现：

（1）请求买受人一次性支付全部剩余价款，即剥夺买受人分期付款的期限利益。

（2）解除合同。由此产生的法律后果是：

第一，出卖人有权从买受人处取回标的物。

第二，出卖人有权请求买受人支付使用费。当事人对使用费的数额没有约定的，参照当地同类标的物的租金标准确定。标的物发生毁损的，出卖人有权请求买受人支付赔偿金。

第三，出卖人应当返还买受人已经支付的价款。上述使用费、赔偿金，可以从价款中扣除。

（四）保留所有权买卖

1. 保留所有权买卖概述。保留所有权买卖，是指在动产买卖合同中，当事人约定买受人占有买卖物的同时，出卖人保留买卖物的所有权，待合同约定的特定条件成就时，买受人取得所有权的买卖形式。保留所有权买卖的本质，是动产所有权的转移附延缓条件的买卖，当事人所约定的买受人取得标的物所有权的条件，可以是最后一笔款项付清，也可以是其他条件。其中，以最后一笔款项付清为条件的买卖，即"保留所有权分期付款买卖"。在法律适用上，"保留所有权分期付款买卖"既适用保留所有权买卖规则，也适用分期付款买卖规则。

需要注意的是，由于买卖合同中的保留所有权条款，具有阻却因交付而发生所有权转移的作用，故保留所有权买卖只能适用于动产。换言之，在不动产买卖中，由于不动产的所有权转移的要件为办理过户登记手续，即交付并不能引起不动产所有权的转移，故保留所有权买卖不适用于不动产买卖。在此基础上，根据《民法典》第 641 条之规定，出卖人保留所有权的动产，可以办理登记手续，一经登记即具有对抗第三人的效力。

2. 出卖人的取回权。

（1）出卖人取回权的条件。保留所有权买卖中，在标的物所有权转移前，买受人有下列情形之一的，出卖人有权取回标的物：

第一，未按约定支付价款，经催告仍未在合理期限内支付。保留所有权买卖中，出卖人取回标的物，不以买受人迟延支付价款达到一定比例为条件。

【训练】甲乙订立电脑分期付款买卖合同，约定总价款为 1.2 万元，首付 2000 元后，余款分 10 个月付清，每月付款 1000 元。且双方价金付清前，甲保留该手机的所有权。现乙第一个月就未支付价款，迟延支付价金 1000 元。

1. 甲是否有权基于分期付款买卖，解除合同并取回手机？

回答：否。买受人迟延支付价金并未达到总价款的 1/5。

2. 甲是否有权基于保留所有权买卖，取回手机？

回答：可以。保留所有权买卖中，出卖人行使取回权不以买受人迟延支付价金达一定比例为条件。

第二，买受人未按约定完成特定条件。当事人对所有权转移的条件成就约定期限的，买受人未如期使条件成就的，出卖人可以行使取回权。

第三，买受人将买卖物出卖、出质或者作出其他不当处分。因保留所有权的约定，买卖物归属于出卖人，故买受人对买卖物的处分，性质为无权处分。此时，如果出卖人保留的所有权办理登记手续的，受让人不能发生善意取得，出卖人可行使取回权；如果出卖人保留的所有权未办理登记手续的，受让人不符合善意取得条件的，出卖人也可行使取回权。反之，受让人符合善意取得条件的，可善意取得买卖物，出卖人不得再行使取回权。

需要指出的是，保留所有权买卖中出卖人的取回权，以其所保留的标的物所有权为依据。因此，出卖人取回标的物无需以解除买卖合同为前提。

（2）出卖人取回权的限制。

第一，买受人擅自将标的物处分给第三人，受让人已经取得买卖物所有权或其他物权的，出卖人不得行使取回权。

第二，买受人已经支付的价款达总价款75%的，此时，因买受人对取得标的物所有权的期待受到法律的保护，具有了"期待权"的性质，故出卖人不得行使取回权。

【训练】甲乙订立电脑分期付款买卖合同，约定总价款为1万元，首付2000元后，余款分8个月付清，每月付款1000元。且双方价金付清前，甲保留该手机的所有权。现乙正常付款6个月后，再未支付价款，迟延支付价金2000元。

1. 甲是否有权基于分期付款买卖，解除合同并取回手机？

回答：可以。买受人迟延支付价金已达到总价款的1/5。

2. 甲是否有权基于保留所有权买卖，取回手机？

回答：不可以。买受人已付价款达到了总价款的75%。

3. 买受人的回赎权。买受人的回赎权，是指保留所有权买卖中，在出卖人取回买卖物后，买受人重新获得买卖物的占有并使买卖合同继续履行的权利。买受人应当在回赎期间内回赎。当事人没有约定回赎期间的，由出卖人指定回赎期间。买受人行使回赎权，应当以消除导致出卖人取回的事由为条件。

4. 出卖人的再卖权。出卖人的再卖权，是指出卖人取回标的物后，买受人未在回赎期限内回赎，出卖人将标的物另行卖予他人，以所得价金受偿其在保留所有权买卖中未获清偿的债权的权利。具体而言，出卖人另行出卖标的物的，所得价款依次扣除取回和保管费用、再交易费用、利息、原买受人未清偿的价金后，仍有剩余的，应返还原买受人；如有不足的，出卖人有权要求原买受人继续清偿。但是，原买受人有证据证明出卖人另行出卖的价格明显低于市场价格的除外。

由此可见，保留所有权买卖中出卖人取回后的处理方式，与担保物权人实行担保物权的后果类似，即均以标的物的价金受偿其债权。保留所有权买卖中的"所有权担保"功能即表现为此。

（五）商品房买卖

商品房买卖，是指作为出卖人的房地产开发企业与买受人订立的房屋买卖合同。房地产开发企业以外的人作为出卖人，与买受人订立的房屋买卖合同，如二手房交易，并非商品房买卖，不适用商品房买卖的法律规则。

1. 预售许可证对商品房买卖合同效力的影响。根据《中华人民共和国城市房地产管理法》（以下简称《城市房地产管理法》）第45条之规定，房地产开发企业销售商品房，须取得预售许可证。该项规定性质为效力强制性规定，故出卖人未取得商品房预售许可证明，与买受人订立商品房买卖合同的，该合同无效。但是，出卖人在起诉前取得商品房预售许可证明的，可以认定合同有效。

2. 预售备案登记对商品房买卖合同效力的影响。原则上，当事人是否进行了预售备案登记，不影响商品房买卖合同的效力。当事人约定以办理登记备案手续为商品房买卖合同生效条件的，从其约定，但当事人一方已经履行主要义务，对方接受的除外。

【训练】开发商甲与乙订立商品房买卖合同，但双方并未办理预售备案登记手续。

1. 甲乙订立的商品房买卖合同效力如何？

回答：有效。未办理预售备案登记手续，不影响商品房买卖合同的效力。

2. 如果甲乙约定以办理预售备案登记为合同的生效条件。甲乙订立的商品房买卖合同效力如何？

回答：未生效。当事人约定以办理登记备案手续为商品房买卖合同生效条件的，从其约定。

3. 如果甲乙约定以办理预售备案登记为合同的生效条件，且乙已经向甲交付首期款。甲乙订立的商品房买卖合同效力如何？

回答：有效。当事人约定以办理登记备案手续为商品房买卖合同生效条件的，从其约定。但当事人一方已经履行主要义务，对方接受的除外。

（六）供用电合同

1. 供用电合同概述。供用电合同，是指供电人与用电人订立的供电人向用电人供应电力，用电人向供电人支付电费的合同。由于电力为一种无形之物，故供用电合同可被视为一种特殊的买卖合同。供用水、供用气、供用热力合同，参照供用电合同的有关规定。

2. 供用电合同的履行地点。供用电合同的履行地点，是指供电人将电力应当送至的地点。根据《民法典》第650条之规定，当事人没有约定的，供电设施的产权分界处为履行地点。据此，供电人将电力送至用电人的电表上，即履行了供电义务。

3. 中断供电与中止供电。

（1）中断供电。中断供电，是指供电人因特殊事由而临时性断电，待该事由消除后恢复供电的情形。因检修、依法限电等原因而中断供电的，供电人负事先通知义务；供电人未事先通知用电人中断供电，造成用电人损失的，应当承担损害赔偿责任。因自然灾害等原因断电的供电人负有及时抢修义务；供电人未及时抢修，造成用电人损失的，应当承担损害赔偿责任。

（2）中止供电。中止供电，是指因用电人迟延交付电费，供电人故而中止供电的情形。供电人中止供电行为的本质，为供电人行使先履行抗辩权。用电人逾期不交付电费的，应当按照约定支付违约金。经催告，用电人在合理期限内仍不交付电费和违约金的，供电人可以中止供电，但应当事先通知用电人。由此可见，用电人经催告后在合理期间内仍不履行，才是供电人中止供电的原因。

需要注意的是，基于供用电合同的社会服务合同特征，用电人迟延履行缴纳电费的义务，经催告仍不履行的，供电人不得基于《民法典》第563条第1款第3项"当事人一方迟延履行主要债务，经催告后在合理期限内仍未履行的"，当事人可以解除合同之规定，解除供用电合同。

第二节　赠与合同

一、赠与合同概述

（一）赠与合同的概念和特征

赠与合同，是指赠与人向受赠人无偿地让渡财产所有权的合同。赠与合同具有如下特征：

1. 赠与合同是债权法律行为。赠与合同生效，只能在赠与人与受赠人之间产生债权关系，而不能引起赠与物所有权的转移。只有在赠与人向受赠人办理不动产登记或交付动产后，赠与物的所有权方转移给受赠人。

2. 赠与合同为双方法律行为，以赠与人、受赠人达成合意为成立条件。若只有赠与人的赠与意思表示，而无受赠人的接受意思表示，赠与合同不成立。

3. 赠与合同为诺成法律行为，受赠人、赠与人一经达成赠与合意，无需赠与标的物的交付，赠与合同即告成立。

4. 赠与合同是单务、无偿合同。赠与合同仅以赠与人承担赠与义务为内容，受赠人并不承担义务。

（二）附义务的赠与

附义务的赠与，又称附负担的赠与，是指赠与人将赠与物所有权移转给在受赠人之后，受赠人根据双方约定，应当完成特定义务的赠与合同。由此可见，义务的约定及其履行在于赠与物所有权转移之后，为附义务赠与的两项基本特征。

需要注意的是，附义务的赠与，依然是单务、无偿合同。赠与人对受赠人所负"义务"的履行，也并不享有请求权，而只能以该"义务"不履行为由行使法定撤销权，撤销该赠与合同。

【训练】甲乙约定，甲以1辆豪车相赠，但是乙取得该车后，须在今年通过法律职业资格考试。

1. 甲乙的赠与合同，性质如何？

回答：该合同为附义务的赠与。

2. 如果乙未通过法律职业资格考试，后果如何？

回答：甲有权以"受赠人不履行赠与合同约定的义务"为理由，行使法定撤销权。

二、赠与人的任意撤销权、赠与拒绝权、法定撤销权

基于赠与合同的无偿性特征，法律对赠与人履行赠与义务的约束力要求较弱。在符合法律规定的情况下，赠与人有权撤销赠与合同或拒绝其赠与义务的履行。

（一）任意撤销权

任意撤销权，是指赠与人无需以法定事由为依据，可随意撤销赠与合同的权利。尽管赠与人任意撤销权的主张，无需以法定事由为条件，但该项权利依然存在法定限制：一是赠与财产权利转移后，赠与人不得行使任意撤销权；二是已经公证的赠与合同，以及具有救灾、扶贫、助残等公益、道德义务性质的赠与合同，纵然赠与财产权利尚未转移，赠与人也不得行使任意撤销权。

【训练】甲与乙约定，甲将房屋赠与乙。

1. 甲向乙交付房屋之后，在办理过户登记之前，可否撤销该赠与合同？

回答：可以。因尚未办理不动产登记手续，赠与物所有权并未转移给乙，故甲有权行使任意撤销权。

2. 如果甲乙的赠与合同已经公证，甲在向乙办理过户登记之前，可否撤销该赠与合同？

回答：不可以。已经公证的赠与合同，赠与人不得行使任意撤销权。

赠与人任意撤销权的行使，以单方通知方式为之，无需提起诉讼或申请仲裁。赠与人一经行使任意撤销权，则无需履行赠与义务。

（二）赠与拒绝权

赠与拒绝权，又称穷困抗辩权，是指在赠与人经济状况严重恶化，影响其生产、生活的情况下，赠与人拒绝履行赠与义务的权利。与任意撤销权相同，赠与拒绝权也以赠与财产权利尚未转移给受赠人为条件；与任意撤销权不同，赠与拒绝权的成立需要具备法定事由，即赠与人经济状况严重恶化，影响其生产、生活，且不受公证、公益赠与的限制。

赠与人赠与拒绝权的行使，以单方通知方式为之，无需提起诉讼或申请仲裁。赠与人一经行使赠与拒绝权，则无需履行赠与义务。由此可见，赠与拒绝权的行使方式与后果，也与任意撤销权相同。

【训练】甲公司与乙希望小学订立赠与合同，约定甲公司以100万元相赠，现款项尚未交付，甲反悔。

1. 甲能否行使任意撤销权？

回答：否。因事关公益，甲不得行使任意撤销权。

2. 如果甲的经济状况显著恶化，甲可否主张赠与拒绝权？

回答：可以。

（三）法定撤销权

法定撤销权，是指在受赠人有忘恩行为或不履行所负义务的情况下，赠与人依据法定事由，撤销赠与合同的权利。与任意撤销权、赠与拒绝权不同，法定撤销权无需以赠与财产权利尚未转移给受赠人为前提。故无论受赠人是否取得赠与财产，只要发生法定事由，赠与人均可行使法定撤销权。

1. 法定撤销权事由。赠与人法定撤销权的行使，以具备法定事由为条件，包括：

（1）受赠人严重侵害赠与人或者赠与人的近亲属的合法权益。

（2）受赠人对赠与人负有法定扶养义务而不履行。例如，父亲将房屋赠送给儿子，儿子却不向父亲履行赡养义务。

（3）在附义务的赠与合同中，受赠人不履行赠与合同约定的义务。例如，甲将房屋赠送给保姆，约定保姆对甲承担生养死葬的义务。保姆取得房屋所有权后，却拒绝对甲进行扶养。

2. 法定撤销权的行使。

（1）与任意撤销权、赠与拒绝权相同，法定撤销权的行使方式也为单方通知，无需以诉讼、仲裁的方式为之。

（2）赠与人行使法定撤销权的法定除斥期间有二：其一，赠与人的撤销权，自知道或者应当知道撤销原因之日起 1 年内行使；其二，赠与人死亡或者丧失民事行为能力的，赠与人的继承人或者法定代理人可以撤销赠与，其撤销权应自知道或者应当知道撤销原因之日起 6 个月内行使。撤销权人未在撤销期间内行使法定撤销权的，其权利消灭。

3. 法定撤销权行使的后果。赠与人行使法定撤销权的，如果赠与财产尚未转移给受赠人，赠与人有权不再履行赠与义务；如果赠与财产已经转移给受赠人，赠与人有权请求受赠人返还赠与财产。

【训练】甲与乙约定，甲将房屋 A、汽车 B 赠与乙。在甲办理房屋 A 过户登记之后，将汽车 B 交付给乙之前，乙将甲之子打成重伤。

1. 甲能否拒绝赠与汽车 B？

回答：可以。甲可依据任意撤销权或法定撤销权，拒绝交付汽车 B。

2. 甲能否请求乙返还房屋 A？

回答：可以。甲可依据法定撤销权请求乙返还房屋 A。但是，因房屋 A 已过户，甲不得就房屋 A 的赠与主张任意撤销权。

三、赠与人的违约责任

（一）品质瑕疵担保责任

由于赠与合同为无偿合同，故原则上，赠与人不承担赠与物上的品质瑕疵担保。但是，在法定情况下，赠与人依然要承担此项责任。其情形包括：

1. 赠与人故意不告知瑕疵或者保证无瑕疵，造成受赠人损失的，应当承担损害赔偿责任。

2. 附义务的赠与，赠与的财产有瑕疵的，赠与人在附义务的限度内承担品质瑕疵担保责任。

【训练】乙允诺为甲之子找到工作，甲遂将汽车赠与给乙。现乙发现该汽车已经损坏，完全无法正常使用。甲是否应承担品质瑕疵担保责任？

回答：是。

（二）致赠与物毁损、灭失的损害赔偿责任

《民法典》第660条规定，经过公证的赠与合同或者依法不得撤销的具有救灾、扶贫、助残等公益、道德义务性质的赠与合同，应当交付的赠与财产因赠与人故意或者重大过失致使毁损、灭失的，赠与人应当承担赔偿责任。据此，赠与人致赠与物毁损、灭失的损害赔偿责任的要件包括：

1. 赠与人使赠与的财产毁损、灭失的时间，须为标的物财产权利转移至受赠人之前。否则，赠与人的行为构成侵权，须赔偿的损失为侵权责任。

2. 赠与人致赠与财产毁损、灭失，系出于故意或重大过失。赠与人一般过失致损的，基于赠与合同的无偿性，赠与人不承担赔偿责任。

3. 赠与人损害赔偿责任的承担，须以赠与人负有赠与义务为前提，即赠与人并不享有任意撤销权、赠与拒绝权或法定撤销权。否则，赠与人行使上述权利，其赠与义务即归于消灭，损害赔偿责任也就无从谈起。

【训练】甲乙约定，甲将一辆车相赠，车辆尚未交付，现甲故意将该车损坏。

1. 如果甲乙的赠与合同并未公证，也无关公益。乙能否请求甲承担赔偿责任？

回答：否。因甲享有任意撤销权，其权利一经行使，即无需履行赠与义务，赔偿责任便无从谈起。

2. 如果甲乙的赠与合同已经公证，但乙在网上造谣中伤甲。甲能否请求乙承担赔偿责任？

回答：否。因甲享有法定撤销权，其权利一经行使，也无需履行赠与义务，赔偿责任仍无从谈起。

第三节　借款合同

一、借款合同概述

（一）借款合同的概念和分类

借款合同，是指借款人向贷款人借入金钱，并于未来向贷款人返还本金或本金及利息的合同。根据贷款人是否为依法具有贷款资格的金融机构，借款合同可以分为金融借款合同和民间借款合同两类。在民间借款合同中，贷款人与借款人均为自然人的，为自然人之间的民间借款合同；任何一方不是自然人的，如非金融机构的法人之间的借款、非金融机构法人与自然人之间的借款，则为自然人以外的民间借款合同。

在大陆法系民法中，借款合同属于消费借贷合同。所谓消费借贷合同，是指以消耗物为标的物，以移转标的物所有权为目的，以借入方未来向出借方返还相同种类的消耗物为内容的合同。因此，与买卖合同、赠与合同相同，基于金钱"占有即所有"的法律特征，借款合同为转移标的物所有权的合同。与买卖合同、赠与合同不同的是，借款合同中，借款人取得借入金钱的所有权后，须承担返还义务。

（二）借款合同的特征

在我国民法上，金融借款合同与民间借款合同具有不同的法律特征，具体来讲：

1. 要式合同或不要式合同。金融借贷为要式合同，其必须采取书面形式。民间借贷则为不要式合同，民间借贷合同的形式可以由当事人约定。

2. 诺成合同或实践合同。金融借款合同为诺成合同，只要当事人达成合意即可成立，而无需以款项的交付为合同的生效条件。民间借款合同是诺成合同还是实践合同，则要进行进一步的区分：自然人之间的借贷，为实践合同，以借贷金钱的交付作为合同的生效条件；自然人以外的民间借款合同，原则上为诺成合同，但当事人另有约定的除外。

需要注意的是，自然人之间的民间借款合同中，借贷金钱的交付，以借款人取得金钱的支配地位为要件。

【训练】张三与李四约定，张三借给李四5万元。约定达成后，张三将一张存有5万元的银行卡交予李四，但未告知李四银行卡密码。张三与李四之间的借款合同是否成立？

回答：否。李四未取得借贷金钱的支配地位，张三未完成交付，借款合同并未成立。

3. 双务合同或单务合同。基于金融借款合同的诺成性，金融借款合同为双务合同。金融借款合同成立后，贷款人承担放款义务，借款人则承担还款义务。基于自然人之间民间借款合同的实践性，自然人之间的民间借款合同为单务合同。自然人之间的民间借款合同成立后，仅借款人承担还款义务，贷款人的放款并非义务，而是自然人之间民间借款合同的成立条件。

【训练】甲乙书面约定，甲借给乙100万元。双方在合同上签字、盖章后，甲尚未将出借金钱交付于乙。

1. 如果甲是银行：

（1）借款合同是否成立？

回答：是。金融借款合同为诺成合同。

（2）甲是否承担交付金钱义务？

回答：是。金融借款合同为双务合同。甲未如约放款，应承担违约责任。

2. 如果甲、乙均是自然人：

（1）借款合同是否成立？

回答：否。自然人之间的民间借款合同为实践合同。

（2）甲是否承担交付金钱义务？

回答：否。金融借款合同为单务合同。甲未如约交付金钱，无需承担违约责任，只需承担缔约过失责任。

4. 有偿合同或无偿合同。金融借贷为有偿合同。当事人在金融借贷合同中没有约定利息的，推定为有息借款，利率按照中国人民银行同期贷款基准利率成 LPR 计算。金融借款合同纠纷中，借款人认为金融机构以服务费、咨询费、顾问费、管理费等名义变相收取利息的，法院可以根据提供服务的实际情况确定借款人应否支付或者酌减相关费用。民间借款合同，当事人没有约定利息的，推定为无息借款。当事人对于利息约定不明的，自然人之间的民间借款合同，推定为无息借款；自然人以外的民间借款合同，则推定为有息借款，法院应当结合民间借贷合同的内容，并根据当地或者当事人的交易方式、交易习惯、市场利率等因素确定利息。

（三）借款人违反按照约定用途使用借款义务的法律后果

借款人须按照借款合同约定的用途使用借款，是控制贷款人贷款风险的重要手段。借款人未按照约定的借款用途使用借款的，贷款人可以停止发放借款、提前收回借款或者解除合同。

二、民间借贷合同

（一）民间借贷合同的无效

1. 民间借贷合同的无效事由。

（1）贷款人以非自有资金出借的，民间借贷合同无效。贷款人将非自有资金出借给借款人，意味着贷款人以借入资金与贷出资金之间的差价获利，冲击了国家金融秩序，故借款合同应属无效。判断贷款人是否以非自有资金出借的方式是：在签订借款合同时，贷款人尚有欠款未还的，即可以推定为以非自有资金出借。但是，贷款人能够举反证予以推翻的除外。

【训练】甲从乙处借款 10 万元尚未归还。甲又借给丙 10 万元。

1. 甲乙之间、甲丙之间哪一个借款合同无效？

回答：因甲欠乙的债务未还，可推定甲以非自有资金出借给丙，故甲丙之间的借款合同无效。

2. 如果甲可以证明，自己拥有流动资金 1000 万元。甲丙间的借款合同效力如何？

回答：有效。甲举出反证推翻了以非自有资金出借的推定。

（2）职业放贷人与他人订立的借款合同无效。职业放贷人，是指未依法取得放贷资格，在一定期间内多次反复从事有偿的民间放贷行为，以民间借贷为业的组织或个人。职业放贷人与借款人订立的借款合同，冲击国家金融秩序，应属无效。

（3）贷款人事先知道或者应当知道借款人借款用于违法犯罪活动而仍然提供借款的，贷款人、借款人均具有违反社会公共秩序的主观意思，其借款合同应属无效。需要注意的是，借贷行为构成犯罪的，不影响民间借贷合同的效力。

【训练】甲借给乙 50 万元：

1. 如果甲明知乙借款是为了走私毒品，甲乙之间的借款合同效力如何？

回答：无效。

2. 如果乙从包括甲在内的 100 个人处均借款 50 万元，从而构成了非法集资罪。甲乙之间的借款合同效力如何？

回答：有效。

2. 民间借贷合同无效的后果。民间借贷合同无效的，当事人约定的利息无效。借款人取得的借款金钱，应当被认定为不当得利向贷款人返还。导致民间借贷合同无效的过错一方，应当赔偿无过错的对方当事人因合同无效所遭受的损失。

（二）民间借款合同的利息

1. 禁止高利贷。民间借贷合同约定的利率超过 1 年期贷款市场报价利率（LPR）4 倍的部分，其约定无效。

2. 禁止预扣利息。借款的利息不得预先在本金中扣除，否则，应当按照实际借款数额返还借款并计算利息。

【训练】甲乙约定，甲借给乙 10 万元，借款期限 1 年，年利率 10%。现甲预扣利息 1 万元，将 9 万元交付给乙。后果如何？

回答：甲乙的借贷关系，本金为 9 万元。借款期满后，乙应向甲偿付本息 9.9 万元。

3. 借款人提前还款的利息认定。借款人提前还款的，除当事人另有约定的以外，应当按照实际借款的期间计算利息。

4. 逾期利息的认定。逾期利息，是指借款人迟延还款期间所应支付的利息。逾期利率的认定规则是：

（1）借款合同双方对逾期利息有约定的，从其约定。

（2）当事人未约定或者约定不明的，如果借款合同既未约定借期内的利率，也未约定逾期利率，贷款人可主张按照年利率 6% 支付逾期利息；如果借款合同约定了借期内的利率但未约定逾期利率，出借人可主张按照借期内利率支付逾期利息。需要注意的是，确定的逾期利率，最终不得超过高利贷的认定标准。

【训练】甲借给乙 100 万元，借期 3 年。现借期届满，乙迟延还款 1 年。甲乙未对逾期利息作出约定。

1. 如果查明，甲乙约定 3 年借期内的年利率为 10%。甲有权请求乙按照怎样的利率支付逾期利息？

回答：甲有权请求乙按照期内利率即 10% 支付逾期利息。

2. 如果查明，甲乙未约定 3 年借期内的年利率：

（1）甲是否有权请求乙支付 3 年借期内的利息？

回答：否。民间借款合同，当事人未约定利息的，推定为无息借款。

（2）甲是否有权请求乙支付逾期利息？

回答：是。甲有权请求乙按照年利率的 6% 支付逾期利息。

第四节　租赁合同

一、租赁合同概述

（一）租赁合同的概念和特征

租赁合同，是指出租人将租赁物交予承租人占有、使用、收益，承租人支付租金，并于租期届满后，向出租人返还租赁物的合同。在大陆法系民法中，租赁合同性质为使用借贷合同，所谓使用借贷合同，是指以特定的非消耗物为标的物，以移转标的物使用权为目的，以借入方未来向出借方返还该标的物为内容的合同。据此，租赁合同具有如下特征：

1. 租赁合同是转移租赁物占有、使用、收益权的合同，故在租赁合同中，承租人并不享有租赁物的所有权，但可对租赁物实施占有，并对其加以使用、收益。

2. 租赁合同为诺成合同。租赁合同的成立以及承租人租赁权的享有，以出租人与承租人达成租赁合意为条件，租赁物的交付并非租赁合同的成立条件。但是，租赁权依法所具有的若干物权性的效力，如买卖不破租赁、优先购买权，则以承租人对租赁物的占有为前提。

3. 租赁合同为双务合同。基于租赁合同的诺成性，租赁合同一经成立、生效，出租人即承担交付租赁物于承租人的义务，而承租人则承担支付租金，并于租期届满后向出租人返还租赁物的义务。

4. 租赁合同为有偿合同。在租赁合同中，承租人对租赁物的占有、使用、收益，系以支付租金为对价。

租赁合同的上述特征，使租赁合同与借用合同得以明确区分。借用合同也属于使用借贷合同，但借用合同的特征与租赁合同截然不同：首先，借用合同为无偿合同，借用人对出借人财产的占有和使用，无需支付对价；其次，借用合同为实践合同，其以出借人向借用人交付借用物为成立条件；最后，借用合同为单务合同，在借用合同中，借用人承担于借期届满后返还借用物的义务，出借人则不承担义务。

（二）不定期租赁

不定期租赁，是指不存在租期的租赁合同。不定期租赁的形成原因有两种：一是当事人双方在租赁合同中没有约定租期，且通过合同的解释依然不能确定租期；二是根据法律规定，将特定的租赁合同直接界定为不定期租赁，其情形有二：

1. 当事人约定租期6个月以上的租赁合同，未采取书面形式的，又无法确定租期的，整个合同为不定期租赁；

2. 租赁期间届满，承租人继续使用租赁物，出租人没有提出异议的，原租赁合同继续有效，但租赁期限为不定期。

在不定期租赁中，出租人与承租人均有权随时解除租赁合同，但是应当在合理期限之前，通知对方当事人。

（三）承租人的优先承租权

承租人的优先承租权，是指租赁期间届满时，承租人享有以同等条件优先承租的权利。《民法典》规定承租人的优先承租权，旨在维护原承租人对租赁物占有、使用、收益的连续性和稳定性。需要注意的是，享有优先承租权的承租人，仅以房屋承租人为限。

（四）承租人对租赁物滥用、滥建的法律后果

在租赁合同中，承租人应当按照约定的方法或者租赁物的性质使用租赁物。否则，致使租赁物受到损失的，出租人可以解除合同并要求赔偿损失。与此同时，承租人擅自变动房屋建筑主体和承重结构或者扩建，在出租人要求的合理期限内仍不予恢复原状，出租人有权解除合同并请求赔偿损失。

二、租赁合同的效力

（一）一房数租

一房数租，是指出租人就同一房屋分别与两个或两个以上承租人订立租赁合同的情形。在一房数租的情况下，每一个租赁合同都不因同一房屋上的其他租赁合同的存在而无效。进而，在每个租赁合同均为有效的情况下，各承租人均请求出租人向自己履行租赁合同的，应按照下列顺序确定履行合同的承租人：

1. 已经合法占有租赁房屋的承租人，有权继续租赁房屋。

2. 各承租人均未占有租赁房屋的，已经办理租赁登记备案手续的承租人，有权优先于其他承租人，请求出租人履行租赁合同，交付租赁物。

3. 各承租人均未占有租赁房屋，也均未办理租赁备案登记手续的，合同成立在先的承租人，有权优先于其他承租人，请求出租人履行租赁合同，交付租赁物。

对于不能取得租赁房屋的承租人而言，其与出租人所订立的租赁合同依然有效，故有权主张解除合同，并请求出租人承担违约责任。

【训练】甲就房屋 A 先后与乙、丙订立房屋租赁合同；

1. 如果甲向乙办理租赁备案登记手续，又将房屋 A 交付于丙。后果如何？

回答：丙可继续租赁房屋 A。乙的租赁权不能实现，有权解除租赁合同，并追究甲的违约责任。

2. 如果甲未向乙、丙交付房屋 A，也未向乙、丙办理租赁备案登记手续。后果如何？

回答：乙可请求甲交付房屋 A。丙的租赁权不能实现，有权解除租赁合同，并追究甲的违约责任。

（二）房屋租赁合同登记备案的效力认定

《城市房地产管理法》第 54 条规定，房屋租赁，应当办理租赁备案登记手续。在该条规定中，法律对于租赁备案登记手续的强制性要求，性质为管理型强制性规定，当事人是否办理该项登记手续，对租赁合同的效力并无影响。换言之，当事人以房屋租赁合同未依法办理登记备案手续为由，请求确认合同无效的，其主张不能成立。

然而，如果当事人约定以办理登记备案手续为房屋租赁合同成立条件的，视为双方对租赁合同的要式约定，即租赁合同应当具备"备案登记"之形式要件。由此，租赁合同便具有了约定要式合同的性质。根据要式合同的原理，首先，租赁合同未按照当事人约定办理备案登记手续的，合同的形式要件不具备，合同不成立。其次，在形式要件未具备的情况下，倘若合同的一方履行主要义务且对方接受的，要式合同依然可以成立。

【训练】甲乙订立房屋租赁合同，但并未依法办理租赁备案登记手续。

1. 甲乙间的租赁合同效力如何？

回答：有效。未办理租赁备案登记手续，并不影响租赁合同的效力。

2. 如果经查，甲乙间的租赁合同约定，办理租赁备案登记后，合同成立。

（1）甲乙间的租赁合同是否成立？

回答：否。

（2）如果经查，甲已经将房屋交付于乙，乙已入住。甲乙间的租赁合同是否成立？

回答：是。

（三）共同居住、经营人对承租人地位的概括承受

承租人在房屋租赁期间死亡、宣告死亡的，租赁合同的效力并不随承租人的死亡而终止。此时，与承租人在租赁房屋中共同居住的人或者共同经营人，概括承受原承租人在租赁合同中的权利和义务，可以按照原租赁合同租赁该房屋。

（四）租赁合同的无效

1. 租赁合同的无效事由。租赁合同的无效事由，除《民法典》总则编所规定的一般的无效事由外，还存在如下特别的无效事由：

（1）违法建筑出租。违法建筑出租的，因租赁物具有违法性，故会导致租赁合同无效。这里的"违法建筑"包括两种类型：一是未取得建设工程规划许可证的房屋，包括在一审法庭辩论终结前，出租人未取得建设工程规划许可证的房屋，或者未按照建设工程规划许可证的规定建设，且未经主管部门批准建设的房屋；二是未经批准的临时建筑，包括在一审法庭辩论终结前，出租人未经批准建设的临时建筑，或者未按照批准内容建设的临时建筑。

（2）租期超过批准使用期限的临时建筑出租。经批准的临时建筑租赁合同，约定租期超过批准的使用期限的部分无效。但是，在一审法庭辩论终结前，经批准延长使用期限的，延长使用期限内的租赁期间依然有效。

（3）租期超过20年的租赁合同。租赁合同受到20年的最长租期的法定限制。法律之所以对租赁合同规定最长租期的限制，目的在于使当事人双方在最长租期内，有机会重新决定是否继续出租或承租，从而体现租赁权的债权性质。据此，租期超过20年的租赁合同，超过20年的部分无效。租赁合同期满后，当事人续租的，续租的租期也不得超过20年，否则，超过20年的部分无效。

（4）租期超过原租期的转租合同。转租，是指承租人为将租赁物出租给第三人，与第三人订立租赁合同。转租关系中的第三人，称为次承租人。在承租人转租的情况下，为使出租人在与承租人租赁合同租期届满时，可以顺利收回租赁物，而避免出租人与次承租人之间发生纠纷，承租人转租的，除出租人与承租人另有约定外，转租期限超过承租人剩余租赁期限的部分无效。

2. 房屋租赁合同无效的法律后果。租赁合同无效的，租期约定无效，出租人有权立即请求承租人返还租赁物。因租金为租赁合同中的债权债务，故租赁合同无效的，出租人不得请求承租人支付租金。但是，承租人应当向出租人支付租赁物的占有使用费，其性质为不当得利的返还。承租人所应支付的占有使用费的数额，可参照租赁合同的约定确定。此外，因过错导致租赁合同无效的一方，应向对方赔偿因合同无效所造成的损失，双方均有过错的，分担损失。

三、转租

转租，是指承租人为将租赁物出租给第三人，与第三人订立租赁合同。根据承租人转租是否经出租人事先同意或事后追认，转租可分为合法转租与非法转租两种类型。

（一）非法转租

承租人未经出租人的事先同意或事后追认，将租赁物转租予次承租人，因转租行为性质为负担行为，其成立、生效不以处分权为条件，故承租人与次承租人之间的转租合同有效。但是，相对于出租人与承租人之间的租赁合同而言，承租人的非法转租行为构成违约，出租人有权解除与承租人之间的租赁合同，并请求次承租人返还租赁物。需要注意的是，出租人因承租人非法转租而享有的合同解除权的除斥期间，为其知道或应当知道非法转租事实之日起6个月。出租人逾期未行使解除权的，其解除权消灭。

（二）出租人对次承租人的租赁物返还请求权

在出租人与承租人之间的租赁合同效力存续期间，因出租人租赁物所有权的占有权能已经与所有权分离，故出租人不得请求次承租人返还租赁物。反之，在出租人与承租人之间的租赁合同无效、履行期限届满或者解除的情况下，因出租人与承租人之间的租赁关系已经终止，分离出去的占有权能自动回归于所有权之上，出租人对次承租人的租赁物返还请求权成立，其有权请求次承租人返还租赁物。

【训练】甲将房屋A出租给乙，约定租期3年，并向乙交付房屋A。乙承租1年后，未经甲的同意，将房屋A转租给丙，并向丙交付。

1. 甲得知此事后，能否解除甲乙间的租赁合同？

回答：可以。甲有权在知道或应当知道此事之日起6个月内，解除甲乙间的租赁合同。

2. 如果甲行使解除权，解除了甲乙间的租赁合同后，能否请求丙返还房屋A？

回答：可以。

3. 如果甲未解除甲乙间的租赁合同，能否请求丙返还房屋A？

回答：否。

（三）次承租人对承租人租金债务的代为履行

在出租人与承租人的租赁合同中，因承租人拖欠租金，出租人也可享有合同解除权。进而，倘若出租人解除与承租人之间的租赁合同，势必导致次承租人向出租人返还租赁物，无法继续承租的后果。此时，次承租人为维护自己对租赁物的继续租赁，可代承租人支付租金，并承担其他违约责任，以阻止出租人对解除与承租人的租赁合同。次承租人代为支付的租金和违约金，可以折抵向承租人支付的租金。超出其应付的租金数额的，次承租人可以向承租人追偿。

需要注意的是，次承租人代为履行，须以转租合同对出租人有法律约束力为前提。这意味着，未经出租人同意的非法转租，次承租人无权代承租人履行租金债务。

四、租赁物所有权变动中的承租人保护

在租赁关系存续期间，租赁物所有权发生变动的，为维护承租人对租赁物占有、使用的稳

定性，法律设定了承租人优先购买权与买卖不破租赁两种特别的保护手段。据此，债权性质的租赁权呈现出了一定程度的物权特性。故租赁物所有权变动中的承租人保护，又被民法学理论界定为"债权的物权化"现象。需要注意的是，租赁物所有权变动中的承租人所受的保护，须以承租人已经合法占有租赁物为前提。

（一）承租人优先购买权

1. 承租人的优先购买权概述。承租人优先购买权，是指出租人将租赁物出卖给第三人的，承租人在同等条件下，优先购买的权利。承租人的优先购买权，突破了债权的平等性原则，使作为债权的租赁权具有了物权特征。在我国民法中，只有不动产承租人才享有优先购买权，动产承租人并不享有此项权利。需要注意的是，不动产承租人优先购买权的享有，并不以出租人对外转让租赁物的情形为限。租赁物抵押权人实现抵押权或法院强制执行，导致租赁物出卖的，不动产承租人依然有权主张优先购买。

2. 出租人的事先通知义务。房屋租赁中，出租人欲向第三人出卖租赁物的，应当在出卖之前的合理期间，通知承租人，即告知出租人房屋即将被出卖的事实。出租人事先通知的意义，在于为承租人主张优先购买权提供条件。

（1）"合理期间"的界定。原则上，出租人应当在出卖前15日通知承租人。但是，出租人委托拍卖人拍卖租赁房屋，应当在拍卖前5日通知承租人。

（2）出租人违反义务的法律后果。出租人未在合理期间通知承租人，导致承租人丧失优先购买权的行使机会的，承租人有权请求出租人承担赔偿责任，但无权请求确认出租人与第三人签订的不动产买卖合同无效。

3. 优先购买权的限制。出租人出卖不动产租赁物于第三人时，具备如下情况之一的，承租人不得主张优先购买权：

（1）房屋共有人行使优先购买权的，承租人的优先购买权不得主张。根据民法原理，共有人的优先购买权优先于承租人的优先购买权，故在部分按份共有人对外转让共有份额于第三人，且其他按份共有人行使优先购买权的情况下，共有物的承租人不得主张优先购买。

【训练】甲乙将按份共有的房屋出租给丙后，甲欲将其共有份额出卖给李四。现乙主张在同等条件下优先购买甲的共有份额，丙能否对该共有份额主张承租人的优先购买权？

回答：否。

（2）出租人将不动产出卖给近亲属的，承租人的优先购买权不得主张。出租人向其近亲属转让不动产，系出租人家庭内部的财产流转，出租人的近亲属拥有比承租人更为优先的取得该财产的权利，故承租人的优先购买权不得主张。

（3）出租人履行通知义务后，承租人在15日内未明确表示购买的，不得再主张优先购买权。此时，视为承租人对其优先购买权的放弃。

（4）出租人拍卖不动产租赁物，承租人未参加拍卖的，不得再主张优先购买权。出租人通过拍卖方式转让其不动产，不动产承租人的优先购买权须在拍卖程序中得到实现。因此，承租人未参加拍卖，视为对其优先购买权的放弃。

（5）受让人取得租赁物的所有权的，承租人的优先购买权不得主张。承租人的优先购买权可优先于受让人的普通债权，但仍不得对抗取得不动产租赁物的受让人的所有权。因此，在受让人依法取得租赁物所有权的情况下，承租人的优先购买权消灭。

（二）"买卖不破租赁"

1. 买卖不破租赁概述。买卖不破租赁，是指租赁物受让人取得租赁物所有权时，承租人有权按照原租赁合同继续租赁，其租赁权不受租赁物所有权变动影响的法律现象。在出租人将租赁物的所有权移转于受让人的情况下，受让人取得租赁物所有权的同时，原租赁合同发生出租人债权债务的概括转移，即受让人取代了出租人，成为出租人与承租人之间租赁合同的新的出租人，因此，原租赁合同在受让人与承租人之间继续有效。在买卖不破租赁规则之下，承租人的租赁权不仅可以向出租人主张，也可以向租赁物的受让人主张，突破了债权的相对性，因而呈现出物权的特征。

在我国民法上，买卖不破租赁之规则，并不以不动产租赁为限，任何承租人均可受到买卖不破租赁规则的保护。因此，对于不动产租赁而言，在租赁物所有权发生变动之场合，承租人首先可行使优先购买权；承租人不行使或不能行使优先购买权的，还可受买卖不破租赁规则之保护。对于动产租赁而言，在租赁物所有权变动之场合，承租人只可寻求买卖不破租赁规则之保护，而不得主张优先购买权。

2. 买卖不破租赁的限制。

（1）租赁物上抵押权的限制。

第一，租赁之前，租赁物上已经成立经登记的抵押权的，因抵押权的实现，受让人取得租赁物所有权的，承租人不得主张买卖不破租赁。

第二，租赁之前，租赁物上已经成立未经登记的抵押权的，因抵押权的实现，受让人取得租赁物所有权的，恶意的承租人不得主张买卖不破租赁。

【训练】甲将汽车抵押给乙。现乙实现抵押权，将该汽车出卖给丙。丙取得该汽车所有权后，才发现该汽车由丁承租。现丙请求丁返还汽车，丁则以买卖不破租赁为由拒绝。

1. 经查，乙的抵押权成立于租赁之前：

（1）若抵押权已经登记。丁能否对丙主张买卖不破租赁？

回答：可以。登记的抵押权可以对抗第三人。

（2）若抵押权未经登记。丁能否对丙主张买卖不破租赁？

回答：未经登记的动产抵押权不得对抗善意第三人。故若丁占有汽车时不知汽车上存在乙的抵押权的，丁可以对丙主张买卖不破租赁。反之，则不可以主张。

2. 经查，乙的抵押权成立于租赁之后，丁能否对丙主张买卖不破租赁？

回答：可以。不存在买卖不破租赁的限制事由。

（2）租赁物查封、扣押的限制。租赁之前，租赁物已被法院依法查封、扣押的，因法院的执行，受让人取得租赁物所有权的，承租人不得主张买卖不破租赁。

第五节 融资租赁合同

一、融资租赁合同的概述

（一）融资租赁合同的概念和特征

融资租赁合同，是指出租人与承租人订立的，由出租人从出卖人处购买融资租赁物后，出租给承租人，并由承租人支付租金的合同。融资租赁合同是与租赁合同截然不同的两种合同类型，其具有如下特征：

1. 融资租赁合同是融资合同。融资租赁合同的功能，在于当承租人需购买机器设备等融资租赁物但却缺乏资金时，出租人向承租人进行融资。与银行的融资方式不同，融资租赁合同的出租人并不将融资款直接交付于承租人，而是出租人从出卖人处购买融资租赁物，并交由承租人使用，即融资款表现为买受融资租赁物的价金。相应的，承租人依约所应交付的租金，本质上就是对出租人融资款的本息偿付。正是由于这一特征，融资租赁合同的出租人，必须为具有金融营业资格的融资租赁公司。

2. 融资租赁合同是所有权担保合同。融资租赁合同的上述融资方式所导向的结果，就是融资租赁物的所有权归属于出租人。出租人所享有的融资租赁物上的所有权，进而可起到担保自己租金债权的作用。为强化融资租赁物所有权的担保功能，《民法典》第745条为融资租赁物所有权设置了登记制度，经过登记的融资租赁物所有权，具有对抗第三人的效力。

【训练】甲公司欲购买A型设备与B型设备，但缺乏资金。

1. 甲公司与银行订立借款合同，借款100万元后，与乙公司订立A型设备买卖合同，乙公司将A型设备交付于甲公司。

（1）乙公司交付后，A型设备是谁的？

回答：甲公司的。

（2）如果甲公司的其他债权人请求法院扣押该A型设备，银行可否提出异议？

回答：否。

（3）如果甲公司宣告破产，银行可否对该A型设备行使取回权？

回答：否。

2. 甲公司与融资租赁公司订立融资租赁合同，约定融资租赁公司购买B型设备并向甲公司出租。合同订立后，融资租赁公司与乙公司订立买卖合同，以100万元的价格购买乙公司的B型设备。随后，乙公司将B型设备交付于甲公司。

（1）乙公司交付后，B型设备是谁的？

回答：融资租赁公司的。

（2）如果甲公司的其他债权人请求法院扣押该B型设备，融资租赁公司可否提出异议？

回答：可以。

(3) 如果甲公司宣告破产，融资租赁公司可否对该 B 型设备行使取回权？

回答：可以。

3. 融资租赁合同以买卖合同为基础。由上述融资租赁合同的运作方式可知，出租人与出卖人之间的买卖合同，构成了出租人与承租人之间融资租赁合同的基础。倘若买卖合同无效、被撤销、被解除，融资租赁物即将被出卖人取回，融资租赁合同将陷于履行不能。

4. 融资租赁合同为诺成、要式合同。出租人与承租人达成融资租赁合意，无需租赁物的实际交付，融资租赁合同即可成立。但是，出租人与承租人所达成的融资租赁合意，须采取书面形式。

需要注意的是，在一般情况下，融资租赁的运作，涉及出租人、承租人与出卖人三方当事人。但是，在承租人与出卖人为同一人的情况下，当事人之间的关系性质，依然为融资租赁法律关系。

【训练】甲公司与融资租赁公司订立合同约定，甲公司将机器设备 A 以 100 万元的价格出卖给融资租赁公司后，再将机器设备 A 租回，并应在未来 5 年内，向融资租赁公司支付租金 150 万元。合同订立后，融资租赁公司向甲公司交付价金 100 万元。甲公司开始依约支付租金。

1. 该项交易对甲公司的意义是什么？

回答：获得了 100 万元的融资款。

2. 甲公司与融资租赁公司之间为什么法律关系？

回答：融资租赁关系。

（二）融资租赁物的风险承担

融资租赁物的风险承担，是指在融资租赁物因不可归责于出租人、承租人的事由毁损、灭失，由此造成的损失的承担。融资租赁物风险承担问题的核心在于，在融资租赁物已毁损、灭失的情况下，承租人是否仍应当支付租金。根据《民法典》第 751 条之规定，在法律没有另行规定或当事人没有另有约定的情况下，融资租赁物的风险承担，以租赁物的交付为分界：融资租赁物交付前发生毁损、灭失的，承租人无需支付租金；反之，融资租赁物交付后发生毁损、灭失的，承租人仍须按照合同约定支付租金。

二、融资租赁物的品质瑕疵担保责任

根据《民法典》的规定，出租人为承租人购买的融资租赁物存在品质瑕疵的，承租人的救济途径有二：一是追究出卖人买卖合同上的违约责任；二是追究出租人融资租赁合同上的违约责任。

（一）承租人追究出卖人买卖合同上的违约责任

在融资租赁中，出租人与出卖人为买卖合同的双方当事人。根据合同的相对性，承租人要追究出卖人买卖合同上的违约责任，根据《民法典》第 741 条之规定，以出租人、出卖人、承租人三方约定为前提。在此基础上，因如下出租人的原因导致承租人向出卖人追究违约责任失败的，承租人有权请求出租人承担赔偿责任：

1. 出租人未及时履行协助义务。承租人追究出卖人违约责任时，出租人应承担及时协助义

务。因出租人未履行该项义务，导致承租人追究出卖人违约责任失败的，承租人有权请求出租人承担违约责任。

2. 出租人明知融资租赁物存在品质瑕疵而未告知承租人。在出租人与出卖人的买卖合同中，出租人作为买受人，明知买卖物存在品质瑕疵的，将导致出卖人免除品质瑕疵担保责任，进而导致承租人无法追究出卖人违约责任。在此基础上，出租人未告知承租人标的物存在瑕疵的，须向承租人承担损害赔偿责任。

（二）承租人追究出租人融资租赁合同上的违约责任

承租人基于融资租赁合同，追究出租人的违约责任，是承租人因融资租赁物品质瑕疵寻求法律救济的第二条路径。根据《民法典》第747条之规定，出租人向承租人承担融资租赁合同的违约责任，以"承租人依赖出租人的技能确定租赁物或者出租人干预选择租赁物"为条件。反之，出租人未对承租人对出卖人及融资租赁物的选择进行任何干预的，出租人不承担违约责任。

需要注意的是，出租人是否干预承租人选择出卖人及融资租赁物，不仅决定着承租人能否追究出租人融资租赁合同上的违约责任，而且决定着承租人能否以融资租赁物存在品质瑕疵为由，主张减免租金。如果出租人未对承租人对出卖人及融资租赁物的选择进行任何干预的，承租人不得主张减免租金。

【训练】甲公司与融资租赁公司订立融资租赁合同后，融资租赁公司从乙公司购买机器设备，交付于甲公司。甲公司发现该机器设备存在品质瑕疵，影响使用。

1. 经查，融资租赁公司干预甲公司选择出卖人及标的物。

（1）甲公司能否追究融资租赁公司的违约责任？

回答：可以。

（2）甲公司可否以机器设备存在品质瑕疵为由，主张减免租金？

回答：可以。

2. 经查，融资租赁公司未干预甲公司选择出卖人及标的物。

（1）甲公司能否追究融资租赁公司的违约责任？

回答：不可以。

（2）甲公司可否以机器设备存在品质瑕疵为由，主张减免租金？

回答：不可以。

三、融资租赁合同的特别解除权事由

融资租赁合同的特别解除权事由，是指在一般法定解除权事由之外，融资租赁合同专有的解除权事由，其包括如下两种情形：

（一）买卖基础丧失

如前所述，融资租赁合同以买卖合同为基础。出租人与出卖人之间的买卖合同解除、无效或被撤销的，融资租赁合同的买卖合同基础丧失，融资租赁合同即陷入履行不能。此时，出租人、承租人均有权解除融资租赁合同。

需要注意的是，在融资租赁合同的买卖合同基础丧失的情况下，原则上，出租人可请求承租人赔偿由此造成的损失。但是，出租人干预承租人选择出卖人及标的物，或买卖合同因出租人的原因而解除、无效或被撤销的除外。在上述例外情形下，买卖基础的丧失非因承租人的原因所导致，故出租人不得请求承租人承担买卖合同基础丧失的损害赔偿责任。

【训练】甲公司与融资租赁公司订立融资租赁合同后，融资租赁公司从乙公司购买机器设备，交付于甲公司。现融资租赁公司与乙公司之间的买卖合同被撤销。

1. 买卖合同被撤销，对融资租赁合同的影响是什么？

回答：乙公司有权请求甲公司返还机器设备，融资租赁合同履行不能。

2. 甲公司与融资租赁公司，谁有权解除融资租赁合同？

回答：双方均享有合同解除权。

3. 融资租赁公司能否请求甲公司赔偿因买卖合同无效所造成的损失？

回答：原则上可以。

4. 经查，融资租赁公司干预甲公司选择出卖人及标的物。融资租赁公司能否请求甲公司赔偿因买卖合同无效所造成的损失？

回答：不可以。

5. 经查，买卖合同系因融资租赁公司对乙公司实施胁迫而被撤销。融资租赁公司能否请求甲公司赔偿因买卖合同无效所造成的损失？

回答：不可以。

（二）承租人违约

在融资租赁合同中，承租人具有法定违约情形的，出租人一方有权解除融资租赁合同，取回融资租赁物，并以之变价受偿。根据《民法典》第752、753条、《最高人民法院院关于审理融资租赁合同纠纷案件适用法律问题的解释》（以下简称《融资租赁合同纠纷解释》）第5条之规定，承租人具有如下事由的，出租人有权请求解除融资租赁合同：

1. 承租人擅自处分租赁物。在融资租赁合同中，融资租赁物的所有权归属于出租人。承租人未经出租人同意，将租赁物转让、转租、抵押、质押、投资入股或者以其他方式处分租赁物的，其行为构成对融资租赁合同上的重大违约，出租人有权解除融资租赁合同。

需要指出的是，承租人上述擅自处分租赁物的行为，性质为无权处分。受让人能否发生善意取得，则需要根据出租人对融资租赁物的所有权是否办理登记手续加以区分：出租人所有权已经登记的，受让人不能善意取得所有权；出租人所有权未经登记的，受让人符合善意取得条件，可以善意取得所有权。

2. 承租人迟延支付租金。承租人迟延支付租金2期以上或达总租金额的15%以上，经催告在合理期间内仍不履行的，出租人有权解除融资租赁合同。

四、出租人租金债权的特别保护

在融资租赁合同中，出租人的租金债权一般为分期实现，具有较高的风险。因此，根据《民法典》第752条、《融资租赁合同纠纷解释》第5条之规定，在承租人迟延支付租金，经催告仍不履行的情况下，出租人除按照一般的违约责任规则，追究承租人违约责任外，还可选择主张如下两项特别的租金债权保护方式：

1. 承租人迟延支付租金2期以上或达总租金额的15%以上，经催告在合理期间内仍不履行的，出租人有权解除融资租赁合同，取回租赁物。此点已如前述，自不复赘。

2. 承租人迟延支付价款，经催告仍不履行的，出租人有权请求承租人一次性支付所欠租金债务的全额，即剥夺承租人分期支付租金的期限利益。

五、融资租赁合同期满、无效时租赁物的处理

融资租赁合同期满或者无效的情况下，租赁物应返还出租人，还是归承租人所有，根据《民法典》第757、759、760条之规定，其判断规则是：

1. 原则。

（1）出租人与承租人对租赁物的处理有明确约定的，从其约定。在此基础上，当事人约定租赁期间届满，承租人仅需向出租人支付象征性价款的，视为约定的租金义务履行完毕后，租赁物的所有权归承租人。

（2）没有约定或者约定不明确的，租赁物应当返还出租人。因租赁物毁损、灭失或者附合、混合于他物致使承租人不能返还的，出租人有权请求承租人给予合理补偿。

2. 例外。融资租赁合同无效且当事人没有约定或者约定不明确租赁物的归属，但是，因承租人原因致使合同无效，出租人不请求返还或者返还出租人后会显著降低租赁物效用的，由承租人取得所有权，但应对出租人给予合理补偿。

第六节 保理合同

一、保理合同概述

保理合同，是指应收账款债权人将现有的或者将有的应收账款债权转让给保理人，保理人提供资金融通、应收账款管理或者催收、应收账款债务人付款担保等服务的合同。保理合同具有如下法律特征：

1. 保理合同的本质是债权让与合同，其以应收账款债权人将其债权转让给保理人为内容，保理人即债权让与的受让人。因此，《民法典》第769条规定，合同编第16章对保理合同未作规定的，可以适用合同编第六章债权转让的有关规定。与此同时，保理合同又具有与一般的债权让与合同不同的法律规则。

2. 保理合同是商事合同，只有银行等金融机构才能作为保理人，与应收账款债权人订立保理合同。

3. 保理合同具有融资功能，应收账款债权人与保理人订立保理合同的目的，通常在于以将来到期的债权，换取即刻可得的资金。因此，在保理合同中，保理人所支付的债权受让金，具有融资款的性质。

【训练】甲公司对乙公司享有3个月后到期的应收账款债权100万元。但甲公司现在急需资金，甲公司应怎么办？

回答：甲公司可与银行订立保理合同，将该债权转让给银行，从而获得融资款。

4. 保理合同中保理人所受让的债权，根据《民法典》第768条之规定，为可以办理登记手续的债权。其债权一经办理登记手续，即具有优先于其他债权受偿的效力。

5. 保理合同为要式合同。在我国民法上，商事合同、融资合同一般均应采取书面形式，保理合同也是如此，根据《民法典》第762条第2款之规定，应收账款债权人与保理人所订立的保理合同，应当采取书面形式。

二、保理合同的分类

（一）有追索权的保理合同

有追索权的保理合同，是指约定保理人不仅有权请求债务人履行应收账款债务，还有权在债务人不履行债务时，请求债权人返还保理融资款本息或者回购应收账款债权的保理合同。根据《民法典》第766条、《最高人民法院关于适用〈中华人民共和国民法典〉有关担保制度的解释》第66条的规定，有追索权的保理合同涉及如下法律规则：

1. 在有追索权的保理合同中，债权人向保理人承担被追索的责任后，有权请求债务人向其履行债务。

2. 在有追索权的保理合同中，保理人所承受的风险较小。相应的，保理人只能取得融资款的利息，而不得取得超过利息部分的收益。因此，在有追索权的保理合同中，保理人从债务人处所受偿的应收账款债权额，扣除保理融资款本息和相关费用后有剩余的，剩余部分应当返还给应收账款债权人。

（二）无追索权的保理合同

无追索权的保理合同，是指约定保理人只有权请求债务人履行应收账款债务，不得请求债权人返还保理融资款本息或者回购应收账款债权的保理合同。在无追索权的保理合同中，保理人所承受的风险较大。相应的，保理人不仅能得融资款的利息，而且可以取得超过利息部分的收益。因此，在无追索权的保理合同中，保理人从债务人处所受偿的应收账款债权额，扣除保理融资款本息和相关费用后有剩余的，无需返还给应收账款债权人。

【训练】甲公司对乙公司享有1年后到期的应收账款债权100万元。但甲公司现在急需资金，甲公司遂与银行订立保理合同，将该债权以80万元的价格转让给银行，银行向甲公司支付了受让金80万元。

1. 如果保理合同约定，若乙公司到期不向银行偿还债务，银行有权向甲公司追索。1年后，乙公司向银行偿还了100万元。经查，80万元受让金所生利息为8万元，银行办理此项业务支付费用2万元。甲公司能否请求银行返还10万元？

回答：可以。此时，银行只能获得利息和费用。

2. 如果保理合同未约定，若乙公司到期不向银行偿还债务，银行有权向甲公司追索。1年后，乙公司向银行偿还了100万元。经查，80万元受让金所生利息为8万元，银行办理此项业务支付费用2万元。甲公司能否请求银行返还10万元？

回答：不可以。此时，银行无需返还剩余应收账款。

三、保理合同的基础关系

保理合同的基础关系，是指应收账款债权人与债务人之间的债之关系。由于应收账款债权人与债务人之间的债之关系存在，保理人所受让的应收账款债权才存在，故应收账款债权人与债务人之间的债之关系，被称为保理合同的基础关系。

（一）不存在基础关系的保理合同

在不存在基础关系的情况下，保理合同的本质是转让方将一个并不存在的、对他人的债权，转让给保理人。由此所产生的问题就是，保理人是否有权请求并不负担债务的"债务人"履行债务？从保理合同的订立程序来看，保理人与转让人订立保理合同之前，须向债务人核实基础关系的真实情况。这意味着，善意的保理人有理由相信其所受让的债权，是真实有效的，此项信赖利益应受法律的保护。因此，《民法典》第763条规定，应收账款债权人与债务人虚构应收账款作为转让标的，与保理人订立保理合同的，应收账款债务人不得以应收账款不存在为由对抗保理人，但是保理人明知该应收账款为虚构的除外。

【训练】甲对丙银行谎称，甲与乙存在买卖合同关系，并与丙银行订立保理合同，将对乙的价金债权转让给丙银行，乙对该合同予以确认。现丙银行请求乙支付价款，乙可否以与甲之间并不存在买卖关系为由拒绝付款？

回答：否。但是，若丙银行知道此事的，乙可拒绝付款。

（二）保理合同订立后的基础关系变更

由于债权人与保理人订立保理合同后，应收账款债权已归属于保理人。故债务人收到债权让与通知后，又与债权人约定变更、终止基础关系的，对保理人不发生不利影响。

四、同一应收账款债权的多次保理

应收账款债权人就同一应收账款订立多个保理合同，将同一应收账款债权转让给两个或两个以上保理人，致使多个保理人主张权利的，各保理人的受偿顺位是：

1. 已登记的先于未登记的受偿；
2. 各保理人均已登记的，按照登记的先后顺序受偿；
3. 各保理人均未登记的，由最先到达应收账款债务人的转让通知中载明的保理人受偿；
4. 既未登记也未通知的，按照应收账款比例清偿。

需要注意的是，根据《最高人民法院关于适用〈中华人民共和国民法典〉有关担保制度的解释》第66条的规定，同一应收账款同时存在保理、应收账款质押和债权转让的，优先顺序的确定，同样适用上述规则。

【训练】甲公司对乙公司享有应收账款债权100万元。1月1日，甲公司与A银行订立保理合同，通知了乙公司；1月3日，甲公司与B公司订立质押合同，将债权出质给B公司，办理了质押登记；1月5日，甲公司与C银行订立保理合同，办理了保理登记；1月7日，甲公司与D公司订立债权让与合同，将债权转让给D公司，但未通知乙公司。1月10日，甲公司与E公司订立债权让与合同，将债权转让给E公司，通知了乙公司。现乙公司的债务到期，A银行、

B 公司、C 银行、D 公司、E 公司的受偿顺位如何确定？

回答：B 公司（最先办理质押登记）——C 银行（其次办理保理登记）——A 银行（最先送达保理通知）——E 公司（其次送达债权让与通知）——D 公司（债权让与未通知）。

第七节　承揽合同

一、承揽合同概述

（一）承揽合同的概念和特征

承揽合同，是指承揽人按照定作人的要求完成工作，如加工、定作、修理、复制、测试、检验等，交付工作成果，定作人给付报酬的合同。承揽合同具有如下特征：

1. 承揽合同是完成工作并交付工作成果的合同。在承揽合同中，承揽人的义务分为两大方面：一是完成工作，二是交付工作成果。因此，物化的、可以交付的工作成果的存在，如修好的皮鞋、做好的家具，是承揽合同的基本特征。然而，在社会生活中，也有一方完成工作，但工作成果并非物化的合同，被界定为承揽合同的情形，如一次性的代驾合同、理发合同等。

2. 承揽合同中承揽人工作的完成，具有独立性。承揽人工作的独立性，主要表现有二：一是承揽人完成工作所需的劳动工具，由承揽人自备，定作人不承担提供劳动工具的义务。二是定作人可以提出对工作成果的要求，但实现定作人要求的工作过程，则由承揽人独立进行，定作人不得对承揽人的工作过程任意施加干预。对此，《民法典》第 779 条规定："承揽人在工作期间，应当接受定作人必要的监督检验。定作人不得因监督检验妨碍承揽人的正常工作。"

3. 承揽合同是一次性履行的合同。在承揽合同中，只要承揽人向定作人如约交付了工作成果，承揽合同即告履行完毕，承揽法律关系即告消灭。可见，承揽合同不具有连续、反复履行的特征。

4. 承揽合同为有偿、不要式合同。定作人要求承揽人完成工作、交付成果，须以报酬的支付作为对价。承揽人无偿地完成工作、交付成果的合同，并非承揽合同。只要定作人与承揽人达成承揽合意，承揽合同即可成立，我国民法并未要求承揽合同必须采取书面形式。

5. 承揽合同具有人身专属性。在承揽合同中，存在定作人对承揽人设备、技术和劳力的信赖，故而承揽人应承担亲自完成主要工作的义务。需要注意的是，承揽人的亲自完成工作义务，所针对的是"主要工作"，即承揽人擅自将"主要工作"交予第三人完成的，构成对承揽合同的违约；反之，承揽人擅自将"辅助工作"交予第三人的，则不构成违约。

（二）共同承揽、分别承揽、承揽人将工作交予第三人

1. 共同承揽，是指两个或以上承揽人，就同一工作，与定作人订立承揽合同的承揽。在共同承揽中，共同承揽人应对其共同负责的工作，对定作人承担连带责任。

【训练】甲装修房屋，将铺地板、刷墙工作，交给乙、丙完成。

1. 这是何种承揽？

回答：共同承揽。

2. 如果刷墙工作有瑕疵，谁向甲承担违约责任？

回答：无论乙、丙内部如何分工，乙、丙均应对甲承担连带责任。

2. 分别承揽，是指各承揽人分别与定作人订立承揽合同，分别负责不同的工作。在分别承揽中，各承揽人对其分别负责的工作，各自承担各自的责任。

【训练】甲装修房屋，分别与乙、丙订立合同，将铺地板工作交给乙完成，将刷墙工作交给丙完成。

1. 这是何种承揽？

回答：分别承揽。

2. 如果刷墙工作有瑕疵，谁向甲承担违约责任？

回答：丙对甲承担违约责任。

3. 承揽人将工作交由第三人，第三人与定作人之间没有承揽合同关系。因此，在承揽人将工作交给第三人完成的情况下，承揽人就第三人完成的工作向定作人负责。

【训练】甲装修房屋，与乙订立合同，将铺地板、刷墙工作交给乙完成。随后，乙与丙订立合同，将刷墙工作交给丙完成。

1. 这是何种承揽？

回答：承揽人将工作交由第三人完成。

2. 乙是否对甲构成违约？

回答：是。乙违反了亲自完成工作的义务。

3. 现刷墙工作有瑕疵，应由谁向甲承担违约责任？

回答：乙对甲承担违约责任，丙对乙承担违约责任。

二、原材料的提供

在承揽合同中，承揽人用以完成工作的原材料，既可以由定作人提供，也可以由承揽人提供。

（一）定作人提供原材料

承揽合同约定由定作人提供材料的，定作人应当按照约定提供材料。承揽人对定作人提供的材料应当及时检验，发现不符合约定时，应当及时通知定作人更换、补齐或者采取其他补救措施。在承揽工作的进行过程中，承揽人不得擅自更换定作人提供的材料，不得更换不需要修理的零部件。

在定作人提供原材料的情况下，定作人将原材料交付于承揽人时，原材料的所有权并不发生转移。承揽人将原材料制作为成品时，该成品所有权的归属，依据添附制度中的加工规则确定，即原则上该成品归属于定作人，但若成品的价值远高于原材料的价值的，则其归属于承揽人，在承揽人向定作人交付该成品时，成品的所有权移转至定作人。

（二）承揽人提供原材料

承揽合同约定由承揽人提供材料的，承揽人应当按照约定选用材料，并接受定作人检验。在承揽人自备原材料的情况下，成品的所有权归属于承揽人，在承揽人向定作人交付该成品时，成品的所有权移转至定作人。

三、承揽合同中的特别解除权

(一) 承揽人的法定解除权

定作人不履行协助义务致使承揽工作不能完成，经承揽人催告后，经过合理期间，定作人仍不履行协助义务的，承揽人可以解除承揽合同。

(二) 定作人的解除权

1. 定作人的法定解除权。如前所述，在承揽合同中，承揽人对主要工作承担亲自完成的义务。承揽人违反亲自完成工作的义务，擅自将主要工作交予第三人完成的，定作人有权解除承揽合同。定作人未行使解除权，或者承揽人将辅助工作交予第三人完成的，适用上述"承揽人将工作交予第三人完成"的规则，即承揽人就第三人完成的工作向定作人负责。

2. 定作人的任意变更、解除权。承揽合同中，定作人无需任何法定事由，可以随时变更、解除合同。但是，若因定作人变更、解除合同，造成承揽人损失的，定作人应当赔偿损失。定作人的任意变更、解除权与定作人的法定解除权，为定作人所享有的两种不同类型的形成权，其区别在于：

(1) 条件不同。定作人法定解除权的享有，须以存在法定事由为前提，即在承揽人擅自将主要工作交予第三人时，定作人才享有法定解除权；定作人任意变更、解除权的享有，则无需法定事由，定作人可以随意地变更、解除承揽合同。

(2) 效力不同。定作人的法定解除权，仅具有解除合同的效力，而不具有变更合同的效力；定作人的任意变更、解除权，既具有解除合同的效力，也具有变更合同的效力。

(3) 后果不同。定作人因承揽人擅自将主要工作交予第三人，而行使法定解除权的，因此给承揽人造成损失的，定作人不负赔偿责任。相反，定作人有权请求承揽人向自己承担赔偿责任；定作人因行使任意变更、解除权，给承揽人造成损失的，定作人应承担赔偿责任。

【训练】甲装修房屋，由乙制作电视墙。

1. 乙即将完工时，甲变更设计方案，要求乙砸掉成品重新制作。甲是否有权提出重做要求？

回答：是。甲享有任意变更权，但是须赔偿乙因此造成的工时、材料损失。

2. 如果乙擅自让丙为甲制作电视墙。甲能否解除与乙的承揽合同？

回答：是。此时，甲解除与乙的承揽合同，既可依据法定解除权，也可依据任意解除权。但是，若甲依据任意解除权解除合同，须赔偿乙因此遭受的损失。

第八节 建设工程合同

一、建设工程合同概述

(一) 建设工程合同的概念与特征

建设工程合同，是指承包人进行工程建设，发包人支付价款的合同，包括建设工程勘察、设计、施工合同。建设工程合同具有如下特征：

1. 建设工程合同为要式合同。建设工程合同内容复杂、所涉利益重大，故建设工程合同的订立，应当采取书面形式。在此基础上，法律对于特定的建设工程合同的订立，要求采取招、投标方式的，依法还应当进行招、投标。

2. 建设工程合同为对承包人有资质要求的合同。建设工程合同所具有的强烈的专业性，要求承包人必须具有相应的资质。在民法上，承包人的资质直接与建设工程合同的效力相关，承包人无资质或超越资质等级与发包人订立的建设工程合同无效。

3. 建设工程合同受到众多的强制性规范的约束。因建设工程合同事关社会公共利益，故公法规范对建设工程合同施加着强烈干预，如建设工程规划许可、环境保护评估等。公法规范的干预，使得建设工程合同具有突出的强制性色彩。

4. 建设工程合同为一种特殊的承揽合同，承揽合同的一般规则，不与建设工程合同的特殊规则相冲突的，可适用于建设工程合同。

（二）发包、分包、转包

根据建设工程合同的当事人不同，建设工程合同可分为发包、分包和转包三种类型。

1. 发包，是指建设工程的发包人与承包人订立的建设工程合同。例如，甲大学与乙建筑工程公司订立合同，约定由后者为前者修建教学楼，即发包。在这里，甲大学为发包人，乙建筑工程公司为承包人。

2. 分包，是指承包人与第三人订立的，承包人将其从发包人处取得的工作的一部分，交予第三人完成的建设工程合同。例如，甲大学与乙建筑工程公司订立合同，约定由后者为前者修建教学楼。合同订立后，乙建筑工程公司又与丙建筑工程公司订立合同，约定前者将外装修工程交由后者完成，即分包。在这里，乙建筑工程公司为承包人，丙建筑工程公司为分包人。

3. 转包，是指承包人与第三人订立的，承包人将其从发包人处取得的工作的全部，交予第三人完成的建设工程合同。例如，甲大学与乙建筑工程公司订立合同，约定由后者为前者修建教学楼。合同订立后，乙建筑工程公司又与丙建筑工程公司订立合同，约定前者将教学楼工程全部交由后者完成，即转包。乙建筑工程公司为承包人，丙建筑工程公司为转包人。

二、建设工程合同的无效

（一）建设工程合同的无效事由

1. 发包无效事由。

（1）发包人未取得建设工程规划许可证等规划审批手续的，建设工程合同无效。但是，发包人在起诉前取得建设工程规划许可证等规划审批手续的除外。发包人能够办理审批手续而未办理，并以未办理审批手续为由请求确认建设工程施工合同无效的，法院不予支持。

（2）肢解发包，是指发包人将应当由一个承包人完成的建设工程肢解成若干部分，发包给几个承包人。肢解发包的，建设工程合同无效。

（3）承包人未取得资质或者超越资质等级的，建设工程合同无效。但是，承包人在建设工程竣工前取得相应资质等级的除外。

（4）没有资质的实际施工人借用有资质的建筑施工企业名义订立的建设工程合同无效。

（5）建设工程必须进行招标而未招标或者中标无效的，建设工程合同无效。

2. 分包无效事由。

（1）承包人未经发包人同意而分包的，分包合同无效。

（2）承包人将其承包的全部建设工程肢解以后，以分包的名义分别转包给第三人的，肢解分包合同无效。

（3）建设工程主体结构的施工，必须由承包人自行完成。承包人将主体部分分包的，分包合同无效。

（4）将建设工程分包给不具备相应资质条件的分包人的，分包合同无效。

（5）分包人将其承包的工程再分包的，分包合同无效。

3. 转包无效事由。在民法上，承包人与转包人订立的转包合同，本质为倒卖建设工程，因其严重损害建筑行业法律秩序和社会公共利益，故转包合同一律无效。

（二）建设工程合同无效时的工程款请求权

建设工程施工合同无效，但建设工程经竣工验收合格，承包人有权请求参照合同关于工程价款的约定折价补偿承包人。在此基础上，当事人就同一建设工程订立的数份建设工程施工合同均无效，但建设工程质量合格，一方当事人有权请求参照实际履行的合同对建设工程价款折价补偿。实际履行的合同难以确定，当事人有权请求参照最后签订的合同对建设工程价款折价补偿。在这里，无效的建设工程合同的承包人"参照合同支付工程款"的债权，性质为不当得利返还请求权。

建设工程施工合同无效，且建设工程经竣工验收不合格的，修复后的建设工程经竣工验收合格，承包人有权请求参照合同约定折价补偿工程价款，但是修复费用自理；修复后的建设工程经竣工验收仍不合格的，承包人无权请求对工程价款折价补偿。

三、工程质量与工程款

（一）工程款

1. 在建设工程合同有效的情况下，建设工程经竣工验收合格的，承包人有权按照合同约定支付工程款。在此基础上，需要注意如下两个问题：

工程款，是指承包人完成工程建设行为所应取得的对价。

（1）当事人就同一建设工程另行订立的建设工程施工合同与经过备案的中标合同实质性内容不一致的，应当以备案的中标合同作为结算工程价款的根据。相应的，招标人和中标人在中标合同之外就明显高于市场价格购买承建房产、无偿建设住房配套设施、让利、向建设单位捐赠财物等另行签订合同，变相降低工程价款的，该合同无效。

（2）当事人约定按照固定价结算工程价款，一方当事人不得请求对建设工程造价进行鉴定。

2. 工程质量不合格的，承包人自费修复。经修复质量合格的，承包人有权请求支付工程款，但是修复费用由承包人自理；经修复质量仍不合格的，承包人无权请求支付工程款。

（二）竣工验收前发包人擅自使用

建设工程未经竣工验收，发包人不得擅自使用。否则，发包人以使用部分质量不符合约定为由主张权利的，不予支持。但是，承包人应当在建设工程的合理使用寿命内，对地基基础工程和主体结构质量承担民事责任。

四、建设工程优先权

（一）建设工程优先权概述

建设工程优先权，是指发包人迟延支付工程款，承包人可将所建工程变价，优先于发包人的普通债权人受偿的权利。建设工程优先权以建设工程与工程款之间的对待给付性为基础，其依法直接取得，故不同于不动产抵押权；其以不动产为客体，且权利的行使不以占有标的物为条件，故不同于留置权。

建设工程优先权可以通过发包人、承包人的约定而放弃或限制，但是，发包人与承包人约定放弃或者限制建设工程价款优先受偿权，损害建筑工人利益的，该约定无效。

（二）建设工程优先权的成立条件

1. 权利人为承包人。原则上，建设工程优先权的主体，为建设工程合同的承包人。在此基础上，装饰装修工程的承包人，有权请求装饰装修工程价款就该装饰装修工程折价或者拍卖的价款优先受偿。但装饰装修工程的发包人不是该建筑物的所有权人的除外。

2. 债务到期不履行。建设工程优先权的成立，以发包人未按照约定支付工程款，经承包人催告后，发包人在合理期限仍不履行债务为前提。建设工程优先权，不以建设工程合同的有效为前提。在建设工程合同无效的情况下，工程竣工验收合格，而发包人未参照合同支付工程款的，承包人依然可以主张建设工程优先权。

3. 权利行使期限。建设工程优先权的行使期限为 18 个月，自发包人应当给付建设工程价款之日起计算。上述权利行使期间届满，建设工程优先权消灭。

4. 权利行使方式。建设工程优先权的行使，可以采取协商方式，即承包人可以与发包人达成协议，将该工程折价；也可以采取诉讼方式，即申请人民法院将该工程依法拍卖。

（三）建设工程优先权的效力

1. 承包人基于建设工程优先权，可以优先受偿的工程款债权，包括承包人为建设工程应当支付的工作人员报酬、材料款等实际支出的费用。承包人不得基于建设工程优先权，优先受偿因发包人违约所造成的损失。

2. 建筑工程优先权优先于该工程上已经设立的抵押权。

五、建设工程诉讼

（一）工程质量诉讼

1. 发包人将建设工程发包给承包人，因承包人的原因致工程质量瑕疵的，发包人有权向承包人提起诉讼，追究承包人的违约责任。

2. 发包人将建设工程发包给承包人，承包人将工程分包给分包人，因分包人的原因致工程瑕疵不合格的：

（1）发包人可以承包人、分包人为共同被告提起诉讼，承包人、分包人应对发包人承担连带责任；

（2）承包人承担责任的，有权向分包人追偿。

（二）工程款诉讼

建设工程验收合格后，发包人对承包人欠付工程款，或承包人对分包人欠付工程款的：

1. 承包人可以发包人为被告提起诉讼；

2. 分包人可以承包人为被告提起诉讼；

3. 分包人可以发包人为被告提起诉讼。在这种情况下，法院应当将承包人列为第三人，且发包人只在欠付工程款的范围内对分包人承担责任。

由此可见，在建设工程合同中的工程款的诉讼中，分包人、承包人、发包人之间的关系，为债权人、债务人、次债务人之关系，因而可比照适用债权人的代位权规则。

【训练】甲将工程发包给乙，约定工程款为 8000 万元，乙将部分工程分包给丙，约定工程款为 2000 万元。

1. 现工程竣工验收不合格。经查，是丙的施工质量瑕疵导致竣工验收不合格。甲应如何提起诉讼？

回答：甲可以乙、丙为共同被告提起诉讼，请求其承担连带赔偿责任。乙向甲承担责任后，可以向丙追偿。

2. 现工程竣工验收合格，甲向乙支付工程款 7000 万元，乙未向丙支付工程款。

（1）丙可否以甲为被告提起诉讼？

回答：可以。丙若以甲为被告提起诉讼，法院应追加乙为第三人。

（2）丙以甲为被告提起诉讼，有权请求甲支付多少钱工程款？

回答：1000 万元。甲在对乙欠付工程款的范围内，对丙承担责任。

第九节　运输合同

一、运输合同概述

运输合同，是指承运人将旅客或者货物从起运地点运输到约定地点，旅客、托运人或者收货人支付票款或者运输费用的合同。运输合同分为旅客运输合同和货物运输合同两种类型。客运合同的双方当事人为承运人与旅客，货运合同的双方当事人为承运人与托运人。运输合同的主要特征包括：

1. 运输合同是提供劳务的合同，以承运人实施旅客运送、货物运输行为为标的。在货运合同中，承运人依约所应承担的交付运送货物的义务，并不妨碍运输合同是提供劳务的合同之判断的成立，因为货运合同中承运人所应交付的货物，是托运人交予承运人运输的货物，该项货物的交付不构成承运人的给付。

2. 运输合同可以是有偿合同，也可以是无偿合同。货物运输合同为有偿合同，即托运人须向承运人支付运费，承运人无偿地为托运人运送货物的约定，并不构成货运合同；客运合同原则上是有偿合同，但存在例外，例如，免票乘车的未成年人依然与承运人之间存在客运合同。

3. 运输合同可以是要式合同，也可以是不要式合同。运输合同一般为要式合同，须以当事人之间缔约书面货运合同为成立要件，如货运单据、客运车票。但是，根据交易习惯，仍然有部分运输合同基于当事人的口头约定即可成立，如乘坐出租车、公共汽车。

二、承运人的违约赔偿责任

在运输合同中，发生旅客人身损害、运送财产损害的，承运人既可能承担违约责任，也可能承担侵权责任。在这里，我们所要阐释的是承运人违约赔偿责任。承运人的侵权责任问题，本书将在"侵权责任编"中阐释。

（一）客运合同中承运人的违约赔偿责任

1. 旅客的界定。客运合同中承运人的违约赔偿责任，是指在客运合同的履行中，发生旅客人身损害或旅客财产损害时，承运人对旅客所应承担的违约赔偿责任。由于承运人与旅客之间方才存在客运合同关系，故旅客身份的确定，是承运人承担违约赔偿责任的前提。根据《民法典》第823条之规定，旅客的范围包括如下四种类型：①持票旅客；②免票旅客；③持优待票旅客；④经承运人许可搭乘的无票旅客。

2. 承运人对旅客人身损害的违约赔偿责任。在客运合同中，承运人对旅客人身损害的违约赔偿责任，承担无过错责任，即在客运合同的履行过程中发生旅客人身损害的，承运人违约赔偿责任的承担，不问其有无过错，而只问是否存在法定的免责事由。根据《民法典》第823条之规定，承运人对运输过程中旅客人身损害的违约赔偿责任的免责事由包括：

（1）旅客人身损害，是旅客自身健康原因造成的；

（2）旅客人身损害，是旅客故意、重大过失造成的。

【训练】甲是A出租汽车公司的驾驶员，乙乘坐甲驾驶的出租车正常行驶途中，小学生丙用石块扔出租车。

1. 如果乙被打伤，A公司是否应对乙承担违约赔偿责任？

回答：是。乙是旅客，且不存在免责事由。

2. 如果甲被打伤，A公司是否应对甲承担违约赔偿责任？

回答：否。甲不是旅客，与A公司之间不存在客运合同关系。

3. 承运人对旅客财产损害的违约赔偿责任。在客运合同中，旅客所遭受损害的财产，可分为自带的财产与托运的财产两种类型。旅客遭受损害的财产类型不同，承运人的违约赔偿责任的承担方式亦有所不同。

（1）承运人对运输过程中旅客自带财产的损害，承担过错责任，即承运人有过错的，方应承担违约赔偿责任。

（2）承运人对运输过程中旅客托运财产的损害之违约赔偿责任的承担，适用货物运输中承运人对货物毁损、灭失的违约赔偿责任规则。

（二）货物运输中承运人的违约赔偿责任

在货运合同中，承运人对运送货物毁损、灭失的违约赔偿责任，承担无过错责任，即在货物运输过程中发生货物毁损、灭失的，承运人违约赔偿责任的承担，不问其有无过错，而只问是否存在法定的免责事由。根据《民法典》第 832 条之规定，承运人对运输过程中货物毁损、灭失的违约赔偿责任的免责事由包括：

1. 货物毁损、灭失，是因不可抗力造成的；

2. 货物毁损、灭失，是因货物本身的自然性质或者合理损耗造成的；

3. 货物毁损、灭失，是因托运人、收货人的过错造成的。

三、货运合同中的特殊规则

（一）托运人的任意变更、解除权

托运人的任意变更、解除权，是指在承运人将货物交付收货人之前，无需任何法定事由，托运人有要求承运人中止运输、返还货物、变更到达地或者将货物交给其他收货人的权利。托运人因行使任意变更、解除权，致承运人遭受损失的，应当赔偿承运人因此受到的损失。

（二）联运

联运，指由两个或两个以上运输人首尾衔接的接力式货物运输方式。联运分为两种类型：单式联运，即两个或两个以上的运输人以同一运输方式所实施的联运；多式联运，即两个或两个以上的运输人以不同运输方式所实施的联运。

1. 单式联运中的违约赔偿责任。单式联运中，货物发生毁损灭失，且承运人不存在上述免责事由的，与托运人订立合同的承运人应当对全程运输承担责任。损失发生在某一运输区段的，与托运人订立合同的承运人和该区段的承运人承担连带责任。

【训练】甲与 A 运输公司订立单式联运合同，约定甲将货物交予 A 运输公司，由 A 运给 B 运输公司，由 B 运至目的地，交予收货人乙。乙收到货物后，发现货物毁损，且无法定的免责事由。甲可以追究谁的违约赔偿责任？

回答：首先，A 公司应对甲承担违约赔偿责任。其次，如果可以查明，货物是在 B 公司负责的运输区间致损的，B 与 A 承担连带责任。

2. 多式联运中的违约赔偿责任。在多式联运中，货物发生毁损灭失，且承运人不存在免责事由的，多式联运经营人对全程运输享有承运人的权利、承担承运人的义务。多式联运经营人可以与参加多式联运的各区段承运人就多式联运合同的各区段运输约定相互之间的责任，但该约定不影响多式联运经营人对全程运输义务的承担。

【训练】甲与多式联运经营人乙公司订立多式联运合同后，将货物交付给乙公司，现货物毁损，且无免责事由。经查，A 公路运输公司、B 河运公司参加多式联运，且甲的货物是在 A 负责的运输期间致损的。

1. 甲可以追究谁的违约赔偿责任？

回答：甲只有权请求乙公司承担违约赔偿责任。

2. 如果乙公司与 A、B 公司约定，各承运人对自己的运输区段负责。这一约定的法律意义是什么?

回答:这一约定,不影响乙公司对甲违约赔偿责任的承担。不过,乙公司对甲赔偿后,可依据此项约定,向 A 公司追偿。

需要注意的是,货物的毁损、灭失发生于多式联运的某一运输区段的,多式联运经营人的赔偿责任限额,适用调整该区段运输方式的有关法律规定。

第十节　技术合同

一、技术合同概述

技术合同,是指当事人就技术开发、转让、咨询或者服务订立的确立相互之间权利和义务的合同,包括技术开发合同、技术许可合同、技术转让合同、技术咨询合同、技术服务合同五种类型。其中,技术开发合同又可分为委托开发合同与合作开发合同两种类型。技术合同具有如下特征:

1. 技术合同具有复合性。技术合同是一个类概念,包含了五种具体的合同类型。组成技术合同的五种合同,除均与技术有关外,各类技术合同的性质各不相同。委托开发合同为完成工作、交付工作成果的合同;技术许可合同、技术转让合同为转移财产权利的合同;技术咨询合同、技术服务合同为提供劳务的合同;合作开发合同则具有多方法律行为的性质。由此可见,技术合同显现出复合性的特征。

2. 在技术合同中,技术开发合同、技术许可合同、技术转让合同为要式合同,根据《民法典》第851、863条的规定,其应当采取书面形式。技术咨询合同、技术服务合同则为不要式合同,法律并未对其形式要件作出规定。

3. 技术合同以保护技术的创造者、促进技术流通为原则。技术合同的法律规则,在尊重当事人的意思自治的前提下,对技术成果的归属,以保护技术成果的发明创造人为原则;对技术成果的许可、转让,则采取鼓励、保护技术成果的流通的原则。上述法律原则,是科学技术发展规律在法律上的直接反映。

二、职务成果与非职务成果

(一)职务成果与非职务成果的界定标准

根据《民法典》第847、848条之规定,具备如下两个条件之一的技术成果,为职务成果:

1. 执行所在单位的工作任务所完成的技术成果。单位工作人员为完成单位工作任务而完成的技术成果,无论该成果的取得是否在工作时间之内,也无论工作人员是否利用了单位的物质技术条件,该项技术成果均为职务成果。

需要注意的是,退职、退休或者调动工作后 1 年内作出的,与其在原单位承担的本职工作或者原单位分配的任务有关的发明创造,也属于原单位的职务成果。

2. 主要利用所在单位的物质技术条件所完成的技术成果。在单位的物质技术条件对单位工作人员技术成果的取得起到主要作用的情况下,无论该技术成果是否为完成单位工作而取得,其均为职务成果。但是，在如下情况下，单位工作人员技术成果的取得，不构成"主要利用所在单位的物质技术条件"，因而不构成职务成果：

（1）就利用法人或者其他组织提供的物质技术条件，约定返还资金或者交纳使用费的；

（2）在技术成果完成后，利用法人或者其他组织的物质技术条件对技术方案进行验证、测试的。

反之，单位工作人员所取得的技术成果，既非执行所在单位的工作任务所完成的技术成果，又非主要利用所在单位的物质技术条件所完成的技术成果，则该技术成果为非职务成果。

（二）职务成果与非职务成果的法律意义

职务成果归属于所在单位，单位享有该成果的使用权、转让权、专利申请权。单位应当从使用、转让收益中，对完成该项技术成果的个人给予奖励或者报酬。单位转让该技术成果的，技术成果的完成人在同等条件下，享有优先受让权。

非职务技术成果的使用权、转让权属于完成技术成果的个人，完成技术成果的个人可以就该项非职务技术成果订立技术合同。

三、技术开发合同的技术成果归属

（一）技术开发合同的概念

技术开发合同，是指当事人之间就新技术、新产品、新工艺或者新材料及其系统的研究开发所订立的合同。技术开发合同分为委托开发合同与合作开发合同两类。其中，委托开发合同，是指委托人与受托人之间订立的，受托人以自己的技术知识，为委托人就新技术、新产品、新工艺或者新材料及其系统进行研究开发的合同。合作开发合同，则是指当事人共同就新技术、新产品、新工艺或者新材料及其系统进行研究开发所订立的合同。

（二）委托开发合同的技术成果归属

在委托开发合同中，受托人所开发的技术成果的归属，当事人有约定的，从其约定。在当事人没有约定的情况下，委托开发成果归属的规则是：

1. 委托开发技术成果的专利申请权归属于受托人。受托人转让专利申请权的，委托人享有同等条件下的优先受让权。

2. 委托开发成果的使用权归属于委托人、受托人双方。委托人对于该项技术成果的免费使用权，也及于免费实施受托人所取得的该项成果的专利权。

3. 委托开发成果的技术秘密转让权归属于委托人、受托人双方。委托开发的受托人与第三人订立技术转让合同之前，应当先行向委托人交付技术成果。否则，须对委托人承担违约责任，但是，开发人与第三人所订立的技术秘密转让合同有效。需要注意的是，这里所称的技术秘密，是指基于委托开发或合作开发所取得的、并未申请专利的、尚处于保密状态的技术成果。

【训练】甲企业委托乙研究所研发技术，对技术成果的归属未作约定。现乙研发成功。

1. 甲企业是否应当依约向乙研究所支付报酬？

回答：是。

2. 谁享有该技术的专利申请权？

回答：乙研究所。

3. 如果乙研究所转让其专利申请权，甲企业是否有权优先购买？

回答：是。

4. 如果乙研究所申请了专利权，甲企业能否免费实施该项专利技术？

回答：是。

5. 如果乙研究所完成技术开发后，未向甲企业交付该技术成果，即将其转让给丙公司。后果如何？

回答：乙研究所对甲企业构成委托开发合同上的违约，但其与丙公司订立的技术转让合同有效。

（三）合作开发合同的技术成果归属

在合作开发合同中，合作各方共同开发的技术成果的归属，当事人有约定的，从其约定。在当事人没有约定的情况下，合作开发成果归属的规则是：

1. 合作开发成果的专利申请权归合作各方共有，合作各方均同意申请专利的，可共同申请专利。合作一方不同意申请专利的，他方不得申请专利。合作一方转让其共有的专利申请权的，他方享有以同等条件优先受让的权利。

2. 合作各方均享有免费使用合作开发成果的权利。当事人一方放弃专利申请权的，其免费使用权不受影响，包括免费实施该项合作开发技术的专利权。

3. 合作开发合同中，合作开发的各方当事人均享有技术秘密的转让权。

四、技术转让合同、技术许可合同的特殊规则

技术转让合同是合法拥有技术的权利人，将现有特定的专利、专利申请、技术秘密的相关权利让与他人所订立的合同。技术许可合同是合法拥有技术的权利人，将现有特定的专利、技术秘密的相关权利许可他人实施、使用所订立的合同。

（一）技术转让合同、技术许可合同的订立

1. 禁止限制技术竞争和技术发展原则。技术转让合同可以约定让与人和受让人实施专利或者使用技术秘密的范围，但不得限制技术竞争和技术发展。

2. 专利实施许可合同的订立。专利实施许可合同的订立，以专利权的排他性效力为逻辑前提。据此，"专利实施许可合同"与"专利权"的关系是：

（1）专利实施许可合同只在该专利权的存续期间内有效。

（2）专利权有效期限届满或者专利权被宣布无效的，专利权人不得就该专利与他人订立专利实施许可合同。

（二）技术转让合同中的涉他关系

1. 专利实施许可合同中受让人不得许可他人实施专利的义务。专利实施许可合同的受让人应当按照约定实施专利，不得许可约定以外的第三人实施该专利。

2. 技术秘密转让合同中当事人的保密义务。

（1）技术秘密转让合同的让与人，应当对所让与的技术秘密，承担保密义务；

（2）技术秘密转让合同的受让人，也应当对所受让的技术秘密，承担保密义务。

3. 技术转让合同中对第三人的侵权责任。技术转让合同中，受让人按照约定实施专利、使用技术秘密侵害他人合法权益的，由让与人承担侵权责任，但当事人另有约定的除外。

五、技术服务合同、技术咨询合同的特殊规则

技术咨询合同是当事人一方以技术知识为对方就特定技术项目提供可行性论证、技术预测、专题技术调查、分析评价报告等所订立的合同。技术服务合同是当事人一方以技术知识为对方解决特定技术问题所订立的合同，不包括承揽合同和建设工程合同。

（一）费用承担

技术咨询合同和技术服务合同对受托人正常开展工作所需费用的负担没有约定或者约定不明确的，由受托人负担。

（二）技术咨询意见决策风险的承担

技术咨询合同的受托人为委托人完成的咨询建议，只为委托人决策提供参考，不是直接可以付诸实践的技术研究成果。因此，技术咨询合同的委托人按照受托人符合约定要求的咨询报告和意见作出决策所造成的损失，由委托人承担，但当事人另有约定的除外。

【训练】甲研究所与乙公司订立技术咨询合同，对乙公司开发的 A 产品市场营销方案提出咨询意见。现甲按照约定要求，出具了咨询报告。乙公司根据该意见作出决策，结果造成损失。甲研究所是否应对乙公司的损失承担违约责任？

回答：否。该损失应当由乙公司自负。

六、技术转让合同、技术咨询合同、技术服务合同中新的技术成果的归属

（一）技术转让合同中后续改进的技术成果归属

当事人有约定的，从其约定；当事人没有约定的，一方后续改进的技术成果，其他各方无权分享。

（二）技术咨询合同、技术服务合同中新的技术成果的归属

当事人有约定的，从其约定；当事人没有约定的，受托人利用委托人提供的技术资料和工作条件完成的新的技术成果，属于受托人；委托人利用受托人的工作成果完成的新的技术成果，属于委托人。

第十一节　保管合同

一、保管合同概述

保管合同，是指保管人保管寄存人交付的保管物，并返还该物的合同。寄存人到保管人处从事购物、就餐、住宿等活动，将物品存放在指定场所的，视为保管，但是当事人另有约定或者另有交易习惯的除外。保管合同具有如下法律特征：

1. 保管合同是提供劳务的合同。在保管合同中，保管人应为的给付，就是保管行为的实施。保管人所承担的向寄存人返还保管物的义务，并非保管人的给付，因而保管合同是提供劳务的合同。

2. 保管合同是实践合同。根据保管合同的实践合同性质，保管人、寄存人达成保管合意时，保管合同并不成立。寄存人将保管物交付给保管人保管时，保管合同才告成立。进而，在保管人与寄存人达成保管合意后，寄存人拒绝交付保管物的，保管人不得追究寄存人的违约责任。但是，若寄存人违反允诺，致保管人遭受损害的，保管人可追究寄存人的缔约过失责任。

3. 保管合同可以是有偿合同，也可以是无偿合同。寄存人与保管人订立保管合同，可以约定寄存人应当支付保管费，也可以约定保管人为寄存人无偿保管。保管合同为推定无偿合同，即当事人没有对保管费进行约定的，推定为无偿保管。根据保管合同有偿性之有无，保管人承担违约责任的要件有所不同，容后详述。

4. 保管合同为不要式合同。我国民法并未要求保管合同的订立，必须采取书面形式。因此，保管合同的保管人接收保管物时，原则上应当给付保管凭证；也可以根据交易习惯，不给付保管凭证。

二、保管物的处分与领取

（一）保管物的处分

寄存人将交予保管人的保管物对外转让、出质的，所有权的转移、质权的设立，适用一般动产转让的指示交付规则，即寄存人与受让人订立买卖、质押合同，并达成返还请求权让与合意时，受让人取得保管物的所有权。

【训练】甲将1台电脑交乙保管。现甲欲将该电脑出卖给丙。甲丙达成买卖合同后，丙如何取得该电脑的所有权？

回答：甲丙达成返还请求权让与合意时，丙即取得该电脑的所有权。但是，如果未通知乙，则乙不对丙承担保管物返还义务。

（二）保管物的领取

1. 当事人未约定保管期间的，寄存人可以随时领取保管物，保管人也可以随时要求寄存人领取保管物。当事人约定保管期间的，寄存人可以随时领取保管物，保管人无特别事由，不得要求寄存人提前领取保管物。

2. 第三人对保管物主张权利的，除依法对保管物采取保全或者执行措施以外，保管人还应当履行向寄存人返还保管物的义务。第三人对保管人提起诉讼或者对保管物申请扣押的，保管人应当及时通知寄存人。

3. 保管人保管货币的，可以返还相同种类、数量的货币。保管其他可替代物的，可以按照约定返还相同种类、品质、数量的物品。

三、保管人对保管物毁损、灭失的违约赔偿责任

（一）归责原则

在保管合同中，保管人对保管物毁损、灭失承担过错责任，即保管人因保管不善致保管物

毁损、灭失的,才应当承担违约赔偿责任。在此基础上,对于无偿保管而言,由于保管人保管劳务的给付并无对价,故保管人只有在因故意或重大过失致保管物毁损、灭失时,才应当承担违约赔偿责任。

（二）保管人应当承担保管物毁损、灭失赔偿责任的法定事由

保管人应当承担保管物毁损、灭失赔偿责任的法定事由,本质为保管人因"故意"致保管物毁损、灭失。因此,无论是有偿保管,还是无偿保管,在如下情形下,应当承担赔偿责任:

1. 除紧急情况或者为了维护寄存人的利益以外,保管人擅自改变约定的保管场所、方法,致保管物毁损、灭失的;

2. 保管人擅自将保管物转交第三人保管,致保管物毁损、灭失的;

3. 保管人擅自使用或者许可第三人使用保管物,致保管物毁损、灭失的。

【训练】甲将祖传珍贵字画交乙无偿保管。一日,乙外出时,有小偷进入乙家,偷走该字画。

1. 如果乙外出前,正常锁好了门窗。乙是否对甲承担违约赔偿责任?

回答:否。

2. 如果查明乙外出时忘记锁门,乙是否对甲承担违约赔偿责任?

回答:是。

3. 如果丙看到乙所保管的字画,提出观赏几天,乙遂将字画交予丙。一日,丙外出时,正常锁好了门窗。有小偷撬门进入丙家,偷走该字画。乙是否对甲承担违约赔偿责任?

回答:是。

（三）保管人不承担保管物毁损、灭失赔偿责任的法定事由

1. 寄存人寄存货币、有价证券或者其他贵重物品的,未向保管人声明的,该物品毁损、灭失后,保管人可以按照一般物品予以赔偿。

2. 保管物有瑕疵或者需要采取特殊保管措施,寄存人未告知保管人,致使保管物受损失的,保管人不承担损害赔偿责任。

第十二节 仓储合同

一、仓储合同概述

仓储合同,是指保管人储存存货人交付的仓储物,存货人支付仓储费的合同。仓储合同是特种保管合同,即以"仓储商"为保管人的商事保管合同。因此,对于仓储合同,法律没有规定的,适用保管合同的一般规则。仓储合同具有如下法律特征:

1. 仓储合同是商事合同。仓储是商品交易中的重要环节,仓储合同中的保管人,为专门从事仓储业的仓储商。仓储合同的商事性,是仓储合同区别于保管合同的关键。

2. 仓储合同为要式合同。基于仓储合同的商事性,仓储合同的订立必须采取书面形式,即保管人须向存货人给付仓单。仓单不仅是仓储合同成立之证明,也具有有价证券的性质,是存货人提取仓储货物、转让仓储货物的法律工具。

3. 仓储合同为诺成合同。基于仓储合同的商事性，只要存货人与保管人达成仓储合意，仓储合同即告成立。仓储合意达成后，存货人未如约向保管人交付货物，将构成违约，须承担仓储合同上的违约责任。

4. 仓储合同为有偿合同。仍是基于仓储合同的商事性，仓储合同中的存货人须承担向保管人支付仓储费用的债务。

二、仓储物的交付

仓储物的交付，是指存货人将货物交予保管人进行仓储的行为，是仓储合同履行的起点。仓储物交付的法律规则是：

1. 存货人的告知义务。储存易燃、易爆、有毒、有腐蚀性、有放射性等危险物品或者易变质物品，存货人应当说明该物品的性质，提供有关资料。

2. 保管人的通知义务。

（1）保管人验收时发现入库仓储物与约定不符合的，应当及时通知存货人；

（2）保管人发现入库仓储物发生变质或者其他损坏的，应当及时通知存货人或者仓单持有人。入库仓储物发生变质或者其他损坏，危及其他仓储物的安全和正常保管，因情况紧急，保管人作出必要处置的，事后应当将该情况及时通知存货人或者仓单持有人。

三、仓储物的处分与领取

（一）仓储物的处分

存货人将已经交予保管人的仓储货物对外转让、出质的，所有权的转移、质权的设立，适用有价证券的法律规则。首先，存货人向受让人、债权人进行仓单背书，并经保管人签字、盖章；其次，转让人向受让人、债权人交付仓单，所有权转移、质权设立。

（二）仓储物的领取

1. 当事人未约定仓储期间的，存货人或者仓单持有人可以随时提取仓储物，保管人也可以随时要求存货人或者仓单持有人提取仓储物，但应当给予存货人或者仓单持有人必要的准备时间。

2. 当事人约定仓储期间的，存货人或者仓单持有人可以随时领取仓储物，提前提取的，不减收仓储费；保管人不得要求存货人或者仓单持有人提前领取仓储物。储存期间届满，存货人或者仓单持有人逾期提取的，应当加收仓储费；储存期间届满，存货人或者仓单持有人不提取仓储物的，保管人可以催告其在合理期限内提取，逾期不提取的，保管人可以提存仓储物。

四、保管人对仓储物毁损、灭失的违约赔偿责任

（一）归责原则

与保管合同相同，在仓储合同中，保管人对仓储物毁损、灭失承担过错责任，即保管人因保管不善致仓储物毁损、灭失的，才应当承担违约赔偿责任。

（二）保管人应当承担仓储物毁损、灭失赔偿责任的法定事由

保管人对入库仓储物验收后，因保管不善造成仓储物的品种、数量、质量不符合约定的，

保管人应当承担损害赔偿责任。

（三）保管人不承担仓储物毁损、灭失赔偿责任的法定事由

因仓储物的性质、包装不符合约定或者超过有效储存期造成仓储物变质、损坏的，保管人不承担损害赔偿责任。

第十三节　委托合同

一、委托合同概述

（一）委托合同的概念和特征

委托合同，是指委托人和受托人约定，由受托人处理委托人事务的合同。在委托合同中，受托人处理委托人事务的行为，可以是事实行为，如会计师事务所为客户出具会计报告；也可以是法律行为，如委托代理人为被代理人订立合同。委托合同具有如下法律特征：

1. 委托合同为不要式合同。我国民法并未要求委托合同必须采取书面形式，故委托人与受托人之间口头达成的委托合意，也可成立委托合同。

2. 委托合同是诺成合同。只要委托人与受托人之间达成委托合意，委托合同即告成立，而无需以某种标的物的交付为委托合同的成立条件。

3. 委托合同可以是有偿合同，也可以是无偿合同。委托合同可以约定受托人办理委托事务，委托人应当支付报酬，也可以约定无偿委托。根据委托合同有偿性之有无，受托人承担违约赔偿责任的要件不同，容后详述。

4. 委托合同具有人身信任性。委托合同以委托人对受托人人身的信赖为前提，包括对其能力、专业、信誉等方面的信赖。委托合同的人身信任性特征，是委托合同中一系列特殊法律规则的基础。

（二）委托合同与代理的关系

代理，是指代理人为被代理人从事民事法律行为，其行为后果由被代理人承受的法律制度。根据代理权产生的原因不同，代理可分为法定代理与委托代理。对于委托代理而言，被代理人与代理人之间的委托合同，构成了代理人获得被代理人委托代理授权的原因。因此，在委托事项为受托人为委托人从事民事法律行为的情况下，委托合同是代理的一种，即委托代理的原因。

（三）委托合同中的任意解除权

由于委托合同具有人身信任性，故一旦这种人身信任性丧失，委托合同的基础即不复存在。有鉴于此，在委托合同中，委托人或者受托人可以随时解除委托合同，且没有法定事由的限制，即双方均享有任意解除权。在此基础上，因任意解除权的行使，给对方造成损失的，除不可归责于该当事人的事由以外，应当赔偿损失。损失范围的确定规则是：

1. 在无偿委托合同中，解除方应当赔偿因解除时间不当造成的直接损失。

2. 在有偿委托合同中，解除方应当赔偿对方的直接损失和可得利益。需要注意的是，这里

的可得利益，仍以"债务人缔约时的合理预见"为前提。

【训练】A 地的甲公司与 B 地的乙公司协商约定，甲公司派人到乙公司办理手续后，即可获得乙公司的订单。甲公司测算，此订单完成后可以获得利润 20 万元。甲公司委托张三前往乙公司办理手续，并为张三购买赴乙公司的机票。张三与甲公司订立委托合同时，知道 20 万元可得利益之事。张三到 B 地后，向甲公司提出解除委托合同，导致甲公司丧失订单。

1. 张三能否解除与甲公司的委托合同？

回答：可以。张三享有任意解除权。

2. 如果甲公司对张三是无偿委托，张三向甲公司赔偿的范围如何？

回答：张三仅须赔偿甲公司所支付的机票价格，无需赔偿 20 万元可得利润。

3. 如果甲公司对张三是有偿委托，张三向甲公司赔偿的范围如何？

回答：张三在赔偿机票价格外，还须赔偿甲公司 20 万元可得利益。

二、受托人变更委托权限与转委托

（一）受托人变更委托权限

在委托合同中，委托人往往为受托人设置委托权限。原则上，为维护委托人利益，受托人对于委托事务的办理，不得变更委托权限。在此基础上，根据《民法典》第 922 条之规定，在如下两种情况下，受托人可以变更委托权限：

1. 经委托人同意。委托人同意变更委托权限的意思表示，可以表现为事先许可，也可以表现为事中同意，还可以表现为事后追认。

2. 因情况紧急，难以和委托人取得联系的，受托人应当妥善处理委托事务，但事后应当将该情况及时报告委托人。

具备上述情形之一，受托人变更委托权限，办理委托事务的，委托人应承担受托人行为的后果。反之，不具有上述情形，受托人变更委托权限的，委托人可拒绝承担受托人行为的后果。

（二）受托人转委托

受托人转委托，是指受托人将委托事务交由第三人完成的情形。原则上，基于委托合同的人身信任性，受托人应当亲自完成委托事务。在此基础上，根据《民法典》第 923 条之规定，在如下两种情况下，受托人可以转委托：

1. 经委托人同意。委托人同意变更委托权限的意思表示，同样可以表现为事先许可、事中同意与事后追认。

2. 紧急情况下，受托人为维护委托人的利益，可以转委托。

具备上述情形之一，受托人转委托的，第三人是委托人的受托人，而非受托人的受托人。进而，如第三人因过错导致委托人损害的，由第三人向委托人承担违约赔偿责任。受托人仅就第三人的选任及其对第三人的指示承担责任。反之，不具有上述情形，受托人转委托的，第三人与委托人之间，不存在委托关系，其仅仅为受托人的受托人。进而，如第三人因过错导致委托人损害的，受托人应当对转委托的第三人的行为承担责任。

【训练】甲委托乙到 A 地参加拍卖，竞购 1 幅字画。

1. 如果乙到达 A 地后，因急性阑尾炎发作，住院手术。因拍卖在即，乙遂将竞购事宜转委托给丙。丙因重大失误，导致竞购失败。

（1）丙是谁的受托人？

回答：甲。

（2）谁对竞购失败向甲承担违约赔偿责任？

回答：丙。在此基础上，如果乙明知丙没有竞购经验仍向丙转委托的，或者乙对丙参加竞购的注意事项指示有误的，乙与丙对甲承担连带责任。

2. 如果乙到达 A 地，因受当地朋友邀请，去风景区旅游，遂将竞购事宜转委托给丙。现丙因重大过失，致竞购失败。谁对竞购失败向甲承担违约赔偿责任？

回答：乙。

三、受托人与第三人订立合同的后果承担

受托人为办理委托事务与第三人订立的合同，约束受托人与第三人，还是约束委托人与第三人，应视受托人订立合同时，第三人是否知道受托人系办理委托人的事务而有所不同。

（一）相对人知道受托人与委托人之间的关系

第三人与受托人订立合同时，知道受托人系办理委托人的事务，如受托人以委托人的名义与第三人订立合同，或者受托人以自己的名义与第三人订立合同，但第三人知道受托人系办理委托人的事务的，原则上，该合同约束委托人与第三人。但是，第三人与受托人明确约定，该合同只约束受托人与第三人的除外。

（二）相对人不知道受托人与委托人之间的关系

1. 合同成立时当事人的确定。第三人与受托人订立合同时，不知道受托人系办理委托人的事务，如受托人以自己的名义与第三人订立合同，且第三人不知道受托人系办理委托人的事务的，该合同成立时，约束受托人与第三人。

2. 合同履行时的披露与抗辩权延续。

（1）受托人向委托人的披露。合同履行时，因第三人违约，导致委托人利益不能实现的，受托人可以向委托人披露第三人。由此产生的法律后果是：

第一，原则上，委托人可以向第三人主张权利。但第三人与受托人订立合同时如果知道该委托人的存在，就不会订立合同的除外。

第二，委托人对第三人主张权利的，第三人可以向委托人主张其对受托人的抗辩。

【训练】乙受甲之托，以自己的名义，与丙订立买卖合同。现丙迟延履行交货义务，乙可向甲披露丙。

1. 乙向甲披露丙后，谁有权请求丙交付货物？

回答：原则上，甲应直接请求丙向自己交货。但是，如果有证据证明丙不愿以甲作为合同相对人的除外。

2. 经查，乙与丙订立买卖合同约定，乙付款后 10 日，丙应交货。现因乙迟延付款，丙基

于先履行抗辩权，拒绝履行交货义务。现乙向甲披露丙后，甲直接请求丙向自己交货。丙如何保护自己的合法权益？

回答：丙能够依据对乙的先履行抗辩权，拒绝向甲交货。

（2）受托人向第三人的披露。合同履行时，因委托人违约，导致第三人利益不能实现的，受托人可以向第三人披露委托人。由此引起的法律后果是：

第一，第三人可以在受托人或者委托人之间，选择一个相对人主张其权利。一旦选择完成，不得再作变更；

第二，第三人选择委托人作为相对人的，委托人可以向第三人主张其对受托人的抗辩以及受托人对第三人的抗辩。

【训练】乙受甲之托，以自己的名义，与丙订立买卖合同，约定丙交货后10日，乙应付款。丙交货后，甲未将货款给乙，导致乙无法向丙付款。现乙向丙披露甲。

1. 丙可以请求谁支付货款？

回答：丙可以在甲、乙中选择主张权利的对象。一旦选定，不得再变更。

2. 如果丙选择甲作为相对人。经查，甲不付款的原因，是乙与丙订立合同时，超越委托权限。现丙请求甲支付货款，甲如何保护自己的合法权益？

回答：甲可以乙超越委托权限为由，拒绝向丙付款。即甲可对丙主张甲对乙的抗辩权。

3. 如果丙选择甲作为相对人。经查，甲不付款的原因，是丙交付货物质量不合格。现丙请求甲支付货款，甲如何保护自己的合法权益？

回答：甲可以丙交付货物质量不合格为由，不对丙付款。即甲可对丙主张乙对丙的抗辩权。

四、委托合同中的赔偿责任

（一）委托人的赔偿责任

1. 受托人遭受损害时委托人的赔偿责任。受托人处理委托事务时，因不可归责于自己的事由受到损失的，可以向委托人要求赔偿损失。

2. 委托人另行委托的赔偿责任。委托人在受托人之外委托第三人处理委托事务，因此给受托人造成损失的，受托人可以向委托人要求赔偿损失。

（二）受托人的赔偿责任

1. 受托人赔偿责任的归责原则。在委托合同中，受托人对委托事务的办理，既然成功与否均属正常现象，那么受托人对委托人违约赔偿责任的承担，基础就应在于受托人的过错。因此，受托人对委托人违约赔偿责任的承担，应适用过错责任原则。在此基础上，在无偿委托中，由于委托人并未对委托事务的办理向受托人支付对价，故只有在因受托人故意或者重大过失致委托人损失的情况下，委托人才可以要求赔偿损失。进而，受托人非法变更委托权限或非法转委托，给委托人造成损失的，因受托人具有故意，故应承担违约赔偿责任。

2. 共同委托、分别委托中受托人的赔偿责任。

（1）共同委托，是指委托人与两个或两个以上受托人订立委托合同，由两个或两个以上受托人共同处理委托人同一委托事务的委托。在共同委托中，受托人对委托人承担连带责任。

（2）分别委托，是指委托人将不同事务分别委托给不同的受托人。在分别委托中，各受托人对委托事项的处理，各自承担相应的责任。

五、委托合同中的费用与报酬

（一）费用承担

除委托合同另有约定外，受托人为办理委托事务所支付的费用，无论委托事务是否完成，均应由委托人承担。委托人费用承担的方式，为预付费用，即在受托人办理委托事务之前，委托人即应向受托人支付费用。这意味着，如果受托人为处理委托事务而垫付必要费用的，委托人应当偿还该费用及其利息。

（二）报酬支付

在有偿委托合同中，受托人完成委托事务的，委托人应当向其支付报酬。在受托人未完成委托事务的情况下，因可归责于受托人的原因，导致委托事务未能完成的，受托人不得请求支付报酬；因不可归责于受托人的事由，导致委托事务不能完成的，受托人有权请求支付相应的报酬。

第十四节　物业服务合同

一、物业服务合同概述

物业服务合同，是指建设单位或业主委员会与物业服务人订立的，由物业服务人提供物业服务，业主支付物业服务费的合同。物业服务合同是一种特殊的委托合同，民法将物业服务合同从委托合同中抽出，使之成为一项独立的有名合同类型，并在形式逻辑上与委托合同并列。物业服务合同具有如下法律特征：

1. 物业服务合同的订立方式具有多样性。物业服务合同分为两类，即前期物业服务合同与后期物业服务合同。前者是指建设单位与物业服务人订立的物业服务合同；后者则是指业主委员会与物业服务人订立的物业服务合同。

2. 物业服务合同以物业服务人从事物业管理服务为内容。作为一种特殊的委托合同，居于受托人地位的物业服务人，所承担的委托事务为物业管理服务，如物业小区的保安、保洁、修缮等。

3. 物业服务合同具有人身信任性。物业服务合同以业主对物业服务人的信任为基础，基于这种人身信任性，会衍生出物业服务人应亲自完成物业服务、业主一方的任意解除权等一系列法律规则。

4. 物业服务合同为有偿合同。物业服务人提供物业服务，以业主支付物业服务费作为对价。反之，无偿提供物业服务的约定，如公益活动，不构成物业服务合同。

二、物业服务合同的效力

（一）前期物业服务合同的效力

1. 建设单位与物业服务人订立的前期物业服务合同，背景往往是小区尚未成立业主大会、选举业主委员会，而委托物业服务人管理小区事务，又为业主生活所必需。因此，前期物业服务合同为法律所允许，故对于业主依然具有约束力。这意味着，业主不得以其并非合同当事人为由，拒绝接受该前期物业服务合同的约束。

2. 前期物业服务合同毕竟不是由业主与物业服务人订立的，未能充分反映业主的意志，且实践中更是存在建设单位与物业服务人订立长期限的前期物业服务合同，损害业主对于物业服务人的选择权的情形。有鉴于此，《民法典》第 940 条规定，建设单位依法与物业服务人订立的前期物业服务合同约定的服务期限届满前，业主委员会或者业主与新物业服务人订立的物业服务合同生效的，前期物业服务合同终止。

（二）物业服务人的服务承诺、服务细则

物业服务人公开作出的服务承诺及制定的服务细则，构成有效的格式条款。因此，只要相对人与物业服务人订立了物业服务合同，无论相对人订立合同前是否知晓该服务承诺、细则，也无论所订立的物业服务合同是否重申该服务承诺、细则的内容，该公开的服务承诺、细则均自动构成物业服务合同的组成部分。这意味着，物业服务人未践行其公开作出的服务承诺、细则的，须承担违约责任。

（三）物业服务人的转委托

基于物业服务合同的人身信任性，物业服务人应当承担亲自完成主要物业服务工作的义务。因此，物业服务企业与第三人订立委托合同，约定将全部物业服务业务一并委托给第三人，或者将全部物业服务支解后分别转委托给第三人的，该转委托的合同无效。由此所导致的结果是，第三人无法依照转委托合同请求业主支付物业服务费，且若第三人违反物业服务合同约定的，物业服务人须向建设单位或者业主承担违约责任。

（四）物业服务费

物业服务费是业主为物业服务人从事物业服务所应支付的对价，故物业服务企业已经按照合同约定以及相关规定提供服务的，业主即应依约支付物业服务费，而不得仅以未享受或者无需接受相关物业服务为由拒绝缴费。在此基础上，需要注意如下两个特殊问题：

1. 业主将房屋出租的，业主与承租人承担连带的物业服务费支付义务。业主与承租人约定由一方支付物业服务费的，该约定仅具有内部效力，即该约定并不影响业主与承租人物业服务费的连带承担，但可以作为一方交付物业服务费后，向另一方追偿的依据。

2. 后期物业服务合同往往由业主委员会与物业服务人订立，但由于业主委员会是业主的代表人，其所订立的合同应由业主承担后果。因此，有业主迟延交付物业服务费的，物业服务人应当请求迟延缴费的业主交付物业服务费，而不得对业主委员会提出该项请求。

三、物业服务合同的解除与续聘

（一）物业服务合同的解除

1. 业主的解除权。在物业服务合同中，业主一方享有任意解除权。经业主大会决定，业主委员会有权单方解除物业服务合同。业主决定解聘物业服务人的，应当提前 60 日书面通知物业服务人，但是合同对通知期限另有约定的除外。业主解除物业服务合同，造成物业服务人损失的，除不可归责于业主的事由外，业主应当赔偿损失。

物业服务企业不得以存在事实上的物业服务关系为由拒绝退出、移交，请求业主支付物业服务合同权利义务终止后的物业费。

2. 不定期物业服务合同的双方解除权。对于不定期的物业服务合同，物业服务的当事人双方均可以随时解除，但应当提前 60 日书面通知对方。

（二）物业服务合同的续聘

物业服务期限届满前，物业服务人不同意续聘的，应当在期限届满前 90 日书面通知业主一方，合同另有约定的除外。物业服务期限届满后，业主没有依法作出续聘或者不续聘的意思表示，物业服务人继续提供物业服务的，原物业服务合同继续有效，但是服务期限为不定期。

需要注意的是，根据诚实信用原则，物业服务合同终止后，在业主选聘的新物业服务人或者决定自行管理的业主接管之前，原物业服务人应当继续处理物业服务事项，并可以请求业主支付该期间的物业费。

第十五节　行纪合同

一、行纪合同概述

行纪合同，是指行纪人以自己的名义为委托人从事买卖贸易活动，委托人支付报酬的合同。行纪合同是一种特殊的委托合同，民法将行纪合同从委托合同中抽出，使之成为独立的合同类型，从而形成与委托合同并列的形式逻辑关系。行纪合同具有如下特征：

1. 行纪合同为商事合同。在行纪合同中，处于受托人地位的行纪人，为专门从事行纪业务的行纪商，如寄卖行、商行等。行纪人为委托人从事行纪事务的行为，为商事营业行为。行纪合同的商事性，是行纪合同从委托合同中分离，而成为一种独立的有名合同的基础。

2. 行纪事务为买卖贸易。在行纪合同中，行纪人受委托人的委托所从事的行纪事务，为代委托人从事商品的买入或卖出的行为，故行纪事务为民事法律行为，且仅以买卖为限，其范围比一般的委托更小。

3. 行纪人从事行纪事务，系以自己的名义与第三人订立买卖合同。这意味着，与行纪人订立买卖合同的第三人，并不知晓委托人的存在。

4. 基于行纪合同的商事性，行纪合同为有偿合同。行纪人对于行纪事务的办理，以委托人的报酬支付作为对价。

二、行纪事务的办理

(一) 低卖或高买

行纪人低于委托人指定的价格卖出或者高于委托人指定的价格买入的，行纪行为构成变更委托权限。因此，若经委托人同意的，该买卖对委托人发生效力；未经委托人同意的，行纪人补偿其差额后，该买卖才对委托人发生效力。

(二) 高卖或低买

行纪人高于委托人指定的价格卖出或者低于委托人指定的价格买入的，对于因此获得的溢价利益，当事人有约定的，从其约定。当事人没有约定的，溢价利益归委托人，但行纪人可以按照约定请求增加报酬。

(三) 自买与自卖

自买与自卖，是指行纪人为办理行纪事务，与自己订立买卖合同的情形。由于在行纪人自买、自卖的情况下，行纪人与第三人合二为一，有可能损害委托人利益，故行纪人的自买与自卖，存在限制：

1. 委托人已经作出禁止自买、自卖意思表示的，行纪人不得自买或自卖。

2. 行纪人要卖出或者买入的商品，须为具有市场定价的商品。换言之，行纪人自买、自卖的价格是否公允，应以市场价格作为衡量尺度。

三、行纪人与第三人订立合同的后果承担

在行纪合同中，行纪人与第三人订立合同，系以自己的名义为之，第三人并不知晓委托人的存在。因此，行纪人对该合同直接享有权利、承担义务。这意味着：

1. 第三人不履行义务致使委托人受到损害的，除行纪人与委托人另有约定外，行纪人应当基于行纪合同，向委托人承担损害赔偿责任；并基于与第三人的买卖合同，追究第三人的违约责任。

2. 委托人不履行义务致使第三人受到损害的，除行纪人与委托人另有约定外，行纪人应当基于与第三人的买卖合同，向第三人承担损害赔偿责任；并基于行纪合同，追究委托人的违约责任。

由此可见，在行纪合同所涉及的委托人、行纪人、第三人的三方关系中，不存在委托合同中的受托人披露制度，委托人与行纪人之间的行纪合同、行纪人与第三人之间的买卖合同，在严守合同的相对性原则的基础上，各自履行。

【训练】甲委托乙寄卖行出售自己的 1 台电脑。现乙以自己名义与丙订立买卖合同。

1. 该买卖合同的当事人是谁？

回答：乙、丙。

2. 如果丙不付款，致甲遭受损害。乙能否对甲披露丙后，由甲直接请求丙付款，并追究丙的违约责任？

回答：否。此时，甲有权追究乙行纪合同上的违约责任，而乙有权追究丙买卖合同上的违约责任。

3. 如果甲不交货，致丙遭受损害。乙能否对丙披露甲后，由丙直接请求甲交货，并追究甲的违约责任？

回答：否。此时，丙有权追究乙买卖合同上的违约责任，而乙有权追究甲行纪合同上的违约责任。

四、行纪合同中的费用与报酬

1. 费用承担。基于行纪合同的商事性，行纪人处理委托事务支出的费用，性质为商业成本，故应由行纪人负担。

2. 报酬支付。行纪人全部、部分完成委托事务的，委托人应当支付全部、部分报酬；行纪人未完成委托事务的，委托人无需支付报酬。

第十六节　中介合同

一、中介合同概述

中介合同，又称居间合同，是指中介（居间）人向委托人报告订立合同的机会或者提供订立合同的媒介服务，委托人支付报酬的合同。与行纪合同相同，中介合同也是一种特殊的委托合同，民法将中介合同从委托合同中抽出，使之成为独立的合同类型，从而形成与委托合同并列的形式逻辑关系。中介合同具有如下法律特征：

1. 中介合同以中介人向委托人报告订立合同的机会、提供订立合同的媒介服务为内容。其中，报告订立合同的机会，是指中介人受一方之托，为其寻找合同的相对人；提供订立合同的媒介服务，即中介人受双方之托，为双方订立合同牵线搭桥。由此可见，中介事务仅限于为委托人订立合同提供帮助，其范围较之于委托合同中的委托事务更为狭窄。

2. 中介人在当事人订立合同的过程中，并不作出意思表示。在中介合同中，中介人的职责在于为委托人订立合同提供帮助，即报告订立合同的机会或提供订立合同的媒介服务，而不在于代理当事人一方与对方订立合同，故当事人最终能否订立合同，须由当事人依照自己的意愿决定，其中并不存在中介人的意思表示。

3. 中介合同为有偿合同。中介人为委托人订立合同提供服务，须以委托人报酬的支付为对价。反之，一方为他方订立合同无偿地提供服务的约定，并非中介合同。

二、限制跳单规则

跳单，是指中介合同中，委托人在接受中介人的服务后，利用中介人提供的交易机会或者媒介服务，绕开中介人直接订立合同。需要注意的是，委托人"跳单"，以委托人利用了中介人提供的机会或媒介为前提。反之，委托人委托中介人后，自行寻找到相对人，与之订立合同，不构成跳单。根据《民法典》第965条之规定，委托人在接受中介人的服务后，利用中介人提供的交易机会或者媒介服务，绕开中介人直接订立合同的，视为中介人完成了中介事务，委托人应当向中介人支付报酬。

三、中介合同中的费用与报酬

当事人对中介合同的费用与报酬的支付有约定的，从其约定。当事人没有约定的，中介人促成合同成立的，有权请求支付报酬，但是中介费用自负。中介人未促成合同成立的，无权请求支付报酬，但是有权请求委托人依照中介合同的约定，承担中介费用。

需要注意的是，中介人故意隐瞒与订立合同有关的重要事实或者提供虚假情况，损害委托人利益的，不得请求支付报酬并应当承担赔偿责任。

第十七节　合伙合同

一、合伙合同概述

（一）合伙合同的概念和特征

合伙合同是两个以上合伙人为了共同的事业目的，订立的共同出资、共同经营、共享利益、共担风险的协议。在《民法典》中，合伙合同被确立为一种民法上的有名合同，而这种为《民法典》所确立的合伙合同，是狭义的合伙合同，即合伙人为组建合伙体，即合伙组织，而订立的合伙合同。反之，当事人不以组建合伙体为目的而达成的在民事活动中相互配合、协作的约定，如作为所谓"合同型合伙"基础的合同，并非《民法典》中的合伙合同。合伙合同具有如下法律特征：

1. 合伙合同为多方法律行为。我国民法中的有名合同，基本上为双方法律行为，合同当事人的权利、义务的指向具有相对性，即一方当事人的权利，构成对方义务的内容；反之，一方当事人的义务，则构成对方权利的内容。比较而言，合伙合同作为多方法律行为，其中各合伙人的权利、义务的指向，则具有平行性，即一方合伙人的权利，是其他合伙人的权利；一方合伙人的义务，也即是其他合伙人的义务。

2. 当事人可以通过入伙方式加入合伙合同，成为合伙人。基于合伙合同的多方法律行为的特征，合伙合同的当事人资格，即合伙人地位，可以采取缔结合伙合同的方式而取得，也可以采取加入一个已经成立的合伙合同的方式而取得，即入伙。

3. 合伙合同具有人身信任性。由于《民法典》上的合伙合同以各合伙人组建合伙体为目的，而各合伙人对合伙体所负债务的偿还，承担无限连带责任。因此，合伙人的品行、能力对于其他合伙人具有直接的利益关联，由此决定了合伙合同强烈的人身信任性特征。这一特征是合伙合同中一系列法律规则的基础。

（二）合伙合同与合伙企业

在《民法典》颁布之前，我国已经于 1997 年颁布了《中华人民共和国合伙企业法》（以下简称《合伙企业法》），由此便引出《民法典》中的合伙合同与《合伙企业法》之间的关系问题。从法律逻辑上看，合伙企业是合伙体的一种形式，即以盈利为目的的合伙体，但合伙体的类型则并非仅以合伙企业为限，任何以合伙形式构建的组织体，无论其是否以营利为目的，均为合伙体。由于任何合伙体均需以合伙合同作为基础，故《民法典》上的合伙合同法律制度，就是针对作为任何的合伙体之基础的合伙合同所作的一般性规定，而《合伙企业法》则是针对"合伙企业"这一特定的合伙体所作的更为具体、详尽的规定。

二、合伙财产关系

（一）合伙的内部财产关系

合伙的内部财产关系，是指合伙人彼此之间因合伙合同所产生的财产关系。合伙的内部财产关系所涉及的内容包括：

1. 合伙财产。

（1）合伙财产的归属。合伙财产，是指基于合伙人的出资及合伙成立后的运作过程所取得的财产。由于合伙体不具有民事权利能力，故合伙财产仍归属于合伙人。至于合伙财产是由合伙人共有，还是由合伙人分别所有，合伙人之间有约定的，从其约定，合伙人没有约定或约定不明确的，推定为合伙人共有。

（2）合伙财产的分割。无论合伙财产由合伙人共有还是分别所有，其均由合伙人共同支配，构成合伙体实现合伙人共同目的事业的物质基础。为保障合伙体的正常运作，合伙合同终止前，合伙人不得请求分割合伙财产。但是，合伙人退伙、合伙利润分配，或合伙人另有约定的，不在此限。

2. 合伙份额比例。

（1）合伙份额比例的确定。合伙份额比例，是指合伙人在合伙财产中所占的份额比例。合伙体的营利及亏损，应在合伙人之间分配、分担，而其分配、分担的基础，就是合伙份额比例。合伙份额比例的确定规则是：合伙人对合伙份额比例有约定的，从其约定，合伙人没有约定或者约定不明确的，由合伙人按照实缴出资比例分配。无法确定出资比例的，由合伙人平均分配。

（2）合伙份额的转让。合伙份额的转让，是指合伙人将其合伙份额转让给其他合伙人或合伙人以外的他人。合伙人将合伙份额转让给其他合伙人的，无需其他合伙人的同意，只需转让人与受让人达成转让合伙份额的合意即可。合伙人将合伙份额转让给合伙人以外的他人时，基于合伙合同的人身信任性，除合伙合同另有约定外，须经其他合伙人一致同意。

（二）合伙的外部财产关系

1. 合伙债务的承担。由于合伙体不具有民事权利能力，故合伙债务本质上为合伙人的债务。因此，合伙人与合伙的债权人之间形成连带之债的关系：合伙人对合伙债务承担连带责任。清偿合伙债务超过自己应当承担份额的合伙人，有权向其他合伙人追偿。

2. 合伙人的债权人对合伙人权利的代位权。合伙人的权利分为共益权和自益权两种类型。合伙人的共益权，是指合伙人为了全体合伙人共同利益而享有的合伙权利，如表决权、执行合伙事务的权利。合伙人的自益权，是指合伙人为了自己利益而享有的合伙权利，如利润分配请求权。在此基础上，合伙人的个人债权人在合伙人到期不履行债务的情况下，有权代位行使合伙人的自益权，不得代位行使合伙人的共益权。

三、合伙事务的执行

1. 合伙事务的共同执行。原则上，合伙事务由合伙人共同执行。合伙人就合伙事务作出决定的，除合伙合同另有约定外，应当经全体合伙人一致同意。

2. 合伙事务的委托执行。按照合伙合同的约定或者全体合伙人的决定，也可以委托部分合伙人执行合伙事务。此时，其他合伙人不再执行合伙事务，但是享有监督权。按照合伙合同的约定或者全体合伙人的决定，合伙人分别执行合伙事务的，执行事务合伙人可以对其他合伙人执行的事务提出异议。提出异议后，其他合伙人应当暂停该项事务的执行。

需要注意的是，除合伙合同另有约定外，合伙人不得因执行合伙事务而请求支付报酬。

四、合伙合同的期限与终止

1. 不定期合伙合同。合伙人对合伙期限没有约定或者约定不明确的，视为不定期合伙。合伙人可以随时解除不定期合伙合同，但是应当在合理期限之前通知其他合伙人。合伙期限届满，合伙人继续执行合伙事务，其他合伙人没有提出异议的，视为原合伙合同继续有效，但是合伙期限为不定期。

2. 合伙终止后剩余财产的处理。合伙合同终止后，合伙财产在支付因终止而产生的费用以及清偿合伙债务后，仍有剩余的，依据合伙人的损益分配比例，由合伙人取回。

第十章
不当得利之债与无因管理之债

第一节 不当得利之债

一、不当得利概述

（一）不当得利的概念和分类

不当得利，是指没有合法原因而受利益，致使他人蒙受损失的事实。《民法典》第985条规定："得利人没有法律根据取得不当利益的，受损失的人可以请求得利人返还取得的利益……"在民法理论中，不当得利可作如下分类：

1. 给付不当得利与非给付不当得利。根据发生原因的不同，不当得利可以区分为给付不当得利与非给付不当得利两种类型。给付不当得利，是指基于受损人的给付行为而产生的不当得利。在民法上，给付为债务履行的行为，债权人有权受领债务人给付的原因，在于债权。而当受领人不享有债权时，其所受领的给付即丧失法律依据，进而构成不当得利。在这里，受领依据不存在，既包括受领依据自始不存在，如在买卖合同无效的情况下，出卖人接受买受人支付的价金；也包括受领依据嗣后丧失，如在买卖合同可撤销的情况下，出卖人接受买受人支付的价金后，买卖合同被依法撤销。由此可见，《民法典》第157条"民事法律行为无效、被撤销或者确定不发生效力后，行为人因该行为取得的财产，应当予以返还"的规定，包括了给付不当得利的内容。非给付不当得利，是指基于受损人给付行为之外的法律事实而产生的不当得利，如拾得他人遗失的金钱、消费他人之物、无权处分他人之物所得的价金等。较之于给付不当得利，非给付不当得利的成因更为直接，不涉及给付行为，也无需对给付行为的依据进行考察。

2. 善意不当得利与恶意不当得利。根据得利人受益方的主观心态不同，不当得利可以区分为善意不当得利与恶意不当得利。善意不当得利，是指受益人不知道且不应当知道自己发生了不当得利的情形，如甲鱼塘的鱼跃入乙的鱼塘，而乙并不知情；恶意不当得利，则是指受益人知道或应当知道自己发生了不当得利的情形，如明知为他人之物而消费之。

（二）不当得利之债

不当得利是一种民事法律事实，其所引起的民事法律关系就是不当得利之债。在不当得利之债中，债权人为受损人，债务人为得利人。不当得利之债为法定之债，故债的内容与当事人的意志无关。根据上述《民法典》第985条的规定，不当得利之债的法定内容即是受损人享有请求得利人返还不当得利的债权，得利人得负担相应的债务。需要指出的是，因不当得利之债属于债的关系，故其与无权占有关系不同：无权占有的返还请求权，性质为物权请求权或占有保护请求权，而非债权请求权。

【训练】 乙有一台电脑遗失，被甲拾得。

1. 乙请求甲返还电脑的关系，是否为不当得利之债？

回答：否。乙请求甲返还电脑的请求权，为物权请求权，而非债权请求权，故甲乙间不构成不当得利之债。

2. 若甲将该电脑出卖给丙，获得价款 5000 元。乙请求甲返还该 5000 元价款的关系，是否为不当得利之债？

回答：是。乙请求甲返还价金的请求权，为债权请求权，故甲乙间构成不当得利之债。

二、不当得利的构成要件

（一）不当得利的积极要件

1. **一方取得利益。** 构成不当得利首先要求一方取得利益，简称得利。这种利益以财产利益为限，不包括精神利益，因为只有财产利益才有返还之可能。取得利益是指依一定的事实而增加其财产总额，既包括财产的积极增加，也包括财产的消极增加（即未发生减少）。由此可见，在双方法律关系中，仅有一方受到损害，而另一方却没有得到利益的，则不构成不当得利。

2. **他方受有损失。** 损失是指财产的减少或丧失，也可以分为积极损失和消极损失两大类。积极损失是指现有财产利益的减少，如财产灭失或财产权利消灭；消极损失是指在正常情况下本来应当增加的利益没有增加，即应得利益的丧失。同理，在双方法律关系中，仅有一方获得利益，而另一方却没有受到损失的，也不构成不当得利。

3. **一方获得利益与另一方受到损失之间存在因果关系。** 一方获得利益与另一方受到损失之间存在因果关系，是指受益方取得的利造成受损方遭受了损失。值得注意的是，受益和受损之间的因果关系，并不要求其两者存在同一关系。利益和损失的范围、具体形态和发生时间都可以不同。

【训练】 甲偷走乙的 1000 元现金后，将其遗失，被丙拾得。

1. 乙的受损与丙的受益是否并存于同一法律关系？

回答：否。

2. 乙的受损与丙的受益之间是否存在因果关系？

回答：是。乙丙之间可形成不当得利之债。

4. **没有法律依据。** 没有法律依据，是指受益人对造成受损人损失的事实，没有法律依据。这里的没有法律依据，既包括自始没有法律依据，也包括法律依据嗣后丧失。民法本不禁止人的获利，但若其获利造成他人损失的，便需要具有法律上的依据，否则即可构成不当得利。作为自己获利而致他人损失的法律依据，可以是法定的依据，如正当防卫，也可以是约定的依据，如买卖合同。

（二）不当得利的消极要件

《民法典》第 985 条规定了不当得利的消极要件，即在该条所罗列的情形下，纵然符合上述不当得利的积极要件，也可排除不当得利的构成。其具体包括：

1. 为履行道德义务进行的给付。为履行道德义务进行的给付，是指给付一方实施给付行为，虽非基于法律上的义务，但却有其道德上非做不可的原因，如成年养子女对其生父母的赡养。民法调整私人关系，而规范私人关系中人的行为的要素，却并不以法律为限，道德也是规范私人关系的重要因素。因此，当事人为履行道德义务所进行的给付，在民法上并不是没有原因的，尽管其原因在于民法之外，但应从不当得利的构成中予以剔除。

2. 债务到期之前的清偿。债务到期之前的清偿，是指债务人在其债务尚未到期的情况下，向债权人履行债务并导致债权消灭的事实。在债务到期之前，债务人无需履行义务，即享有债务的期限利益。相应的，债务到期前的清偿行为，本质即为债务人对其所享有的期限利益的放弃。在债务人提前清偿债务的情况下，由于债权人本身具有受领债务履行的依据，且提前清偿债务系债务人自愿为之，可解释为债之双方对债务到期日的变更，故债权人对因此而获得的给付，不构成不当得利。

3. 明知无给付义务而进行的债务清偿。明知无给付义务而进行清偿，是指给付一方明知自己没有给付义务的前提下，仍实施给付行为。由于给付方明知无给付义务而实施给付的行为，既可以解释为自愿赠与，也可以理解为必定另有其原因，无论何种理解，均可使之从不当得利的情形中排除。

三、不当得利的效力

不当得利的效力是指不当得利的法律后果，即不当得利之债的发生。在这种债之关系中，受到损失的一方享有向受益方请求返还不当得利的债权请求权，受益方则负有返还不当得利的债务的义务。

（一）不当得利之债的主体

不当得利之债的债权人为受损人，债务人则为受益人。在此基础上，《民法典》第988条规定："得利人已经将取得的利益无偿转让给第三人的，受损失的人可以请求第三人在相应范围内承担返还义务。"据此，不当得利的主体范围突破债的相对性的限制，即从受益人处无偿获得利益的第三人，也可被纳入不当得利的关系中，成为返还义务人。

（二）不当得利的返还范围

1. 不当得利之返还，既包括原物，也包括原物所生的孳息。例如，甲捡到乙遗失的1万元现金后，存入银行，获得利息若干。此时，1万元及利息均属于返还的范围。

2. 在不当得利发生毁损、灭失的情况下，根据《民法典》第986、987条的规定，受益人的返还范围则需根据其主观心态来区分处理：

（1）善意不当得利的受益人的返还范围，以现存利益为限。这意味着，对于已经毁损、灭失的所得之利，不再承担返还义务。善意受益人以现存利益为限负返还义务的原因在于，善意受益人对于无法律上的原因的事实并不知情，出于公平考虑，不应使善意受益人承担如侵权那样的全部赔偿的后果，也不能使善意受益人负担超过其受益限度的返还责任，更不能使善意受益人因不当得利的返还而使自己的利益减少。

（2）恶意不当得利的受益人的返还范围，以得利时的受益为限。这意味着，恶意受益人不仅需返还现存利益，而且对于已经毁损、灭失的所得之利，仍需承担返还或者赔偿义务。既然恶意受益人知道或应当知道其所受之利益没有法律依据，就应主动向受损人返还。在其未主动返还的情况下，对于所得利益发生的毁损、灭失，受益人不能免于返还、赔偿责任的承担。

需要注意的是，在受益人由善意转化为恶意的情况下，则视所得利益发生毁损、灭失时受益人的主观心态来确定其返还的范围：所得利益毁损、灭失发生于受益人善意阶段的，适用善意受益人的返还规则；反之，所得利益毁损、灭失发生于受益人恶意阶段的，则适用恶意受益人的返还规则。

第二节　无因管理之债

一、无因管理概述

（一）无因管理的概念和性质

无因管理，是指没有法律规定或约定的义务，为了避免他人利益的损失而对他人事务进行的管理。管理事务的人称为管理人，被管理事务的人称为被管理人或者本人。一般而言，在没有法律规定或约定的情况下对他人事务予以干预，是对他人权利的侵犯，应属侵权行为。但是民法着眼于社会生活的连带关系，为了鼓励互相帮助和见义勇为的崇高精神和品德，特赋予无因管理行为以阻却违法性的效力，并在管理人和本人之间形成债权债务关系，使无因管理成为债的发生根据之一。

无因管理是一种行为。在无因管理中，管理人必须为本人的利益管理其事务，例如对本人财产的保存、改良、利用，甚至还可以包括对本人财产进行的处分。但这种管理行为并非法律行为而是事实行为。因为法律行为旨在产生一定的法律后果，它以双方意思表示为要素，而无因管理却缺乏这种效果意思。尽管管理人有为本人管理事务的意思，但这种管理意思是管理人在事实上欲将管理产生的利益发生于本人，而非产生法律上的效力。管理人并不需要在管理开始之前将其意思告诉本人，也不需要获得本人的同意。

（二）无因管理与相关制度的区别

1. 无因管理与无权代理。无权代理是指没有代理权、超越代理权或者代理权终止后而以本人名义实施的法律行为。无权代理与无因管理的区别主要在以下几方面：

（1）从行为人实施行为的内容看，无权代理人所实施的代理行为一般为法律行为，而无因管理中行为人即管理人所为的管理行为既可以是法律行为，也可以是事实行为。

（2）从行为人使用的名义看，无权代理是行为人以本人名义实施的行为，如果行为人以自己名义实施民事行为则不构成民法规定的直接代理。而无因管理中，管理人可以用自己的名义，也可以用本人的名义进行管理，但管理人以何人的名义管理事务并不会影响无因管理的构成。

（3）从制度价值看，无权代理是法律不鼓励的行为，而无因管理是法律上鼓励的行为。无权代理违背了本人的意思，会增添交易的麻烦，甚至损害本人的利益，因此民法对无权代理是持否定态度的；但民法规定的无因管理则是为了鼓励人们相互帮助，提升社会的道德风尚。

（4）从所涉及的法律关系主体看，无权代理涉及本人、无权代理人和第三人的关系，而无因管理仅涉及管理人和本人之间的关系。

2. 无因管理与不当得利。不当得利是指没有合法依据，使他人受到损失而自己获得了利益。无因管理与不当得利都属于债的发生依据，属于法定之债，在罗马法中都曾被作为"准契约"，但它们的区别比较明显。除了在性质、构成要件方面的区别外，以下三点也是无因管理和不当得利的重要区别：

（1）从制度功能看，无因管理和不当得利差别较大。无因管理制度的存在，是鼓励人们相互帮助的良好道德风尚，而不当得利制度则是为了矫治因无法律原因而导致财产变动的不公平后果。

（2）从它们作为债的内容方面看，无因管理的内容显然比不当得利要复杂。无因管理中，管理人为了他人利益而履行了对他人事务的管理行为，包括对本人财产的保存、改良、利用，甚至还可以包括对本人财产进行的处分。在管理后果方面，管理人除了要将通过管理所获得的利益返还给本人，还承担管理和通知义务等。而不当得利之债的内容就比较简单，仅涉及受益人对不当得利的返还问题。

（3）在有关利益的返还问题上，无因管理中管理费用的返还以管理人实际支付的费用为准，并且不受本人是否取得利益的影响。而在不当得利中，如果受益人为善意，则仅仅返还现存利益；如果受益人是恶意，则是一种加重责任，他应当将所得利益、附加利息以及损害赔偿一并返还。

（三）无因管理的类型

无因管理主要有以下几种分类：

1. 真正无因管理与不真正无因管理。以管理人是否有管理意思为标准，可以将无因管理分为真正无因管理和不真正无因管理。真正无因管理，是指管理人具有管理意思的无因管理。这种无因管理可以产生阻却违法性的后果，使管理人对他人事务的管理成为一种法律认可的债的关系，从而使之不构成侵权。不真正无因管理，又称准无因管理，是指在外观上可能存在对"他人事务的管理"，但管理人实质上缺乏管理意思的无因管理，其具体包括两种情况：一是误信管理，二是不法管理。误信管理是指将他人事务误信为自己的事务加以管理；不法管理是明知属于他人的事务却作为自己的事务进行管理。误信管理和不法管理都因缺乏管理意思而在本质上根本就不构成无因管理，它们应当构成侵权或不当得利。但是，如果对误信管理和不法管理一律按不当得利或者侵权对待，未必对本人有利，所以可以准用一些无因管理的规定。

2. 适法无因管理与不适法无因管理。对于真正无因管理，按照是否有利于本人或不违反本人明示或可得推知的意思，可以分为适法无因管理和不适法无因管理。适法无因管理，是指管理事务有利于本人，并且不违反本人明示或可得推知的意思的无因管理。不适法无因管理，则是指管理事务不利于本人或违反本人明示或可得推知的意思的无因管理。不适法无因管理具备真正无因管理的主客观要件，特别是也具备管理意思，但管理事务不利于本人或违反本人明示或可得推知的意思。不适法无因管理具体表现为两种情形：一是管理事务不利于本人，且违反本人的明示或可得推知的意思；二是管理事务有利于本人，但违反本人明示或可得推知的意思。对于不适法无因管理，虽然认可其构成无因管理进而能阻却违法，但是由于无因管理制度的功能是为了鼓励保护本人利益的行为，而不适法无因管理毕竟违背了本人的意愿，所以一般在管理人的权利方面给予限制。

【训练】请回答如下问题：

1. 甲明知乙要出国定居还为其在国内购买笨重的家具：

（1）甲构成真正的无因管理还是不真正的无因管理？

回答：因甲具有为乙的利益的管理意思，构成真正的无因管理。

（2）甲构成真正无因管理中的适法无因管理还是不适法无因管理？

回答：甲的行为不利于乙的利益，故构成不适法无因管理。

2. 甲以高价出售乙公证过的准备捐赠给图书馆的书籍，甲知道乙向图书馆赠书之事：

（1）甲构成真正的无因管理还是不真正的无因管理？

回答：因甲具有为乙的利益的管理意思，构成真正的无因管理。

（2）甲构成真正无因管理中的适法无因管理还是不适法无因管理？

回答：甲的行为虽利于乙的利益，但违反乙的意思，故构成不适法无因管理。

3. 一般的无因管理与特殊的无因管理。以管理人是否取得报酬为标准，可以把无因管理分为一般的无因管理与特殊的无因管理。一般的无因管理中管理人只享有向本人请求偿还管理费用的请求权，而无报酬请求权。我国《民法典》第979条规定的情形即属于一般的无因管理。特殊的无因管理，是指依据特别法的规定，管理人除享有向本人请求偿还管理费用的请求权外，还享有报酬请求权的无因管理。例如我国《中华人民共和国海商法》（以下简称《海商法》）规定的海难救助就属于特殊的无因管理。

二、无因管理的构成要件

（一）管理他人事务

无因管理的对象必须是他人的事务。行为人如果管理自己的事务当然不发生无因管理的后果。是否属于他人的事务是一个依据客观标准进行判断的问题，只要在客观上属于他人事务即可，而与管理人本人是否意识到究竟属于何人的事务没有关系。如果有些事务在客观上难以判断属于本人事务还是他人事务，就要看管理人自己的主观意思：如果管理人在主观上是为他人管理事务，则有可能构成无因管理；如果管理人在主观上是为了管理自己的事务，则不构成无因管理。需要注意的是，他人事务一般应当是适宜于作为债务的目的，并且在性质上无须本人授权就可以实施的。不适合作为管理的事务，如宗教、道德或习俗的事项、违法的事务（如为保护行窃之人而藏匿赃物）以及必须经本人授权方可实施的行为（如放弃继承权）等，对此类事务的管理不构成无因管理。

（二）管理人管理他人事务无法律上的义务

管理人对他人事务的管理没有法律上的义务，既包括没有法定义务，也包括没有约定义务，这就是无因管理概念中的"无因"。管理他人事务的法定义务，例如私法中父母对未成年人财产的管理、遗嘱执行人对遗产的管理、破产管理人对破产财产的管理等；再如在公法上承担管理义务的警察、消防队员等履行的管理职责行为。管理他人事务的私法义务，例如因委托、雇佣、承揽等合同而进行的管理。在此，应当注意以下两点：第一，管理人虽然有法律规定或协议约定的管理义务，但是如果管理人在对他人事务的管理中超越了自己的义务范围，则超过的部分也可以构成无因管理。第二，本来有管理义务但误信自己无管理义务而对他人事务进行管理，则不能构成无因管理。

（三）管理人必须有为本人利益而管理的意思

为本人利益而管理的意思，简称管理意思，是事实上的意思，而不是法律行为中的效果意思。因此，民法中意思表示的错误制度对无因管理也不适用，因为管理意思既然无须表示，其实也就根本不存在错误问题。如果管理人将他人事务误认为是自己的事务而加以管理，或者将自己的事务错认为是他人事务加以管理，都因欠缺为他人管理的意思而不能构成无因管理。但是，如果管理人将甲的事务误认为是乙的事务而加以管理，则可以成立无因管理，只要这种管理是为自己以外的他人进行的管理，该他人即构成本人，管理人的管理行为即构成无因管理；如果最初误以为是自己的事务，而后才知道是他人的事务，则自知道该事务为他人事务时成立无因管理。

【训练】请回答如下问题：

1. 甲错将乙的奶牛当成自己的奶牛而精心饲养，甲是否构成无因管理？

回答：否。由于甲并没有为乙管理奶牛的意思，只能按乙构成不当得利来处理相关后果，而不能构成无因管理。

2. 甲误将丙的奶牛当成乙的奶牛而精心饲养，甲是否构成无因管理？

回答：是。甲所管理的仍为他人之事务，故可构成无因管理。此时乙为本人，与甲构成无因管理之债。

3. 甲误将乙的奶牛当成自己的奶牛而精心饲养。后来甲知道奶牛归乙所有，仍精心饲养之。甲是否构成无因管理？

回答：甲知情后的饲养行为，构成无因管理。

三、无因管理的效力

无因管理所引起的无因管理之债，是一种法定之债。因此无因管理的效力就是民法所规定的本人与管理人之间的债权和债务关系。以下按照管理人的义务和本人的义务分别说明：

（一）管理人的义务

管理人的义务也就是本人的权利。管理人在无因管理中承担着两项义务：一是适当管理义务，二是赔偿义务。

1. 管理人适当管理的义务。管理人在无因管理中，应当按照本人明示或者可以推知的意思，以有利于本人的方法进行管理。管理人的适当管理义务具体包含以下几点要求：

（1）在该义务的标准上，应当采纳善良管理人的注意义务，即管理人开始管理以及承担之后的管理行为，都要按照本人明示或可以推知的意思进行。如果管理人违背本人明示或者可以推知的意思，或者以不利于本人的方法进行管理，由此所引发的损害则应当由管理人进行赔偿。为了确保管理行为与本人意思相符，《民法典》第 982 条规定："管理人管理他人事务，能够通知受益人的，应当及时通知受益人。管理的事务不需要紧急处理的，应当等待受益人的指示。"需要指出的是，根据《民法典》第 979、980 条之规定，在如下情况中，管理行为不符合本人意思的，并不构成注意义务的违反：其一，本人的意思违反法律或公序良俗，如本人是犯罪或自杀的意思；其二，本人已经就管理行为获得管理利益。

（2）管理人依管理需要而继续管理的义务。根据《民法典》第 981 条的规定，由于管理人没有管理义务，故在管理人开始管理后，原则上可以中断管理。但是，若中断管理会对本人有害的情形下，管理人中断管理的权利应受限制，即在其无正当事由的情况下，不得中断管理。

（3）管理人开始管理的通知义务。管理人开始管理时，以客观上能通知为前提，应当将管理的事实及时通知本人。

（4）管理人的报告与计算义务。无因管理中，管理人除了没有法定或约定的管理义务，在其他方面都与委任比较相似。因此，有些国家的民法规定管理人的义务适用委任中受任人的义务规定，并在理论上将无因管理经本人承认而适用委任的规定，称为"管理事务之承认"。《民法典》第 984 条"管理人管理事务经受益人事后追认的，从管理事务开始时起，适用委托合同的有关规定，但是管理人另有意思表示的除外"之规定也采纳这一学说。据此，无因管理适用委托合同的有关规定的后果就是，与委任中的受任人一样，管理人有义务将管理事务的具体情况向本人予以报告。因管理而取得的金钱、物品及其孳息都应当交付给本人；管理人以自己名义取得的权利也应当移转给本人。如果管理人在管理中为了自己的利益而使用了本应交付给本人的金钱，或将本应用于本人利益的金钱自用，还应当自使用之日起支付利息。如果造成损害，还应当承担赔偿责任。

2. 管理人的赔偿义务。一般情况下，如果无因管理中管理人按照本人明示或者可推知的意思进行事务管理，由此所造成的损害，只有在管理人故意或者重大过失的情况下才承担赔偿责任。这种赔偿责任根因于管理人适当管理义务的不履行，因此性质上属于债务的不履行责任。但是，管理人违反本人明示或者可以推知的意思而进行事务管理时所产生的损害赔偿问题比较复杂，以下分为三种情况进行说明：

（1）一般情况下，管理人违反本人明示或者可以推知的意思进行管理，对于因管理所产生的损害，无论有无过失，均应承担赔偿责任。

（2）管理人虽然违反本人明示或者可以推知的意思而进行事务管理，但是不违反本人应尽的法定的义务的，管理人仅就故意或重大过失造成的损害承担赔偿责任。

（3）如果是因情况紧急，为避开危险而进行的无因管理，则只有在故意或者重大过失的情形下，管理人才承担赔偿责任。最典型的就是对自杀者的救助，虽然救助违反了拟自杀者的意思，但救助行为符合人类尊崇生命的普遍价值观，因此构成无因管理。这种情况下也构成适法无因管理。管理人不对所造成的损害承担赔偿责任，除非损害是因管理人故意或者重大过失造成。

（二）本人的义务

本人的义务也就是管理人的权利。本人的义务因管理事务是否有利于本人以及是否合乎本人意愿，即适法或不适法无因管理以及真正或不真正无因管理，而存在差别。以下分述之：

1. 真正无因管理中本人的义务。如前所述，真正无因管理可以分为适法无因管理和不适法无因管理两种情形。在适法无因管理中，由于管理人的管理行为有利于本人且并不违反本人明示或可以推知的意思，本人应当向管理人承担如下义务：

（1）本人有义务偿还必要的或有益的管理费用。如果管理人在为他人管理事务的过程中支出了一定费用，本人应予以偿还。但管理人所支出的费用必须确为必要或有益，即在管理该事务时不得不支出的费用，或该费用的支出对提高管理效率或加强事务功能有益。

（2）本人有义务清偿因管理产生的必要或有益的债务。管理人在管理他人事务时，可能同第三人发生一定的债权债务关系。此种情况下，如果管理人以本人的名义实施管理，而本人对管理人的行为又进行了追认，则构成对无权代理的追认，所以本人因追认行为而成为被代理人并承担相关法律行为的后果，不必按无因管理来处理。在不符合无权代理追认的情形时，则构成无因管理。对于管理人所负的债务，只要确实是为管理事务所必要或对改善事务有益，本人都应清偿。这种清偿是本人对于管理人的债务，而非直接对于第三人的债务。

（3）管理人如果为管理事务而受到损害时，本人应当对该损害承担适当补偿责任。《民法典》第979条第1款规定："管理人没有法定的或者约定的义务，为避免他人利益受损失而管理他人事务……管理人因管理事务受到损失的，可以请求受益人给予适当补偿。"《民法典》使本人承担"适当补偿责任"而非"赔偿责任"的原因，是将民法上"公平责任"的思维运用于无因管理制度的结果。

在不适法无因管理中，因不适法无因管理违背了本人明示或者可以推知的意思，或者管理人虽然具有管理意思，但管理的效果却不利于本人，同时也不符合社会公益的要求，所以它并不当然发生阻却违法的效力。但民法之所以认可不适法也可以构成无因管理，是因为这种管理有可能在后果上对本人有利，因此对本人赋予了选择权：本人可以选择按无因管理而承担适法无因管理中的本人义务，也可以拒绝构成无因管理，此时，管理人仅对本人享有不当得利返还请求权。

2. 不真正无因管理中本人的义务。如前所述，不真正无因管理分为误信管理和不法管理两种情况。误信管理是指将他人的事务误作为自己的事务进行管理，因缺乏管理意思而不构成无因管理。但毕竟管理人是善意的，在这种情况下，管理人因此而获得利益而本人受到损害，构成管理人的不当得利；本人如果受有利益，则构成本人的不当得利；如果管理人有过失则构成侵权行为。

对于不法管理，即管理人知其为他人事务，为自己利益以其作为自己事务而为的管理。不法管理中，管理人的恶意很明显，从而使不法管理与真正无因管理差别很大。认可不法管理能成立无因管理，虽然存在观念上的矛盾，但在特殊情形下对保护本人利益有意义。

【训练】店员甲擅自以店主乙的名义，为自己之利益算计进行投机，并获得利益若干。

1. 店员甲的行为性质如何界定？

回答：首先，甲以乙的名义从事投机活动，构成狭义无权代理；其次，甲为自己利益而管理乙的事务，构成不真正无因管理中的不法管理。

2. 店主乙请求甲返还所得之投机利益的法律途径有几条？

回答：两条。首先，乙可基于狭义无权代理，对甲的行为予以追认；其次，乙可主张甲构成无因管理，使甲基于无因管理向自己返还所得利益。

第三编　人格权　<<<

第十一章

人格权

第一节　人格权概述

一、人格权的概念和特征

（一）人格权的概念

人格权是民事主体依法享有的、与其人身不可分离的、以实现其人格利益为内容的民事权利。人格权本身并无财产内容，但人格权的行使和保护会和财产发生联系。《民法典》第989条规定："本编调整因人格权的享有和保护产生的民事关系。"

民事主体有自然人、法人和非法人组织之分。根据权利主体不同，享有人格权的种类和范围也不同。对于自然人来说，人格权是与生俱来的天然权利，经法律认可、固定而成为法律上的权利。对于法人和非法人组织来说，其人格权基本以名称权、名誉权和荣誉权为限，自然人所享有的生命权、身体权、健康权、姓名权、肖像权、名誉权、隐私权、个人信息等人格权，法人和非法人组织因本质属性限制而不可能享有。

【训练】《民法典》第990条第1款规定，人格权是民事主体享有的生命权、身体权、健康权、姓名权、名称权、肖像权、名誉权、荣誉权、隐私权等权利。这是不是人格权的定义？

回答：否。只是具体人格权的立法列举。

（二）人格权的特征

人格权作为一种民事权利，具有如下特征：

1. 与民事主体的人身不可分离。人格权是以人身要素为基础的权利。人身要素包括物质性要素和精神性要素，对自然人来说，前者指肉体凡胎的人身物质部分的要素，包括生命、身体、健康等；后者指人参与社会生活所必需的人身精神部分的要素，包括姓名、肖像、名誉、荣誉、隐私等。自然人的人格权就是基于这些人身要素而享有的民事权利，这就决定了它专属于自然人，与自然人人身不可分离。至于肖像，由于其具有可复制性，因而对复制肖像的利用可以授权给他人使用，但并不意味着肖像和肖像权可以与主体人身分离，对复制肖像利用的授权是肖像权权能的延伸。对法人来说，名称权、名誉权和荣誉权是与法人组织不可分离的人格权。《民法典》第 992 条规定："人格权不得放弃、转让或者继承。"表明了人格权与民事主体人身的不可分离性。

2. 没有直接的财产内容。人格权是与财产权相对应的基本民事权利。与直接具有物质利益内容的财产权不同，人格权本身不具有直接的财产利益，而直接体现民事主体的非财产利益。但是，人格权虽无直接的财产内容，却与财产有着密切的联系，具体表现为：其一，对人格权的损害会引起受害人的财产损失；其二，对某些人格权的侵害尽管没有给受害人造成财产损失，但却造成了精神损害，受害人仍然有权请求以金钱给付为内容的精神损害赔偿；其三，某些人格权的商品化利用可以为主体带来财产利益，民事主体当然依法享有这些财产权利，例如，姓名、肖像等商品化利用。这些内容只是表明了与人格权相联系的财产权内容，并不属于人格权本身的内容。

3. 具有法定性。法定性是指人格权的种类和内容由法律规定，民事主体不能在法律规定之外自由创设新的人格权类型，也不能通过约定改变人格权的内容。

4. 与权利能力密切相关。权利能力是民事主体享有权利的资格和前提。对自然人来说，生命权与权利能力密切相关，生命决定着权利能力的开始和终止。对法人来说，名称权的享有和法人的成立与终止时间一致。

二、人格权的分类

人格权可以按照不同的标准划分为不同的类型。主要有：

（一）物质性人格权和精神性人格权

以人格权客体的组成部分是物质要素还是精神要素为标准，民事主体的人格权可以分为物质性人格权和精神性人格权。人格要素分为物质要素和精神要素，物质要素是人身物质部分（人体）的组成要素，如生命、身体、健康等，这些要素是人能够正常生活的必要条件，是人能够进行一切社会活动、享有一切权利的人身物质基础。民事主体对基于人格物质要素所享有的不受他人非法侵害的权利称为物质性人格权。精神要素是人格精神部分的要素，包括姓名、肖像、名誉、隐私等。自然人对这些人格精神要素所享有的不受他人非法侵害的权利称为精神性人格权。也有一些人格权既包含物质性要素也包括精神性要素，如个人信息。

（二）自然人人格权和法人、非法人组织人格权

以享有人格权的主体为标准，可以将人格权分为自然人人格权和法人、非法人组织人格权。

1. 自然人人格权。自然人人格权是指自然人依法享有的为维护自己的生存、自由和尊严而必须具备的人格权利。自然人人格权有如下特征：

（1）人格权是自然人天然固有的权利。自然人自出生时起，就自然享有人格权，无须履行特定的民事程序，只要是自然出生的人，就天然地享有人格权。这种天然的权利经法律认可、固定，即成为法律上的人格权。它不考虑自然人的个体情况差异，一律普遍享有，且同自然人的权利能力同时发生。

（2）人格权是维护自然人人格的必备权利。自然人享有人格权的目的，在于维护其作为法

律上的人所必须具备的资格，以保障其人格上的独立。没有人格上的独立和人格权的保障，自然人就难以生存，就不能顺利地进行一切民事活动。

（3）人格权的客体是自然人的人格要素。人格要素是自然人就其人身自由或人格尊严所必须具备的要素，例如，生命、身体、健康、肖像、姓名、自由、隐私、信用、信息等要素及其综合。

2. 法人和非法人组织人格权。法人和非法人组织人格权是指法人和非法人组织依法享有的，区别于其他法人或其他非法人组织的人格权利。与自然人的自然生物属性相比，法人和非法人组织因其社会属性而不可能享有自然人才能享有的生命、身体、健康、肖像、姓名等人格权利。但是，法人和非法人组织需要特定的名称以区别于其他法人和其他非法人组织，法人和非法人组织会因其参与各种民事活动而受到社会的评价，也会因其在某些方面的突出业绩和社会贡献而受到有关机关表彰或授予荣誉称号，因此，法人和非法人组织的人格权主要表现为名称权、名誉权和荣誉权。《民法典》第110条第2款规定："法人、非法人组织享有名称权、名誉权和荣誉权。"可见，法人人格权在具体权利种类上比自然人人格权要少，需要法律保护的人格利益范围也比自然人人格权要小。

（三）一般人格权和具体人格权

以人格利益是否被法律特定化保护为标准，可以将人格权分为一般人格权和具体人格权。

一般人格权是指关于人之价值、自由和尊严的全部利益的权利。它是以人的全部人格利益为标的的总括性权利。《民法典》第109条规定："自然人的人身自由、人格尊严受法律保护。"即将人身自由和人格尊严作为一般人格权的内容。《民法典》第990条第2款规定："除前款规定的人格权外，自然人享有基于人身自由、人格尊严产生的其他人格权益。"是在前款列举了具体人格权之后，以一般人格权进行的兜底性规定。

具体人格权是指民事主体依法就特定利益所享有的权利。这些权利均由法律赋予特定的名称，如《民法典》第110条第1款规定："自然人享有生命权、身体权、健康权、姓名权、肖像权、名誉权、荣誉权、隐私权、婚姻自主权等权利。"第2款规定："法人、非法人组织享有名称权、名誉权和荣誉权。"第990条第1款规定："人格权是民事主体享有的生命权、身体权、健康权、姓名权、名称权、肖像权、名誉权、荣誉权、隐私权等权利。"这些规定都是对具体人格权的列举。《民法典》第111条、第1034条都规定了"自然人的个人信息受法律保护。"尽管"个人信息"之后没加"权"字，但立法本意显然也是将其作为具体人格权加以保护的。

【训练】《民法典》第110条第1款规定："自然人享有生命权、身体权、健康权、姓名权、肖像权、名誉权、荣誉权、隐私权、婚姻自主权等权利。"第2款规定："法人、非法人组织享有名称权、名誉权和荣誉权。"第1款自然人的具体人格权之后有"等权利"字样，而第2款法人的具体人格权之后却没有。这说明什么？

回答：说明立法对自然人的具体人格权做出开放性列举，为日后新型具体人格权的出现留下空间；而法人的具体人格权是封闭性列举，意味着法人的具体人格权仅限于所列举的权利种类。

三、人格利益与人格权

人格利益是人之所以为人所应当享有的、表现为物质形态（生命、身体、健康）和精神形态（姓名、肖像、名誉、荣誉、隐私等）的全部利益，人格权是人格利益的权利化。当法律赋予特定人格利益以具体名称时，这些人格利益就成为具体人格权的内容。在特定人格利益之外，法律没有赋予具体名称的人格利益，全部归入一般人格权范围予以保护。可以说，人格权是具有法律强制保护力的外壳，人格利益则是外壳保护下的内容。正因为有了法律的强制保护，人才可以合法地、正当地支配、利用其人格利益，并排除他人的非法侵害。

人格利益可分为自有人格利益和人格遗留利益，自有人格利益是自然人生存期间得以直接支配的自己的利益，人格遗留利益则是死者遗留下来的利益。自有人格利益受到侵害，权利主体可以直接请求法律保护。自然人死亡后，权利主体消灭，人格权随之消灭，但存在人格遗留利益。如果死者是一般自然人，则其人格遗留利益属于其近亲属，他人对死者的侮辱、诽谤等行为将直接侵犯其近亲属利益。《民法典》第994条规定："死者的姓名、肖像、名誉、荣誉、隐私、遗体等受到侵害的，其配偶、子女、父母有权依法请求行为人承担民事责任；死者没有配偶、子女且父母已经死亡的，其他近亲属有权依法请求行为人承担民事责任。"如果死者生前曾被国家授予英雄称号或者死后被追认为英雄烈士的，对侵害英雄烈士的姓名、肖像、名誉、荣誉的行为，英雄烈士的近亲属可以根据《民法典》第185条和《中华人民共和国英雄烈士保护法》的相关规定，依法向人民法院提起诉讼。英雄烈士没有近亲属或者近亲属不提起诉讼的，检察机关依法对因侵害英雄烈士的姓名、肖像、名誉、荣誉而损害社会公共利益的行为向人民法院提起诉讼。《民法典》第185条规定："侵害英雄烈士等的姓名、肖像、名誉、荣誉，损害社会公共利益的，应当承担民事责任。"

人格权就其一般属性而言是防御性的而不是支配性的，如生命权、健康权、身体权均不能以直接支配的方式行使权利，只有在受到侵害时才被动地进行防御，对权利利益加以保护。而某些特定的人格利益则具有可支配性，如肖像的许可使用。因此，可以将某些具体人格权的权能扩张至对特定人格利益的支配，但这种支配仅仅针对特定人格利益，属于特定的人格权内容；支配的结果是为权利人带来财产利益的，应属于财产权的内容。这种财产权是与特定的人格利益紧密联系的财产权，可以直接支配，如影视明星为某种产品做代言人而获得的收益。

【训练】甲饮料企业在其官方微博上与乙网民互动时，以抗美援朝战争中被美国凝固汽油弹烧死的丙战斗英雄为话题，以侮辱性言辞讨论喝饮料吃烤肉，引起社会强烈反响：

1. 甲企业和乙网民的行为是否侵权？

回答：是。

2. 甲乙侵犯了谁的利益？为什么？

回答：丙的近亲属利益和社会公共利益。因为丙是英雄烈士，其人格遗留利益属于社会公共利益。

3. 可以由谁提起诉讼？

回答：丙的近亲属。丙没有近亲属或近亲属不提起诉讼的，由检察机关提起诉讼。

第二节 一般人格权

一、一般人格权的概念和特征

一般人格权是指关于人之价值、自由和尊严的全部利益的权利。它是以人的全部人格利益为标的的总括性权利，包括人身自由、人格尊严的全部内容，是解释、派生、补充具体人格权的一般性人格权利。

一般人格权与具体人格权相比较，具有如下特征：

1. 权利客体是具有高度概括性的人格利益。一般人格权的客体是人格要素综合体现的一般人格利益，这种一般人格利益具有高度概括性。一般人格利益包括人身自由和人格尊严，这些人格利益都不是具体的人格利益，而是高度抽象的人格利益。

2. 权利内容具有广泛性和扩张性。一般人格权的内容在《民法典》第 109 条被概括为"人身自由和人格尊严"，但这并非一般人格权的具体内容。一般人格权的内容非常广泛，包括具体人格权的内容，而具体人格权不能包含的人格利益，都包含在一般人格权之中。例如，《民法典》第 990 条第 2 款规定的"除前款规定的人格权外，自然人享有基于人身自由、人格尊严产生的其他人格权益"就是这种情形的体现。一般人格权不仅是具体人格权的集合，而且为补充和完善具体人格权立法不足提供了切实可靠的权利依据。人格利益遭受损害，又不能为具体人格权所涵盖时，人们可以根据一般人格权的法律规定寻求法律上的救济。

3. 一般人格权是人的基本权利。一般人格权是人身自由和人格尊严受法律保护的权利，相对于具体人格权而言，是基本权利。一般人格权虽然对具体人格权有概括的作用，但它也是一个独立的民事权利。一方面，它决定和派生各种具体的人格权；另一方面，它更具抽象性和概括性，成为人格权中最具抽象意义和典型性的基本人格权。[1]

二、一般人格权的内容

一般人格权的内容可以概括为人身自由和人格尊严：

1. 人身自由。一般人格权中的人身自由，是私法上的抽象自由，既指人身的自由地位，也指人身的自由权利，是民事主体自主参加民事活动、参与各种社会关系，享有权利、行使权利的基本前提和基础，是主体享有一切具体自由权的基础和根源。

2. 人格尊严。人格尊严是一个极其抽象的概念，是指民事主体作为一个"人"所享有的最基本的社会地位和应感受到的社会和他人最起码的尊重。换言之，所谓人格尊严，即把人真正当成"人"。因此，无论人的职业、职务、政治立场、宗教信仰、文化程度、财产状况、民族、种族、性别有何差别，其人格尊严是相同的，不得侵犯、侮辱和损害。[2]

---

〔1〕 参见杨立新：《人身权法论》，人民法院出版社 2002 年版，第 373~374 页。

〔2〕 参见王利明、杨立新：《侵权行为法》，法律出版社 1996 年版，第 161 页。

人身自由和人格尊严都是人格利益，除了被法律特定化而成为具体人格权内容的人格利益之外，没有被特定化但又需要法律保护的人格利益，均作为一般人格权内容进行保护。

三、一般人格权的功能

一般人格权作为人的基本权利，具有三项功能：[1]

1. 解释功能。由于一般人格权的高度概括性和抽象性，使它成为具体人格权的母权，成为对具体人格权具有指导意义的基本权利，决定各项具体人格权的基本性质、具体内容以及与其他具体人格权的区分界限。正因如此，一般人格权对于具体人格权而言，具有解释功能。当对具体人格权进行解释时，应当以一般人格权的基本原理和基本特征为标准，对有悖于一般人格权基本原理而对具体人格权进行的解释，应属无效。除了在学理上一般人格权所具有的解释功能外，在司法适用上也具有解释功能。在司法解释上，对于具体人格权立法应如何适用，也应依据一般人格权的基本原理进行解释。在具体人格权的法律适用上，也不得违背一般人格权基本原理的要求。

2. 创造功能。一般人格权是具体人格权的渊源，从中可以派生出各种具体的人格权。当具体人格权保护范围之外的具体人格利益依据一般人格权得以保护之后，这些被保护的人格利益就有可能逐渐获得区别于其他人格利益的独立和清晰的概念，被确定和命名为新的具体人格权。

3. 补充功能。一般人格权的补充功能是指对尚未被具体人格权确认保护的其他人格利益，发挥其补充的功能，将这些人格利益概括在一般人格利益之中，以一般人格权进行法律保护。[2] 当这些没有被具体人格权所概括的人格利益受到侵害时，即可依侵害一般人格权追究行为人的侵权责任，救济受害人的人格利益损害。

【训练】甲家的祖坟位于乙家的承包地内，甲乙之间有矛盾。甲父去世后，甲按照当地风俗欲使其父入土为安，遭乙阻拦。后经村民劝解，乙虽同意甲葬其父，却在甲父下葬现场用手机播放歌曲《好日子》，甲遂与其发生冲突。乙侵犯了甲的具体人格权还是一般人格权？

回答：一般人格权。悼念、吊唁、哭丧等均不是具体人格权，而是一般人格权。

四、我国关于自然人一般人格权的立法概括

《民法典》第109条规定"自然人的人身自由、人格尊严受法律保护"。除此以外，宪法和其他法律中对一般人格权也多有概括性规定。我国《宪法》第38条规定："中华人民共和国公民的人格尊严不受侵犯。禁止用任何方法对公民进行侮辱、诽谤和诬告陷害。"这一条文的前一句，是确立一般人格权的宪法依据。此外，在《残疾人保障法》第3条第2款，《未成年人保护法》第4条第2项、第27条，《妇女权益保障法》第42条，都规定了人格尊严。再如《消费者权益保护法》第14条规定："消费者在购买、使用商品和接受服务时，享有人格尊严、民族风俗习惯得到尊重的权利……"该法第50条专门对人格尊严和人身自由受到侵害规定了

---

〔1〕　参见王利明、杨立新：《侵权行为法》，法律出版社1996年版，第161页；尹田："论一般人格权"，载《法律科学·西北政法学院学报》2002年第4期。

〔2〕　参见王利明、杨立新：《侵权行为法》，法律出版社1996年版，第163页。

民事救济规则："经营者侵害消费者的人格尊严、侵犯消费者人身自由或者侵害消费者个人信息依法得到保护的权利的，应当停止侵害、恢复名誉、消除影响、赔礼道歉，并赔偿损失。"这些法律规定都表明，我国立法为一般人格权的确立提供了依据。

第三节 具体人格权

具体人格权是以一般人格权为基础、由立法机关就特定人格利益专门作出具体规定并赋予专门名称的人格权，也称特别人格权。与一般人格权所概括的人身自由、人格尊严相比，具体人格权将某些人身自由和人格尊严具体化、种类化，从而保护以不同人格利益为内容的特别人格利益。关于人格利益，法律特别规定了具体人格权种类的，适用法律的特别规定加以保护；法律上没有关于该人格利益的特别规定的，依社会一般观念有保护之必要的，该项人格利益属于一般人格利益，适用一般人格权的规定加以保护。根据我国《民法典》第110条、第111条、第990条和第1034条的规定，具体人格权主要有10种。需要注意的是，第110条规定的婚姻自主权，在第990条规定的具体人格权中没有出现，是因为婚姻自主权主要是自然人缔结或解除婚姻的权利，解决婚姻身份关系问题，因而将其置于《民法典》婚姻家庭编中体现。

一、生命权、身体权和健康权

生命权、身体权和健康权都是以人体物质要素为客体的人格权。生命是人活着的表征，身体是人完整而不受侵犯地活着的载体，健康是人体各种机能正常进行生物、生理活动的保障。

（一）生命权

1. 生命权概述。生命权是自然人以保持其生命存续和维护生命安全利益为内容的具体人格权，是最基础的人格权。《民法典》第1002条规定："自然人享有生命权。自然人的生命安全和生命尊严受法律保护。任何组织或者个人不得侵害他人的生命权。"生命是自然人主体享有权利能力的基础。生命权的法律特征表现在：

（1）生命权的客体是自然人的生命及其安全利益，即人的生命体征的存续利益和安全利益，表现为维护生命的正常活动，保障生命不受非法剥夺的人格利益。

（2）生命权的主要内容是保障人的生命活动的延续，排除他人对自然人生命存续所造成的危险状态，防止他人非法终止自然人生命，具体包括生命安全维护权和司法保护的请求权。

2. 生命侵权。致害人实施侵权行为，致受害人死亡的，构成生命侵权。由此可见，生命侵权的构成要件有两个方面：一是致害人的行为需构成侵权行为，二是发生了致受害人死亡的后果。致害人具有致受害人死亡的目的，但却未能致受害人死亡的，不构成生命侵权。

【训练】甲家盖房时，脚手架突然倒塌，砸倒路过的乙。甲紧急拨打120将乙送到医院抢救。因伤势过重，抢救无效，乙身亡。

1. 甲侵犯了乙的何种权利？

回答：生命权

2. 甲于某日自杀。

（1）甲是否在行使生命权？

回答：否。

（2）生命权可否直接支配？

回答：否。生命权是防御性权利。

（3）甲的行为是否合法？为什么？

回答：否。生命权的立法目的是保护生命而非终结生命，自杀行为与法律和道德的价值相悖。

（二）身体权

1. 身体权概述。身体权是自然人以保持其身体组织完整并支配其肢体、器官和其他身体组织的人格利益为内容的具体人格权。《民法典》第1003条规定："自然人享有身体权。自然人的身体完整和行动自由受法律保护。任何组织或者个人不得侵害他人的身体权。"身体权与生命权、健康权密切相关，侵害自然人的身体权往往导致对自然人健康乃至生命的侵害。身体权具有以下法律特征：

（1）身体权是自然人享有的区别于健康权的独立的人格权。尽管身体与健康密切相关，但侵害了身体未必就侵害了健康。因此，身体权有其独立存在的必要性。

（2）身体权的客体是自然人的身体及其利益。自然人的身体是自然人的生理组织的整体（即躯体），是肉体的整个构造及附属于身体的所有部分。身体虽然由肢体、器官和其他组织等主体部分以及毛发、指甲等附属部分所构成的，但它是一个整体。自然人身体权以身体为客体，身体利益最重要的，就是保持其身体整体的完整性、完全性。任何人破坏自然人身体的完整性，就构成对自然人身体权的侵害。因此，保持身体整体的完整性、完全性是身体权最重要的特征。

（3）自然人对自己身体的组成部分享有支配权，即身体权不仅表现为对自己身体完全性、完整性的维护权，还表现为对自己身体组成部分的肢体、器官和其他组织在特定情况下的支配权。《民法典》第1006条第1款规定："完全民事行为能力人有权依法自主决定无偿捐献其人体细胞、人体组织、人体器官、遗体。任何组织或者个人不得强迫、欺骗、利诱其捐献。"

2. 身体捐献与临床试验。

（1）身体捐献。自然人有权决定其人体细胞、人体组织、人体器官、遗体的捐献，这是身体权的支配权性质的核心体现。根据《民法典》第1006条的规定，身体捐献的法律规则是：

第一，完全民事行为能力人有权依法自主决定无偿捐献其人体细胞、人体组织、人体器官、遗体。完全民事行为能力人应当以书面形式或者遗嘱，做出同意捐献的意思表示。

第二，自然人生前未表示不同意捐献的，该自然人死亡后，其配偶、成年子女、父母可以共同决定捐献，决定捐献应当采用书面形式。

【训练】甲有配偶和成年子女，现甲死亡。

1. 经查，甲生前口头作出死后捐献遗体的意思表示。甲死亡后遗体的捐献，是否需要配偶、子女的共同书面同意?

回答:是。捐献的意思表示需采取书面或遗嘱的方式,因甲未作出捐献或不捐献的意思表示,故甲死亡后,遗体的捐献由配偶、子女共同书面决定。

2. 经查,甲生前口头作出死后不捐献遗体的意思表示。甲死亡后遗体的捐献,是否需要配偶、子女的共同书面同意?

回答:否。不捐献的意思表示无需采取书面或遗嘱的方式,因甲作出了不捐献的意思表示。甲死亡后,遗体不捐献。

需要注意的是,自然人对自己身体组成部分的肢体、器官和其他组织的支配以及对遗体的支配,不能违反法律规定,不能违反公序良俗。《民法典》第1007条规定:"禁止以任何形式买卖人体细胞、人体组织、人体器官、遗体。违反前款规定的买卖行为无效。"

(2)临床试验。接受为研制新药、医疗器械或者发展新的预防和治疗方法的临床试验,也是自然人身体权的支配权性质的体现。根据《民法典》第1008条之规定,临床试验的法律规则是:

第一,临床试验的决定。为医学事业发展,需要进行临床试验的,应当依法经相关主管部门批准,并经伦理委员会审查同意。

第二,进行临床试验,应向受试者或其监护人告知试验目的、用途和可能产生的风险等详细情况,并经其书面同意。

需要注意的是,进行临床试验的,不得向受试者收取试验费用。

3. 身体侵权。致害人实施侵权行为,破坏受害人身体的完整性或妨害受害人对其身体的自主性的,构成身体侵权。其中,破坏他人身体的完整性,如医生手术中误将患者的肾脏切除;妨害受害人对其身体的自主性,如非法搜查他人身体、非法侵扰他人身体等。需要注意的是,身体侵权不以被害人感受到肉体上之痛苦为必要[1]。

殴打既是侵害身体权的行为,也可能是侵害健康权的行为。对这两种行为侵害的是何种具体人格权,应从后果加以区分,以是否破坏身体组织功能的完整性为标准。当殴打致受害人的身体组织功能不能完全发挥时,就是侵害健康权;当殴打未造成上述后果时,就是侵害身体权。应当注意的是,殴打行为本身侵害的就是身体权,并不要求具有伤害后果才构成侵害身体权。

4. 性骚扰侵权。性骚扰是一种特殊的身体侵权。因为自然人对自己身体享有排他的防御权,违背自然人的意志而对其实施包含性信息的行为,构成性骚扰。性骚扰侵权的构成要件有二:一是违背受害人意愿;二是性骚扰的行为方式,可以是语言、文字,也可以是其他行为。

构成性骚扰的情况下,侵权责任人有二:首先,性骚扰的人需对受害人承担侵权损害赔偿责任;其次,机关、企业、学校等单位未采取合理的预防、受理投诉、调查处置等措施,防止和制止利用职权、从属关系等实施性骚扰的,对在单位范围内发生的利用职权、从属关系的性

---

[1] 参见何孝元:《损害赔偿之研究》,台湾商务印书馆1982年版,第135页。

骚扰，需承担侵权损害赔偿责任。

（三）健康权

1. 健康权概述。健康权是自然人以保持身体组织、器官及其系统机能正常和人的心理良好状态的人格利益为内容的具体人格权。《民法典》第 1004 条规定："自然人享有健康权。自然人的身心健康受法律保护。任何组织或者个人不得侵害他人的健康权。"

健康权具有如下法律特征：

（1）健康权以人体组织、器官及其系统的生理功能的正常运作和心理良好为内容。健康和身体都是人的物质性人格利益，但是身体指的是人的肌体构造的完整性和完全性，健康指的是人体构造的各组织、器官及其系统的生理功能的正常运作和作用的完善发挥。当人体的肉体构造遭到损害，进而导致组织器官及其系统功能失常时，如断人肢体而导致其生理功能的不完善，应认定为健康权的损害；当身体构成的完整性、完全性受到损害，并对人体机能运作的正常性及其整体功能的完善性造成损害时，亦应认定为健康权的损害。

（2）健康权以维持人体的正常生命活动为根本利益。健康损害可以通过治疗而康复好转，而生命对于人只有一次，生命损害是不可逆转的，这是健康权和生命权的一个重要区别。当健康受到损害时，无论是发生器质性的改变，还是功能性的改变，都可以经过医治而使其康复或好转，以维持人体的正常生命活动。健康只有在生命存续期间才有，只要生命尚存，就存在健康利益。因此，如果侵权行为导致被害人最终因健康状况的严重损害而死亡的，应认定该侵权行为为侵害生命权的行为；没有造成死亡后果的，无论是否具有故意，也无论损伤多么严重，只要其生命尚存在，就应认定为侵害健康权的行为。

（3）健康权的内容主要表现为健康保持权，即自然人享有保持生理、心理机能正常及健康状态不受侵犯的权利。当公民健康权受到不法侵害时，依法享有请求法律保护的权利。

2. 健康侵权。致害人实施侵权行为，破坏受害人身体机能正常发挥的，构成健康侵权。由此可见，健康侵权与身体侵权的区分，在于侵权损害的后果，即侵权行为是破坏受害人身体的完整性、自主性，还是破坏了身体机能的正常发挥。

【训练】甲到乙的理发店理发。

1. 乙是否侵犯了甲的身体权？

回答：否。理发是为满足人体正常需要而支配特定人格利益的行为。

2. 乙不慎将甲的耳朵剪破。

（1）侵犯了甲的什么权利？

回答：身体权。甲的身体完整性受到损害。

（2）乙是否侵犯了甲的健康权？

回答：否。甲的听力和其他生理机能正常，未受损害。

二、姓名权和名称权

（一）姓名权、名称权概述

姓名权，是指自然人决定、使用、变更其姓名的自主权和姓名利益受他人尊重的权利。

《民法典》第 1012 条规定："自然人享有姓名权，有权依法决定、使用、变更或者许可他人使用自己的姓名，但是不得违背公序良俗。"自然人的姓名，不以现用的本名为限，曾用名、笔名、艺名、网名等，只要具有识别特定自然人的功能的，均为受民法保护的姓名。名称权，则是指法人、非法人组织依法决定、使用、变更、转让或者许可他人使用自己的名称的权利。《民法典》第 1013 条规定："法人、非法人组织享有名称权，有权依法决定、使用、变更、转让或者许可他人使用自己的名称。"由此可见，姓名权、名称权均是民事主体所享有的、用于区别于他人的符号的权利，但权利主体的形态不同。

姓名权、名称权的内容包括：

1. 姓名、名称的决定权。自然人、法人或非法人组织享有决定自己姓名、名称的权利，任何人无权干涉。在此基础上，自然人不仅有权决定自己的姓氏和名字，而且有权决定自己的艺名、笔名、网名、化名、别名等。《民法典》第 1015 条规定："自然人应当随父姓或者母姓，但是有下列情形之一的，可以在父姓和母姓之外选取姓氏：①选取其他直系长辈血亲的姓氏；②因由法定扶养人以外的人扶养而选取扶养人姓氏；③有不违背公序良俗的其他正当理由。少数民族自然人的姓氏可以遵从本民族的文化传统和风俗习惯。"

2. 姓名、名称的使用权。即自然人、法人或非法人组织使用自己的姓名、名称以表明自己身份的权利。民事主体设立姓名、名称的目的是彰显其个体特征，并与其他社会成员相区别。同时，在民事社会生活中以姓名、名称的使用为标志确立其独立的名义，以自己的名义享有权利，承担义务，进行正常的民事生活。因此，民事主体使用自己的姓名、名称是其姓名权、名称权的基本内容。在此基础上，对于名称权而言，法人或非法人组织的名称办理登记后，即可具有排他性；而对于姓名权而言，原则上，自然人的姓名不具有排他性，但是，具有一定社会知名度，被他人使用足以造成公众混淆的自然人的笔名、艺名、网名、译名、字号、姓名和名称的简称等，在相关的领域，具有排他性。

【训练】歌手黄某（艺名阿阳）以《雪域情歌》等带有鲜明青藏高原特色的歌曲蜚声歌坛。不久，不知名歌手王某以"雪域阿阳"为艺名发行专辑，专辑内容也是以歌唱青藏高原为主，导致许多听众误以为"雪域阿阳"就是《雪域情歌》的演唱者阿阳，进而购买其专辑，由此引发黄某起诉王某。王某的行为是否涉嫌侵权？为什么？

回答：是。黄某的艺名"阿阳"具有一定的社会知名度，艺名"雪域阿阳"的王某及其演唱的歌曲类型足以造成公众将二人混淆。对知名艺名"阿阳"的保护应参照适用姓名权的有关规定。

需要注意的是，在信息时代，自然人的声音也成为法律保护的对象，如制作电视、电影、视频、音频等需要使用他人声音的，应当依法使用。《民法典》第 1023 条第 2 款规定："对自然人声音的保护，参照适用肖像权保护的有关规定。"

3. 姓名、名称变更权。即自然人、法人或非法人组织享有的依法改变自己的姓名、名称的权利。由于自然人、法人或非法人组织已经参与到各种法律关系中，其姓名、名称的改变涉及他人和社会的利益，因此，对于自然人而言，自然人的正式姓名变更必须按照规定办理，且需要在户籍登记机关办理更名手续，否则，姓名的变更无效。但是，自然人变更其艺名、笔名等非正式姓名则不受此限制。对于法人或非法人组织而言，名称变更必须按照规定办理变更登记。不办理变更登记的，其变更行为不得对抗善意第三人。民事主体变更姓名、名称之前所实施的民事法律行为，在变更后仍然对其具有法律约束力。

4. 名称转让权。法人、非法人组织享有转让其名称的权利。法人、非法人组织转让名称的，应当依法向有关机关办理登记手续，但是法律另有规定的除外。在名称转让前实施的民事法律行为对其具有法律约束力。

（二）姓名、名称侵权

致害人实施侵权行为，以干涉、假冒、盗用的方式，侵害受害人姓名、名称的，构成姓名、名称侵权。其客观表现有三：

1. 干涉受害人行使姓名权、名称权的行为，如违背受害人意思对其行使姓名的命名权、使用权、更名权的无理干涉行为。

2. 假冒受害人的行为，如冒名顶替，以受害人的姓名、名称从事民事活动或社会活动。

3. 盗用他人姓名的行为，如未经受害人授权，模仿受害人的签字或盗取、使用受害人的印章。

【训练】甲冒名顶替其同学乙上大学。10 年后，在家务农的乙发现在教育局工作的甲使用的是乙的姓名。经查，甲的人事档案内容从小学到中学都是乙的。

1. 甲侵犯了乙的何种民事权利？

回答：姓名权。

2. 除了民事权利，甲还侵犯了乙的什么权利？

回答：宪法上的公民受教育权。

三、肖像权

（一）肖像权概述

肖像权是指自然人以支配自己的肖像利益为内容的具体人格权，即对自己肖像的制作和使用所享有的专属的、排他的权利。肖像是通过影像、雕塑、绘画等方式在一定载体上反映的特定自然人可以被识别的外部形象，具体可再现为摄影照片、画像、塑像、剪影等物质载体形式。肖像权作为一种民事权利，具有如下法律特征：

1. 肖像权是一种具体的识别性人格权，具有专属性。肖像专属于特定的自然人。所谓识别性人格权，是指肖像具有以形象标识特定自然人，证明和象征肖像人人格独立的功能。这种功能不能为其他因素所代替，因为人的肖像与生俱来，除非特殊原因一般不会改变。

2. 肖像权所体现的基本利益是精神利益。法律保护自然人的肖像权，所体现的是肖像权人对形象美好所象征的人格尊严的精神利益。

3. 肖像权与物质利益密切相关。肖像在使用中所产生的物质利益由权利人依其肖像权支配。

（二）肖像权的内容

1. 专有制作权。即通过造型艺术手段将人的外部形象表现出来并固定在某种物质载体之上的全部过程。只有经过这个过程，人的形象才能转化为肖像。这个过程是借助一定的物质载体将自己的形象加以再现，再现的表现形式为照片、录像、画像、雕塑等一切肉眼可以感知的物质载体。对此，自然人享有肖像制作专有权，有权委托他人为自己制作肖像，同时有权禁止他人未经许可制作自己的肖像。

2. 专有使用权。即自然人有权使用自己肖像并获得精神上的满足和财产上的利益。肖像权虽然是自然人自己的专有权，但在一定情形下，自然人的肖像也可以经肖像权人许可而由他人使用。

（三）肖像使用许可合同

肖像使用许可，是肖像权中的专有使用权的延伸。肖像使用许可合同，是指肖像权人与使用人订立的，使用人有权使用肖像权人的肖像的合同。根据《民法典》第1021、1022条之规定，肖像使用许可合同的主要规则是：

1. 不利解释原则。当事人对肖像许可使用合同中关于肖像使用条款的理解有争议的，应当作出不利于使用人的解释。肖像使用许可合同中的不利解释原则，以肖像权的人格权性质为基础，至于该合同是否为格式条款合同，在所不问。

2. 合同解除权。

（1）对肖像许可使用期限没有约定或者约定不明确的，任何一方均可随时解除肖像许可使用合同，但是应当在合理期限之前通知对方。

（2）当事人对肖像许可使用期限有明确约定的，肖像权人有正当理由的，可以解除肖像许可使用合同，但是应当在合理期限之前通知对方。因解除合同造成对方损失的，除不可归责于肖像权人的事由外，应当赔偿损失。

需要注意的是，姓名可以依法许可他人使用。《民法典》第1023条第1款规定："对姓名等的许可使用，参照适用肖像许可使用的有关规定。"

（四）肖像侵权

根据《民法典》第1019、1020条之规定，肖像侵权的构成，按照如下逻辑层次来确定：

1. 以丑化、污损，或者利用信息技术手段伪造肖像的，为肖像侵权。

2. 原则上，未经肖像权人同意，擅自制作、使用、公开、处分肖像权人的肖像的，原则上构成肖像侵权。但是，依法属于合理使用的情形除外。肖像的合理使用情形包括：

（1）为个人学习、艺术欣赏、课堂教学或者科学研究，在必要范围内使用肖像权人已经公开的肖像；

（2）为实施新闻报道、展示特定公共环境，不可避免地制作、使用、公开肖像权人的肖像；

（3）为依法履行职责，国家机关在必要范围内制作、使用、公开肖像权人的肖像；

（4）为维护公共利益或者肖像权人合法权益，制作、使用、公开肖像权人的肖像的其他行为。

关于侵害肖像权的行为，我国 1986 年的《民法通则》第 100 条规定："……未经本人同意，不得以营利为目的使用公民的肖像。"可见，当年规定侵害他人肖像权必须以营利为目的。如今，《民法典》并未规定肖像使用者必须"以营利为目的"才构成侵权。这一立法态度的转变表明，肖像权虽然与财产利益密切相关，但最为重要的还是肖像权人的人格利益。[1] 因此，只要不属于《民法典》第 1020 条规定的情形，未经肖像权人同意而使用其肖像，无论使用者是否营利，均可能构成侵权。

【训练】请回答如下问题：

1. 甲从网上下载乙的照片用于宣传其护肤产品，是否侵犯乙的肖像权？

回答：是。

2. 某大楼失火，电视台录像做新闻报道。视频中，围观的人群中乙距离镜头最近，形象大而清晰。甲是否侵犯乙的肖像权？

回答：否。

3. 唐山大地震时，甲在某部服役，在唐山家里的甲的亲人全部遇难，甲仅保有其父一张一寸照片。多年以后，甲思念亲人，将该一寸照片送至乙影楼放大相，影楼不慎将该一寸照片丢失。甲十分痛苦。

（1）影楼是否侵犯甲父的肖像权？

回答：否。

（2）甲享有什么权利和利益？

回答：照片所有权。甲父作为肖像权人已去世，肖像是其人格遗留利益，该利益属于甲。

（3）甲受到何种损害？

回答：精神损害。

（4）影楼应当承担何种民事责任？

回答：精神损害赔偿责任。

四、名誉权和荣誉权

（一）名誉权

1. 名誉权概述。名誉是指民事主体的名望和声誉，是指他人对特定民事主体的道德品质、生活作风、社会表现等方面的人格尊严所给予的社会评价和尊重。自然人名誉权是自然人就自己的道德品质和生活作风等方面的人格尊严应受社会公正评价和尊重而不受损害的具体人格权。法人、非法人组织的名誉权是其参与民事活动状况、日常经营诚信与否以及承担社会责任如何等方面的人格尊严应受社会公正评价和尊重而不受损害的具体人格权。名誉权具有如下几个方面的法律特征：

---

[1] 参见杨立新：《人身权法论》，中国检察出版社 1996 年版，第 479~483 页；王利明、杨立新、姚辉：《人格权法》，法律出版社 1997 年版，第 109 页。

（1）名誉权的客体是名誉。名誉是人格的精神要素。名誉利益是民事主体就其精神属性的人格尊严应受公正社会评价和尊重的利益。自然人的精神属性包括自然人的品德、操守、生活作风和其他素质；法人、非法人组织的精神属性包括民事活动中的诚信、尽责、守约表现等品质。名誉权就是民事主体针对其名誉利益而享有的权利。

（2）名誉权的基本内容是名誉应受公正社会评价和维护自己的良好社会评价，即受到公正社会评价和应受尊重，并且保有自己的良好名声，维护自己的名声不受侵害。

（3）名誉权没有财产内容，但与财产利益具有一定的关联。名誉权本身不是财产，也非商品，它不能带来直接的经济利益，也不能像肖像权那样通过利用而产生经济利益。但是，名誉权却和财产有着密切的联系。自然人的名誉直接关涉其就业获酬等问题，自然人的名誉受到侵害时，不仅遭受精神上的痛苦，还可能会造成一定的财产损失，如因名誉损害而影响与他人的正常交易和合作造成收入的减少等。法人、非法人组织的名誉则直接关系到其市场竞争力、产品销路销量、获取利益的机会等。

2. 名誉权的内容。

（1）名誉应受社会公正评价和尊重。民事主体在社会生活中都有获得社会公正评价、得到良好名声的权利，其社会评价不应受歪曲而降低。他人只要不实施影响社会对人公正评价的行为，权利主体的名誉即可得到公正的评价和尊重。名誉权的权利人无权要求他人对自己作出评价，义务人也无义务积极评价，只要不作出影响公正评价的行为即可。

（2）名誉保有权。民事主体保持自己享有的良好名誉不降低、不丧失。

（3）名誉维护权。民事主体对于任何有可能导致社会对其人身精神属性和价值的评价降低的言行，有权采取措施予以制止。对侵害名誉权的行为人，可以请求司法机关追究其法律责任，采取措施消除影响，恢复名誉。

（4）名誉利益支配权。名誉权人对于名誉权所体现的利益能够进行支配。名誉权人可以利用自己良好的名誉，与他人进行广泛的社会交往和良好合作，使自己获得更好的精神利益和经济利益。

（5）信用评价的查询、异议权。信用评价是经济领域中的名誉。在市场经济社会，民事主体的信用评价对其生活、经营具有重大影响。因此，民事主体可以依法查询自己的信用评价，发现信用评价错误的，民事主体有权提出异议并请求采取更正、删除等必要措施。

3. 名誉侵权。

（1）名誉侵权的一般构成。一般而言，致害人实施侵权行为，采取侮辱或诽谤等有辱人格尊严的方式，导致受害人社会评价降低的，构成名誉侵权。其中，侮辱是指通过语言、文字、暴力等手段公然贬损他人的人格，从而损害他人名誉的行为；诽谤则是指故意散布某种虚假的事实贬损他人人格，从而损害他人名誉的行为，可分为口头诽谤和文字诽谤。侮辱和诽谤都是侵害名誉权的行为，两者的不同在于：侮辱一般是当面或公然进行，而诽谤则是背后或私下进行；侮辱主要用语言文字进行辱骂或暴力手段进行贬损，而诽谤则主要是故意虚构事实贬损他人。

【训练】甲乙为某单位同事，二人有过节。

1. 某日在单位餐厅用餐后，甲对乙竖中指，两人遂发生争执，几乎动手，后被其他同事拉开。甲的行为属于何种行为？是否侵犯乙的名誉权？

回答：侮辱行为。是。

2. 乙很生气，不日，见甲和女同事丙开玩笑，遂私下对其他同事说甲和丙有私情，后被甲丙知晓。乙的行为属于何种行为？是否侵犯甲和丙的名誉权？

回答：诽谤行为。是。

（2）新闻报道、舆论监督与名誉侵权。新闻报道、舆论监督，导致受害人社会评价降低，有下列情形之一的，构成名誉侵权：

第一，捏造、歪曲事实。此时，新闻报道、舆论监督构成诽谤，进而构成名誉侵权。

第二，对他人提供的失实内容未尽到合理审查义务。对新闻报道、舆论监督的真实性负有合理审查义务的人，如报社、电台等，在其未尽合理的审查义务的情况下，则与提供失实内容的人构成诽谤的共同过错，因而需构成共同的名誉侵权。需要注意的是，审查义务人是否尽到"合理"审查义务的判断标准，需从审查对象的社会关注度、审查义务人事先对该问题的了解程度、真实性审查的难度、所需成本等方面综合判断。

第三，使用侮辱性言辞等贬损他人名誉。此时，新闻报道、舆论监督构成侮辱，进而构成名誉侵权。

（3）文学、艺术作品与名誉侵权。文学、艺术作品导致受害人社会评价降低，同时具备如下要件的，构成名誉侵权：

第一，文学、艺术作品已经发表。发表的文学、艺术作品才会产生社会影响，进而导致受害人社会评价的降低，发生名誉侵权的后果。

第二，以真人真事或者特定人为描述对象。只有以真人真事或者特定人为描述对象的文学、艺术作品，才能够与社会生活中的特定受害人发生连接。需要注意的是，发表的文学、艺术作品，不以特定人为描述对象，仅其中的情节与该特定人的情况相似的，不构成名誉侵权。

第三，含有侮辱、诽谤内容。文学、艺术作品具有侮辱、诽谤内容，方才构成名誉侵权的行为要件。

（二）荣誉权

1. 荣誉权概述。荣誉是特定的民事主体在生产、生活等社会活动中有突出的贡献、表现或先进事迹，政府、单位、团体或其他组织以授予荣誉称号的方式所给予的积极的、正式的评价，如授予某自然人"劳动模范""优秀党员"等称号，授予某户人家"文明家庭""五好家庭"等称号，授予某法人或非法人组织"诚信经营企业""产品信得过企业"等称号。荣誉权是指民事主体对自己的荣誉享有利益并排除他人非法侵害的权利，具体表现为获得的荣誉称号不受非法撤销和剥夺。荣誉权具有如下法律特征：

（1）荣誉权的客体是荣誉称号所称的荣誉及其所包含的利益。荣誉的本身是一种以荣誉称号的授予而作出的正式的、积极的社会评价，它是荣誉权的客体。同样，荣誉权所包含的利益也是荣誉权的客体。荣誉利益包括物质利益和精神利益。例如，自然人获得"劳动模范"称号，这种称号是荣誉的本身；因被评为劳模而获得的奖金、奖品、晋升工资等财产利益以及所获得的尊敬、荣耀等精神利益，都是荣誉利益，也都是荣誉权的客体。

（2）荣誉权的非固有性。荣誉权和其他的人格权利不同，它并非基于自然人与生俱来的权利，而是基于国家、社会团体、单位或组织授予民事主体某种荣誉称号而产生，具有非固有性的特征。

（3）荣誉权是一种人格权。荣誉在本质上与名誉没有根本的区别，事实上，荣誉只不过是由国家、社会通过特定机关或者组织以荣誉称号的授予加以确认的良好名誉而已，它仍然是对一个人的道德、品质、贡献等方面的肯定的、褒扬的评价。同时，尽管荣誉权是基于国家、单位等所授予的称号而产生的，但它与传统民法上的身份权并不相同。传统民法上的身份是基于亲属法上相对关系的身份，身份权是基于这种亲属身份而享有的权利。因而，荣誉权应为人格权。但是，从荣誉权并非人人享有这个角度看，它却明显区别于其他固有性的、人人皆享有的具体人格权，因而是一项较为特殊的人格权，是固有性人格权的例外。

2. 荣誉权的内容。

（1）荣誉保持权。荣誉保持权是指民事主体对已经获得的荣誉保持归己享有的权利。荣誉归己享有，体现的是荣誉的独占权，表明荣誉已经获得，即为民事主体终身享有，未经法定程序不得撤销或非法剥夺。荣誉的撤销，须依一定的程序，由原授予荣誉的机关或组织依法定的事由撤销。荣誉的剥夺，则由人民法院依照刑法和刑事诉讼法的规定，以判决方式为之。任何非法撤销、剥夺他人荣誉称号的行为，都是对荣誉权的侵犯。

（2）精神利益支配权。精神利益支配权是荣誉权人对其所获得荣誉中精神利益的自主支配权。对精神利益的支配，包括对该种利益的控制和利用，但不得将荣誉的精神利益予以处分，如转让他人享有或转让他人利用。

（3）物质利益获得权。物质利益获得权，就是荣誉权人依法享有的对于荣誉附随的物质利益、取得财产权利的权利。荣誉权的物质利益，是指奖金、奖品、奖杯、奖章等含有精神价值和实用价值的财物，以及其他具有财产价值的荣誉待遇所体现的财产利益。可见，荣誉权本身虽然是人格权，但与财产权有联系。

（4）物质利益支配权。荣誉权人对于已经获得的物质利益，享有支配权。与此有联系的支配权包括两种形式：一是所有权支配；二是占用支配。这要根据荣誉称号授予时对荣誉附随的物质利益归属加以确定。荣誉称号授予时明确规定物质利益完全归权利人所有，获得这种物质利益，即对该物质利益取得所有权，权利人对其所有的这些物质利益，依其所有权自主支配。荣誉称号授予时明确规定权利人对物质利益不具有所有权，只是享有受时间限制的占有权的，权利人只能以其占有权有限支配。例如体育比赛的流动奖杯，获得者享有有限支配权，包括占有权、适当利用权，同时负有妥善保管义务和按时交回义务。因此，根据荣誉权所取得的对荣誉附随的物质利益的支配，是指占用支配。而依据荣誉权而获得物质利益的财产所有权后，荣誉权人对该物质利益的支配是依其所有权进行的，这时已同荣誉权无关。

3. 荣誉侵权。致害人实施如下侵权行为的，构成荣誉侵权：

（1）非法剥夺他人的荣誉称号。荣誉称号乃是由特定的机关通过特定的程序授予有特殊贡献的人的，它只能由原授权机关或者人民法院通过特定的程序予以取消。剥夺他人的荣誉称号正如授予他人荣誉称号一样，必须具备一定的条件。未具备剥夺条件者，任何人或者机关不得剥夺，否则构成对荣誉权的侵害。需要注意的是，非法阻挠、压制他人获取荣誉称号，不是对荣誉权的侵害，因为这时受害人还未获得该称号，当然也就不享有荣誉权。

（2）诋毁、贬损他人的荣誉。以侮辱、诽谤等有辱他人尊严的方式，诋毁、贬损他人荣誉的，不仅构成荣誉侵权，而且构成名誉侵权。但是，损毁他人的荣誉证书、毁坏奖章、奖状、奖杯、奖牌，侵害的是受害人的物权，而非荣誉权。

（3）获得的荣誉称号应当记载而没有记载的，民事主体可以请求记载；获得的荣誉称号记载错误的，民事主体可以请求更正。

【训练】甲因工作成绩突出，被单位评为"先进工作者"并颁发荣誉证书。同事乙嫉妒甲，在公开场合对其他同事说："他先进个啥！他的先进是送礼得到的。"某日，乙趁甲不在办公室，将甲的荣誉证书悄悄毁坏，在扔进垃圾桶时被同事丙发现。

1. 乙是否侵犯甲的荣誉权？

回答：是。乙诋毁甲的荣誉。

2. 乙是否侵犯甲的名誉权？

回答：乙对甲实施侮辱，有损甲的名誉。

3. 乙是否侵犯甲的所有权？

回答：是。乙损害归甲所有的荣誉证书。

五、隐私权和个人信息权

（一）隐私权

1. 隐私权概述。隐私权是自然人享有的与公共利益无关的私生活安宁和不愿为他人知晓的私密空间、私密活动、私密信息以及私密利益支配利用的权利。隐私权的基本内容包括：

（1）隐私隐瞒权。隐私隐瞒权也即隐私保持，是指自然人对于自己的隐私进行隐瞒、保守秘密，不为他人所知的权利。

（2）隐私维护权。隐私维护权是自然人对于自己的隐私所享有的维护其不受侵犯的权利，在隐私受到非法侵害时可以寻求司法保护的权利。维护隐私的不受侵犯，包括：阻断对隐私信息的不法传播，例如，禁止他人非法收集个人信息资料，传播个人资讯；防止隐私空间的不法进入，例如，对于私人活动，禁止他人干涉、追查、跟踪、拍照，禁止擅自闯入自然人住宅，禁止在居所安装监视装置等。

（3）隐私支配权。隐私支配权是指自然人对于自己的隐私有按照自己的意愿进行支配的权利。例如，经权利主体决定公开部分隐私；准许他人对个人领域进行察知；准许他人利用自己的隐私[1]；自己积极利用个人资讯，满足精神和物质需要等。

2. 隐私侵权。隐私权属于防御性权利。对于隐私权的保护，法律明确规定了侵犯隐私权行为的表现形式。《民法典》第 1033 条之规定，致害人实施如下侵权行为的，构成隐私侵权：

（1）侵扰他人私生活安宁。如以电话、短信、即时通信工具、电子邮件、传单等方式侵扰他人的私人生活安宁，或擅自入侵他人的酒店客房、住宅等私密空间；

（2）窥探他人私人生活。如拍摄、窥视、窃听他人的酒店客房、住宅等私密空间、秘密活动、身体的私密部位等；

（3）擅自公开他人隐私。即未经受害人许可，将受害人的私密活动公开或告诉他人；

（4）其他侵害他人的隐私权的行为。

【训练】请回答如下问题：

1. 甲的电脑出故障打不开，送维修点维修。电脑工程师乙打开电脑，发现电脑中存有甲和其女友的私密照片和视频。

（1）乙看到甲和其女友的私密照片和视频，是否侵犯甲的隐私权？

回答：否。甲能够预想到，如果乙能将电脑打开，必然会看到照片和视频。甲请乙维修电脑，等于允许乙知道其隐私内容。

（2）设乙将其下载的照片和视频发在网上，问：是否侵犯甲的隐私权？

回答：是。非法传播他人隐私信息。

2. 甲租房开设诊所，前厅为诊所，后屋为卧室。某日晚间，辖区派出所接到举报，称甲与其妻乙正在卧室观看黄色光碟。民警丙和协警丁、戊未着警服、未出示警官证，直接闯入甲乙的卧室，将二人从被窝里拉出，称其传播淫秽色情制品，随后将甲带至派出所进行殴打，并罚款 2000 元。

（1）问：甲乙观看黄色光碟是否违法？

回答：否。夫妻私密空间的私密活动受法律保护。

（2）问：丙丁戊的行为是否违法？

回答：是。不按要求着装、持证执法属违法执法，私密空间禁止他人非法进入。

（二）个人信息权

1. 个人信息权概述。个人信息是指与特定个人相关联的，反映个体特征的、具有可识别性的符号系统，包括个人身份、工作、家庭、财产、健康等各方面的信息。《民法典》第 1034 条第 2 款规定："个人信息是以电子或者其他方式记录的能够单独或者与其他信息结合识别特定自然人的各种信息，包括自然人的姓名、出生日期、身份证件号码、生物识别信息、住址、电话号码、电子邮箱、健康信息、行踪信息等。"

个人信息权就是指自然人对自己的个人信息支配、利用的权利。个人信息权是我国《民法典》第 111 条、第 1034 条规定的具体人格权。

---

[1] 参见杨立新：《人身权法论》，人民法院出版社 2002 年版，第 674~678 页。

2. 个人信息权与隐私权的比较。个人信息权与隐私权都是自然人享有的具体人格权，也均是自然人对自己生活的自主决定权，个人信息中也有不少属于隐私的信息，如未公开的信息；并且侵害隐私权也可能同时侵害了个人信息权，导致隐私权和个人信息权都受到侵害。《民法典》第 1034 条第 3 款规定："个人信息中的私密信息，适用有关隐私权的规定；没有规定的，适用有关个人信息保护的规定。"个人信息权与隐私权存在以下四个方面区别：

（1）权利属性不同。首先，隐私权主要是精神性人格权，保护隐私权主要是保护自然人的精神利益，侵害隐私权主要导致精神损害，但个人信息权是集人格利益和财产利益于一体的综合性权利，保护个人信息权既保护自然人的精神利益，也保护其财产利益；甚至自然人的某些信息权主要体现为财产利益，例如，名人出于商业目的可以将自己的个人信息授权他人使用。其次，隐私权主要是防御性权利，个人无法积极主动行使隐私权，只能在受到侵害时要求侵权者承担民事责任。但个人信息权不止消极地排除他人利用，也可以体现为对个人信息的主动控制、利用。

（2）权利客体不同。隐私权的客体是自然人不愿披露且不涉及公共利益的信息，具有私密性。个人信息中有属于隐私的内容，但个人信息权中的信息更多不包含私密性。例如个人的姓名、身份证号、电话号码等都是在一定范围内不具有私密性的信息，它们不属于隐私，无法归入隐私权保护，但仍基于生活的安宁需要而不能任由他人获取和使用。此外，隐私一旦被公开就无法恢复其私密性，故隐私无法具有重复利益，隐私受到侵害后无法恢复原状。但个人信息则可以被反复利用，如身份证号可以在多种场合被使用，侵害个人信息权也可以恢复原状。此外，相较于隐私的私人性，个人信息与国家安全的关系更为密切，个人信息可能以"集合"的形式表现出来，如大数据、基因库等，与国家安全密切相关。

（3）权利内容不同。隐私权的权利内容包括维护个人私生活的安宁、个人秘密不被他人非法公开、个人生活自主决定等。而个人信息权的内容则主要体现为对个人信息的自主支配、控制，不被他人非法收集、使用、加工、传输，不被他人非法买卖、提供或非法公开等。

（4）权利的保护方式不同。隐私权的保护基本只涉及私人利益。除了确权保护之外，主要是事后救济，即对侵害隐私权的行为追究民事侵权责任。但个人信息权不仅涉及私人利益，也涉及公共利益，因而对个人信息的保护不仅有事后救济，还包括事先防御，例如，规定使用他人信息者的义务。

3. 个人信息侵权。《民法典》第 1035 条第 1 款规定："处理个人信息的，应当遵循合法、正当、必要原则，不得过度处理，并符合下列条件：①征得该自然人或者其监护人同意，但是法律、行政法规另有规定的除外；②公开处理信息的规则；③明示处理信息的目的、方式和范围；④不违反法律、行政法规的规定和双方的约定。"据此，致害人实施如下侵权行为的，构成个人信息侵权：

（1）非法收集、处理他人信息。

第一，未经他人同意，收集、处理他人信息。但是，具有如下情形之一的，个人信息的收集、处理，无需信息主体的同意：①已经合法公开的信息。但是，信息主体明确拒绝，或处理该信息侵害其重大利益的除外；②为维护公共利益或者该自然人合法权益，合理地收集、处理其个人信息。

第二，秘密收集、处理他人信息，或未明示个人信息收集、处理的目的、方式和范围。

第三，违反法律、行政法规的规定和双方的约定，收集、处理他人信息。

（2）非法向第三人提供他人个人信息。非法买卖个人信息的，买卖双方均构成个人信息侵权。但是，向第三人提供他人经过加工后，无法识别特定个人，且不能复原的个人信息，不构成侵权。

【训练】甲娱乐性报纸将乙知名导演的家庭住址登在该报纸上，丙狂热影迷看到后，每天守在乙家门口，不是请乙签名就是请求乙合影留念，导致乙的工作和生活受到严重干扰。甲是否侵犯乙的个人信息权？

回答：是。

第四编　婚姻家庭　<<<

第十二章　婚姻家庭

第一节　婚姻家庭的基本理论

一、亲属关系

（一）亲属与家庭成员的概念

亲属，是指由于婚姻关系、血缘关系、法律拟制而引起的一种人与人之间的社会关系。其中，近亲属，包括配偶、父母、子女、兄弟姐妹、祖父母、外祖父母、孙子女、外孙子女。家庭成员，是指配偶、父母、子女和其他共同生活的近亲属。

【训练】家里的保姆是否属于家庭成员？

回答：不属于，没有亲属关系。

亲属分为配偶、血亲、姻亲三类。配偶是男女双方因结婚而形成的亲属关系，它是血亲与姻亲赖以发生的基础。血亲是因血缘联系而形成的亲属关系。血亲的主要种类有自然血亲和拟制血亲、全血缘的血亲与半血缘的血亲。姻亲是以婚姻为中介而形成的亲属关系。其种类有血亲的配偶、配偶的血亲、配偶的血亲的配偶三种。

【训练】张三表嫂的侄子与张三是否属于亲属？

回答：不属于，张三的表嫂属于血亲的配偶，属于姻亲。然而表嫂的侄子属于血亲的配偶的血亲，不具有法律意义上的亲属关系。

（二）亲系与亲等

1. 亲系。亲系是亲属间的联络系统。亲系的主要种类有：父系亲与母系亲、男系亲与女系亲、直系亲与旁系亲。

2. 亲等。亲等是计算亲属关系亲疏远近的单位。

（1）各国关于亲等的计算法。各国关于亲等的计算方法有罗马法中的计算法与寺院法中的计算法两种。其中，罗马法的亲等计算法最为普遍和科学。罗马法亲等计算法以"世"为单位，己身不包括在内，计算亲等数，例如父母和子女之间为一世亲直系血亲。旁系血亲的计算方法，首先找到共同的直系尊血亲，从己身出发计算亲等数，己身不包括在内，例如兄弟姐妹属于一亲等旁系血亲。

寺院法直系血亲的亲等计算法与罗马法相同，但旁系血亲的计算方法有别。首先找到共同的直系尊血亲，从己身和被计算者同时向共同的直系尊血亲计算，得出两个亲等数，两个数字相同，取其一作为旁系血亲的亲等数；两边不同，取数字大者为亲等数。

（2）我国婚姻法中的计算方法。我国古代的亲等计算以"丧服制"图景展开。丧服的差等表明亲属关系的远近，丧服分五等：斩衰服、齐衰服、大功服、小功服、缌麻服。亲属关系近、丧服重，亲属关系远、丧服轻。

我国《民法典》并未规定亲等的计算方法，然而存在理论亲等计算方法。我国亲等计算以"代"为单位。计算亲等时，己身包括在内。在计算旁系血亲亲等数时，与寺院法的计算方法基本相同。两边亲等数相同，取其一作为旁系血亲的亲等数；两边不同，取数字大者为亲等数。

【训练】成某与刘某为表兄妹，成某的父亲与刘某的母亲为表姐弟，成某的祖母与刘某的外祖父为亲兄妹，请问成某与刘某二人的亲属亲等关系如何？

回答：四代旁系血亲。成某与刘某为同辈，二人同源直系尊亲属为曾祖父母（曾外祖父母），依照我国亲等计算法，由此得出二人为四代旁系血亲关系。

（三）亲属关系的发生与消灭

亲属关系的发生与消灭直接影响到亲属之间的权利义务，例如亲属关系解除会改变原抚养、赡养和继承法律关系，因此确定亲属关系的发生和消灭具有重要的法律意义。

配偶因结婚而发生、因其中一方死亡（包括宣告死亡）或离婚而消灭。自然血亲关系因出生而发生，因死亡而消灭。拟制血亲因拟制事由的成立，如收养而发生，因死亡或拟制事由的消灭例如收养的解除而消灭。姻亲以婚姻为中介而发生，因离婚而消灭，至于配偶一方死亡是否引起姻亲关系的消灭问题，各国的立法不一致。因姻亲关系是否终止，会影响到部分法律关系的建立，例如丧偶的儿媳和公公能否结婚等类似问题。

（四）亲属关系的法律效力

亲属关系的法律效力即指一定范围的亲属在法律上所产生的权利与义务关系。亲属关系的法律效力影响范围较广泛。①亲属关系在婚姻家庭法上的效力。例如有关禁止结婚的血亲关系，亲子关系的建立，以及夫妻财产的范围以及夫妻共同债务的认定等。②亲属关系在民法上的效力。包括亲属关系所带来的继承关系、监护关系等。③亲属关系在刑法上的效力。犯罪构成效力和告诉、和解效力等。④亲属关系在诉讼法上的效力。代理的效力，回避的效力，上诉、申诉效力等。⑤亲属关系在劳动法、国籍法上的效力。享受探亲假、抚恤金或生活困难补助费的资格，同时亲属关系是取得或申请退出中国国籍的前提条件（含不能取得双重国籍的效力）。

二、婚姻家庭法的基本原则

婚姻家庭法是调整婚姻家庭关系的发生、终止，以及由此产生的特定范围的亲属之间的权利义务关系的总和。婚姻家庭法的基本原则是婚姻家庭法规范精髓的集中体现，承载着婚姻家庭法的基本价值，是对婚姻家庭编规则和制度的高度浓缩化、抽象化，是婚姻家庭法的立法精神和指导思想，决定了婚姻家庭法的基本框架，贯穿于立法、司法、执法和守法的全过程。

（一）婚姻自由原则

婚姻自由原则是婚姻家庭法的首要原则，是指当事人有权依照法律规定，自主决定个人婚姻问题，不受任何人的强迫和非法干涉。

1. 婚姻自由原则的内容。婚姻自由包括结婚自由和离婚自由两个方面。结婚自由，是指当事人有依法缔结婚姻关系的自由。当事人可以依法选择配偶，不受第三人的非法干涉。离婚自由，是指当事人在感情破裂的情况下，有权依法解除婚姻关系。

2. 婚姻自由的禁止事项。根据《民法典》第1042条第1款的规定，包办婚姻、买卖婚姻和非法干涉他人婚姻自由的行为均违反了婚姻自由原则。

（二）一夫一妻原则

一夫一妻原则，是指一男一女结为夫妻，互为配偶的婚姻制度。一夫一妻原则的发展有其深刻的社会背景，受到生产力发展水平的影响，不同的阶级社会中一夫一妻制有不同的内涵。我国民法上一夫一妻原则的具体要求包括：

1. 禁止重婚。重婚是指有配偶者再行结婚的违法行为。重婚行为严重破坏了一夫一妻制，若重婚的当事人主观上是故意的，则会构成犯罪，要依照刑法的有关规定处理。

2. 禁止有配偶者与他人同居。有配偶者与他人同居，是指有配偶者与婚外异性，不以夫妻名义，持续、稳定地共同居住。与重婚的最大区别在于其对外不以夫妻名义生活，一般比较隐秘，不愿公开两性关系。此行为仅为一般违法行为，并不涉及触犯刑法。

（三）男女平等原则

男女平等原则是指男女双方在婚姻家庭关系上平等地享有权利，承担义务。男女平等原则在婚姻家庭关系中表现为如下几方面：①男女双方享有同等的婚姻自主权。②夫妻双方在人身财产关系上平等。③父母在抚养教育子女方面的权利义务平等。④家庭成员间的权利义务平等。

婚姻家庭法中的男女平等原则与民法上的平等原则具有明显的区别。民法平等原则指所有民事主体享有平等的权利并平等地履行义务，是市民社会范畴内的平等；男女平等则强调婚姻关系中两性法律地位的平等，强调家庭范围内两性关系的平等，更具伦理性。

（四）保护妇女、儿童、老人的合法权益原则

在婚姻家庭生活中，妇女、未成年人、老人和残疾人都属于弱势群体，因此有必要强调其利益的不可侵犯性。保护妇女、儿童、老人的合法权益原则具有如下具体要求：

1. 禁止家庭暴力。国家对家庭暴力持零容忍的态度。

【训练】幼儿园的孙老师发现松松小朋友最近情绪低落。经了解，松松的父亲经常在松松面前辱骂、殴打松松的母亲。请问其父的行为是否构成对松松的家庭暴力？

回答：构成对松松的家庭暴力，松松目睹了家庭暴力，其父亲施暴时并没有将松松带离现场，说明主观具有过失，给松松造成精神上的伤害，因此也构成对松松的家庭暴力。

2. 禁止虐待和遗弃家庭成员。虐待是以作为或不作为的形式，对家庭成员歧视、折磨、摧残，使其在精神上和肉体上遭受损害的违法行为，如打骂、恐吓、患病不予治疗、限制人身自由、在居住条件上的歧视性对待等。遗弃是指家庭成员中负有扶养、抚养和赡养义务的一方，对于年老、年幼、患病或者其他没有独立生活能力，需要扶养、抚养、赡养的另一方，故意不履行其应尽义务的行为。通常表现为不作为的方式。

（五）家庭文明建设原则

由于家庭在人口数量和质量、经济发展和文化传承等方面的作用不容忽视，因此《民法典》第 1043 条将家庭文明建设提升至婚姻家庭编的基本原则之一。

第二节 结 婚

一、婚姻的成立

结婚，是以引起婚姻法律关系成立为目的的双方身份民事法律行为。相应的，婚姻的成立，则是对男女双方依照法定条件缔结婚姻，配偶关系产生或存在状态的描述。婚姻依法成立后，是否能发生法律效力，在当事人之间产生配偶间的权利义务，还取决于其是否符合婚姻有效的要件。婚姻的成立要件是指法律规定的构成婚姻所不可缺少的要素，分为一般成立要件和特别成立要件。

（一）婚姻的一般成立要件：婚姻合意

婚姻由男女双方当事人缔结，根据我国《民法典》婚姻家庭编的规定，婚姻当事人双方应为异性，我国尚未承认同性婚姻的合法地位。结婚是双方法律行为，双方当事人应达成缔结婚姻的合意。结婚是身份法律行为，故该行为需由当事人亲自实施，不得代理。

需要注意的是，现实生活中广泛存在订婚仪式或程序，此为婚约。婚约是男女双方以缔结法律婚为目的所做的事先约定。订立婚约的行为称为订婚或定婚，婚约当事人称为未婚夫妻。我国《民法典》沿袭了原《中华人民共和国婚姻法》中的规定，没有将婚约作为婚姻成立的必经阶段，婚约没有法律约束力，不能强制执行，因此也不是婚姻成立的要件。

（二）婚姻的特别成立要件：结婚登记

1. 结婚登记的法律意义。仅有男女双方当事人达成缔结婚姻的合意，还不足以成立法律意义上的婚姻，还需履行相应的法定手续或程序。我国采用婚姻登记制，根据《民法典》第 1049、1083 条的规定，结婚、离婚均需以办理登记手续为要件。

结婚登记具有公示意义，使不特定的第三人了解男女双方身份关系的变化，以及由此产生的法律效果。国家与政府通过登记监督结婚行为，登记机关对当事人的申请进行审查，当事人的婚姻状况被登记在案，可以有效地防止重婚、骗婚、包办买卖婚姻的发生。

2. 结婚登记瑕疵的处理。结婚登记瑕疵是指在结婚登记过程中出现的不符合程序要求的瑕疵。常见结婚登记瑕疵纠纷有三：①由他人代理或冒名顶替进行结婚登记；②当事人使用了虚假证件骗取结婚登记；③结婚登记程序未全部完成，如当事人双方申请结婚登记，婚姻登记机关经过审查认为符合结婚条件，在结婚登记申请表审查一栏签署"经审查情况属实，准予登记"，并加盖了公章，但因故当时没有发放结婚证书。

在我国现行法律框架下，结婚登记在性质上属于行政行为，即行政确认行为。登记瑕疵是否影响该行政行为的成立，应为行政法之判断。因此，《最高人民法院关于适用〈中华人民共和国民法典〉婚姻家庭编的解释（一）》（以下简称《婚姻家庭编解释（一）》第 17 条第 2 款规定："当事人以结婚登记程序存在瑕疵为由提起民事诉讼，主张撤销结婚登记的，告知其可以依法申请行政复议或者提起行政诉讼。"

3. 事实婚姻问题。事实婚姻是法律婚的对称，指没有配偶的男女，未经结婚登记，便以夫妻名义共同生活，且法律上构成夫妻的两性结合。关于事实婚姻是否为成立的婚姻，根据《婚姻家庭编解释（一）》第 7 条规定，1994 年 2 月 1 日是《婚姻登记管理条例》施行之日，该条例对事实婚姻进行了严格规定，根据《婚姻登记管理条例》第 24 条的规定，事实婚姻不受法律保护。即从 1994 年 2 月 1 日起，法律不认可事实婚姻的法律效力。该日期之后符合结婚实质要件的，应当补办结婚登记，否则，按同居关系处理。

二、婚姻的效力瑕疵

婚姻的效力瑕疵，是指因结婚行为的违法性给婚姻的效力造成的影响。在我国民法上，婚姻的效力瑕疵有二：一是婚姻的无效，二是婚姻的可撤销。

（一）无效婚姻

1. 婚姻无效的事由。无效婚姻，是指因违反了婚姻的根本性有效要件，而自始不产生婚姻效力的婚姻瑕疵类型。根据《民法典》第 1051 条的规定，婚姻的无效事由包括：

（1）重婚。重婚，是指有配偶者与他人结婚的法律事实。当事人一方或者双方已存在有效的婚姻关系。无效婚姻和可撤销婚姻必须经过法定的程序宣布无效或被撤销，未经宣告之前，仍然属于有配偶的人，若与他人结婚，就构成重婚。有配偶者与他人结婚，包括两种形式：一种是有配偶者与他人登记结婚，此为法律意义上的重婚；第二种属于事实意义上的重婚，即虽然未与他人登记结婚，但与他人以夫妻关系或名义同居生活，这为事实上的重婚。无论是何种意义上的重婚，重婚双方的婚姻均属无效。

（2）有禁止结婚的亲属关系。根据《民法典》第 1048 条的规定，民法禁止结婚的亲属有两类：一是直系血亲，包括父母和子女之间；祖父母、外祖父母和孙子女外孙子女之间；曾祖父母、曾外祖父母和曾孙子女、曾外孙子女之间等。由于养父母与养子女、继父母与形成抚养教育关系的继子女之间适用父母子女间的规定，所以我国法律禁止结婚的直系血亲也包括拟制直系血亲。二是三代以内的旁系血亲，其范围具体：兄弟姐妹之间，既包括同胞兄弟姐妹，也包括同父异母、同母异父的兄弟姐妹；堂兄弟姐妹和表兄弟姐妹之间；叔伯与侄女之间，姑姑与侄子之间，舅舅与外甥女之间，姨与外甥之间。

【训练】甲与乙为夫妻，甲死亡后，乙欲与丧偶多年的公公（甲父）丙结婚。请问二人婚姻效力如何？

回答：乙丙二人为姻亲，属于亲属关系。我国没有规定直系姻亲是否属于禁止结婚的范围。另外亦未规定姻亲终止的时间，通常死亡导致姻亲关系终止。本题中乙丙二人虽然没有禁止结婚的姻亲关系，但需要注意的是，结婚作为一种法律行为，同样需要满足《民法典》第143条有关法律行为的一般有效要件。公公与儿媳的婚姻虽然满足结婚的一般条件，但是违背公序良俗，因此二人婚姻为无效婚姻。同时世界各国立法通常否定直系姻亲之间的婚姻效力。

（3）未到法定婚龄。法定婚龄是指法律规定的最低结婚年龄，是法律对当事人婚姻行为能力的要求。确定法定婚龄的依据有二：一是自然因素，即人的生理、心理发育状况，心智成熟状况，即是否有能力对婚姻大事做出理性、独立的判断；二是社会因素，一定时期的人口状况、人口政策，以及不同国家和地区的历史传统、民族习惯等都可能影响到法定婚龄的确定。根据《民法典》第1047条的规定，结婚年龄，男不得早于22周岁，女不得早于20周岁。

需要注意的是，上述婚姻无效的法定事由，应在婚姻成立之时既已存在，在婚姻成立之前或者婚姻成立之后存在的，对本婚效力没有影响。同时，为了维护婚姻关系的稳定，保护未成年子女的合法权益，对于那些在婚姻成立时已存在，但在申请宣告婚姻无效时已经消失的情形，不构成婚姻无效的事由。

【训练】甲与乙结婚时，乙19岁。结婚5年后，乙以结婚时未满法定婚龄为由，向法院申请宣告婚姻无效时，法院是否应该予以支持？

回答：否。

2. 宣告婚姻无效的程序。

（1）宣告婚姻无效的请求权主体。宣告婚姻无效的请求权主体，是指有权向人民法院申请宣告婚姻无效的自然人或单位。根据《婚姻家庭编解释（一）》第9条的规定，有权申请宣告婚姻无效的主体，包括婚姻当事人及利害关系人。其中，利害关系人则包括：①以重婚为由申请宣告婚姻无效的，为当事人的近亲属及基层组织，即婚姻当事人所在地的居民委员会、村民委员会以及有关的国家机关。②以未达法定婚龄为由申请宣告婚姻无效的，为未达法定婚龄者的近亲属。③以有禁止结婚的亲属关系为由申请宣告婚姻无效的，为当事人的近亲属。近亲属应当包括配偶、父母、子女、兄弟姐妹、祖父母、外祖父母、孙子女、外孙子女。

（2）当事人死亡时的婚姻无效申请。在当事人一方或双方死亡的情况下，申请确认婚姻无效的意义在于死者遗产的继承等领域。因此，根据《婚姻家庭编解释（一）》第14条的规定，夫妻一方或者双方死亡后，生存一方或者利害关系人依据《民法典》第1051条的规定请求确认婚姻无效的，人民法院应当受理。

（3）宣告婚姻无效的机关。我国目前对无效婚姻的宣告采取的是单一的诉讼制模式，即宣告婚姻无效的机关为人民法院。

第一，法院对婚姻无效案件的审理。法院对于婚姻无效案件的审理，涉及两个审项：一是案件中婚姻效力的认定；二是在认定婚姻无效的情况下，当事人财产分割与子女的抚养。在此基础上，根据《婚姻家庭编解释（一）》第11条的规定，法院对上述两个审项的审理方式有所不同：①对于婚姻效力的认定，原告申请撤诉的，不予准许，且审理中不适用调解，应当依法作出判决。②涉及财产分割和子女抚养的，可以调解。调解达成协议的，另行制作调解书；

未达成调解协议的，应当一并作出判决。

第二，婚姻无效案件与离婚案件。根据《婚姻家庭编解释（一）》第 12、13 条的规定，婚姻无效案件与离婚案件的关系，区分如下两种情形来处理：①人民法院受理离婚案件后，经审理确属无效婚姻的，应当将婚姻无效的情形告知当事人，并依法作出确认婚姻无效的判决。②人民法院就同一婚姻关系分别受理了离婚和请求确认婚姻无效案件的，对于离婚案件的审理，应当待请求确认婚姻无效案件作出判决后进行。

【训练】甲乙婚后，感情不和。

1. 如果乙向法院提起诉讼，要求与甲离婚。法院在审理中发现甲乙的婚姻系属无效。法院如何处理？

回答：将婚姻无效的情形告知甲、乙，并依法作出确认婚姻无效的判决。

2. 如果乙向法院提起诉讼，要求与甲离婚；甲也向法院提起诉讼，请求确认婚姻无效。

（1）法院如何处理？

回答：先审理婚姻效力之诉，中止离婚之诉。

（2）如果甲乙婚姻有效，怎么办？

回答：继续审理离婚之诉。

（3）如果甲乙婚姻无效，怎么办？

回答：不再审理离婚之诉，直接处理婚姻无效所产生的财产分割、子女抚养问题。

（二）可撤销婚姻

可撤销婚姻，是指因当事人缔结婚姻的意思表示不真实，一方有权撤销该婚姻效力的婚姻效力瑕疵状态。

1. 可撤销婚姻的事由。根据《民法典》第 1052、1053 条的规定，可撤销婚姻的事由如下：

（1）胁迫。因胁迫结婚的，受胁迫的一方可以向人民法院请求撤销婚姻。对于胁迫婚姻，应作如下理解：

第一，行为人须有胁迫行为。胁迫行为可以是以现实的强制力和危害为内容，如殴打、劫持等；也可以是以尚未发生的侵害为要挟，使对方陷入恐惧，如若不结婚则公布其隐私信息等。胁迫行为可以是直接针对相对人的，也可以是针对相对人的近亲属的，如其父母、兄弟姐妹等。

第二，行为人须有胁迫的故意，即行为人有以胁迫行为逼迫相对人缔结婚姻的故意。

第三，相对人因行为人的胁迫行为陷入恐惧，并因此而作出同意结婚的意思表示。

第四，行为人不限于婚姻当事人，第三人满足上述条件的胁迫行为，亦可构成撤销婚姻的法定事由。如一方父母以暴力或其他方式胁迫相对人与己方子女缔结婚姻的情形。

（2）违反重大疾病婚前告知义务。一方患有重大疾病而未如实告知的，另一方可以向人民法院请求撤销婚姻。在这里，重大疾病应以影响婚姻家庭功能的实现为标准。若某一疾病影响到参与社会工作，或者需要他人照料，或维持生命需要花费大量金钱，此疾病应当在结婚登记前如实告知对方，否则将给对方的婚后生活带来极大的不便。

需要注意的是，上述两种可撤销婚姻，在婚姻没有被撤销之前有效。享受撤销权的当事人可选择维持婚姻效力，也可以选择撤销婚姻，但是应当在法定的除斥期间内行使撤销权。除斥期间一旦经过，撤销权归于消灭，此时当事人只能选择解除婚姻关系。

2. 撤销婚姻的程序。根据《民法典》第 1052、1053 条之规定，可以提请撤销婚姻的权利人是婚姻关系当中受胁迫一方，或者被隐瞒重大疾病的一方。受理撤销婚姻申请的机关则为人民法院。

三、婚姻无效、被撤销的法律后果

我国对无效婚姻采取了溯及既往的立法原则，即婚姻被宣告无效的，男女双方自始不发生夫妻之间的权利义务关系。由此所导致的法律后果是：

（一）人身关系

婚姻被宣告无效，男女双方自始不具有夫妻间的权利义务关系，其同居期间所生子女虽为非婚生子女，但非婚生子女与婚生子女具有同等的法律地位，因此其与父母的关系不受婚姻无效的影响。双方当事人均有抚养、教育子女的权利和义务。

（二）财产关系

1. 财产归属。由于当事人双方之间未发生夫妻间的权利义务关系，因此，对其财产关系应按照同居关系处理。对于双方在同居期间的财产，除有证据证明是当事人一方所有的以外，应按共同共有处理。

2. 财产分割。婚姻无效或者被撤销后，当事人共有财产的分割，应当遵循照顾无过错方的原则予以分割。

3. 损害赔偿。无效或被撤销的原因是一方的过错导致，无过错方还可以请求损害赔偿。

【训练】甲隐瞒了自己已婚的事实，与乙登记为夫妻。后甲的第一次婚姻的配偶丙，通过诉讼认定甲乙二人的婚姻无效。请问乙能否获得救济？

回答：因甲的欺诈行为导致甲乙婚姻无效，乙作为无过错方，有权请求甲赔偿自己所受损害。

第三节　夫妻关系

夫妻关系，即夫妻法律关系，是指法律所规定的夫妻之间的权利义务关系。夫妻关系是婚姻家庭制度的核心内容，是婚姻效力的体现。我国《民法典》第 1055 条明确规定："夫妻在婚姻家庭中地位平等。"这是对夫妻关系所作的总括性规定。

一、夫妻关系的基本内容

夫妻人身关系，是指夫妻双方在家庭中的地位以及没有直接财产内容的夫妻人格、身份方面的权利和义务关系。从历史发展来看，夫妻人身关系大体上经历了"夫妻一体主义"与"夫妻别体主义"两个阶段。夫妻一体主义，是指男女结婚后人格互相吸收，合为一体。事实上，是妻子的人格被丈夫的人格吸收，成为无行为能力或限制行为能力人。夫妻别体主义，是指男女结婚后各自保持独立人格，法律地位平等，享有平等的人身权利和财产权利，承担平等的义务。夫妻别体主义源于古罗马《万民法》的无夫权婚姻，在近现代各国立法中相继获得采纳。我国民法也采取夫妻别体主义，只不过在具体规则设计上，有不同于其他国家或地区夫妻别体主义的独特内容。

在我国民法上，夫妻人身关系的内容主要包括：

（一）夫妻姓名权

姓名权为每个自然人均享有的权利，不因自然人结婚而丧失或被剥夺，因此，夫妻双方都有姓名权。《民法典》第 1056 条规定："夫妻双方都有各自使用自己姓名的权利。"这是男女平等、夫妻平等在姓名使用问题上的具体表现。

（二）人身自由权

人身自由同样是一项具体的民事权利，受宪法、刑法和民法及其他法律的保护，也不因自然人结婚而丧失或遭剥夺。《民法典》第 1057 条规定："夫妻双方都有参加生产、工作、学习和社会活动的自由，一方不得对另一方加以限制或者干涉。"从立法目的看，该项规定主要是保护妇女参加社会活动的自由权利，禁止丈夫非法干涉和限制。

（三）婚姻居所决定权

婚姻居所决定权，是指夫妻双方享有的选择、确定婚后共同居住和生活的住所的权利。婚姻居所是夫妻婚后共同居住和生活的场所，是"成家"之"家"的客观载体。根据《民法典》第 1050 条规定："登记结婚后，按照男女双方约定，女方可以成为男方家庭的成员，男方可以成为女方家庭的成员。"这意味着婚姻居所应当由双方协商确定，对婚姻居所的共同决定权，同样是夫妻平等的体现。

（四）同居义务

夫妻同居义务，是指男女双方婚后以配偶身份共同生活的义务。夫妻同居义务的内容，主要包括夫妻共同的物质生活、精神生活以及性生活。同居义务以人身自由为前提，不可以强制执行，违反该义务应承受不利的法律后果。我国《民法典》虽然没有规定夫妻之间有同居的义务，但在夫妻感情不和分居 2 年，也可以成为离婚的理由。

（五）忠实义务

夫妻忠实义务，是指婚后夫妻双方在感情和性两个方面均保持专一。广义上的夫妻忠实义务也包括不得恶意遗弃配偶以及不得为第三人的利益而牺牲、损害他方的利益。忠实义务是一夫一妻制与其他婚姻形态的重要区别，是父母子女血缘关系赖以确定的保证，也是社会伦理道德规范的要求。

【训练】杨某与楼某结婚后，经常在网吧打游戏而夜不归宿。请问杨某的行为是否违反了夫妻忠实义务？

回答：没有，从我国法律规定来看，杨某的行为没有违反情感和性生活的专一性。

（六）夫妻生育权

夫妻生育权，是指在婚姻存续期间，夫妻双方有依照法律规定自主决定是否生育、生育时间以及生育次数的权利。生育是一种符合自然法的自然权利，而婚姻通常是生育的前提和起点，生育是婚姻的追求目标之一。

【训练】包某与马某为夫妻，婚内二人签订"生育协议"，若马某无法生育子女，则需赔偿包某精神损失5万元。请问该"生育协议"效力如何？

回答：无效，生育利益作为与人身不可分离的一部分，不能通过协议的方式处分，因此该协议为无效协议。

（七）夫妻相互扶养、继承关系

夫妻间的扶养关系，是指夫妻双方均有权请求对方在物质生活上予以帮助和照顾的关系。我国《民法典》第1059条规定，"夫妻有互相扶养的义务。需要扶养的一方，在另一方不履行扶养义务时，有要求其给付扶养费的权利。"据此，这种扶养义务最终是种金钱给付义务。

【训练】甲乙系夫妻。甲因矿难受伤而丧失劳动能力。乙不堪生活重负，遂离家出走。请问乙的行为是否合法？

回答：不合法。甲乙为夫妻，乙虽出走，但与甲未离婚，因此负有扶养甲的义务。

夫妻间的相互继承关系，是指夫妻间因互享继承权，故任何一方均可继承对方遗产的关系。夫妻间的继承权是以配偶身份关系为前提的一种财产权，其既是民法继承制度的组成部分，又是夫妻权利义务中不可或缺的内容。

二、夫妻财产制

（一）夫妻财产制概述

夫妻财产制又称婚姻财产制，在广义上，它是关于夫妻个人婚前财产和婚后所得财产的归属、管理、使用、收益、处分，以及债务的清偿、婚姻解除时财产的清算等方面的法律制度；在狭义上，它仅指婚姻关系存续期间有关夫妻财产所有权的制度、夫妻财产制与男女地位、夫妻地位紧密相关。夫妻财产制可以分为法定财产制与约定财产制两种类型：

1. 法定财产制。法定夫妻财产制，是指依法律规定直接适用的夫妻财产制。历史上存在过的以及现存的法定财产制有如下类型：

（1）妆奁制。又称嫁资制，是指规定妻子陪嫁财产的提供、归属、管理、使用、收益和处分及返还的夫妻财产制度。妻子出嫁时伴随财妆，婚姻解除时，妻子可取回随嫁奁产。

（2）吸收财产制。结婚后妻子的人格被丈夫的人格吸收，在法律上不享有财产权，妻子婚前和婚后财产都归丈夫所有的制度。

（3）统一财产制。即除特有财产外，将妻子的婚前原有财产估价转归丈夫所有，妻子则保有对估价金额的返还请求权。

（4）联合财产制。又称管理共同制，它是指除特有财产外，夫妻各有其个人财产所有权，但将双方财产联合在一起，由夫管理。当夫妻关系终止时妻的原有财产才由本人收回或者由其继承人继承。

（5）共同财产制。共同财产制是指除特有财产外，夫妻的全部财产或部分财产归双方共同共有，双方享有平等的占有、使用、收益和处分的权利，婚姻关系终止时才加以分割。这种财产制具有夫妻平等的先进理念，代表了历史发展方向，绝大多数当代国家采用这种财产制。

2. 约定财产制。约定财产制，是夫妻双方以契约形式对婚前、婚后财产的归属、使用、管理、收益和处分等权利加以约定的制度。现代民法基于尊重当事人意思自治的考量，规定约定财产制优先于法定财产制。约定财产制分为两种：

（1）自由式约定财产制，是法律不对财产制种类作任何限制，只要不违反法律关于财产契约的一般禁止性规定，即允许当事人自由选择或创设夫妻财产制类型。

（2）选择式约定财产制，是法律允许当事人以契约方式确定适用的夫妻财产制类型，当事人只能在法律明定的若干财产制中选择其一。

（二）我国民法上的夫妻财产制

1. 夫妻法定财产制。我国《民法典》第 1062 条规定，夫妻在婚姻关系存续期间所得的财产，为夫妻的共同财产。据此，我国的法定财产制是婚后所得共同制。例如，夫妻于婚内取得的劳动报酬、经营性收益，知识产权的收益等，均属于夫妻共有财产。

2. 夫妻个人特有财产。夫妻个人特有财产，是指在共同财产制下，专属配偶一方所有并排斥夫妻共有的财产。个人特有财产的存在，是夫妻分别财产制的一种体现，是双方婚后保持独立人格的物质保障和财产方面的体现。根据《民法典》第 1063 条的规定，夫妻个人特有财产的范围包括：

（1）一方的婚前财产。一方的婚前就已取得的财产，归属于一方。在此基础上，根据《婚姻家庭编解释（一）》第 78 条的规定，夫妻一方婚前签订不动产买卖合同，以个人财产支付首付款并在银行贷款的情形。一方婚前购买的房屋，在婚内取得所有权，房屋登记在购买房屋一方名下的，该房屋为购买房屋一方所有。但是，在双方离婚时，对方的利益应予必要保护：①尚未归还的贷款，为购买房屋一方的个人债务，对方并非债务人。②双方婚后以夫妻共同财产还贷的，对方所交付的用于购买房屋的部分应予补偿。③双方离婚时，房屋增值的，对方有权享有其支付房贷所对应的增值部分。

【训练】甲婚前与开发商订立房屋买卖合同，约定价款 100 万元。以自有财产交首付 50 万元，并以贷款 50 万元支付余款。购房手续完成后，甲乙结婚。在婚姻关系存续期间，甲乙共同偿还房贷，乙共支付房贷 10 万元。现甲乙离婚，此时该房屋增值 20 万元。

1. 该房屋归属于谁？

回答：甲。

2. 尚未偿还的房贷，是谁的债务？

回答：甲。

3. 甲应向乙补偿多少钱？

回答：12 万元。首先，乙所偿还的房贷 10 万元，甲应予返还。其次，因乙所支付的房贷数额占房款数额的 1/10，故房屋增值的 20 万元，乙可享受 2 万元。

（2）一方因受到人身损害获得的赔偿或者补偿。一方因身体受到伤害获得的医疗费、因误工减少的收入、残疾人生活补助费等费用。这些财产具有人身专属性，因此即便在婚后取得，也是属于夫妻一方个人所有。

（3）遗嘱或者赠与合同中确定只归一方的财产。婚后基于继承、受遗赠或接受赠与取得的财产，原则上属于夫妻共有。但是，如果被继承人、赠与人在遗嘱、赠与合同中明确表示，该财产只归属于夫妻一方的，从其意思。需要注意的是，根据最高院《婚姻家庭编解释（一）》第 81 条的规定，婚姻关系存续期间，夫妻一方作为继承人依法可以继承的遗产，在继承人之间尚未实际分割，起诉离婚时另一方请求分割的，人民法院应当告知当事人在继承人之间实际分割遗产后另行起诉。

【训练】老甲生子大甲、小甲。小甲与小乙婚后，老甲去世，遗产为一套房屋。

1. 如果老甲留有遗嘱，指定该房屋仅由小甲继承。该房屋归属于谁？

回答：小甲。

2. 如果老甲未订立遗嘱，大甲、小甲为法定继承人。

（1）该房屋归属于谁？

回答：大甲、小甲。其中，小甲所继承的部分，为婚后继承的财产，为小甲、小乙共有。

（2）如果老甲死亡后，小甲、小乙诉讼离婚。小乙在诉讼中主张分割老甲所留房屋属于小乙的部分，法院应如何处理？

回答：法院应告知小乙，在大甲、小甲分割房屋 A 后，另行起诉。

（4）一方专用的生活用品。一方专用的生活用品，如个人衣物、饰物等，残疾一方使用的轮椅及其他辅助器械，归属于夫妻一方。

3. 夫妻约定财产制。夫妻约定财产制，是夫妻双方通过协议商定其婚前财产、婚后财产的占有、使用、管理、收益、处分等事项，并排除法定夫妻财产制适用的制度。关于约定财产制的内容，《民法典》第 1065 条规定，男女双方可以约定婚姻关系存续期间所得的财产以及婚前财产归各自所有、共同所有或者部分各自所有、部分共同所有。即我国民法提供了三种类型供当事人选择，男女分别财产制、一般共同制和限定共同制。

夫妻财产制约定的形式要件，依法律规定，约定应当以书面形式订立，但并未要求履行登记或其他公示程序。这也意味着，第三人通常对该约定内容不知情，即"善意"。因此夫妻财产约定对夫妻之间具有法律效力，而对外并不具有对抗第三人的效力。通常只有第三人知道或应当知道夫妻财产约定内容的，该约定才对其产生法律效力，否则夫妻一方对该第三人所负担的债务，仍然要由夫妻双方连带清偿。

【训练】甲乙系夫妇。二人约定：登记在甲名下的个人房产，现归乙一人所有，但未办理房屋产权转移登记。后甲将该房屋转让给善意的丙，并完成了产权登记。此时乙能否以夫妻财产约定协议为依据，主张丙无权取得房屋所有权？

回答：不可以。夫妻财产约定协议在当事人之间具有法律效力，但是不得对抗不知情的第三人。

4. 夫妻婚后所负债务。根据《民法典》第 1064 条之规定，夫妻婚后所负债务，是夫妻共同债务，还是负债一方的个人债务，具有三个认定规则，即举债合意、共同生活、共同生产经营。这三个认定规则只要满足内容之一，则成立夫妻共同债务。举债合意强调共债共签，没有事先授权或事后追认的情况下，为了日常家事所需，或夫妻共同经营之负债，也为夫妻共同债务。反之，举债合意约定为个人债务，或举债合意没有约定，且非为日常家事所需、夫妻共同经营之负债，则为个人债务。若夫妻之间存在有关夫妻债务的约定，原则上该约定仅在当事人之间有效，但第三人知道的情况下，可以对抗第三人。

根据《民法典》第1064、1065条、《婚姻家庭编解释（一）》第37条的规定，夫妻婚后负债性质界定的举证责任配置规则是：

（1）"第三人知道或应当知道"夫妻内部约定之事实，由夫妻一方负举证责任；

（2）负债目的为"家庭日常生活需要""夫妻共同经营需要"之事实，由第三人负举证责任。

构成夫妻共同负债的，夫妻双方对债务的偿还，承担连带责任。夫或妻一方死亡的，生存一方应当对婚姻关系存续期间的共同债务承担连带清偿责任。当事人的离婚协议或人民法院的判决书、裁定书、调解书已经对夫妻财产分割问题作出处理的，债权人仍有权就夫妻共同债务向男女双方主张权利。一方就共同债务承担连带清偿责任后，有权基于离婚协议或人民法院的法律文书向另一方主张追偿。

【训练】甲乙系夫妻，财产实行AA制，但未订立书面夫妻分别财产制协议。甲为城市户口，就职于政府机关，稳定收入。乙为农村集体户口，承包土地种植葡萄维持其个人生活。因更换种植的葡萄品种，以个人名义对外举债30万元，现突遇极端天气，葡萄颗粒无收，无法清偿债务。请问该30万元债务属于夫妻共同债务吗？

回答：不属于。甲乙虽为夫妻，但甲有稳定的收入来源，并且不参与经营，亦没有形成举债合意。另外乙的收入没有用于共同生活，因此该债务为乙的个人债务。

三、夫妻共有财产关系

（一）夫妻共有财产的婚内分割

根据《民法典》第1066条的规定，在婚姻关系存续期间，有下列重大理由之一的，夫妻一方可以在不主张离婚的情况下，请求分割夫妻共有财产：

1. 一方有隐藏、转移、变卖、毁损、挥霍夫妻共同财产或者伪造夫妻共同债务等严重损害夫妻共同财产利益行为的，对方可以请求分割共有财产，以保全其财产利益；

2. 一方负有法定扶养义务的人患重大疾病需要医治，另一方不同意支付相关医疗费用的，对方可以请求分割共有财产，以支付必须支付的费用。

根据《婚姻家庭编解释（一）》第38条的规定，在婚姻关系存续期间，除上述情形以外，夫妻一方请求分割共同财产的，法院不予支持。

【训练】贾某与甄某系再婚，现贾某与前妻所育之子患重病，急需手术治疗，贾某遂与甄某商量用其二人积蓄支付手术费，被甄某拒绝。请问，甄某的行为是否合法，贾某该如何解决此事？

回答：二人行为系共有人对财产的平等处理权，甄某行为合法。贾某此时可以在不离婚的情形下请求分割夫妻共同财产。

（二）夫妻共有财产的处分

1. 日常家事代理权。日常家事代理权，又称相互代理权，是指夫妻一方因家庭事务与第三人为一定法律行为时互相代理的权利。夫妻在日常家庭事务范围内互为代理人，该代理行为的后果由夫妻双方共同承担，被代理方对代理方所为法律行为产生的债务承担连带责任。需要指出的是，夫妻家事代理权，是一种法定代理权。因此夫妻双方对家事代理权有另行约定的，该约定不得对抗善意第三人。

【训练】王某与章某系夫妻。章某欲在某医院分娩，为了保证妻子可以获得良好的就医环境，王某预定了该医院的特殊病房，每天 3000 元。后章某实施了剖宫产，住院共计 10 天，住院费 3 万元。请问该预定特殊病房是否属于日常家事代理权的范围？

回答：属于，因分娩而住院属于家庭共同生活的基本医疗内容，属于日常家事代理范围。

2. 重大共有财产的处分。夫妻一方对重大的共有财产实施处分，如出卖共有的房屋，该行为不属于日常家庭事务的范围，故相互间不享有日常家事代理权。这意味着，夫妻一方对重大共有财产的处分，需经另一方的同意，否则即构成无权处分。进而，在夫妻一方无权处分重大共有财产的情况下，受让人符合善意取得的法定要件的，可以善意取得。

（三）彩礼的返还

我国法律虽然没有规定婚约，但是受风俗习惯影响，民间广泛存在订婚习俗，尤其以订婚中彩礼给付为常态，由此实践中有关彩礼返还纠纷较多。根据《婚姻家庭编解释（一）》第5条的规定，当事人请求返还按照习俗给付的彩礼的，如果查明属于以下情形，人民法院应当予以支持：

1. 双方未办理结婚登记手续的；

2. 双方办理结婚登记手续但确未共同生活，现双方离婚的；

3. 婚前给付并导致给付人生活困难，现双方离婚的。

由此可见，给付彩礼行为的法律性质是以结婚为条件的赠与。结婚条件的实现，不仅包括结婚登记，还包括婚姻的实质内容。当无法实现结婚的条件时，该赠与合同归于失效，因此给付彩礼方有权请求返还不当得利。同时，考虑到为防止借婚姻索取财物的违法行为，还规定了因给付彩礼致贫的返还情形。

实践中，彩礼返还的数额，一般根据当地风俗习惯，酌定返还的比例。影响返还比例的因素包括婚姻存续时间或者共同生活时间的长短，双方无法缔结婚姻的原因及过错，是否生育子女，以及彩礼后期是否转变为夫妻共同财产等。因此彩礼返还纠纷属于以习惯为裁判依据的范例。

（四）个人财产的赠与

根据《婚姻家庭编解释（一）》第32条的规定，婚前或者婚姻关系存续期间，当事人约定将一方所有的房产赠与另一方或者共有，赠与方在赠与房产变更登记之前撤销赠与，另一方请求判令继续履行的，人民法院可以按照《民法典》第658条的规定处理。由此可见，法院对于夫妻间的财产赠与合同纠纷的审理，不再考虑夫妻之间的身份要素，而将其看成是一般的赠与合同。这意味着，根据《民法典》第658条的规定，原则上，赠与人有权撤销赠与，但是在如下两种情况下，赠与人不得撤销赠与：

1. 赠与房屋已经过户登记的；
2. 赠与房屋尚未过户登记，但赠与合同已经公证的。

第四节 父母子女关系

一、父母子女关系概述

在我国民法上，父母子女的类型有三，即生父母子女、养父母子女和继父母子女。上述三种类型，均可产生法定的父母子女间的权利义务关系。

（一）生父母子女关系

生父母子女关系，是指因生育、血缘关系而形成的、具有亲子关系的父母子女关系。生父母子女，是我国民法上最为基本的父母子女关系的类型。

1. 亲子关系的确认与否认。亲子关系，即父母与生子女之间的血缘关系。亲子关系的确认、否认，是父母或子女，通过诉讼程序，请求法院确认亲子关系的存在，或否认亲子关系的存在。根据《民法典》第1073条的规定，亲子关系的确认与否认的规则是：

（1）父母对亲子关系的确认与否认。

第一，父母对亲子关系的确认。对亲子关系有异议且有正当理由的，父或者母可以向人民法院提起诉讼，请求确认亲子关系。父母主张确认亲子关系，需以子女出生时，父母间不存在婚姻关系为前提。否则，无需父母提起亲子关系的确认之诉，基于父母之间的婚姻关系，即可推定生父母子女关系的存在。在举证责任的分配上，根据《婚姻家庭编解释（一）》第39条第2款之规定，父或者母以及成年子女起诉请求确认亲子关系，并提供必要证据予以证明，另一方没有相反证据又拒绝做亲子鉴定的，人民法院可以认定确认亲子关系一方的主张成立。

第二，父母对亲子关系的否认。对亲子关系有异议且有正当理由的，父或者母可以向人民法院提起诉讼，请求否认亲子关系。父母主张否认亲子关系，需以子女出生时，父母间存在婚姻关系为前提。否则，无需父母提起亲子关系的确认否认之诉，基于父母之间的不存在婚姻关系，即可推定生父母子女关系的不存在。在举证责任的分配上，根据《婚姻家庭编解释（一）》第39条第1款之规定，父或者母向人民法院起诉请求否认亲子关系，并已提供必要证据予以证明，另一方没有相反证据又拒绝做亲子鉴定的，人民法院可以认定否认亲子关系一方的主张成立。

【训练】甲乙婚内，乙生子A。

1. 甲能否向法院起诉，请求确认自己与A之间具有生父母子女关系？

回答：不可以。

2. 甲能否向法院起诉，请求确认自己与 A 之间不具有生父母子女关系？

回答：可以。

3. 丙能否向法院起诉，请求确认自己与 A 之间具有生父母子女关系？

回答：可以。

4. 丙能否向法院起诉，请求确认自己与 A 之间不具有生父母子女关系？

回答：不可以。

（2）子女对亲子关系的确认。对亲子关系有异议且有正当理由的，成年子女可以向人民法院提起诉讼，请求确认亲子关系。与父母的诉权不同，子女只可提起亲子关系确认之诉，而不得提起亲子关系否认之诉，且有权提起亲子关系确认之诉的子女，以成年子女为前提。

2. 非婚生子女。非婚生子女，旧时称"私生子"，是指没有婚姻关系的情况下受胎所生的子女。非婚生子女包括：未婚男女所生的子女、已婚男女与第三人所生子女、无效婚姻和可撤销婚姻当事人所生子女，以及子女受胎或出生时没有婚姻关系，之后取得婚姻关系的男女所生的子女等。

早先的法律区分婚生子女和非婚生子女的目的，一是传宗接代，延续香火，避免出现血缘上的混乱；二是家庭财产继承时确认继承人。而进入近现代以来，立法的意义更多的则是倾向于保障婚姻当事人的合法权益及未成年子女的利益。我国《民法典》第 1071 条规定："非婚生子女享有与婚生子女同等的权利，任何组织或者个人不得加以危害和歧视。不直接抚养非婚生子女的生父或者生母，应当负担未成年子女或者不能独立生活的成年子女的抚养费。"据此，所有自然血亲之子女均具有同等的法律地位。

3. 人工授精子女。根据《婚姻家庭编解释（一）》第 40 条之规定，婚姻关系存续期间，夫妻双方一致同意进行人工授精，所生子女应视为婚生子女，父母子女间的权利义务关系适用民法典的有关规定。据此，采用人工授精方式生育的子女，其法律地位即为婚生子女。

（二）养父母子女关系

养父母子女关系，是指基于收养行为而在收养人与被送养人之间形成的父母子女关系，其是由民法拟制生父母子女关系而来，是一种拟制血亲关系。收养及养父母子女关系，本书将在下一章阐述。

（三）继父母子女关系

继父母子女关系是由于父或母再婚而形成的姻亲关系。继子女，是指配偶一方对另一方与前配偶所生的子女的称谓；继父母，则是指子女对父亲或母亲的再婚配偶的称谓。继父母子女关系的发生以生父或生母再婚的婚姻关系为纽带。

1. 继父母子女关系的类型。

（1）直系姻亲关系。当继子女的生父或生母与继母或继父再婚时，继子女已经独立生活，或者继子女虽未成年但是由其生父母抚养，继父母没有尽抚养的义务，继子女也没有对继父母尽到赡养的义务时，继子女与继父母间未形成抚养教育关系。因此，继子女与继父母间是直系姻亲关系，一般没有权利义务的内容。

（2）拟制血亲关系。继父母子女之间的拟制血亲关系的形成原因有二：一是因继父母子女之间，存在着抚养事实，从而依法产生了拟制血亲关系。此时，继子女与不和其共同生活的生父母之间的生父母子女关系不受影响。二是经继子女及其生父或生母的同意，继父母收养了继子女，从而形成了养父母子女关系。此时，继子女与其不共同生活的生父或生母及其近亲属间的权利义务关系即行消除，不再具有双重的法律地位，使得其地位单一化，从而避免双重权利义务关系的发生，有利于我国家庭关系的稳定。

【训练】甲乙系再婚夫妻，甲与前妻所育之子丙与二人共同生活。此时丙已 15 周岁。乙照顾丙的日常生活，并以二人夫妻共同财产支付丙的教育费用，直至丙在 22 岁大学毕业时。现乙死亡且无遗嘱，丙能否继承其遗产？

回答：不能。虽然乙一直为丙提供照料和资金的帮助，但是自丙年满 18 周岁后，其性质为成年人之间的赠与，并不具有抚养性质。因此，若根据继子女需要连续收到继父母抚养 5 年以上，方可形成亲子关系，彼此享有继承权，则丙并不满足此条件，因此无权继承乙的财产。

2. 继父母子女关系的终止。继父母子女关系的终止，是指在继父母和继子女间形成拟制血亲关系的情况下，拟制血亲关系归于消灭的情形。

（1）在生父母与继父母的再婚关系仍在存续期间，未成年继子女与继父母的关系，原则上不能解除，但是经生父母、继父母协商一致，并经有识别能力的继子女同意，协议解除的除外。

（2）在生父母与继父母离婚的情况下，基于抚养关系所产生的继父母子女之间的拟制血亲关系随之终止。但是，由继父母抚养成人的继子女，对其继父母仍应承担赡养义务。在生父母与继父母离婚的情况下，基于收养关系所产生的拟制血亲关系并不终止，当事人依法解除收养关系的除外。

（3）在与继父母存在婚姻关系的生父母死亡的情况下，继父母子女之间的拟制血亲关系继续存在，继父母应继续抚养未成年的继子女。继父或继母要求解除抚养关系的，只有在该继子女生存的另一方生父或生母有抚养能力时，才允许解除。生存的另一方生父或生母要求将子女领回抚养，但继父或继母不同意的，应由双方协商解决。协议不成的，由人民法院根据子女利益判决。

【训练】甲乙因感情不和离婚，后甲携 3 岁幼子丙改嫁于丁，丁视丙如己出。8 年后甲因病死亡，此时乙欲要回丙的抚养权，而丁拒绝。请问此时谁享有丁的监护权？

回答：乙和丁均为丙的监护人，享有监护权。其中乙的监护权并未因甲乙二人离婚而丧失；而丁作为继父母因持续照料丙的日常生活，承担教养职责，由此与丙也形成监护关系。

二、父母子女关系的一般内容

（一）父母对未成年子女的义务

1. 抚养义务。父母对未成年子女的抚养义务，是指父母应对未成年子女的成长，提供物质生活上的保障。在我国民法上，父母对未成年子女的抚养义务，源自于父母与子女之间的亲属关系，不以父母的监护资格为条件。《民法典》第 37 条规定，依法负担被监护人抚养费、赡养费、扶养费的父母、子女、配偶等，被人民法院撤销监护人资格后，应当继续履行负担的义务。

2. 保护义务。保护，是指父母应当保护其未成年子女的人身安全和合法权益，预防和排除来自外界的危害，使其未成年子女的身心处于安全状态。根据《民法典》第1068条的规定，父母有教育、保护未成年子女的权利和义务。未成年子女造成他人损害的，父母应当依法承担民事责任。

3. 教育义务。未成年子女在法律上属于无行为能力人或者限制行为能力人，对事物的认知能力和水平是有限的，因此法律赋予父母管教子女的义务，要求父母按照法律和道德要求，对未成年子女进行教诲，并对其行为进行必要的约束，其目的是保障未成年子女的身心健康，同时，也可以防止未成年子女侵害他人或者社会利益。

（二）成年子女对父母的义务

1. 赡养义务。赡养义务，是指子女对父母的供养，即有独立生活能力的成年子女，需在物质上和经济上为缺乏劳动能力或者生活困难的父母提供必要的生活条件的义务。由此可见，赡养义务的承担者，为有独立生活能力的成年子女；而赡养权利人，则为缺乏劳动能力或者生活困难的父母。

【训练】甲乙夫妇育有一子丙，丙每周为二人送来日常生活用品随即离开。请问丙是否履行了赡养义务？

回答：没有，赡养义务包括物质赡养和精神赡养两部分，丙仅完成了物质部分，而没有尽到精神赡养的义务。

2. 扶助义务。扶助义务，是指子女对父母在精神上和生活上的关心、帮助和照料的义务。子女对父母的赡养扶助义务是法定义务，无论子女是否与父母居住在一起，无论父母的婚姻关系是否变化，都应当履行赡养扶助父母的义务，但是父母对子女有遗弃、虐待的行为，且情节严重的，父母就不再享有该子女的赡养权。

3. 子女应当尊重父母的婚姻权利。《民法典》第1069条规定："子女应当尊重父母的婚姻权利，不得干涉父母离婚、再婚以及婚后的生活。子女对父母的赡养义务，不因父母的婚姻关系变化而终止。"子女与父母的关系不因父母婚姻状况的变化而变化，其属于亲子关系的内容之一；与此同时父母作为独立的主体，其依然享有缔结合法婚姻的自由，子女不得因为私利和世俗的偏见阻挠干涉父母再婚。

三、祖孙、兄弟姐妹间的扶养关系

原则上，基于父母子女之间抚养、赡养关系的存在，祖孙、兄弟姐妹之间不产生扶养关系。但是，在父母无法履行其法定义务的情况下，祖孙、兄弟姐妹之间将会产生法定的扶养义务。根据《民法典》第1074条的规定，其具体的情形包括：

1. 祖孙之间的抚养、赡养关系。

（1）有负担能力的祖父母、外祖父母，对于父母死亡或者子女父母无力抚养的未成年孙子女、外孙子女，有抚养义务。

（2）有负担能力的孙子女、外孙子女，对于子女死亡或者无力赡养的祖父母、外祖父母，有赡养义务。

2. 兄弟姐妹间的扶养义务。

（1）有负担能力的兄、姐，对于父母已经死亡或者父母无力抚养的未成年弟、妹，有扶养的义务。

（2）由兄、姐扶养长大的有负担能力的弟、妹，对于缺乏劳动能力又缺乏生活来源的兄、姐，有扶养义务。

第五节　离　婚

一、协议离婚与诉讼离婚

离婚是婚姻关系终止的原因之一，是指夫妻双方按照法定条件和程序终止合法有效婚姻关系的民事法律行为。在我国民法中，离婚有协议离婚与诉讼离婚两个途径：

（一）协议离婚

协议离婚，又称登记离婚、自愿离婚，是指夫妻双方达成自愿离婚的合意，并对子女抚养、财产分割作出约定的情况下，婚姻登记机关根据当事人的意愿，予以离婚登记，发给离婚证的离婚途径。

1. 离婚协议的内容。协议离婚，以双方当事人达成离婚协议为前提。当事人在离婚协议中，需要对如下三个事项明确达成约定：

（1）同意离婚。当事人在离婚协议中明确同意离婚意思表示的，一旦办理了离婚登记手续，当事人之间的婚姻关系即告终止。办理离婚登记手续后，当事人反悔的，只能办理复婚手续。

（2）财产分割协议。当事人双方以离婚为目的，就共有财产的分割方式所达成的协议，性质为附延缓条件的合同，在办理离婚登记后，发生法律效力。这意味着：

第一，当事人离婚后，因履行财产分割协议发生纠纷提起诉讼的，法院应当受理。一方不履行财产分割协议的，法院应予强制执行。

第二，男女双方协议离婚后就财产分割问题反悔，请求变更或者撤销财产分割协议的，法院应当受理。法院审理后，未发现订立财产分割协议时存在欺诈、胁迫等情形的，应当依法驳回当事人的诉讼请求。

第三，当事人达成的以登记离婚或者到法院协议离婚为条件的财产分割协议，如果双方协议离婚未成，一方在离婚诉讼中反悔的，法院应当认定该财产分割协议没有生效，并根据实际情况依法对夫妻共同财产进行分割。

【训练】甲乙为办理协议离婚手续，订立了财产分割协议。现乙不愿离婚，且对该财产分割协议反悔，甲遂起诉离婚。法院若准予甲乙离婚，在财产分割问题的处理上，是否应当考虑甲乙所达成的财产分割协议？

回答：否。该协议未生效，且当事人不愿遵守，法院审理案件时，无需考虑该协议的约定。

（3）子女抚养、探视协议。当事人就离婚后的子女抚养、探视事项作出约定，并办理了离婚登记手续后，在协议的履行中的任何时间发生纠纷，当事人均可起诉。

2. 协议离婚的冷却期。协议离婚的冷却期，是指为避免当事人一时冲动导致协议离婚，法律对协议离婚程序所设置的、赋予离婚登记申请人撤回离婚申请机会的制度。根据《民法典》第 1077 条之规定，在申请登记离婚程序中，当事人需要两次提出申请。第一次申请时，当事人到指定离婚登记机关，携带相关证明材料，申请离婚登记。经登记机关核准后，当日并无法办理离婚登记，双方当事人需要经过 30 天的冷静期。若双方在 30 天的冷静期作出不离婚的意思表示，那么需要到受理离婚申请机关申请撤回登记申请；若双方在此期间经过后，依然决定协议离婚，需要在冷静期满后次日开始 30 天内，提交第二次申请，即可完成离婚登记。若在冷静期结束后的 30 天内，双方未提出第二次申请，则视为放弃离婚登记。

（二）诉讼离婚

诉讼离婚又被称为裁判离婚、判决离婚，是指夫妻基于法定的理由，向法院提出离婚诉讼，由法院判决或者调解而解除婚姻关系的法律制度。

1. 法院准予离婚的条件。

（1）夫妻感情破裂。依据《民法典》第 1079 条第 2 款规定："人民法院审理离婚案件，应当进行调解；如果感情确已破裂，调解无效的，应当准予离婚。"据此，"夫妻感情破裂"是法院准予双方离婚的最为重要的条件。在此基础上，法院判断双方夫妻感情是否破裂，根据《民法典》第 1079 条之规定，具有如下法定标准：

第一，重婚或者与他人同居。该行为已经违背了一夫一妻制基本原则；

第二，实施家庭暴力或者虐待、遗弃家庭成员。该行为违反了保护妇女、儿童、老年人和残疾人的基本原则；

第三，有赌博、吸毒等恶习屡教不改。该行为已经影响了家庭的正常生活；

第四，因感情不和分居满 2 年。夫妻不再共同居住，停止性生活和经济上的合作，在生活上互不关心。此种分居的前提是夫妻感情不和，而不是因为学习工作住房等原因而分居。因感情不和分居满 2 年，视为夫妻感情确已破裂；

第五，其他导致夫妻感情破裂的情形。此条规定是一个兜底条款。此种其他情形如：夫妻一方婚后患有法律禁止结婚的疾病，妨害婚姻目的的实现。如一方患有精神病且久治不愈；夫妻一方有生理缺陷或其他原因不能发生性行为且难以治愈或改善；双方登记结婚后没有同居生活，且无和好可能；一方被判处刑罚或违法、犯罪行为严重伤害夫妻感情的。人民法院应当根据案件的具体情况，秉持立法的精神，实事求是地判断夫妻感情是否已经破裂。

需要注意的是，根据《婚姻家庭编解释（一）》第 63 条之规定，离婚案件符合上述法定离婚事由的，法院不应当因原告有过错而判决不准离婚。

（2）准予离婚的客观标准。《民法典》第 1079 条第 4 款规定："一方被宣告失踪，另一方提起离婚诉讼的，应当准予离婚。"这是准予离婚的客观标准，与夫妻感情是否破裂无关，而是将一方被宣告失踪的事实作为离婚的理由。夫妻一方被宣告失踪，另一方据此提出离婚诉讼的，人民法院应当判决离婚。

另外，为了防止出现当事人多次申请诉讼离婚而被判不予离婚的情形，《民法典》第1079条特别规定："经人民法院判决不准离婚后，双方又分居满一年，一方再次提起离婚诉讼的，应当准予离婚。"即当事人在第一次判决不予离婚后，再次分居1年以上，该方当事人再次要求离婚的，此时人民法院不得再次作出不予离婚的判决。

【训练】甲乙系夫妻，乙因生意被骗患有严重的精神抑郁症，后被甲申请宣告为限制民事行为能力人。现甲欲与乙诉讼离婚，可否？

回答：可以。诉讼离婚主要适用于尚未达成离婚合意的情形，乙已经丧失行为能力，因此只能选择诉讼离婚。只是此时应当先变更监护人，后进行离婚诉讼。

2. 诉讼离婚的特别规定。

（1）现役军人的特殊保护。《民法典》第1081条规定："现役军人的配偶要求离婚，应当征得军人同意，但是军人一方有重大过错的除外。"给予现役军人的婚姻以特殊保护。现役军人保卫祖国、巩固国防，对其婚姻予以特殊保护是国家和人民根本利益的需要。需要明确的是：

第一，该条仅适用于现役军人的配偶是非军人的情形，如果双方均为现役军人或现役军人一方向非军人一方提出离婚，则不适用本条；若现役军人与其配偶合意离婚，也不适用本条。

第二，本条所规定的现役军人的重大过错是指：重婚或有配偶与他人同居的；实施家庭暴力或虐待、遗弃家庭成员的；有赌博、吸毒恶习屡教不改的，现役军人向非军人的一方提出离婚，不适用该条的规定，作为一般离婚案件处理。

第三，对现役军人的特殊保护方式，并非在于不允许现役军人的配偶提起离婚诉讼，而是在于未经军人一方同意，法院不得准予离婚。

（2）女方的特殊保护。根据《民法典》第1082条规定："女方在怀孕期间、分娩后1年内或者终止妊娠后6个月内，男方不得提出离婚；但是，女方提出离婚或者人民法院认为确有必要受理男方离婚请求的除外。"这是对特殊时期内男方离婚诉权的限制，具有暂时性，是为了保护特殊时期内女性的身心健康以及有助于胎儿或婴幼儿的健康成长，体现了对妇女、胎儿和儿童利益的保护。需要明确的是：

第一，该条所限制的离婚诉权仅是男方的离婚诉权，女方的离婚诉权不受此种限制。

第二，女方分娩后1年内，无论其所生子女是否死亡，在此期间内对男方离婚诉权的限制仍然适用本条。

第三，男方离婚诉权的限制并不是绝对的，在法院认为"确有必要"时，可以受理男方的离婚诉讼。如女方婚后与他人发生性关系而怀孕；在该条所规定的期限内，男方的生命受到女方威胁或合法权益受到女方侵害；女方有虐待婴儿、遗弃等行为；夫妻矛盾十分尖锐，法院若不及时受理男方的离婚诉讼，可能导致爆发更为严重的矛盾，造成杀害、伤害等严重后果。

二、离婚对身份关系的效力

（一）离婚对夫妻身份关系的效力

离婚生效之后，夫妻身份关系解除，依据夫妻身份关系而产生的一切权利义务关系随之消灭。其主要内容包括：①恢复再婚自由；②扶养义务终止；③同居义务、忠实义务终止；④姻亲关系终止；⑤法定继承人资格丧失；⑥夫妻相互代理权消灭。

（二）离婚对父母子女关系的效力

父母与子女间的关系，不因父母离婚而消除。离婚后，子女无论由父或者母直接抚养，仍是父母双方的子女。离婚后，父母对于子女仍有抚养、教育、保护的权利和义务，并依然具有子女监护人的地位。

1. 未成年子女抚养人的确定。父母离婚时，由谁作为未成年子女的抚养人，根据《民法典》第1084条第3款之规定，确定规则是：

（1）2周岁以下的未成年子女，原则上由母亲抚养，以利于子女的健康成长。但是，根据《婚姻家庭编解释（一）》第44、45条之规定，母亲具有不宜或无法抚养子女之情形的，父亲请求直接抚养的，子女可随父亲生活；父母双方协议不满2周岁子女由父亲直接抚养，并对子女健康成长无不利影响的，法院应予支持。

（2）2周岁以上的未成年子女的抚养问题，由父母在自愿协商的基础上决定。协商不成的，由法院按照有利于子女的原则，判决确定抚养关系。在此基础上，根据《婚姻家庭编解释（一）》第46条之规定，父母均要求直接抚养，一方有下列情形之一的，可予优先考虑：①丧失生育能力；②无其他子女，而另一方有其他子女；③子女随其生活时间较长，改变生活环境对子女健康成长明显不利；④父母抚养子女的条件基本相同，但子女单独随祖父母或者外祖父母共同生活多年，且祖父母或者外祖父母要求并且有能力帮助子女照顾孙子女或者外孙子女；⑤另一方患有久治不愈的传染性疾病或者其他严重疾病，或者有其他不利于子女身心健康的情形。

根据《婚姻家庭编解释（一）》第48、54条之规定，需要说明如下两个问题：

第一，在有利于保护子女利益的前提下，父母双方协议轮流直接抚养子女的，法院应予支持。

第二，生父母与继父母离婚时，已经形成抚养教育关系的继父母不愿意继续抚养教育子女的，继子女由其生父母抚养。若继父母愿意继续抚养继子女，经生父母同意的，应当准许。

2. 未成年子女抚养人的变更。子女抚养关系确定后，可能因为父母抚养条件的变化或者子女的要求而改变抚养关系。离婚后子女抚养关系的变更可以由双方协商；协商不成的，根据《婚姻家庭编解释（一）》第56条之规定，具有下列情形之一，父母一方要求变更子女抚养关系的，法院应予支持：

（1）与子女共同生活的一方因患严重疾病或伤残无力继续抚养子女，或者其与子女共同生活对子女身心健康确有不利影响；

（2）已满8周岁的子女，愿随另一方生活，该方又有抚养能力；

（3）有其他正当理由需要变更。

3. 抚养费。

（1）抚养费义务人。原则上，离婚后，子女由一方直接抚养的，另一方应当负担部分或者全部抚养费。在此基础上，根据《婚姻家庭编解释（一）》第52条之规定，父母双方可以协议由一方直接抚养子女，并由其负担子女全部抚养费。但是，直接抚养方的抚养能力明显不能保障子女所需费用，影响子女健康成长的，人民法院不予支持。

（2）抚养费数额的确定。根据《婚姻家庭编解释（一）》第49条之规定，抚养费的确定标准是：①抚养费义务人有固定收入的，抚养费一般可以按其月总收入的20%～30%的比例给付。负担两个以上子女抚养费的，比例可以适当提高，但一般不得超过月总收入的50%。②抚养费义务人无固定收入的，抚养费的数额可以依据"当年总收入"或者"同行业平均收入"，参照上述比例确定。

在此基础上，有特殊情况的，如子女有残疾、疾病等，可以适当提高或者降低上述比例。

（3）抚养费数额的增加。根据《民法典》第1085条、《婚姻家庭编解释（一）》第58条之规定，抚养费的增加分为两种情形：①增加抚养费标准。子女有正当理由的，如原定抚养费数额不足以维持当地实际生活水平等，要求有负担能力的父或者母增加抚养费的，法院应予支持。②抚养费数额的临时增加。离婚协议或者判决中对抚养费的确定，不妨碍子女在必要时，向父母任何一方提出超过协议或者判决原定数额的合理要求。

（4）抚养费的支付期间。《婚姻家庭编解释（一）》第53条之规定，原则上，抚养费的给付期限，一般至子女年满18周岁为止。但是，子女16周岁以上不满18周岁，以其劳动收入为主要生活来源，并能维持当地一般生活水平的，父母可以停止给付抚养费。

（5）子女姓氏变更与抚养费的支付。《婚姻家庭编解释（一）》第59条之规定："父母不得因子女变更姓氏而拒付子女抚养费。父或者母擅自将子女姓氏改为继母或继父姓氏而引起纠纷的，应当责令恢复原姓氏。"

4. 探望权。探望权，是指离婚后，父母中不与子女共同生活的一方有探望子女的权利。探望权为不直接抚养子女的父或母享有，其他亲属探望的实现需要与享有探望权的一方父母一同前往探望。需要指出的是，探望权的行使不以父或母支付了抚养费为前提，即使暂时未支付抚养费，其探望子女的权利仍然不受影响。

【训练】甲乙因感情破裂离婚，其子丙随乙生活，因丙一直为甲之父母照料，因此甲之父母请求在离婚后有权探望丙，可否？

回答：甲之父母不享有探望权，但若要探望丙，则需与享有探望权的甲同行。

（1）抚养人的义务。根据《民法典》第1086条之规定，抚养人承担协助对方行使探望权的义务，即有义务为对方探望权的行使提供条件。因此，在探望权的行使中，抚养人故意设置探望障碍，或者教唆子女拒绝探望的行为是违法的。

（2）探望权的中止和恢复。探望权的中止，是指因探望权的行使有损子女身心健康的，经法定程序中止探望权。例如，行使探望权一方对子女有暴力情形、引诱子女从事不法或不利于子女健康成长的行为等。探望权的中止是探望权的暂时停止，而非权利的消灭。需要注意的是，探望权的中止不得由当事人自行决定。负有协助义务的一方认为有必要中止探望权的，应当诉请人民法院做出裁定。

探望权被中止之后，因探望权本身仍然存在，故在中止事由消失后，探望权人可以向法院提出恢复探望权的请求，法院对权利人的申请经审查后认为情况属实的，可以裁定恢复探望权的行使。探望权中止和恢复的程序均应依照民事诉讼法的规定进行，并且秉持"儿童最佳利益原则"，保护未成年子女的利益。

三、离婚对财产关系的效力

离婚除了对夫妻身份关系产生影响之外，还会对夫妻财产关系产生影响。离婚对财产关系的效力主要有：夫妻共同财产的分割，夫妻共同债务的清偿，离婚经济补偿，离婚经济帮助和离婚损害赔偿。

（一）夫妻共同财产的分割

根据《民法典》第1087条之规定，离婚时，夫妻共同财产的分割，首先需要尊重当事人的意愿，协议优先。协议不成的，由人民法院根据财产的具体情况，按照照顾子女、女方和无过错方权益的原则判决。夫妻一方隐藏、转移、变卖、毁损、挥霍夫妻共同财产，或者伪造夫妻共同债务企图侵占另一方财产的，在离婚分割夫妻共同财产时，对该方可以少分或者不分。在上述原则的基础上，在我国民法及相关司法解释中，规定了若干夫妻共同财产的具体分割规则：

1. 公司股权的分割。夫妻以一方名义，以共同财产在有限责任公司的出资额，夫妻双方协商一致将出资额部分或全部转让给其配偶的，构成有限责任公司股东对外转让股权，故需受《公司法》第71条第2款"有限责任公司股东对外转让股权限制"规则的约束，即需经其他股东过半数的同意。据此，《婚姻家庭编解释（一）》第73条规定，人民法院审理离婚案件，涉及分割夫妻共同财产中以一方名义在有限责任公司的出资额，另一方不是该公司股东的，按以下情形分别处理：

（1）夫妻双方协商一致将出资额部分或者全部转让给该股东的配偶，其他股东过半数同意，并且其他股东均明确表示放弃优先购买权的，该股东的配偶可以成为该公司股东；

（2）夫妻双方就出资额转让份额和转让价格等事项协商一致后，其他股东半数以上不同意转让，但愿意以同等条件购买该出资额的，人民法院可以对转让出资所得财产进行分割。其他股东半数以上不同意转让，也不愿意以同等条件购买该出资额的，视为其同意转让，该股东的配偶可以成为该公司股东。

【训练】甲、乙、丙、丁四人出资组建有限责任公司。现股东甲欲离婚，根据甲与甲妻的离婚财产协议，甲在公司中的股权应由甲妻取得。

1. 该财产分割协议，是否应经乙、丙、丁的同意？

回答：是。需经乙、丙、丁过半数同意。

2. 如果乙、丙同意该协议，丁表示反对。甲妻的利益应该如何保护？

回答：如果丁主张优先购买权，购买甲的股权，甲妻可取得丁出资购买的对价；如果丁放弃优先购买权，甲妻可取得股权，进而获得股东地位。

3. 如果乙同意该协议，丙、丁反对。甲妻的利益应该如何保护？

回答：如果丙、丁出资购买甲的股权，甲妻可取得丙、丁出资购买的对价；如果丙、丁未出资购买甲的股权，视为丙、丁同意该协议，甲妻可取得股权，进而获得股东地位。

2. 合伙企业份额的分割。夫妻共同财产以一方名义在合伙企业中出资，另一方不是该企业合伙人。夫妻共同财产中夫妻双方协商一致，将一方合伙企业中的财产份额全部或部分转让给对方的，其在《民法典》上构成合伙人对外转让合伙份额，故需受《民法典》第974条"合伙人对外转让合伙份额限制"规则的约束，即除合伙合同另有约定外，需经其他合伙人的一致同意。据此，《婚姻家庭编解释（一）》第74条规定，人民法院审理离婚案件，涉及分割夫妻共同财产中以一方名义在合伙企业中的出资，另一方不是该企业合伙人的，当夫妻双方协商一致，将其合伙企业中的财产份额全部或者部分转让给对方时，按以下情形分别处理：

（1）其他合伙人一致同意的，该配偶依法取得合伙人地位；

（2）其他合伙人不同意转让，在同等条件下行使优先购买权的，可以对转让所得的财产进行分割；

（3）其他合伙人不同意转让，也不行使优先购买权，但同意该合伙人退伙或者削减部分财产份额的，可以对结算后的财产进行分割；

（4）其他合伙人既不同意转让，也不行使优先购买权，又不同意该合伙人退伙或者削减部分财产份额的，视为全体合伙人同意转让，该配偶依法取得合伙人地位。

【训练】甲、乙、丙、丁四人出资组建合伙企业。现合伙人甲欲离婚，根据甲与甲妻的离婚财产协议，甲在合伙企业中的份额应由甲妻取得。

1. 该财产分割协议，是否应经乙、丙、丁的同意？

回答：是。需经乙、丙、丁一致同意。

2. 如果乙、丙同意该协议，丁反对。甲妻的利益应该如何保护？

回答：如果丁出资购买，甲妻可取得丁购买甲合伙份额的对价；如果丁允许甲退伙，甲妻可取得退还的合伙财产；如果丁既不同意购买，又不同意甲退伙，甲妻可取得甲的合伙份额，进而取得合伙人地位。

3. 夫妻以一方名义投资设立独资企业的分割。根据《婚姻家庭编解释（一）》第75条的规定，夫妻以一方名义投资设立个人独资企业的，人民法院分割夫妻在该个人独资企业中的共同财产时，应当按照以下情形分别处理：

（1）一方主张经营该企业的，对企业资产进行评估后，由取得企业资产所有权一方给予另一方相应的补偿；

（2）双方均主张经营该企业的，在双方竞价基础上，由取得企业资产所有权的一方给予另一方相应的补偿；

（3）双方均不愿意经营该企业的，按照《个人独资企业法》等有关规定办理。

4. 离婚后共有财产的继续分割。在夫妻离婚时，对于应得分割的夫妻共有财产未予分割的，根据《民法典》第1092条规定，当事人双方离婚后，对于离婚时未分割的共同财产，例如，另一方在离婚前隐匿、转移共同财产，导致离婚时该共同财产并未分割，当事人有权向法院提起诉讼，请求再次分割。在此基础上，根据《婚姻家庭编解释（一）》第84条的规定，当事人依据民法典第1092条的规定向人民法院提起诉讼，请求再次分割夫妻共同财产的诉讼时效期间为3年，从当事人发现之日起计算。

（二）离婚经济补偿

根据《民法典》第1088条之规定，在一方为抚育子女、照料老人、协助另一方工作等负担出较多义务时，无论夫妻采用何种财产制，均可主张离婚经济补偿。在这里，一方所付出的义务，通常体现为家务劳动。家务劳动不直接产生经济效益，但家务劳动可以节省家庭支出，间接增加家庭财富。

《民法典》对于补偿的标准没有给定，确定首先应当由双方协商，人民法院可以对经济补偿的数额进行调解。调解无效时，人民法院应当根据当事人结婚的时间长短、家务劳动的强度、持续的时间、给对方提供帮助的多少等因素来确定。同时应当注意的是，该酌定赔偿数额，应当以较为公平合理的计算标准为主要依据，不宜完全交由法官自由裁量。

（三）离婚经济帮助

离婚经济帮助，是指在夫妻离婚时，一方生活有困难，经双方协商或法院判决，有条件的一方给予另一方适当的财物资助行为。夫妻间相互扶养的义务随着婚姻关系的终止而消灭，因此离婚后一方对另一方的财物资助并不是基于夫妻间的扶养义务。但是基于曾经存在的婚姻关系，离婚经济帮助是出于人道主义的考虑，是原婚姻关系派生出的责任。离婚经济帮助适用的条件包括：

1. 一方确实生活困难，即一方依靠个人财产和离婚时分得的财产无法维持当地基本生活水平。

2. 给予经济帮助的一方有负担的能力，且经济帮助是适当的。经济帮助的形式可以是金钱、实物或生活用品等。受帮助一方另行结婚或另有经济收入能够维持生活时，经济帮助可以终止；原定的经济帮助执行完毕之后，一方又要求继续给付经济帮助的，人民法院一般不予支持。

【训练】甲乙系夫妻，婚姻存续期间乙为甲的工作放弃了社会工作机会，在家为全职主妇。现二人离婚，乙暂时依然居住在甲的房屋内。后乙重新找到工作，收入完全可以维持个人生活。请问甲能否请求乙搬离？

回答：可以。离婚经济帮助制度的目的就是保障离婚中经济条件较弱者获得临时性、过渡性的救助。在受助者经济收入有所改变后，离婚经济帮助制度应该终止，因此甲有权请求乙搬离。

（四）离婚损害赔偿

离婚损害赔偿是指，配偶一方因重大过错侵害另一方基于配偶身份享有的合法权利，导致婚姻关系破裂的，离婚时，无过错方有权请求对方赔偿，有过错方则负有赔偿责任的民事法律制度。

1. 离婚损害赔偿事由。《民法典》第 1091 条之规定，有下列情形之一，导致离婚的，无过错方有权请求损害赔偿：①重婚；②与他人同居；③实施家庭暴力；④虐待、遗弃家庭成员；⑤有其他重大过错。

需要注意的是，根据《婚姻家庭编解释（一）》第 23 条的规定，夫以妻擅自中止妊娠侵犯其生育权为由请求损害赔偿的，法院不予支持。夫妻双方因是否生育发生纠纷，致使感情确已破裂，一方请求离婚的，人民法院经调解无效，依法准予离婚。

【训练】甲乙系夫妻，育有一子丙。后某日甲发现丙与其并无血缘关系，遂通过 DNA 检测得已确认。后经追问，丙系乙与他人一夜情所育。因此甲向乙提出离婚，请问甲能否一并提起离婚损害赔偿的请求？

回答：可以。乙与第三人一夜情虽然不满足重婚、与第三人同居，但也属于其他重大过错行为，作为无过错的甲有权根据兜底条款提出离婚损害赔偿的请求。

2. 离婚损害赔偿的构成要件。

（1）一方有重大过错，而对方没有过错。夫妻一方有《民法典》第 1091 条规定的过错行为，有过错的一方为离婚损害赔偿的责任主体，另一方为离婚损害赔偿请求权人。如果夫妻双方均有前述重大过错行为，一方或者双方向对方提出离婚损害赔偿请求的，人民法院不予支持。

（2）离婚损害赔偿原则上在离婚时提出。婚姻关系存续期间，无过错方不离婚，不能提出离婚损害赔偿请求。同理，人民法院判决不准离婚的案件，后单独提起损害赔偿请求的，人民法院不予支持。

3. 离婚损害赔偿的程序。无过错方作为原告，基于《民法典》第 1091 条规定，提出损害赔偿请求的，必须在离婚诉讼的同时提出。无过错方作为被告的离婚诉讼案件，如果被告不同意离婚也不基于该条规定提起损害赔偿请求的，可以在离婚后 1 年内就此单独提起诉讼。无过错方作为被告的离婚诉讼案件，一审时被告未提出损害赔偿请求，二审期间提出的，人民法院应当进行调解，调解不成的，应告知当事人在离婚后 1 年内另行起诉。

当事人在婚姻登记机关办理离婚登记手续后，以《民法典》第 1091 条规定为由向人民法院提出损害赔偿请求的，人民法院应当受理。但当事人在协议离婚时已经明确表示放弃该项请求，或者在办理离婚登记手续 1 年后提出的，不予支持。

第十三章

收　养

第一节　收养的成立

一、收养概述

（一）收养的概念

收养，是指自然人按照法律规定的条件和程序，领养他人子女为自己的子女，从而产生法律拟制的父母子女关系的法律行为。由于收养法律行为变更了当事人的身份关系，因此涉及主体有三：收养人、被收养人和送养人。收养他人子女为自己子女者为收养人，将子女或儿童送给他人收养的自然人或社会组织为送养人，被收养的子女为被收养人。

（二）收养的特征

1. 收养是产生法律拟制血亲关系的身份法律行为。收养成立，就会在收养人与被收养人之间产生法律拟制的父母子女的权利义务关系。同时，被收养人与其生父母之间的权利义务关系则因收养的成立而消除。不仅如此，收养所产生的变更亲属关系及其权利义务关系的效力，还会及于收养人与被收养人的其他亲属。故收养行为属于法律行为中的身份法律行为。

2. 收养只能发生在非直系血亲的自然人之间。法律设立收养的目的，是使原无父母子女关系的人之间产生法律拟制的父母子女关系。以孤儿、弃婴为服务对象的社会福利机构，虽然对孤儿、弃婴进行抚养教育，但其与孤儿、弃婴之间并不产生父母子女关系，它只是一种社会救济措施。另外，原本就有直系血亲关系的自然人之间，辈分分明，若允许收养，反而会造成亲属关系的重叠或冲突，因此，法律禁止直系血亲之间的收养。

3. 收养须符合法定的条件和程序。收养关系的建立应当以被收养人利益最大化为目标，因此，《民法典》规定收养成立须采取法定的条件和形式，符合之，收养始得成立，因此收养为要式法律行为。尤其是收养登记、收养评估和收养监督机制都是确保未成年人利益最大化的表现。

（三）收养的类型

1. 法定收养与事实收养。法定收养，是指依照法律规定的收养实质要件和形式要件成立的收养。事实收养，则是指不具备法律规定的收养实质要件和形式要件，但已经形成了事实上的父母子女关系的收养事实。《民法典》不承认事实收养关系。

2. 共同收养与单独收养。共同收养，是指以夫妻双方为收养人的收养。不具有夫妻关系的二人所进行的收养是法律所禁止的。单独收养，则是指收养人为一人的收养，包括无配偶者收养和已婚夫妇单方收养。《民法典》禁止有配偶者单独收养他人未成年子女为养子女。

3. 未成年人收养和成年人收养。未成年人收养，是指被收养人为未成年人的收养。成年人收养，则是指被收养人为成年人的收养。《民法典》以收养未成年人为原则，收养成年人为例外。

4. 完全收养与不完全收养。完全收养，是指收养成立后，养子女与其生父母及其近亲属之间的权利义务关系完全消除，仅与养父母及其近亲属之间发生权利义务关系的收养。不完全收养，则是指收养成立后，养子女不但与其养父母及其近亲属发生权利义务的关系，而且与其生父母及其近亲属之间仍保留一定的权利义务关系的收养。《民法典》中的收养为完全收养。

5. 国内收养与涉外收养。国内收养，是指不含有涉外因素的收养，即收养当事人为同一国籍且在该国内进行的收养。涉外收养，则是指具有涉外因素的收养，即收养当事人属于不同国籍或收养行为超越国境的收养。根据我国《民法典》第 1109 条之规定，外国人收养中国国籍子女，应当经其所在国主管机关依照该国法律审查同意。收养人与送养人签订书面协议后，应亲自向省、自治区、直辖市人民政府民政部门登记。

二、收养的条件

收养的条件，即收养关系成立的条件，是指收养成立必须满足的实质要件。收养的条件分为一般成立要件和特殊成立要件：

（一）一般收养关系成立的条件

1. 被收养人的条件。我国《民法典》第 1093 条之规定，下列未成年人，可以被收养：①丧失父母的孤儿；②查找不到生父母的未成年人；③生父母有特殊困难无力抚养的子女。判断生父母是否有特殊困难无力抚养子女，应根据当事人的具体情况具体认定。比如生父母没有经济负担能力或患有严重疾病等无法或不宜抚养子女的，可视为生父母有特殊困难无力抚养。

2. 送养人的条件。根据《民法典》第 1094 条之规定，下列个人、组织可以作送养人：

（1）孤儿的监护人。孤儿，是指父母已经死亡的未满 14 周岁的未成年人。因此，孤儿的监护人不是父母。在抚养义务者与监护人并非同一人的情况下，例如孤儿的监护人为居委会、村委会，而负有抚养义务的祖父母尚在，此时送养孤儿需要事先征得抚养义务人的同意。若扶养义务人不同意送养，且监护人不愿继续担此重任，那么有扶养义务的人应当承担监护人的职责，并根据《民法典》的规定变更监护人。

（2）儿童福利机构。社会福利机构是指国家、社会组织和个人举办的，为老年人、残疾人、孤儿和弃婴提供养护、康复、托管等服务的机构。从有利于未成年的孤儿及弃婴、儿童成长出发，养育孤儿、弃婴的社会福利机构有权将其送养给合格的收养人。

（3）有特殊困难无力抚养子女的生父母。生父母作为送养人，除了必须具备有特殊困难无力抚养子女这一条件外，还须符合以下条件：①生父母送养子女，须双方共同送养。即使父母离婚，子女随一方生活，也须征得另一方的同意。只有在客观上无法共同送养的，即生父母一方不明或者查找不到的，才可以单方送养。②生父母一方死亡，另一方送养未成年子女的，死亡一方的父母出于血缘抚养的优势，有优先抚养的权利。因此，生父母一方死亡的，另一方不得在未通知死亡一方父母的前提下，将未成年子女送养给第三人。

3. 收养人的条件。根据《民法典》第1098条之规定，收养人应当同时具备下列条件：

（1）无子女或只有一名子女。这里的"子女"，包括婚生子女、非婚生子女及拟制血亲的子女。收养是生育制度的补充，无子女或者只有一名子女的要求，也与二胎制一致。故而，在此基础上，无子女的收养人可以收养两名子女；有子女的收养人只能收养一名子女。

（2）有抚养、教育和保护被收养人的能力。收养人能力的判断标准，不仅包括有抚养被收养人的经济负担能力，还包括具有良好的道德品质以及教育被收养人的能力，以及未患有在医学上认为不应当收养子女的疾病。

（3）未患有在医学上认为不应该收养子女的疾病。

（4）无不利于被收养人健康成长的违法犯罪记录。

（5）年满30周岁。收养是为了在收养人与被收养人之间产生父母子女的关系。因此，收养人的年龄不宜过低。在此基础上，无配偶者收养异性子女的，收养人与被收养人的年龄应当相差40周岁以上。

实践中，在收养人与被收养人年龄差距过大时，收养人更愿意把被收养人作为孙子女进行收养，即隔代收养。对于隔代收养，可适用养父母与养子女的有关规定，收养人与被收养人可互为第一顺序继承人。

（二）特殊收养关系成立的条件

除一般收养关系成立的条件外，结合我国实际情况，还有特殊成立要件，而这些条件使得收养条件放宽。

1. 收养三代以内同辈旁系血亲的子女。中华人民共和国成立后，虽然废除了封建的立嗣制度，但在民间收养兄弟姐妹、堂兄弟姐妹、表兄弟姐妹的子女为自己子女的情况依然存在。因此，根据《民法典》第1099条的规定，收养三代以内旁系同辈血亲的子女，可以不受以下一般收养关系成立条件的限制：

（1）不受"生父母有特殊困难无力抚养的子女"的限制；

（2）不受"无配偶者收养异性子女的，收养人与被收养人的年龄应当相差40周岁以上"的限制；

华侨收养三代以内旁系同辈血亲的子女，除不受上述（1）、（2）限制外，还不受"无子女或只有一名子女"的限制。

2. 收养孤儿、残疾儿童或者弃婴和儿童。根据《民法典》第1100条之规定，收养孤儿、残疾未成年人或者儿童福利机构抚养的查找不到生父母的未成年人，可不受以下一般收养关系成立条件的限制：

（1）不受"收养人无子女或只有一名子女"的限制；

（2）不受"无子女的收养人可以收养两名子女；有子女的收养人只能收养一名子女"的限制。

3. 继父母收养继子女。为了增进家庭的和谐与稳定，有些继父母愿意收养继子女，将其关系变成养父母与养子女的关系，应为鼓励。为此，根据《民法典》第 1103 条之规定，继父母收养继子女的，可不受以下一般收养关系成立条件的限制：

（1）不受"生父母有特殊困难无力抚养的子女"的限制；

（2）不受"无子女或只有一名子女"的限制；

（3）不受"无子女的收养人可以收养两名子女；有子女的收养人只能收养一名子女"的限制；

（4）不受"未患有在医学上认为不应当收养子女的疾病"的限制。

（5）不受"无不利于被收养人健康成长的违法犯罪记录"的限制。

（6）不受"有抚养、教育和保护被收养人的能力"的限制；

（7）不受"年满 30 周岁"的限制；

（8）不受"有配偶者收养子女，应当夫妻共同收养"的限制。

三、收养合意与收养登记

收养行为是双方法律行为，须送养人与收养人之间形成收养合意。收养八周岁以上未成年人的，还应当征得被收养人的同意。至于收养协议是否应当办理公证手续，则是出于当事人的意愿和要求进行的程序，并不具有强制性。为确保收养关系的合法性和稳定性，收养协议达成后，需办理收养登记手续，收养关系方告成立。

第二节　收养的效力

收养的效力，是指收养关系成立后所引起的法律后果。按照我国《民法典》规定，可将收养的效力分为收养的拟制效力与收养的解消效力。

一、收养的拟制效力

收养的拟制效力，又称收养的积极效力，是指收养依法在被收养人与收养人及其近亲属之间创设新的亲属关系及其权利义务关系的效力。收养的拟制效力包括：

（一）对养子女与养父母的拟制效力

收养成立，即在养父母与养子女之间的亲子关系成立，包括抚养、赡养和继承等法律关系。养子女可以随养父或者养母的姓，经当事人协商一致，也可以保留原姓。

（二）对养子女与养父母近亲属间的拟制效力

收养成立，养子女与养父母的父母产生养祖孙关系，适用法律关于祖孙之间权利义务之规定；养子女与养父母的其他子女之间产生养兄弟姐妹关系，适用法律关于兄弟姐妹之间权利义务的规定。

二、收养的解消效力

收养的解消效力，又称收养的消极效力，是指收养依法消灭被收养人与生父母及其近亲属之间的身份关系及其权利义务关系的效力。

（一）对养子女与生父母的解消效力

收养关系成立后，养子女与生父母之间不仅消灭身份关系，而且他们之间的权利义务关系同时消除。即生父母不再对其承担抚养义务，养子女对年迈无劳动能力又无生活来源的生父母亦无赡养义务，彼此之间不再享有继承权。

（二）对养子女与生父母近亲属间的解消效力

收养关系成立后，养子女与生父母的父母之间不再具有祖孙之间的权利义务关系；与生父母其他子女之间，亦不再具有兄弟姐妹之间的权利义务关系。应当注意的是，收养的解消效力，仅仅是消除了养子女与生父母及其他近亲属之间法律意义上的权利义务关系，养子女与生父母及其他近亲属之间基于血缘而形成的自然血亲关系不能通过人为手段加以改变，因此，有关禁止直系血亲和三代以内旁系血亲结婚的规定仍然适用。

三、收养关系的解除

（一）收养关系解除的类型

解除收养关系的方式包括协议解除和诉讼解除。前者主要适用于就收养关系合意解除的情形；若一方丧失行为能力，或满足法定解除的情形，则可以通过诉讼的方式解除。

1. 协议解除收养关系。

（1）协议解除收养关系的条件。

第一，原则上，收养关系建立后，为了保护未成年被收养人的权益，收养人不得单方任意解除收养关系，但法律允许送养人与收养人通过协议解除收养关系。被收养人年满 8 周岁，送养人与收养人通过协议解除收养关系的，应当征得被收养人的同意。

【训练】12 岁的章三被汪五夫妇收养为养子。现汪五夫妇再次怀孕，因经济能力有限，想要养育自己的子女，因此欲解除与章三之间的收养关系。可否？

回答：不能。原则上养子女未成年之前不得随意解除收养关系，除非收养人与送养人之间达成解除收养关系的协议，且需征得章三的同意。

第二，养父母与成年养子女关系恶化、无法共同生活的，养父母与养子女之间也可以协议解除收养关系。

当事人协议解除收养关系的，应当到民政部门办理解除收养关系的登记手续。

2. 诉讼解除收养关系。当事人无法就解除收养关系达成协议的，可向人民法院起诉，通过诉讼方式由人民法院裁决是否解除收养关系。人民法院应查明解除收养关系的事实和理由，依据相关法律规定，作出准予解除或不准解除的判决。

（二）收养关系解除的法律后果

1. 拟制血亲关系的消除与自然血亲关系的恢复。收养关系解除后，养子女与养父母以及其他近亲属间的权利义务关系即行消除，与生父母以及其他近亲属间的权利义务关系自行恢复。但是，成年养子女与生父母以及其他近亲属间的权利义务关系是否恢复，可以协商确定。

2. 其他效力。

（1）养父母的生活费请求权。具备如下条件的，收养关系解除后，养父母有权请求支付生活费：①养子女经养父母抚养，已经成年；②养父母缺乏劳动能力又缺乏生活来源。

（2）养父母的抚养费补偿请求权。具备如下条件的，收养关系解除后，养父母有权请求补偿收养期间的抚养费：①养子女经养父母抚养成年后，虐待、遗弃养父母致收养关系解除的，养父母有权请求养子女补偿收养期间支付的抚养费；②未成年被收养人的生父母要求解除收养关系的，养父母可以要求生父母适当补偿收养期间支出的抚养费。但是，因养父母虐待、遗弃未成年养子女而导致收养关系解除的除外。

【训练】甲乙夫妇二人收养未成年人丙为自己的养子女。后丙成年后虐待甲乙二人，二人遂选择解除与丙的收养关系，并要求丙支付抚养费，可否？

回答：可以，受虐待的养父母可以解除收养关系，并要求养子女支付抚养费。

第五编 继 承 <<<

第十四章

继 承

第一节 继承概述

一、继承权的概念和特征

继承，是指在财产所有人死亡时，按照法律的规定，将死者生前的财产和其他合法权益，转归有权取得该项财产和合法权益的人所有的法律制度。在继承法律关系中，遗留有个人合法财产的死者是被继承人；死者财产成为遗产；依照法律规定或被继承人生前所立的合法有效遗嘱取得遗产的人是继承人。继承人依照法律的直接规定或者被继承人所立的合法遗嘱享有继承被继承人遗产的权利就是继承权。继承权作为一项重要的民事权利，具有以下法律特征：

1. 继承权与特定身份相联系。继承权的享有以一定的身份关系为前提。与死者有血亲关系或婚姻关系的人，才有可能成为法定继承人或遗嘱继承人。所以说，继承权是只在近亲属之间才享有的权利，法人和其他社会组织、国家均不能成为继承权的主体。但是，法人和其他组织可以根据死者遗嘱，成为遗赠受领人，而国家只能在遗产无人继承又无人受领遗赠的情况下，取得该无主财产。继承权虽然是自然人基于一定的身份关系发生在近亲属之间的权利，却并不以身份利益为内容，故不是身份权。

2. 继承权与财产所有权相联系。继承权是一种财产权。如果被继承人生前没有对任何财产享有所有权，死后就不会发生继承。继承权取得是以死者生前的财产所有权为基础，继承权实现是财产所有权向继承人的转移，因此，财产所有权是继承的前提和基础，继承是财产所有权的延伸和继续，是所有权主体的变更。

3. 继承权的实现与一定的法律事实相联系。被继承人死亡和死者留有遗产的法律事实是引起继承法律关系产生的原因，是继承权实现的前提。如果死者生前立有遗嘱并且遗嘱不违反法律规定，则该合法有效遗嘱中指定的继承人才享有继承权；如果死者生前未立遗嘱或遗嘱无效的，则根据法律规定由法定继承人享有继承权，开始继承活动。

二、继承制度的基本原则

继承制度的基本原则，是指效力贯穿于民法继承制度的全部，成为民法继承法律规范与司法实践之基础的法律原则。尽管《民法典》对于继承制度的基本原则，并未做明确规定。但在民法理论上，继承法的基本原则包括如下内容：

（一）保护自然人私有财产继承权原则

自然人私有财产继承权是我国《民法典》的立法目的和任务，也是继承制度的首要原则。保护自然人私有财产继承权是保护自然人合法财产所有权的具体表现，也是发挥家庭的养老育幼、消费职能和巩固家庭关系的必然要求。

（二）继承权平等原则

继承权平等原则主要体现在男女平等，婚生子女与非婚生子女平等，养、继子女与亲生子女平等，儿媳与女婿平等，同一顺序继承人平等方面。

（三）养老育幼原则

养老育幼原则是由我国现阶段的经济条件和家庭职能所决定的，它是实现保护老人、妇女和儿童以及残疾人合法权益这一任务的必然要求。在我国民法中，继承权的享有与法定扶养义务的承担被紧密地联系起来，且对缺乏劳动能力、没有生活来源的继承人予以特别保护，从而使得养老育幼得以凸显。

（四）权利与义务相一致原则

在继承制度中，继承人是否享有继承权以及继承人如何行使继承权，不仅要考虑继承人对被继承人生前所尽义务的情况，也要考虑继承人对被继承人所遗留的债务的清偿等问题，即达到继承人取得遗产权利与其义务履行要一致。例如，在遗产分配时，多尽扶养义务的多分，不尽或者少尽义务的可不分或少分；接受遗产的人，应当清偿被继承人生前所欠税款和其他债务。

（五）互谅互让、和睦团结原则

家庭成员之间的关系应该是一种互助互爱、互谅互让、和睦团结的关系，因此，家庭成员间的关系相处，也应坚持互谅互让、和睦团结的原则，这也是我国长期以来在处理继承纠纷的司法实践中一直坚持的准则。

三、遗产

（一）遗产的概念和法律特征

《民法典》第1122条规定："遗产是自然人死亡时遗留的个人合法财产。"据此，遗产是财产继承法律关系的客体。继承法律关系的发生离不开遗产这一要素，仅有自然人死亡事件发生，没有任何个人财产遗留，不能发生继承法律关系。遗产具有如下的法律特征：

1. 遗产是自然人死亡时遗留的财产。自然人死亡前，对自己的财产享有所有权，得依法处分，近亲属不能要求继承，也不能以继承为名抢夺财产，否则是侵害他人财产权的违法行为。同时，自然人死亡前已经合法处分的财产不再是遗产。只有在自然人死亡时遗留的财产才是遗产。

【训练】王老太太病重住院，三个儿子和儿媳妇借口工作忙，既不去医院照顾也不探望母亲，而是在老人家中翻箱倒柜寻找存款单、首饰以及其他贵重物品，在受到众人谴责时，自称

"继承"是家务事，别人不能管。护士小刘出于同情，在工作之余，尽力帮助老人。老人弥留之际，为感谢小刘，将随身佩带的祖母绿戒指赠送给小刘。老人去世后，其子认为该戒指是母亲遗产，应予分割，遂向小刘索要。

1. 老人住院期间，子女拿走其财产的行为，如何定性？

回答：侵犯老人财产所有权的行为，因为继承只能从被继承人死亡时开始。

2. 老人去世后，赠送给小刘的戒指，是否为老人的遗产？

回答：否，老人死亡之前，虽然重病住院治疗，但仍是其财产的所有权人，可以按照自己的意愿，对财产进行处分，所以，将戒指赠予小刘的法律行为是合法有效的，并且交付行为已完成，戒指所有权已由小刘取得。在老人死亡后，该戒指已不属于遗产的组成部分。

2. 遗产是自然人死亡时遗留的个人财产。在被继承人生前属于其个人所有的财产，才能成为遗产。如果是被继承人生前与他人共有的财产，如夫妻共同财产、家庭共有财产、合伙共有财产，被继承人只对其中一个部分享有财产所有权，被继承人死亡后，继承人可以继承该部分财产。这种情况下，在确定遗产范围时，应先将该财产中属于被继承人的财产部分分割出来，由其继承人承受。被继承人生前为他人保管的物，或借用、租赁他人的物，虽死亡时仍可能在其控制之下，或在其居所，但都不是其个人财产，也不能被纳入遗产范围，不能发生继承。

3. 遗产应是死者的个人合法财产。被继承人生前的非法所得以及非法侵占的国家、集体或者他人的财产，不是自然人合法取得或合法享有的财产，不能作为遗产，如贪污受贿、盗抢等违法犯罪行为所得、非法持有的违禁物品等。

4. 遗产具有财产性、总括性。遗产包括死者生前享有的财产所有权，债权、知识产权中的财产权利以及法律规定可以继承的其他合法财产权益。被继承人生前所享有的人身权益等，随着自然人的死亡而终止，不属于遗产范畴。同时，被继承人生前已经发生的各种财产负担，如税款、债务，也是被继承人财产的组成部分，死后一并列入遗产的范围。这说明，遗产包括被继承人死亡时遗留的全部财产权利和财产义务。

（二）不能作为遗产的财产范围

被继承人生前虽然享有以下权利，但不能作为遗产继承：

1. 承包经营权。承包经营权是指被继承人生前根据与农民订立的承包合同所享有的经营集体的土地、山岭、森林、草原、水面、荒山等自然资源的用益物权。承包经营权不能作为遗产继承，但个人承包应得的个人收益，可以继承。承包人死亡时尚未取得承包收益的，可将死者生前对承包所投入的资金和所付出的劳动及其增值和孳息，由发包单位或者接续承包合同的人合理折价、补偿，其价额可以作为遗产。

2. 自然资源使用权。自然资源使用权，是指自然人为实现一定的经济目的而依法使用国家、集体的土地等自然资源的权利，如采矿权、渔业权、建设用地使用权，在自然人死亡后，继承人继续使用该资源的，应重新办理批准手续。

3. 抚恤金。抚恤金，是指职工、军人因公死亡或者因病及其他意外事故死亡后，由有关单位按规定给予特殊人员的经济补偿，该受抚对象为死者的直系亲属且主要依靠死者生前扶养。

因抚恤金只能由受抚对象本人享有，故不是死者生前的财产，不能列入遗产范围。

4. 保险金。保险金是死者生前参加人身保险，当保险事故发生后，被保险人死亡时，保险公司按规定应当支付的金钱。如果在保险合同中投保人已指定了相关的受益人，则由合同所指定的人收取保险金；如果合同中没有指定受益人的，则可作为遗产，由死者继承人继承。

四、继承权

继承权，是指自然人依照法律的直接规定或者被继承人所立的合法有效的遗嘱所享有的继承被继承人遗产的权利。《民法典》规定了继承权的取得、放弃，继承权的行使和保护，继承权的丧失。

（一）继承权的取得

继承权的取得是自然人根据法律的规定或者依据死者生前在遗嘱中所做的指定而取得继承权。根据我国《民法典》的相关规定，我国自然人的财产继承权的取得根据是血缘关系、婚姻关系、扶养关系以及死者生前所立合法有效的遗嘱。

（二）继承权的放弃

继承权的放弃，指继承人在继承开始后、遗产分割前，作出的放弃继承被继承人遗产的意思表示。放弃继承权的效力，是放弃继承权的人不再参加遗产分配。

【训练】甲的父母去世，甲乙丙兄弟三人是法定继承人。

1. 如果甲作出了放弃继承的意思表示，后果如何？

回答：其父母遗产分为两份，由乙和丙继承。

2. 如果甲表示，自己放弃继承权，该由自己继承的那份遗产给最小的弟弟丙。甲的表示是否为放弃继承权的表示？

回答：否。甲并未作出放弃继承权的意思表示，而是表示甲继承后，向丙进行赠与。

遗产继承权是自然人的一项民事权利，权利人有权根据自己的意愿作出接受或放弃的意思表示。继承人放弃继承权的行为，是继承人对自己权利的处分行为。放弃继承是一种单方法律行为，只要是其真实的意思表示，无须征得其他继承人的同意，只要不损害社会和其他人利益，任何人不得干涉。

1. 继承权放弃的方式。继承人放弃继承的意思表示，只能由本人亲自作出，不能代理。即使继承人是无民事行为能力人或限制民事行为能力人，其法定代理人也不能代替他们作出放弃继承的意思表示。继承人放弃继承的意思表示必须是基于本人真实的意愿作出。因受欺诈、胁迫等原因致使继承人作出放弃继承权的意思表示的，应当认定为无效。继承人放弃继承一般应以书面形式向其他继承人表示。如果采用口头方式表示放弃继承，只有在本人承认或有其他充分证据证明的情况下，才认定为有效。

2. 放弃继承权的意思表示的时间。继承人放弃继承的意思表示的期限，应当是从继承开始起到遗产分割之前止。只有在此期间作出放弃继承的意思表示才有效。《民法典》第1124条规定："继承开始后，继承人放弃继承的，应当在遗产处理前，以书面形式作出放弃继承的表示；没有表示的，视为接受继承。"主要原因在于，在继承开始前，继承人还没有现实地享有继承权，不存在放弃的问题，在遗产分割完后，继承人已实际取得了因遗产分割获得的财产的所有权，要放弃也只能放弃这些财产的所有权。

3. 放弃继承权的限制。根据最高院《关于适用〈民法典〉继承编的解释（一）》第 32 条的规定，继承人因放弃继承权，致其不能履行法定义务的，放弃继承权的行为无效。在这里，导致继承人不能履行法定义务的继承权放弃行为无效，导致继承人不能履行约定义务的继承权放弃行为不在此限，依然有效。

【训练】甲父去世，遗产分割前，甲表示放弃对甲父的遗产继承。

1. 如果甲的放弃继承权的行为，导致甲无力履行欠乙的借款债务，甲的放弃继承权的行为是否有效？

回答：有效。甲对乙的借款债务为约定义务。

2. 如果甲的放弃继承权的行为，导致甲无力履行对甲之子进行抚养，甲的放弃继承权的行为是否有效？

回答：无效。甲对其子的抚养义务为法定义务。

4. 继承权放弃后的反悔。根据最高院《关于适用〈民法典〉继承编的解释（一）》第 36 条的规定，继承人作出放弃继承权的意思表示后又反悔的，根据如下情形分别处理：

（1）遗产处理前，继承人对放弃继承反悔的，由人民法院根据其提出的具体理由，决定是否承认。

（2）遗产处理后，继承人对放弃继承反悔的，不予承认。

（三）继承权的保护

保护自然人的财产继承权是我国《民法典》的任务和重要原则。继承权受到侵害时，继承人得请求法院通过诉讼程序予以保护，以恢复其继承遗产的权利。继承人的这一权利，被称为继承权恢复请求权，或继承权回复请求权。通说认为，继承权请求权包括两个方面：一是确认继承权人资格的请求权；二是对遗产的返还请求权。

（四）继承权的丧失

继承权的丧失，又叫继承权的剥夺，是指依照法律规定在发生法定事由时取消继承人继承被继承人遗产的权利。继承权的丧失仅指继承权被依法剥夺，有其特定含义。也就是说，继承人因对被继承人或其他继承人有违法行为甚至犯罪行为的，将被人民法院依法取消其继承遗产的权利。反言之，没有法定事由，未经法定程序的，任何人不能剥夺自然人的财产继承权。如果死者本人生前立遗嘱指定财产由某人继承或接受，不是对其他继承人的继承权的剥夺，而是本人自由处分财产的权利行使。因继承人放弃继承权，或者因收养关系、婚姻关系解除而不参加遗产分配的，也不是丧失继承权的原因。

1. 继承权丧失的原因。根据《民法典》第 1125 条的规定，继承人有下列行为之一的，丧失继承权：

（1）故意杀害被继承人。此处的"杀害"，仅指剥夺被继承人的生命权。继承人故意杀害被继承人是一种严重的犯罪行为，社会危害性极大，应受到刑事处罚。因此，法律剥夺实施了杀害被继承人行为的继承人的继承权。继承人以剥夺被继承人生命为目的实施的行为，无论既遂还是未遂，无论动机如何，不管是亲自实施杀害被继承人的行为还是教唆他人实施杀害行为，也不管手段如何，都丧失继承权。但是，如果是过失致被继承人死亡，如交通肇事，或虽杀死被继承人，但是属于无行为能力的精神病患者，并没有杀害被继承人的主观"故意"，则仍然享有继承权。

【训练】 精神病患者方某在发病期间，杀死丈夫黄某。案发后，方某经市精神病医院鉴定为无刑事责任能力，警方作出撤销案件决定。黄某母亲王某向法院起诉，要求继承黄某留下的房屋并确认方某丧失继承权。王某的主张能否得到法院支持？

回答：否，方某是在无刑事责任能力的情况下杀人，不属于《民法典》第1125条规定中的"故意杀害被继承人"，所以依法仍享有继承权。

（2）为争夺遗产而杀害其他继承人。这一法定事由的构成要件主要有两个：继承人杀害的对象是其他继承人；继承人实施杀害行为的目的是为了争夺遗产。为争夺遗产而杀害其他继承人的，即使被继承人生前立遗嘱指定他为遗嘱继承权人，其继承权也丧失。但如果是因为其他理由杀害其他继承人的，并不丧失对被继承人遗产的继承权。

【训练】 田某有两个儿子，幼子从小被父母娇惯，品行不端，长大后无恶不作，在家打骂父母。某日，田某又被幼子殴打，忍无可忍，认为与其被幼子折腾得一家不得安宁，不如将其杀死，以免再祸害家里人和村中人。于是趁幼子酒醉之际、伙同长子将幼子杀死并抛尸。现田某在狱中服刑时因病死亡。

1. 田某、长子能否继承幼子的遗产？

回答：不可以。田某伙同长子杀害幼子，构成"故意杀害被继承人"，故丧失对幼子的继承权。

2. 长子能否继承田某的遗产？

回答：可以。长子伙同田某杀害幼子，并非以争夺田某遗产为目的，故不丧失对田某的继承权。

（3）遗弃被继承人，或者虐待被继承人情节严重的。遗弃被继承人，指继承人对无劳动能力又无生活来源和没有独立生活能力的被继承人，有能力扶养却拒不履行法定的扶养义务。如子女对年老、生活不能自理的父母置之不理，撵到牛棚里住，冬天没有棉衣、柴火取暖，疾病时无人送医院救治，也不提供食物等，无论是否构成遗弃罪，都构成遗弃的违法行为，丧失继承权。

虐待被继承人，是指在继承人生前经常以各种手段对被继承人进行身体或精神上的摧残和折磨。如打骂、冻饿、迫使其从事不能从事的劳动，不让休息，长期限制人身自由。虐待行为具有长期性、经常性、手段恶劣、后果严重、社会影响坏的，将被认定为情节严重，该继承人丧失继承权。

（4）伪造、篡改、隐匿或者销毁遗嘱、情节严重的。伪造遗嘱，是指继承人以被继承人名义制作假遗嘱。具体有两种情况：一是被继承人未立遗嘱，继承人伪造了一份假遗嘱；二是被继承人立有遗嘱，但继承人将其隐匿并伪造了一份假遗嘱。该假遗嘱不是被继承人生前真实意志的体现。篡改遗嘱，是指继承人改变被继承人处分其财产的遗嘱的内容，将其中对自己不利的部分改为对自己有利的内容。销毁遗嘱，是指继承人将被继承人设立的遗嘱完全破坏，因为其内容对自己不利。这是对被继承人处分其财产的权利的非法剥夺。

需要指出的是，继承人有上述违法行为的，并不必然丧失继承权；只有"情节严重"的才会被剥夺继承权，继承人伪造、篡改或者销毁遗嘱，侵害了缺乏劳动能力又无生活来源的继承人的利益，并造成其生活困难的，为"情节严重"。反之，继承人有上述行为，但并未侵害缺乏劳动能力又无生活来源的继承人的利益、造成其生活困难的，不丧失继承权。

（5）以欺诈、胁迫手段迫使或者妨碍被继承人设立、变更或者撤回遗嘱，情节严重的。遗嘱是被继承人真实意思的表示，被继承人在设立、变更或者撤回遗嘱时，应当自己决定，他人不得通过欺诈、胁迫手段而使被继承人所订立的遗嘱内容与其真实意思不一致。因现实此类行为较多，有的情节较轻，有的情节较为严重，但《民法典》仅规定了情节严重的，继承人才丧失继承权。然而，如何判断情节严重，现行立法并没有明确规定，有待以后进行司法解释。不过，情节严重应从继承人所使用的欺诈、胁迫手段和被继承人遗嘱内容方面出发，重点在于是否侵害了弱势群体的利益以及公序良俗。

2. 继承权丧失原因的效力。

（1）继承人有"故意杀害被继承人"和"为争夺遗产而杀害其他继承人"的情形，绝对丧失继承权。纵然被继承人以遗嘱将遗产指定由该继承人继承的，仍可确认遗嘱无效。换言之，继承人有上述项行为的，即便被继承人愿意恢复继承人的继承权，继承人依法律规定也必须丧失继承权。

（2）继承人有"故意杀害被继承人"和"为争夺遗产而杀害其他继承人"之外的丧失继承权的情形的，原则上，丧失继承权。但是，在如下情形下，继承人可继续享有继承权：

第一，继承人确有悔改表现；

第二，被继承人表示宽恕或者事后在遗嘱中将其列为继承人的。

3. 确认继承权丧失的机关及确认方式。如果对某个继承人是否丧失继承权发生争议，只有人民法院才有裁决权。人民法院确认继承权是否丧失，只能采用判决的形式，而不能采用调解或者裁定的形式。因为，《民法典》第1125条关于继承权丧失的规定属于强制性规定，不能由当事人协商改变，调解方式无适用的余地；又因为是否丧失继承权是关于实体权利的裁决，所以必须用判决的方式而不能用裁定的方式。

第二节　法定继承

一、法定继承概述

（一）法定继承的概念和特征

法定继承，是指根据法律直接规定的继承人的范围、继承人继承的顺序、继承人继承遗产的份额以及遗产的分配原则承受被继承人遗产的继承方式。法定继承是遗嘱继承的对称，也叫无遗嘱继承。所以，按照法定继承方式处理死者财产的前提是，被继承人没有遗嘱。法定继承是在遗嘱继承以外的依照法律直接规定将遗产转移给继承人的一种遗产继承方式。在法定继承中，可参与继承的继承人、继承人参与继承的顺序、继承人应继份额以及遗产的分配原则，均是由法律直接规定的。所以，法定继承是法律推定被继承人的意思、将其遗产由死者近亲属继承，而非直接体现被继承人的意志。法定继承具有如下特征：

1. 法定继承是对遗嘱继承的补充。我国继承制度中规定了遗嘱继承和法定继承两种方式，但是遗嘱继承在效力上优先于法定继承，即在继承开始后，应按照死者生前所立的合法有效的遗嘱来处理其遗产归属，只是在无遗嘱或不适用遗嘱继承时或无遗赠扶养协议时，才适用法定继承。法定继承是在不适用遗嘱继承情形下对被继承人的意愿进行推定。法律推定死者是愿意将其遗产交给与其关系最为亲近、密切的近亲属，用于安排他们的生活，从而将死者的遗产按照法定继承方式分配给其近亲属。

2. 法定继承以一定的身份关系为前提。法定继承人范围的确定、继承顺序的确定以及遗产分割的原则均决定于继承人与被继承人之间存在的身份关系，包括血缘关系、婚姻关系以及扶养关系，如我国《民法典》规定，配偶、父母、子女、兄弟姐妹、祖父母、外祖父母等为法定继承人。

3. 法定继承中的规则多为强行性法律规范。法定继承中关于继承人的范围、继承的顺序、遗产分配的原则等都由法律直接规定，属于强行性法律规范，任何人不得变更。

（二）法定继承的适用范围

根据《民法典》第 1154 条之规定，有下列情形之一的，遗产中的有关部分按照法定继承办理：

1. 遗嘱继承人放弃继承或者受遗赠人放弃受遗赠。被继承人死亡后，在遗嘱继承人或受遗赠人放弃其根据遗嘱取得被继承人遗产之权利的情况下，其依照遗嘱应得的遗产，视为遗嘱未处分的遗产，适用法定继承。

【训练】老甲生子大甲、二甲、小甲。老甲订立遗嘱，将遗产的 40% 给大甲，30% 给二甲，30% 给小甲。老甲死亡后，大甲放弃继承权。老甲的遗产如何继承？

回答：大甲因放弃继承权，其应得的 40% 遗嘱继承份额，适用法定继承，由二甲和小甲继承。

2. 遗嘱继承人丧失继承权。在遗嘱继承人丧失继承权的情况下，被继承人死亡后，丧失继承权的遗嘱继承人依照遗嘱应得的遗产，视为遗嘱未处分的遗产，适用法定继承。

【训练】老甲生子大甲、二甲、小甲。老甲订立遗嘱，将遗产的 40% 给大甲，30% 给二甲，30% 给小甲。老甲死亡后，大甲为争夺遗产杀害小甲未遂。老甲的遗产如何继承？

回答：大甲因丧失继承权，其应得的 40% 遗嘱继承份额，适用法定继承，由二甲和小甲继承。

3. 遗嘱继承人、受遗赠人先于遗嘱人死亡。在遗嘱继承人、受遗赠人先于遗嘱人死亡的情况下，被继承人死亡后，其依照遗嘱应得的遗产，视为遗嘱未处分的遗产，适用法定继承。

【训练】老甲生子大甲、二甲、小甲。老甲订立遗嘱，将遗产的 40% 给大甲，30% 给二甲，30% 给小甲。大甲先于老甲死亡。老甲死亡后，老甲的遗产如何继承？

回答：大甲因先于老甲死亡，其应得的 40% 遗嘱继承份额，适用法定继承，由二甲和小甲继承。

4. 遗嘱无效部分所涉及的遗产。被继承人死亡后，其生前所订立的遗嘱无效部分所涉及的财产，视为遗嘱未处分的遗产，适用法定继承。

5. 遗嘱未处分的遗产。

二、法定继承人的范围和继承顺序

（一）法定继承人的范围

法定继承人，是指由法律直接规定的可以依法继承被继承人遗产的人。法定继承人的范围，是指哪些人可以成为法定继承人。和其他各国的继承法律规定一样，我国继承制度也是以婚姻关系、血缘关系、扶养关系为基础来确定法定继承人的范围，基本限定在家庭关系内，包括配偶、子女及其晚辈直系血亲、父母、兄弟姐妹及其子女、祖父母、外祖父母以及对公婆或岳父母尽了主要赡养义务的丧偶儿媳或丧偶女婿。

1. 配偶。配偶是合法婚姻关系中的男女双方相互间的称谓。作为继承人的配偶是于被继承人死亡时与被继承人之间存在着合法婚姻关系的人，换言之，如不是合法婚姻关系中的配偶，没有继承权。在确定配偶身份的时候，有以下问题应予注意：

（1）配偶的判断标准为办理结婚登记的男女双方，即不承认事实婚姻，因历史原因，例外情形主要有：1994 年 2 月 1 日《婚姻登记管理条例》公布实施前存在的事实婚姻；1950 年《中华人民共和国婚姻法》（已失效）实施前已经形成的一夫多妻等特殊婚姻形式未解除的。

（2）与被继承人已经办理结婚登记手续，虽未与被继承人开始同居生活的，仍是法律上的配偶，属于法定继承人。

（3）夫妻一方已经向法院起诉离婚，在离婚诉讼过程中，或者在法院已作出双方离婚的判决但判决尚未发生法律效力前，双方婚姻关系未解除，如果一方此时死亡，另一方仍为配偶，享有继承对方遗产的权利。

（4）夫妻双方协议离婚，已达成离婚协议，尚未依法定程序办理离婚手续的，婚姻关系尚未解除，一方死亡的，另一方有继承权。

（5）夫妻因感情不和分居的，婚姻关系仍然存在，一方死亡的，另一方有继承权。

2. 子女。子女是与被继承人关系最近的直系晚辈亲属，父母子女之间存在着最为密切的血缘联系和共同生活关系，所以，被列入法定继承范围。根据我国《民法典》的规定，子女包括生子女、养子女和有扶养关系的继子女。

（1）生子女。生子女是指父母所生育的子女。婚生子女无论性别、年龄、结婚与否、是否与父母共同生活、随父姓还是随母姓都可以作为父母亲的法定继承人，对父母的遗产均享有平等的继承权。需要注意的是，生子女对于父母的继承权，不以父母间是否存在婚姻关系为前提。在《民法典》上，婚生子女与非婚生子女具有相同的继承权。

（2）养子女。养子女是指因收养关系成立而与养父母形成父母子女关系的子女。收养关系成立后，被收养人与亲生父母之间法律上的权利义务关系消灭，而和养父母形成拟制血亲，彼此发生父母子女之间的权利义务关系。因此，养子女是养父母的法定继承人，其有权继承养父母的遗产而无权继承生父母的遗产。

（3）形成了扶养关系的继子女。继子女，是指妻与前夫或夫与前妻所生的子女。继子女与继父母之间的关系，是因为其父母离婚后再婚或一方死亡后、另一方再婚形成的姻亲关系，继子女与其亲生父母的权利义务关系并不解除。继子女与继父母之间能否相互继承遗产，取决于他们彼此之间是否形成了事实扶养关系，即有扶养关系存在，则有继承对方遗产的权利，未形成扶养关系的，则无继承对方遗产的权利。有扶养关系的继子女继承了继父母遗产的，并不影响其对亲生父母遗产的继承权。

3. 父母。父母是与被继承人关系最近的直系长辈亲属，包括生父母、养父母和有扶养关系的继父母。

（1）生父母。生父母对其亲生子女的遗产有继承权，不论该子女为婚生子女或非婚生子女。但亲生子女被他人收养的，父母对该子女的遗产没有继承权。

（2）养父母。因收养关系的建立，养父母也有权继承养子女的遗产。在养子女死亡前已经解除收养关系的，不管解除收养关系的原因为何，也不论收养人是否成年，其与亲生父母的权利义务关系是否恢复，原养父母均无权继承原养子女的遗产。

（3）形成了扶养关系的继父母。继父母与继子女形成了扶养关系的，继父母有权继承继子女的遗产。在继承了继子女的遗产后，并不影响继父母继承亲生子女的遗产。

4. 兄弟姐妹。兄弟姐妹是关系最近的旁系血亲，包括全血缘的同父同母的兄弟姐妹、半血缘的同父异母或同母异父的兄弟姐妹，拟制血亲的养兄弟姐妹和有扶养关系的继兄弟姐妹。继兄弟姐妹之间互相继承了遗产的，不影响其继承亲兄弟姐妹的遗产。

5. 祖父母和外祖父母。祖父母是父亲的父母，外祖父母是母亲的父母，二者是除父母外最近的直系长辈亲属。祖父母、外祖父母为孙子女、外孙子女的法定继承人，有权继承孙子女、外孙子女的遗产。

6. 对公婆或岳父母尽了主要赡养义务的丧偶儿媳或丧偶女婿。儿媳与公婆之间、女婿与岳父母之间，属于姻亲关系，相互之间没有法律上的权利义务关系，也不发生继承权。但是，丧偶儿媳或者丧偶女婿对公婆或岳父母尽了主要赡养义务的，无论其是否再婚，都可以继承公婆或岳父母的遗产，并且不影响其子女的代位继承。最高人民法院《关于适用〈中华人民共和国民法典〉继承编的解释（一）》第30条规定："对被继承人生活提供了主要经济来源，或在劳务等方面给予了主要扶助的，应当认定其尽了主要赡养义务或主要抚养义务。"

（二）法定继承人的继承顺序

法定继承人的继承顺序，又称法定继承人的顺位，是指法律直接规定的法定继承人参加继承的先后次序。继承开始后，适用法定继承时，并非所有的法定继承人都同时参与被继承人遗产的继承，而是按照法定顺序参加继承，即先由前一顺序的继承人继承，后一顺序的继承人不参加继承；没有前一顺序的继承人继承时，才由后一顺序的继承人继承。

依据我国《民法典》第1127条、第1129条规定，法定继承人分为两个顺序：

1. 第一顺序的法定继承人，包括配偶、子女、父母。丧偶儿媳对公婆，丧偶女婿对岳父母，尽了主要赡养义务的，作为第一顺序继承人，且不影响其子女代位继承。

2. 第二顺序的法定继承人，包括兄弟姐妹、祖父母、外祖父母。

【训练】 被继承人甲有二子乙和丙，均已结婚并有子女。长子乙已先于甲死亡，留有女儿丁，乙妻在乙死亡后对甲尽了主要赡养义务。甲死亡后，甲的遗产如何继承？

回答：丙、丁、乙妻均为第一顺序继承人，但法律根据不同。丙作为子女，是第一顺序继承人。丁是代位继承，其继承的份额是乙本应继承甲的部分。而乙妻作为甲的儿媳，是姻亲关系，本来没有继承权，但因其在乙死亡后对甲尽了主要赡养义务，由此成为第一顺序的法定继承人，也有权继承甲的遗产。

三、代位继承

（一）代位继承的概念

代位继承是法定继承中的一种特殊情况，是指被继承人的子女或兄弟姐妹先于被继承人死亡的，应由其法定继承的被继承人遗产份额，由其晚辈直系血亲继承的法律制度。在代位继承关系中，先于被继承人死亡的子女或兄弟姐妹称为被代位人或被代位继承人；先于被继承人死亡的子女的晚辈直系血亲称为代位人或代位继承人。

（二）代位继承的条件

1. 代位继承只适用于法定继承。代位继承是对法定继承的补充，只有在法定继承中才能发生代位继承，在遗嘱继承中不会发生代位继承。如果遗嘱继承人是被继承人的子女并先于遗嘱人死亡，这个遗嘱继承人的晚辈直系血亲不能代位继承该遗嘱继承人依遗嘱应继承的遗产，该部分遗产按照法定继承来处理。同样，在遗赠法律关系中，如果受遗赠人先于遗嘱人死亡的，也不发生代位继承的后果，该遗赠财产按照法定继承处理。

2. 代位继承发生在被继承人的子女或者兄弟姐妹先于被继承人死亡的情况下。在前一种情况，如果被继承人死亡时，其子女生存的，应由该子女自己继承被继承人的遗产。只有在被继承人死亡时，其子女已经死亡的，才发生代位继承。

3. 代位继承人必须是被继承人子女的晚辈直系血亲或被继承人兄弟姐妹的子女。在前一种情况，被继承人子女的子女、孙子女、外孙子女，曾孙子女、外曾孙子女都可以代位继承。代位继承人不受辈数限制。在这里，不受辈数限制，并非指不同辈分的晚辈直系血亲同时代位继承，而是应当按照先长辈后晚辈的顺序去代位继承。

4. 被代位人必须有法定继承权。被代位人不享有法定继承权、丧失继承权的，其晚辈直系血亲没有代位继承权。

5. 代位继承人只能继承被代位人依法定继承应得的遗产份额。无论代位继承人是一人还是数人，只能继承被代位人的法定继承份额。

【训练】老甲生子大甲、小甲。小甲生子 A、B。老甲订立遗嘱，将 50% 的遗产给大甲，50% 的遗产给小甲。在老甲死亡前，小甲已经死亡。

1. 现老甲死亡，老甲的遗产如何继承？

回答：①大甲根据遗嘱继承老甲遗产的 50%。②因小甲死于老甲死亡之前，小甲根据老甲遗嘱应得的 50% 份额，适用法定继承。老甲的法定继承人有大甲、小甲两人，故大甲应得该 50% 的一半；该 50% 的另一半即属于已经死亡的小甲基于法定继承应得的部分，由 A、B 代位继承。

2. 老甲死亡后，大甲又死亡，经查，大甲并未订立遗嘱。

（1）如果大甲除小甲外，并无其他法定继承人。大甲的遗产如何继承？

回答：大甲的遗产，已经死亡的小甲基于法定继承应得的部分，由 A、B 代位继承。

（2）如果大甲生子 C。大甲的遗产如何继承？

回答：大甲的遗产由 C 继承，因已经死亡的小甲并不享有大甲遗产的法定继承权，故 A、B 不得代位继承大甲的遗产。

四、转继承

（一）转继承的概念

转继承，又称为连续继承、再继承、转归继承，二次继承等，是指被继承人死亡后，遗产分割前，继承人死亡的，其应继承的遗产份额转移给他的合法继承人继承的制度。在被继承人死亡后遗产分割前死亡的继承人称为被转继承人，有权承受被转继承人继承的被继承人遗产的人称为转继承人。

（二）转继承的条件

1. 继承人在被继承人死亡后、遗产分割前死亡。如果继承人先于被继承人死亡，而且继承人是被继承人子女的情况下，适用代位继承。继承人于遗产分割之后死亡的，所继承的遗产已成为其个人财产的组成部分，死亡后又成为他的遗产，按照一般继承办理。

2. 继承人对被继承人的遗产享有继承权。继承人放弃继承权或者丧失继承权的，因其不享有继承权也不参加遗产分配，所以不发生转继承问题。

【训练】甲婚前购买房屋 A，并取得房屋 A 的所有权。甲乙婚后，甲死亡，且生前未订立遗嘱。甲死亡后不久，乙又死亡，且乙生前也未订立遗嘱。现乙母健在。乙母能否继承房屋 A？

回答：可以，乙母可以转继承房屋 A。首先，甲死亡后，乙享有了房屋 A 的继承权。乙死亡后，乙对房屋 A 的继承权由乙母继承。故乙母可凭所继承的房屋 A 继承权，继承房屋 A。

（三）代位继承与转继承的区别

在代位继承和转继承中，相似之处是都发生了继承人死亡的事件，但两者是不同的制度，有着根本的区别：

1. 继承人死亡的时间不同。在代位继承中，继承人先于被继承人死亡；而在转继承中，继承人后于被继承人死亡。

2. 被代位人和被转继承人的范围不同。被代位人只能是先于被继承人死亡的被继承人的子女或者兄弟姐妹，而被转继承人则不限于被继承人的子女，可以是被继承人的一切合法继承人或其他得到遗产的人，比如被继承人的法定继承人、遗嘱继承人、遗赠受领人等，均可以成为被转继承人。

3. 继承的主体不同，即最终实际取得遗产的人不同。在代位继承中，代位继承人仅限于被代位人的晚辈直系血亲或者子女；而在转继承中，转继承人是被转继承人死亡时生存的所有法定继承人。

4. 适用范围不同。代位继承只适用于法定继承，不适用于遗嘱继承。遗嘱继承人先于立遗嘱人死亡的，该部分遗产按照法定继承规则处理。而转继承既适用于法定继承，也适用于遗嘱继承。

5. 继承的性质不同。在代位继承中，代位继承人基于代位继承权直接参加遗产继承，代位继承人享有的是对被继承人遗产的代位继承权，只发生了一次继承；而在转继承中，是继承开始后继承人继承后又因其死亡继而由其继承人继承其从被继承人处继承的遗产，实质上是就被继承人的遗产连续发生的两次继承。

【训练】甲乙为兄弟，甲生子小甲，乙生子小乙。甲订立遗嘱写明，自己死亡后，遗产50%由小甲继承，50%由乙继承。

1. 如果甲死亡后，甲的遗产分割前，乙也死亡。甲的遗产如何继承？

回答：甲死亡后，根据遗嘱，小甲享有50%的继承权，乙享有50%的继承权。乙死亡后，乙所享有的对甲50%的继承权，由小乙转继承。故最终小甲、小乙各继承甲遗产的50%。

2. 如果甲死亡前，乙已经死亡。甲死亡后，甲的遗产如何继承？

回答：①甲死亡后，小甲享有50%的遗嘱继承权。②因乙先于甲死亡，故乙根据遗嘱可得的50%的份额，在甲死亡后，适用法定继承。小甲作为甲唯一的第一顺序法定继承人，享有该50%的法定继承权。故甲的全部遗产由小甲继承。

五、法定继承中的遗产分配

（一）法定继承中的遗产分配原则

根据《民法典》第1130条之规定，同一顺序继承人继承遗产的份额，一般应当均等。

【训练】被继承人甲死亡。

1. 如果甲有配偶、父母和女儿。甲的遗产应如何分配？

回答：该四名第一顺序继承人有权平均分配甲的遗产，每一个继承人的应继份额为被继承人遗产的四分之一。

2. 如果甲的祖父母、外祖父母、父母早已去世，甲未婚，也无子女，仅有哥、姐各一人。甲的遗产如何分配？

回答：在没有第一顺序法定继承人情形下，其哥、姐作为第二顺序继承人可以继承甲的遗产，每人各得遗产中的一半。

在此基础上，具有如下四种情况的，遗产分配可以不均等：

1. 对生活有特殊困难又缺乏劳动能力的继承人，分配遗产时，应当予以照顾。

2. 对被继承人尽了主要扶养义务或者与被继承人共同生活的继承人，分配遗产时，可以多分。

3. 有扶养能力和有扶养条件的继承人，不尽扶养义务的，分配遗产时，应当不分或者少分。继承人有扶养能力和扶养条件，愿意尽扶养义务，但被继承人因有固定收入和劳动能力，明确表示不要求其扶养的，分配遗产时，一般不应因此而影响其继承份额。另外，有扶养能力和扶养条件的继承人虽然与被继承人共同生活，但对需要扶养的被继承人不尽扶养义务，分配遗产时，可以少分或不分。

4. 继承人协商同意的，也可以不均等分配。

（二）有权分得遗产的非继承人

我国《民法典》第 1131 条规定："对继承人以外的依靠被继承人扶养的人，或者继承人以外的对被继承人扶养较多的人，可以分给适当的遗产。"该条明确规定，继承人之外的其他人，虽然不是继承人，但如果符合法定条件，可以分给适当的遗产，其分得遗产的根据是他们与被继承人之间存在的扶养关系。"继承人以外的人"，不仅指法定继承人以外的人，也应当包括有第一顺序继承人的情况下本来已不能继承的第二顺序的继承人。

1. 有权分得遗产的非继承人的种类。依据《民法典》规定，可以分得遗产的非继承人有两类：

（1）继承人以外的依靠被继承人扶养的人。非继承人是否具备这个条件，要以被继承人死亡时为判断标准。被继承人生前虽扶养过的人，但于被继承人死亡时已不依靠被继承人扶养的，不属于可分得遗产的人。

（2）继承人以外的对被继承人尽了较多扶养义务的人。

【训练】王某去世，其配偶和子女作为第一顺序继承人有权分割其遗产。但王某祖父一直和王某一家共同生活，属于缺乏劳动能力又无生活来源、依靠王某赡养的情况。王某的祖父能否取得王某的遗产？

回答：虽作为第二顺序继承人不能参加继承，但可以根据《民法典》规定而分得王某适当的遗产。

2. 有权分得遗产的非继承人可分得遗产份额的确定。根据可分得遗产的人的困难程度或其对被继承人所尽扶养义务的多少来决定其能够取得遗产的份额。因此，对于困难大的人应该多分，困难小的少分；对被继承人尽扶养义务多的多分，尽义务少的少分。一般情况下，其分得的遗产份额应少于继承人应继承的份额，但也可以根据实际情况多于继承人所继承的遗产份额。

3. 有权分得遗产的非继承人的权利保护。依据《民法典》可以分得遗产的人应在继承开始后，向参加遗产继承的继承人主张权利，由继承人分给其适当遗产。其权利受侵害时，有权请求人民法院依诉讼程序予以保护。《关于适用〈中华人民共和国民法典〉继承编的解释（一）》第 21 条规定，依照民法典第 1131 条规定可以分给适当遗产的人，在其依法取得被继承人遗产权利受到侵犯时，本人有权以独立的诉讼主体资格向人民法院提起诉讼。

第三节　遗嘱继承、遗赠和遗赠扶养协议

一、遗嘱

（一）遗嘱的概念和特征

遗嘱是遗嘱人生前在法律允许的范围内按照法律规定的方式处分自己的财产及安排与此有关的事务，并于遗嘱人死后发生法律效力的单方法律行为。作为法律行为的遗嘱，与其他法律行为相比，有以下特征：

1. 遗嘱是单方法律行为。遗嘱人所立的遗嘱，是立遗嘱人以自己的意思表示处分自己的财产及安排与此相关的事务的行为，并无相对人，因此，遗嘱的作出不需要遗嘱内容涉及的继承人或受遗赠人表示同意或接受；即使遗嘱中指定接受遗产的人放弃继承或放弃受领遗赠，也不影响遗嘱的成立和效力。并且，基于遗嘱是单方法律行为的特点，在遗嘱生效前，遗嘱人还可以基于新的意思表示或行为，变更或撤销原来的遗嘱内容。

2. 遗嘱行为必须由遗嘱人亲自实施。遗嘱是遗嘱人生前对自己财产所作的处分行为，只能由遗嘱人独立自主地作出相关的意思表示，而不能由他人的意思辅助或代理实施。虽然订立遗嘱可以采取多种形式，如设立代书遗嘱，但对财产处分的意思表示必须由遗嘱人亲自作出。

3. 遗嘱人必须有完全民事行为能力。完全民事行为能力人才有遗嘱能力，可以设立遗嘱，而限制民事行为能力人和无民事行为能力人不具有遗嘱能力，所立遗嘱无效。

4. 遗嘱是要式法律行为。法律对遗嘱形式有明确的规定，遗嘱人只有按照法律规定的形式和条件订立遗嘱，才能于遗嘱人死后发生执行的效力，否则遗嘱是无效的。

5. 遗嘱是遗嘱人死亡后才发生法律效力的法律行为。遗嘱虽然是由遗嘱人生前设立的，但在遗嘱人死亡时才能发生法律效力。在遗嘱人生存期间，不管遗嘱设立了多长时间，都不能发生法律效力，遗嘱中指定接受遗产的人也无权要求取得遗嘱所指定由其接受的财产。

6. 遗嘱是依照法律规定处分财产的法律行为。继承法上的遗嘱特指遗嘱人自由处分自己财产的意思表示，因而属于处分财产的法律行为。凡不属于处分财产内容的意思表示，不是继承法意义上的遗嘱。

（二）遗嘱的形式

遗嘱的形式，是指遗嘱人处分自己的财产以及安排与此相关事务的意思表示的方式。为了保证遗嘱的真实性、合法性和有效性，避免或减少遗嘱纠纷的发生，《民法典》明确规定了遗嘱的形式及各自的要件：

1. 自书遗嘱。自书遗嘱，是指由遗嘱人生前亲笔书写的遗嘱。立遗嘱人订立自书遗嘱，应在遗嘱上签名，并注明年、月、日。若自然人在"遗书"中涉及死后个人财产处分的内容，确为死者真实意思的表示，有本人签名并注明了年、月、日，又无相反证据的，可按自书遗嘱对待。

2. 代书遗嘱。代书遗嘱，是指基于遗嘱人的真实意思表示由他人代笔书写的遗嘱。遗嘱人

可以设立自书遗嘱，也可以在不能书写、书写有困难或不愿亲笔书写时由他人代笔制作书面遗嘱。为了保证代书人所书写的遗嘱确实是遗嘱人的真实意愿，代书遗嘱应当有两个以上见证人在场见证，由其中一人代书，并由遗嘱人、代书人和其他见证人签名，注明年、月、日。

3. 打印遗嘱。打印遗嘱，是指基于遗嘱人的真实意思表示通过打印的方式设立的遗嘱。打印遗嘱应当有两个以上见证人在场见证，遗嘱人和见证人应当在遗嘱每一页签名，注明年、月、日。

4. 录音录像遗嘱。录音录像遗嘱，是指遗嘱人的真实意思表示通过音频、视频等视听资料的形式记录的遗嘱。遗嘱人订立录音录像遗嘱，应当有两个以上见证人在场见证。遗嘱人和见证人应当在录音录像中记录其姓名或者肖像，以及年、月、日。

5. 口头遗嘱。口头遗嘱指由遗嘱人口头表述的、不以其他方式记载的遗嘱。遗嘱人在危急情况下，才可以立口头遗嘱。口头遗嘱应当有两个以上见证人在场见证。危急情况消除后，遗嘱人能够以书面或者录音录像形式立遗嘱的，所立的口头遗嘱无效。

（三）遗嘱见证人

遗嘱见证人是指遗嘱人设立遗嘱时能够在场证明遗嘱事实的人。代书遗嘱、打印遗嘱、录音录像遗嘱、口头遗嘱中均要求两个以上见证人在场见证。因遗嘱见证人的自身行为能力以及与遗嘱人的关系，有可能存在虚假证明事实。为此，《民法典》第1140条禁止下列人员作为遗嘱见证人：

1. 无民事行为能力人、限制民事行为能力人以及其他不具有见证能力的人；

2. 继承人、受遗赠人；

3. 与继承人、受遗赠人有利害关系的人，包括继承人、受遗赠人的债权人、债务人，共同经营的合伙人等。

（四）遗嘱的有效要件

遗嘱是立遗嘱人生前订立并于死后生效的法律行为，要使遗嘱能在立遗嘱人死后被执行，遗嘱必须符合法律规定的有效要件，即遗嘱发生法律效力所应具备的条件。根据《民法典》的规定，有效的遗嘱必须符合法律规定的实质要件和形式要件。

1. 遗嘱人在立遗嘱时必须有遗嘱能力，即具有完全民事行为能力。只有完全民事行为能力人才能准确表达自己的真实意愿，并清楚自己的行为将产生的后果。我国《民法典》第1143条规定，"无民事行为能力人或者限制民事行为能力人所立的遗嘱无效。"

遗嘱人是否有遗嘱能力，以设立遗嘱时为准。遗嘱人立遗嘱时有行为能力，后来丧失了行为能力，不影响遗嘱的效力。无行为能力人、限制行为能力人所立的遗嘱，即使其本人后来有了完全行为能力，仍为无效遗嘱。对于间歇性的精神病人设立遗嘱效力的判断，应当以其设立遗嘱时是否发病为标准，换言之，间歇性精神病人在发病期间所立遗嘱是无效的，非发病期间所立的遗嘱若在内容和形式上符合遗嘱的其他有效要件，应为有效遗嘱。

2. 遗嘱必须是遗嘱人的真实意思表示。遗嘱作为法律行为的一种，必须以真实意思表示作为要件。遗嘱是否为遗嘱人的真实意思表示，应以遗嘱人最后在遗嘱中作出的意思表示为准。

受胁迫、欺诈所立的遗嘱无效；伪造的遗嘱无效；遗嘱被篡改的，篡改的内容无效。

3. 遗嘱的内容必须合法。遗嘱的内容不得违反法律或社会公共道德。遗嘱中所处分的财产只能是遗嘱人的个人合法财产，遗嘱人以遗嘱处分了属于国家、集体或者他人所有的财产时，遗嘱的该部分内容应认定为无效。

《民法典》第 1141 条规定："遗嘱应当为缺乏劳动能力又没有生活来源的继承人保留必要的遗产份额。"该条又被称为必留份制度，目的在于确保缺乏劳动能力又无生活来源的继承人的利益，以防遗嘱人将应由家庭承担的义务推给社会。当然，继承人是否为缺乏劳动能力又没有生活来源的人，应以继承开始时为准，而不能以遗嘱人立遗嘱时该继承人的状况为准。如果遗嘱中未给缺乏劳动能力又没有生活来源的继承人保留必要的遗产份额，遗嘱并非全部无效，而仅是涉及处分应保留份额遗产的遗嘱内容无效，其余内容仍可有效。所以，遗产处理时，应当为该继承人留下必要的遗产，所剩余的部分，才可参照遗嘱确定的分配原则处理。

4. 遗嘱的形式必须符合法律规定。遗嘱是要式法律行为，因此必须符合法律要求的形式，不符合法律规定的形式，遗嘱无效。我国《民法典》规定了五种遗嘱形式，并规定了各种形式的遗嘱必须具备的有效条件，遗嘱人在设立遗嘱时必须遵守这些条件。

（五）遗嘱的变更、撤回

遗嘱的变更，是指设立遗嘱后且生效以前，对自己原来所立的遗嘱内容进行部分地修改。遗嘱的撤回，是指设立遗嘱后且生效以前，遗嘱内容的全部取消。遗嘱的变更和撤回，都必须由遗嘱人亲自进行。二者的区别在于：遗嘱的变更是对原来遗嘱内容的部分改变；而遗嘱的撤回是对原来遗嘱内容的全部取消。

遗嘱的变更或撤回可以采取两种方式进行：

1. 明示方式。明示方式是指遗嘱人以公开表示的方式，明确修改或撤回原先所立的遗嘱。遗嘱人按照这种方式变更、撤回遗嘱时必须根据遗嘱的法定形式要件进行，否则不发生变更或撤回遗嘱的效力。

2. 推定方式。推定方式是指遗嘱人未以明确的意思表示变更、撤回遗嘱，而是依法律规定从遗嘱人的行为推定其变更、撤回遗嘱的意思。推定遗嘱变更或撤回的，主要有以下三种情况：

（1）遗嘱人先后设立数份遗嘱，而且数份遗嘱在内容上相互冲突，则依法推定后一份遗嘱是对前一份遗嘱的变更或撤回，以最后所立的遗嘱为准。

（2）遗嘱人生前的行为与遗嘱内容相抵触的，推定遗嘱变更、撤回。遗嘱人生前的行为与遗嘱的意思表示相反，而使遗嘱处分的财产在继承开始前灭失、部分灭失或者所有权转移、部分转移的，遗嘱视为被撤回或部分被撤回。

（3）遗嘱人故意销毁遗嘱的，推定遗嘱人撤回原遗嘱。

（六）遗嘱的执行

遗嘱的执行，是指为了实现遗嘱的内容所进行的一系列行为。遗嘱执行不仅是实现遗嘱人遗愿的必要程序，而且对于保护继承人与利害关系人的利益也有重要意义。遗嘱自遗嘱人死亡之日起，就可以开始执行。

为了保障遗嘱人的遗嘱在死亡后得到认真的执行，遗嘱人可以在遗嘱中指定遗嘱执行人，由其按照遗嘱人意愿，在遗嘱人死后实现遗嘱内容。遗嘱执行人既可以是法定继承人，也可以是法定继承人以外的人。遗嘱执行人应有完全民事行为能力。

遗嘱执行人既要忠实地实现遗嘱人的遗愿，也要保护继承人和其他受遗赠人的合法权益，要全面、真实地执行遗嘱。如果遗嘱继承人和受遗赠人发现遗嘱执行人在执行遗嘱时违背了法律规定和遗嘱内容，可以依法向人民法院起诉，请求撤换遗嘱执行人；遗嘱执行人因过错给继承人或者受遗赠人造成损害的，应承担赔偿责任。

（七）因遗嘱而取得遗产的人

根据死者生前所立合法、有效的遗嘱，可以取得遗嘱人遗产的人有两类：

1. 遗嘱继承人。《民法典》规定，自然人可以立遗嘱将其个人财产指定由法定继承人中的一人或者数人继承。这是遗嘱继承法律关系。根据遗嘱取得遗产的法定继承人中的一人或数人，被称为遗嘱继承人。

2. 受遗赠人。《民法典》还规定，自然人可以立遗嘱将个人财产赠给国家、集体或者法定继承人以外的组织、个人。这是遗赠法律关系。根据遗嘱取得遗产的人是受遗赠人。受遗赠人可以是国家、集体，也可以是其他自然人，但不能是法定继承人范围内的人。

二、遗嘱继承

遗嘱继承，是法定继承的对称，指于继承开始后，按照被继承人所立的合法有效的遗嘱继承被继承人遗产的法律制度。在遗嘱继承中，依遗嘱的指定享有继承遗产权利的法定继承人称为遗嘱继承人。因为遗嘱继承直接体现了被继承人生前对其财产处分的意愿，更能充分体现法律尊重和保护被继承人对自己私有财产的处分权利，更有利于保护私有财产所有权，所以，现代各国继承法普遍规定，遗嘱继承的效力优于法定继承。与法定继承相比，遗嘱继承有以下特征：

1. 发生遗嘱继承必须具备两个法律事实，即被继承人的死亡事件以及生前立有合法有效的遗嘱，缺少任何一个法律事实，都不能引起遗嘱继承的发生；而法定继承只要在被继承人死亡时就可以发生。

2. 继承主体、继承顺序、继承份额均由立遗嘱人决定。所以，在遗嘱继承中，继承人取得的遗产份额不是必然均等的，可多可少，取决于遗嘱人意愿。

3. 遗嘱继承人是法定继承人范围内的人，可以是其中一人或数人，但不能是法定继承人以外的人。

4. 取得遗产的人是以继承方式取得遗产。

三、遗赠

（一）遗赠的概念和特征

遗赠，是指按照立遗嘱人所订立的遗嘱，由法定继承人之外的主体取得遗产的法律制度。在遗赠中，立遗嘱人为遗赠人，遗嘱中被指定接受财产的人为受遗赠人。遗赠具有如下法律特征：

1. 遗赠是单方、要式法律行为。遗赠人以遗嘱的方式将其个人财产赠给他人时，只要有遗赠人一方的意思表示就可以成立，不需要其他人（包括受遗赠人）的同意。遗赠人生前可以随时改变自己的意思，任何人不得干预。遗赠以遗嘱的方式进行，故必须符合法律关于遗嘱的有效要件的规定。

2. 遗赠是死后生效的法律行为。遗赠虽然是遗赠人生前的意思表示，但于遗赠人死亡后才能发生效力。只有在遗赠人死亡后，受遗赠人才可以行使受遗赠的权利。在遗赠生效前，遗赠人可以变更和撤回遗赠。受遗赠人先于遗赠人死亡或与遗赠人同时死亡的，遗赠因缺乏受领人而不能执行。此时，遗赠所指定的财产按法定继承办理。

3. 受遗赠人是法定继承人范围以外的人或组织。受遗赠人只能是国家、集体或者法定继承人以外的其他自然人。法定继承人只能被指定为遗嘱继承人，而不能成为遗赠受领人。

4. 遗赠只能由受遗赠人本人接受，不得转让。继承开始前，受遗赠人死亡的，不发生遗赠；继承开始后、受遗赠人作出接受的意思表示之前死亡的，也不发生遗赠，遗赠涉及的遗产按照法定继承处理。但是，继承开始后，受遗赠人表示接受遗赠，并于遗产分割前死亡的，其接受遗赠的权利转移给他的继承人。

5. 受遗赠人不是依继承方式取得遗产。

（二）遗赠的接受与放弃

遗赠是自然人生前对财产处分的单方意思表示，不需要受遗赠人表示同意就可以进行。但是遗赠人的预期是否实际发生，还要取决于遗赠人死亡后遗嘱中指定的受遗赠人接受与否。我国《民法典》第1124条规定："受遗赠人应当在知道受遗赠后60日内，作出接受或者放弃受遗赠的表示；到期没有表示的，视为放弃受遗赠。"

（三）遗赠与遗嘱继承、赠与的区别

遗赠是在遗产继承中发生的赠与他人财产的法律行为，因此，遗赠与遗嘱继承、与赠与有相似之处，但更有重要的区别：

1. 遗赠与遗嘱继承的区别。遗赠与遗嘱继承一样，都是被继承人以遗嘱处分个人财产的方式，都必须具备遗嘱的有效条件，遗嘱继承人和受遗赠人都是根据死者遗嘱取得财产，但二者存在以下区别：

（1）取得遗产的人不同。遗赠受领人是法定继承人以外的自然人、国家和集体，而不能是法定继承人范围内的人。而遗嘱继承人只能是法定继承人范围之内的人，可以是其中一人或数人，而不能是法定继承人之外的人，也不能是国家或集体。

（2）接受遗产的方式不同。遗赠法律关系中，受遗赠人应当在知道受遗赠后60日内作出接受或放弃受遗赠的表示。到期没有表示的，视为放弃受遗赠。遗嘱继承人在继承开始后，没有明确作出放弃继承权意思表示的，视为接受继承。

2. 遗赠与赠与的区别。遗赠和赠与都是将自己的财产无偿给予他人的行为，但二者性质不同，存在以下区别：

（1）法律行为的性质不同。遗赠是遗赠人的单方法律行为，遗赠人在立遗嘱时，不需要征得受遗赠人的同意，就可以在遗嘱中作出遗赠的意思表示。而赠与则是双方法律行为，赠与人和受赠人是合同关系，赠与人与受赠人的意思表示一致时才能成立，所以，需要受赠人作出接受的意思表示，赠与合同才成立。

（2）意思表示的方式不同。遗赠必须以遗嘱方式进行，属于要式法律行为；赠与则以合同方式进行，一般无严格的形式要求。

（3）发生效力的时间不同。遗赠于遗赠人死亡后才能发生法律效力，是死因行为。而赠与在赠与人与受赠人意思表示一致时就发生法律效力，属于生前生效的法律行为。

四、遗赠扶养协议

（一）遗赠扶养协议的概念和特征

遗赠扶养协议，是指遗赠人与扶养人之间订立的，关于扶养人承担对遗赠人生养死葬义务、遗赠人的财产在其死亡后转移给扶养人所有的协议。遗赠扶养协议具有如下特征：

1. 遗赠扶养协议的主体具有特殊性。遗赠人必须是自然人，一般为孤寡老人，没有法定扶养人，或者虽有子女但不在身边、不能尽扶养义务等；扶养人可以是法定继承人以外的组织或者个人。

2. 遗赠扶养协议是双方、有偿、要式法律行为。遗赠扶养协议必须是在双方当事人平等协商的基础上取得一致意见时才能成立。协议一经签订即具有法律效力。协议的双方都应当遵守协议的内容，不得单方面解除协议。遗赠扶养协议属于有偿的法律行为，扶养人接受遗赠财产，以对遗赠人进行扶养为对价；受扶养人以死后给付协议约定的财产为对价，享有请求扶养人进行扶养的权利。关于遗赠扶养协议的形式，法律未作明确规定，但通说认为，应采用书面形式。

3. 遗赠扶养协议是生前法律行为与死后法律行为的统一。扶养人的义务自遗赠扶养协议生效时起即应履行，而关于遗赠的内容只能于受扶养人死亡后实现。

4. 遗赠扶养协议具有优先执行的效力。遗赠扶养协议的效力优先于遗嘱。在法定继承、遗嘱继承、遗赠、遗赠扶养协议中，遗赠扶养协议的效力最强，当发生冲突时，应优先适用遗赠扶养协议。

（二）遗赠扶养协议的解除

遗赠扶养协议一经签订即具有法律效力，当事人双方必须履行协议中的各种事项。扶养人无正当理由不履行协议，致协议解除的，不能享有受遗赠的权利，其支付的供养费用一般不予补偿；遗赠人无正当理由不履行协议，致协议解除的，则应偿还扶养人或集体组织已支付的供养费用。

（三）遗赠扶养协议与遗赠的区别

1. 遗赠扶养协议是双方法律行为，而遗赠是单方法律行为。遗赠扶养协议作为双方法律行为，需要扶养人和受扶养人意思表示一致才能成立；而遗赠是单方法律行为，只要有遗赠人一方的意思表示即可，无须征得遗赠受领人的同意。

2. 遗赠扶养协议是有偿的法律行为，遗赠是无偿的法律行为。遗赠扶养协议的扶养人以对受扶养人尽生养死葬义务为对价，取得受扶养人遗赠财产的权利。受扶养人以遗赠约定的财产为对价，取得请求扶养的权利；而受遗赠人是无偿取得遗赠财产。

3. 遗赠扶养协议是生前生效的法律行为，遗赠是死后生效的法律行为。遗赠扶养行为自协议订立时起即对双方产生法律效力，扶养人应对被扶养人尽生养死葬的义务，被扶养人有将约定财产保留到其死后转给扶养人的义务；而受遗赠人只有在遗赠人死亡后才能享有接受遗赠财产的权利。遗赠扶养协议双方当事人均不得随意变更或解除协议，而遗赠人在生前可以变更或撤回遗赠。

4. 遗赠扶养协议是合同行为，而遗赠是遗嘱行为。扶养人为个人的，遗赠扶养协议的双方当事人应当是完全民事行为能力人，协议应当按照书面合同的方式和要求订立；遗赠中的遗赠人应是完全民事行为能力人，而对受遗赠人没有要求，遗赠是以遗嘱方式设立的，必须符合遗嘱的各项要件。

第四节　继承的开始和遗产的处理

一、继承开始的时间

（一）继承开始时间的确定

继承开始的时间，是引起继承法律关系发生的法律事实的发生时间，也就是被继承人死亡的时间。死亡包括生理死亡（自然死亡）和宣告死亡。自然死亡以有关部门开具的死亡证明上确认的死亡时间为准，宣告死亡将法院判决作出之日视为其死亡的日期，因意外事件下落不明宣告死亡的，意外事件发生之日视为其死亡的日期。

（二）继承开始时间的法律意义

1. 确定继承范围。继承开始的时间，是确定继承人范围的时间界限。只有在继承开始时，与被继承人有近亲属关系的人，才享有继承权。在继承开始前继承人死亡的或在继承开始时丧失继承权的，均不能作为继承人参与继承。

2. 确定遗产的范围。遗产是被继承人死亡时所遗留的财产。而在被继承人死亡之前，其享有的各种财产处于不断变动之中，财产的种类、数额等都会发生变化。因此，遗产范围的确定只能以继承开始时为准。只有在继承开始时，尚存的属于被继承人的财产，才能被确定为遗产。

3. 确定继承人的应继份额。根据遗产的分配原则，法定继承人在分配遗产时，同一顺序的继承人的继承份额应当均等，特殊情况下，也可以不均等。在分配遗产时，根据继承人的具体情况，有的应当予以照顾，有的可以多分，有的则应当少分或不分。对于需要加以特别考虑的继承人的具体情况，应当以继承开始时的继承人的状况为准。例如，继承人是否属于生活有特殊困难的缺乏劳动能力的人，就应当以继承开始时继承人的具体情况来确定。

4. 确定放弃继承权及遗产分割的溯及力。继承人在继承开始后遗产分割前，可以放弃继承。放弃继承的效力，追溯到继承开始的时间。继承开始后，继承人可以商定遗产分割的时间。遗产分割时间与继承开始时间不一致的，遗产分割的效力溯及至继承开始的时间，即从继承开始时，因分割遗产而分配给继承人的财产，溯及到继承开始时已属其所有。

5. 确定遗嘱的效力。遗嘱生效于被继承人死亡时。在继承开始之前，遗嘱尚不发生法律效力，遗嘱人可以变更或撤销遗嘱。继承开始后，遗嘱才发生法律效力，并具有执行力。有些情况下，遗嘱是否合法，也取决于继承开始时的一些具体情形。例如，遗嘱是否为缺乏劳动能力又没有生活来源的继承人保留了必要的遗产份额。

（三）死亡时间的推定

相互享有继承权的几个人在同一事件中死亡，死亡时间无法确定的，其相互之间的继承关系的确定，本应按照"后死亡者继承先死亡者"的原则进行。但是，在其死亡时间的先后无法确定的情况下，为了使其彼此间的继承得以进行，就需要法律对其死亡的时间进行推定。《民法典》第1121条第2款之规定，死亡时间的推定规则如下：

1. 推定没有其他继承人的人先死亡。在这里，"其他继承人"是指对死者享有继承权的、活着的近亲属。该项规则旨在避免遗产无人继承的情况出现。

【训练】甲乙为兄弟，甲生子小甲。甲与小甲因一次事件死亡，无法确定死亡的时间。

1. 如果推定甲先于小甲死亡，后果如何？

回答：首先，甲的遗产由小甲继承；其次，乙对小甲没有继承权，故小甲的遗产及所继承的甲的遗产，将构成无人继承的遗产。

2. 如果推定小甲先于甲死亡，后果如何？

回答：首先，小甲的遗产由甲继承；其次，乙对甲享有继承权，故甲的遗产及甲所继承的小甲的遗产，均可由乙继承，进而避免了无人继承遗产的出现。

2. 都有其他继承人，辈分不同的，推定长辈先死亡；辈分相同的，推定同时死亡，相互不发生继承。

【训练】老甲生子大甲、小甲。大乙、小乙是姐妹。小甲与小乙结婚，生子A。老甲、小甲、小乙、A四人因一次事件死亡，无法确定死亡时间。其死亡的时间如何推定？

回答：首先，A没有其他继承人，推定其最先死亡。A的遗产由小甲、小乙继承。其次，老甲辈分最高，推定其在A之后死亡。老甲的遗产之一半由大甲继承，一半由小甲继承。其中，小甲所继承的部分，为小甲、小乙共有。最后，小甲、小乙辈分相同，推定其同时死亡。小甲的遗产由大甲继承，小乙的遗产由大乙继承。

（四）继承开始的通知

继承开始后，相关权利人可能不知道继承开始的事实，此时，需要继承开始的通知。我国《民法典》第1150条规定："继承开始后，知道被继承人死亡的继承人应当及时通知其他继承人和遗嘱执行人。继承人中无人知道被继承人死亡或者知道被继承人死亡而不能通知的，由被继承人生前所在单位或者住所地的居民委员会、村民委员会负责通知。"有通知义务的主体，不仅应当及时发出继承开始的通知，还应对遗产采取保护和管理措施。

（五）遗产的保管

被继承人死亡后，存有遗产的人应为遗产保管人，负有妥善保管遗产的义务。《民法典》第 1151 条规定："存有遗产的人，应当妥善保管遗产，任何组织或者个人不得侵吞或者争抢。"如继承人故意隐匿、侵吞或争抢遗产，人民法院可以酌情减少其应继承的遗产。

二、继承开始的地点

继承开始的地点，是继承人参与继承法律关系、行使继承权、接受遗产的场所。继承开始的地点一般为被继承人生前最后的住所地。被继承人生前最后的住所地与主要遗产所在地不一致的，以主要遗产所在地为继承的地点。遗产为不动产的，以不动产所在地为继承的地点。

明确继承开始的地点，便于调查了解被继承人遗产的具体情况；便于继承人参加继承、接受遗产；便于确定继承人保管遗产的责任；便于继承人相互间或与他人发生纠纷时参加诉讼，确定诉讼管辖。因继承遗产纠纷提起的诉讼，由被继承人死亡时住所地或者主要遗产所在地人民法院管辖。

三、遗产管理

遗产管理，是指继承开始后至遗产分割前，管理人对被继承人遗产实施保管、清理被继承人债权债务、分割遗产等行为的制度。

（一）遗产管理与相关概念的区别

1. 遗产管理与遗产保管。遗产保管是指有关主体占有并保存被继承人的遗产，但遗产管理中的管理人不仅要保存被继承人的遗产，且又要对其进行清理、清算、分配等工作，故遗产管理与遗产保管并不相同。二者差别如下：

（1）遗产管理一般自继承开始后产生，遗产保管则可以发生在继承开始前，也可以发生在继承开始之后。就遗产保管的适用范围而言，在继承开始前，保管人可能就已经对遗产进行保管；继承开始后，保管人还可以经继承人或者法院的要求，暂时对遗产进行保管；遗产分割后，保管人可以对继承人无法前来领取的遗产进行保管。

（2）遗产管理的管理主体通常由遗嘱指定、继承人担任或法院指定产生，而遗产保管则主要是依据与相关当事人的约定或某些事实行为产生（如我国《民法典》第 1151 条规定，存有遗产的人，应当妥善保管遗产，任何组织或者个人不得侵吞或者争抢。）

（3）遗产管理的功能比较全面，主要通过管理人对遗产实施清理、清算、分配等措施而实现，遗产保管的功能则比较单一，遗产保管人仅对遗产进行临时保管，不得处分遗产。

2. 遗产管理与遗嘱执行。遗嘱执行以存在合法有效的遗嘱为前提，执行目的在于实现被继承人的生前意思，在执行遗嘱过程中，遗嘱执行人可以充分行使对遗产的处分权和分配权。所以，遗产管理人和遗嘱执行人实质为同一类性质的主体，遗嘱执行人也属于遗产管理人的范畴。但不能将二者等同，二者仍具有以下差别：

（1）遗产管理人的产生，可以由被继承人的遗嘱指定，也可以由继承人担任或推选产生，还可以由法院依职权或依利害关系人的申请指定而产生，而遗嘱执行人通常依据被继承人的遗嘱而产生。

（2）遗产管理可以存在法定继承中，也可以存在遗嘱继承中，而遗嘱执行只有在遗嘱继承中才得以适用。

（3）遗产管理人管理遗产事务，通常不受被继承人生前意思干预，而是依据法律规定进行管理，而遗嘱执行人必须依据被继承人的遗嘱内容管理遗产事务。

3. 遗产管理与遗嘱信托。遗嘱信托是指被继承人在遗嘱中指定将其财产设立信托，受托人依据遗嘱而对遗产进行管理和处分，然后将信托的财产及其收益分配给遗产受益人的行为。我国《民法典》第1133条第4款也规定，"自然人可以依法设立遗嘱信托"。如此，尽管遗嘱信托人也对遗产享有管理、处分等权利，但不能将遗嘱信托与遗产管理等同，二者差别如下：

（1）遗产管理目的是处理与遗产相关的事务，具体为清理遗产、追偿债权、清偿债务、分配遗产，遗嘱信托是受托人依据遗嘱而为受益人持有并管理遗产，主要目的是在管理遗产的同时通过投资实现遗产的增值。

（2）遗产管理是在继承开始后至遗产分割期间，而遗产信托可以在继承开始前存在，且存续期间较长，往往长达数年甚至数代之久。

（3）遗产管理人的权利来源主要依据法律的规定或者遗嘱指示，而遗产信托人的权利来源主要依据信托文件。

（4）在遗产管理中，遗产分割之前，继承人无法享有对遗产的权益，仅享有期待权，而在遗嘱信托中，作为受益人的继承人对遗产收益则享有现实的权利。

（二）遗产管理人的选任

在遗产管理中，遗产管理人为管理主体，但自继承开始后，继承现实较为复杂，遗产管理人如何选任就较为重要。就遗产管理人的选任程序而言，不仅要尊重被继承人的生前意思，也要考虑到遗产事务的繁简程度，更要注重对遗产利害关系人的利益保护。以此为基础，采纳遗产管理立法例的国家均明确进行了规定，我国《民法典》第1145条、第1146条也相应地进行了规定，且主要通过以下方式：

1. 遗嘱指定遗产管理人。继承开始后，若被继承人在遗嘱中指定了遗产管理人，则以遗嘱为准，若遗嘱中仅指定了遗嘱执行人，则由遗嘱执行人担任遗产管理人。

2. 继承人担任或者推选遗产管理人。若被继承人的遗嘱没有指定遗产管理人，继承人应当及时推选遗产管理人，被推选的遗产管理人应当为继承人或继承人以外的个人或者组织，无法推选的，则由继承人共同担任遗产管理人，但没有继承人或者继承人均放弃继承的，为了保护遗产利害关系人利益，理应由承担公共职责的组织担当遗产管理人。如我国《民法典》第1145条就规定："没有继承人或者继承人均放弃继承的，由被继承人生前住所地的民政部门或者村民委员会担任遗产管理人。"

3. 人民法院指定。在确定遗产管理人的过程中，继承人以及遗产利害关系人往往对候选的遗产管理人存有争议，同时，在遗产管理过程中，遗产管理人不仅可能会无法完成遗产管理或者不愿意继续进行遗产管理，而且，也可能会出现怠于管理或者有过错管理的情形。为此，理应重新确定遗产管理人，但各方不一定达成一致意见，往往存在争议，为此，经遗产利害关系人的申请，法院可以依职权指定遗产管理人。如我国《民法典》第 1146 条就规定"对遗产管理人的确定有争议的，利害关系人可以向人民法院申请指定遗产管理人"。

（三）遗产管理人的职责、责任、报酬

1. 遗产管理人的职责。遗产管理人的职责，是指遗产管理人在处理遗产相关事务过程中所进行的主要工作。根据《民法典》第 1147 条之规定，遗产管理人的职责包括：①清理遗产并制作遗产清单；②向继承人报告遗产情况；③采取必要措施防止遗产毁损、灭失；④处理被继承人的债权债务；⑤按照遗嘱或者依照法律规定分割遗产；⑥实施与管理遗产有关的其他必要行为。

2. 遗产管理人的法律责任。在遗产管理过程中，遗产管理人应当依法履行职责，如果擅自挪用、侵占、变卖遗产以及不恰当地处理与遗产相关事务，必然会对继承人、受遗赠人、遗产债权人等利害关系人的利益造成损害，为了促使遗产管理人切实履行职责，立法理应明确规定遗产管理人的法律责任。根据《民法典》第 1148 条之规定，遗产管理人只有在其因"故意或者重大过失"造成继承人、受遗赠人、债权人损害的，方才承担民事责任。

3. 遗产管理人的报酬。在遗产管理过程中，遗产管理人是否支付报酬，以遗产管理人与遗产利害关系人的约定为依据，若没有约定，则应为无偿行为，不应支付报酬，相反，若约定了支付报酬，则为有偿行为，就应支付报酬，且要将报酬作为遗产处理费用而优先支付。

四、被继承人生前债务的清偿

被继承人的生前债务，是指被继承人死亡时遗留的应由被继承人清偿的财产义务。被继承人的债务既包括被继承人个人负担的债务，也包括被继承人在共同债务中应负担的债务份额。被继承人死亡后，留有遗产的，取得被继承人遗产的人应当承担被继承人生前所欠的债务。相应的，在继承人表示接受遗产时，就不仅有继承被继承人财产的权利，也要承担清偿被继承人债务的责任。在我国民法上，继承人对被继承人债务的清偿应遵循以下规则：

（一）概括承受

根据权利义务相一致原则，继承人只有在接受继承时，才依法承担被继承人的债务；继承人放弃继承的，对被继承人的债务可以不负清偿责任。

（二）限定清偿

限定清偿，指继承人对被继承人的遗产债务的清偿，只以遗产的实际价值为限度，继承人对于超过遗产实际价值的部分不负清偿责任，但继承人自愿偿还的不在此限。

（三）清偿债务优先于执行遗赠

为防止遗赠人通过遗赠逃避对其债权人的债务、保护债权人的合法权益，对遗赠行为应加以必要的限制。我国《民法典》第 1162 条规定："执行遗赠不得妨碍清偿遗赠人依法应当缴纳的税款和债务。"所以，在遗赠和清偿被继承人债务的顺序上，清偿债务优先于执行遗赠，换言之，只有在清偿债务后，还有剩余遗产时，遗赠才能得到执行。如果遗产不足以清偿债务，则遗赠就不能执行。

（四）法定继承人先行清偿

《民法典》第1163条规定的顺序清偿："既有法定继承又有遗嘱继承、遗赠的，由法定继承人清偿被继承人依法应当缴纳的税款和债务；超过法定继承遗产实际价值部分，由遗嘱继承人和受遗赠人按比例以所得遗产清偿。"具体言之，如果遗产已被分割而未清偿债务时，有法定继承又有遗嘱继承和遗赠的，先由法定继承人用其所得遗产清偿债务；不足清偿时，剩余的债务由遗嘱继承人和受遗赠人按比例用所得遗产偿还；如果只有遗嘱继承和遗赠的，由遗嘱继承人和受遗赠人按比例用所得遗产偿还。也就是说，法律规定了清偿债务的两个顺序：第一顺序是法定继承人，第二顺序为遗嘱继承人和受遗赠人。同一顺序的人，则各按所得遗产的多少为比例，承担相应的清偿债务责任。

【训练】老甲生子大甲、小甲。老甲订立遗嘱，写明自己死亡后，遗产15万元给大甲，5万元给侄女乙。老甲死亡后，留有遗产30万元。乙明确表示接受遗赠。

1. 老甲的遗产如何继承？

回答：首先，根据遗嘱，大甲遗嘱继承15万元，乙受遗赠5万元。遗嘱未处分的10万元遗产，大甲、小甲各法定继承5万元。

2. 如果老甲生前欠李四20万元。该笔债务如何偿还？

回答：首先，大甲、小甲根据法定继承的10万元，先行偿付。其次，剩余的10万元债务，大甲、乙根据所得遗产份额（3∶1）偿还，即大甲偿还7.5万元，乙偿还2.5万元。

（五）保留必留份

为了贯彻养老育幼原则和保护弱势群体的立法精神，《民法典》第1159条规定："分割遗产，应当清偿被继承人依法应当缴纳的税款和债务；但是，应当为缺乏劳动能力又没有生活来源的继承人保留必要的遗产。"在清偿被继承人债务时，即使遗产的实际价值不足以清偿债务，也应当为需要特殊照顾的缺乏劳动能力又没有生活来源的继承人保留适当的遗产，以满足其基本生活需要。

五、无人继承又无人受遗赠的遗产的处理

（一）无人继承又无人受遗赠遗产的发生

自然人死亡后，在以下情况中，会产生无人继承又无人受遗赠的遗产：

1. 死者无法定继承人、也未立遗嘱指定受遗赠人，生前也未与他人订立遗赠扶养协议。

2. 全体继承人（包括法定继承人、遗嘱继承人）放弃继承，全体受遗赠人放弃接受遗赠。

3. 全体继承人（包括法定继承人、遗嘱继承人）丧失继承权，全体受遗赠人丧失受遗赠权。

（二）无人继承又无人受遗赠遗产的处理办法

根据《民法典》第1160条之规定，无人继承又无人受遗赠的遗产，归国家或集体所有。此时，取得该遗产的国家或集体应先用该遗产支付死者的丧葬费；然后在遗产的实际价值内清偿死者生前所欠税款和债务；如果有对继承人以外依靠死者生前扶养的缺乏劳动能力又没有生活来源的人，或者继承人以外的对被继承人扶养较多的人，人民法院应视情况分给他们适当的遗产。遗产还有剩余的部分，收归国有，或归集体经济组织。归国家所有的遗产，应当用于公益事业。

（三）"五保户"遗产的处理

农村五保供养工作是我国在农村广泛施行的对无劳动能力、无生活来源又无法定赡养、抚养、扶养义务人，或者其法定赡养、抚养、扶养义务人无赡养、抚养、扶养能力的老年、残疾或者未满16周岁的村民，在吃、穿、住、医、葬方面给予生活照顾和物质帮助的社会保障制度，受供养的村民被称为"五保户"。

由于我国《农村五保供养工作条例》对于"五保户"死亡后遗产的处理没有明确规定，实践中面对此类问题时容易发生争议。但根据我国《民法典》以及最高人民法院《关于适用〈中华人民共和国民法典〉继承编的解释（一）》的精神，可以按以下方式处理：

1. 如果"五保户"与村委会签订了扶养协议，则按扶养协议处理，若扶养协议约定"五保户"的遗产归承担供养义务的村委会所有的，则归村委会所有，没有明确约定的，不能归其所有。

2. 按遗嘱继承或遗赠处理。如"五保户"与村委会在扶养协议中对遗产未作处理，而另立遗嘱将遗产指定由法定继承人继承，或者将遗产赠给国家、集体以及法定继承人以外的人的，其遗产归其遗嘱继承人或受遗赠人所有。

3. 按法定继承处理。在"五保"扶养协议和"五保户"遗嘱中均未处理遗产的情况下，"五保户"遗产由法定继承人继承所有。

4. 在实行法定继承或遗嘱继承的情况下，"五保户"的遗产应当先行扣除承担"五保"供养义务的集体组织或"五保"供养机构已支付的"五保"费用，剩余部分再由法定继承人或遗嘱继承人继承。

（四）有权分得遗产的非继承人的适当分予权

根据最高院《关于适用〈民法典〉继承编的解释（一）》第41条的规定，遗产因无人继承又无人受遗赠归国家或者集体所有制组织所有时，按照民法典第1131条规定可以分给适当遗产的人提出取得遗产的诉讼请求，人民法院应当视情况适当分给遗产。

第六编　侵权责任　<<<

第十五章
侵权责任概述

第一节　导　论

一、侵权、侵权之债与侵权责任

（一）侵权

侵权，是指侵害他人绝对权或受法律保护的利益。在这里，侵害绝对权，如侵害他人人格权、物权、知识产权等；侵害受法律保护的利益，如侵害占有等。由此可以看出，"侵权"这一概念，本质是在任何人均承担不侵害他人的义务的情况下，特定人违反该项义务而实施地对他人的侵害。因此，并非侵害任何的民事权利，都会导致侵权的产生；且也并非只有侵害权利，才会导致侵权的产生。

【训练】侵权法为什么主要保护绝对权，而在通常情况下不保护相对权？

回答：绝对权具有对世性，具有明确的权利外观及权利内容，能够为他人的行为自由划定清晰的边界。而相对权并不具备上述特点，难以为当事人以外的人所知晓，对其进行过度保护会限制他人的行为自由。因此侵权法对绝对权的保护力度更强。

【训练】一女子在一场交通事故中受伤，经过治疗后其嘴唇仍留下了一道伤疤。该女子是否可以就此主张自己的"亲吻权"受到了侵害？为什么？

回答：否。对权利的界定有法律的明文规定，绝对权需要通过立法实现法定化，而不得由当事人或法院创设。应受法律保护的利益，也应由司法来严格审查，而不得漫无边际。否则会对他人的行为自由构成侵害。

（二）侵权之债与侵权责任

侵权之债，是指因侵害他人绝对权或受法律保护的利益所引起的债权债务关系，即赔偿损失关系。在大陆法系民法中，并未将侵权责任独立成编，其侵权所引起的法律后果，即被称为侵权之债，规定于债权编中，是债权关系的一种类型。故此，大陆法系民法中的侵权之债，只调整侵权损害赔偿关系，内容单一。

侵权责任，是指因侵害他人绝对权或受法律保护的利益所引起的所有法律后果的统称。我国《民法典》第七编专门规定侵权责任，这种从根本上改变了传统德国式五编制《民法典》的形式结构，将民事责任与传统债法分离，将侵权责任独立出来单独作为《民法典》的一编，开世界侵权法立法体例之先河。相应地，《民法典》中的侵权责任不以侵权损害赔偿责任为限，而是涵盖了侵害绝对权或受法律保护的利益所引起的所有后果，除了赔偿损失外，还包括停止侵害、返还原物、排除妨害、消除危险、恢复原状、消除影响、恢复名誉、赔礼道歉等责任形式。

由此可见，从概念上讲，侵权责任的外延包含了侵权之债，侵权之债是侵权责任众多形态中的一种。

二、侵权行为

（一）侵权行为的概念

侵权行为，是指侵害他人绝对权或受法律保护的利益的行为。侵权行为是引起侵权之债或侵权责任产生的法律事实，其属于事实行为，而非民事法律行为，故侵权行为的构成，并不要求侵权行为人具有民事行为能力。

（二）侵权行为与犯罪行为、违约行为的区别

1. 侵权行为与犯罪行为的区别。侵权行为作为一种违法行为，在构成民事责任的同时，也有可能同时构成刑事责任。诸如杀人、放火、抢劫、伤害、盗窃等行为既是侵权行为又是犯罪行为。尽管如此，侵权行为与犯罪行为仍有明显的区别：

（1）二者的立法目的与功能不同。侵权行为所引起的侵权责任本质上是民事责任，主要立法目的和功能在于填补受害人所受到的损害；而犯罪行为所引起的是刑事责任，主要立法目的和功能在于惩戒罪犯，预防犯罪行为的再次发生。

（2）二者的构成要件不同。侵权行为所引起的侵权责任以损害的发生为必备要件，无损害则无责任；而犯罪行为所引起的刑事责任在构成要件上不以发生了实际损失为必备要件，刑事责任同样处罚危险犯，处于犯罪预备或犯罪未遂阶段的行为也可能受到处罚。此外，对于侵权责任的构成来说，区分故意和过失的意义不大，仅在惩罚性赔偿等制度上具有一定意义，特殊类型的侵权责任并不要求有过错；而对于刑事责任来说，故意还是过失对于定罪和量刑都具有十分重要的意义。

（3）二者的社会危害程度不同。犯罪行为均具严重的社会危害性；而侵权行为的社会危害性并不像犯罪行为那样严重，只有社会危害性极其严重的侵权行为才有可能同时构成犯罪行为。

根据《民法典》第187条的规定，民事主体因同一行为应当承担民事责任、行政责任和刑事责任的，承担行政责任或者刑事责任不影响承担民事责任；民事主体的财产不足以支付的，优先用于承担民事责任。据此，侵权责任与刑事责任并行不悖、互不排斥；且在财产责任的承担上，侵权责任优先于公法上的责任。

2. 侵权行为与违约行为的区别。侵权行为与违约行为均是对民事义务的违反，均引起民事责任的法律后果，但二者又有本质的不同：

（1）二者所违反的民事义务不同。侵权行为所引起的法律后果由法律规定，当事人之间不得创设，因此侵权行为违反的是法定义务；而违约行为违反的则是当事人间约定的给付义务，以合同有效为前提。

（2）二者侵害的客体范围不同。侵权行为所侵害的对象主要是绝对权，如物权、人身权、知识产权等，仅在满足一定严格条件的前提下保护债权；而违约行为所侵害的对象是基于合同产生的债权，是相对权。

（3）二者所引起的责任范围及承担方式不同。侵权行为所引起的侵权责任既可以是财产性责任，也可以是非财产性责任，如消除影响、恢复名誉、赔礼道歉等责任。违约行为所引起的违约责任只能是财产性责任，如修理、重做、更换、继续履行、赔偿损失、支付违约金等。需要注意的是，在《民法典》上，侵权行为与违约行为，均可引起精神损害赔偿责任的承担，即债务人的违约行为，损害对方人格权并对对方造成严重精神损害，受损害方选择请求其承担违约责任的，不影响受损害方请求精神损害赔偿。

（三）侵权行为的类型

1. 一般侵权行为与特殊侵权行为。一般侵权行为，是指适用过错责任原则的侵权行为。这些侵权行为无须也无法由法律逐一列举，统一适用《民法典》第1165条第1款的规定。特殊侵权行为，则是指适用过错推定或无过错责任原则的侵权行为，以及日常生活中经常发生的典型侵权行为。这些侵权行为由法律作出特别规定。

2. 单独侵权行为与多数人侵权行为。单独侵权行为，是指由一个人单独实施且由一个人承担侵权责任的侵权行为。多数人侵权行为，是指二人以上实施且由他们承担连带责任或按份责任的侵权行为。多数人侵权行为又分为共同侵权行为和无意思联络的数人侵权行为。共同侵权行为又分为共同加害行为、教唆帮助行为及共同危险行为；无意思联络的数人侵权行为又分为连带责任型和按份责任型。

3. 作为的侵权行为与不作为的侵权行为。作为的侵权行为，又称积极的侵权行为，是指行为人违反不作为的义务而作为，造成他人损害的侵权行为。不作为的侵权行为，又称消极的侵权行为，是指行为人违反对他人负有的作为义务，不履行或没有正确履行该义务，造成他人损害的侵权行为。如教育机构未尽到管理职责，致使在教育机构学习和生活的无民事行为能力人或限制民事行为能力人受到来自教育机构以外的第三人所造成的人身损害等。

不作为义务，是不特定人之间的不得侵害他人合法权益的义务，通常由法律通过一般性的强制性规定确认。作为义务可以分为法定的作为义务、约定的作为义务、先行为引发的作为义务、基于诚信原则产生的作为义务和安全保障义务。

4. 自己责任的侵权行为与替代责任的侵权行为。自己责任的侵权行为，是指由行为人自己承担责任的侵权行为。替代责任的侵权行为，是指由行为人以外的他人承担责任的侵权行为，现代法律中典型的替代责任，如雇主责任和国家赔偿责任。侵权法中大多数侵权行为都是自己责任的侵权行为。反对连坐，是现代法律的基本精神和基本原则。因此，自己责任是原则，替代责任是例外。

5. 人造成损害的侵权行为与物件致害的侵权行为。人造成损害的侵权行为，是指由于人的作为或不作为直接造成他人损害的侵权行为。物件致害的侵权行为，是指由于人控制之下的物件造成他人损害的侵权行为。物件致害的侵权行为主要包括产品责任、机动车交通事故责任、环境污染和生态破坏责任等。

三、侵权法的保护范围

侵权法的保护对象为民事权益，即绝对权与应受法律保护的利益。凡是《民法典》第五章所列举的民事权益类型都可能是侵权法所保护的对象。在此基础上，需要说明以下几个特殊问题：

（一）债权

在民法上，侵害债权的行为可以分为债务人侵害债权的行为和第三人侵害债权的行为。债务人侵害债权的行为，是指债务不履行的行为，典型的形态如违约行为，由《民法典》合同编进行规制。第三人侵害债权的行为，则是指债权债务关系以外的第三人侵害债权的行为。针对第三人侵害债权的行为是否构成侵权行为存在争议。我国多数学者认为，在特定情况下，债权可以成为侵权法的保护对象。第三人侵害债权的行为如果构成侵权行为，则必须满足更加严格的构成要件上的要求：首先，客观上有一个已经存在且合法有效的债权，该债权没有可归于无效的情形。其次，第三人应当是故意，且明知债权的存在；最后，侵害债权的第三人，其行为违反公序良俗原则。

【训练】演员甲与乙电视台订立演出合同，约定春节晚会上进行演出。丙得知此事，绑架了甲，旨在使甲无法参加乙电视台的春节晚会。丙是否对乙电视台构成侵权？

回答：是。

（二）财产利益

财产利益，是指财产性的、应受法律保护的利益。其不属于法定的绝对权类型，但法律仍有予以保护之必要。侵权法所保护的财产利益主要有商业秘密、占有及纯粹经济损失。

1. 商业秘密。商业秘密，是指不为公众所知悉、具有商业价值并经权利人采取相应保密措施的技术信息、经营信息等商业信息。以不正当手段获取、披露他人商业秘密的，需对商业秘密的拥有者承担侵权责任。

2. 占有。占有，是指一种对物具有事实上的管领力的状态，是一种事实而非权利。[1] 但由于占有本身也有经济上的价值，为应受法律保护的利益。因此当有侵害占有的行为发生时，侵害人需对占有人承担侵权责任。

3. 纯粹经济损失。纯粹经济损失，又称纯粹财产损失，是指侵权行为的因果链延伸所导致的损失。因此，纯粹经济损失并非基于受害人的人身或财产遭受侵害的行为所致，既不是人身、财产因遭受侵害而受到的直接损失，也不是因此而受到的间接损失。

【训练】张三在律师的指导下定下遗嘱，自己死后全部财产由张三的大儿子独自继承。张

---

[1] 王利明：《物权法研究》，中国人民大学出版社 2002 年版，第 635 页。

三死后，在遗产分配的过程中发现，由于该律师的过错，导致遗嘱无效。遗产遂根据法定继承规则进行分配，张三的大儿子因此分得的遗产变少。

1. 该律师是否实施了侵害张三大儿子财产权的行为？

回答：否。

2. 张三的大儿子可以向该名律师主张何种民事权益受到侵害？

回答：纯粹经济损失。

纯粹经济损失主要分为如下类型：

（1）反射损失型的纯粹经济损失。这是指加害人的行为给某人的人身或财产造成了实际的损害，而由于社会生活的密切联系，该损害进一步引发了其他人的经济损失。[1]

【训练】A 建筑公司在从事地面挖掘作业的时候，不慎将一根电缆挖断。该电缆是属于 B 电力公司的财产。由于电缆被挖断，导致附近供电中断。附近的 C 工厂因停电而遭受损失，包括无法按时完成订单带来的损失等。C 工厂遭受的是哪一种类型的损失？

回答：反射损失型的纯粹经济损失。

（2）转移损失型的纯粹经济损失。这是指加害人的行为给特定人的人身、财产造成了实际损失，而第三人因对受害人负有约定或法定的义务，故此损失被转移至该第三人处。[2]

【训练】甲打伤了乙，乙的父母基于法定的抚养义务支付了乙的医疗费。该费用属于哪一种类型的损失？

回答：转移损失型的纯粹经济损失。

（3）因信赖错误信息、建议和专业服务引发的纯粹经济损失。这是指受害人因信赖与其没有合同关系的人提供的错误信息或专业服务，而遭受的经济利益上的损失。[3]

（4）因侵害公共资源所引发的纯粹经济损失。公共资源是供不特定的民事主体，即公众所有或使用的资源，如公共市场、城镇公共道路、海洋、湖泊、水路、航道等。[4]

【训练】某国开发的海上油气田发生溢油事件，污染大片海域。因该事件所导致的严重污染致使周边渔业及旅游业从业人员遭受严重损失，该损失属于哪一种类型的损失？

回答：侵害公共资源所引发的纯粹经济损失。

---

〔1〕［意］毛罗·步萨尼、［美］弗农·瓦仑丁·帕尔默主编：《欧洲法中的纯粹经济损失》，张小义、钟洪明译，法律出版社 2005 年版，第 9 页。

〔2〕［意］毛罗·步萨尼、［美］弗农·瓦仑丁·帕尔默主编：《欧洲法中的纯粹经济损失》，张小义、钟洪明译，法律出版社 2005 年版，第 9~10 页。

〔3〕程啸：《侵权责任法》，法律出版社 2015 年版，第 195 页。

〔4〕［意］毛罗·步萨尼、［美］弗农·瓦仑丁·帕尔默主编：《欧洲法中的纯粹经济损失》，张小义、钟洪明译，法律出版社 2005 年版，第 10 页。

第二节 侵权责任的归责事由与归责原则

一、侵权责任的归责事由

在侵权法上，所谓归责事由，就是要找到追究侵权责任的理由，或者说找到实际发生的损害由何人承担的法律原因。"享有权益者自担损害"是损害赔偿法中最基本的原理。[1] 良好的政策应当是让损害停留在其所发生之处，除非有特别干预的理由存在。而最常见的此类理由就是，被指控之人具有可归责性，[2] 即存在使之承担侵权责任的归责事由。归责事由可分为主观归责和客观归责两种类型。

（一）主观归责

主观归责，是指根据行为人是否有过错来确定其是否应当就所造成的损害承担责任。主观归责就是过错归责，即以行为人存在过错作为承担责任的理由。只有当行为人存在故意或过失时，才对损害负赔偿责任。

（二）客观归责

客观归责，是指不以行为人个人是否有过错为根据，而是基于社会本位的思考，依据社会秩序之一般客观需要，对参与社会活动之个别人格，科以责任负担之原理。[3] 所谓"社会本位的思考"和"社会秩序之一般客观需要"，是指风险分散，追求社会实质正义等。客观归责包括无过错责任和公平责任。无过错责任的归责事由又包括基于危险的归责事由和基于控制的归责事由。公平责任的归责事由则指基于公平的归责事由。

1. 基于危险的归责事由。现代社会随着科学技术的不断发展，人们在享受科技所带来的便利的同时，无时无刻不生活在风险中。发展所带来的问题只能通过不断地继续发展去解决，法律一方面不能阻碍科技的发展，要允许高度危险活动的存在，另一方面又要求从事高度危险活动的民事主体就该危险所造成的实际损害负赔偿责任。行为人就损害承担赔偿责任的原因不是其具有过错，而是危险。因此，危险责任是无过错责任的一种类型。

2. 基于控制的归责事由。所谓控制，是指最终承担侵权责任的责任人与实际做出加害行为的行为人之间存在特定的关系，前者能够支配后者的行为，或对后者做出行为产生重大的影响。因此，责任人需要对行为人所造成的损害负赔偿责任。例如，用人单位对其工作人员的职务行为具有很强的控制力，因此当用人单位的工作人员因执行工作任务造成他人损害时，无论用人单位是否具有过错，都要承担赔偿责任。

3. 基于公平的归责事由。侵权法仅在极个别的情况下以公平作为归责的事由。在造成损害之人并无过错，遭受损害之人又很无辜，却不能适用无过错责任的时候，基于各种因素的综合考量，立法者才不得不以公平作为归责的事由，使致害人与受害人分担后者的损失。

---

〔1〕 程啸：《侵权责任法》，法律出版社 2015 年版，第 84 页。
〔2〕 O. W. Holmes, The Common Law, 1891, at 50.
〔3〕 邱聪智：《从侵权行为归责原理之变动论危险责任之构成》，中国人民大学出版社 2006 年版，第 35 页。

二、侵权责任的归责原则

归责原则，是指使致害人承担侵权责任的法律准则。归责原则是规则事由在法律准则上的体现，其集中体现为"过错"这一要件对于侵权责任构成上的意义。

归责原则的体系，即我国民法上的侵权责任，应存在哪些规则原则。在这一问题上，理论学说见仁见智。其实，归责原则，需要适用于侵权责任成立的所有一般情况。若存在两个以上的归责原则，那么侵权责任的成立在一般情况下该如何选择适用则不无疑问。而非原则性的归责事由则需由法律进行特殊规定。因此，只有过错责任可以成为侵权法的归责原则，过错推定责任、无过错责任以及公平责任都需要法律的特殊规定才得以适用。

（一）过错责任原则

过错责任原则，是指将致害人的过错，作为其承担侵权责任必要条件的法律准则。在举证责任的分配上，受害人请求致害人承担侵权责任，需举证证明后者过错之存在。过错，由故意和过失两种情形组成。在致害人应当预见到自己的行为会导致损害的情况下，追求该损害结果，或放任该损害结果之发生的主观心态，为故意；本应预见而没有预见到，或者虽预见到却轻信可以避免的主观心态，则为过失。反之，致害人不应预见到自己行为会导致损害的，该损害的发生，就并非基于过错，而是意外。

过错责任原则以近代个人主义作为根本哲学基础。个人主义哲学强调个人的自由意志，将每个人都视为理性人。在理性的支配下，每个人都有能力做出最符合自身利益的选择，并应当为该选择的后果负责。如果人们基于自由意志实施了造成他人损害的行为，那么他就滥用了自由意志，在道德上具有可非难性，就应当为损害承担责任。过错责任原则彻底否定了近代以前原始的结果责任原则，释放了社会生产力，人类的自由获得了充分发展的空间。因此，在世界范围内，过错归责原则是侵权责任最为一般的、具有普遍适用性的归责原则。

随着时代的不断发展，人类社会迈入现代风险社会。人们所遭受的损害不再主要来自于个人，而是大量地来自于工业事故。受害人要证明行为人具有过错变得极端困难。为了更好地保护受害人，过错推定责任应运而生。过错推定责任并没有改变过错责任的本质，仍以过错作为归责的唯一事由。而仅将证明过错的责任进行了重新分配，由行为人来证明自己没有过失。过错推定属于法律上的事实推定，是可以被推翻的推定。若行为人不能证明自己没有过失，则推定其有过失，由他承担因过失而引起的侵权责任。

关于过错推定责任，需要特别强调的问题有二：一是过错推定原则的适用，需以法律的特别规定为条件，其作为过错责任的特殊表现形式，并不具有普遍适用性。二是过错推定责任下可以推定的仅为过失，故意不得推定。若受害人基于行为人的故意主张侵权责任，其仍负关于故意的证明责任。

【训练】若法律没有明确规定适用过错推定责任，法官是否可以根据案情的具体情况创设规则，认为如果行为人不能证明其没有过失，则推定其有过失？

回答：不能。

（二）无过错责任

侵权法以过错责任为基本归责原则，但立法者仍可规定在某些特殊情况下，不考虑行为人的过错因素，仍由其承担侵权责任。此时，过错不再是侵权责任成立的要件，故称之为无过错责任。如上文所述，我国侵权法上无过错责任下的归责事由主要是基于危险或控制的原因。因此，基于危险的归责事由而导致的无过错责任被称为危险责任，基于控制的归责事由而导致的无过错责任是替代责任。

1. 危险责任下的无过错责任的理由。

（1）基于其制造了原本不存在的危险。比如甲公司投资建设并运营了一条高速铁路，给周围的环境带来了原本不存在的新危险，因此要承担危险责任。

（2）基于其有能力阻止损害的发生而没有阻止。比如，乙公司作为生产有缺陷产品的生产者没有基于对产品的了解而克服制造缺陷，因此要承担危险责任。

（3）基于其从所从事的危险活动中获得了利益。比如丙公司从其所从事的危险活动或所拥有的危险物品中获得巨大利益，由其承担责任并非有违公平。

2. 替代责任下的无过错责任的理由。

（1）基于一方对另一方强大的控制力。比如，雇主通过命令等形式将自己的意志强加给雇员，使其在该意志的驱动下做出行为，则应由雇主对雇员的行为造成的损害承担替代责任。

（2）基于责任人从实际行为人的行为当中获得了利益。比如，雇员从事的职务活动所带来的利益最终由雇主获取，则应由雇主对该活动所造成的损害承担替代责任。

（3）基于为了更好地保护受害人。比如，一般认为雇主比雇员更加富有，由其承担责任能够使受害人的损害更容易得到填补。

需要强调的是，无过错责任的适用，也需要以法律的明确规定为条件。对于适用无过错责任的侵权行为法定类型而言，过错在责任的构成上并非没有意义。若受害人能够证明行为人具有过错，则可依据过错责任原则主张侵权责任，从而适用过错侵权的一般规则，规避适用无过错责任在责任承担等方面的限制规则。此时，责任人所承担的侵权责任可能更重。比如，《民法典》侵权责任编第 1207 条的规定："明知产品存在缺陷仍然生产、销售，或者没有依据前条规定采取有效补救措施，造成他人死亡或者健康严重损害的，被侵权人有权请求相应的惩罚性赔偿。"产品责任下，惩罚性赔偿的适用须以行为人的故意为构成要件。

（三）公平责任

公平责任，是指在致害人与受害人对于损害的发生均无过错的情况下，由双方根据公平原则分担损害的侵权责任承担方式。公平责任的构成要件有二：一是致害人与受害人对于损害的发生均无过错，因而无法根据过错责任来赔偿受害人所遭受的损害；二是致害人的行为与受害人所遭受的损害之间，存在因果关系，这是令无过错的致害人分担损害的理由。《民法典》中所规定的公平责任，主要包括以下几种情况：

1. 在紧急避险情况下，危险由自然原因引起的，紧急避险人不承担民事责任，可以给予适当补偿。

2. 在保护他人民事权益使自己受到损害的情况下，受益人可以给予适当补偿。没有侵权人、侵权人逃逸或者无力承担民事责任，受害人请求补偿的，受益人应当给予适当补偿。

3. 在完全民事行为能力人因暂时没有意识或者失去控制造成他人损害有过错的情况下，致害人没有过错的，根据行为人的经济状况对受害人给予适当补偿。

但是，公平责任的承担，并不以法律的明确规定为条件。只要符合前述构成要件，致害人与受害人之间即可产生公平责任关系。

【训练】张三是一名医生，一天在自家小区的电梯里偶遇李四在吸烟。张三上前劝阻李四不要在公共场所吸烟。期间张三并无言语上的过激行为，与李四也不存在任何肢体上的接触。但李四不但不听从张三的劝阻，还表现得情绪激动，遂心脏病发作，导致死亡。张三是否应当对李四的死亡承担侵权责任？

回答：否。张三与李四均无过错，张三不承担过错责任。张三劝阻李四的行为，与李四所遭受的损害之间，并不存在因果关系，张三也不承担公平责任。

第三节 一般侵权责任

一般侵权责任的构成要件，是指承担一般侵权责任的各种作为必要条件的因素。我国长期以来在侵权责任的构成要件上存在四要件与三要件的争论。在主张四要件学说的学者内部，对于究竟是哪四个要件也有不同意见；三要件学说亦然。结合我国立法上没有明确区分过错与违法性的事实，笔者采取三要件的学说。这三个要件分别是：民事权益被侵害和损害、因果关系、违法性与过错。

一、一般侵权责任的构成要件

（一）民事权益被侵害或被损害

民事权益被侵害是侵权责任成立的要件之一。当原告主张被告承担侵权责任时，需要证明其某一项民事权利或民事利益受到了侵害。由于民事主体享有哪些民事权利由《民法典》明确规定，因此原告并不需要证明该项权利的存在。但当原告主张自己的某一项民事利益受到侵害时，其负有证明该民事利益存在的责任。

民事权益被侵害与民事权益被损害是两个不同的概念。民事权益被侵害有可能导致损害的发生，如甲将乙打死，甲侵害了乙的生命权，也造成了损害。损害包括医疗费、死亡赔偿金等，但民事权益被侵害也有可能没有导致损害的发生。如甲用大量砖头堵住了乙享有所有权的一栋房屋的唯一出入口，导致乙无法正常进出。乙的所有权受到了侵害，但并未发生损害。因此，当民事权益被侵害时，若有损害发生，则成立恢复原状、赔偿损失等民事责任；若没有损害发生，则成立停止侵害、排除妨碍、消除危险等民事责任。

【训练】甲有一栋房屋长期闲置。乙原本要租房，在得知甲有一栋闲置的房屋后，在甲不知情的情况下擅自进入该房屋，居住了一个月。由于乙是一名职业开锁人，因此门锁未受到任何损害。

1. 甲发现后可以向乙主张何种权利？

回答：停止侵害请求权和不当得利返还请求权。

2. 甲是否可以向乙主张损害赔偿请求权？

回答：否。

民事权益所遭受的损害，可以分为财产性损害和非财产性损害，直接损害和间接损害，以及积极损害和消极损害。

1. 财产性损害、非财产性损害。财产性损害，又称有形损害或经济损失，是指能够以金钱加以衡量和计算的损害。财产性损害的计算方法是将受害人的财产在损害发生之前和发生之后进行比较，中间的差额即为损害的实际数额。造成财产性损害的后果是赔偿损失。

非财产性损害，又称无形损害或精神损害，是指不能以金钱加以衡量和计算的损害。非财产性损害不能以差额进行衡量，也无法按照市场价格精确地计算，只能在综合考虑精神痛苦的严重程度等各种客观因素的基础上，由法官根据具体案情自由裁量。非财产性损害只有在法律有明确规定的时候才能获得赔偿。造成非财产性损害的后果是承担消除影响、恢复名誉、赔礼道歉以及精神损害赔偿责任。

2. 直接损害、间接损害。直接损害，又称具体损害，是指民事权益被侵害后在客观形态的变化上能够直接观察到的损害。

间接损害，又称后续损害，是指民事权益被侵害后又延伸发展出来的损害。相比于直接损害，间接损害与加害行为的距离更为遥远，获得赔偿的概率相对降低。

【训练】甲利用自己所拥有的一栋房屋经营饭店。乙放火将该房屋烧毁。

1. 房屋本身的损失，属于何种损害？

回答：房屋本身的毁损是可以从外部观察到的，为直接损害。

2. 甲因为该房屋被烧毁而无法营业导致的利润损失，属于何种损害？

回答：间接损害。

3. 若假设乙可以证明即便没有乙放火烧毁甲房屋的行为，甲的房屋也会在第二天的地震当中坍塌毁损。甲可以主张何种损害的赔偿？

回答：此时房屋毁损的损害本身依然可以获得赔偿，但甲损失的利润损失无法获得赔偿。

3. 积极损害、消极损害。积极损害，是指受害人已有财产的减少。消极损害，是指受害人本应增加的财产未能增加。

【训练】甲将乙打伤。

1. 乙因此导致的医疗费、护理费、交通费等损失，属于何种损害？

回答：积极损害。

2. 乙因需要住院治疗而无法正常工作，由此导致的收入上的减少，属于何种损害？

回答：消极损害。

相比于积极损害，消极损害具有较大的不确定性。我国法律上一般采取统一的标准来计算消极损害的数额。

（二）因果关系

1. 因果关系要件的功能。因果关系，是指侵权行为是导致侵害或损害发生的原因，侵害或损害是侵权行为所导致的结果。法律中所讨论的因果关系与哲学中的因果关系不同。哲学中的因果关系所讨论的对象更为抽象，也更具有终极追问的意义。法律中所讨论的因果关系并不过度关心事物在客观上的本质联系，而是为了更好地分配责任。因此，在侵权法中的因果关系理论是一种责任理论，这种理论必须解决可归因的损害赔偿问题。侵权法上的因果关系要件有两个重要功能。

（1）过滤掉与损害赔偿无关的原因，贯彻自己责任。若甲无故挥拳殴打乙，乙遭受重击后倒地受伤。在这一事件当中可以较为清楚地发现甲挥拳殴打的行为与乙的身体权、健康权被侵害并遭受损害之间的因果关系，并认定甲应当为乙所遭受之损害负责。但在有些情况下，因果关系认定变得十分困难，谁该为损害负责并非清晰可见。比如乙是在路上行走的时候被一辆机动车撞伤的。但在客观上与乙被撞伤有关的原因可能有很多，比如由于天黑，加上道路两旁的路灯年久失修没有起到有效的照明效果，机动车驾驶者甲没有及时发现乙；在采取制动措施后，又由于刚刚下过雨道路湿滑，客观上拉长了车辆的制动距离；亦或者是乙因为有心事，只顾低头走路而没有对周围环境进行必要的观察；等等。此时，因果关系要件需要发挥作用，将可归因于甲的事实性后果与不可归因于甲的事实性后果加以区分。甲只需对可归因于他的事实性后果负责。

（2）通过合理截取因果关系链条，控制责任范围，避免对人的行为自由造成不当干预。世界是普遍联系的，因果关系链条可以延伸到无穷无尽。但法律不能要求行为人对其所做出的行为所引发的一切后果负责。比如基于甲的过失，导致其所驾驶的机动车与乙所驾驶的机动车发生了碰撞，导致交通严重堵塞。丙刚好乘车在该路段经过。由于交通堵塞，丙没能及时赶上飞机。尽管丙改签了机票，但因为没能按照约定时间参与一场商业谈判，丧失了一笔订单。因果关系要件此时须给出明确答案，甲无须为丙改签机票所产生的费用，以及因丧失商业机会而损失的利润负责。

2. 因果关系的判断方式。在大陆法系的传统上，因果关系的判断需要采取"两步走"的方法。第一步是责任成立的因果关系判断，第二步是责任范围的因果关系判断。[1] 这两步因果关系的判断，若第一步不成立，则无需进行第二步。

（1）责任成立的因果关系。责任成立的因果关系，是指民事权益被侵害与加害行为之间的因果关系问题。该项因果关系判断，解决的是肇因问题，即确认行为人是否需要负责的问题，其实质是初始损害因果关系，即只要求行为人应当预见且能够预见初始侵害的发生即可，不要求预见结果侵害。

（2）责任范围的因果关系。责任范围的因果关系，是指民事权益被侵害与损害之间的因果关系。该项因果关系判断，解决的是行为人应当在多大的范围内，对哪些损害负责的问题，故

---

〔1〕　程啸：《侵权责任法》，法律出版社2015年版，第223页。

实质是后续损害因果关系。

【训练】甲挥刀砍伤了乙，乙因此导致医疗费和误工费等损失若干。

1. 乙的身体权、健康权被侵害与甲的挥刀行为之间的联系，属于何种因果关系？

回答：责任成立的因果关系。

2. 乙的身体权、健康权被侵害与产生医疗费、误工费等损失之间的联系，属于何种因果关系？

回答：责任范围的因果关系。

在我国民法中，相当因果关系说被我国司法实务部门所接受，是我国的通说理论。相当因果关系说认为，只有那种极大地增加了损害发生的客观可能性的条件才构成诱发该损害结果的原因。对极大可能性的判断，应当以该条件发生时的具体情况为基础，结合一般实践性知识和经验加以认定。申言之，成为充分原因的条件必须同时符合两个特征：其一，该条件的存在对于诉争损害的发生概率产生了影响；其二，该条件并非是某些极端特殊的情形下才成为引发损害的条件。[1] 在认定行为与损害之间是否具有因果关系时，可采取以下认定公式：无此行为，虽必不生此损害，有此行为，通常即足生此种损害者，是为有因果关系。无此行为，必不生此种损害，有此行为通常亦不生此种损害者，即无因果关系。[2] 相当因果关系说是法律政策的工具。在不同时期内，基于对安全与自由这一对价值因素的不同侧重，可能会有完全不同的因果关系认定结论。

【训练】甲所驾驶的机动车与乙所驾驶的机动车尾部发生轻微碰撞，不料乙车的后备厢装满炸药。该碰撞所引起的火花瞬间引爆了炸药，导致乙所驾驶的机动车被全部烧毁。甲是否应当为乙车的全部毁损承担责任？

回答：否。

【训练】甲居住在一栋居民楼的一楼，为了防盗，在窗户外安装了防护栏。乙居住在甲家楼上的二楼，未安装同样的防护栏。一日，小偷丙借助甲家的防护栏爬进了乙家实施了盗窃行为。乙是否可以向甲主张损害赔偿责任？

回答：否。

【训练】甲患有血友病。一日乙用力推搡甲，导致甲跌倒，磕破手臂后血流不止，造成身体上的巨大损害。乙是否应当对甲的损害承担赔偿责任？

回答：是。

（三）违法性与过错

1. 违法性。违法性的判断标准有结果不法和行为不法两种判断标准。结果不法说认为，不法性取决于危害结果，只要侵权法一般条款通过列举的方式明确保护的民事权益被侵害，违法性因素就自动满足。基于过错与违法性的分离，在结果不法说下，在侵权责任的构成上，只有

---

〔1〕 程啸：《侵权责任法》，法律出版社 2015 年版，第 236 页。

〔2〕 王泽鉴：《侵权行为》，北京大学出版社 2009 年版，第 196 页。

满足了违法性要素的要求，才有必要继续考察是否具有过错。若违法性要素无法得到满足，则不再考察过错。行为不法说认为，判断不法性不单取决于危害结果，还要看行为本身。就侵权法所保护的民事利益而言，在非故意的情况下不仅要求利益被侵害，还要求考察行为本身是否符合某种行为标准。该标准可能来自于某项规范性文件或命令，也可来自于任何人都负有的一般性义务。

行为不法说与结果不法说的差别在于，行为不法说下行为人是否违反了注意义务是在不法性因素上进行考察的，过错更多表达的是道德上的可非难性。结果不法说更适用于法律上对已经明确界定并清晰表达的权益类型进行保护，而不太适用于实践中所面对的各种新型权益类型。不过，结果不法说和行为不法说在绝大多数案件中所导出的结果是相同的。

2. 过错。过错是指行为人主观上可归责的一种心理状态。过错是侵权责任成立过程中需要考察的最后一个要件。只要在满足了损害和因果关系等客观要件的基础上，讨论过错才是必要的。过错可分为故意和过失。故意和过失都包含认识和意愿这两个方面的要素。

故意是指行为人明知其行为会造成他人民事权益被侵害的后果，仍然希望或放任这一后果的发生。若行为人采取的是主动追求的态度，则为直接故意；若为放任发生的态度，则为间接故意。

过失是指行为人对其行为会造成他人民事权益被侵害的后果，应当注意或能够注意而没有注意，或者虽注意到却轻信损害的发生可以避免。其中，应当注意而没有注意的，为疏忽大意的过失；注意到但轻信损害结果可以避免的，为过于自信的过失。此外，根据过失的程度不同，过失可以分为重大过失、一般过失和轻微过失。

【训练】甲、乙、丙三人一同对丁进行劝酒，导致丁饮酒过量神志不清。酒局散后甲、乙、丙三人曾想到要送丁回家，但后来经过商议，三人相信丁过一会儿就会清醒过来然后自行回家。甲、乙、丙三人遂各自离去。丁在神志不清的状态下，在返回途中不慎跌入湖中溺亡。对于丁的死亡，甲、乙、丙三人属于哪种过错类型？

回答：过于自信的过失。

3. 过失的判断标准。现代侵权法上对过失的判断，有主观过失与客观过失两种标准。主观过失以行为人的心理状态作为判断标准，其以对不同的行为人设置不同的判断标准为特征。客观过失则不再探究行为人的主观心理状态，而是采取单一的"善良管理人"或"合理人"的标准，建立了一套符合人类现代社会生活共同需要的统一客观标准。我国法律上采纳客观过失说。在我国民法中，过失判断存在如下具体的标准：

（1）由于我国采取以过错吸收违法性的做法，因此当出现违反法律、法规规定的行为时，一般规定为具有过失或视为具有过失。

（2）作为从事某一特殊职业的人，必须达到其所属的职业共同体的一般水平或行业标准要求，如律师，医生、会计师等行业。从事这类职业的人若没有尽到同一职业领域中一位合格的从业人员在同样情形下应当尽到的谨慎义务，则认定其具有过失，不能以专业知识和能力不足为由免责。

（3）当行为人实施了一个危险程度较高的行为时，其应当负有与该危险程度相当的注意义务。那些越容易给他人造成损害的行为，行为人所负的注意义务越高。

（4）法经济学上要求社会制度的设计应当符合成本收益的平衡。著名的汉德公式告诉我们，判断行为人是否具有过失，应当比较为了预防损害所投入的成本，与损害的大小乘以损害发生的概率所得出的数值。若前者大于后者，则为预防该损害的发生所投入的成本就是不值得的。此时行为人没有采取预防措施不具有过失。如果前者小于后者，而行为人却没有采取任何预防措施，则可认定其具有过失。

（5）基于社会的一般观念，在视力或听力上有障碍的人群如果基于这种生理上的缺陷而不能有效运用某些注意，则不可对其注意义务做过高的要求。应当以该类人群所能达到的注意程度判断其是否具有过失。

二、一般侵权责任的免责事由

免责事由，是指侵权责任因之而不成立的法律事实。免责事由在立法上表现为适用于一般侵权行为类型的一般规则和适用于特殊侵权行为类型的特殊规则。因后者规定于侵权责任编的"特殊侵权"中，故本节以前者为讲述对象。一般侵权责任的免责事由包括：

（一）受害人故意

受害人故意，是指受害人自身的故意是损害发生的全部原因。受害人故意之所以能够使行为人免责，是因为该情况下损害完全是由受害人自身的原因引起的，受害人故意是导致损害发生的唯一原因，行为人的行为与损害之间不具有因果关系。如我国存在一种常见的俗称"碰瓷"的敲诈行为。

【训练】甲与乙是情侣关系，后甲要求与乙分手遭到乙拒绝。乙为了挽回感情以自残的方式相威胁，故意用水果刀割伤了自己的手腕。甲是否应对乙的损害承担侵权责任？

回答：否。此时乙所遭受的损害完全是由其自身的原因造成的，甲并不需要负责。

（二）受害人同意

受害人同意，也称"受害人允诺"或"受害人承诺"，是指受害人就他人特定行为的发生或者他人对自己权益造成的特定损害后果予以同意并表现于外部的意愿。受害人同意可以是明示的，也可以是默示的。[1] 受害人同意从本质上讲是受害人对自身民事权益的处分，可以构成行为人行为违法性的阻却事由。

需要注意的是，受害人同意作为一项免责事由，受到两项限制：一是受害人同意不得违反法律的强行性规定、禁止性规定以及公序良俗；二是受害人同意免责仅适用于故意侵权，不适用于过失侵权。因为过失侵权下，损害的发生是一种风险，有可能发生也有可能不发生。对于未知的风险，受害人无法提前表示同意，而仅得适用自甘风险规则。

【训练】甲想自杀，于是请乙帮忙。乙遂用刀将甲杀死。乙是否对甲构成生命侵权？

回答：是。甲对乙杀害自己的行为所表示的同意因为违反了法律的禁止性规定而无效，不

---

〔1〕 程啸：《侵权责任法》，法律出版社 2015 年版，第 301 页。

能阻却乙行为的违法性。因此，这种情形下乙不能因受害人同意而免责。

（三）第三人行为

在第三人的行为是造成该损害唯一原因的情况下，根据侵权责任构成要件的一般原理，判断一个侵权责任能否成立，自然需要清晰界定因果关系。谁造成了损害，谁才有可能承担责任。与损害的发生没有因果关系的行为人当然无需承担责任，而应当由造成损害的第三人来承担责任，这是不言自明的。

然而，当第三人的行为是造成损害的部分原因时，则按照原因力的叠加关系以及大小，在行为人与第三人之间分配责任。因此，从责任分配的结果上看，第三人导致损害的事实，既可能呈现为行为人免除责任的样态，也可能呈现为行为人减轻责任的样态。

（四）自甘风险

自甘风险，是指自愿参加具有一定风险的文体活动的人，应当承担该活动所具有的正常风险，其因正常风险而遭受损害的，不发生侵权责任关系。然而，作为一项免责事由，自甘风险所可以免除的，仅仅是活动中的正常风险。对于不正常风险所导致的损害，致害人不得以受害人自甘风险为由主张免责。根据《民法典》第1176条之规定，以下两种情况下，风险活动的受害人可以主张侵权损害赔偿：一是其他参加者对损害的发生有故意或者重大过失的；二是风险活动的组织者未尽安全保障义务的。

由此可见，某些文体活动所具有的风险恰恰是其魅力之所在，自愿参加这类活动的参加者需要承担活动本身所带来的风险。只要是文体活动本身所当然包含的正常风险，都会被容忍，并不会引起侵权责任。但是，风险须与该项文体活动本身相匹配，不能超出必要的限度。

（五）自助行为

自助行为，是指受到侵害的民事主体因情况紧急，来不及请求国家的公力保护自己的合法权益时，对致害人的财产或人身予以必要强制的行为。因自主行为导致致害人损害的，自主行为人无需承担侵权责任。法律对私力救济的正当性采取谨慎的态度，如果可以通过采取公力救济的方式达到保护民事权益的目的，则一般不认可私力救济。但有时候由于来不及采取公力救济，因此必要限度的私力救济仍有其存在的空间和必要性。

根据《民法典》第1177条之规定，自助行为的实施，需受到如下限制：

1. 自助行为的实施，必须以行为人合法权益受到侵害，情况紧迫且不能及时获得国家机关保护，不立即采取措施将使其合法权益受到难以弥补的损害为前提；

2. 自助行为的实施，需限制在保护行为人合法权益的必要范围之内；

3. 实施自助行为的同时，应当立即请求有关国家机关处理，即在第一时间请求国家公权力的介入。

【训练】甲在一餐馆用餐后想要"逃单"，于是趁服务员不注意溜出了餐馆大门。但突然想起将自己的手机落在了餐桌上，于是又返回欲取回手机。结果发现手机被服务员乙扣留。乙表示只有在甲将餐费付清后才会将手机返还。乙是否对甲构成侵权责任？

回答：否。此时由于情况紧急，无法及时获得国家有关机关的保护，因此乙暂时扣留甲手机的行为具有正当性，并不构成对甲的侵害。但乙应当在采取该措施后及时请求有关国家机关处理。

（六）不可抗力

不可抗力是指不能预见、不能避免且不能克服的客观情况。如地震、洪水、台风、海啸、战争、暴乱、罢工、游行集会等。不可抗力之所以能够免责，是因为它排除了行为人的过错。不仅仅是侵权责任，不可抗力是绝大部分民事责任的免责事由。但对于某些特殊侵权行为类型来讲，不可抗力也不能免除侵权人的责任。

（七）正当防卫

正当防卫，是指为了保护国家利益、公共利益及本人或者他人的人身、财产和其他权益，免受正在进行的不法侵害，而采取的不超过必要限度的制止不法侵害的行为。面对正在进行的不法侵害，实施未超过必要限度的防卫行为具有正当性，被法律所允许。因而正当防卫人得以此为由免责。作为免责事由，正当防卫的实施需受如下两个方面的限制：

1. 法律不允许进行事前防卫，也不允许进行事后防卫。前者是指侵害行为尚未发生时，可能受到侵害的人所实施的防卫；后者是指侵害行为已经结束后，受害人所实施的防卫。

2. 防卫行为不得超过必要的限度。

【训练】甲男对乙女强行搂抱和亲吻，乙女反抗时将甲男的舌头咬伤。乙女是否构成正当防卫？

回答：否。该防卫行为未超出必要的限度，被法律所认可，乙女可以免责。

（八）紧急避险

紧急避险，是指为了避免自己或他人的生命、身体、自由以及财产上的急迫危险，不得已而实施的加害他人的行为。《民法典》总则编第182条规定："因紧急避险造成损害的，由引起险情发生的人承担民事责任。危险由自然原因引起的，紧急避险人不承担民事责任，可以给予适当补偿。紧急避险采取措施不当或者超过必要的限度，造成不应有的损害的，紧急避险人应当承担适当的民事责任。"面对急迫的危险，避险人没有其他选择，不得已采取加害他人的方法避免损害发生，因而可以免责。必要限度的认定规则，一般来讲，如果是为了保护人身权益而牺牲财产权益，可认为没有超过必要限度；如果是为了保护自己的人身权益而牺牲他人的人身权益，则很难讲没有超过必要限度；如果是为了保护财产权益而牺牲人身权益，则应当认定为超过了必要限度；如果为了保护自己的财产权益而牺牲他人的财产权益，则应当比较二者的价值，前者高则没有超过必要限度，后者高则超过了必要限度。

（九）紧急救助

《民法典》第184条规定："因自愿实施紧急救助行为造成受助人损害的，救助人不承担民事责任。"这一规定是为了弘扬社会主义价值观，鼓励在紧急情况下积极实施救助的行为。但是，《民法典》第184条并未区分故意、重大过失与一般过失的情形，故需要逐一分析。

1. 若行为人在实施救助的时候具有加害被救助人的故意，则该行为仅仅看似是救助行为，实则是加害行为，行为人不可据此免责。

2. 若行为人在实施救助行为时具有重大过失，救助人不得免责。紧急救助条款不应当鼓励在某些情况下不具备专业知识的人即便是基于善良愿望的"乱作为"。

3. 若行为人在实施救助行为时仅具有一般过失，则不承担民事责任。

（十）行使权利、执行职务

民事主体正常行使权利的行为不会产生侵权责任。比如，债务到期后债务人不履行债务，抵押权人可以依据正当程序对抵押物进行拍卖并对所得价款进行优先受偿。行使抵押权的行为并不会构成侵权责任。执行职务的行为，由于具有正当性，因此不会产生侵权责任。比如，法警依据法院生效的死刑判决对犯罪分子执行枪决，并不会构成对生命权的侵害。但该行为必须依照法定的权限和程序。若违反了法定的权限和程序，则会引起国家赔偿责任。

（十一）免责条款

当事人常常通过事先订立合同的方式订立免责条款，约定在一定情形下免除一方或双方的民事责任。免责条款免除的并非只有合同责任，也可能是侵权责任。因为充分尊重当事人意思自治的原因，民法通常情况下会认可免责条款的效力，行为人可依据免责条款免责。但出于对人身权益等的特殊保护，及防止严重违反诚实信用原则的行为出现等原因，《民法典》第506条规定："合同中的下列免责条款无效：①造成对方人身损害的；②因故意或者重大过失造成对方财产损失的。"这表明预先免除行为人侵害他人人身权益和基于故意和重大过失侵害他人财产权益的责任的约定无效。

第四节 多数人侵权责任

一、多数人侵权责任概述

多数人侵权，指的是因二人以上实施侵权行为，产生同一损害后果的侵权责任。从根本上讲，多数人侵权理论解决的是复数因果关系的认定问题，需要根据因果关系的认定结论在多个侵权人之间分配责任。

当实施侵权行为的民事主体是单一主体时，损害与原因力之间的关系是一因一果或一因多果，因果关系的证明并不困难。但是，当实施侵权行为的民事主体是二人以上，但对同一损害结果来说并未表现出原因力上的相互关系时，则属于分别侵权，只需要按照各加害人单独实施侵权行为的规则承担侵权责任即可，并不会适用多数人侵权的责任构成规则。比如，甲某一天将乙打伤，随后丙又摔坏了乙的一只手表。此时，甲和丙并未对乙造成同一损害。甲只需要为打伤乙负侵权责任，而丙也只需要为摔伤乙的手表负侵权责任。而当实施侵权行为的民事主体是二人以上，各加害人的行为对损害结果的发生皆有贡献，表现出原因力上的相互时，因果关系的证明明显要复杂得多，表现为多因一果甚至是多因多果。这种复杂的因果关系在现代社会的侵权行为当中极为常见。比如，机动车交通事故责任、医疗损害责任、环境污染和生态破坏责任等。

二、多数人侵权责任的形态

（一）共同加害行为

共同加害行为，是指多个行为人主观上具有意思联络，基于共同的故意实施的加害行为。因此，共同加害行为以"意思联络"与"共同故意"为必要构成要件。在这里，意思联络，是指两个或以上的侵权行为人彼此间所存在的侵权行为通谋；共同故意，则是指各侵权行为人均具有故意侵权的主观心态。需要注意的是，共同加害行为不包括共同的过失或故意加过失的情形。加害人共同过失和故意加过失的情形应当归入无意思联络的数人侵权行为的类型。

【训练】 比如甲、乙、丙三人共同密谋袭击他们的仇人丁。甲负责准备拦住丁，乙负责望风，丙负责对丁进行殴打。甲对乙构成何种侵权？

回答：共同加害侵权。

根据《民法典》第 1168 条的规定，当事人实施共同加害行为，需要对损害的后果承担连带责任。由此出发，共同加害行为是将多个加害人的加害行为整体化评价为一个加害行为，因此受害人只需要证明了各个加害人之间具有意思联络，和其中一个加害人的行为与损害之间具有因果关系，则就完成了证明全部加害人与损害之间具有因果关系的证明责任，而不需要去证明每个加害人的行为与损害都有因果关系。因为第 1168 条只要求"造成他人损害"，并不要求造成他人"同一损害"，所以上述之因果关系既包括责任成立的因果关系，也包括责任范围的因果关系。加害人不能以损害结果超出了自己的预见范围为由主张免除或减轻责任。连带责任大大减轻了受害人对共同加害行为的证明责任。

【训练】 西门庆、潘金莲和王媒婆害怕事情败露，共同密谋要谋害武大郎。西门庆提供了 500 克砒霜；潘金莲在为武大郎熬药的时候将砒霜下到了药里，并喂武大郎喝下；王媒婆负责把门放哨。武大郎喝下毒药后死亡。西门庆、潘金莲和王媒婆三人对武大郎的死亡在民事上需负什么责任？

回答：连带责任。

（二）教唆、帮助的侵权行为

教唆和帮助他人实施侵权行为，意味着教唆人和被教唆人在主观上是有意思联络的故意的状态，是一种典型的共同加害行为，是共同加害行为下的一种子类型。

《民法典》侵权责任编第 1169 条第 1 款规定："教唆、帮助他人实施侵权行为的，应当与行为人承担连带责任。"无论是教唆行为还是帮助行为，都需要主观上具有故意。基于过失的帮助他人实施了侵权行为并非此处的帮助行为，不适用连带责任，而是单独承担侵权责任。

【训练】 甲到 X 大学生宿舍去盗窃，向宿舍的门卫乙谎称自己是该学校的学生，由于房间钥匙丢失而无法进入。乙并未查验甲的身份证、学生证等信息就用备用钥匙将宿舍的门打开。甲得以成功窃得财物若干。

1. 乙是否构成帮助行为？

回答：否。乙不具有故意，仅具有过失。

2. 甲所造成的损失，责任如何承担？

回答：甲的行为构成侵权行为，需要对受害人承担全部的赔偿责任。作为乙的用人单位的 X 大学应对受害人在其过错程度内承担相应的赔偿责任，而无须和甲一起承担连带责任。

当被教唆人是无民事行为能力人或限制民事行为能力人时，教唆帮助者承担侵权责任。在此基础上，因为无民事行为能力人和限制民事行为能力人的监护人负有监护义务，所以当他们没有尽到相应的义务时，需要承担相应的责任。在这里，相应的责任指的是，当监护人与教唆人具有意思联络的故意时，承担连带责任；当监护人与教唆人没有意思联络时，在其过错程度内承担责任。

（三）共同危险行为

共同危险行为，是指多个行为人主观上不存在意思联络，各行为与损害结果之间是择一的因果关系的行为。所谓择一的因果关系，也称"替代因果关系"或"不确定的因果关系"，是指损害是由于多个行为人中的某一些或某些人的行为所致，但不能确定具体的侵权人的情形。

【训练】甲、乙、丙三人每人拿着一只酒瓶一起从 10 层楼的窗口往下扔，其中两只酒瓶掉在了地上，一只酒瓶将刚好从楼下经过的丁砸伤。丁无法确认究竟砸伤自己的酒瓶是甲、乙、丙三个人当中谁扔下来的，但是能够证明一定是三个人扔下来的酒瓶当中的一只。甲、乙、丙构成何种侵权行为？

回答：共同危险行为。

需要注意的是，共同危险行为可以是作为，也可以是不作为。比如，数人分别在河道上采砂且均未依法回填河道中形成的洼坑，致使下雨后形成多个积水坑，受害人在某坑中洗澡溺水而亡，现无法查明导致受害人死亡的坑是何人挖掘所致。此时，该数人应作为共同危险行为人承担责任。

《民法典》第 1170 条规定："二人以上实施危及他人人身、财产安全的行为，其中一人或者数人的行为造成他人损害，能够确定具体侵权人的，由侵权人承担责任；不能确定具体侵权人的，行为人承担连带责任。"由此可见，共同危险行为导致的损害，在因果关系不明确的情况下，为了保护受害人，将本应由原告证明的事实因果关系的责任转换给被告。[1] 如果各可能致害的行为人不能证明损害的发生与自己的行为之间没有因果关系，或不能证明具体的侵权人，那么各行为人需承担连带赔偿责任。

关于共同危险行为侵权责任的适用，需要注意如下两个问题：

1. 共同危险行为既适用于过错责任下的侵权行为，也适用于无过错责任下的特殊侵权行为。比如，甲在自家小区散步时，迎面被两只正在嬉戏的狗撞到摔伤。两只狗分别属于乙和丙。按照《民法典》侵权责任编第 1245 条的规定，饲养动物致人损害适用无过错责任。若无法查明撞伤甲的狗究竟是乙的狗还是丙的狗，则乙、丙二人对甲的损害承担连带责任。

2. 共同危险行为只适用于"不能确定具体的侵权人"的情形，而不适用于加害部分不明的

---

〔1〕　程啸：《侵权责任法》，法律出版社 2015 年版，第 242 页。

情形。只有前者，才属于共同危险行为。若加害人是明确的，不明确的是各个加害人所对应的加害部分，则不适用共同危险行为，而是依据《民法典》第1171条和第1172条确定该如何承担责任。

（四）无意思联络的数人侵权

无意思联络的数人侵权，是指没有意思联络的二个以上的侵权行为人，分别实施侵权行为，造成了他人同一损害的情形。在无意思联络的数人侵权情况下，由于各行为人之间没有意思联络，故其各自分别实施的行为所导致的损害，并非行为人主动追求的结果，而是各行为"碰巧"结合在了一起，造成了同一损害。

根据《民法典》侵权责任编第1171条和第1172条的规定，无意思联络的数人侵权所造成的损害只能是同一损害。所谓"同一损害"，既不是指仅给受害人造成了一个损害或造成同一性质的损害，也不意味着受害人遭受的损害是不可分割的，而是指各个分别实施侵权行为之人的行为均与受害人遭受的损害具有责任成立的因果关系，即每一个侵权人的侵权行为都对损害的发生具有原因力，他们的行为是损害的共同原因。[1]

【训练】甲和乙打猎，误以为丙是野生动物，遂不约而同分别对丙开枪。

1. 如果甲乙均打在了丙的左腿上，造成丙左腿受伤。甲、乙是否造成了同一损害？

回答：是。

2. 如果甲打在了丙的左腿上，乙打在了丙的右腿上。甲、乙是否造成了同一损害？

回答：否。对每条腿所造成的损害不是同一损害，甲、乙按照分别侵权各自承担单独的侵权责任。

3. 如果甲打在了丙的左腿上，乙打在了丙的右腿上，丙由于两条腿受伤而同时血流不止，后死于失血过多。甲、乙是否造成了同一损害？

回答：是。

无意思联络的数人侵权，根据因果关系的结构不同，可以分为竞合的因果关系与结合的因果关系两种情形：

1. 竞合的因果关系。竞合的因果关系，是指两个或以上没有意思联络的行为人，分别实施侵权行为给他人造成同一损害，即便其中的一个行为单独发生，其他行为没有发生，也足以造成同一损害的情形。根据《民法典》第1171条之规定，无意思联络的数人因竞合的因果关系导致同一损害的，各行为人承担连带责任。例如，甲、乙二人分别在林中打猎，都误将自然人丙误认为野生动物，遂同时开枪，都击中了丙的头部，造成丙死亡。若甲不开枪，乙开枪同样会致丙死亡；若乙不开枪，甲开枪也同样会致丙死亡。对于丙的死亡结果来说，甲和乙的行为构成因果关系竞合，甲、乙二人应负连带责任。

【训练】西门庆、潘金莲和王媒婆害怕事情败露，都想毒害武大郎。三人在事前没有商量且互不知情的前提下分别向武大郎的药中投放了砒霜。事后查明，三人所投放的剂量均达单独

---

[1] 程啸：《侵权责任法》，法律出版社2015年版，第339页。

致人死亡的剂量。武大郎喝下毒药后死亡。

1. 西门庆、潘金莲和王媒婆三人的行为性质如何界定？

回答：无意思联络数人侵权的因果关系竞合。

2. 西门庆、潘金莲和王媒婆三人对武大郎的死亡在民事上需负什么责任？

回答：连带责任。

2. 结合的因果关系。无意思联络的数人侵权的结合的因果关系，进而分为共同的因果关系与修正的因果关系两种情形：

（1）共同的因果关系。共同的因果关系，是指多个行为人分别实施侵权行为给他人造成同一损害，其中任何一个行为单独发生都不足以造成损害，损害的发生是多个行为相互结合的后果。例如，独立撰稿人甲写了一篇新闻报道，通过虚构事实的方式对乙进行诽谤。甲将该文章向报社 A 进行投稿，A 在没有对情况进行核实的前提下刊发了此篇文章，使乙的名誉权遭受侵害。若没有甲虚构事实诽谤的行为，乙的名誉权不会遭受侵害；若 A 尽到了审查义务，乙的名誉权也不会遭受侵害。乙名誉权遭受侵害是甲和 A 的行为相互结合的结果，甲和 A 的行为构成共同的因果关系。

【训练】西门庆、潘金莲和王媒婆害怕事情败露，都想毒害武大郎。三人在事前没有商量且互不知情的前提下分别向武大郎的药中投放了砒霜。事后查明，三人所投放的剂量单独都不足以致人死亡。但三人所投放的砒霜加在一起刚好达到致人死亡的剂量。武大郎喝下毒药后死亡。

1. 西门庆、潘金莲和王媒婆三人的行为，性质如何确定？

回答：无意思联络的数人侵权之共同的因果关系。

2. 西门庆、潘金莲和王媒婆三人对武大郎的死亡在民事上需负什么责任？

回答：按份责任。

（2）修正的因果关系。修补的因果关系，是指多个无意思联络的侵权行为依次发生，在后发生的行为改变了在先发生的行为所造成的后果。例如，甲驾驶摩托车不慎将乙撞伤，乙摔倒后被另一辆飞驰而过的卡车碾压致死。若仅有甲将乙撞到的行为，则乙不会死亡。若没有卡车的碾压行为，乙的损害结果也仅仅是受伤而不至于死亡。卡车碾压乙的行为改变了摩托车撞到乙本来的损害结果，构成了修补的因果关系。

根据《民法典》第 1172 条之规定，无意思联络的数人因结合的因果关系导致同一损害的，各行为人承担按份责任，即能够确定责任大小的，各自承担相应的责任；难以确定责任大小的，平均承担责任。

【训练】甲驾驶机动车正常行驶，对面开过来乙驾驶的机动车。由于乙属于醉酒驾驶，导致其所驾驶的机动车在对向车道上逆向行驶。甲为了躲避乙，向右打方向盘。不料路旁有一深坑。此深坑为丙所挖。丙挖此深坑本是为了修缮该处地下设施所采取的正常施工作业，但在施工的过程中并未按照要求加设任何必要的防护措施。甲车在深坑内翻倒，甲受伤。

1. 乙和丙的行为性质，如何确定？

回答：无意思联络的数人侵权之修正的因果关系。

2. 乙和丙应当承担何种民事责任？

回答：按份责任。

第五节 损害赔偿责任

一、损害赔偿请求权与绝对权请求权

在我国民法上，侵权责任包括了侵害绝对权或应受法律保护之利益的所有后果，类型繁多。在此基础上，从受害人追究致害人侵权责任的权利性质角度，其权利可以分为两大类，即损害赔偿请求权与绝对权请求权：

（一）损害赔偿请求权

损害赔偿请求权，是指侵权行为给被侵权人造成了损害，被侵权人有权请求侵权人对该损害进行赔偿。该损害包括财产上的损害，也包括人身上的损害。损害赔偿遵循完全赔偿原则和得利禁止原则，以求得对受害人全部损害进行填补，回复到如果没有遭受侵害所应处的状态。

损害赔偿有恢复原状和金钱赔偿两种类型。若充分体现完全赔偿原则，则除非法律另有规定或当事人之间另有约定，恢复原状应当具有优先适用的地位，若无法恢复原状，才按照实际损失进行金钱赔偿。进而，修理、重做、更换等都是特定损害情形下恢复原状的具体表现形式。

（二）绝对权请求权

绝对权请求权，是指在绝对权受到侵害，或有受到侵害之危险时，权利人所享有的、恢复其绝对权圆满状态的权利，如停止侵害、返还财产、排除妨害、消除危险、赔礼道歉、恢复名誉、消除影响等权利。绝对权请求权，是绝对权的消极权能的体现，因而需以绝对权虽遭受侵害或有遭受侵害的危险，但绝对权依然存续为前提。

尽管损害赔偿的后果与绝对权请求权的后果，在我国民法中均被称为侵权责任，但是，其侵权责任法律关系的性质，以及受害人追究致害人侵权责任的请求权性质，却截然不同。损害赔偿法律关系为债权债务关系，受害人的损害赔偿请求权为该债之关系中的债权请求权，致害人的损害赔偿责任为该债之关系中的债务。此外，损害赔偿请求权的主张，需要注意归责原则问题，在过错责任下，需以致害人具有过错为条件。比较而言，绝对权请求权并不具有债权性质，而是物权请求权、人格权请求权或知识产权请求权，是绝对权所派生出来的请求权。绝对权请求权的主张，不考虑归责原则问题，不以致害人的过错为条件。

二、财产损害赔偿

侵害他人人身权益或财产权益都可能造成财产损失，进而都会产生财产损害赔偿的法律后果。因此，财产损害赔偿可分为人身伤亡的损害赔偿、侵害其他人身权益的损害赔偿和侵害财产权益的损害赔偿。

（一）人身伤亡的损害赔偿

1. 人身伤亡损害赔偿的范围。根据《民法典》第1179条之规定，侵害他人生命权、身体权、健康权的，所赔偿的范围可以分为所受损害和所失利益两个部分。所受损害包括医疗费、护理费、交通费、营养费、住院伙食补助费、其他为治疗和康复支出的合理费用、辅助器具费以及丧葬费；所失利益包括因误工减少的收入、残疾赔偿金及死亡赔偿金。残疾赔偿金所赔偿的是被侵权人因致残所导致的劳动能力的丧失进而减少的预期收入。

2. 死亡赔偿金。《最高人民法院关于审理人身损害赔偿案件适用法律若干问题的解释》（以下简称《人身损害赔偿司法解释》）第15条规定："死亡赔偿金按照受诉法院所在地上一年度城镇居民人均可支配收入或者农村居民人均纯收入标准，按20年计算。但60周岁以上的，年龄每增加1岁减少1年；75周岁以上的，按5年计算。"由此可见，死亡赔偿金，是指因侵权行为致人死亡，致害人所应向死者近亲属赔偿的、因死者死亡而丧失的财产收入。死亡赔偿金的性质，有扶养丧失说和继承丧失说两种学说。扶养丧失说认为，如果受害人没有因被侵权而死亡，那么会因对某些人负有扶养义务而向其供给生活费用，死亡赔偿金所赔偿的是这些人因受害人死亡而丧失的该部分生活来源。继承丧失说认为，如果受害人没有因被侵权而死亡，在未来可以不断地获得收入，而这些收入作为一种财产，可以通过法定继承的方式由继承人获得，死亡赔偿金所赔偿的是继承人所丧失的这部分本可以继承的财产。

由前述司法解释关于死亡赔偿金的确定方式可知，根据死者属于城镇居民或农村居民、死者年龄等不同因素，死亡赔偿金的数额各自不同。在此基础上，《民法典》第1180条规定："因同一侵权行为造成多人死亡的，可以以相同数额确定死亡赔偿金。"例如，一列火车出轨侧翻导致大量人员伤亡，若不同赔偿权利人可获得的死亡赔偿金数额不同，则赔偿权利人之间难免会互相攀比，由此引发矛盾。

需要指出的是，针对自然人的生命进行"定价"的行为本身就是对生命的不尊重。在被侵权人死亡的情况下，死亡赔偿金从来都不是，也不可能是对生命的赔偿，而仅是对被侵权人近亲属所遭受的经济上的损失的赔偿。

（二）侵害其他人身权益的损害赔偿

《民法典》第1182条规定："侵害他人人身权益造成财产损失的，按照被侵权人因此受到的损失或者侵权人因此获得的利益赔偿；被侵权人因此受到的损失以及侵权人因此获得的利益难以确定，被侵权人和侵权人就赔偿数额协商不一致，向人民法院提起诉讼的，由人民法院根据实际情况确定赔偿数额。"

一般说来，只有能够被商业化利用的人身权益遭受侵害才有可能产生财产损失。因此，《民法典》第1182条主要规范的是侵害隐私权、名誉权、姓名权、名称权、肖像权等人身权益造成的财产损失。按照该条的规定，该部分财产损失可以按照实际发生的损失进行计算，也可以按照侵权人获得的利益进行计算，还可以根据实际情况予以确定。其中，按照侵权人获得的利益进行赔偿，是指侵权行为实施后，被侵权人的损失很可能无法证明甚至并未遭受损失，但侵权人却因此获得了一定的利益，则侵权人应将实际获得的利益予以返还。本质上讲，获得的利益的返还是权益侵害型不当得利的返还，而非侵权损害赔偿。

【训练】A公司擅自利用中央电视台著名主持人甲的肖像作为广告推销其产品，侵害了甲的肖像权。但甲很难证明因肖像权被侵害遭受了多少损失，因为根据《中国广播电视播音员主持人职业道德准则》第31条的规定，主持人不得从事广告和其他经营活动，也不得将自己的形象用于任何带有商业目的的文章、图片及音像制品中。甲能否请求A公司承担财产损害赔偿责任？

回答：可以。根据A公司如果聘请知名度、广告宣传力度与甲大致相当的著名影星乙所需要支付的费用认定A的获利情况，因为A因此侵权行为省下了这笔费用。

（三）侵害财产权益的损害赔偿

《民法典》侵权责任编第1184条规定："侵害他人财产的，财产损失按照损失发生时的市场价格或者其他合理方式计算。"由此出发，需要说明如下几个问题：

1. 侵害他人财产权益所产生的财产损失，包含所受损害与所失利益。所受损害，是指被侵权人积极财产的减少或消极财产的增加；所失利益，是指被侵权人本应获得而无法获得的利益。

【训练】甲将乙的一辆机动车撞毁，该车在修复的过程中，乙支付修理费用3000元且导致在二手车交易市场上，该车交易价格存在大幅度的贬损。此外，乙由于缺少修车的资金不得不向丙借款3000元，并需要支付一定的利息。

1. 3000元修理费和车辆本身价格的贬损，性质是何种财产损失？

回答：为积极财产的减少，属于所受损害。

2. 乙的借款本息，性质是何种财产损失？

回答：为消极财产的增加，也属于所受损害。

2. 按照市场价格计算损失，是指一般应当以客观价值作为损害的衡量方法，即被损害的财产的市场出卖价，即为损失的数额。损失不得以被侵权人个人主观上的喜好或感情上的价值为依据。比如，学法律的甲拥有一本王泽鉴教授亲笔签名的《侵权行为》一书，视为珍宝。一日该书被乙烧毁。尽管在作为法科生的甲的眼里，该书极具价值，但就损害赔偿而言，只能通过该书的客观价值确定损失数额。

【训练】甲将乙的一辆已经行驶了10万公里的机动车烧毁，该车在二手车市场上的价格为20万元。

1. 甲须赔偿乙多少钱？

回答：20万元。

2. 若乙在该车被烧毁的前一天，刚刚和丙签订了二手车买卖合同，约定丙须支付的价格为25万元，甲须赔偿乙多少钱？

回答：25万元。

3. 其他合理方式，是指不存在市场价格时，一般以鉴定、相似物品估算等方式确定损失。比如，甲将乙的一个古董花瓶打碎，毁损严重，无法修复。该古董花瓶从未在拍卖市场上流通，因而不存在市场价格，但可以参照同一时期、同一种类、相似品相的其他古董花瓶的市场价格确定损失。

三、精神损害赔偿

精神损害赔偿，又称精神抚慰金，属非财产损害赔偿。在我国民法中，只有自然人才有权主张精神损害赔偿，法人虽然可以享有人格权，但并不具有精神利益，不会感受到精神痛苦，故无权主张精神损害赔偿。

（一）精神损害赔偿责任的要件

1. 行为要件。根据《民法典》第1183条之规定，产生精神损害赔偿的侵权行为有两种：

（1）侵害自然人人身权益，即侵害自然人的人格权益或身份权益。例如，子女被他人拐卖的，父母即可基于身份权益遭受损害，对拐卖者主张精神损害赔偿。因人身权益侵权导致的精神损害赔偿责任，不以侵权人的故意或重大过失为条件，一般过失也可以产生精神损害赔偿责任。

侵害死者的姓名、肖像、名誉、荣誉、隐私、遗体等人格利益的情形，为死者近亲属人身权益遭受损害的特殊表现形式，故而死者的近亲属有权请求致害人承担精神损害赔偿责任。根据《民法典》第994条之规定，可以主张精神损害赔偿责任的近亲属，存在两个顺位的区分：首先，死者的配偶、子女、父母，有权依法请求行为人承担精神损害赔偿责任；死者没有配偶、子女且父母已经死亡的，其他近亲属有权依法请求行为人承担精神损害赔偿责任。

（2）因故意或重大过失侵害自然人具有人身意义的特定物。其中，"具有人身意义的特定物"，是指对于物的所有权人具有重大人身象征、纪念意义的物品。侵害他人具有人身意义的特定物，不仅会导致财产损害赔偿责任，而且会导致精神损害赔偿责任。需要注意的是，财产损害赔偿责任的承担，不以致害人具有故意或重大过失为条件，一般过失也可以产生财产损害赔偿责任。但是，侵害他人具有人身意义特定物的精神损害赔偿责任的产生，需以致害人具有故意或重大过失为条件，一般过失不会产生具有人身意义特定物侵权的精神损害赔偿责任。

【训练】请回答如下问题：

1. 甲侵害乙的身体权和健康权，造成乙终身残疾，乙能否主张精神损害赔偿？

回答：可以。甲侵害的是乙的人格权，乙可请求甲对其进行精神损害赔偿。

2. 甲将自己保存多年的结婚照的唯一一张底片送往A影楼冲洗打印，打算做成相框挂在家里，A影楼的工作人员由于重大工作疏忽将该底片丢失，甲能否主张精神损害赔偿？

回答：可以。A影楼侵害的即为甲具有人身意义的特定物，甲可请求A影楼对其进行精神损害赔偿。

2. 后果要件。根据《民法典》第1183条之规定，主张精神损害赔偿的后果要件是"造成严重精神损害"，即严重的精神痛苦，较轻的精神损害无法获得精神损害赔偿。在我国民法上，严重精神损害的判断，采取客观主义标准，即一般人在本案情况下，会导致严重的精神痛苦的，即可认定本案特定的受害人具有严重的精神痛苦。

在构成以上要件的情况下，致害人精神损害赔偿的数额，应当综合侵权人的过错程度，侵权行为的具体方式、发生的场合，所造成的后果的严重程度，侵权人的获利情况，责任人的经济能力以及受诉法院所在地的平均生活水平等因素综合考量。

（二）精神损害赔偿责任的功能

精神损害赔偿制度的功能在于补偿和抚慰，而非惩罚。我国在刑事附带民事类型的案件中，一直都否认被害人及其近亲属的精神损害赔偿请求权，因为我国相关司法解释一直将精神损害赔偿制度的功能定位于惩罚，认为罪犯已经受到了刑事责任的惩罚，因此不可再受一次惩罚。《最高人民法院关于适用〈中华人民共和国刑事诉讼法〉的解释》第175条第2款规定："因受到犯罪侵犯，提起附带民事诉讼或者单独提起民事诉讼要求赔偿精神损失的，人民法院一般不予受理。"刑事附带民事诉讼中受害人及其近亲属的精神损害赔偿请求权在立法层面上始终未获承认，这是现行法上非常严重的制度缺陷。事实上，只要能够清醒地认识到精神损害赔偿的功能并非是惩罚侵权人，而是旨在填补受害人及其近亲属所遭受的精神损害，抚慰其精神上的痛苦，与刑事责任的惩罚功能并不冲突，也并非重复，就会避免这一谬误。

四、损害赔偿责任的承担

（一）损益相抵与过失相抵

当损害赔偿责任成立后，责任人并非在所有情况下都需要对全部损害负责。可减轻责任人损害赔偿责任的事由有二，即损益相抵和过失相抵：

1. 损益相抵。损益相抵，是基于得利禁止原则得出的对损害赔偿范围进行确定的方法。我国司法实务界一般采取所谓"净损害"的计算方法，事实上就是将受害人因受到损害而减少的支出从损害当中予以扣除。在社会生活中，比较典型的需要从损害中予以扣除的是受害人因侵权行为所获得的保险赔偿金。若被侵权人所遭受的财产损害已经由保险赔偿金填补了一部分或者全部，则该部分财产保险赔偿金应当从侵权责任人损害赔偿的范围内扣除。

【训练】甲将乙用于营运的机动车撞毁，乙花费五天时间用于修车，因此减少因营运而可获得的收入5000元。经查，乙也因此没有支出必要的汽油费、停车费以及过路费等费用1000元。甲对乙的损害赔偿数额是多少钱？

回答：4000元。

需要注意的是，损益相抵规则，只能适用于财产侵权所导致的损害赔偿问题，人身侵权所导致的财产损害赔偿，不得适用损益相抵规则。例如，《保险法》第46条规定："被保险人因第三者的行为而发生死亡、伤残或者疾病等保险事故的，保险人向被保险人或者受益人给付保险金后，不享有向第三者追偿的权利，但被保险人或者受益人仍有权向第三者请求赔偿。"

2. 过失相抵。过失相抵，又称与有过失或受害人过错，是指损害的发生或扩大有受害人自身过错的参与。《民法典》侵权责任编第1173条规定："被侵权人对同一损害的发生或者扩大有过错的，可以减轻侵权人的责任。"受害人过错之所以能够使行为人减轻责任，是因为该情况下损害的发生或扩大是由受害人的行为和行为人的行为共同作用下导致的，受害人的行为与行为人的行为对导致损害的原因力皆有贡献，行为人的行为并非受害人损害发生或扩大的唯一原因。在过失相抵规则的适用上，受害人过错可以是故意，也可以是过失。过失相抵不仅可以适用于过错责任，也适用于无过错责任。

【训练】甲一边玩手机一边过马路，没有对马路两侧的来往车辆进行观察。乙刚好超速驾驶一辆机动车经过，与甲发生了碰撞，造成甲受伤。乙是否应承担甲的全部损害？

回答：否。如果乙没有违反交通法规超速驾驶，就会及时发现甲并采取必要的制动措施，就可以避免损害结果发生；同时如果甲有仔细观察周围交通状况，也可以避开机动车，不会发生损害结果。甲的损害是在甲乙双方都存在过错的情况下，由双方的行为叠加造成的，因此乙并不需要承担全部责任。

（二）损害赔偿金的支付方式

损害赔偿金的数额确定以后，赔偿金的支付方式有一次性支付和分期支付两种方式，且各有其优缺点。《民法典》第1187条规定："损害发生后，当事人可以协商赔偿费用的支付方式。协商不一致的，赔偿费用应当一次性支付；一次性支付确有困难的，可以分期支付，但是被侵权人有权请求提供相应的担保。"据此，当事人就损害赔偿金的支付方式无法协商达成一致时，以一次性支付为原则，以分期支付为例外。我国司法实务当中一直以来也普遍采纳和接受一次性的支付方式。

（三）损害赔偿请求权的继受

根据《民法典》第1181条之规定，损害赔偿请求权的继受，分为法人的损害赔偿请求权的继受与自然人的损害赔偿请求权的继受两种情形：

1. 法人的损害赔偿请求权的继受。法人的损害赔偿请求权的继受，是指法人的民事权益遭受损害，对致害人享有损害赔偿请求权的情况下，若该法人发生合并、分立的，其原先所享有的损害赔偿请求权，由新的法人继续享有的情形。显而易见，法人的损害赔偿请求权的继受规则，是《民法典》第67条"法人合并的，其权利和义务由合并后的法人享有和承担。法人分立的，其权利和义务由分立后的法人享有连带债权，承担连带债务，但是债权人和债务人另有约定的除外"之规定，在侵权责任编中的自然延伸。

2. 自然人的损害赔偿请求权的继受。自然人的损害赔偿请求权的继受，是指自然人的民事权益遭受损害，对致害人享有损害赔偿请求权的情况下，若该自然人死亡的，其原先所享有的损害赔偿请求权，由其近亲属继续享有的情形。在这里，自然人的损害赔偿请求权继受的法律依据，在于继承制度，即死者生前所享有的损害赔偿请求权，性质为死者的遗产，故应由享有继承权的近亲属依法继承。因此，继续享有死者原先所享有的损害赔偿请求权的"近亲属"，应当限定为死者的继承人。正是由于近亲属所享有的损害赔偿请求权系基于继承而来，故近亲属主张该请求权所得的损害赔偿金，性质为死者的遗产，应依据继承制度加以处理。

【训练】甲的汽车被乙砸毁，乙应赔偿甲10万元。现甲获得赔偿之前死亡。甲生前曾订立遗嘱，所有遗产均给长子，次子不得继承任何财产。经查，该遗嘱有效。

1. 谁有权请求乙支付赔偿金10万元？

回答：甲的长子。

2. 如果乙支付了 10 万元赔偿金，归属于谁？

回答：甲的长子。

3. 如果甲生前欠朋友丙 6 万元，尚未偿还。乙所支付的 10 万元赔偿金，是否应用于偿还丙的债权？

回答：是。

第十六章
特殊侵权责任

第一节　监护人责任

一、监护人责任概述

（一）监护人责任的概念和特征

监护人责任，指监护人因被监护人致人损害而导致的侵权责任。监护人责任具有如下特征：

1. 监护人责任以被监护人实施了不法的侵权行为为前提。监护人承担责任的前提是被监护人实施了不法侵害行为。如果被监护人并未实施不法侵害行为，则没有监护人责任的问题。

2. 监护人责任是替代责任。即监护人并非是为自己的直接侵权行为承担责任，而是对被监护人致人损害的行为承担赔偿责任。因被监护人不能理解自己行为的后果及影响，缺乏审慎地处理事务的能力，因而当被监护人给他人造成损害时，要由他们的监护人对受害人的损失承担赔偿责任。

3. 监护人责任是补充责任。即在被监护人致人损害的情况下，只有在被监护人没有财产，或财产不足以承担损害赔偿责任时，监护人方才承担责任。

（二）监护人责任的归责原则

根据我国《民法典》的规定，我国立法对监护人责任的归责原则，适用无过错责任原则。即监护人责任之承担，不问监护人过错之有无。只不过在监护人能够举证证明其尽到监护职责的情况下，可以减轻其责任。换言之，"尽到监护职责"应视为监护人无过错责任的减责事由。

我国立法对监护人责任采取无过错责任原则的立场，一方面是保护受害人的需要。无过错责任可以避免受害人就监护人的过错举证，强化了对受害人的保护。另一方面是尊重我国既有立法的成果。我国《中华人民共和国民法通则》（已失效）和《中华人民共和国侵权责任法》（已失效）均确立了监护人责任的无过错责任原则。从法律稳定性的角度出发，应当尊重既有的立法，没有充分且正当的理由不宜改变。

二、监护人责任的承担

（一）监护人的范围

根据《民法典》之规定，承担监护人职责的近亲属、其他个人及有关组织，均为监护人。在被监护人致人损害的情况下，均需承担监护人责任。在此基础上，需要注意如下两个特殊问题：

1. 监护人不明或数个监护人时的责任主体。被监护人造成他人损害的，有明确的监护人时，由该监护人承担民事责任；监护人不明确的，由顺序在前的有监护能力的人承担侵权责任。如果同一顺序有数个监护人的，实务做法是由与被监护人共同生活的监护人承担侵权责任。如果与被监护人共同生活的监护人为数人，则由其共同承担连带责任。

2. 父母离婚时的监护责任主体。夫妻离婚后，未成年子女侵害他人权益的，同该子女共同生活的一方应当承担侵权责任；如果独立承担侵权责任确有困难的，由未与该子女共同生活的一方共同承担连带侵权责任。

（二）监护人责任承担的规则

1. 被监护人致人损害时，被监护人有财产的，优先从本人财产中支付赔偿费用。如果被监护人有财产，且从其财产中支付赔偿费用足以实现对受害人的完全赔偿，就不必要求监护人承担责任。

2. 被监护人没有财产，或财产不足以承担全部民事责任的，被监护人承担补充赔偿责任。在需要被监护人承担补充赔偿责任的情况下，监护人尽到监护职责的，可以减轻其侵权责任。立法之所以这样规定，一是可以缓和比较严苛的无过错责任；二是可以指引监护人尽到其注意义务，尽力避免被监护人致人损害的情况发生。

【训练】甲之子小甲（12 岁）用钥匙在乙的汽车门上写字，致乙损失 2000 元。

1. 设，小甲继承其祖父遗产 20 万元。谁对乙的损害承担赔偿责任？

回答：小甲。因小甲的财产足以承担赔偿责任，故无需甲承担监护人责任。

2. 设，小甲拥有压岁钱 500 元。

（1）谁对乙的损害承担赔偿责任？

回答：小甲的财产先行赔偿。不足的 1500 元部分，甲承担赔偿责任。

（2）经查，对小甲的致害行为，甲尽到了监护职责。乙的损失如何赔偿？

回答：小甲先行赔偿。不足的 1500 元部分，甲可以减轻赔偿责任。

第二节 用人者责任

一、用人者责任概述

（一）用人者责任的概念和特征

侵权法上的用人者责任有狭义和广义之分。狭义的用人者责任，是指用人者因执行职务行为造成第三人损害，所引起的对第三人的损害赔偿责任。广义的用人者责任除包含狭义的用人者责任外，还包括被使用者因在执行工作任务或提供劳务过程中自身遭受损害时用人者承担的责任。其中，用人者，也称为雇主，是指任用被使用者（也称为雇员），并能通过其指示使被使用者提供工作劳务的人。

在我国民法中，用人者分为两类：一是用人单位，二是个人雇主。上述区分的意义在于，不同的用人者是否应纳入工伤保险体系有所不同，因而在雇员发生工伤情况下的责任承担方式有所不同。用人者责任具有如下特征：

1. 用人者责任都发生在劳动过程中。用人单位责任发生在工作人员执行工作任务的过程中，个人劳务责任发生在提供劳务一方提供劳务的过程中。

2. 行为人与责任人相脱离。在造成损害的过程中，直接行为人是工作人员或者提供劳务一方，而承担责任的是支配他们劳动力的用人单位或者接受劳务一方。故而此种责任也被称为替代责任。

（二）用人者责任与定作人责任的区分

定作人责任，是指承揽人在完成工作过程中造成第三人损害或者自己损害，应由承揽人承担侵权责任，定作人原则上不负责任，但是定作人在其定作、指示或选任上有过失的情况下，应当承担侵权责任。用人者责任与定作人责任的区别在于如下方面：

1. 基础合同关系性质不同。定作人责任以当事人之间的承揽合同为基础，而用人者责任则是以当事人之间的用工合同（劳动合同、雇佣合同）为基础。承揽合同与用工合同的区别在于：

（1）合同性质不同。用工合同是纯粹的提供劳务的合同，存在用工者与被使用者之间的命令与服从的关系；承揽合同则是完成工作、交付成果的合同，承揽人的工作性质受应交付成果的约束，故其工作具有独立性与自主性，在内容上不存在命令与服从的关系。

（2）提供劳动工具的人不同。在用工关系中，由用人者提供劳动工具；而在承揽关系中，由承揽人提供劳动工具。

（3）合同履行方式不同。雇佣合同时间较长，具有连续性。承揽合同是一次性合同，时间较短，且不具有连续性。

2. 适用的归责原则不同。在承揽关系中，基于承揽人工作的独立自主性，原则上定作人不对承揽人的行为负责。在此基础上，定作人仅基于自己的过错而承担责任。因此，定作人责任属于普通的过错责任。在用工关系中，用人者责任适用的是无过错归责原则，只要被使用者因执行职务或提供劳务给他人造成损害的，无论用人者是否有过错，均要承担责任。

二、用人者责任的承担

（一）被使用者致人损害的赔偿责任

被使用者致人损害的赔偿责任，是指在用工关系中，被使用者为完成用人者的工作，致第三人损害，用人者所应承担的侵权损害赔偿责任。

1. 用人者责任的归责原则。在被使用者致第三人损害的情况下，我国民法对用人者适用无过错责任原则。《民法典》第1191条第1款、1192条第1款分别规定："用人单位的工作人员因执行工作任务造成他人损害的，由用人单位承担侵权责任""个人之间形成劳务关系，提供劳务一方因劳务造成他人损害的，由接受劳务一方承担侵权责任"。在上述规定中，用人者责任的承担，并未以过错为前提。用人者承担无过错责任的规定既符合民法理论，又适应经济发展需要，也有利于切实保护受害人。

2. 用人者责任的要件。

（1）加害行为人是被使用者。用人者责任中的被使用者，是指受用人者的指挥、安排，向用人者提供工作劳务的人。被使用者的范围包括用人单位的工作人员、劳务派遣中被派遣的工作人员，以及个人劳务关系中提供劳务的一方。

（2）被使用者因执行工作任务或提供劳务造成他人损害。被使用者因执行工作任务或提供劳务造成他人损害，是区分加害行为是被使用人职务行为还是个人行为的关键。从事雇佣活动，是指从事雇主授权或者指示范围内的生产经营活动或者其他劳务活动。雇员的行为超出授权范围，但其表现形式是履行职务或者与履行职务有内在联系的，应当认定为从事雇佣活动。据此，判断加害行为是否属于执行工作任务或提供劳务的行为，应当按照以下规则处理：

第一，被使用人按照用人者的授权或指示所从事的行为，属于执行工作任务或提供劳务的行为。由此导致第三人损害的，用人者承担替代责任。

第二，被使用者超出用人者的授权或指示范围实施的行为，如果该行为在客观上具有执行工作任务或提供劳务的外观的，仍然为执行工作任务或提供劳务的行为。由此导致第三人损害的，用人者承担替代责任。

【训练】甲公司聘任临时工乙做保洁。门卫丙因急事临时外出，遂让乙穿上门卫制服临时顶班。乙趁充当门卫之机，故意刁难来甲公司办事的丁，与丁发生口角，将丁打伤。甲公司是否应对丁的损害承担赔偿责任？

回答：是。尽管乙并无担任门卫的职责，且主观动机是故意刁难丁，但乙具有职务行为的全部外观，故构成执行职务的行为，甲公司需承担赔偿责任。

需要指出的是，在被使用人的加害行为构成执行工作任务或提供劳务的行为时，受害人的损害由用工者赔偿，被使用人对受害人并无责任。但是，如果被使用人对损害的发生具有故意或重大过失的，用人者承担赔偿责任后，有权向被使用人追偿。

【训练】甲公司聘任临时工乙做保洁。门卫丙因急事临时外出，遂让乙穿上门卫制服临时顶班。乙趁充当门卫之机，故意刁难来甲公司办事的丁，与丁发生口角，将丁打伤。甲公司对丁承担损害赔偿责任后，可否向乙追偿？

回答：可以。

3. 劳务派遣中的被使用人致人损害责任。在劳务派遣的情况下，因被派遣的工作人员系完成接受派遣单位的工作，故其因执行工作任务造成他人损害的，接受劳务派遣单位承担用人者责任。在此基础上，劳务派遣单位具有过错的，需就其过错承担相应责任，如派遣单位未对被派遣的工作人员进行必要的培训、教育，未对不能胜任工作的工作人员及时更换等。

（二）被使用者遭受损害的赔偿责任

用人单位的工作人员或个人之间形成的劳务关系的提供劳务方在执行工作任务或提供劳务的过程中，既可能给他人造成损害，也可能使自己遭受损害，即发生工伤。在我国民法中，工伤责任的承担方式，因用人者是单位还是个人而有所不同。

1. 用人单位的工作人员遭受损害的赔偿责任。

（1）原则上，用人单位工作人员执行工作任务遭受损害的，因用人单位依法必须参加工伤保险统筹，法律强制用人单位为其单位工作人员缴纳工伤保险费，故受害人只能按照《工伤保险条例》的规定获得工伤保险赔偿，而不得追究用人单位的损害赔偿责任。

（2）因用人单位以外的第三人侵权造成被使用者人身损害的，被使用者有权请求第三人承担民事赔偿责任，也有权按照《工伤保险条例》的规定获得救济。

2. 个人用工的雇员遭受损害的赔偿责任。

（1）由于个人之间形成的劳务关系不属于依法应当参加工伤保险统筹的情形，无法通过保险机制来分散工伤责任的风险，故个人用工的雇员提供劳务遭受损害的，原则上应当由用人者与被使用者根据各自过错，分担责任。

（2）提供劳务期间，因第三人的行为造成提供劳务一方损害的，提供劳务一方有权请求第三人承担侵权责任，也有权请求接受劳务一方给予补偿。接受劳务一方补偿后，可以向第三人追偿。

【训练】甲雇佣保姆乙买菜做饭。

1. 设，乙在做饭时把手烫伤，造成损失 100 元。甲是否应承担损害赔偿责任？

回答：甲有过错的情况下，需要承担相应责任。否则，甲无需承担过错责任。

2. 设，乙去买菜，被菜贩丙打伤。乙的损失如何赔偿？

回答：乙可以请求丙赔偿，也可以请求甲予以补偿。甲向乙补偿后，有权向丙追偿。

第三节　网络侵权责任

一、网络侵权责任概述

（一）网络侵权责任的概念、特征

网络侵权责任，是指在网络用户利用互联网实施侵害他人民事权益的行为的情况下，网络用户与网络服务提供者对受害人所应承担的侵权责任。网络侵权的责任有以下特征：

1. 网络侵权行为的损害后果往往比较严重。一方面损害后果可以在世界范围内迅速传播，另一方面，损害后果无法完全停止侵害和消除影响。

2. 网络侵权的归责原则适用过错归责原则。网络侵权的主观过错主要是故意，多数表现为明知。

3. 网络侵权的责任主体应当包括网络中的各方当事人，诸如网络用户、网络服务提供商（ISP）、互联网数据中心（IDC）、电子认证机构（CA）、软件和硬件提供商、配送企业、电子银行，也包括特殊的侵权主体，即黑客及病毒传播者。

（二）网络侵权责任的类型

1. 单独责任。

（1）网络用户的单独责任。即网络用户利用网络单独从事侵害他人民事权益的行为时，依法应独自承担的责任。

（2）网络服务提供者的单独责任。即网络服务提供者利用网络单独从事侵害他人民事权益的行为时，依法应独自承担的责任。例如，网络服务提供者利用提供网络服务之便侵害他人名誉、隐私，或者利用客户的个人信息。

（3）权利人的单独责任。即权利人因主张权利不当，对网络用户、网络服务提供者造成损害的情况下，所应承担的侵权责任。

2. 网络用户或网络服务提供者的连带责任，即网络用户利用网络侵害他人权利，网络服务提供者具有过错的，与网络用户承担连带损害赔偿责任。

二、网络服务提供者责任的承担

（一）网络服务提供者与网络用户承担连带责任的构成

1. 网络用户构成网络侵权责任。网络服务提供者与网络用户承担连带责任的前提在于，网络用户利用网络服务侵害他人的民事权益，已构成了侵权，应当承担侵权责任。如果网络用户利用网络服务实施的行为不构成侵权行为，不用承担侵权责任，那么，网络服务提供者承担连带责任就缺少了前提，自然不承担连带责任。

2. 网络服务提供者具有过错。在网络用户的行为构成侵权的前提下，网络服务提供者具有过错，是网络服务提供者与网络用户承担连带责任的要件。根据《民法典》的规定，网络服务提供者的过错，分为两种情形：

（1）"通知条款下"的连带责任。"通知条款"是指《民法典》第 1195 条第 1、2 款之规定，即网络用户利用网络实施侵权行为，网络服务提供者接到权利人的通知后未及时采取必要措施的，须对损害的扩大部分与该网络用户承担连带责任。

（2）"知道条款下"的连带责任。"知道条款"是指《民法典》第 1197 条之规定，即网络服务提供者知道或应当知道网络用户利用其网络服务侵害他人民事权益，未采取必要措施的，网络服务提供者要与该网络用户承担连带责任。

（二）网络服务提供者连带责任的规避

根据《民法典》的规定，网络服务提供者严格按照如下程序处理权利人的权利主张，即可被认定没有过错，进而无需与网络用户承担连带责任：

1. 网络服务提供者不知网络用户侵权的情形。在网络用户利用网络服务提供者提供的网络实施侵权行为时，如果网络服务提供者不知道侵权行为存在，则只有在受害人通知网络服提供者侵权行为存在，并要求其采取必要措施以后，网络服务提供者才有义务采取必要措施以避免损害的扩大。

（1）通知规则。通知规则，又称避风港规则。根据该规则：

第一，权利人的通知权。权利人认为自己权益受到损害的，有权通知网络服务提供者，对网络用户在该网站上发布的信息采取删除、屏蔽、断开链接等必要措施，消除侵权信息及其影响。权利人的通知，应当包括构成侵权的初步证据及权利人的真实身份信息。否则，其通知无效。

第二，网络服务提供者对通知的义务。网络服务提供者接到权利人的通知后，应当实施两个行为：其一，及时将该通知转送相关网络用户；其二，根据构成侵权的初步证据和服务类型等实际情况需要，对侵权信息及时采取删除、屏蔽或者断开链接等必要措施。网络服务提供者及时履行了上述两项义务的，就进入"避风港"，不承担侵权责任。

【训练】甲在"搜猫网"上发布文章，对乙进行抨击。乙认为甲的文章侵害了自己的名誉权，有必要立即终止公众对该文章的浏览。

1. 乙该怎么办？

回答：乙向"搜猫网"发出通知，请求其对乙的文章采取必要措施。

2. "搜猫网"收到乙的通知后，该如何处理乙的通知？

回答：一方面，将乙的通知转送甲。另一方面，对甲的文章采取必要措施。

（2）反通知规则。反通知规则，也称"反提示规则"，是指网络服务提供者根据被侵权人的通知而采取必要措施之后，发布信息的网络用户认为其发布的信息不构成侵权，而要求网络服务提供者予以恢复的规则。

第一，网络用户反通知的权利。网络服务提供者将权利人的通知转送网络用户后，即产生反通知权。据此，网络用户可以向网络服务提供者提交未侵权声明，并应提供自己的真实身份信息以及证明其网络行为未构成侵权行为的初步证据。否则，不发生反通知的效果。

第二，网络服务提供者对反通知的义务。网络服务提供者在接到该反通知声明后，应当将该声明转送给发出通知的权利人，并告知其可以向有关部门投诉或者向人民法院起诉。如果网络服务提供者在转送声明到达权利人后的合理期限内未收到权利人已经投诉或提起诉讼的通知的，网络服务提供者应当及时对网络用户发布的信息终止所采取的删除、屏蔽或者断开链接的必要措施，即在合理期限内恢复涉及侵权的信息，以保护网络用户的表达自由。

【训练】甲在"搜猫网"上发布文章，对乙进行抨击。乙认为甲的文章侵害了自己的名誉权，有必要立即终止公众对该文章的浏览。于是，乙向"搜猫网"发出通知，请求其对乙的文章采取必要措施。"搜猫网"收到乙的通知后，遂向甲转送乙的通知，并屏蔽了甲的文章。

1. 甲收到"搜猫网"转送的通知后，认为自己并未构成侵权，"搜猫网"应当恢复该文章的公众浏览，甲该怎么办？

回答：甲向"搜猫网"发送未侵权声明，进行反通知。

2. "搜猫网"收到甲的未侵权声明后，该如何处理其反通知？

回答："搜猫网"向乙转送该声明，并告知乙投诉或者提起诉讼。

3. 设，"搜猫网"未在合理期间收到乙的投诉、起诉声明，怎么办？

回答：终止对甲的文章的屏蔽措施。

2. 网络服务提供者知道网络用户侵权的情形。网络服务提供者知道或者应当知道网络用户利用其网络服务侵害他人民事权益的，应立即采取必要措施。否则，将与该网络用户承担连带责任。如何证明网络服务提供者"明知"或"有理由知道"，美国版权法采用的"红旗标准"的观念是，当有关他人实施侵权行为的事实和情况已经像一面色彩鲜艳的红旗一样在网络服务提供者面前公然地飘扬，以至于网络服务提供者能够明显发现他人侵权行为的存在。此时侵权事实已经非常明显，网络服务提供者不能采取"鸵鸟政策"对显而易见的侵权行为视而不见。

第四节 违反安全保障义务的责任概述

一、安全保障义务概述

（一）安全保障义务的概念和特征

安全保障义务，是指从事住宿、餐饮、娱乐等经营活动或者其他社会活动的自然人、法人和其他社会组织，在合理范围内对于进入其经营活动场所的自然人所承担的保障其人身、财产安全的义务。安全保障义务有以下特征：

1. 安全保障义务旨在维护公共安全，保护他人的人身安全和财产安全。

2. 违反安全保障义务产生的是侵权责任。当然，如果安全保障义务人与受害人之间存在某种合同关系时，可能会发生违约责任与侵权责任的竞合，受害人有权选择行使违约损害赔偿请求权或侵权损害赔偿请求权。

（二）安全保障义务的主体和范围

在我国民法中，基于法律直接规定，应承担安全保障义务的主体，包括两类：

1. 公共场所的经营者、管理者。公共场所，是指特定或不特定的社会公众自由进出、活动的场所，如公园、动物园、博物馆、美术馆、体育馆、游乐场、礼堂、会议场所等。

2. 群众性活动的组织者。群众性活动，是指法人或非法人组织面向社会公众举办的参加人数较多的活动。如体育比赛、运动会、演唱会、音乐会、展览会、灯会、庙会、人才招聘会、展销会等。

安全保障义务的主体是从事社会活动的特定场所的经营者、管理者、组织者。他们共同点就是对上述场所潜在的或明显存在的危险，应当具有事实上的控制能力和职业上的经验。了解服务场所的实际情况，具有更强大的力量和拥有相关方面更加专业的知识和能力，更能预见可能发生的危险和损害，更有可能采取必要的措施以防止损害的发生或减轻损害。

二、违反安全保障义务的责任

（一）违反安全保障义务责任的概述

1. 违反安全保障义务责任的概念。违反安全保障义务责任，是指负有一般的安全保障义务的人，因违反其义务造成他人损失而应承担的侵权责任。该责任的特征在于：

（1）它是不作为侵权责任。

（2）它是对自己行为的责任。在违反安全保障义务侵权案件中，无论是否存在直接侵权人，安全保障义务人都需要对自己违反安全保障义务的不作为行为负责，这属于对自己行为承担的责任。

（3）此种责任的性质是过错责任。换言之，违反安全保障义务的侵权责任的归责原则是过错责任原则。

2. 违反安全保障义务的判断方法。安全保障义务人应当在"合理限度范围"内承担安全保障义务。"合理限度范围内的安全保障义务"实质上是对与经营、管理、组织行为相关的危险源"合理控制"的义务，其之认定一般考虑如下因素：

（1）危险控制的可能性。可能性越高，注意义务越重。

（2）防范危险的成本高低。成本低则义务重，成本高则义务轻。

【训练】甲带孩子在游乐场玩耍，孩子撞到了游乐场建筑的墙上，把头撞破。游乐场是否尽到安全保障义务？

回答：是。责令游乐场将所有外墙均进行软包装，成本过高。

（3）危险的严重程度。危险越大，注意义务越高。

（4）受害人自我保护的可能性。自我保护可能性低，则安保义务人负有较高的注意义务。

【训练】甲公园的供电设备放置于道路之侧，设置有"请勿靠近、小心触电"的警示牌，但未设置隔离措施。儿童乙玩耍时触电。甲公园是否尽到安全保障义务？

回答：否。

（5）安全保障义务人是否获益。基于收益与风险相一致原则，对无偿从事社会活动的人，安保注意义务要求要低。

（6）社会生活参与人的合理期待。

【训练】甲风景区在小河之上修建独木桥。乙上桥行走时，桥体断裂，乙摔入河中，造成损害。甲风景区是否尽到安全保障义务？

回答：否。对独木桥的坚固性的信赖是合理的。

需要注意的是，如果法律、行政法规、规章对安全保障义务的标准作出明确规定的，安全保障义务人违反规定，也构成安全保障义务之违反。

（二）违反安全保障义务的责任形态

1. 违反安全保障义务的直接责任。违反安全保障义务的直接责任，即自己责任，是指义务人未尽合理限度范围内的安全保障义务，致相关当事人遭受人身、财产利益损害时所应承担的赔偿责任。此种责任类型的特征为，造成损害的直接原因是经营者未尽到安全保障义务，而非由其他加害人的行为造成，换言之，负有安全保障义务的经营者未尽到应有的注意义务而直接造成了受害人损失。

2. 违反安全保障义务的补充责任。违反安全保障义务的补充责任，是指因第三人的行为导致侵权损害后果发生后，由于直接责任人没有赔偿能力或者不能确定直接责任人时，由违反安全保障义务的责任人在其能够防止或制止损害发生的范围内，对受害人承担的赔偿责任。在违反安全保障义务的责任人承担了补充责任后，有权对直接责任人进行追偿。

需要注意的是，安全保障义务人补充责任的承担，需以直接责任人没有赔偿能力或者不能确定谁是直接责任人为前提。与此同时，安全保障义务人的补充责任，应当以安全保障义务人的过错为范围，而未必是直接责任人不能赔偿部分的全额。

【训练】甲在乙宾馆住宿。

1. 设，乙宾馆大堂地面有水渍，保洁员未及时清理，致甲摔倒受伤。谁对甲承担损害赔偿责任？

回答：乙宾馆。

2. 设，甲在乙宾馆的餐厅就餐，与丙发生口角，被丙打伤。宾馆保安在场但并未干预。谁对甲承担损害赔偿责任？

回答：①丙承担赔偿责任。②如果丙逃逸无踪或无力赔偿，乙宾馆承担补充责任。③乙宾馆承担赔偿责任后，可以向丙追偿。

第五节　教育机构侵权责任

一、教育机构侵权责任概述

（一）教育机构侵权责任的概念和特征

教育机构侵权责任，又称为学生伤害事故责任，是指在幼儿园、学校或者其他教育机构学习、生活的未成年人遭受人身损害，教育机构所应承担的侵权损害赔偿责任。教育机构责任的特点是：

1. 它是教育机构承担的不作为侵权责任。

2. 它是教育机构对无行为能力或限制行为能力的学生受到的损害所承担的责任。不仅包括学生在学校受到伤害，也包括学生在学校伤害他人。

3. 它是教育机构对自己行为承担的责任。教育机构的责任是教育机构对自己具有过错的不作为所承担的责任。在存在作为直接侵权人的第三人的情况下，教育机构的责任并非对他人行为负责，而是对自己没有尽到教育、管理职责的不作为行为负责。

（二）教育机构侵权责任的归责原则

根据《民法典》第1199、1200条之规定，在确定教育机构侵权责任时，根据受害学生的行为能力的不同而适用不同的归责原则：

1. 无民事行为能力的学生受到人身伤害时适用过错推定归责原则。据此，如果教育机构举出证据证明已经尽到了相当的注意义务，其对损害事故的发生无需承担赔偿责任；否则，法律将推定教育机构具有过错，应承担赔偿责任。

2. 限制民事行为能力的学生受到人身伤害时适用过错责任归责原则。据此，由受害人举证教育机构对损害的发生存在主观过错，否则教育机构不承担责任。

二、教育机构侵权责任的构成与承担

（一）教育机构对未成年人遭受损害的侵权责任

1. 构成要件。教育机构在校园伤害事故中承担未尽安全保障义务的侵权责任。教育机构作为履行教育职责的特殊主体，其侵权责任的构成包括以下条件：

（1）存在无行为能力或限制行为能力的学生在教育机构学习、生活期间自身遭受人身损害或者致使他人遭受人身损害，不包括财产损害的情况。学生财产损害的救济，可以通过类推适用的办法，将相关规定适用于学生财产损害的赔偿。

（2）教育机构没有尽到其教育、管理职责。教育机构的教育、管理职责主要依据法律的明确规定，也可以由学生的监护人与教育机构明确约定。学校疏于对学生教育、管理和保护，如未制定合理的安全规章制度、未配备消防设备、未建立健全住宿学生管理制度、学生离校未及时告知监护人等。

（3）教育机构对校园伤害事故的发生存在过错。因教育机构对无行为能力或限制行为能力的学生负有教育、管理和安全保护义务，故教育机构对校园伤害事故的发生是否存在过错，主要考察其是否尽到了法定或约定的教育、管理和安全保护的注意义务。

2. 教育机构侵权责任的承担。

（1）教育机构的直接责任。教育机构的直接责任是指在并无第三人介入的情况下，无行为能力或限制行为能力的学生在幼儿园或学校或者其他教育机构学习、生活期间受到人身损害的，教育机构"未尽到教育、管理职责"应承担的侵权责任。如果学生伤害事故完全是由教育机构的工作人员所致，只要能够证明该损害是实际加害人于教育管理活动过程中所致，即应由教育机构承担侵权责任。

【训练】甲之子小甲（7岁），在乙小学上体育课时受伤。

1. 甲可以请求谁承担损害赔偿责任？

回答：乙小学。

2. 甲请求乙小学承担损害赔偿责任，是否需举证证明乙小学具有过错？

回答：否。乙小学对其监管的无行为能力人所遭受的人身损害，承担过错推定责任。故由学校举证证明自己没有过错。举证不能的，推定学校具有过错。

3. 设：小甲已经9岁。甲请求乙小学承担损害赔偿责任，是否需举证证明乙小学具有过错？

回答：是。乙小学对其监管的限制行为能力人所遭受的人身损害，承担过错责任。故由甲举证证明学校有过错。举证不能的，推定学校没有过错。

（2）教育机构的补充责任。教育机构的补充责任，是指教育机构对于由第三人的侵权行为直接造成的在其监管保护下的无行为能力或限制行为能力的学生的人身伤害，在不能查找第三人或第三人无力赔偿的情况下，所承担的与其过错相适应的补充赔偿责任。学校或者其他教育机构承担补充责任后，可以向第三人追偿。

理解学校等教育机构的补充责任，需要注意以下几点：

第一，未成年学生人身损害是由于第三人的原因所致。第三人是指教育机构的学生、教师和其他工作人员以外的人。如果是完全由于学校的过错所致，就属于教育机构直接侵权责任。

第二，教育机构补充责任，以直接致害的第三人无法充足赔偿责任为前提。只有在不能找到第三人或第三人没有赔偿能力的情况下，才存在教育机构的补充责任。

第三，教育机构的补充责任，是与其过错相适应的责任，即教育机构的补充责任应与其过错的程度相适应，故未必以直接致害的第三人不能赔偿的全部损失为限。

【训练】甲之子小甲在学校，被校外人员乙打伤。

1. 谁承担损害赔偿责任?

回答:第一,乙承担责任。第二,如果乙逃逸无踪或无力赔偿,学校有过错的,承担补充责任。第三,学校承担补充责任后,有权向乙追偿。

2. 谁对学校的过错负举证责任?

回答:如果小甲为无行为能力人,因学校对其监管的无行为能力人所遭受的人身损害,承担过错推定责任,故由学校举证证明自己没有过错。如果小甲为限制行为能力人,因学校对其监管的限制行为能力人所遭受的人身损害,承担过错责任,故由甲举证证明学校具有过错。

（二）教育机构对未成年人致人损害的侵权责任

如果无行为能力或限制行为能力的学生在教育机构学习、生活期间造成他人损害的,教育机构要承担过错侵权责任。那么,与此同时加害学生的监护人应否对受害的无行为能力或限制行为能力的学生承担监护人侵权责任呢?由此便涉及教育机构责任与监护人责任的关系。

1. 教育机构存在过错。教育机构的侵权责任是基于教育机构与无行为能力或限制行为能力的学生之间教育、管理关系的存在,是教育机构违反了教育、管理和保护职责而承担的侵权责任。因此,在教育机构学习、生活的未成年人致人损害的情况下,教育机构有过错的,应当承担与其过错相适应的损害赔偿责任。与此同时,从监护制度的法理看,监护人是基于监护关系的存在而承担被监护人侵权的责任,此监护责任并不因为被监护人不在其直接监管之下而免责。因此,在教育机构在其过错的范围内,赔偿受害人相应损害的同时,致害人的监护人仍需按照前述监护人责任的规则,承担相应的赔偿责任。

【训练】甲之子小甲在乙小学,用钥匙把来乙小学办事的李四的汽车划伤,造成李四损失2000元。经查,乙小学保安在场但并未制止,且小甲自己没有财产用以赔偿。李四的损失如何赔偿?

回答:乙小学未尽监管职责,应在其过错范围内承担侵权责任。同时,甲也应对李四的损失承担赔偿责任。

2. 教育机构没有过错。如果对未成年人致害行为的发生,教育机构没有过错,而是由于无行为能力或限制行为能力的学生自己的过失或者是由于其监护人没有尽到监护责任而造成的,教育机构不承担责任,由监护人依法承担损害赔偿责任。

第六节　产品责任

一、产品责任的概念

（一）产品与产品责任的概念

产品是指经过加工、制作,用于销售的产品。建设工程不属于产品。但是,建设工程使用的建筑材料、建筑构配件和设备,属于产品范围。

产品责任,是指产品的生产者、销售者因生产或销售的产品质量有缺陷造成人身、缺陷产品以外的其他财产损害所应承担的侵权责任。根据《产品质量法》的规定,"产品缺陷"一词也具有双重含义：首先，产品缺陷是指产品存在危及人身、他人财产安全的不合理的危险。其次，若产品有保障人体健康和人身、财产安全的国家标准、行业标准的，产品缺陷是指产品不符合国家标准或行业标准。诸如不具备产品应当具备的使用性能，不符合以产品说明、实物样品等方式表明的质量状况等，均属产品存在缺陷的情形。

（二）产品责任与产品的瑕疵担保责任

产品责任是一种侵权责任而非违反合同的违约责任。故产品责任不以加害人与受害人之间存在合同关系为前提，强调的是基于产品缺陷造成人身或他人财产损害这一事实而产生的一种侵权责任。因此，产品责任与产品瑕疵担保责任迥然不同。产品瑕疵担保责任，又称为物的瑕疵担保责任，是指销售者（即出卖人）因所出售的产品不符合合同约定，而需对买受人所承担的一种违约责任。产品瑕疵担保责任与产品责任的区别表现在以下几个方面：

1. 责任性质不同。产品责任在性质上是特殊侵权责任，而产品瑕疵担保责任则属于违约责任，该责任的发生以当事人之间存在买卖合同关系为前提。

2. 主体不同。从责任主体来看，产品责任的义务主体不仅包括生产者、销售者，在某些特殊情况下还包括其他经营者。而产品瑕疵担保责任的义务主体只能是与赔偿权利人直接发生联系、存在买卖合同关系的产品销售者。从权利主体来看，产品责任的权利主体既可以是直接的买受人，也有可能是使用者和消费者，甚至是与生产者、销售者无任何关系的其他受害人。而产品瑕疵担保责任的权利主体仅限于消费者（买受人）。

3. 免责条件不同。根据《产品质量法》第41条第2款的规定，产品责任的免责条件有三种情形：未将产品投入流通的；产品投入流通时，引起损害的缺陷尚不存在的；将产品投入流通时的科学技术尚不能发现缺陷的存在的。而根据《产品质量法》第40条的规定，销售者对其销售的产品存在瑕疵事项，如事先向买受人作出说明的，或者是瑕疵的产生是在产品交付之后产生的，即可免于承担产品瑕疵担保责任。

4. 产品责任的形式不同。产品责任的承担方式一般是赔偿损失，但在缺陷产品危及他人人身、财产安全时，生产者、销售者还承担停止侵害、排除妨碍、消除危险等预防性的侵权责任。而产品瑕疵担保责任中销售者的责任方式包括修理、更换、退货及赔偿损失等。

（三）产品责任的归责原则

从《民法典》的规定来看，无论是生产者还是销售者所承担产品责任，均适用无过错归责原则。具体来讲：

1. 我国立法规定表明产品责任适用无过错责任原则。依据《民法典》第1203条的规定："因产品存在缺陷造成他人损害的，被侵权人可以向产品的生产者请求赔偿，也可以向产品的销售者请求赔偿。产品缺陷由生产者造成的，销售者赔偿后，有权向生产者追偿。因销售者的过错使产品存在缺陷的，生产者赔偿后，有权向销售者追偿。"在上述规定中，产品的生产者、销售者向受害人所承担的侵权责任，并不以过错为条件。至于《民法典》规定因销售者的过错使产品存在缺陷的，生产者赔偿后，有权向销售者追偿。这是基于生产者与销售者之间所存在的合同关系，不属于产品责任归责原则所解决的问题，是生产者和销售者之间在产品责任归责原则之外的合同法上的责任分担问题。

2. 销售者责任的性质决定了归责原则适用无过错归责原则。销售者承担的产品责任在性质上属于侵权责任，以产品存在缺陷为前提，即产品缺陷是指产品存在危及人身、他人财产安全的不合理的危险。由此可见，产品缺陷比产品瑕疵程度要重，在主张产品瑕疵担保责任，尚无需销售者过错的情况下，如果主张销售者承担产品缺陷责任要以销售者存在过错为前提，其正当性不足。

【训练】甲从乙商场购买化妆品。

1. 甲购回化妆品后，发现化妆品与自己欲购买的型号不符，也与乙商场出具的发票中载明的型号不符。甲追究乙商场的违约责任，是否以乙商场具有过错为条件？

回答：否。原则上，出卖人的品质瑕疵担保责任为违约责任。

2. 甲使用化妆品后，脸部被严重灼伤。甲追究乙商场的侵权责任，是否以乙商场具有过错为条件？

回答：否。"2."中的情节比"1."中更为严重，"2."中要求乙商场具有过错才承担责任，正当性不足。

二、产品责任的承担

（一）产品缺陷致人损害的外部责任

1. 外部赔偿责任的主体。《民法典》第1203条第1款规定："因产品存在缺陷造成他人损害的，被侵权人可以向产品的生产者请求赔偿，也可以向产品的销售者请求赔偿。"据此，产品缺陷致人损害的外部责任承担者，为生产者和销售者。

（1）生产者。生产者是指生产产品的自然人、法人等民事主体，包括产品的设计者、制造者。一般根据产品标识上标明的生产厂名来确定产品的生产者。生产者的确定可以是缺陷产品本身的生产者，也可以是缺陷产品的零部件或原材料的生产者，以及任何将其名称（或姓名）、商标或者其他区别性标识标示于产品以表明自己是生产者的人。

（2）销售者。产品的销售者包括所有将产品投入流通领域的非产品生产者的民事主体。包括批发商和零售商以及以任何其他方式将产品有对价地转让给他人的主体。此外，以下三种情形并非实际销售者的特定主体被视为销售者，其先行向消费者赔偿，再向销售者进行追偿：

第一，《消费者权益保护法》第42条规定：使用他人营业执照的违法经营者提供商品或者服务，损害消费者合法权益的，消费者可以向其要求赔偿，也可以向营业执照的持有人要求赔偿。

第二，《消费者权益保护法》第43条规定：消费者在展销会、租赁柜台购买商品或者接受服务，其合法权益受到损害的，可以向销售者或者服务者要求赔偿。展销会结束或者柜台租赁期满后，也可以向展销会的举办者、柜台的出租者要求赔偿。展销会的举办者、柜台的出租者赔偿后，有权向销售者或者服务者追偿。

第三，《消费者权益保护法》第44条规定：消费者通过网络交易平台购买商品或者接受服务，其合法权益受到损害的，可以向销售者或者服务者要求赔偿。网络交易平台提供者不能提供销售者或者服务者的真实名称、地址和有效联系方式的，消费者也可以向网络交易平台提供者要求赔偿；网络交易平台提供者作出更有利于消费者的承诺的，应当履行承诺。网络交易平台提供者赔偿后，有权向销售者或者服务者追偿。网络交易平台提供者明知或者应知销售者或者服务者利用其平台侵害消费者合法权益，未采取必要措施的，依法与该销售者或者服务者承担连带责任。

2. 惩罚性赔偿责任。依照《民法典》第1207条的规定，在具备如下要件的情况下，生产者、销售者应对受害人承担惩罚性赔偿责任：

（1）行为要件。生产者、销售者实施生产、销售缺陷产品的行为，或对于缺陷产品未采取停止销售、警示、召回等有效补救措施；

（2）主观要件。生产者、销售者实施生产、销售缺陷产品的行为，或对于缺陷产品未采取停止销售、警示、召回等有效补救措施，具有故意。即其明知产品存在缺陷，仍然生产、销售之，或未采取必要补救措施；

（3）后果要件。生产者、销售者实施生产、销售缺陷产品的行为，或对于缺陷产品未采取停止销售、警示、召回等有效补救措施，造成他人死亡或者健康严重损害。

3. 对产品缺陷的补救措施。产品投入流通后发现存在缺陷的，生产者、销售者应当及时采取停止销售、警示、召回等补救措施；未及时采取补救措施或者补救措施不力造成损害扩大的，对扩大的损害也应当承担侵权责任。依据前款规定采取召回措施的，生产者、销售者应当负担被侵权人因此支出的必要费用。需要指出的是，对已经投入流通的缺陷产品采取补救措施，不仅是生产者的义务，而且是销售者的义务。

（二）产品缺陷致人损害的内部责任

《民法典》第1203、1204条规定，生产者、销售者对外承担责任后，可以向造成产品缺陷的当事人追偿。具体来讲：

1. 生产者、销售者之间的相互追偿。因产品存在缺陷造成他人损害的，被侵权人可以向产品的生产者请求赔偿，也可以向产品的销售者请求赔偿。法律允许被侵权人选择要求生产者或者销售者承担赔偿责任，但并没有规定生产者与销售者承担连带责任。生产者与销售者就缺陷产品给他人造成的损害并不构成共同侵权，没有承担连带责任的事实基础。生产者与销售者之间承担责任的性质应属于不真正连带责任。在此基础上，根据《民法典》第1203条第2款的规定，产品缺陷由生产者造成的，销售者赔偿后，有权向生产者追偿。因销售者的过错使产品存在缺陷的，生产者赔偿后，有权向销售者追偿。

2. 生产者、销售者向运输者、仓储者等第三人的追偿。就有可能导致产品缺陷的主体而言，除了生产者、销售者之外，还有运输者和仓储者。根据我国民法典的规定，运输者、仓储者等第三人并不是产品责任主体，并不对受害人承担损害赔偿责任。但是，《民法典》第1204条的规定，在生产者或销售者对受害人承担责任后，如果查明产品缺陷由运输者、仓储者等第三人导致的，可以向第三人追偿。

【训练】甲在乙商场购买丙公司生产的化妆品，使用后脸部被严重灼伤。

1. 甲可以请求谁承担侵权责任?

回答:甲可以请求乙商场承担赔偿责任,也可以请求丙公司承担赔偿责任。

2. 如果乙商场承担赔偿责任后,查明是丙公司导致的产品缺陷。乙商场如何保护自己的合法权益?

回答:向丙公司追偿。

3. 如果乙商场承担赔偿责任后,查明是丁运输公司导致的产品缺陷。乙商场如何保护自己的合法权益?

回答:向丁运输公司追偿。

第七节　机动车交通事故责任

一、机动车交通事故责任概述

（一）机动车交通事故责任概念

机动车交通事故也称为道路交通事故,是指车辆在道路上因过失或者意外造成人身伤亡或者财产损失而应当承担的侵权责任。因此,机动车交通事故责任是"机动车"发生在"道路上"的"交通事故"责任。"道路""机动车"和"交通事故"构成了机动车交通事故责任的三个必要组成要素。

1. "道路",是指公路、城市道路和虽在单位管辖范围但允许社会机动车通行的地方,包括广场、公共停车场等用于公众通行的场所。但在封闭施工的路段因机动车引发的事故责任就不属于交通事故责任。

2. "机动车",是指以动力装置驱动或者牵引,上道路行驶的供人员乘用或者用于运送物品以及进行工程专项作业的轮式车辆。需要特别强调的是,交通事故必须发生于机动车的运动过程中。若车辆处于完全停止状态,乘车人上下车的过程中发生的挤、摔、伤亡的事故,则不属于交通事故。

3. "交通事故",是指车辆在道路上因过失或者意外造成的人身伤亡或者财产损失的事件。如果是由于人无法抗拒的各种自然灾害造成的,不属于交通事故;如果当事人心理状态为故意,也不属于交通事故。

机动车交通事故责任与责任保险和其他社会保障制度密切联系。机动车交通事故责任作为救济交通事故损害发生的一个重要手段,其重在让事故直接责任人通过承担侵权责任赔偿受害人的损失。此外,机动车第三者责任强制保险责任,商业性机动车第三者责任保险责任及道路交通事故社会救助基金等等均是发生交通事故后转移、分散损失,及时救助受害人的重要措施和途径,从而与机动车交通事故责任制度共同形成了救助交通事故受害人的风险责任救助体系。

（二）机动车交通事故责任归责原则

《道路交通安全法》第76条规定:"机动车发生交通事故造成人身伤亡、财产损失的,由保险公司在机动车第三者责任强制保险责任限额范围内予以赔偿；不足的部分，按照下列规定承担赔偿责任：①机动车之间发生交通事故的，由有过错的一方承担赔偿责任；双方都有过错的，按照各自过错的比例分担责任。②机动车与非机动车驾驶人、行人之间发生交通事故，非机动车驾驶人、行人没有过错的，由机动车一方承担赔偿责任；有证据证明非机动车驾驶人、行人有过错的，根据过错程度适当减轻机动车一方的赔偿责任；机动车一方没有过错的，承担不超过 10% 的赔偿责任。交通事故的损失是由非机动车驾驶人、行人故意碰撞机动车造成的，机动车一方不承担赔偿责任。"据此，在我国机动车交通事故责任实行是过错责任原则和无过错责任原则相结合的二元化归责原则体系。

1. 机动车之间发生交通事故的归责原则。机动车之间发生交通事故的情形下，适用过错责任原则，在双方均存在过错的情形下，按照过错的比例承担各自的责任。机动车之间发生交通事故时，危险系数相同，双方都是具有较高的道路交通素质的机动车驾驶人，能够证明对方的过错，因此，适用过错责任原则，而无需要求对方承担控制危险的无过错责任。

2. 机动车与非机动车驾驶人、行人之间发生交通事故的归责原则。机动车与非机动车驾驶人、行人之间发生交通事故适用无过错责任原则。即无论机动车一方是否有过错，都要承担一定的赔偿责任。这是对"行人违章撞了白撞"观念的否定。当然，无过错责任并不意味着机动车一方要承担全部赔偿责任。在非机动车驾驶人、行人一方有过错的情况下，可以根据过失相抵赔偿原则，根据过错程度相应减轻机动车一方的赔偿责任。在机动车一方没有过错的情况下，机动车一方仍要承担赔偿责任，只不过赔偿比例受到一定限制而已。即机动车一方无过错时承担不超过 10% 的赔偿责任。

二、机动车交通事故赔偿责任的承担

（一）机动车交通事故赔偿责任主体

1. 一般认定标准。在机动车交通事故责任中，如何确定赔偿责任主体对于维护受害人及其他赔偿权利人的合法权益、贯彻侵权责任法的自己责任原则具有重要意义。

在大陆法系民法中，机动车交通事故赔偿责任的主体为"机动车保有人"，运行支配与运行利益则是判断机动车交通事故发生时赔偿责任主体的两项认定标准。其中，运行支配是指对机动车事实上的支配管理地位；运行利益是指可从机动车运行中获得利益的地位。我国《民法典》未采纳机动车保有人、运行支配、运行利益的概念。但是，上述概念在最高院《关于连环购车未办理过户手续原车主是否对机动车发生交通事故致人损害承担责任的复函》【（2001）民一他字第 32 号】中得到确认。该复函的中心思想就是，某人是否属于机动车损害赔偿责任的主体，要从其是否对该机动车的运行在事实上位于支配管理的地位和是否从机动车的运行中获得了利益两个方面加以判明。[1]

基于运行支配与运行利益双重角度，可以得到的道路交通事故赔偿责任主体的一般规

---

[1] 杨永清："解读《关于连环购车未办理过户手续原车主是否对机动车交通事故致人损害承担责任的复函》"，载《解读最高人民法院请示与答复》，人民法院出版社 2004 年版，第 119 页以下。

则是：

（1）在机动车保有人肇事的情况下，责任主体与行为主体是同一人，行为人对自己实施的行为负责。

（2）在机动车使用人肇事的情况下，此时发生支配权和所有权的分离。责任主体需区分如下情况加以确定：

第一，非基于机动车保有人的意思而导致的支配权与所有权分离的情形，如盗窃、抢夺、抢劫驾驶、擅自驾驶等情形，原则上应该本着运行支配理论分担肇事责任；

【训练】甲的汽车被乙偷去。乙驾驶该车致丙损害。

1. 乙偷去该车后，谁对该车享有运行支配？

回答：乙。甲已经完全丧失了该车的支配。

2. 乙偷去该车后，谁对该车享有运行利益？

回答：乙。甲对该车的运行不再具有任何利益。

3. 谁对丙的损害承担赔偿责任？

回答：乙。

第二，基于机动车保有人的意思而导致的支配权与所有权的分离，如出租、友情出借、挂靠等情形，可以结合运行支配理论与运行利益理论具体区分责任主体；

第三，机动车未过户肇事、保管机动车肇事、所有权保留等道路交通事故特殊责任主体的情形，原则上除非有重大过失或者故意，否则机动车保有人不承担责任，由驾驶人独自承担责任。

2. 机动车交通事故责任主体的具体情形。《民法典》在总结以往立法、司法实践经验和学说的基础上对几种具体的机动车交通事故的责任主体做了明确规定。大体上采纳了上述"运行支配"与"运行利益"两个判定标准：

（1）租赁、借用等情形下机动车所有人、管理人与使用人不是同一人的情形。

第一，在机动车租赁、借用情况下，承租人、借用人驾驶机动车发生交通事故致人损害时，依据前述"运行支配"与"运行利益"两个判断标准，租赁、借用机动车发生交通事故时，责任主体应为在事实上直接控制支配、并享受运营利益的承租人、借用人。因此，机动车交通事故的责任主体应为承租人、借用人。

第二，机动车所有人、管理人对损害的发生有过错的，承担相应的赔偿责任。如机动车所有权人知道或者应当知道机动车存在缺陷，且该缺陷构成交通事故发生原因等。

（2）机动车买卖的情形。

第一，当事人之间已经以买卖或者其他方式转让并交付机动车但是未办理登记，发生交通事故造成损害的情况下，基于"运行支配"与"运行利益"的判断标准，机动车因买卖或其他方式已经交付的，受让人已经取得机动车的占有，并在事实上控制支配该交易车辆，享受其运行利益，受让人此时属于机动车的保有人。在发生机动车交通事故时，理应由受让人而非出让人承担赔偿责任。

第二，因国家法律严格禁止拼装车上路，严格禁止报废车继续使用，也严格禁止对拼装车和报废车以买卖等方式转让，故在转让拼装或已经达到报废标准的机动车发生交通事故的情况下，由转让人和受让人承担连带责任。如果是多次转让，则是所有的转让人和受让人都承担连带责任。

（3）盗窃、抢劫或者抢夺的机动车发生交通事故造成损害的情形。

第一，机动车被盗窃或被抢劫或者抢夺后，所有人完全丧失了对车辆的实际控制、支配的能力，机动车的运行支配与运行利益均在即属于非法占有人，故因机动车交通事故而发生的损害赔偿责任理应由非法占有人承担。

第二，非法占有人将他人机动车交给使用人使用，进而发生交通事故的，非法占有人与机动车使用人承担连带责任。换言之，非法占有人不能因发生交通事故时，自己不是机动车使用人而不承担责任。

（4）机动车以挂靠形式从事道路运输经营活动发生交通事故的情形。机动车挂靠经营，是指挂靠人出资购买机动车，而由具有运输经营资质的被挂靠人代办各种法律手续的商业交易方式。

第一，由于在挂靠关系中，虽然被挂靠人是名义上的所有权人，但是，机动车仍然由挂靠者进行运行支配并且享有运行利益，故挂靠人应对机动车交通事故致损承担赔偿责任。

第二，在挂靠关系中，被挂靠人同样拥有挂靠车辆的运行控制、支配权，并获取运行利益，故以挂靠形式从事道路运输经营活动的机动车，发生交通事故造成损害的情况下，属于该机动车一方责任的，被挂靠人也应承担赔偿责任。

有鉴于此，《民法典》第1211条规定："以挂靠形式从事道路运输经营活动的机动车，发生交通事故造成损害，属于该机动车一方责任的，由挂靠人和被挂靠人承担连带责任。"

（5）擅自驾驶他人机动车发生交通事故的情形。擅自驾驶他人机动车，是指行为人不经机动车保有人或者机动车合法持有人的同意而自行驾驶他人机动车。

第一，擅自驾驶他人机动车交通事故责任主体。擅自驾驶他人机动车而发生交通事故的，擅自驾驶者既是机动车的运行支配者，又是运行利益的归属者，理应成为损害赔偿的责任主体。

第二，在擅自驾驶机动车肇事的情形下，如果机动车所有人对机动车疏于管理，致使机动车被人擅自驾驶肇事的，机动车所有人对事故赔偿承担过错责任。

（6）机动车发生交通事故逃逸的情形。机动车发生交通事故后，肇事者逃逸的，应当由肇事者承担责任。但是，由于肇事者暂时逃逸，故涉及对受害人损害如何救济的问题。

第一，该机动车参加强制保险的，由保险人在机动车强制保险责任限额范围内予以赔偿，是肇事逃逸情况下，对受害人进行救济的最为合理的选择。

第二，在机动车不明、该机动车未参加强制保险或者抢救费用超过机动车强制保险责任限额等三种情况下，保险责任无法或不足以救济受害人的损害。此时，对于需要支付的紧急费用，如被侵权人人身伤亡的抢救、丧葬等费用，由道路交通事故社会救助基金垫付。道路交通事故社会救助基金垫付后，其管理机构有权向交通事故责任人追偿。

（二）交强险、商业三者险和侵权责任的适用关系

实践中，机动车的所有人或管理人通常同时投保交强险和商业三者险，一旦出现交通事故，则出现了交强险、商业三者险以及侵权责任的适用问题。根据《民法典》第1213条、《最高人民法院关于审理道路交通事故损害赔偿案件适用法律若干问题的解释》第19条的规定，其三者的关系是：

1. 机动车发生交通事故造成损害，属于该机动车一方责任的，先由承保机动车强制保险的保险人在强制保险责任限额范围内予以赔偿。未依法投保交强险的机动车发生交通事故造成损害，侵权人与强制保险的投保义务人并非同一人的，受害人有权请求投保义务人和侵权人在交强险责任限额范围内承担连带责任；侵权人承担赔偿责任后，有权向投保义务人在交强险责任限额范围内追偿。

2. 承保机动车强制保险的保险人在强制保险责任限额范围内予以赔偿后的不足部分，由承保机动车商业保险的保险人按照保险合同的约定予以赔偿。

3. 机动车为投保商业保险，或商业保险责任仍不足以赔偿受害人损失的，由侵权人赔偿。

由此可见，交强险、商业三者险和侵权责任的适用关系为，先由交强险赔付，再由商业三者险赔付，最后由侵权责任人赔付。

三、道路交通事故的免责或减责事由

（一）减责事由

1. 非机动车驾驶人、行人有过错。依据《民法典》第1173条的规定，被侵权人对同一损害的发生或者扩大有过错的，可以减轻侵权人的责任。

2. 好意同乘。好意同乘，是指无偿搭乘他人的机动车在运行中发生交通事故，造成无偿搭乘人的损害，属于该机动车一方责任的，减轻机动车一方赔偿责任的规则。因好意同乘具有情谊行为的特征，故可成为交通事故责任的减责事由。《民法典》第1217条规定，非营运机动车发生交通事故造成无偿搭乘人损害，属于该机动车一方责任的，应当减轻其赔偿责任，但是机动车使用人有故意或者重大过失的除外。

（二）免责事由

《道路交通安全法》第76条第2款规定，交通事故的损失是由非机动车驾驶人、行人故意碰撞机动车造成的，机动车一方不承担赔偿责任。需要注意的是，非机动车驾驶人、行人的故意不应仅限于"碰撞"，还包括故意追求交通事故自身受到损害结果的行为。

第八节　医疗损害责任

一、医疗损害责任概述

（一）医疗损害责任的概念

医疗损害责任，是指医疗机构在医疗过程中，造成患者人身损害或者其他损害，应当承担

的侵权损害赔偿责任。根据《民法典》的规定，医疗损害责任可以分为医疗技术损害责任、医疗伦理损害责任和医疗产品损害责任三种类型。

1. 医疗技术损害责任，是指医疗机构及医务人员在医疗活动中，违反医疗技术上的高度注意义务，具有违背当时的医疗水平的技术过失，造成患者人身损害的医疗损害责任。

2. 医疗伦理损害责任，是指医疗机构和医务人员违背医疗良知和医疗伦理的要求，违背医疗机构和医务人员的告知或者保密义务，具有医疗伦理过失，造成患者人身损害以及其他合法权益损害的医疗损害责任。

3. 医疗产品损害责任，是指医疗机构在医疗过程中使用有缺陷的药品、消毒药剂、医疗器械以及血液及制品等医疗产品，因此造成患者人身损害，医疗机构或者医疗产品生产者、销售者应当承担的医疗损害赔偿责任。

医疗关系实际上是一种医疗服务合同关系，是医院与患者之间就患者疾病的诊断、治疗、护理等医疗活动而形成的一种权利义务关系。因此，在医疗机构致患者损害的情况下，构成侵权责任与违约责任的竞合，患者可以选择对其有利的诉求要求赔偿。《民法典》侵权责任编规定的医疗损害责任，规范的是医疗机构侵权责任的承担。

（二）医疗损害责任的归责原则

医疗损害责任分为医疗技术损害责任、医疗伦理损害责任和医疗产品损害责任三种类型，不同类型的医疗损害责任的归责原则不同：

1. 医疗技术损害责任适用过错责任原则。根据《民法典》第1221条的规定，医疗损害责任的构成，必须以医疗机构的技术过失为要件，即违背当时医疗水平的疏忽和懈怠，且应由患者对医疗机构的具有过错负举证责任。在此基础上，《民法典》第1222条规定，患者在诊疗活动中受到损害，有下列情形之一的，推定医疗机构有过错：①违反法律、行政法规、规章以及其他有关诊疗规范的规定；②隐匿或者拒绝提供与纠纷有关的病历资料；③遗失、伪造、篡改或者违法销毁病历资料。因此，在患者能够举证证明医疗机构具备上述法定情形的情况下，即可直接推定医疗机构及医务人员有过错，患者无需对医疗机构及医务人员的过错另行承担举证责任。

【训练】甲在乙医院做手术，术后死亡。甲的近亲属认为乙医院存在诊疗失误，故将乙医院诉至法院，请求乙医院承担损害赔偿责任。

1. 谁对乙医院的诊疗失误承担举证责任？

回答：甲的近亲属。

2. 如果甲的近亲属无法证明乙医院存在诊疗失误，但能够证明乙医院存在篡改病历的行为。后果如何？

回答：法律推定乙医院存在过错，应当承担损害赔偿责任。

2. 医疗伦理损害责任适用过错推定责任原则。根据《民法典》第1219条规定，医务人员在诊疗活动中应当向患者说明病情和医疗措施。需要实施手术、特殊检查、特殊治疗的，医务人员应当及时向患者具体说明医疗风险、替代医疗方案等情况，并取得其明确同意；不能或者不宜向患者说明的，应当向患者的近亲属说明，并取得其明确同意。医务人员未尽到前款义务，造成患者损害的，医疗机构应当承担赔偿责任。

通过《民法典》上述规定可以看出，对于医疗伦理损害责任实行的是过错推定责任原则。法律直接推定医疗机构存在过失，除非医疗机构能够证明自己的医疗行为没有过失，否则应当就其医疗伦理过错造成的损害（包括人身损害和精神损害）承担赔偿责任。

【训练】甲在乙医院做手术，术后死亡。甲的近亲属认为乙医院未对甲及近亲属告知手术的有关情况，并征得书面同意，故将乙医院诉至法院，请求乙医院承担损害赔偿责任。乙医院认为术前已经与甲谈话并征得甲的书面同意。谁对乙医院的是否向甲告知手术的有关问题并征得了甲的书面同意承担举证责任？

回答：乙医院。

3. 医疗产品责任适用无过错责任原则。根据《民法典》第1223条规定，因药品、消毒产品、医疗器械的缺陷，或者输入不合格的血液造成患者损害的，患者可以向药品上市许可持有人、生产者、血液提供机构请求赔偿，也可以向医疗机构请求赔偿。患者向医疗机构请求赔偿的，医疗机构赔偿后，有权向负有责任的药品上市许可持有人、生产者、血液提供机构追偿。

因药品、消毒产品、医疗器械的缺陷，或者输入不合格的血液造成患者损害的医疗产品损害责任，应当适用无过错责任原则。医疗产品损害责任的构成只要有使用有缺陷的药品、消毒药剂、医疗器械等医疗产品或者输入不合格的血液的行为，有造成患者人身损害事实，行为与损害之间有因果关系三个要件，即构成侵权责任，主观方面不要求有过错。

【训练】甲在乙医院治疗，因丙公司生产的针头消毒不彻底，发生感染，遭受损害。

1. 甲可否请求丙公司承担赔偿责任？

回答：可以。

2. 甲可否请求乙医院承担赔偿责任？

回答：可以。乙医院不得以自己没有过错，拒绝承担责任。但乙医院向甲赔偿后，可以向丙公司追偿。

二、医疗损害责任的构成要件

（一）加害人为医疗机构

医疗损害责任的加害人必须是医疗机构。医疗机构，是指依照《医疗机构管理条例》的规定，取得《医疗机构执业许可证》的从事疾病诊断、治疗活动的机构。个人行医的，行医者也构成医疗机构。需要注意的是，如果行为人实施了没有法定执业资格或许可的医疗行为，即非法行医，所造成的患者损害属于一般侵权责任，不属于医疗损害责任。

（二）在诊疗活动中造成患者损害

患者在医疗机构受到的损害并不等于患者在诊疗活动中受到的损害，患者只有因医疗机构的诊疗活动遭受损害，才会发生医疗损害责任。如果患者的损害不是发生在诊疗活动过程中，或与诊疗活动不存在因果关系，则医疗机构无需承担侵权责任。根据《民法典》第1224条第1款第1项的规定，患者在诊疗活动中受到损害，是由于患者或者其近亲属不配合医疗机构进行符合诊疗规范的诊疗所致，医疗机构不承担赔偿责任。

（三）医疗机构存在过错

1. 医疗过错仅指医疗过失，而不包括故意的情形。如果医疗机构及其医务人员在诊疗活动中故意给患者造成损害，构成一般侵权责任，不构成医疗损害责任。由于医务人员是医疗机构的工作人员，其从事的诊疗活动属于执行工作任务。因此，医务人员因诊疗活动导致患者损害的，医疗机构即具有过错。

2. 根据《民法典》的规定，医疗过失的判断标准，在于如下三个方面：

（1）是否违反了说明及取得同意的义务。《民法典》第1219条规定，医务人员在诊疗活动中应当向患者说明病情和医疗措施。需要实施手术、特殊检查、特殊治疗的，医务人员应当及时向患者具体说明医疗风险、替代医疗方案等情况，并取得其明确同意；不能或者不宜向患者说明的，应当向患者的近亲属说明，并取得其明确同意。医务人员未尽到前款义务，造成患者损害的，医疗机构应当承担赔偿责任。

（2）是否违反诊疗义务。《民法典》第1221条规定，医务人员在诊疗活动中未尽到与当时的医疗水平相应的诊疗义务，造成患者损害的，医疗机构应当承担赔偿责任。

（3）法律推定医疗过失。《民法典》第1222条规定，患者在诊疗活动中受到损害，有下列情形之一的，推定医疗机构有过错：①违反法律、行政法规、规章以及其他有关诊疗规范的规定；②隐匿或者拒绝提供与纠纷有关的病历资料；③遗失、伪造、篡改或者违法销毁病历资料。

三、医疗损害赔偿责任的免责事由

根据《民法典》第1224条第1款规定，患者在诊疗活动中受到损害，有下列情形之一的，医疗机构不承担赔偿责任：①患者或者其近亲属不配合医疗机构进行符合诊疗规范的诊疗；②医务人员在抢救生命垂危的患者等紧急情况下已经尽到合理诊疗义务；③限于当时的医疗水平难以诊疗。

1. 患者或者其近亲属不配合医疗机构进行符合诊疗规范的诊疗。医疗机构以及医务人员在诊疗和护理过程中，必须得到患者及其家属的配合，否则就会出现不利于治疗的后果。如果由于患者及其家属的原因而延误治疗，造成患者损害，说明受害者一方主观上有过错。同时亦证明对损害的发生医疗机构没有过错，自应免除医疗机构的赔偿责任。但医疗机构主张适用"患者或者其近亲属不配合医疗机构进行必要的诊疗"作为免责事由的时候，如果受害患者主张医疗机构及其医务人员对于损害的发生也有过错的，应当根据双方的过错程度和原因力程度，确定医疗机构一方相应的赔偿责任。

2. 医务人员在抢救生命垂危患者等紧急情况下已经尽到合理诊疗义务。医疗机构以及医务人员在抢救生命垂危的患者等紧急情况下，必须采取紧急医学措施，而这些措施有可能会对患者造成一些不良后果。对此，基于生命权的重要性，只要医务人员已经尽到合理诊疗义务的，即使造成不良后果，医疗机构亦不承担赔偿责任。

3. 限于当时的医疗水平难以诊疗。受制于人类自身科学发展水平以及认知的局限性，医疗技术和医学水平总是存在一定的局限性。因此，囿于当时医疗水平条件的有限，医疗机构对所发生的不良医疗后果无法预料，或者已经预料到但没有办法避免，从而造成不良后果的，不构成医疗技术损害责任，医疗机构不承担赔偿责任。

需要注意的是，医疗机构主张不承担责任的，应当就上述情形等抗辩事由承担举证证明责任。

第九节　环境污染和生态破坏责任

一、环境污染和生态破坏责任概述

（一）环境污染和生态破坏的概念

环境污染，是指污染者因为实施污染行为致他人损害的情况，即由于特定人的行为，产生有害物质损害他人财产或人格利益的现象。生态破坏，则是指特定人的行为导致的生态环境要素的损害，其可能是污染所致，也可能是非污染所致，如不合理地开发。在此基础上，环境污染责任，是指污染者因污染环境造成他人财产、人身损害而应该依法承担的赔偿责任。生态破坏责任，是指相对于单纯的环境污染造成的生态功能损害所应依法承担的修复责任和赔偿责任，以及因生态破坏导致特定人人格、财产损害的赔偿责任。

（二）环境污染和生态破坏责任的归责原则

《民法典》第1229条规定："因污染环境、破坏生态造成他人损害的，侵权人应当承担侵权责任。"据此，环境污染和生态破坏责任适用无过错责任原则，构成环境污染和生态破坏责任无需具备过错要件。采用无过错责任的理由是：

1. 环境污染和生态破坏责任适用无过错责任是各国立法的通例，采用这一立法例，可以顺应世界侵权法的发展潮流，有利于我国民商法与国际民商法接轨。

2. 适用无过错责任，有利于使社会关系参加者增强环境意识，强化环境观念，强化污染环境者的法律责任，履行环保义务，严格控制和积极治理污染。

3. 适用无过错责任，可以减轻被侵权人的举证责任，加重加害人的举证责任，更有利于保护被侵权人的合法权益。

因此，应当确认污染环境和生态破坏责任是无过错责任。

二、环境污染和生态破坏责任的承担

（一）因果关系推定

基于环境污染和生态破坏往往涉及高深的科技活动，污染造成的损害具有积累性、潜伏性、广泛性的特点。为了减轻受害人的举证负担，更加有效地救济受害人，根据《民法典》第1230条的规定，我国环境污染和生态破坏责任实行因果关系推定规则。

根据因果关系推定规则，在污染环境、破坏生态侵权责任的因果关系证明责任上，受害人应首先提供初步证据，证明侵权人实施的环境污染和生态破坏的行为，与自己受到损害的事实之间，存在因果关系的可能性，继而举证责任就移转到侵权人一方，即侵权人需证明自己的行

为与损害结果之间没有因果关系，如证明其所排放的污染物没有造成该损害之可能、排放的可造成该损害的污染物未到达该损害发生地、该损害于排放污染物之前已发生等情形。如果侵权人不能就其行为与损害之间不存在因果关系加以证明，就推定侵权行为与损害后果之间存在因果关系，构成环境污染和生态破坏责任。

由此可见，因果关系推定规则，是我国民法为了适应环境污染和生态破坏责任因果关系举证困难的实际情况而创设的。需要指出的是，实行因果关系推定规则，并不意味着被侵权人无需证明因果关系，其仍然需要首先证明环境污染和生态破坏等侵权人实施的损害行为和自己受到损害的事实之间具有相当程度的因果可能性。

【训练】甲厂在河流上游排污，乙在河流下游养殖的鱼被毒死。现乙向法院提起环境污染侵权责任之诉。

1. 乙的举证责任是什么？

回答：证明自己养的鱼有可能是甲厂排污毒死的。

2. 在乙承担了举证责任的基础上，甲的举证责任是什么？

回答：证明乙养殖的鱼的死亡，并非是自己的排污所致。

（二）多数人环境污染和生态破坏责任

依据《民法典》第1231条规定，两个以上侵权人污染环境、破坏生态的，承担责任的大小，根据污染物的种类、浓度、排放量，破坏生态的方式、范围、程度，以及行为对损害后果所起的作用等因素确定。据此，多数人环境污染和生态破坏责任适用市场份额规则的条件是：

1. 被侵权人已经受到实际损害，包括人身损害和财产损害；

2. 造成这种损害的行为人为二人以上，数个行为人的同类行为都能造成该种损害；

3. 每个行为人造成的是具体损害，根据污染物的种类、浓度、排放量，破坏生态的方式、范围、程度，以及行为对损害后果所起的作用等因素，按照实际比例，确定每个行为人应当承担的责任份额。因此，多数人环境污染和生态破坏的责任形态是按份责任，而非连带责任。

（三）污染环境、破坏生态侵权的惩罚性赔偿

《民法典》第1232条规定：侵权人违反法律规定故意污染环境、破坏生态造成严重后果的，被侵权人有权请求相应的惩罚性赔偿。在环境污染和生态破坏责任中引入惩罚性赔偿，是《民法典》的一大亮点。将"用最严格制度，最严密法治保护生态环境"理念体现在民事私法中，赋予民法典以更多使命，解决环境保护等公法不能解决的问题，是正确理解《民法典》中绿色条款的关键。生态环境侵权适用惩罚性赔偿责任的要件是：

1. 侵权人实施污染环境、破坏生态的行为，违反了法律规定，即违反关于污染指标、排放量、排放方式、开发方式等强制性法律规范。

2. 侵权人实施污染环境、破坏生态的行为，主观上是出于故意。即侵权人明知自己的行为会发生污染环境、破坏生态的结果，并且希望或者放任这种结果发生。之所以把惩罚性赔偿限定在故意行为，是因为故意行为的主观恶性大，有加重其违法成本的必要。

3. 侵权人故意污染环境、破坏生态环境的行为造成了损害后果。惩罚性赔偿的损害要件仅

限于污染环境、破坏生态造成他人的死亡或者健康严重损害，不包括造成他人的财产损害。因此，惩罚性赔偿的适用范围，也仅限于被侵权人提起的因污染环境和生态破坏造成人身损害的私益诉讼。如果仅有污染环境、生态破坏的严重后果，损害的是社会公共利益，属于公益诉讼的范畴。对于公益诉讼，不能要求惩罚性赔偿。因此，如果只有污染环境、生态破坏的严重后果，没有被侵权人的人身受到损害的后果，或者被侵权人没有证据证明其人身受到了损害，不能获得惩罚性赔偿。

（四）环境污染和生态破坏责任中的第三人责任

环境污染和生态破坏责任中的第三人责任，是指因第三人的过错使侵权人的行为造成了环境污染或者生态破坏的损害。根据《民法典》第1233条之规定，污染环境、破坏生态责任中因第三人过错行为造成损害的，第三人与侵权人承担不真正连带责任。其责任承担规则是：

1. 污染者、破坏者和第三人基于不同的行为造成一个损害，两个行为都是损害发生的原因，造成了同一损害结果，并不是两个损害结果。

2. 污染者、破坏者和第三人的行为产生不同的侵权责任。环境污染和破坏生态侵权人的无过错赔偿责任与第三人过错的赔偿责任，都是为救济被侵权人遭受的损害，是同一个目的。

3. 环境污染、生态破坏的受害人享有的不同的损害赔偿请求权，可以"择一"行使。可以向环境污染和破坏生态的侵权人主张无过错赔偿责任，也可以向第三人请求承担过错赔偿责任。受害人选择的一个请求权实现之后，其他请求权消灭。这就是不真正连带责任的"就近"规则。

4. 环境污染、生态破坏损害赔偿责任应由造成损害发生的终局责任人承担。第三人就是造成损害发生的终局责任人，如果受害人选择向第三人请求赔偿，则该第三人承担侵权赔偿责任后无权向环境污染、生态破坏的侵权人追偿。如果选择的是向环境污染和破坏生态的侵权人请求损害赔偿，其承担的是中间责任。环境污染和破坏生态的侵权人承担了损害赔偿责任后，有权向承担终局责任的第三人追偿。

（五）造成生态环境损害的特殊责任

侵权人破坏生态，但并未造成特定民事主体损害的情况下，其侵权责任的内容与承担方式是：

1. 对生态环境损害的修复责任。根据《民法典》第1234条之规定，生态环境修复责任的规则是：

（1）违反国家规定造成生态环境损害，能够修复的，才承担修复责任。

（2）国家规定的机关或者法律规定的组织是请求权人，有权请求侵权人在合理期限内承担修复责任。在这里，国家规定的机关，是指国家规定的负有生态环境保护职能的政府有关部门，即生态环境保护的主管部门。法律规定的有关组织，是指法律规定的负有保护生态环境的职责的社会公益组织。

（3）侵权人在合理期限内未修复或者污染者不能修复的，由国家规定的机关或者法律规定的组织自行或者委托他人进行修复，所需费用责令侵权人承担。

2. 对生态环境损害的赔偿范围。违反国家规定造成生态环境损害的，国家规定的机关或者法律规定的组织有权请求侵权人赔偿，侵权人应当承担赔偿责任。根据《民法典》第 1235 条之规定，违反国家规定造成生态环境损害具体的损害赔偿范围是：

（1）在生态环境因受到损害，造成了服务功能的丧失的情况下，在受到损害至修复完成期间应当得到的利益是侵权行为造成的损失，即赔偿范围。

（2）在因生态环境受到侵害，造成的后果是其功能永久丧失的情况下，应当进行评估，确定具体的损失范围，侵权人应当予以赔偿。

（3）为恢复生态环境、确定赔偿责任范围所必需进行的工作，由此支付的费用，由侵权人负责赔偿。

（4）清除污染、修复生态环境所必需的费用，应当予以赔偿。

（5）在生态环境受到损害后，有关机关和组织为了防止损害的发生和扩大，所支出的费用应当予以赔偿。

三、环境污染责任的免责事由

《民法典》第 1230 条规定，因污染环境、破坏生态发生纠纷，行为人应当就法律规定的不承担责任或者减轻责任的情形及其行为与损害之间不存在因果关系承担举证责任。

（一）不可抗力

我国《中华人民共和国环境保护法》第 41 条、《中华人民共和国水污染防治法》第 96 条、《中华人民共和国海洋环境保护法》第 91 条等法律中都规定不可抗拒的自然灾害为民事责任的免责事由。需要注意的是，因不可抗力导致环境污染、生态破坏的情况下，只有在加害人及时采取了合理措施，仍不能避免造成环境污染致人损害时，才可以免责。

（二）战争行为

根据我国《中华人民共和国海洋环境保护法》第 91 条之规定，战争行为属于污染海洋造成损害的免责条件。需要指出的是，战争行为作为免责条件，仅适用于污染海洋造成损害的情形，而不能用于污染大气、污染水源等情况；另外，只有在当事人采取了合理措施仍不能避免对海洋环境造成污染损害的，战争行为才能作为免责事由。[1]

（三）被侵权人有过错

我国《中华人民共和国水污染防治法》等法律中规定，如果损害是由被侵权人自身的过错所引起的，排污者不承担责任。被侵权人对损害的发生具有故意或重大过失，足以表明被侵权人的行为是损害发生的直接原因，即该损害与排污者无因果关系，则免除排污者的责任，但被告应对被侵权人的过错举证。

（四）其他免责条件

我国《中华人民共和国海洋环境保护法》第 91 条规定，战争行为是海洋污染造成损害的免责条件。负责灯塔或者其他助航设备的主管部门在执行职责时的疏忽或者其他过失行为造成

---

[1]　张新宝：《侵权责任法原理》，中国人民大学出版社 2005 年版，第 380 页。

海洋、水污染损害的，为免责条件。

应当强调的是，侵权人以排污符合国家或者地方污染物排放标准为由主张不承担责任的，不应当支持。换句话说，所谓的"达标排放"，不是免责事由。

<h1 style="text-align:center">第十节　高度危险责任</h1>

一、高度危险责任概述

（一）高度危险责任的概念和特征

高度危险责任，是指对周边环境具有高度危险的工具、设施、物品、活动导致他人财产、人格损害的情况下，所产生的侵权损害赔偿责任。与其他侵权责任相比，高度危险责任的特征在于：

1. 高度危险责任的构成，并不要求利用高度危险物品、从事高度危险活动的行为具有违法性。无论是经营民用核设施还是经营民用航空器，无论是保有高度危险物还是从事高度危险活动，其经营行为或持有危险物行为以及从事高度危险活动本身，均不具有违法性。

2. 高度危险责任不以过错为构成要件。在此类责任的构成上不考虑行为人有没有主观过错。"不论行为人有无过错"，都要承担无过错损害赔偿责任。

3. 高度危险责任的主体具有特定性与多元化的特征。在高度危险物致人损害的责任中，法律根据各种不同的情形进行了类型化的规定，在不同类型的高度危险责任中，责任主体各不相同。如运营单位、所有人、管理人、占有人、使用人等。

4. 高度危险责任可以是一种限额赔偿责任。原则上，侵权损害赔偿的范围，是受害人因侵权行为所遭受的损失。但是，在高度危险责任中，责任主体的赔偿数额则可能受到限制。《民法典》第1244条规定：承担高度危险责任，法律规定赔偿限额的，依照其规定，但是行为人有故意或者重大过失的除外。

（二）高度危险责任的归责原则

高度危险责任应适用无过错责任。因此，在确立加害人责任时不考虑其主观上的过错。高度危险作业适用无过错责任的理论依据主要有四种学说：①风险说，即为自己利益而经营某项事业的人，理应承担由其所经营的事业而招致的风险。②公平说，即从其所支配的物或所从事的事业中获得利益的，理应对由此产生的损害承担赔偿责任。③遏制说，认为由事故原因的控制者承担无过错责任，可以促使其积极采取防范措施以遏制事故的发生。④利益均衡说，该说认为适用无过失责任的目的是实现损失在社会的合理分配。

在高度危险作业领域确立无过错责任，既是为了敦促从事危险事业的作业人积极主动采取防范措施避免危险发生，也是为了在危险发生后及时救助受害人，明确责任主体，贯彻风险与利益相一致的民法原则，充分体现民法所追求的公平理念。

二、高度危险责任的类型及责任的承担

（一）高度危险责任的类型

在我国民法上，高度危险责任可以分为三大类型：

1. 高度危险物品致害责任。高度危险物品致害责任，是指因某种设施或某种物品具有造成他人损害的高度危险性，从而使该设施、物品的运营单位、经营者、使用人、占有人等承担无过错责任。包括民用核设施致害责任（《民法典》第 1237 条）；民用航空器事故责任（《民法典》第 1238 条）；易燃、易爆、剧毒、高放射性等高度危险物致害责任（《民法典》第 1239 条）。

2. 高度危险活动致害责任。高度危险活动致害责任，是指因某种活动具有造成他人损害的高度危险性，而使从事该活动的民事主体承担的无过错责任（《民法典》第 1240 条）。

3. 高度危险区域致害责任。未经许可进入高度危险活动区域或者高度危险物存放区域受到损害的，由管理人承担侵权责任（《民法典》第 1243 条）。依法不得进入高速公路的车辆、行人，进入高速公路发生交通事故造成自身损害，当事人请求高速公路管理者承担赔偿责任的，适用高度危险区域致害责任的规定。

（二）不同类型下高度危险责任的主体及免责、减责事由

1. 高度危险物品致害。

（1）民用核设施、核材料致害责任。在民用核设施或者运入运出核设施的核材料发生核事故，造成他人损害的情况下，由于民用核设施的营运单位是导致危险产生的根源，且可能从民用核设施、核材料中获利，故应当由其承担侵权责任。在此基础上，如果民用核设施的营运单位能够证明损害是因战争、武装冲突、暴乱等情形或者受害人故意造成的，不承担责任。需要注意的是，民用核设施的经营者的免责事由是受到严格限制的，仅限于战争、武装冲突、暴乱等情形及受害人故意。

【训练】甲核电站因地震导致核泄漏致人损害。甲核电站可否因不可抗力免于承担侵权责任？

回答：否。在我国民法上，不可抗力并非民用核设施致人损害的免责事由。

（2）民用航空器致害责任。在民用航空器致损的情况下，由于民用航空器的经营者是导致危险产生的根源，且从民用航空器的经营中获得利益，故其应作为民用航空器致损的责任人。在此基础上，如果民用航空器的经营者能够证明损害是因受害人故意造成的，不承担责任。

（3）高度危险物致害责任。高度危险物，是指易燃、易爆、剧毒、高放射性、强腐蚀性、高致病性等具有高度危险的物品。高度危险物致人损害时，因高度危险物的占有、使用人是危险的根源，且因对高度危险物的占有、使用获得利益，故其应承担赔偿责任。在此基础上，如果高度危险物的占有、使用人能够证明损害是因受害人故意或者不可抗力造成的，不承担责任；如果其能证明被侵权人对损害的发生有重大过失的，可以减轻责任。

在高度危险物由第三人管理或在被第三人非法占有的情况下致人损害的，占有、使用人与第三人的责任关系是：

第一，所有人将高度危险物交由第三人管理的，因第三人直接占有高度危险物，其为占有、使用人，故应对受害人承担无过错赔偿责任，其免责、减责事由已如前述。所有人的责任则为过错责任，即所有人有过错的，与管理人承担连带责任。

【训练】甲化工厂仓库中存放着剧毒原材料。因甲厂库房需要维修，故将该批原材料存放于乙厂库房，甲厂向乙厂支付保管费。该原材料在乙厂的库房泄漏，将丙养的牛毒死。

1. 如果丙不能证明甲厂、乙厂具有过错，可以向谁索赔？

回答：乙厂。乙厂承担无过错责任。

2. 如果查明，甲厂将该批原材料交乙厂保管时，并未向乙厂告知有关的保管注意事项，从而导致了原材料的泄漏。丙可以向谁索赔？

回答：可以请求甲厂、乙厂承担连带赔偿责任。

第二，在高度危险物被第三人非法占有的情况下，如被第三人拾得、盗窃，因第三人直接占有高度危险物，其为占有、使用人，故应对受害人承担无过错赔偿责任，其免责、减责事由已如前述。所有人的责任则为过错责任，即所有人不能证明其对于防止第三人非法占有尽到高度注意义务的，与非法占有人承担连带责任。

【训练】甲化工厂仓库中存放着剧毒原材料。该批原材料被乙偷去，在乙的屋里发生泄漏，将邻居丙养的牛毒死。丙遂将甲厂与乙诉诸法院，请求赔偿。

1. 乙是否应承担赔偿责任？

回答：是。

2. 如果甲厂举证证明，发生偷窃之日，甲厂仓库门窗均已关好。甲厂能否免于承担连带责任？

回答：否。关好门窗为一般注意义务，而非高度注意义务。

3. 如果甲厂举证证明，甲厂的库房安装有先进的防盗措施，且配有保安不间断巡逻。甲厂能否免于承担连带责任？

回答：可以。甲厂尽到了高度注意义务。

2. 高度危险活动致害。高度危险活动，是指从事高空、高压、地下挖掘活动或者使用高速轨道运输工具等活动。因从事高度危险活动的经营者有更多的控制危险的机会，且从高度危险活动中获得利益，故应对高度危险活动所导致的损害承担侵权责任。在此基础上，如果高度危险活动的经营者能够证明损害是因受害人故意或者不可抗力造成的，不承担责任；如果其能证明被侵权人对损害的发生有重大过失的，可以减轻责任。

3. 高度危险区域致害。高度危险区域，是指存放高度危险物品的区域，或从事高度危险活动的区域。未经许可进入高度危险活动区域或者高度危险物存放区域受到损害的，高度危险区域的管理人应当承担侵权责任。在此基础上，如果高度危险区域的管理人举证证明自己已经采取安全措施并且尽到警示义务，可以减轻责任或不承担责任。需要注意的是，高度危险区域的管理人主张免责或者减责的，"采取安全措施"与"尽到警示义务"两项条件缺一不可。前者如设立隔离区域、采取防辐射、绝缘等保护措施等；后者如设置醒目的警示标志、配备执勤人员等。在管理人证明自己尽到上述两项义务的情况下，对其减责还是免责，由法院自由裁量。

第十一节　饲养动物致害责任

一、饲养动物致害责任概述

（一）饲养动物及其致害责任的概念和特征

饲养动物，是指由人占有、管理和控制的动物。个人饲养的动物、动物园的动物、马戏团的动物等，均属于饲养的动物。其中，占有、管理和控制动物的人，即为饲养管理人。饲养动物造成他人人身或财产损害时，动物饲养管理人所应承担的侵权责任，具有如下特征：

1. 饲养动物损害责任是由人工饲养的动物致人损害所引起，非由人饲养而是因野生动物造成人身、财产利益损害的，不属于饲养动物致损责任的范畴。因野生动物造成损害的，由国家承担责任，而不是侵权责任。

2. 饲养动物损害责任是因动物的本能导致损害，而非由人的行为所致。如果有人故意利用动物致人损害，此时就不是动物致人损害问题，而是行为人为自己行为负责的侵权责任。此时动物仅是充当了上述加害人的致害工具而已。

3. 饲养动物损害责任是饲养管理人对动物致害承担的责任，而不是对饲养管理人自己行为致害承担的责任。既然饲养人、管理人有能力亦有义务避免其控制下的动物发生危险致害他人，当然也要对其控制不利而引发的损害承担赔偿责任。

（二）饲养动物致害责任的归责原则

关于饲养动物损害责任我国采二元归责原则体系：

1. 一般饲养动物致害责任的归责原则。一般情况下，饲养动物造成他人损害时，无论饲养人、管理人有无过错，均应承担侵权责任，即动物致害责任适用无过错责任原则。《民法典》第 1245 条规定，饲养的动物造成他人损害的，动物饲养人或者管理人应当承担侵权责任。

饲养动物损害责任适用无过错责任原则，能够最大限度地保护无辜受害人的合法民事权益，因为动物致损实际上也属于危险物品致人损害的范畴，现实生活中，动物的饲养人或管理人即便尽到了对动物谨慎管束的义务，亦难免会发生损害事件。若允许动物饲养人或管理人以自己已尽职尽责没有过错为由而免于责任承担，则受害人权益无法救济，社会生活亦无安全感可言。

2. 动物园动物致害的归责原则。《民法典》对动物园承担责任给予了优待。对动物园饲养的动物造成他人损害的，不适用无过错责任，而适用过错推定责任。《民法典》第 1248 条规定："动物园的动物造成他人损害的，动物园应当承担侵权责任；但是，能够证明尽到管理职责的，不承担侵权责任。"该规定就是典型的适用过错推定责任原则的情形。

二、饲养动物损害责任的承担

（一）饲养动物损害责任的主体认定

1. 饲养管理人的界定。动物的饲养人或管理人为赔偿责任的义务主体。一般说来，动物的饲养人通常是指动物的所有人；而动物的管理人则是指实际控制和管束动物的人。租借他人牲畜致人损害的，承租人为该牲畜的管理人，理应为承担赔偿责任的义务主体。

2. 脱离占有的动物造成损害的责任主体。《民法典》第 1249 条规定："遗弃、逃逸的动物在遗弃、逃逸期间造成他人损害的，由动物原饲养人或者管理人承担侵权责任。"《民法典》如此规定的理由在于，对动物的遗弃或是动物逃逸本身会导致其对社会公众产生危险，故而在遗弃动物、动物逃逸的情况下，原饲养人或管理人要承担作为危险物占有人的责任。

（二）因第三人的过错导致动物损害责任的承担

因第三人过错导致动物损害责任，是指因第三人的过错致使动物造成他人损害，动物饲养人或管理人应当承担侵权责任。《民法典》第 1250 条规定："因第三人的过错致使动物造成他人损害的，被侵权人可以向动物饲养人或者管理人请求赔偿，也可以向第三人请求赔偿。动物饲养人或者管理人赔偿后，有权向第三人追偿。"该条确立了因第三人过错导致的饲养动物损害责任。由此可见，基于饲养管理人的无过错责任，在第三人过错导致动物致人损害的情况下，饲养管理人不因第三人过错而减轻或免除其饲养动物损害责任，而是与第三人形成不真正连带责任关系。

【训练】甲故意招惹乙的狗，致该狗暴起将丙咬伤。丙的损失谁来赔偿？

回答：丙可以请求甲赔偿，也可以请求乙赔偿。乙向丙赔偿的，可以向甲追偿。

三、饲养动物损害责任的减免事由

（一）一般饲养动物致人损害情况下的减免事由

在动物园动物致人损害之外的一般情况下，饲养动物致人损害的，饲养管理人的免责、减责事由是：

1. 免责事由。根据《民法典》第 1245 条之规定，饲养动物致人损害的情况下，饲养管理人能够证明损害的发生，是受害人故意引起的，饲养管理人可以不承担责任。例如，受害人故意招惹他人的饲养动物导致自己损害的，饲养管理人不承担侵权责任。需要注意的是，只有当受害人的过错是造成损害的全部原因时，才能免除责任，如果受害人的过错只是引起损害发生的部分原因，则不能免除动物饲养人或管理人的赔偿责任，只是在确定赔偿范围时要考虑受害人的过错而适当减轻动物饲养人或管理人的责任。

2. 减责事由。根据《民法典》第 1245、1246 条之规定，饲养动物致人损害情况下，其减轻责任的事由有二：

（1）受害人重大过失。即饲养管理人能够证明受害人对损害的发生具有重大过失的，其可以减轻责任。

【训练】甲的狗将乙咬伤，乙将甲诉诸法院，请求甲赔偿损失。

1. 如果甲证明，甲的狗咬伤乙，是乙用力拧狗耳朵所致。后果如何？

回答：乙构成故意，甲无需承担责任。

2. 如果甲证明，甲的狗咬伤乙，是乙低头看手机，踩到狗尾巴上。后果如何？

回答：乙构成重大过失，甲可以减轻责任。

（2）受害人故意，且饲养管理人未对动物采取安全保障措施。即在饲养管理人未对动物采取安全保护措施的情况下，饲养管理人能够证明受害人具有故意的，可以减轻责任。

3. 排除责任减免的事由。排除责任减免的事由，是指饲养动物的饲养管理人侵权责任的承担，不存在减责、免责问题的事由。在具备排除责任减免事由的情况下，纵然受害人存在故意或重大过失，饲养管理人的责任也不得免除。根据《民法典》第1246、1247条之规定，排除责任减免的事由包括两类：

（1）禁止饲养的烈性犬等危险动物造成他人损害，如在小区饲养藏獒。该事由为绝对的排除责任减免的事由，即使受害人存在故意或重大过失，危险动物的饲养管理人仍需承担全部的侵权损害赔偿责任。

（2）违反管理规定，未对动物采取安全措施造成他人损害，如将狗在户外放养而不拴绳。该事由为相对的排除责任减免的事由。首先，受害人存在故意的，未采取安全措施的饲养管理人不得主张免于承担责任，但可以减轻责任；其次，受害人存在重大过失的，未采取安全措施的饲养管理人不得主张减轻责任。

【训练】甲的狗将乙咬伤，乙将甲诉诸法院，请求赔偿。

1. 设，乙举证证明甲将狗置于户外，且未拴绳，主张甲承担全部赔偿责任。甲则证明乙用力拧狗耳朵，导致狗咬了乙，主张自己没有责任。法院应如何处理？

回答：可以减轻甲的赔偿责任。

2. 设，乙举证证明甲将狗置于户外，且未拴绳，主张甲承担全部赔偿责任。甲则证明乙低头看手机，踩到狗尾巴，导致狗咬了乙，主张减轻自己的责任。法院应如何处理？

回答：甲应承担全部赔偿责任。

（二）动物园动物致人损害的免责事由

根据《民法典》第1248条之规定，动物园动物致人损害的，动物园如能证明自己尽到管理职责的，不承担侵权责任。由此可见，在动物园动物致人损害的情况下，免责事由与一般饲养动物致人损害截然不同：动物园无法通过证明受害人具有故意或重大过失而减免责任，而只能通过证明自己尽到管理职责来免除责任。

【训练】甲在乙动物园用竹竿捅笼中的老虎，导致老虎撞坏栏杆冲出，将甲咬伤。动物园能否减免其责？

回答：不行。动物园的设施不能发挥防止动物伤人的作用，动物园未尽管理职责，需承担全部责任。

第十二节　建筑物和物件损害责任

建筑物和物件损害责任，是指因建筑物或其他动产导致损害而产生的侵权损害赔偿责任。与其他的侵权责任形态不同，引起建筑物和物件损害责任的法律事实，并不以侵权行为为限，事件也是导致责任产生的法律事实，如建筑物倒塌、林木折断所导致的侵权责任。根据致损之物的法律性质不同，建筑物和物件损害责任可以区分为不动产损害责任与动产物件损害责任：

一、不动产损害责任

（一）建筑物、构筑物及其他设施倒塌致害责任

1. 建筑物、构筑物及其他设施的概念。建筑物，也称房屋，是指任何在土地上建造的直接供人们居住、从事生产或进行其他活动的场所；构筑物，是指以人力方式在地面上建造的具有特定用途，但不能直接供人民进行居住生活、从事生产或其他活动的场所，如烟筒、水塔等；其他设施，是指建筑物、构筑物的附属设施，如建筑脚手架、起重塔吊等。

2. 建筑物、构筑物或者其他设施因建设缺陷倒塌致害责任。

（1）不动产因建设缺陷倒塌致害责任适用过错推定原则。在建筑物、构筑物或者其他设施倒塌、塌陷造成他人损害的情况下，推定该建筑物、构筑物或者其他设施存在建设缺陷，由建设单位与施工单位对被侵权人的损害承担连带责任。在此基础上，如果建设单位与施工单位能够证明自己的建筑物、构筑物或者其他设施不存在质量缺陷，建设单位与施工单位就不承担赔偿责任。

（2）建设单位与施工单位不能证明自己的建筑物、构筑物或者其他设施不存在建设缺陷，但是能够证明建设缺陷是由其他责任人所致，如勘察单位、设计单位、监理单位或者建筑材料供应单位造成的建设缺陷，则建设单位、施工单位在赔偿后，有权向其他责任人追偿。

3. 建筑物、构筑物或者其他设施因管理缺陷倒塌致害责任。建筑物、构筑物或者其他设施的倒塌、塌陷，不是因建设缺陷所致，而是因所有人、管理人、使用人或者第三人存在管理缺陷所致的，由导致管理缺陷的人承担侵权责任。

（二）公共场所施工致害责任

1. 公共场所施工致害责任的概念。公共场所施工致害责任，是指在公共场所或者道路上挖掘、修缮安装地下设施等造成他人损害的责任。在这里，公共场所，是指公众聚集、通行、活动的场所。在公共场所施工，具有潜在的危险性。因此，法律特别要求施工者在施工时必须要采取必要的安全防护措施，否则发生损害即要承担赔偿责任。

2. 公共场所施工致害责任的归责原则与责任构成。

（1）归责原则。

第一，公共场所施工致害责任适用过错推定责任原则。据此，如果责任人能够证明自己对损害的发生没有过错，可免予责任的承担。反之，如果其不能证明自己没有过错的，则推定其具有过错，因而应承担损害赔偿责任。

第二，责任人证明自己没有过错，需证明其尽到了两项法定注意义务：一是设置明显标志，二是采取安全措施。任何一项法定义务未能尽到，责任人即不能证明自己没有过错。

（2）因果关系。公共场所施工致害，要求损害的发生必须是在施工期间，且责任人未尽注意义务所引起。如果损害发生在地面施工结束后，受害人因建筑物或构筑物存在管理或维护上的瑕疵而遭受损害，并不构成公共场所施工致人损害责任，而应适用建筑物、物件致损责任。

（3）责任主体。公共场所施工致害的责任主体为"施工人"，即具体实施施工行为的人。

如果施工人设置明显标志和采取安全措施后，由于第三人的行为或自然原因，造成安全标志和安全措施被破坏，致使受害人在缺乏明显标志和安全措施的情况下遭受损害，因施工人不仅负有设置明显标志和安全措施的义务，而且还负有保护维持这些标志和安全措施的义务，故依然应由施工人承担责任。施工人向受害人承担责任后，有权向第三人追偿。

（三）地下设施致害责任

1. 地下设施致害责任的概念。地下设施致害责任，是指窨井等地下设施造成他人损害的责任。因管理人未尽管理职责，存在过失，应当对被侵权人承担赔偿责任。地下设施作为一种人工设施，对于社会公众同样具有危险性，故责任人也应承担相应的注意义务，以防止他人因地下设施导致损害。

2. 地下设施致害责任的归责原则与责任构成。

（1）归责原则。

第一，地下设施致害责任适用过错推定责任原则。据此，如果责任人能够证明自己对损害的发生没有过错，可免予责任的承担。反之，如果其不能证明自己没有过错的，则推定其具有过错，因而应承担损害赔偿责任。

第二，在地下设施导致损害的情况下，责任人对自己没有过错的证明方法，在于证明自己尽到管理职责，即已经采取了有效措施，防止他人进入或掉入地下设施导致损害。

（2）责任主体。地下设施致害的责任主体，为地下设施的管理人，即对地下设施管理、支配的人。在地下设施的所有权与使用权发生分离的情况下，后者为责任主体。

（四）林木致害责任

林木损害责任，是指林木折断，倾倒或者果实坠落等造成他人人身损害、财产损害的，由林木所有人或者管理人承担损害赔偿责任的物件损害责任。林木损害责任不属于行为致害责任，不存在积极的加害行为人。

1. 林木损害责任归责原则。林木损害责任的归责原则是过错推定原则。被侵权人请求赔偿无需举证证明林木所有人或者管理人对造成他人损害有过错，从损害事实中推定林木所有人或者管理人在主观上有过错。所有人或者管理人主张自己无过错者，应当举证证明。不能证明或者证明不足，则推定成立，即应承担损害赔偿责任；确能证明者，免除其损害赔偿责任。

2. 林木损害的责任主体。林木损害责任的赔偿权利主体是被侵权人，林木损害责任的赔偿责任人具有特定性，即只能是致害林木的所有人或管理人。在林木的所有人与管理人并非同一人的情况下，后者为林木损害的责任主体。

二、动产物件损害责任

（一）脱落、坠落等致害责任

脱落、坠落致害责任，是指因建筑物、构筑物或者其他设施及其搁置物、悬挂物脱落、坠落造成他人人身或财产损害，所引起的侵权损害赔偿责任。搁置物、悬挂物分为人工搁置物悬挂物和自然搁置物悬挂物，前者如窗台上的花盆，后者如房檐上的冰柱。

1. 脱落、坠落致害责任的归责原则。脱落、坠落致害责任适用过错推定责任原则。据此，能够证明自己没有过错的，可以免除过错责任的承担。反之，如其不能对自己没有过错加以证明，则推定其具有过错，需承担损害赔偿责任。需要注意的是，在责任人举证证明其没有过错的情况下，其无需承担过错责任，但仍需按照公平责任原则，承担公平责任，即责任人应适当分担受害人的损失。

2. 责任主体。

（1）脱落、坠落等致害时，所有人、管理人或使用人不能证明自己没有过错的，对受害人承担赔偿责任。这里的所有人、管理人或使用人，为建筑物的所有人、管理人或使用人。在建筑物的所有人、管理人或使用人并非同一人的情况下，所有人、管理人或使用人均承担过错推定责任。

【训练】 甲将自己的房屋出租给乙。

1. 如果因房屋阳台的玻璃脱落，致丙损害。谁应向丙承担损害赔偿责任？

回答：甲。乙对于承租房屋的玻璃脱落不具有过错。

2. 如果经查，甲将房屋出租给乙时，已经知道阳台玻璃松动，并告知了乙。乙也未予理会。谁应向丙承担损害赔偿责任？

回答：甲乙均具有过错，应根据各自的过错承担按份责任。

3. 如果因乙放置在阳台边上的花盆坠落，致丙损害。谁应向丙承担损害赔偿责任？

回答：乙。甲对于承租人自有的花盆坠落不具有过错。

（2）搁置物或者悬挂物的脱落、坠落，是因第三人原因所致的，不动产的所有人、管理人或者使用人在承担了赔偿责任后，有权向其他责任人追偿。需要注意的是，第三人向所有人、管理人或者使用人承担受追偿的责任，系以前者不能证明自己没有过错，向受害人承担了损害赔偿责任为前提。反之，如果所有人、管理人或使用人因能够证明自己没有过错，而无需对受害人承担责任的，则应由第三人直接对受害人承担损害赔偿责任。

（二）高空坠物致害责任

1. 高空坠物致害责任的概念。高空坠物致害责任，是指因从建筑物中抛掷物品或者从建筑物上坠落的物品，造成他人损害，经调查难以确定具体侵权人的情况下，所产生的侵权损害赔偿责任。高空坠物致害责任与脱落、坠落责任的相同之处，都是因建筑物上的物品坠下致人损害。其两者的不同之处在于，高空坠物致害责任具有不确定性，即"调查难以确定具体侵权人"；而脱落、坠落责任则不存在任何的不确定性。

2. 高空坠物致害责任的责任主体。

（1）可能加害的建筑物使用人。在高空坠物致人损害的情况下，经调查难以确定具体侵权人的，由可能加害的建筑物使用人给予补偿。在这里，"可能加害的建筑物使用人"是指不能举证证明自己并非侵权人，且有可能造成导致高空坠物事实发生的建筑物使用人。"可能加害的建筑物使用人"所承担的侵权责任，并非赔偿责任，而是补偿责任，即其承担的责任仅为受害人损失的一部分。进而，可能加害的建筑物使用人承担了补偿责任后，有权向侵权人追偿。

（2）物业管理人。物业管理人对建筑物的安全负有安全保障义务。因此，《民法典》明确规定，建筑物管理人应当采取必要的安全保障措施，防止高空抛掷物品或者坠落物品造成损害的发生。未采取安全保障必要措施造成损害的，应当依法承担违反安全保障义务的损害责任。

【训练】A 小区 B 座楼有一个烟灰缸坠下，将停放在该楼东南角的汽车砸坏。

1. B 座楼东南角 10 楼住户甲如果不能证明自己家未扔烟灰缸，是否应承担补偿责任？

回答：是。甲是可能加害的建筑物使用人。甲承担适当补偿责任后，如果公安机关查明是东南角 15 楼住户李四扔的烟灰缸，甲有权向李四追偿。

2. B 座楼西北角 10 楼住户乙如果不能证明自己家未扔烟灰缸，是否应承担补偿责任？

回答：否。乙不是可能加害的建筑物使用人。

3. A 小区物业管理人是否必然承担侵权责任？

回答：否。只有在有证据表明物业管理人未尽安全保障义务的情况下，物业管理人方才承担侵权责任。

需要指出的是，在加害人不明的高空坠物致害责任中，公安等机关应当依法及时调查，查清责任人。对于造成损害后果的，公安机关应当依法立案调查，对责任人依法给予治安管理处罚；构成犯罪的，应当依法追究刑事责任。

（三）堆放物致害责任

1. 堆放物致害责任的概念。堆放物致害责任是指由于堆放物滚落、滑落或者倒塌，致使他人人身或者财产权益受到损害，由所有人或者管理人承担赔偿责任的物件损害责任。

2. 堆放物损害责任的归责原则。堆放物损害责任适用过错推定责任。据此，责任人能举证证明自己对堆放物致害没有过错的，可免于承担责任。否则，法律将推定责任人具有过错，其应承担损害赔偿责任。堆放物的损害完全是由受害人自己的过错造成的，免除堆放物的堆放人的损害赔偿责任。损害是由双方过错行为造成的，则依过失相抵规则处理。

3. 责任主体。堆放物致害的责任主体，为堆放物的所有人或管理人。所有人与管理人并非同一人的，因管理人作为堆放物的直接控制者，对堆放物的安全负有注意义务，故由管理人承担损害赔偿责任。

（四）妨碍通行的物品损害责任

妨碍通行的物品损害责任，是指在公共道路上堆放、倾倒、遗撒妨碍通行的物品，造成他人损害的侵权赔偿责任。

1. 妨碍通行的物品损害责任的归责原则。《民法典》中，妨碍通行的物品损害责任主体有二：一是行为人，二是公共道路管理人。针对责任的主体不同，归责原则的适用也有所不同。首先，行为人承担责任适用过错责任归责原则，且其在公共道路上堆放、倾倒、遗撒妨碍通行物品之行为本身即构成过错。其次，公共道路管理人承担责任适用过错推定责任。公共道路管理人不能证明自己已经尽到清理、防护、警示等义务的，应当承担相应的过错责任，而不是全部赔偿责任。公共道路管理人能够证明已经尽到清理、防护、警示等义务的，不承担侵权责任。

2. 行为人和公共道路管理人的责任分担。如上所述，由于《民法典》明确规定了妨碍通行的物品损害责任有两个责任人，因此，属于多数人侵权责任，应当实行责任分担。

（1）公共道路管理人能够证明自己已经尽到清理、防护、警示等义务的，此时，行为人应当对全部损害后果承担责任。

（2）公共道路管理人不能证明自己已经尽到清理、防护、警示等义务的，应当承担相应的过错责任。此时，公共道路管理人与行为人对受害人的损害，承担按份赔偿责任。即界定公共道路管理人根据过错所应承担的责任份额后，剩余的责任由行为人承担。

公共道路管理人承担了赔偿责任之后，对行为人是否享有追偿权，《民法典》没有规定。依照法理，在公共道路管理人承担了赔偿责任后，发现了堆放、倾倒、遗撒妨碍通行物品的行为人的，有权向堆放、倾倒、遗撒障碍物的行为人主张行使追偿权，使自己的损失得到赔偿。